Jürgen Krais
Geldwäsche-Compliance

Geldwäsche-Compliance für Industrie und Handel

Praxishandbuch für Güterhändler

von

Jürgen Krais
Rechtsanwalt/Syndikusanwalt in Augsburg

2. Auflage 2022

Zitiervorschlag:
Krais Geldwäsche § … Rn. …

www.beck.de

ISBN 978 3 406 77531 4

© 2022 Verlag C.H. Beck oHG
Wilhelmstraße 9, 80801 München
Druck und Bindung: Druckerei C.H. Beck Nördlingen
(Adresse wie Verlag)

Satz: 3w+p GmbH, Rimpar
Umschlaggestaltung: Martina Busch, Grafikdesign, Homburg Saar

chbeck.de/nachhaltig

Gedruckt auf säurefreiem, alterungsbeständigem Papier
(hergestellt aus chlorfrei gebleichtem Zellstoff)

Vorwort zur 2. Auflage

Im Mai 2018 wurde die 1. Auflage dieses Praxishandbuchs veröffentlicht. Viele positive Rückmeldungen und Erfahrungen der letzten Jahre und nicht zuletzt die vielen gesetzlichen Änderungen auf dem Gebiet der Geldwäsche-Prävention haben mich veranlasst, die 2. Auflage anzugehen. Seit Erscheinen der Erstauflage wurde das GwG fast im Jahresrhythmus geändert, zunächst zum 1.1.2020 zur Umsetzung der Änderungen der EU-Geldwäscherichtlinie, dann erneut zum 1.8.2021 durch das Transparenzregister- und Finanzinformationsgesetz (TrFinInfoG), womit vor allem das Transparenzregister zum Vollregister ausgebaut wurde. Hinzu kam ebenfalls 2021 die Reform des § 261 StGB (Geldwäsche). Gesetzgeberischer Stillstand ist auch in absehbarer Zeit nicht zu erwarten. Die aktuelle Koalitionsregierung hat sich bereits dazu bekannt, eventuellen Änderungsbedarf auf Basis der noch nicht finalen FATF-Prüfung zeitnah anzugehen. Die Planungen der EU zur Vereinheitlichung des Rechtsrahmens der Geldwäsche-Prävention werden voraussichtlich 2024 in Kraft treten.

Die voranschreitende Verdichtung der Rechtslage und Verwaltungspraxis macht auch vor dem Nichtfinanzsektor keinen Halt. Zwar sind Industrie- und Handelsbetriebe nach wie vor gegenüber zB Banken privilegiert, was den Umfang des Risikomanagements angeht. Allerdings wurden auch für den Nichtfinanzsektor in der Zwischenzeit einheitliche Anwendungshinweise erlassen, die Auswirkungen auf die Praxis der Geldwäsche-Prävention in Industrie- und Handelsunternehmen haben. Angesichts ihrer faktisch-normativen Kraft kann man nur dringend dazu raten, sich mit ihnen auseinanderzusetzen. Sie helfen bspw. bei der Frage, ob die Haupttätigkeit eines Unternehmens für die Einstufung als Verpflichteter iSd § 2 Abs. 1 GwG ausschlaggebend ist. Wo sich aus den vorhandenen Unterlagen keine Antwort finden lässt, versucht dieses Buch die Lücken zu schließen. Wie in der 1. Auflage lege ich dabei Wert auf eine Interpretation im Geiste eines praxisgerechten, echten risikobasierten Ansatzes im Sinne des verfassungsrechtlich abgesicherten Verhältnismäßigkeitsprinzips. Nicht jedes noch so abstrakt-theoretische Risiko verlangt von Güterhändlern umfassende Maßnahmen des Risikomanagements und Verstärkte Sorgfaltspflichten oder gar Verdachtsmeldungen. Richtschnur muss sein, dass sich ein Unternehmen nicht an illegalen Aktivitäten beteiligt und sich dafür auch nicht missbrauchen lässt. Dies gilt umso mehr in diesen leider recht unsicheren Zeiten. In diesem Sinne stehe ich mit diesem Buch unverändert für eine aktive, lebendige Compliance im Unternehmen, eine offene und transparente Kommunikation mit dem öffentlichen Sektor über die Grenzen dessen, was Unternehmen im Rahmen der Compliance leisten können, und eine qualitativ statt rein quantitativ orientiere Geldwäsche-Prävention mit dem Ziel, vor allem schwerste Straftaten und organisierte Kriminalität zu verhindern. Die Unternehmen sind nicht das Problem, sondern ein Teil der Lösung bei der Verhinderung und Aufdeckung von Straftaten aller Art. In diesem Sinne sollte das GwG gelebt und verstanden werden, in diesem Sinne wurde dieses Buch verfasst, das den Stand der Gesetzgebung bis November 2021 berücksichtigt.

Augsburg/München im November 2021 *Jürgen Krais*

Inhaltsverzeichnis

Vorwort zur 2. Auflage V
Abkürzungsverzeichnis XV
Verzeichnis der (abgekürzt) zitierten Literatur XVII

§ 1. Einführung

A. Geldwäscheparadies Deutschland 1
B. Geldwäsche und Drogenkriminalität 4
C. Geldwäsche und Terrorismusfinanzierung 5
D. Internationale Abkommen 7
E. Die EU-Geldwäsche-Richtlinien 7
F. Das Geldwäschegesetz (GwG) 9
G. Der risikobasierte Ansatz im GwG 10
H. Handelsbasierte Geldwäsche und Terrorismusfinanzierung 12

§ 2. Geldwäsche und Terrorismusfinanzierung

A. Überblick 15
B. Geldwäsche 16
    I. Definition der Geldwäsche im GwG 16
    II. Die drei Phasen der Geldwäsche 17
    III. Geldwäsche (§ 261 StGB) 19
        1. Die Reform des § 261 StGB 19
        2. Gegenstand der Geldwäsche 21
        3. Vortaten der Geldwäsche 22
        4. Herrühren aus einer Vortat 23
        5. Die Tathandlungen 24
        6. Vorsatz und Leichtfertigkeit 26
        7. Strafverschärfungen und Strafausschließungsgründe 28
        8. Besonderheiten 30
            a) Geldwäsche und Steuerdelikte 30
            b) Geldwäsche und Korruption 31
            c) Geldwäsche und Hawala-Banking 32
            d) Abgrenzung zu Hehlerei und Strafvereitelung 32
C. Terrorismusfinanzierung 33
    I. Definition der Terrorismusfinanzierung im GwG 33
    II. Die drei Phasen der Terrorismusfinanzierung 34
    III. Terrorismusfinanzierung (§ 89c StGB) 35
    IV. Bildung terroristischer Vereinigungen (§§ 129a, b StGB) 37
D. Strafverfahren und Vermögensabschöpfung 39
    I. Strafprozessuale Aspekte 39
    II. Aspekte der Vermögensabschöpfung 39

Inhaltsverzeichnis

§ 3. Güterhändler als GwG-Verpflichtete

- A. Überblick 43
- B. GwG-Verpflichtete 44
    - I. Verpflichtete 44
    - II. Finanzsektor und Nichtfinanzsektor 44
    - III. Sitzland Deutschland 45
    - IV. Unternehmensgruppen im GwG 46
- C. Gewerblicher Güterhandel 46
    - I. Definition Güterhändler 46
    - II. Güter 47
    - III. Gewerblicher Handel 48
    - IV. Haupttätigkeit 48
    - V. Einkauf von Gütern 49
    - VI. Abgrenzungsfragen 50
- D. Überschießende Umsetzung und Privilegierung 52

§ 4. Geldwäsche-Risikomanagement bei Güterhändlern

- A. Überblick 55
- B. Privilegierte Güterhändler 56
    - I. Rechtsgrundlage 56
    - II. Schwellenwerte 57
        - 1. Handel mit Edelmetallen 58
        - 2. Handel mit sonstigen Gütern 59
    - III. Bargeld-Transaktionen über Güter 59
        - 1. Der Transaktionsbegriff im GwG 59
        - 2. Ausreißer 61
        - 3. Bargeld-Transaktionen 62
        - 4. Zusammenhängende Transaktionen 63
        - 5. Güterbezogene Transaktionen 64
        - 6. Transaktionen über Dritte 65
    - IV. Risikomanagement „light" 66
- C. Allgemeine Anforderungen an das Risikomanagement 68
    - I. Zuständigkeit der Leitungsebene 68
    - II. Angemessenheit und Wirksamkeit 70
    - III. Umfang und Dauer 70
- D. Risikoanalyse (§ 5 GwG) 72
    - I. Europäische und Nationale Risikoanalyse 72
    - II. Unternehmensspezifische Risikoanalyse 73
    - III. Dokumentation und Aktualisierung 74
    - IV. Auslagerung („Outsourcing") 75
    - V. Befreiungsmöglichkeiten 76
    - VI. Inhalt und Umfang 76
    - VII. Struktur und Gliederung 77
        - 1. Bestandsaufnahme 77
        - 2. Risikoidentifizierung 77
        - 3. Kategorisierung und Gewichtung 78
        - 4. Umsetzung (Dimensionierung) 78
    - VIII. Risikofaktoren 79
        - 1. Zwingende Risikofaktoren 79

Inhaltsverzeichnis

2. Kunden- und geschäftspartnerbezogene Risiken	80
3. Geografische Risikofaktoren (Länderrisiko)	85
4. Transaktionsbezogene Risiken (Transaktionsrisiko)	88
5. Produktbezogene Risiken (Produktrisiko)	90
6. Risikofaktoren der Terrorismusfinanzierung	92
7. Individuelle Risikofaktoren	93
E. Sicherungsmaßnahmen	93
I. Angemessenheit und weitere Anforderungen	93
II. Aktualisierung	94
III. Auslagerung („Outsourcing")	94
IV. Befreiungsmöglichkeiten	96
V. Regelbeispiele	97
VI. Grundsätze, Verfahren und Kontrollen	97
VII. Geldwäschebeauftragter	98
1. Rechtsgrundlage	98
2. Anordnung der Aufsichtsbehörde	99
3. Handel mit Hochwertigen Gütern	100
4. Bestellung und Entpflichtung	102
5. Qualifikation und Zuverlässigkeit	103
6. Fachliche und organisatorische Zuordnung	103
7. Aufgaben, Befugnisse und Haftung	105
8. Benachteiligungsverbot; Kündigungsschutz	109
9. Auslagerung („Outsourcing")	109
10. Befreiungsmöglichkeiten	110
11. Stellvertreter	110
12. Gruppengeldwäschebeauftragter	111
VIII. Missbrauch neuer Technologien	112
IX. Schulungen (Trainings)	113
X. Zuverlässigkeitsprüfung	115
XI. Unabhängige Überprüfung	118
XII. Hinweisgebersystem („Hotline")	119
XIII. Vorkehrungen für Auskunftsersuchen	120
XIV. Datenverarbeitungssysteme und Kundenscorings	122
XV. Datenschutz	122
F. Aufzeichnungs- und Aufbewahrungspflichten	123
I. Privilegierte Güterhändler	123
II. Anforderungen an Aufzeichnungen	124
III. Umfang der Aufzeichnungspflichten	125
1. Sorgfaltspflichten	125
2. Risikobewertungen	125
3. Untersuchung auffälliger Transaktionen	126
4. Verdachtsfälle	126
IV. Aufbewahrungsfrist	127
G. Gruppenweites Risikomanagement	127
I. Privilegierte Güterhändler	127
II. Gruppenweite Pflichten der Muttergesellschaft	128
1. Gruppenweite Pflichten	128
2. Mutterunternehmen einer Gruppe	129
3. Gruppenweite Risikoanalyse	130
4. Einheitliche Sicherungsmaßnahmen	131
5. Gruppen-Geldwäschebeauftragter	132

Inhaltsverzeichnis

6. Verfahren zum Informationsaustausch	132
7. Vorkehrungen zum Datenschutz	133
8. Wirksamkeit	133
III. Gruppenunternehmen in der EU und im EWR	133
IV. Gruppenunternehmen in Drittstaaten	134
V. Teilgruppen als Adressat gruppenweiter Pflichten	137
VI. Pflichten gruppenangehöriger Unternehmen	138

§ 5. Allgemeine Kundensorgfaltspflichten bei Güterhändlern

A. Überblick	139
B. Privilegierte Güterhändler	140
I. Schwellenwertabhängige Auslösetatbestände	140
II. Der Verdachtsfall als Auslösetatbestand	141
III. Ausschluss anderer Auslösetatbestände	144
C. Allgemeine Sorgfaltspflichten	145
I. Umfang der Sorgfaltspflichten	146
II. Prüfung von PEP und anderen erhöhten Risiken	147
III. Geschäfts- und Transaktionsverbote	148
IV. Auslagerung („Outsourcing")	152
1. Rechtsgrundlage	152
2. Gesetzlich Qualifizierte Dritte	153
3. Zusätzliche Anforderungen	154
4. Vertraglich qualifizierte Dritte	154
5. Unterbeauftragung (Sub-Auslagerung)	156
D. Geldwäscherechtliche Identifizierung	156
I. Datenerhebung und Datenüberprüfung	156
II. Zeitpunkt der Identifizierung	157
III. Ausnahme von der Identifizierung	157
IV. Mitwirkungspflichten	158
E. Identifizierung des Vertragspartners und auftretender Personen	159
I. Wer ist Vertragspartner?	160
II. Identifizierung natürlicher Personen	161
1. Anwesende natürlicher Personen	161
2. Fernidentifizierung natürlicher Personen	163
3. Videoidentifizierung	164
4. Sonstige Identifizierungsverfahren	165
III. Identifizierung juristischer Personen/Gesellschaften	165
IV. Identifizierung anderer Rechtsgestaltungen	167
V. Identifizierung Auftretender Personen	167
F. Identifizierung des wirtschaftlich Berechtigten	169
I. Abklärungs- und Identifizierungspflicht	169
II. Wer ist wirtschaftlich Berechtigter?	169
1. Rechtliches Eigentum	171
2. Stimmrechte	172
3. Kontrolle	173
4. Handeln auf Veranlassung	174
5. Mittelbare Wirtschaftliche Berechtigung	174
6. Verhinderungsbeherrschung	176
7. Fiktive Wirtschaftliche Berechtigung	176
8. Trusts, Stiftungen und sonstige Rechtsgestaltungen	179

	III. Datenerhebung	180
	IV. Überprüfung der Angaben	181
	V. Rechtsformspezifische Beispiele	182
	1. Kapitalgesellschaften	182
	2. Personengesellschaften	183
	3. Genossenschaften/Vereine	184
	4. Behörden und öffentliche Unternehmen	184
	VI. Eigentümer- und Kontrollstruktur	185
G.	Art und Zweck der Geschäftsbeziehung	185
H.	Kontinuierliche Überwachung	186

§ 6. Vereinfachte und Verstärkte Sorgfaltspflichten

A.	Überblick	189
B.	Vereinfachte Sorgfaltspflichten	189
C.	Verstärkte Sorgfaltspflichten	191
	I. Privilegierte Güterhändler	191
	II. Erhöhte Risiken (Generalklausel)	192
	III. Umfang Verstärkter Sorgfaltspflichten	194
	IV. Geschäfts- und Transaktionsverbote	195
D.	Politisch Exponierte Personen (PEP)	195
	I. Hintergrund	195
	II. Definition und Personenkreis	196
	1. Politisch Exponierte Personen	196
	2. Familienangehörige eines PEP	197
	3. Einem PEP nahestehende Personen	198
	III. Feststellung des PEP-Status	199
	IV. Verstärkte Sorgfaltspflichten bei PEP	200
	V. Ehemalige PEP	202
	VI. Nachträgliche Feststellung des PEP-Status	203
E.	Drittstaaten mit erhöhtem Risiko	204
	I. EU-Negativliste	204
	II. Bezug zu Drittstaaten mit erhöhtem Risiko	204
	III. Verstärkte Sorgfaltspflichten	205
	IV. Andere Drittstaaten mit erhöhtem Risiko	207
F.	Auffällige Transaktionen	208

§ 7. Verdachtsfälle und Verdachtsmeldungen

A.	Überblick	211
B.	Allgemeines zum Verdachtsmeldewesen	212
	I. Statistik	212
	II. Strafanzeige, Selbstanzeige	215
	III. Grenzen der Meldepflicht	216
	IV. Auskunftsersuchen der FIU	218
C.	Verdachtsmeldepflichten beim Güterhändler	219
	I. Keine Privilegierung	219
	II. Meldepflichtige Verdachtsfälle	220
	1. Vorliegen von Tatsachen	220

Inhaltsverzeichnis

	2. Verdacht der Geldwäsche	221
	3. Verdacht der Terrorismusfinanzierung	223
	4. Verletzung der Mitwirkungspflichten	224
	5. Meldepflichten rechtsberatender Berufe	226
	6. Verdachtsmeldeschwelle („Hindeuten")	226
III.	Anhaltspunktepapiere („Typologien")	228
IV.	Subjektiver Beurteilungsspielraum	229
V.	Untersuchungspflicht/Untersuchungsrecht	231
VI.	Unverzüglichkeit	233
VII.	Verdachtsmeldeschwelle: Kritische Würdigung	234
D. Erstattung von Verdachtsmeldungen		235
I.	Die FIU Deutschland	235
II.	Form und Frist	237
III.	Zuständigkeit	238
IV.	Registrierungspflicht (goAML)	238
E. Nach der Verdachtsmeldung		239
I.	Verbot der Informationsweitergabe (Tipping-Off)	239
II.	Temporäres Transaktionsverbot („Stillhaltefrist")	241
III.	Risiko eigener Strafbarkeit	242
IV.	Sorgfaltspflichten im Verdachtsfall	243
V.	Sofortmaßnahmen der FIU	244
VI.	Haftungsfreistellung, Diskriminierungsverbot	245
VII.	Informationszugang Betroffener und Akteneinsicht	247
VIII.	Rückmeldung an den Verpflichteten	248
F. Internes Verdachtsmeldewesen		249

§ 8. Praxisbeispiele im Güterhandel

A. Personenbezogene Umstände		251
I.	Briefkastenfirmen	251
II.	Komplexe Eigentümer- und Kontrollstrukturen	253
III.	Strohmanngestaltungen	254
IV.	Sanktionslistentreffer	254
V.	Geschäfte, die nicht zum Kunden passen	255
VI.	Geschäfte ohne wirtschaftlichen Sinn	256
B. Länderbezogene Umstände		256
I.	Zahlungen über Drittländer	256
II.	Geschäftspartner in Steueroasen	257
C. Transaktionsbezogene Umstände		257
I.	Auffällige Bargeldgeschäfte	257
II.	Zahlungen unbekannter Dritter (Drittzahlungen)	258
III.	Nutzung informeller Finanzdienstleister (Hawala-Banking)	260
IV.	Auffällige Nutzung von Akkreditiven	261
V.	Unnötig komplexe Geschäftsmodelle	262
VI.	Dubiose Finanzierungsquellen	262
VII.	Überzahlungen und Weiterleitungsfälle	263
VIII.	Zahlungen aus privater Quelle	264
D. Presseberichte und Auskunftsersuchen		264
I.	Negative Pressebereichte („adverse media")	264
II.	Steuerlich relevante Gestaltungen	265

§ 9. Aufsichtsbehörden und Bußgeldvorschriften

- A. Überblick 267
- B. Zuständige Aufsichtsbehörde 267
- C. Befugnisse und Pflichten der Aufsichtsbehörden 268
  - I. Vor-Ort-Prüfungen 269
  - II. Pflichten der Aufsichtsbehörden 270
  - III. Behördliche Hinweisgebersysteme 271
  - IV. Zusammenarbeit der Aufsichtsbehörden 272
- D. Mitwirkungspflichten der Verpflichteten 272
- E. Geldbußen und anderen Sanktionen 273
  - I. Ordnungswidrigkeiten 273
  - II. Widerruf der Zulassung 275
  - III. Verbot von Leitungspositionen 276
  - IV. Veröffentlichung von Entscheidungen 276
- F. Rechtsbehelfe 277

§ 10. Das Transparenzregister

- A. Überblick 280
- B. Aufbau und Funktion des Transparenzregisters 281
- C. Transparenzpflichten privatrechtlicher Vereinigungen 282
  - I. Privatrechtliche Vereinigungen 282
  - II. Wirtschaftlich Berechtigte 284
  - III. Besondere Transparenzpflichten 285
  - IV. Eintragungspflichten und Übergangsfristen 287
  - V. Auskunftspflichten der Wirtschaftlich Berechtigten und Anteilseigner ... 289
  - VI. Ausnahmen von der Eintragungspflicht (Mitteilungsfiktionen) 290
    1. Unbedingte Mitteilungsfiktion (Börsennotierte Gesellschaften) 291
    2. Allgemeine Mitteilungsfiktion (alle Gesellschaften) 292
    3. Gruppenprivileg für Töchter börsennotierter Gesellschaften 294
- D. Trust, Stiftungen und ähnliche Rechtsgestaltungen 294
  - I. Wirtschaftlich Berechtigte bei Trusts und ähnlichen Rechtsgestaltungen .. 295
  - II. Besonderheiten 296
- E. Einsichtnahme in das Transparenzregister 296
  - I. Berechtigte und Zugangsvoraussetzungen 296
  - II. Zugangssperren 298
  - III. Ausdrucke und Bestätigungen 300
  - IV. Auskunftsansprüche Wirtschaftlich Berechtigter 300
- F. Unstimmigkeitsverfahren 300
  - I. Unstimmigkeitsmeldungen 300
  - II. Unstimmigkeiten 301
  - III. Unstimmigkeitsverfahren 302
- G. Gebühren und Sanktionen 303
- H. Europäische Registervernetzung 303

Inhaltsverzeichnis

§ 11. Besondere Konstellationen

- A. Vermittler im Güterhandel 305
- B. Kunst- und Antiquitätenhandel als Güterhandel 306
- C. M&A-Transaktionen 309
- D. Industrielle Holdings als Finanzunternehmen 309
- E. Syndizi als Verpflichtete 310
    - I. Syndizi im GwG 311
    - II. Kataloggeschäfte 311
    - III. Risikomanagement 312
    - IV. Kundensorgfaltspflichten 313
    - V. Verdachtsmeldepflichten 313
    - VI. Immobilien-Melde-Verordnung 314

§ 12. Rechtspolitischer Ausblick

Anhang

- I. Mitgliedsländer der FATF 323
- II. Nützliche Links 324

Stichwortverzeichnis 325

Abkürzungsverzeichnis

AO	Abgabenordnung
AsylG	Asylgesetz
AufenthG	Gesetz über den Aufenthalt, die Erwerbstätigkeit und die Integration von Ausländern im Bundesgebiet
BaFin	Bundesanstalt für Finanzdienstleistungen
BKA	Bundeskriminalamt
BtMG	Gesetz über den Verkehr mit Betäubungsmitteln
CPI	Corruption Perception Index
CTF	combat terrorism financing
EU	Europäische Union
EWR	Europäischer Wirtschaftsraum
FATF	Financial Action Task Force
FIU	Financial Intelligence Unit
GFA	Gefährdungsanalyse
GWPräOptG	Gesetz zur Optimierung der Geldwäscheprävention
IKS	Internes Kontrollsystem
IWF	Internationaler Währungsfonds
KWG	Gesetz über das Kreditwesen
KYC	Know Your Customer
OrgKG	Gesetz zur Bekämpfung des illegalen Rauschgifthandels und anderer Erscheinungsformen der organisierten Kriminalität
PEP	Politisch exponierte Persönlichkeit
SAR	suspicious activity report
STR	suspicious transaction report
TI	Transparency International
UBO	Ultimate Beneficial Owner
UNDOC	Büro der Vereinten Nationen für Drogen- und Verbrechensbekämpfung
VAG	Gesetz über die Beaufsichtigung der Versicherungsunternehmen
ZAG	Gesetz über die Beaufsichtigung von Zahlungsdiensten
ZIdPrüfV	Verordnung über die Bestimmung von Dokumenten, die zur Überprüfung der Identität einer nach dem Geldwäschegesetz zu identifizierenden Person zum Zwecke des Abschlusses eines Zahlungskontovertrags zugelassen werden

Allgemeine Abkürzung: Anlage 1 unter https://rsw.beck.de/verlag/redaktionsrichtlinie.

Verzeichnis der (abgekürzt) zitierten Literatur

Monografien und Dossiers

Bausch/Voller Geldwäsche-Compliance	*Bausch/Voller*, Geldwäsche-Compliance für Güterhändler, 2. Aufl. 2020
BeckOK StGB	BeckOK StGB, v. Heintschel-Heinegg, 50. Edition, Stand 1.5.2021
Krenberger/Krumm	*Krenberger/Krumm*, OWiG, 6. Aufl. 2020
Bussmann Geldwäscheprävention	*Bussmann*, Geldwäscheprävention im Markt, 2018
Diergarten/Barreto da Rosa Geldwäscheprävention	*Diergarten/Barreto da Rosa*, Praxiswissen Geldwäscheprävention, 2. Aufl. 2021
Fischer	*Fischer*, StGB, 68. Auflage, 2021
Grützner/Jakob Compliance A-Z	*Grützner/Jakob*, Compliance von A-Z, 2. Aufl. 2015
HML Corporate Compliance	*Hauschka/Moosmayer/Lösler*, Corporate Compliance, 3. Aufl. 2016
Herzog/Mülhausen Geldwäschebekämpfung-HdB	*Herzog/Mülhausen*, Geldwäschebekämpfung und Gewinnabschöpfung, 2006
Herzog	*Herzog/Achtelik*, Geldwäschegesetz, 4. Aufl. 2020
Koslowski	Koslowski, Harmonisierung der Geldwäschestrafbarkeit in der Europäischen Union, 2016
NK-StGB	*Kindhäuser/Neumann/Paeffgen*, Strafgesetzbuch, 5. Aufl. 2017
Mildeberger/Fein Geldwäsche-Compliance	*Mildeberger/Fein*, Geldwäsche-Compliance, 2018
MSW KonzernStrafR-HdB	*Minkoff/Sahan/Wittig*, Konzernstrafrecht, 2020
MüKoStGB	*Erb/Schäfer*, Münchener Kommentar zum Strafgesetzbuch, Band 4, 4. Aufl. 2021
Schneider Geldwäsche	*Schneider*, Der Umfang der Geldwäsche in Deutschland und weltweit, 2016
Wittig Wirtschafts-StrafR	*Wittig*, Wirtschaftsstrafrecht, 5. Aufl. 2020
Wohlschlägl-Aschberger Geldwäsche	*Wohlschlägl-Aschberger*, Praxiswissen Geldwäsche, 2011
Wohlschlägl-Aschberger Geldwäscheprävention	*Wohlschlägl-Aschberger*, Geldwäscheprävention, 2018

Verzeichnis der (abgekürzt) zitierten Literatur

Artikel

Bielefeld/Wengenroth, Neue Risiken für Unternehmen: Was auf Güterhändler nach der (geänderten) 4. EU-Geldwäsche-Richtlinie zukommt, BB 2016, 2499

Bittmann, Tatertrag – Das unbekannte Wesen – Abgrenzung zu von § 74 StGB erfassten tatbedingten Zuflüssen, NZWiSt 2021, 133

Bode/Gätsch, Das Transparenzregister nach dem Regierungsentwurf des Transparenzregister- und Finanzinformationsgesetzes, NZG 2021, 437

Breit, Die Gesetzesvorhaben der Europäischen Kommission zur Bekämpfung von Geldwäsche, GWuR 2021, 47

Brian/Frey/Krais, Umsetzung der Fünften Geldwäsche-Richtlinie in Deutschland, CCZ 2019, 245

Bülte, Reform des § 261 StGB: Vermeintlich effektive Abschöpfung statt Rechtsstaatlichkeit, GwuR 01/2021, 8

Bülte, Zu den Gefahren der Geldwäschebekämpfung für Unternehmen, die Rechtsstaatlichkeit und die Effektivität der Strafverfolgung, NZWiSt 2017, 276

Bussmann, Dunkelfeldstudie über den Umfang der Geldwäsche in Deutschland und über die Geldwäscherisiken in einzelnen Wirtschaftssektoren, 2015, http://www.w-t-w.org/de/wp-content/uploads/2016/02/Geldwaesche-Deutschland-Studie.pdf, zuletzt abgerufen am 1.10.2017

Bussmann/Veljovic, Die hybride strafrechtliche Verfolgung der Geldwäsche – Schlussfolgerungen aus den Ergebnissen einer bundesweiten Studie, NZWiSt 2020, 417

Bussmann/Vockrodt, Geldwäsche-Compliance im Nicht-Finanzsektor: Ergebnisse aus einer Dunkelfeldstudie, CB 2016, 138

Danda, Geldwäscheprävention und Kundenidentifikation in der Kunstauktion, NJOZ 2021, 801

El-Ghazi/Laustetter, Das Gesetz zur Verbesserung der strafrechtlichen Bekämpfung der Geldwäsche – Ein Überblick über die wichtigsten Änderungen beim Straftatbestand des § 261 StGB und bei der selbständigen Einziehung nach § 76a Abs. 4 StGB, NZWiSt 2021, 209

El-Ghazi/Marstaller/Zimmermann, Die erweiterte selbständige Einziehung gem. § 76a Abs. 4 StGB nach der Reform des Geldwäschestrafrechts, NZWiSt 2021, 297

Engels/Gemmerich, Update zum Transparenzregister- Finanzinformationsgesetz, Newsdienst Compliance 2021, 210015

Eufinger, Aufsichtsrechtliche Bestimmungen des Finanzmarkts zur Zuverlässigkeit von Personen und ihre arbeitsrechtliche Umsetzung, WM 2017, 1581

Fahl, Die Strafbarkeit des Notars wegen Geldwäsche (§ 261 StGB) zwischen Urkundsgewährungs- (§ 15 BNotO), Verschwiegenheits- (§ 18 BNotO) und Meldepflicht (§ 43 GwG), DNotZ 2019, 580

Findeisen, Hat der neue Geldwäschestraftatbestand Auswirkungen für die Verpflichteten nach § 2 GWG, GWuR 2021, 54

Fuchs/Lakenberg, Das Transparenzregister nach dem neuen Geldwäschegesetz, NJW-Spezial 2017, 463

Gazeas, Das neue Geldwäsche-Strafrecht: Weitreichende Folgen für die Praxis NJW 2021, NJW 2021, 1041

Gehling/Lüneborg, Pflichten des Güterhändlers nach dem Geldwäschegesetz, NZG 2020, 1164

Gehrmann/Wengenroth, geldwäscherechtliche Pflichten für Güterhändler am Beispiel von Immobilienunternehmen, BB 2019, 1035

Goette, Das Transparenzregister – Aktuelle Fragen der Praxis unter besonderer Berücksichtigung der erweiterten FAQs des Bundesverwaltungsamts zur GmbH & Co. KG und der Umgang mit drohenden Bußgeldern, DStR 2020, 453

Verzeichnis der (abgekürzt) zitierten Literatur

Hennecke, „Darf ich in Bitcoin zahlen?" – Geldwäscherisiken für Industrie- und Handels-Unternehmen bei Bitcoin-Transaktionen, CCZ 2018, 120

Hofmann/Arnold, Der wirtschaftlich Berechtigte – Rechtsunsicherheiten bei der Anwendung des GwG, GWuR 2021, 49

Hütten/Assmann, Das elektronische Transparenzregister – Mitteilungs- und Angabepflichten, AG 2017, 449

Jarass, Probleme der extraterritorialen Geltung verwaltungsrechtlicher Gesetze am Beispiel des neuen Geldwäschegesetzes, RIW 2017, 642

Klugmann, Das neue Geldwäschegesetz – was ändert sich für Rechtsanwälte?, NJW 2017, 2888

Köhler, Die Reform der strafrechtlichen Vermögensabschöpfung – Teil 1/2, NStZ 2017, 497

Köhler/Burkhard, Die Reform der strafrechtlichen Vermögensabschöpfung – Teil 2/2, NStZ 2017, 665

Köllner, Die neue Geldwäsche-Gesetzgebung Konsequenzen für Sanierer und Verwalter, NZI 2021, 316

Komma, Der Geldwäscheverdacht als Haftungsfalle, CB 2019, 197

Krais, Die geldwäscherechtliche Identifizierung von Personen, die für den Vertragspartner auftreten, CCZ 2016, 185

Krais, Die Pläne zur Errichtung eines zentralen Transparenzregisters, CCZ 2017, 98

Krais, Geldwäscherechtliche Pflichten der Syndikusrechtsanwälte, ZUJ 3/2020, 29

Krais, Neuigkeiten zum Geldwäschegesetz (GwG), ZUJ 2/2021, 16

Krais, Syndikusrechtsanwälte als Verpflichtete nach dem Geldwäschegesetz, CCZ 2019, 96

Krais, Zu den Neuregelungen der 4. EU-Geldwäsche-Richtlinie, CCZ 2015, 251

Leisch/Boerger, Geldwäscherechtliche Gruppenpflichten nach §9 GwG, CB 2017, 460

Lindner/Lienke/Aydur, aktuelle Herausforderungen bei der Bekämpfung von Terrorismusfinanzierung – Die Folgen der Anschläge von Paris und Brüssel für das IT-Monitoring von Kreditinstituten nach §25 h Abs. 2 KWG, CB 2016, 371

Lochen, Geldwäsche-Compliance im Industrieunternehmen, CCZ 2017, 226

Longrée/Persch, das neue Transparenzregister in der Praxis, NZG 2017, 1081

Maume/Haffke/Zimmermann, Bitcoin versus Bargeld – Die geldwäscherechtliche Verpflichtung von Güterhändlern bei Zahlungen mit Kryptowährungen, CCZ 2019, 149

Meyer, Steuerhinterziehung und Geldwäsche – Folgewirkungen der Reform des § 261 StGB, GWuR 2021, 61

Müller, Neufassung des Geldwäschetatbestands – Der „all-crimes-approach", NJW-Spezial 2021, 312

Nordhues/Zenker, der wirtschaftlich Berechtigte (§ 3 GwG) nach den aktuellen FAQ des Bundesverwaltungsamts, GWR 2021, 138

Pelz/Schorn, Geldwäscherechtliche Pflichten von Syndikusrechtsanwälten – Infektionsgefahr für Arbeitgeber?, NJW 2018, 1351

Pollmann, AMLA – die neue europäische Geldwäscheaufsicht, GWuR 2021, 64

Rieg, Güterhändler-Gruppen nach der GwG-Novelle 2020 – alles (leider) wie gehabt!, NZWiSt 2020, 297

Rieg, Prüfungs- und Handlungsbedarf aufgrund der Einführung des Transparenzregisters, BB 2017, 2310

Rodatz/Judis/Bergschneider, Der Syndikusrechtsanwalt als Verpflichteter nach dem Geldwäschegesetz, CCZ 2020, 93 (94)

Rothe/Schlombs, Übles von jemandem denken – die Verdachtsfälle im Geldwäschegesetz aus Sicht von Güterhändlern, ZRFC 2018, 266

Scheben, Geldwäscheprävention im Unternehmen: Die bevorstehenden Änderungen des Geldwäschegesetzes mit Blick auf Güterhändler, CB 2016, 412

Scheben, Referentenentwurf zur Umsetzung der 4. EU-Geldwäsche: Was ändert sich für Güterhändler, CB 2017, 21

Verzeichnis der (abgekürzt) zitierten Literatur

Scheben/Ellerbrock, Datenschutzrechtliche Aspekte der Geldwäscheprävention durch Güterhändler, CB 2019, 93

Scherb, Die Vierte EU-Geldwäscherichtlinie – Weitere geldwäscherechtliche Pflichten für Bereiche außerhalb des Finanzsektors, CB 2013, 316

Scherp, Geldwäscherisiken bei Immobilientransaktionen, BB 2017, Heft 19, Umschlagteil, I

Scherp, Terrorismusfinanzierung – Ist es an der Zeit für eine neue Risiko-Einschätzung?, CB 2016, 408

Scherp, Update zum Umgang mit Geldwäscherisiken, CB 2017, 275

Schindler, Ist § 261 StGB noch zu retten? Anmerkungen zur Geldwäschebekämpfung im Lichte des Referentenentwurfs vom 11.8.2020, NZWiSt 2020, 457

Schuhr, strafrechtliche Relevanz der „Panama Paper" de lege lata: Untreue, Steuerhinterziehung, Geldwäsche, etc., NZWiSt 2017, 265

Schulte (Interview), die Verdachtsmeldungen steigen weiterhin – auch durch die neue Meldeverordnung im Immobilienbereich, GWuR 2021, 19

Spoerr/Roberts, Die Umsetzung der Vierten Geldwäsche-Richtlinie: Totale Transparenz, Geldwäschebekämpfung auf Abwegen?, WM 2017, 1142

Sundermann/von Busekist/Judis, Know-Your-Customer oder doch „Know Your Contracting Party"?, CCZ 2020, 291

Teichmann/Park, Geldwäscherei und Terrorismusfinanzierung im Diamantenhandel, CB 2018, 183

Travers/Michaelis, Der neue § 261 StGB – die deutsche Umsetzung der EU-Richtlinie über die strafrechtliche Bekämpfung der Geldwäsche, NZWiSt 2021, 125

von Drathen/Moelgen, Das neue Geldwäschegesetz, WPg 2017, 955

Wende/Kröger, Änderungen im Geldwäschegesetz: Das Transparenzregister- und Finanzinformationsgesetz, GWuR 2021, 12

Willem/Jankoswki, Geldwäscherisiken bei Immobilientransaktionen, CB 2015, 453

Zeidler, Irrungen und Wirrungen – Die unzulängliche staatliche Regulierung im Geldwäscherecht, CCZ 2014, 105

§ 1. Einführung

Literatur:
Beckmann, Das Gesetz zur Umsetzung der Vierten EU-Geldwäscherichtlinie – Was ändert sich für Steuerberater?, DStR 2017, 1724; Behrens/Schadtle, Erlaubnispflichten für Bank- und Finanzdienstleistungen im Zusammenhang mit Kryptowerten nach Umsetzung der Fünften EU-Geldwäscherichtlinie, WM 2019, 2099; Bochmann, Referentenentwurf vom 20.5.2019 zur Umsetzung der Änderungsrichtlinie zur Vierten EU-Geldwäscherichtlinie, GmbHR 2019, 640; Bochmann, Referentenentwurf vom 20.5.2019 zur Umsetzung der Änderungsrichtlinie zur Vierten EU-Geldwäscherichtlinie, GmbHR 2019, 640; Simone Breit, Die Gesetzesvorhaben der Europäischen Kommission zur Bekämpfung von Geldwäsche, GWuR 2021, 47; Brian/Krais/Frey, Umsetzung der Fünften Geldwäsche-Richtlinie in Deutschland, CCZ 2019, 245; Bülte, Zu den Gefahren der Geldwäschebekämpfung für Unternehmen, die Rechtsstaatlichkeit und die Effektivität der Strafverfolgung, NZWiSt 2017, 276; Cappel/Hacke, Update des Geldwäscherechts – Neuer Regierungsentwurf zur Umsetzung der 5. Geldwäscherichtlinie, Newsdienst Compliance 2019, 210008; Feiler/Kröger, CB-Beitrag: Geldwäschegesetz-Novelle, 2020, CB 2020, 50; Frey, Fünfte Geldwäsche-Richtlinie – Auswirkungen in Deutschland, CCZ 2018, 170; Glaab/Zentes, Referentenentwurf zur Umsetzung der 4. EU-Geldwäscherichtlinie – Was kommt auf die Verpflichteten zu?, BB 2017, 67; Glos/Hildner/Glasow, Der Regierungsentwurf zur Umsetzung der Vierten EU-Geldwäscherichtlinie – Ausweitung der geldwäscherechtlichen Pflichten außerhalb des Finanzsektors, CCZ 2017, 83; Henke/von Busekist, Das neue Geldwäscherecht in der Nichtfinanzindustrie, DB 2017,1567; Krais, Zu den Änderungen der 5. EU-Geldwäscherichtlinie, NZWiSt 2018, 321; Krais Zu den Neuregelungen der 4. EU-Geldwäscherichtlinie CCZ 2015, 251; Lindner/Lienke, Vierte EU-Geldwäscherichtlinie: Wesentliche Neuerungen für deutsche Kreditinstitute, CB 2015, 408; Kunz, Die Auslegungs- und Anwendungshinweise der BaFin zum GwG, CB 2019, 99; Lindner/Lienke/Aydur, Die neue EU-Geldtransferverordnung – Wesentliche Neuerungen für zwischengeschaltete Zahlungsdienstleister, CCZ 2016, 90; Müller, Transparenz auf allen Ebenen – Zur Umsetzung der Vierten Geldwäscherichtlinie – Teil 1, NZWiSt 2017, 87; Müller Transparenz auf allen Ebenen – Zur Umsetzung der Vierten Geldwäscherichtlinie – Teil 2 NZWiSt 2017, 121; Pellmann/Schach, AMLA – die neue europäische Geldwäscheaufsicht, GWuR 2021, 64; Roberts/Spoerr, Die Umsetzung der Vierten EU-Geldwäscherichtlinie: Totale Transparenz, Geldwäschebekämpfung auf Abwegen?, WM 2017, 1142; Barbara Scheben, Referentenentwurf zur Umsetzung der 4. EU-Geldwäscherichtlinie: Was ändert sich für Güterhändler?, CB 2017, 21; Scherp, Fünfte EU-Geldwäscherichtlinie – Umsetzung und Konsequenzen für die deutsche Wirtschaft, DB 2018, 2681; Scherp, Update zum Umgang mit Geldwäscherisiken, CB 2017, 275; Schubert, Das neue Geldwäschegesetz – Versuch einer ersten Annäherung aus Sicht des rechtlichen Beraters und Kautelarjuristen – Teil 1 NJOZ 2018, 41, Teil 2 NJOZ 2018, 81; Schlitt, Das Gesetz zur Umsetzung der Vierten EU-Geldwäscherichtlinie – wesentliche Neuerungen für Versicherungsunternehmen VersR 2017, 1313; Schmollinger, Transparenz-Finanzinformationsgesetz stößt auf Kritik Aufsatz, ZGR 2020, 464; Spoerr/Roberts, Die Umsetzung der Vierten Geldwäscherichtlinie: Totale Transparenz, Geldwäschebekämpfung auf Abwegen?, WM 2017, 1142; Trautmann/Kissler, Kryptowerte: Hinweise und Besonderheiten betreffend die Prävention von Geldwäsche und Terrorismusfinanzierung, CB 2020, 418; Teichmann/Hürlimann, Aktuelle Trends im Bereich der Geldwäsche und der Terrorismusfinanzierung CB 2019, 428; Zentes/Glaab, Änderungen durch die GwG-Novelle zur Umsetzung der Fünften EU-Geldwäscherichtlinie und ihre Auswirkungen auf die Verpflichteten BB 2019, 1667.

A. Geldwäscheparadies Deutschland

Kaum ein Jahr vergeht ohne ausführliche Presseberichte über internationale Geldwäsche-Skandale mit Bezügen auch zu Deutschland. Geldwäsche ist in der Presseberichterstattung zu einem fast alltäglichen Phänomen geworden.[1] In den letzten Jahren erschienen zB wichtige Berichte zu den „*Panama Papers*" (2016)[2], den „*Paradise Papers*" (2017)[3], dem „*Russian Laundromat* (03/2017)[4]" und seinem Ableger dem „*Azerbaijani Laundromat*" (09/2017), dem Geldwäsche-Skandal um die *Danske Bank* (09/2018)[5], die „*Angola-Leaks*" (01/2020)[6], die „*FinCes-Papers*"[7] (11/2020) und nicht zuletzt die über die Firma

---
[1] https://www.theguardian.com/world/2017/mar/20/british-banks-handled-vast-sums-of-laundered-russian-money, Zugriff am 15.10.2021.
[2] https://panamapapers.sueddeutsche.de/, Zugriff am 15.10.2021.
[3] https://www.sueddeutsche.de/thema/Paradise_Papers, Zugriff am 15.10.2021.
[4] https://en.wikipedia.org/wiki/Russian_Laundromat, Zugriff am 15.10.2021.
[5] https://de.wikipedia.org/wiki/Danske_Bank, Zugriff am 15.10.2021.
[6] https://www.icij.org/investigations/luanda-leaks/, Zugriff am 15.10.2021.

Wirecard (06/2020)[8], zu den *OpenLux* (02/2021)[9] und ganz frisch die Pandora Papers.[10] Zwar geht es in den Berichten nur zum Teil um Geldwäsche im strafrechtlichen Sinn.[11] Das stetig wiederkehrende Mantra vieler Berichte aber ist: Deutschland sei ein Paradies für Geldwäscher.[12] Dass dies eine Schlagzeile wert ist, überrascht. Deutschlands Wirtschaftskraft und Attraktivität als Wirtschaftsstandort zieht Gelder aus illegaler Quelle an, insbes. aus dem Ausland. Dies ist jedoch nicht spezifisch für Deutschland, sondern typisch für alle prosperierenden Wirtschaftsnationen.[13] Studien zeigen, dass die verbreitete Vorstellung, das Risiko der Geldwäsche in Ländern mit einem hohen Grad Organisierter Kriminalität sei besonders hoch, unzutreffend sind. Gewinne aus der Organisierten Kriminalität und anderen Vortaten werden nicht in Deutschland erwirtschaftet, sondern im Ausland. Geldwäsche ist transnationale Kriminalität.[14] Die Nationale Risikoanalyse stuft die Geldwäschebedrohung für die Bundesrepublik Deutschland auf einer fünfstufigen Skala als insgesamt mittelhoch ein und begründet dies unter anderem mit der hohen Bargeldintensität der heimischen Wirtschaft (→ § 4 Rn. 50). Von einem Paradies für Geldwäscher ist dort an keiner Stelle die Rede.

2 Der Versuch den Umfang der Geldwäsche in der Welt und in Deutschland zu beziffern, muss naturgemäß scheitern. Tatsächlich sind Zahlen stets spekulativ. Untersuchungen beschränken sich auf vage Schätzungen; nach wie vor fehlt es an Messgrößen und einer verlässlichen Dunkelfeldforschung.[15] Immer wieder wird behauptet, in Deutschland würden jährlich 100 Mrd. EUR gewaschen.[16] In der Presse wurde aber auch schon die Zahl von 500 Mrd. EUR kolportiert.[17] Allein für den Immobilienbereich werden 20–30 Mrd. EUR geschätzt,[18] wobei Studien, die zu niedrigeren Ergebnissen kommen im politischen und medialen Raum keine Wahrnehmung finden.[19] Der Betrag von 100 Mrd. beruht auf den Ergebnissen einer Dunkelfeldstudie der Universität Halle-Wittenberg vom August 2015. Er stellt den maximalen Schätzbetrag der Studie dar. Tatsächlich schätzt sie den Umfang der Geldwäsche in Deutschland auf 50–100 Mrd. EUR jährlich.[20] Die Studie wurde im Vorfeld der GwG-Novelle 2017 (→ Rn. 12) vom BMF beauftragt. Methodik und Ergebnis der Studie werden kritisiert.[21] Sie geht im Wesentlichen von der Zahl der Geldwäsche-

---

[7] https://projekte.sueddeutsche.de/artikel/wirtschaft/das-sind-die-fincen-files-e977559/, Zugriff am 15.10.2021.
[8] https://www.tagesschau.de/investigativ/br-recherche/wirecard-185.html, Zugriff am 15.10.2021.
[9] https://www.sueddeutsche.de/thema/OpenLux, Zugriff am 15.10.2021.
[10] https://projekte.sueddeutsche.de/artikel/politik/pandora-papers-fragen-und-antworten-e592911/, Zugriff am 6.10.2021.
[11] S. dazu die Ausführungen von Schuhr NZWiSt 2017, 265.
[12] https://www.handelsblatt.com/finanzen/banken-versicherungen/banken/kriminalitaet-deutschland-ist-nach-wie-vor-ein-paradies-fuer-geldwaescher/25245522.html, Zugriff am 15.10.2021.
[13] S. Bussmann, Dunkelfeldstudie über den Umfang der Geldwäsche in Deutschland und über die Geldwäscherisiken in einzelnen Wirtschaftssektoren, 2015, http://www.w-t-w.org/de/wp-content/uploads/2016/02/Geldwaesche-Deutschland-Studie.pdf, Zugriff am 15.10.2021.
[14] Bussmann/Vockrodt CB 2016, 138 (139).
[15] Gehrmann/Wengenroth BB 2019, 1035 (1036); Herzog/Mülhausen Geldwäschebekämpfung-HdB/Vogt § 1 Rn. 28 mwN.
[16] Dr. Johann Fechner, MDB (SPD), ohne Quellenangabe, Deutscher Bundestag, Stenografischer Bericht 209, Sitzung vom 11.2.2021, S. 24412; eine Studie der ECOLEF aus 2013 nennt eine ähnliche Summe, siehe ECOLEF, The Economic and Legal Effectiveness of Anti-Money Laundering and Combatting Terrorist Financing Policy, Februar 2013, http://www2.econ.uu.nl/users/unger/ecolef_files/Final%20ECOLEF%20report%20(digital%20version).pdf, Zugriff am 15.10.2021.
[17] https://www.handelsblatt.com/politik/deutschland/schattenwirtschaft-deutschland-das-paradies-fuer-geldwaescher/5807782.html?ticket=ST-10802-wrHKlzp6flpcAZPIdR1d-cas01.example.org, Zugriff am 15.10.2021.
[18] Friedrich Straetmanns, MDB (DIE LINKE), allerdings ohne Quellenangabe, Deutscher Bundestag, Stenografischer Bericht 209, Sitzung vom 11.2.2021, S. 24416; s. dagegen Bussmann/Veljovic NZWist 2020, 417, die von 3–5 Mrd. ausgehen.
[19] Gehrmann/Wengenroth BB 2019, 1035 (1036).
[20] S. Bussmann, Dunkelfeldstudie über den Umfang der Geldwäsche in Deutschland und über die Geldwäscherisiken in einzelnen Wirtschaftssektoren, http://www.w-t-w.org/de/wp-content/uploads/2016/02/Geldwaesche-Deutschland-Studie.pdf, Zugriff am 1.10.2017.
[21] Schneider Geldwäsche S. 22f.

Verdachtsmeldungen aus. Es liegt jedoch nicht jeder Verdachtsmeldung Geldwäsche zugrunde, ganz im Gegenteil (→ § 7 Rn. 61). Ähnlich ungenaue Schätzungen gibt es auf internationaler Ebene. Der Internationale Währungsfonds (IWF) bezifferte zB 1998 die Gesamtsumme von Vermögenswerten, die jedes Jahr gewaschen werden, auf ca. 2–5 % der weltweiten Wirtschaftsleistung.[22] Im Mai 2016 nannte der IWF Zahlen zwischen 1,3 und 1,75 Billionen USD jährlich.[23] Eine Studie des Büros der Vereinten Nationen für Drogen und Verbrechensbekämpfung (UNDOC) aus 2009 ging von Vermögenswerten im Wert von ca. 2,7 % der weltweiten Wirtschaftsleistung oder umgerechnet (damals) rund 1.6 Billionen USD jährlich aus.[24] Allein aufgrund der Ausdehnung des Katalogs möglicher Vortaten (→ § 2 Rn. 18) der Geldwäsche von anfangs wenigen spezifischen Drogendelikten auf später über 100 (!) Straftaten und nun durch die Reform des § 261 StGB (→ § 2 Rn. 10) auf alle (!) Straftaten des Kern- und Nebenstrafrechts, wurde über die Jahre die Summe der Vermögenswerte stetig vervielfacht, die theoretisch Gegenstand von Geldwäsche sein kann.[25] Sollten die zuvor erwähnten Zahlen auch nur annähernd der Realität gerecht werden, würde dies bedeuten, dass nicht unerhebliche Teile unseres aktuellen Umlauf- und Anlagevermögens aus Straftaten „herrühren,"[26] dh gewaschenes Geld und Vermögen darstellten. Tatsächlich dienen Studien dieser Art meist als Begründung für noch mehr Regulierung und Bürokratie.[27] Zu diesem Zweck wird vordergründig die Gefahr schwerster Straftaten der organisierten Kriminalität betont.[28] Seit Mitte der 1990er Jahre wird Geldwäsche zunehmend für eine Vielzahl wirtschaftlicher, politischer und sozialer Phänomene verantwortlich gemacht. Zuletzt hieß es mit Blick auf den Immobilienmarkt Geldwäsche – und nicht die seit Jahren historisch niedrigen Zinsen an allen alternativen Anlagemärkten – sei verantwortlich für gestiegene Immobilienpreise und Mieten in Deutschland.[29] Wenn man berücksichtigt, dass dasselbe Credo bereits in einer Studie des BKA vom Oktober 2012[30] erhoben wurde, wird klar, dass es dabei nicht nur um Geldwäsche, sondern auch viel um Tagespolitik geht. Unbestreitbar gibt es Risiken im Immobiliensektor, vor allem wegen der unbegrenzten Möglichkeit bar zu bezahlen und die Zahlungen ohne Mitwirkung des Notars abzuwickeln. Es verstellt aber den Blick auf das Wesentliche, der Geldwäsche (und damit auch ihrer Bekämpfung) nicht mehr und nicht weniger zuzuschreiben als eine schicksalhafte Bedeutung für die Integrität, Stabilität und das Ansehen der Finanzbranche sowie der Sicherheit des europäischen Binnenmarkts, Deutschlands und der EU als Ganzes.[31] Wegen der mit den genannten Zahlen verbundenen Unsicherheit veröffentlicht die FATF (→ Rn. 3) keine Zahlen betreffend den Umfang von Geldwäsche.[32] Für die Zwecke der Geldwäscheprävention in Industrie- und Handelsunternehmen ist es letztlich unerheblich, wie genau solche Zahlen die Realität beschreiben. Es wäre unseriös zu

---

[22] Tanzi, Vito, Money Laundering and the International Financial System (1996). IMF Working Paper No. 96/55, https://papers.ssrn.com/sol3/papers.cfm?abstract_id=882899&download=yes, die Studie wird vielfach zitiert, die Download-Version steht aber nur auf Chinesisch zur Verfügung, Zugriff am 15.10.2021.
[23] https://www.sueddeutsche.de/wirtschaft/internationaler-waehrungsfonds-was-korruption-und-geldwaesche-die-welt-kosten-1.2990790, Zugriff am 15.10.2021.
[24] https://www.unodc.org/unodc/en/frontpage/2011/October/illicit-money_-how-much-is-out-there.html, Zugriff am 15.10.2021.
[25] Herzog/Mülhausen Geldwäschebekämpfung-HdB/Pieth § 4 Rn. 26.
[26] Fischer StGB § 261 Rn. 4b.
[27] Scherp BB 2017, Heft 19, Umschlagteil I.
[28] Lesenswert dazu die Pressemitteilung der CDU/CSU vom 10.2.2021 anlässlich der Reform des § 261 StGB, https://www.cducsu.de/presse/pressemitteilungen/geldwaeschevorschriften-verschaerft, Zugriff am 15.10.2021.
[29] https://www.sueddeutsche.de/wirtschaft/geldwaesche-immobilien-1.4500051, Zugriff am 15.10.2021.; dazu auch Gehrmann/Wengenroth BB 2019, 1035 (1036).
[30] BKA, Fachstudie im Immobiliensektor, 25.8.2012, https://www.bka.de/SharedDocs/Downloads/DE/UnsereAufgaben/Deliktsbereiche/GeldwaescheFIU/fiuFachstudieGeldwaescheImmobiliensektor.html, Zugriff am 15.10.2021.
[31] Schindler NZWist 2020, 457 (458) mit Verweis auf den Referentenentwurf.
[32] https://www.fatf-gafi.org/faq/moneylaundering/, Zugriff am 15.10.2021.

behaupten, dass nicht auch in Deutschland Jahr für Jahr in erheblichem Umfang Gelder illegalen Ursprungs gewaschen oder für terroristische Zwecke gesammelt und bereitgestellt werden. Industrie- und Handelsunternehmen können in den Vorgang der Geldwäsche genauso einbezogen werden wie andere Unternehmen. Teil einer guten Compliance und Corporate Governance muss daher sein, sich nicht nur dagegen zu wappnen, dass Mitarbeiter und Partner des Unternehmens aus falsch verstandenem Interesse Straftaten begehen, die das Unternehmen begünstigen sollen. Vielmehr muss das Augenmerk auch darauf gerichtet werden, dass das Unternehmen nicht von Dritten (unwissentlich) für Zwecke der Geldwäsche, der Terrorismusfinanzierung oder für andere Straftaten missbraucht wird. Das ist das eigentliche Ziel der Geldwäsche-Compliance.

B. Geldwäsche und Drogenkriminalität

3 Geldwäsche gibt es vermutlich schon so lange, wie es Geld gibt.[33] Der Begriff ist eine Wortschöpfung aus der Zeit der Prohibition in den USA.[34] Oft wird er in Zusammenhang mit Alphonse Gabriel („Al") Capone gebracht – dem berüchtigten Gangsterboss des Chicago der 1920er und 1930er Jahre.[35] Er soll – wie andere Kriminelle seiner Zeit auch – illegal erworbenes Bargeld in damals weit verbreitete Waschsalons investiert haben, um dessen Herkunft zu verschleiern. Verurteilt wurde er 1931 wegen Steuerhinterziehung. Erst 1986 wurde in den USA im Zusammenhang mit der Bekämpfung der Drogenkriminalität durch den Money Laundering Control Act die weltweit erste Strafnorm zur Geldwäsche geschaffen.[36] Etwa zur selben Zeit erfuhr das Thema Geldwäsche auch auf internationaler Ebene Aufmerksamkeit. Im Zuge der Bemühungen den weltweiten Handel mit illegalen Drogen einzudämmen (*„war on drugs"*), wurde seit 1984 am UN-Suchtstoffübereinkommen (→ Rn. 7) gearbeitet. Parallel hierzu vereinbarten die Staatschefs der G7-Staaten und der Präsident der Europäischen Kommission 1989 innerhalb der Organisation für wirtschaftliche Zusammenarbeit (OECD) eine Arbeitsgemeinschaft mit Schwerpunkt Geldwäschebekämpfung einzurichten, die Financial Action Task Force (FATF). Sie hat ihren Sitz bei der OECD in Paris. 39 Staaten und zwei internationale Organisationen, darunter die Europäische Kommission, sind Mitglied der FATF. Viele Staaten und internationale Organisationen haben Beobachterstatus.[37] Deutschland ist seit 1990 Mitglied der FATF[38] und hat bis 2022 die Präsidentschaft der FATF inne.[39]

4 Im Rahmen ihres Mandates veröffentliche die FATF 1990 zum ersten Mal 40 Empfehlungen (die FAFT-Empfehlungen) zur Bekämpfung der Geldwäsche. Die aktuelle Version der FATF-Empfehlungen datiert von 2012. Sie wurde aber auch danach noch aktualisiert, zuletzt im Oktober 2020.[40] Die Empfehlungen wenden sich nicht an Unternehmen, sondern an Staaten. Sie zielen auf die Anpassung von Gesetzen, Verwaltungsstrukturen und generell des Finanzsystems, um Geldwäsche möglichst effektiv zu bekämpfen. Dazu gehört auch eine verbesserte internationale Zusammenarbeit. Die Empfehlungen der FATF sind Leitlinien (*„soft law"*). Um die Staaten zur Umsetzung zu bewegen, setzt die FATF auf gegenseitige Evaluierungen (*„mutual evaluations"*) durch die Mitglieder. Der durch sie er-

---

[33] Gazeas NJW 2021, 1041.
[34] Herzog/Mülhausen Geldwäschebekämpfung-HdB/Jekewitz § 8 Rn. 1 mwN.
[35] Wohlschlägl-Aschberger Geldwäsche S. 5.
[36] Herzog/Mülhausen Geldwäschebekämpfung-HdB/Jekewitz § 8 Rn. 1 mit Verweis auf Frank, Die Bekämpfung der Geldwäsche in den USA, 2002, S. 99 ff.
[37] http://www.fatf-gafi.org/about/membersandobservers, Zugriff am 15.10.2021.
[38] http://www.fatf-gafi.org/countries/#Germany, Zugrif am 15.10.2021.
[39] S. die Ziele der deutschen Präsidentschaft unter http://www.fatf-gafi.org/media/fatf/documents/German-Presidency-Priorities.pdf, Zugriff am 15.10.2021.
[40] https://www.fatf-gafi.org/publications/fatfrecommendations/documents/fatf-recommendations.html, Zugriff am 15.10.2021.

zeugte politische und öffentliche Druck hat erhebliche Wirkung, wie der FATF-Bericht zu Deutschland aus dem Jahr 2010 zeigt.[41] Darin wurden der Bundesrepublik Versäumnisse bei der Umsetzung und Durchsetzung der Geldwäsche-Standards unter anderem im Nichtfinanzsektor vorgeworfen, was 2011 zu Änderungen des GwG (→ Rn. 12) führte.[42] Die ab September 2020 und bis 2021 geplante Evaluierung Deutschlands wurde aufgrund der weltweiten Situation (Covid19-Pandemie) verschoben, soll aber noch 2021 abgeschlossen werden.[43] Stand heute haben über 190 Staaten zentrale Grundsätze der FATF Empfehlungen umgesetzt. Dazu gehört zB die Ausweitung der Geldwäsche-Strafbarkeit auf Vermögen aus praktisch allen schwerwiegenden Straftaten („*all crimes approach*", Empfehlung B.3.), die Strafbarkeit der Terrorismusfinanzierung („*terrorism financing*", Empfehlung C.5.), der risikobasierte Ansatz („*risk based approach*", Empfehlung A.1.), die Verpflichtung zur Identifizierung von Vertragspartnern („*know your customer - KYC*") und wirtschaftlich Berechtigter („*ultimate beneficial owner, UBO*", Empfehlungen D.10., D.22, sowie E.24 und E.25), die Prüfung von Risiken im Zusammenhang mit politisch exponierten Personen („*politically exposed persons*", PEP, Empfehlung D.12, die Bildung spezieller Geldwäsche-Einheiten bei den Strafverfolgungsbehörden (*Financial Intelligence Units, FIUs*, Empfehlung F.29) sowie die Meldepflicht im Verdachtsfall („*suspicious activity/transaction reporting*", SAR/STR, Empfehlung D.20). Ungeachtet dieser Tatsache weisen die Geldwäsche-Gesetze weltweit beträchtliche Unterschiede auf. Das gilt umso mehr in Bezug auf den Nicht-Finanzsektor. Selbst innerhalb der EU hat man keine Einheitlichkeit erzielt. Seit dem Jahr 2000 publiziert die FATF Listen sogenannter Hochrisikoländer bzw. nicht kooperierender Länder und Territorien („*high risk and non-cooperative countries and territories*", kurz „*NCCTs*", früher auch „*FATF blacklist*" genannt).

C. Geldwäsche und Terrorismusfinanzierung

Das Mandat der FATF wurde ursprünglich nur für begrenzte Zeit erteilt und dann jeweils verlängert. Erst im April 2019 wurde es auf unbestimmte Zeit ausgestellt.[44] Nach den Anschlägen vom 11.9.2001 in New York wurde das Mandat im Zuge der Maßnahmen zur Bekämpfung des Terrorismus („*war on terror*") bereits im Oktober 2001 auf die Bekämpfung der Terrorismusfinanzierung ausgeweitet („combat terrorism financing", CTF). Praktisch zeitgleich veröffentlichte die FATF neun Sonderempfehlungen („*IX Special Recommendations*") zum Thema Terrorismusbekämpfung, die zusätzlich zu den FATF-Empfehlungen galten. Später wurden diese in die FATF-Empfehlungen integriert. Nur im Teil C. der aktuellen FATF-Empfehlungen sind noch Aussagen enthalten, die sich spezifisch mit der Verhinderung der Terrorismusfinanzierung beschäftigen. In der Praxis der Geldwäsche-Compliance bleibt hiervon wenig übrig.[45] Spezifische Maßnahmen gerade mit Blick auf die Finanzierung terroristischer Aktivitäten sieht das GwG nicht vor. Nach wie vor ist die Zahl der Verdachtsmeldungen wegen möglicher Terrorismusfinanzierung im Vergleich zur Zahl von Geldwäsche-Verdachtsfällen sehr gering (→ § 7 Rn. 3). Ungeachtet dessen werden Geldwäsche und Terrorismusfinanzierung für Zwecke der Geldwäsche-Compliance weitgehend gleichgesetzt, obwohl es strukturell einen entscheidenden Unterschied gibt: das Geld zur Finanzierung terroristischer Aktivitäten kann aus legalen Quellen stammen, während Geldwäsche definitionsgemäß Vermögenswerte voraussetzt,

5

---

[41] https://www.fatf-gafi.org/media/fatf/documents/reports/mer/MER%20Germany%20full.pdf, Zugriff am 15.10.2021.
[42] Diergarten/Barreto da Rosa Geldwäscheprävention/Barreto da Rosa Kap. 1 Rn. 182.
[43] BMF Monatsbericht vom Juni 2020, Seite 4/5, s. unter https://www.bundesfinanzministerium.de/Monatsberichte/2020/06/Inhalte/Kapitel-3-Analysen/3-2-deutschlandpruefung-der-fatc.html, Zugriff am 15.10.2021.
[44] S. https://www.fatf-gafi.org/publications/fatfgeneral/documents/fatf-mandate.html, Zugriff am 15.10.2021.
[45] Herzog/Mülhausen Geldwäschebekämpfung-HdB/Pieth § 7 Rn. 2.

die aus Straftaten herrühren. Bereits 2008 wurde das Mandat der FATF um die (Verhinderung der) Finanzierung der Verbreitung von Massenvernichtungswaffen erweitert (*„financing of the profileration of weapons of mass destruction"*). Die FATF-Empfehlungen rufen die Staaten insoweit auf, von der UN verhängte Finanzsanktionen effektiv umzusetzen (C.6 und C.7 der FATF-Empfehlungen). Im GwG hat diese, bislang letzte Mandatserweiterung der FATF keinen Niederschlag gefunden. Auf diesen Aspekt des FAFT-Mandats geht die vorliegende Publikation daher nicht ein.

6 Auch in der EU ist die Bekämpfung des Terrorismus bzw. der Terrorismusfinanzierung spätestens seit 2001 ein maßgeblicher Treiber der Entwicklung im Bereich Geldwäsche-Compliance. Unmittelbar nach den Anschlägen in den USA vom 11.9.2001 wurde eine Strategie gegen Terrorismus[46] und ein Aktionsplan zur Terrorismusbekämpfung beschlossen. Dieser wurde seither mehrfach überarbeitet und angepasst. Der Aktionsplan enthält ca. 150 Einzelmaßnahmen,[47] die sich auf die Bereiche Polizei, Visumpolitik, Grenzschutz, die Außenpolitik, den Bevölkerungs- und Gesundheitsschutz sowie die Luft- und Seesicherheit erstrecken. Unter anderen sieht er eine verbesserte Zusammenarbeit im Bereich der strafrechtlichen Verfolgung von terroristischen Straftaten vor. Dazu wurde die Strafbarkeit im Bereich Terrorismus und Terrorismusfinanzierung harmoniert und die Bildung grenzüberschreitender Ermittlungsgruppen der Justiz- und Polizeibehörden ermöglicht. Ausgehend von wiederholt überarbeiteten Rahmenbeschlüssen zur einheitlichen Definition einer terroristischen Straftat und zur Einführung eines Europäischen Haftbefehls, können Terroristen heute europaweit nach im Wesentlichen gleichen Kriterien verfolgt und verhaftet werden.[48] Am 31.3.2017 wurde die EU-Richtlinie zur Terrorismusbekämpfung veröffentlicht, die den Rahmenbeschluss ersetzt und zur weiteren Harmonisierung des Strafrechts und Strafprozessrechts im Bereich der Terrorismusabwehr führt.[49] Sie war bis zum 8.9.2018 in nationales Recht umzusetzen (Art 28 Abs. 1 RL (EU) 2017/541). Im Dezember 2020 hat die EU iRd sogenannten Sicherheitsunion eine allgemeine Agenda für Terrorismusbekämpfung und die Stärkung von Europol verabschiedet.[50] Im Zusammenhang mit Geldwäsche und Terrorismusfinanzierung stehen auch Überlegungen den Bargeldverkehr europaweit zu beschränken, wie dies in einigen EU-Mitgliedsstaaten heute schon der Fall ist. Hierzu wurden in der EU ab dem 28.2.2017 öffentliche Konsultationen durchgeführt.[51] Die Ergebnisse wurden im Juni 2018 veröffentlicht.[52] In ihren jüngsten Plänen zur Fortentwicklung der Geldwäsche-Bekämpfung greift die EU-Kommission das Thema wieder auf (→ Rn. 8).

---

[46] EU-Kommission, Strategie zur Bekämpfung des Terrorismus, 30.11.2025, https://www.bmi.bund.de/SharedDocs/downloads/DE/veroeffentlichungen/themen/sicherheit/eu-strategie-terrorismusbekaempfung.pdf?__blob=publicationFile&v=2, Zugriff am 15.10.2021.
[47] Einen Überblick über aktuelle Maßnahmen gibt https://www.bmi.bund.de/DE/themen/sicherheit/nationale-und-internationale-zusammenarbeit/internationale-terrorismusbekaempfung/internationale-terrorismusbekaempfung-textbaustein.html, Zugriff am 15.10.2021.
[48] https://www.bmi.bund.de/DE/themen/sicherheit/extremismus-und-terrorismusbekaempfung/terrorismus/terrorismus-node.html, Zugriff 1.10.2017.
[49] Richtlinie (EU) 2017/541 des Europäischen Parlaments und des Rates vom 15.3.2017 zur Terrorismusbekämpfung und zur Ersetzung des Rahmenbeschlusses 2002/475/JI des Rates und zur Änderung des Beschlusses 2005/671/JI des Rates, ABl. Nr. L 88, S. 6.
[50] EU-Kommission, EU-Agenda für Terrorismusbekämpfung, COM(2020) 795 final, 9.12.2020, https://eur-lex.europa.eu/legal-content/DE/TXT/PDF/?uri=CELEX:52020DC0795&from=EN, Zugriff am 15.10.2021.
[51] https://ec.europa.eu/info/sites/default/files/consultation_strategy_final.pdf, Zugriff 15.10.2021.
[52] EU-Kommission, Bericht an das EU-Parlament über Barzahlungsbeschränkungen, COM(2018) 483 final, 12.6.2018, https://ec.europa.eu/transparency/documents-register/detail?ref=COM(2018)483&lang=de, Zugriff 15.10.2021.

D. Internationale Abkommen

Mit dem bereits erwähnten Übereinkommen der Vereinten Nationen gegen den unerlaubten Verkehr mit Suchtstoffen und psychotropen Stoffen vom 20.12.1988 („*UN Suchtstoffübereinkommen*" auch „*Wiener Übereinkommen von 1988*" genannt) verpflichten sich die inzwischen 185 Unterzeichnerstaaten, unter anderem dazu Geldwäsche von Erlösen aus Drogendelikten unter Strafe zu stellen und einzuziehen.[53] Das Abkommen wurde von Deutschland 1989 ratifiziert, aber erst 1993 Gesetz.[54] Daneben hat auf europäischer Ebene das Europaratsübereinkommen vom 16.5.2005 über Geldwäsche, Terrorismusfinanzierung sowie Ermittlung, Beschlagnahme und Einziehung von Erträgen aus Straftaten Bedeutung. Es wurde in Deutschland im Dezember 2016 Gesetz.[55] Es schreibt unter anderem vor sicherzustellen, dass Vermögenswerte oder Erlöse legalen und illegalen Ursprungs, die ganz oder teilweise zur Terrorismusfinanzierung genutzt oder bereitgestellt werden, identifiziert und ggf. beschlagnahmt werden können. Im Bereich der Terrorismusbekämpfung ist das Internationale Übereinkommen zur Bekämpfung der Finanzierung des Terrorismus zu nennen.[56] Es regelt auch die Auslieferung von Personen, die wegen Terrorismusfinanzierung angeklagt sind.[57]

7

E. Die EU-Geldwäsche-Richtlinien

Zentrale Bedeutung für den Bereich der EU haben die zwischenzeitlich fünf EU-Geldwäsche-Richtlinien. In der *RL (EU) 91/308* von 1991[58] entsprach der Begriff der Geldwäsche noch der Definition der erwähnten UN-Suchtstoffkonvention (→ Rn. 7). Erst die *RL (EU) 2001/97*[59] machte 2001, dem „*all crimes approach*" → § 2 Rn. 12 der FATF-Empfehlungen folgend, ein breites Spektrum von kriminellen Taten zu Vortaten der Geldwäsche. Außerdem wurde der Anwendungsbereich auf bestimmte gewerbliche Händler („*Güterhändler*") ausgedehnt. Sie wurde unmittelbar nach den terroristischen Anschlägen in New York vom 11.9.2001 verabschiedet. Daher findet man erst in der *RL (EU) 2005/60* die Ausdehnung auf die Verhinderung der Terrorismusfinanzierung.[60] Mit ihr wurden außerdem Änderungen der FATF-Empfehlungen in der Version von 2003 aufgegriffen. Nach über zwei Jahre dauernden Verhandlungen wurde schließlich am 5.6.2015 die 4. RL (EU) 2015/849[61] erlassen. Sie diente der Anpassung an die überarbeiteten FATF-

8

---

[53] Herzog/Mülhausen Geldwäschebekämpfung-HdB/Jekewitz § 8 Rn. 7.
[54] Gesetz zur Ausführung des Übereinkommens der Vereinten Nationen vom 20.12.1988 gegen den unerlaubten Verkehr mit Suchtstoffen und psychotropen Stoffen, BGBl. 1993 I 1407.
[55] Gesetz zu dem Übereinkommen des Europarats vom 16.5.2005 über Geldwäsche sowie Ermittlung, Beschlagnahme und Einziehung von Erträgen aus Straftaten und über die Finanzierung des Terrorismus vom 19.12.2016, BGBl. 2016 II 1370.
[56] Gesetz zu dem Internationalen Übereinkommen der Vereinten Nationen vom 9.12.1999 zur Bekämpfung der Finanzierung des Terrorismus v. 19.12.2003, BGBl. 2003 I 1923.
[57] Diergarten/Barreto da Rosa Geldwäscheprävention/Barreto da Rosa Rn. 170.
[58] RL 91/308/EWG Richtlinie des Rates zur Verhinderung der Nutzung des Finanzsystems zum Zwecke der Geldwäsche, ABl. Nr. L 166 S. 67.
[59] Richtlinie 2001/97/EG des Europäischen Parlaments und des Rates vom 4.12.2001 zur Änderung der Richtlinie 91/308/EWG des Rates zur Verhinderung der Nutzung des Finanzsystems zum Zwecke der Geldwäsche – Erklärung der Kommission, ABl Nr. L 3244 S. 76.
[60] Erwgr. 8 Richtlinie 2005/60/EG des Europäischen Parlaments und des Rates vom 26.10.2005 zur Verhinderung der Nutzung des Finanzsystems zum Zwecke der Geldwäsche und der Terrorismusfinanzierung; ABl. Nr. L 309 S. 15; ebenso Herzog/Mülhausen Geldwäschebekämpfung-HdB/Pieth § 7 Rn. 5 unter Verweis auf Art. 1 Abs. 2 Buchst. d RL 2005/60/EG.
[61] Richtlinie (EU) 2015/849 des Europäischen Parlaments und des Rates vom 20.5.2015 zur Verhinderung der Nutzung des Finanzsystems zum Zwecke der Geldwäsche und der Terrorismusfinanzierung, zur Änderung der Verordnung (EU) Nr. 648/2012 des Europäischen Parlaments und des Rates und zur Aufhebung

Empfehlungen von 2012. Die *RL (EU) 2015/849* konkretisierte unter anderem die Vorgaben an das Risikomanagement der Verpflichteten, schrieb die Schaffung nationaler Transparenzregister in den Mitgliedsstaaten vor und zielte auf eine weitere Harmonisierung der nationalen Gesetze. Sanktionen für Verstöße wurden ausgeweitet und mögliche Geldbußen erheblich verschärft. Nach den terroristischen Anschlägen unter anderem in Paris und Brüssel brachte die EU-Kommission bereits im Juli 2016 einen Vorschlag ein, die Richtlinie erneut zu ändern. Die Änderungsrichtlinie zur 4. RL (EU) 2015/849 *(RL 2018/843/ EU)* trat am 9.7.2018 in Kraft und wurde in Deutschland durch das GwG-Änderungsgesetz zum 1.1.2020 (→ Rn. 12) umgesetzt.[62] Dadurch wurde unter anderem der Kreis der Verpflichteten um bestimmte Dienstleister im Bereich Kryptowährungen erweitert. Es wurde die Pflicht das Transparenzregister zu nutzen konkretisiert und das Zugangsrecht auf die Allgemeinheit ausgedehnt. Des Weiteren wurde der Bereich der Verstärkten Sorgfaltspflichten bei Bezug zu Drittländern mit erhöhtem Risiko verschärft. Im Bereich des Güterhandels wurden Neuregelungen für den Kunstsektor (→ § 11 Rn. 5) getroffen. Am 20.7.2021 hat die Europäische Kommission ein Paket mit insgesamt vier Gesetzgebungsvorschlägen im Bereich der Bekämpfung von Geldwäsche und Terrorismusfinanzierung veröffentlicht. Dazu zählt der Vorschlag zur Schaffung einer neuen EU-Behörde zur Geldwäschebekämpfung, einer allgemeinen, EU-weiten Bargeldobergrenze von 10.000 EUR mit Ausnahme privater Geschäfte, die Verabschiedung einer EU-Verordnung mit unmittelbar geltenden Vorschriften zB für Kundensorgfaltspflichten und wirtschaftliches Eigentum und darüber hinaus die Verabschiedung einer dann sechsten EU-Geldwäsche-Richtlinie und die Überarbeitung der Geldtransfer-Verordnung, die die Rückverfolgung von Krypto-Transfers ermöglichen soll. Mit der Verabschiedung der Gesetze und Verordnungen wird bis 2024 gerechnet.[63]

9 Bereits am 23.10.2018 wurde die EU-Richtlinie 2018/1673 über die strafrechtliche Bekämpfung der Geldwäsche verabschiedet[64]. Sie legt Mindestvorschriften für die Definition von Straftatbeständen und Sanktionen zur Bekämpfung der Geldwäsche fest. Sie trat am 2.12.2018 in Kraft und war bis 3.12.2020 in nationales Recht umzusetzen. In Deutschland wurde dies mit der Reform des § 261 StGB (→ § 2 Rn. 10) zum 18.3.2021 verbunden. Die Richtlinie wird vielfach als „sechste" EU-Geldwäsche-Richtlinie bezeichnet, obwohl sie Fragen des materiellen Strafrechts regelt. Mit Blick auf die geplante Verabschiedung einer 6. EU-Geldwäsche-Richtlinie im Bereich der Geldwäsche-Prävention (→ Rn. 8) wird die Richtline vorliegend als *RL (EU) 2018/1673-Strafrecht* bezeichnet. Die übrigen, bislang fünf EU-Geldwäsche-Richtlinien im Bereich der Geldwäsche-Prävention werden entsprechend ihrer zeitlichen Reihenfolge als erste, zweite, dritte, etc adressiert.

10 Neben den EU-Geldwäsche-Richtlinien gibt es auf europäischer Ebene eine Reihe weiterer gesetzgeberischer Maßnahmen im Kampf gegen Geldwäsche und Terrorismusfinanzierung wie zB die Geldtransfer-Verordnung.[65] Sie regelt die Übermittlung von Angaben zum Auftraggeber bei Geldtransfers durch Zahlungsverkehrsdienstleister und ist daher für Industrie- und Handelsunternehmen nicht unmittelbar einschlägig. Durch die Presse-

---

der Richtlinie 2005/60/EG des Europäischen Parlaments und des Rates und der Richtlinie 2006/70/EG der Kommission, ABl. Nr. L 141 S. 73.

[62] Richtlinie (EU) 2018/843 des Europäischen Parlaments und des Rates vom 30.5.2018 zur Änderung der Richtlinie (EU) 2015/849 zur Verhinderung der Nutzung des Finanzsystems zum Zwecke der Geldwäsche und der Terrorismusfinanzierung und zur Änderung der Richtlinien 2009/138/EG und 2013/36/EU, Abl. Nr. 156 S. 43.

[63] EU-Kommission, Pressemitteilung vom 20.7.2021, https://ec.europa.eu/commission/presscorner/detail/de/ip_21_3690, Zugriff am 15.10.2021; einen Überblick gibt es bspw. bei Breit GWuR 2021, 47; zur neuen EU-Aufsichtsbehörde s. Pellmann/Schach GWuR 2021, 64.

[64] Richtlinie (EU) 2018/1673 des Europäischen Parlaments und des Rates vom 23.10.2018 über die strafrechtliche Bekämpfung der Geldwäsche, ABl. L 284, 22.

[65] Verordnung (EU) 2015/847 des Europäischen Parlaments und des Rates vom 20.5.2015 über die Übermittlung von Angaben bei Geldtransfers und zur Aufhebung der Verordnung (EU) Nr. 1781/2006, Abl. L 141 S. 1.

veröffentlichungen der vergangenen Jahre gerät auch das Thema Steuerhinterziehung immer mehr in den Blick. Seit 2016 gibt es zB im Europäischen Parlament einen eigenen Ausschuss zur Untersuchung von Geldwäsche, Steuervermeidung und Steuerhinterziehung, als Folge der Panama Papers.[66]

F. Das Geldwäschegesetz (GwG)

Die Gesetzgebungshistorie zur Geldwäsche-Bekämpfung verlief in Deutschland entsprechend der Entwicklung auf internationaler Ebene und in der EU. Mit dem *„Gesetz zur Bekämpfung des illegalen Rauschgifthandels und anderer Erscheinungsformen der organisierten Kriminalität"* (OrgKG) vom 15.7.1992[67] wurde zunächst der Straftatbestand der Geldwäsche als neuer § 261 in das Strafgesetzbuch eingefügt. Seither wurde die Vorschrift praktisch im Jahresrhythmus geändert, insgesamt 32 Mal in 29 Jahren.[68] Dabei wurde der Katalog der Vortaten beständig ausgeweitet. Zuletzt wurde mit Wirkung ab 18.3.2021 im Zuge der Umsetzung der RL (EU) 2018/1673-Strafrecht (→ Rn. 9) der Vortatenkatalog auf alle Straftaten des Kern- und Nebenstrafrechts ausgedehnt (Reform des § 261 StGB, → § 2 Rn. 10). 11

Das erste „richtige" Gesetz zur Bekämpfung der Geldwäsche – Geldwäschegesetz *(GwG)* – wurde in Deutschland 1993 erlassen[69] *(GwG 1993)* und zunächst 2002[70] und 2008[71] an die Vorgaben der 2. bzw. 3. EU-Geldwäscherichtlinie (→ Rn. 8) angepasst. In Folge der schon erwähnten FATF-Evaluierung zu Deutschland aus dem Jahr 2010 (→ Rn. 4) wurde es erneut 2011 geändert *(GwG 2011)*.[72] Weitere wesentliche Änderungen folgten 2013.[73] Die bislang letzte umfassende Novellierung erfolgte mit dem Gesetz zur Umsetzung der RL (EU) 2015/849 *(GwG-Novelle 2017)*. Diese trat am 26.6.2017 in Kraft.[74] Sie erhöhte den Umfang der Regelungen von 17 auf rund 60 Paragrafen. Die Änderungen der RL 2018/843/EU (→ Rn. 8) erfolgten zum 1.1.2020 *(GwG-Änderungsgesetz 2020)*.[75] Bereits mit Wirkung zum 1.8.2021 wurden durch GwG erneut geändert (Transparenzregister- und Finanzinformationsgesetz – TrFinInfoG). Dies betraf vor allem die Umgestaltung des Transparenzregisters zum Vollregister.[76] Trotz seines irreführenden Titels *(„Gesetz über das Aufspüren von Gewinnen aus schweren Straftaten")* war das GwG von Anfang an nicht primär als strafverfolgungsrechtliches, sondern als wirtschaftsverwaltungsrechtliches Instrument mit weitgehend präventivem Charakter angelegt, in dessen Rahmen die Verpflichteten (→ § 3 Rn. 3) faktisch Hilfsfunktionen für die Strafverfolgungsbehörden 12

---

[66] https://www.europarl.europa.eu/doceo/document/A-8-2017-0357_DE.pdf, Zugriff am 15.10.2021.
[67] Gesetz zur Bekämpfung des illegalen Rauschgifthandels und anderer Erscheinungsformen der organisierten Kriminalität v. 15.7.1992, BGBl. 1992 I 1302.
[68] So Gazes NJW 2021, 1041 Fn. 1.
[69] Gesetz über das Aufspüren von Gewinnen aus schweren Straftaten v. 25.10.1993, BGBl. 1993 I 1770.
[70] Gesetz zur Verbesserung der Bekämpfung der Geldwäsche und der Bekämpfung der Finanzierung des Terrorismus v. 8.8.2002, BGBl. 2002 I 3105.
[71] Gesetz zur Ergänzung der Bekämpfung der Geldwäsche und der Terrorismusfinanzierung vom 13.8.2008, BGBl. 2008 I 1690.
[72] Gesetz zur Optimierung der Geldwäscheprävention v. 22.12.2011, BGBl. 2011 I 2959.
[73] Gesetz zur Ergänzung des Geldwäschegesetzes (GwGErgG) v. 18.2.2013, BGBl. 2013 I 268.
[74] Gesetz zur Umsetzung der Vierten EU-Geldwäsche-Richtlinie, zur Ausführung der EU-Geldtransferverordnung und zur Neuorganisation der Zentralstelle für Finanztransaktionsuntersuchungen v. 23.6.2017, BGBl. 2017 I 2822.
[75] Gesetz zur Umsetzung der Änderungsrichtlinie zur Vierten EU-Geldwäscherichtlinie v. 12.12.2019, BGBl. 2019 I 2602.
[76] Gesetz zur europäischen Vernetzung der Transparenzregister und zur Umsetzung der Richtlinie (EU) 2019/1153 des Europäischen Parlaments und des Rates vom 20.6.2019 über Nutzung von Finanzinformationen für die Bekämpfung von Geldwäsche, Terrorismusfinanzierung und sonstigen schweren Straftaten (Transparenzregister- und Finanzinformationsgesetz – TrFinInfoG) v. 25.6.2021, BGBl. 2021 I 2083.

übernehmen.[77] Geldwäscherechtliche Sonderregelungen finden sich im Gesetz über das Kreditwesen (KWG), dem Gesetz über die Beaufsichtigung der Versicherungsunternehmen (VAG), dem Gesetz über die Beaufsichtigung von Zahlungsdiensten (ZAG) sowie in der Geldtransferverordnung. Diese haben für Industrie – und Handelsunternehmen keine Bedeutung und werden daher in dieser Publikation nicht näher erläutert.

13 **Praxishinweis:**
§ 51 Abs. 8 GwG verpflichtet die zuständigen Aufsichtsbehörden den Verpflichteten regelmäßig Anwendungs- und Auslegungshinweise (AuA) zur Verfügung zu stellen. Für den Finanzsektor (→ § 3 Rn. 5) geschieht dies durch die BaFin *(BaFin AuA)*.[78] Für den Bereich des Güterhandels haben sich die Aufsichtsbehörden der Länder auf gemeinsame Auslegungshinweise verständigt *(AuA Nichtfinanzsektor)*.[79] Auslegungshinweise in Bezug auf die Vorschriften der §§ 18 ff. GwG zum Transparenzregister hat das Bundesverwaltungsamt (BVA) in Form eines Frage- und Antwortdokuments veröffentlicht *(BVA AuA)*.[80] Im Bereich der Rechtsanwälte und Syndikusrechtsanwälte liegen gleichlautende Auslegungshinweise der Rechtsanwaltskammern vor (BRAK AuA).[81] Auslegungshinweise stellen rechtlich eine für die Anwender nicht verbindliche Rechtsmeinung dar. Sie bilden allerdings die Verwaltungspraxis ab und haben daher faktisch normativen Charakter. Abweichungen können zu einem Ordnungswidrigkeitenverfahren (Bußgeld) führen.

G. Der risikobasierte Ansatz im GwG

14 *„Die Verhinderung und Bekämpfung von Geldwäsche und Terrorismusfinanzierung nach den Anforderungen des GwG folgt einem risikobasierten Ansatz"* (§ 3a Abs. 1 GwG, auch risikoorientierter Ansatz) Die RL (EU) 2015/849 enthält keine entsprechende, explizite Vorschrift. Sie wurde mit dem TrFinInfoG (→ Rn. 12) prominent am Anfang des Gesetzes[82] platziert. Der risikobasierte Ansatz („risk based" oder „risk oriented approach") gilt als das zentrale Grundprinzip der internationalen und europäischen Regelungen im Bereich der Bekämpfung von Geldwäsche und Terrorismusfinanzierung, insbes. der FATF-Empfehlungen und der RL (EU) 2015/849.[83] Zur Bekämpfung von Geldwäsche und Terrorismusfinanzierung wurden den Verpflichteten in der Anfangszeit feste Regeln *(regelbasierter Ansatz* bzw. *„rule based approach")* vorgegeben. Diese bestanden in der Einhaltung formalisierter Identifizierungspflichten und detaillierter Maßnahmenkataloge. Es wurde nicht nach Kunden- oder Transaktionsrisiko oder nach der Struktur und Tätigkeitsfeldern der Verpflichteten unterschieden,[84] was sich als ineffektiv erwies. Mit der 3. RL (EU) 2005/60 (→ Rn. 8) wurde daher eine umfassende Novellierung des Pflichtenkatalogs vorgenommen und in Anlehnung an die Vorgaben der FATF der risikobasierte Ansatz eingeführt. Durch die explizite Erwähnung des risikobasierten Ansatzes in § 3a Abs. 1 GwG ändert sich die bestehende

---

[77] Herzog/Mülhausen Geldwäschebekämpfung-HdB/Jekewitz § 9 Rn. 31.
[78] BaFin, Auslegungs- und Anwendungshinweise zum Geldwäschegesetz, Stand Mai 2020, https://www.bafin.de/SharedDocs/Downloads/DE/Auslegungsentscheidung/dl_ae_auas_gw.pdf;jsessionid=A467F784C791F874D4E1DD566283464D.1_cid501?__blob=publicationFile&v=13, Zugriff am 15.10.2021.
[79] Gemeinsame Auslegungs- und Anwendungshinweise der Länder Deutschlands zum GwG, Stand 19.2.2021, s. bspw. Bayern, https://www.innenministerium.bayern.de/assets/stmi/sus/inneresicherheit/2021-03-19_auas_f%C3%BCr_den_nichtfinanzsektor_1e.pdf, Zugriff am 15.10.2021.
[80] BVA, Transparenzregister, Fragen und Antworten zum Geldwäschegesetz (GwG), Stand: 1.8.2021, https://www.bva.bund.de/SharedDocs/Downloads/DE/Aufgaben/ZMV/Transparenzregister/Transparenzregister_FAQ.pdf?__blob=publicationFile&v=28, Zugriff am 15.10.2021.
[81] BRAK, Auslegungshinweise zum GwG, Stand Februar 2021, https://brak.de/w/files/newsletter_archiv/berlin/2021/gwg.pdf, Zugriff am 16.10.2021.
[82] Wende/Kröger GWuR 2021, 12 (13).
[83] Wende/Kröger GWuR 2021, 12 (13).
[84] S. zur Entwicklung auch Herzog/Herzog/Achtelik Einleitung Rn. 151.

Rechtslage daher nicht. § 3a GwG lässt bestehende risikoorientierte Regelungen im GwG unberührt, etwa zum Risikomanagement und den Kundensorgfaltspflichten (§ 3a Abs. 1 S. 2 GwG).[85] Die Vorschrift dient auch dazu, das (risikoorientierte) Ermessen der FIU bei der Auswahl und Weiterleitung von Verdachtsmeldungen gesetzlich zu untermauern. Ob die Vorschrift mit dem Vorwurf zusammenhängt, Mitarbeiter der FIU hätten in der Vergangenheit durch die mangelnde Weiterleitung von Verdachtsmeldungen der Strafvereitelung im Amt Vorschub geleistet,[86] ist nicht bekannt. Aus Sicht der FIU wird die Vorschrift jedenfalls nicht nachteilig sein, um ähnlichen Vorwürfen in Zukunft vorzubeugen.

Dem risikobasierten Ansatz liegt die Annahme zugrunde, dass nicht jeder Kunde, jede Transaktion oder jedes Produkt in gleichem Maße ein Risiko der Geldwäsche oder Terrorismusfinanzierung darstellt. Entsprechend darf der Umfang der Maßnahmen variieren, die die Verpflichteten treffen, um ihren geldwäscherechtlichen Pflichten zu genügen.[87] Unternehmen, deren Geschäft nach Art und Umfang besonders komplex ist, die mit einem stets wechselnden Kundenkreis aus Hochrisikoländern Geschäfte tätigen und deren Branche schwer zu durchschauende Geschäftsmodellen kennt, sind schon deswegen zu weitreichenderen Maßnahmen verpflichtet als ein Unternehmen, das eine im Wesentlichen feststehende Kundenstruktur hat, die sich nur wenig ändert, das langfristige Projekte mit wenigen, immer gleichen Kunden tätigt, die transparent über internationale Großbanken finanziert werden. Ursprünglich war daran gedacht, den Verpflichteten Ermessensspielräume in Bezug auf die Ausgestaltung der Allgemeinen Sorgfaltspflichten bzw. der Maßnahmen zu gewähren, die sie im Einzelfall ergreifen.[88] Sie sollten flexibler auf ihre individuelle Risikosituation reagieren können. Der risikobasierte Ansatz sollte helfen Pflichten auf verhältnismäßige Maßnahmen zu begrenzen und eine Ausweitung des Geldwäscherechts in Bereiche verhindern, in denen keine reale Missbrauchsgefahr besteht.[89] Der risikobasierte Ansatz ist im Grunde eine Ausprägung des (wirtschafts-) verwaltungsrechtlichen Verhältnismäßigkeitsgrundsatzes. Soweit im Gesetz von „*Angemessenheit*" der Maßnahmen die Rede ist oder davon, dass sie sich nach „*Art und Umfang des Geschäftsbetriebs*" richten, dürfen diese (innerhalb des Rahmens, den das GwG eröffnet) risikobasiert iSd Verhältnismäßigkeit und Angemessenheit erfüllt werden.

Im Zuge praktisch jeder Änderung des GwG wird die Stärkung des risikobasierten Ansatzes behauptet.[90] Seine Praxisnähe oder Praxisferne steht und fällt mit der Frage, ob er durch eine kleinmütige und bürokratisierende Auslegungspraxis gelebt wird.[91] Die FATF hat Leitlinien zur Handhabung des risikobasierten Ansatzes veröffentlicht.[92] Sie sind jedoch nicht auf Güterhändler zugeschnitten und auch im Übrigen zu allgemein, um als echte Praxishilfe zu dienen. Tatsächlich weist schon die RL (EU) 2015/849 einschränkend darauf hin, dass er keinen freien Ermessens- und Gestaltungsraum einräumt.[93] Bei vielen Fragestellungen besteht von vorneherein kein Raum für eine eigene Risikobewertung der Verpflichteten, weil diese vom Gesetzgeber vorweggenommen wurde (siehe zB die Auslösetatbestände für Allgemeine oder Verstärkte Sorgfaltspflichten (→ § 5 Rn. 6 bzw. § 6 Rn. 9). In den vergangenen Jahren bestand die Stärkung des risikobasierten Ansatz im Wesentlichen darin, die Zahl der zwingend zu berücksichtigenden Risikofaktoren und die

---

[85] BR-Drs. 133/21, 41.
[86] https://www.bdz.eu/medien/nachrichten/detail/news/durchsuchungen-bei-der-fiu-keine-voreiligen-schlues se-ziehen.html; Zugriff am 15.10.2021.
[87] Herzog/Herzog GwG § 4 Rn. 1, 2.
[88] Herzog/Warius GwG § 3 Rn. 105.
[89] Spoerr/Robert WM 2017, 1142 (1143).
[90] S. zuletzt BR-Drs 133/21, 41, BT-Drs. 18/11555, 1.
[91] Scherp CB 2017, 275 (279).
[92] ZB Guidelines on the Risk Based Approach to Combating Money Laundering and Terrorist Financing for the Credit Institutions – June 2007, https://www.fatf-gafi.org/publications/fatfrecommendations/docu ments/fatfguidanceontherisk-basedapproachtocombatingmoneylaunderingandterroristfinancing-highlevel principlesandprocedures.html, Zugriff am 15.10.2021.
[93] S. Erwgr. 22 RL (EU) 2015/849.

Anzahl von Vorgängen zu erhöhen, bei denen die Verpflichteten komplexe Risikobewertungen dokumentieren müssen. In der Verwaltungspraxis der Aufsichtsbehörden manifestiert sich einem unternehmerischem Denken entgegengesetzte, risikoaverse und bürokratisierende Tendenz mit dem Ziel jegliches Risiko zu vermeiden bei gleichzeitig erhöhten Handlungs- und Dokumentationspflichten. Die Verpflichteten tragen dabei stets die Darlegungs- und Beweislast gegenüber der Aufsichtsbehörde für die von ihnen gewählten Lösungswege und die Angemessenheit des Ergebnisses bei weitgehend unklaren gesetzlichen Anforderungen. Angesichts der Unmöglichkeit das Ergebnis einer solchen Prüfung sicher vorauszusagen, wird vielfach der (rechtsichere) Weg der Übererfüllung und zum Teil des „De-Risking" gewählt, obwohl nur allzu häufig keine Straftaten im Raum stehen, sondern allenfalls nicht vollständig transparente, aber per se legale und nicht unübliche Gestaltungen. In der Praxis bleibt den Verpflichteten im GwG so, wenn überhaupt, iRd risikobasierten Ansatzes nur ein sehr begrenzter Beurteilungs- und Handlungsspielraum.[94] Mangelnde Rechtssicherheit und die Tendenz zur Bürokratisierung führen dazu, dass ganz entgegen dem risikobasierten Ansatz Ressourcen auf unwesentliche Risiken konzentriert werden.[95] Gerade dem privilegierten Güterhandel (→ § 3 Rn. 25) böte der risikobasierte Ansatz die Chance, das GwG im Sinn echter Risikoorientierung zu leben.[96] Denn viele Regelungen im GwG sind nicht auf Güterhändler zugeschnitten; sie passen nicht zu ihrem Geschäft und nicht zu ihrem Risiko, so dass man sie risikoorientiert, aber praktisch-pragmatisch auslegen müsste.

H. Handelsbasierte Geldwäsche und Terrorismusfinanzierung

17 Befragt man Unternehmer im Bereich von Industrie und Handel zu Geldwäsche bzw. zur Geldwäsche-Compliance, hört man nach wie vor regelmäßig, dass sie mit Ersterem nichts zu tun haben und daher Letzteres nicht brauchen.[97] Ähnlich ist es mit der Gefahr der Terrorismusfinanzierung. Dabei ist Geldwäscheprävention längst kein Thema mehr allein für den Finanzsektor.[98] Unbestreitbar ist, dass die globalisierte Weltwirtschaft in früher nie gekanntem Ausmaß Möglichkeiten bietet, internationale Warenströme für Geldwäsche, Terrorismusfinanzierung und andere Straftaten zu nutzen *("trade based money laundering")*. Maßnahmen zur Bekämpfung der Geldwäsche und Terrorismusfinanzierung *(Geldwäsche-Compliance)* unterscheiden sich dabei in einem wichtigen Punkt von gängigen Compliance-Programmen, zB iRd Korruptions-Prävention. Bei letzterer geht es in erster Linie darum zu verhindern, dass Mitarbeiter des eigenen Unternehmens oder sonst für das Unternehmen tätige Personen in seinem Namen Straftaten begehen. Das daraus resultierende Risiko strafrechtlicher, zivilrechtlicher oder sonstiger Verantwortlichkeit (Ausschluss von öffentlichen Aufträgen, Reputationsverlust, etc.) sowohl des Unternehmens als auch der Mitarbeiter und ggf. der Geschäftsleitung ist offensichtlich. Risiken der Geldwäsche oder Terrorismusfinanzierung durch Täter *im* Unternehmen kann man ebenfalls nicht verneinen.[99] Schon mit Blick auf die Reform des § 261 StGB (→ § 2 Rn. 10) und die Strafbarkeit wegen leichtfertiger Geldwäsche (→ § 2 Rn. 29) sind Unternehmen gut beraten, ihre Geldwäsche-Compliance nicht zu vernachlässigen. Dennoch lässt sich konstatieren, dass es bei der Geldwäsche-Compliance nach GwG primär um Maßnahmen geht, mit denen verhindert werden soll (Prävention), dass Kunden, Geschäftspartner oder sonstige Dritte das Unternehmen (unfreiwillig und ohne dessen Kenntnis) zur Geldwäsche, zur

---

[94] Wohlschlägl-Aschberger Geldwäsche S. 9.
[95] Spoerr/Robert WM 2017, 1142 (1143).
[96] Scherp CB 2017, 275 (279).
[97] Bülte NZWiSt 2017, 276.
[98] Komma CB 2019, 197.
[99] BeckOK GwG/Müller, 4. Ed. 1.12.2020, GwG § 5 Rn. 19.

H. Handelsbasierte Geldwäsche und Terrorismusfinanzierung § 1

Terrorismusfinanzierung oder sonst für Straftaten missbrauchen.[100] Die Erscheinungsformen handelsbasierter Geldwäsche bzw. Terrorismusfinanzierung sind dabei so vielfältig wie internationale Handelsbeziehungen selbst. Theoretisch eignet sich jedes Liefer- und Handelsgeschäft und jede damit im Zusammenhang stehende Transaktion dazu, illegal erworbenes Vermögen in den Wirtschaftskreislauf einzuspeisen, Vermögen der Terrorismusfinanzierung zuzuführen oder sonst Straftaten vorzubereiten, zu begehen oder zu verschleiern. Dabei ist Kriminalität im Zusammenhang mit Handelsgeschäften weder neu noch bedrohlicher als dies schon immer der Fall war. Was sich in den letzten Jahrzehnten verändert hat, ist die Reduzierung nationalstaatlicher Handelshemmnisse und Handelsschranken sowie der Kontrollen im Zuge der fortschreitenden Globalisierung der Weltwirtschaft. Gleichzeitig ist die Geschwindigkeit aller Prozesse, insbes. der Zahlungsflüsse durch die Digitalisierung um ein Vielfaches gestiegen. Demgegenüber ist die Verfolgung von Straftaten trotz aller Bemühungen um Harmonisierung der Strafvorschriften und internationaler Zusammenarbeit nach wie vor eine im Wesentlichen nationale Angelegenheit und damit von vornherein im Hintertreffen gegenüber international agierenden, gut organisierten Banden oder kriminellen Netzwerken. Es gibt keinen Grund anzunehmen, dass dieses Dilemma gerade mit Hilfe deutscher Industrie- und Handelsbetriebe (*„Güterhändler"*) behoben werden könnte. Hüten muss man sich vor dem Gedanken, dass Industrie und Handel allein aufgrund ihrer Größe oder der Zahl ihrer Teilnehmer in unvorstellbarem Umfang Ziel von Geldwäschern und Terrorismusfinanzieren sein müssten oder eine enorme Zahl von Verdachtsmeldungen pro Jahr liefern könnten. Es darf nicht der gesamte Wirtschaftsverkehr unter einen latenten Geldwäscheverdacht gestellt werden.[101] Weder die FATF-Empfehlungen noch die RL (EU) 2015/849 trägt die Vermutung, dass Güterhändler außerhalb von bargeldintensiven Branchen tatsächlich in erhöhtem Maße dem Risiko der Geldwäsche oder Terrorismusfinanzierung ausgesetzt seien.[102] Von Bargeldgeschäften ab bestimmten Schwellenwerten oder dem Handel mit bestimmten Produkten mit erhöhten Risiken abgesehen, setzen die Geldwäsche-Gesetze praktisch weltweit keinen Schwerpunkt bei der Einbeziehung von Industrie- und Handelsunternehmen. Ungeachtet dessen hält der deutsche Gesetzgeber hartnäckig daran fest, dass alle Industrie- und Handelsunternehmen als Güterhändler in das nationale System der Bekämpfung von Geldwäsche und Terrorismusfinanzierung eingebunden werden (→ § 3 Rn. 25). Schon aus diesem Grund muss sich jedes Industrie- bzw. Handelsunternehmens mit der komplizierten Regelungstechnik des GwG sowie seinen vielen unbestimmten und unklaren Rechtsbegriffen[103] auseinandersetzen, auch wenn es keine Bargeldgeschäfte tätigt.[104]

> **Praxishinweis:**
> Die FATF (→ Rn. 3) hat 2008 Hinweise zur handelsbasierten Geldwäsche veröffentlicht.[105] Das Dokument richtet sich an die FATF-Mitgliedsstaaten, nicht an einzelne Unternehmen oder Branchen. Konkrete Hinweise zur Gestaltung der Geldwäsche-Compliance im Unternehmen, enthält es nicht.

18

---

[100] AuA Nichtfinanzsektor, S. 1, Ziff. 1.1.
[101] Bussmann Geldwäscheprävention im Markt S. 23.
[102] AuA Nichtfinanzsektor, S. 1, Ziff. 1.1.
[103] Gehling/Lüneborg BZG 2020,1164.
[104] Bielefeld/Wengenroth BB 2016, 2499.
[105] https://www.fatf-gafi.org/media/fatf/documents/recommendations/BPP%20Trade%20Based%20Money%20Laundering%202012%20COVER.pdf, Zugriff am 2.1.2021.

§ 2. Geldwäsche und Terrorismusfinanzierung

Literatur:
Geldwäsche
Altenhain/Fleckenstein, der Gesetzentwurf zur Neufassung des § 261 StGB, JZ 2020, 1045; Baier, Kriminalpolitische Herausforderungen durch Bitcoin und anderen Kryptowährungen – Teil 1 CCZ 2019, 123 und Teil 2 CCZ 2019, 157; Beyer, Neuer Geldwäsche-Tatbestand birgt hohes Strafbarkeitsrisiko für Berater, NWB 2020, 3918; Böhme/Busch, Das Gesetz zur Verbesserung der strafrechtlichen Bekämpfung der Geldwäsche: Richtlinienumsetzung und Neuausrichtung von § 261 StGB, wistra 2021, 169; Bülte, Reform des § 261 StGB: Vermeintlich effektive Abschöpfung statt Rechtsstaatlichkeit, GwuR 01/2021, 8; Bülte, Zu den Gefahren der Geldwäschebekämpfung für Unternehmen, die Rechtsstaatlichkeit und die Effektivität der Strafverfolgung, NZWiSt 2017, 276; Bülte, Der neue § 299 StGB und die Geldwäsche, NZWiSt 2015, 281; Bussmann/Veljovic, Die hybride strafrechtliche Verfolgung der Geldwäsche – Schlussfolgerungen aus den Ergebnissen einer bundesweiten Studie NZWiSt 2020, 417; Fahl, Die Strafbarkeit des Notars wegen Geldwäsche (§ 261 StGB) zwischen Urkundsgewährungs- (§ 15 BNotO), Verschwiegenheits- (§ 18 BNotO) und Meldepflicht (§ 43 GwG), DNotZ 2019, 580; Findeisen, Hat der neue Geldwäschestraftatbestand Auswirkungen für die Verpflichteten nach § 2 GwG, GWuR 2021, 54; Fromberger/Haffke/Zimmermann, Kryptowerte und Geldwäsche, BKR 2019, 377; El-Gazhi/Laustetter, das Gesetz zur Verbesserung der strafrechtlichen Bekämpfung der Geldwäsche – Ein Überblick über die wichtigsten Änderungen beim Straftatbestand des § 261 StGB und bei der selbständigen Einziehung nach § 76a Abs. 4 StGB, NZWiSt 2021, 209; El-Gazhi/Marstaller/Zimmermann, Die erweiterte selbständige Einziehung gem. § 76a Abs. 4 StGB nach der Reform des Geldwäschestraftatbestands, NZWiSt 2021, 297; Gercke/Jahn/Paul, Sorgenkind außer Kontrolle: Paradigmenwechsel der Geldwäsche-„Bekämpfung" mit der Neufassung des § 261 StGB, StV 2021, 330; Köllner, Die neue Geldwäsche-Gesetzgebung Konsequenzen für Sanierer und Verwalter, NZI 2021, 316; Michaelis/Travers, Der neue § 261 StGB – die deutsche Umsetzung der EU-Richtlinie über die strafrechtliche Bekämpfung der Geldwäsche NZWiSt Jahr 2021, 125; Müller, Neufassung des Geldwäschetatbestands – Der „all-crimes-approach", NJW-Special 2021, 312; Obenhaus/Bartsch, Keine Steuerstrafsache ohne Geldwäsche? – Auswirkungen der Geldwäsche-Novelle auf Steuerstrafsachen, Stbg 2021, 133; Papathanasiou, Die „Panama Papers" im Lichte des Besonderen Teils des StGB, JA 2017, 88; Scaraggi-Kreitmayer, Steuerberater als Sondertäter der Geldwäsche: Die neue Qualifikation in § 261 StGB und weitere Änderungen im Geldwäsche-Straftatbestand, DStR 2021, 885; Scherp/Wrocklage, Gesetz zur Verbesserung der strafrechtlichen Bekämpfung der Geldwäsche tritt in Kraft, CB 2021, 186; Jonathan Schindler, ist § 261 StGB noch zu retten? Anmerkungen zur Geldwäschebekämpfung im Lichte des Referentenentwurfs vom 11.8.2020, NZWiSt 2020, 457; Teichmann/Park, Geldwäscherei und Terrorismusfinanzierung im Diamantenhandel, CB 2018, 183; Vogel, Strafbarkeit der Geldwäsche als Firewall der legalen Wirtschaft, ZRP 2020, 111.

Terrorismusfinanzierung
Al-Jumaili, Stationen im Kampf gegen die Terrorismusfinanzierung – New York – Brüssel – Berlin, NJOZ 2008, 188; Gnüchtel, Das Gesetz zum besseren Informationsaustausch bei der Bekämpfung des internationalen Terrorismus, NVwZ 2016, 1113; Frank/Schneider-Glockzin, Terrorismus und Völkerstraftaten im bewaffneten Konflikt, NStZ 2017, 1; Hetzer, Deutsche Umsetzung neuer europäischer Vorgaben zur Bekämpfung der Geldwäsche und der Terrorismusfinanzierung, EuZW 2008, 560; Lindner/Lienke/Aydur, Aktuelle Herausforderungen bei der Bekämpfung bei der Terrorismusfinanzierung – Die Folgen der Anschläge von Paris und Brüssel für das IT-Monitoring von Kreditinstituten nach § 25h Abs. 2 KWG, CB 2016, 371; Park/Teichmann, Bekämpfung der Terrorismusfinanzierung in Deutschland, Liechtenstein, Österreich und der Schweiz, NK 2018, 419; Scherp, Terrorismusfinanzierung – Ist es an der Zeit für eine neue Risiko-Einschätzung?, CB 2016, 408; Roggan, Thomas Hammer, Das Gesetz zum besseren Informationsaustausch bei der Bekämpfung des internationalen Terrorismus, NJW 2016, 3063; Teichmann/Falker, CB-Beitrag: Terrorismusfinanzierung durch Hawala-Banker, CB 2020, 30; Trautmann/Kissler CB-Beitrag: Kryptowerte: Hinweise und Besonderheiten betreffend die Prävention von Geldwäsche und Terrorismusfinanzierung CB 2020, 418; Zöller, Der Straftatbestand der Terrorismusfinanzierung (§ 89c StGB), GA 2020, 249.

A. Überblick

NEU (seit Vorauflage): 1
Zentrale Neuerung war die Reform des § 261 StGB (Geldwäsche) mit Wirkung ab 18.3.2021 und die damit verbundene Abschaffung des bisherigen Katalogs von Vortaten (→ Rn. 110) der Geldwäsche.

2   Im GwG wird Geldwäsche als Straftat iSd § 261 StGB definiert (§ 1 Abs. 1 GwG). Tatsächlich hat der Begriff im GwG schon lange nur noch wenig mit dem Straftatbestand zu tun. Geldwäsche ist im GwG zu einem Synonym für Straftaten aller Art und Kriminalität an sich geworden. Dabei wird nicht differenziert zwischen Vortaten der Geldwäsche und Geldwäsche als solcher (§ 43 Abs. 1 Nr. 1 GwG). Dreh- und Angelpunkt der geldwäscherechtlichen Pflichten ist ein niedrigschwelliger, rein kriminologisch bzw. verwaltungsrechtlich begründeter Verdacht (→ § 7 Rn. 61) ohne konkreten Bezug zu strafbaren oder tatbestandlichen Handlungen. Detaillierte Kenntnisse des Straftatbestands der Geldwäsche sind für eine wirksame Geldwäsche-Compliance nicht notwendig. Der Straftatbestand wird daher im Folgenden nur kursorisch und zum besseren Verständnis strafrechtlicher Risiken (→ Rn. 30) erläutert. Seit der Reform des § 261 StGB (→ Rn. 10) sind alle Straftaten des Kern- und Nebenstrafrechts potenzielle Vortaten der Geldwäsche. Gegenstand der Geldwäsche kann daher jeder materielle oder immaterielle (Vermögens-) Gegenstand sein, der aus irgendeiner Straftat herrührt auch aus Auslandstaten. Strafbar ist wie bisher sowohl vorsätzliche als auch leichtfertige Geldwäsche. Ist der Täter oder Teilnehmer Verpflichteter iSd § 2 Abs. 1 GwG, zB Güterhändler wirkt dies strafverschärfend (→ Rn. 34). Wie Geldwäsche in der Praxis funktioniert, wird oft anhand des Drei-Phasen-Modells erklärt, das der komplexen Realität der Geldwäsche vor allem im Warenhandel allerdings nicht mehr in jeder Hinsicht entspricht. Die Definition der Terrorismusfinanzierung in § 1 Abs. 2 GwG verweist nicht nur auf den gleichnamigen Straftatbestand (§ 89c StGB), sondern daneben auf die §§ 129a, 129b StGB (Bildung terroristischer Vereinigungen) und auf einen Katalog allgemeiner Straftaten, sofern sie terroristische Hintergründe haben oder terroristischen Zwecken dienen (→ Rn. 53). Diese Aufzählung stammt aus der EU-Terrorismusrichtlinie (→ § 1 Rn. 6). Sie macht die Definition der Terrorismusfinanzierung unübersichtlich. Die im GwG geltende, niedrige Verdachtsmeldeschwelle führt dazu, dass Verdachtsmeldpflichten wegen Terrorismusfinanzierung auch dann bestehen, wenn keine konkreten Hinweise auf Terrorismus oder im Zusammenhang stehende Straftaten bzw. tatbestandliche Handlungen iSd § 89c StGB oder der §§ 129a, 129b StGB erkennbar sind. Ähnlich wie bei der Geldwäsche spricht man bei der Terrorismusfinanzierung in der Praxis von einem Dreiklang aus Mittelgewinnung, Mitteltransfer und Mittelverwendung (→ Rn. 5). In strafprozessualer Hinsicht knüpft die StPO weitreichende Ermittlungsbefugnisse sowohl an den Verdacht der Geldwäsche als auch der Terrorismusfinanzierung oder der Bildung terroristischer Vereinigungen. Im Bereich der Geldwäsche setzt dies nach der Rechtsprechung des BVerfG einen doppelten Anfangsverdacht voraus, der sich sowohl auf das Vorliegen einer (im Ansatz konkreten) Vortat als auch auf tatbestandsmäßige Handlungen des § 261 StGB erstreckt. Die spezifischen Ermittlungsbefugnisse zB der §§ 100a, 100b und 100g StPO wurden im Zuge der Reform des § 261 StGB nicht verändert. Sie sind weiterhin nur zulässig bei Verdacht bestimmter, schwerwiegender Vortaten der Geldwäsche, nicht mit Blick auf alle Vortaten der Geldwäsche. Modifiziert wurden allerdings die Voraussetzungen der selbstständigen Einziehung (§ 76a StGB, → Rn. 63).

B. Geldwäsche

I. Definition der Geldwäsche im GwG

3   **Definition:**
„Geldwäsche im Sinne dieses Gesetzes ist eine Straftat nach § 261 StGB"
(§ 1 Abs. 1 GwG).

4   Das GwG enthält keine eigene Definition der Geldwäsche. Vielmehr verweist § 1 Abs. 1 GwG ohne Einschränkung auf den Straftatbestand des § 261 StGB. Ausgehend

hiervon könnte man vermuten, dass vertiefte Kenntnisse des Geldwäsche-Straftatbestands Voraussetzung für effektive Geldwäsche-Compliance und vor allem Verdachtsmeldungen im GwG seien. Dem ist jedoch nicht so. Der Geldwäschebegriff im GwG wurde schon vor der Reform des § 261 StGB (→ Rn. 10) vom Straftatbestand gelöst.[1] Er ist nicht auf tatbestandliche Handlungen des § 261 StGB begrenzt. Ein doppelter Anfangsverdacht (→ § 7 Rn. 41) wie im Strafprozessrecht ist nicht erforderlich. Der Verdacht der Vortat gilt daher bereits als Verdacht der Geldwäsche. Da Vortat jede Straftat sein kann ist Geldwäsche iSd GwG daher entgegen § 1 Abs. 1 GwG Synonym für Straftaten aller Art und Kriminalität als solcher. Dabei knüpft § 43 Abs. 1 GwG Pflichten an einen dem Strafprozessrecht vorgelagerten, niedrigschwelligen Geldwäsche-Verdacht. Dieser erfordert weder konkrete Hinweise auf eine bestimmte Vortat noch überhaupt auf strafbares Verhalten. Auffälligkeiten, Ungewöhnliche Ereignisse, mangelnde Transparenz oder Mitwirkung und in einigen Fällen rein abstrakte Risiken sollen ausreichen, um einen Verdacht der Geldwäsche zu begründen. Dass seit der Reform des § 261 StGB jede (beliebige) Straftat Vortat der Geldwäsche sein kann, hat daher keine wesentlichen Auswirkungen auf den Umfang und die Praxis der Verdachtsmeldepflichten nach dem GwG.[2] Allenfalls werden die Grenzen der Meldepflicht nach dem GwG noch weiter verschoben.

II. Die drei Phasen der Geldwäsche

Unabhängig von der Definition, stellt sich die Frage, wie Geldwäsche in der Praxis funktioniert. Die Erscheinungsformen von Geldwäsche sind ausgesprochen vielfältig, die Herkunft inkriminierter Vermögensgegenstände unüberschaubar.[3] Verfolgt man die Berichterstattung in den Medien ergeben sich Bezüge zum Beispiel zu Spielbanken und Online-Spielbanken, Wechselstuben, dem Baugewerbe und dem Finanzsektor genauso wie zum Kauf und Verkauf von Wertpapieren, Luxusartikeln, Kunstwerken, Automobilien, Booten, Yachten, Schmuck, der Verwendung von Gutscheinen für illegale Zwecke oder auch dem Erwerb industrieller Güter. Generell finden sich bargeldintensive Betriebe wie Hotels, Gaststätten aber auch Autohändler, Schmuck- und Juwelierbetriebe in der Geldwäschekette. Es gab auch schon Berichte über Klöster und Sportvereine, die für Geldwäsche benutzt wurden. Die Methoden der Geldwäsche umfassen beispielsweise die Ausstellung von Scheinrechnungen über nicht erfolgte Leistungen, Über- und Unterfakturierungen, die Verwendung von Briefkastengesellschaften und Strohmännern für Zwecke der Verschleierung, oft im Ausland bzw. in Ländern mit geringen Anforderungen an Transparenz der Eigentümer- und Kontrollstruktur. Auch die Fälschung von Unterlagen oder Rückdatierung von Verträgen gehört zu den probaten Mitteln der Geldwäsche. Weltweit gibt es eine Vielzahl von Dienstleistern und Beratern, die diskret dafür sorgen, anrüchigen Geschäften durch die Vorschaltung komplexer Gebilde aus Firmen, Fonds und anderen Rechtsgestaltungen einen legalen Anstrich zu geben. Der Übergang zwischen noch legalen und legitimen Strukturen, die dem Schutz privater Interessen oder der legalen Steuergestaltung dienen gegenüber solchen, die illegal oder illegitim sind, ist schwierig. Das gilt umso mehr bei Vermischung von Geldern und Vermögenswerten aus kriminellen Aktivitäten wie Geldwäsche, Korruption, Waffen- und Drogenhandel sowie der Terrorismus-Finanzierung mit legal erworbenen Vermögenswerten. Insgesamt lässt sich sagen, dass es keine einheitliche Struktur oder Systematik der Geldwäsche gibt. Vielmehr muss sich jedes Unternehmen mit den Gegebenheiten und Teilnehmern seiner Branche auseinandersetzen und auf Basis der bekannten Risikofaktoren (→ § 4 Rn. 66 ff.) und Anhaltspunktepapiere (→ § 7 Rn. 45) Fallgestaltungen ableiten, die besonders riskant sein können.

---

[1] BT-Drs. 1924180, 3 unter E.2, Bülte GWuR 2021, 8 (9).
[2] So auch Findeisen GWuR 2021, 54 (56).
[3] Mildeberger/Fein Geldwäsche-Compliance S. 18, Ziff. 3.

6 Die US-Zollbehörden haben Ende der 1980er Jahre ein Erklärungsmodell zur Funktionsweise der Geldwäsche erarbeitet, das sogenannte Drei-Phasen-Modell. Dabei handelt es sich nicht um das einzige Erklärungsmodell für Geldwäsche, aber das Bekannteste.[4] Allerdings basiert es auf einer weitgehend „klassischen" Vorstellung von Geldwäsche als Versuch des organisierten Verbrechens in der Hauptsache Bargeld aus illegalen Aktivitäten wie Drogen- und Waffenschmuggel, Prostitution und ähnlichen schwerwiegenden Verbrechen zu waschen. Die Vielfalt krimineller Phänomene, die heute als Geldwäsche zählen und die Realität der handelsbasierten Geldwäsche wird dadurch nicht vollständig abgebildet. Es eignet sich dennoch gut für Grundlagen-Schulungen. Ausgangspunkt des Drei-Phasen-Modells sind Gegenstände (insbes. Geld oder anderes Vermögen), die aus einer schweren Straftat (Vortat) stammen. Für den Vorgang der Geldwäsche unterscheidet das Modell zwischen den Phasen der Einspeisung („placement"), der Verschleierung („layering") und der Integration („integration").

7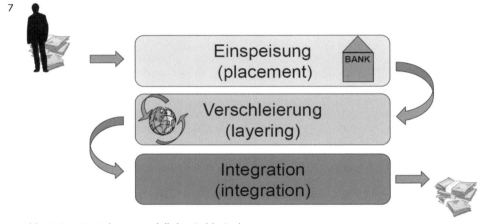

Abb. 1: Das Dreiphasenmodell der Geldwäsche

8 Die Phase der Einspeisung *(„placement")* dient dazu, illegal erworbenes *(„schmutziges")* Geld oder Vermögen in den Wirtschaftskreislauf einzubringen, zB durch Einzahlung auf ein Konto, den Kauf von Waren oder auf andere Weise. Denkbar ist, dass das Vermögen dazu in kleinere Beträge aufgeteilt wird, zB um Schwellenwerte für Legitimationsprüfungen der Banken im Rahmen ihrer Geldwäsche-Compliance zu unterlaufen (sog. *„smurfing"*, → § 4 Rn. 27). Denkbar ist, dass Kuriere Geldbeträge an andere Orte und über die Grenzen bringen. Helfer zahlen Beträge unter eigenem Namen auf unverdächtige Konten ein und transferieren sie von dort weiter. Alternativ wird der Täter versuchen, verkehrsfähige Güter zu erwerben, die er leicht transportieren und ggf. rasch wieder zu Geld machen kann, zB Fahrzeuge, Edelsteine und Schmuck oder andere *hochwertige Güter* (→ § 4 Rn. 120). Auch im Rahmen dieser ersten Phase kommt es nicht selten schon zur Vermischung mit legal erworbenem Vermögen, zB Einnahmen aus bargeldintensiven Branchen wie der Gastronomie, Spielbanken und Glücksspielbetrieben. An die Einspeisung schließt sich die eigentliche „Geldwäsche" an, die Verschleierung *(„Layering")*. Dabei wird die illegale Herkunft des Vermögens durch eine beliebe Anzahl von Vorgängen verdeckt. ZB wird ein Fahrzeug, das mit illegal erworbenem Geld gekauft wurde, rasch weiterverkauft. Selbst wenn der Täter das Fahrzeug unter Wert verkaufen muss, erhält er durch den Verkauf Geld aus einer legalen, unverdächtigen Quelle (Käufer). Layering findet in beliebigen Variationen und mit beliebiger Komplexität statt! Typische Mittel zum Zweck sind

---

[4] S. dazu den Überblick bei Herzog/Herzog/Achtelik Einleitung Rn. 6.

Scheingeschäfte oder Strohmanngeschäfte, grenzüberschreitende Transaktionen und die Nutzung von Briefkastenfirmen bzw. Bankkonten in Ländern mit geringen Transparenzanforderungen, geringen Gebühren und Steuern auf Vermögen (*„Steuerparadiese"*). Für Verpflichtete wie Behörden wird es damit praktisch unmöglich, die genauen Hintergründe von Geldflüssen zu durchschauen. Am Ende des Layerings ist idR kaum mehr erkennbar, dass das Geld oder Vermögen, das der Geldwäscher in den Händen hält, ursprünglich aus einer Straftat stammt. Nach der Verschleierung erfolgt die Integration (*„Integration"*) des so gewaschenen Vermögens. Dazu wird es für den Konsum ausgegeben oder in legale, nicht selten langfristig rentable Projekte investiert, etwa den Kauf von Firmenanteilen oder Investitionen in Grundstücke, Bauprojekte oder Lebensversicherungen. Vielfach erfolgt dabei eine weitere Vermischung mit legal erworbenem Geld oder Vermögen anderer Investoren.

Beispiel: 9

Beispiel eines ausgeklügelten Mechanismus zur Geldwäsche ist der *„Russian Laundromat."*[5] Presseberichten zufolge schlossen zwei in UK beheimatete Briefkastenfirmen einen Kreditvertrag in Millionenhöhe, der aber nie zur Auszahlung kam (Scheingeschäft). Eine in Moldau beheimatete Person, die möglicherweise als Strohmann fungierte, wurde als Bürge für den Kredit benannt. Daneben bürgte eine russische Firma als Gesamtschuldner. Die angebliche Kreditgeberin klagte nun gemeinschaftlich gegen die beiden Bürgen vor einem Gericht in Moldau auf Rückzahlung des nie ausgezahlten Kredits. Das dortige Gericht erlies ein entsprechendes Urteil. Der Richter wurde möglicherweise bestochen. Auf der Basis des Urteils sollen dann Gerichtsvollzieher das Geld von der russischen Firma auf Konten der englischen Kreditgeberin in Lettland weitergeleitet haben. Damit war das Geld legal in der EU und konnte von dort weiter verteilt werden. Berichten zufolge sollen so ca. 66,5 Mio. EUR in Deutschland ausgegeben worden sein, vornehmlich für Luxuswaren wie Autos, Uhren und teure Kleidung.

III. Geldwäsche (§ 261 StGB)

1. Die Reform des § 261 StGB[6]

Geldwäsche ist in Deutschland strafbar gem. § 261 StGB. Ihrer ursprünglichen Konzeption nach diente die Vorschrift der Bekämpfung der organisierten Kriminalität. Sie stellte das Einschleusen von Vermögensgegenständen in den legalen Finanz- und Wirtschaftskreislauf unter Strafe, die aus unerlaubten Drogengeschäften, aus Verbrechen oder aus Vergehen krimineller Vereinigungen stammten. In der Folge wurde dieses Ziel auf die Bekämpfung anderer schwerwiegender Kriminalität ausgeweitet, ohne dass aus den ständigen Erweiterungen ein zielführendes Konzept im Kampf gegen Geldwäsche erkennbar wurde.[7] 10

> **Praxishinweis:** 11
> Bei Einführung des § 261 StGB im Jahr 1992 enthielt dieser 3 Kategorien von Vortaten: Verbrechen (§ 12 StGB), Verstöße gegen das BtMG (§ 29 BtMG) und die Bildung krimineller Vereinigungen („§ 129 StGB).[8] In der Folge wuchs dieser Katalog auf eine lange Liste mit mehr als 100 möglichen Vortaten (Katalogtaten) an, darunter eine Vielzahl von Vergehen (§ 12 Abs. 2 StGB), allerdings in qualifizierter Form (gewerbsmäßig oder bandenmäßig). Damit sollte der Rest eines Bezugs zu Straftaten der Organisierten Krimi-

---
[5] S. zB unter https://www.sueddeutsche.de/wirtschaft/geldwaesche-die-russische-geldwaschmaschine-1.3427580, Zugriff 15.10.2021.
[6] Gesetz zur Verbesserung der strafrechtlichen Bekämpfung der Geldwäsche v. 9.3.2021, BGBl. 2021 I 327.
[7] Müller NJW-Spezial 2021, 312; Travers/Michaelis NZWist 2021, 125.
[8] Fahl DnotZ 2019, 580.

nalität gewahrt werden. Der Vortatenkatalog war abschließend; andere Straftaten kamen nicht als Vortat der Geldwäsche in Frage. Die Vortat musste im Strafprozess ausreichend konkretisiert werden.[9] Der Täter der Geldwäsche musste zumindest in groben Zügen Kenntnis der Vortat haben.[10] Konnte ein Angeklagter glaubhaft geltend machen, er habe zwar von der illegalen Herkunft eines Vermögensgegenstands gewusst, sei aber der Ansicht gewesen, er stammte aus einer Straftat, die nicht Vortat der Geldwäsche war, schied eine Strafbarkeit wegen Geldwäsche aus.[11]

12   § 261 StGB gilt als die am Häufigsten geänderte Vorschrift im Strafgesetzbuch.[12] Zuletzt wurde die Vorschrift mit Wirkung ab 18.3.2021 neu gefasst (Reform des § 261 StGB).[13] Anlass der Reform waren Vorgaben der RL (EU) 2018/1673-Strafrecht (→ § 1 Rn. 9). § 261 StGB aF entsprach den Vorgaben der Richtlinie zwar weitgehend. Bei der Umsetzung ging man bewusst über deren Mindestvorgaben hinaus,[14] um unpraktische Ergebnisse zu vermeiden.[15] Die schon heute längste Vorschrift im StGB, die als unübersichtlich und komplex gilt, wäre sonst noch komplexer geworden.[16] Ziel der Reform war die Praxistauglichkeit des Straftatbestands zu erhöhen und eine intensivere Verfolgung von Geldwäsche zu ermöglichen.[17] Dazu wurde der bisherige Katalog von Vortaten gestrichen. Vortat der Geldwäsche ist jetzt jede Straftat des Kern- oder Nebenstrafrechts. Vom Wegfall des Vortatenkatalogs verspricht man sich eine Erleichterung der Beweisführung in Geldwäschefällen, wobei das Maß der richterlichen Überzeugung für eine Verurteilung unverändert bleiben soll.[18] Beim Wegfall des Vortatenkatalogs handelt es sich um die umfangreichste und einschneidendste Änderung seit Einführung der Vorschrift. Damit verbunden ist ein Paradigmenwechsel hin zum *„all crimes approach"*[19] und eine erhebliche Ausweitung des Umfangs potenziell als Geldwäsche strafbarer Handlungen. Die Vorschrift zielt nicht mehr auf die Bekämpfung der organisierten Kriminalität. Sie gilt jetzt gleichermaßen für Vermögenswerte aus Alltagskriminalität wie Ladendiebstahl wie für solche aus Drogen-, Waffen- oder Menschenhandel. Damit wird das, was schon bei der Organisierten Kriminalität nicht ansatzweise funktioniert hat, zum generellen Prinzip erhoben. Es besteht die Gefahr, dass der Straftatbestand der Geldwäsche zu einem reinen Gefährdungsdelikt wird. Beweisschwierigkeiten der oben geschilderten Art werden auch nach der Reform bestehen, insbes. mit Blick auf die illegale Herkunft von Gegenständen oder bei grenzüberschreitenden Gestaltungen. Es ist daher fraglich, ob die Geldwäschestrafbarkeit tatsächlich deutlich häufiger als bisher greifen wird.[20]

13   **Praxishinweis:**
In ähnlicher Weise haben andere Staaten ihre Strafrechtsvorschriften im Bereich der Geldwäsche angepasst, zB Belgien (Artikel 505 code pénal), Italien (Artikel 648, 648 bis, 648ter Codice Penale), Frankreich (Artikel 324–1 code pénal), Niederlande (Artikel 416,

---

[9] BGH Beschl. v. 10.11.1999 – 5 StR 476/99, BeckRS 1999, 30081269.
[10] S. zur alten Rechtslage BGH NStZ-RR 2015, 13 (14).
[11] BT-Drs. 19/24180, 37 unter 12.
[12] Gazeas NJW 2021, 1041.
[13] Gesetz zur strafrechtlichen Bekämpfung der Geldwäsche v. 9.3.2021, BGBl. 2021 I 327.
[14] BT-Drs. 620/20, 1 f.; Bülte GwuR 2021, 8.
[15] BT-Drs 19/24180, 15 f. unter 1a) cc).
[16] Fahl DnotZ 2019, 580.
[17] Bundesministerium der Finanzen, Strategie gegen Geldwäsche und Terrorismusfinanzierung, 2019, S. 17, https://www.bundesfinanzministerium.de/Content/DE/Downloads/Broschueren_Bestellservice/2020-01-17-strategie-geldwaesche-terrorismusfinanzierung.pdf?__blob=publicationFile&v=7, Zugriff am 15.10.2021.
[18] BT-Drs. 19/24180, 12 f.
[19] Gazeas NJW 2021, 1041.
[20] Schindler NZWist 2020, 457 (467) unter Verweis auf den Referentenentwurf; zweifelnd auch Müller NJW-Spezial 2021, 312.

417, 417bis Wetboek van Strafrecht) und Polen (Artikel 299 Kodeks karny), aber auch Norwegen (Art. 332–341 des Norwegischen Strafgesetzbuchs), Dänemark (Art 290 des Dänischen Strafgesetzbuch) Frankreich (Art. 432–1 Code Pénal).[21]

Der Strafrahmen bei Geldwäsche sieht Geldstrafe oder bis zu fünf Jahren Freiheitsentzug (§ 261 Abs. 1 StGB) vor. Eine Mindeststrafe von drei Monaten, wie vor der Reform, ist nur noch vorgesehen, wenn der Täter Verpflichteter iSd § 2 Abs. 1 GwG ist (→ Rn. 34). In besonders schweren Fällen ist die Strafe Freiheitsstrafe von sechs Monaten bis zu zehn Jahren (§ 261 Abs. 5 StGB). Ein solcher liegt vor, wenn Geldwäsche *„gewerbs- oder bandenmäßig"* begangen wird. Ob die Vortat der Geldwäsche gewerbs- oder bandenmäßig begangen wird, ist nicht mehr relevant. Der Versuch der Geldwäsche ist strafbar (§ 261 Abs. 3 StGB). 14

Praxishinweis: 15
Ausgehend von der Reform des § 261 StGB könnte man eine Ausweitung auch der Verdachtsmeldepflicht iSd § 43 Abs. 1 GwG befürchten. Diese ist jedoch nicht zwingend. Denn die Verdachtsmeldepflicht entsteht schon heute auf niedrigster Schwelle, die keinen konkreten Hinweis auf tatbestandliche Handlungen voraussetzt (→ § 7 Rn. 41). Die Reform hat allerdings das Risiko eigener Strafbarkeit für Unternehmen, deren Leitung (Aufsichtspflichtverletzung) und Mitarbeiter erhöht, insbes. im Fall von Leichtfertigkeit. Zudem drohen in weiteren Umfang als bisher Maßnahmen der Vermögensabschöpfung (→ Rn. 63). Unternehmen, die bislang nicht oder nur in begrenztem Umfang Geldwäsche-Compliance betrieben haben, sind daher gut beraten, sich zeitnah damit zu beschäftigen.[22]

2. Gegenstand der Geldwäsche

Taugliches Objekt der Geldwäsche iSd § 261 StGB ist *„jeder Gegenstand, der aus einer rechtswidrigen Tat herrührt"* (§ 261 Abs. 1 StGB). Anders als der Begriff „Geldwäsche" vermuten lässt, ist nicht nur Geld umfasst, sondern Gegenstände aller Art, körperliche genauso wie nichtkörperliche, bewegliche oder unbewegliche, materielle oder immaterielle und ebenso Rechtstitel oder Urkunden in jeder – einschließlich elektronischer oder digitaler – Form, die das Eigentumsrecht oder Rechte an solchen Vermögenswerten belegen.[23] Gegenstand der Geldwäsche sind daher auch Forderungen, Patentrechte, Anteile an Gesellschafts- oder Gemeinschaftsvermögen, elektronische Zahlungsmittel wie „Paysafe"-Codes[24] und virtuelle Währungen (zum Beispiel Bitcoins).[25] Auf den Wert des Gegenstands kommt es grds. nicht an. Dienstleistungen sind dagegen kein tauglicher Gegenstand der Geldwäsche, die aus einer Dienstleistung stammende Forderung dagegen schon. Im Zuge der Reform des § 261 StGB war zunächst geplant den Gegenstand der Geldwäsche in Übereinstimmung mit dem Recht der Vermögensabschöpfung zu formulieren und auf Taterträge und Tatprodukte iSd § 74 StGB zu begrenzen. Ziel war der ausufernden Tendenz der Vorschrift entgegenzuwirken.[26] Dies wurde jedoch im Gesetzgebungsverfahren nicht umgesetzt.[27] 16

---

[21] BT-Drs. 19/24180, 15 f.; Schindler NZWist 2020, 457 (463); Koslowski S. 197 f.
[22] S. dazu ausf. auch Bülte GwuR 2021, 8 (10 f.), ebenso Köllner NZI 2021, 316 (318).
[23] BT-Drs. 19/24180, 20 f. unter Nr. 3a).
[24] BGH NStZ-RR 2019, 112.
[25] S. dazu BT-Drs. 19/24180, 19 f. unter 3.
[26] BT-Drs. 19/24180, 20 unter 3a).
[27] S. BR-Drs. 125/21, S. 2 unter 1b) aa) aaa).

> **17** Praxishinweis:
> Der Straftatbestand des § 261 StGB wurde von Anfang an wegen seiner fast uferlosen Weite kritisiert, die im Bemühen die organisierte Kriminalität zu treffen, alles und jeden mit Strafe bedroht. Kurios ist, dass nach dem Wortlaut der Vorschrift etwa das Hacken von Holz im Garten Geldwäsche darstellt, wenn zuvor mit der Axt der Ehemann den Bruder erschlagen hat und die Person, die das Holz hackt, die Axt in Kenntnis dieser Umstände verwendet. Entsprechendes gilt für den Verkauf von Brötchen durch eine Bäckerin an den stadtbekannten Einbrecher, der mit Geld aus dem letzten Diebeszug bezahlt.[28]

3. Vortaten der Geldwäsche

18 Der Gegenstand der Geldwäsche muss *„aus einer rechtswidrigen Tat"* stammen (§ 261 Abs. 1 StGB), dh aus einer vorhergehenden Straftat (Vortat). Mögliche Vortat der Geldwäsche sind seit der Reform des § 261 StGB alle Straftaten des Kern- und Nebenstrafrechts. Ordnungswidrigkeiten wie zB Kartellverstöße iSd § 81 GWB sind dagegen keine tauglichen Vortaten der Geldwäsche. Eine Unterscheidung nach Verbrechen und Vergehen bzw. Begehungsform der Vortat („gewerbsmäßig oder bandenmäßig") erfolgt nicht mehr.[29] Der frühere, abschließende Katalog der Vortaten wurde mit der Reform des § 261 StGB abgeschafft. Die Strafbarkeit wegen Geldwäsche kommt nunmehr schon dann in Frage, wenn ein Gegenstand aus irgendeiner Straftat stammt. Um welche Tat es sich handelt, ist unerheblich. Zwar mussten schon bisher weder Täter noch Teilnehmer die genauen Tatmodalitäten der Vortat bekannt sein. Das Gericht musste aber überzeugt sein, dass der Vermögensgegenstand aus einer Vortat stammt (Akzessorietät der Geldwäsche).[30] Ob damit die Beweisanforderungen abgesenkt werden, bleibt abzuwarten. Nach wie vor muss es sich um eine rechtswidrige Vortat handeln. War die Vortat zB durch Notwehr oder Notstand gerechtfertigt, scheidet die Strafbarkeit wegen Geldwäsche aus. Legal erworbenes Vermögen ist nicht Gegenstand der Geldwäsche; es kann allerdings zur Terrorismusfinanzierung (→ Rn. 52) verwendet werden. Möglich ist des Weiteren die Vermischung von legalem und illegalem Vermögen.

19 Grenzüberschreitende Geldwäsche ist besonders attraktiv, weil sie die Verfolgung der Vermögensverschiebungen erheblich erschwert. Dies gilt ungeachtet aller Bemühungen um eine effiziente, internationale Zusammenarbeit der Behörden. Die Strafbarkeit der Geldwäsche umfasst daher auch Sachverhalte, die sich nicht exklusiv im Inland abspielen. Vielmehr ist gemäß § 261 Abs. 9 StGB Geldwäsche auch dann strafbar, wenn es um einen Gegenstand geht, der *„aus einer im Ausland begangenen Tat herrührt."* Auf die rechtliche Einordnung der Tat im Ausland als Verbrechen oder Vergehen kommt es nicht an. Auch nicht darauf, ob die Tat im Ausland als Vortat der Geldwäsche gilt. Weiter spielt keine Rolle, ob der Täter der Vortat in Deutschland strafbar ist. Aufgrund der Reform des § 261 StGB kann jede beliebige Auslandsstraftat Vortat der Geldwäsche sein. Voraussetzung ist grundsätzlich, dass die im Ausland begangene Tat *„am Tatort mit Strafe bedroht ist"* (Prinzip der doppelten Strafbarkeit). Eine Ausnahme hiervon macht § 261 Abs. 9 Nr. 2 StGB für einen zum Teil nur mühsam nachvollziehbaren Katalog von EU-Straftaten[31] (beispielsweise Beamtenbestechung und Bestechung im Privatsektor). Ausreichend ist insoweit, dass die Tat im Ausland nach EU-Recht *„mit Strafe zu bedrohen ist."* Als Vortat gilt die Auslandstat aber selbst dann, wenn dies noch nicht geschehen ist. Geldwäsche könnte sich daher an den

---
[28] Fahl DnotZ 2019, 580 (582).
[29] BT-Drs. 19/24180, 15 f.
[30] Bussmann/Veljovic NZWist 2020, 417 (419).
[31] Gazeas NJW 2021, 1041 (1043); Travers/Michaelis NZWiSt 2021, 125 (127).

legalen Erwerb eines Vermögensgegenstand anschließen.[32] Für Drittstaaten außerhalb der EU gilt Nr. 2 nicht, da sie nicht verpflichtet sind, entsprechende Strafvorschriften zu verabschieden.

Beispiel:

Eine Bande französischer Drogenhändler hat durch Drogenverkäufe in Frankreich hohe Bargeldbestände angehäuft, die sie per Kurier nach Deutschland transportieren lässt. Dort werden die Gelder mithilfe des hier ansässigen W „gewaschen." W ist an den Drogenverkäufen nicht beteiligt, weiß aber um die Herkunft der Gelder. W ist nach § 261 Abs. 9 StGB in Deutschland wegen Geldwäsche strafbar.

4. Herrühren aus einer Vortat

Gegenstand der Geldwäsche kann nur sein, was aus einer Vortat „herrührt." Man spricht dann von bemakeltem oder inkriminiertem Vermögen. In erster Linie handelt es sich dabei um die Beute aus einer Straftat. In Frage kommt aber zB auch der Tatlohn für die Begehung einer Straftat. Eine Besonderheit des Geldwäsche-Tatbestands ist, dass der Gegenstand der Geldwäsche nicht *unmittelbar* aus der Vortat herrühren muss. Vielmehr reicht jeder Vermögensgegenstand, der durch eine beliebige Zahl von Austauschvorgängen (mittelbar) an die Stelle des ursprünglichen Gegenstands der Geldwäsche tritt *(Ersatzgegenstände bzw. Surrogate)*. Die Rechtsprechung legt das Merkmal „herrühren" rein kausal aus.[33] Auch ein Vermögensgegenstand, der aus einer Kette von (mehreren) Umwandlungsvorgängen hervorgeht, ist grds. tauglicher Gegenstand der Geldwäsche.[34] Der Kausalzusammenhang und damit die Tauglichkeit als Gegenstand der Geldwäsche soll erst entfallen, wenn ein Gegenstand auf die selbständige Leistung eines Dritten zurückzuführen ist.[35]

Beispiel:

Der Bankräuber B kauft mit der Beute aus dem Bankraub einen Sportwagen. Danach verkauft er das Auto günstig, mit 20 % Abschlag an einen heimlichen Helfershelfer K, der zwar nichts mit dem Banküberfall zu tun hatte, aber weiß, dass der Sportwagen mit Geld aus dem Überfall angekauft wurde. K ist wegen Geldwäsche nach § 261 Abs. 2 Nr. 2 StGB strafbar, weil das Auto ein Surrogat des geraubten Geldes ist. Hehlerei (§ 259 StGB) liegt nicht vor, weil das Auto nicht gestohlen wurde.

Die rein kausale Betrachtungsweise des BGH wird vielfach kritisiert. Sie führt zur fast grenzenlosen Einbeziehung von Gegenständen, die irgendwann im Verlauf von Umwandlungsketten an die Stelle des durch die Tat Erlangten treten. Allerdings ist auch den Kritikern nicht gelungen, in verständlicher Weise zu konkretisieren, wann ein Gegenstand noch ein Surrogat und damit ein taugliches Objekt der Geldwäsche darstellt und wann dies nicht mehr der Fall ist. Unklar bleibt insbesondere, wie viele Umtauschhandlungen zwischen dem ursprünglichen Gegenstand und dem Ersatzgegenstand (Surrogat) liegen dürfen, um Letzteren noch als taugliches Geldwäscheobjekt bezeichnen zu können.[36] Im Zuge der Reform des § 261 StGB war geplant, die Terminologie in Anlehnung an das 2017 reformierte Recht der Vermögensabschöpfung (→ Rn. 63) einzuschränken.[37] Diese Pläne wurden nicht umgesetzt.

Ähnliche Auslegungsschwierigkeiten bestehen, wenn inkriminierte Gegenstände mit anderen, legal erworbenen vermischt werden, zB weil inkriminiertes Bargeld auf ein Konto eingezahlt oder überwiesen wird. Dasselbe gilt bei einer Mischfinanzierung, also wenn

---

[32] So auch Schindler NZWist 2020, 457 (463).
[33] BGH NStZ 2017, 167 (168); NJW 2013, 1158 (1159); 2015, 3254 (3255); NStZ 2009, 328 (329).
[34] BeckOK StGB/Ruhmannseder, 49. Ed. 1.2.2021, StGB § 261 Rn. 15.
[35] BT-Drs. 12/989, 27 zu § 261 Abs. 1 StGB.
[36] S. dazu BeckOK StGB/Ruhmannseder, 49. Ed. 1.2.2021, StGB § 261 Rn. 15 ff.
[37] BT-Drs. 19/24180, 19f unter Nr. 3.

Anschaffungen zum Teil aus legalen und zum Teil aus inkriminierten Mitteln bewerkstelligt werden. In diesen Fällen stellt sich die Frage, ob die Vermögensgegenstände insgesamt Gegenstand der Geldwäsche werden (Gesamtkontamination) oder nur anteilig bzw. wertmäßig (Teilkontamination) Dieselben Überlegungen gelten bei teilweiser Verfügung über inkriminiertes Vermögen, zB Barabhebungen von einem Konto mit inkriminierten Geldern.[38] Die Rechtsprechung geht bisher von einer Gesamtkontamination aus, solange der aus deliktischen Quellen stammende Anteil des Ergebnisses nicht völlig unerheblich ist. Geld auf einem Bankkonto, das zum Teil aus Vortaten der Geldwäsche und im Übrigen aus legalen Quellen stammt, wäre demnach insgesamt *„Vermögensgegenstand, der an die Stelle des Tatprodukts oder des Tatertrags tritt."* Eine Ausnahme sollte bisher nur gelten, wenn der aus Vortaten herrührende Anteil bei wirtschaftlicher Betrachtung völlig unerheblich war. Eine Art „Mindestquote" deliktischer Anteile hat der BGH bislang nicht bestimmt. Bei Guthaben auf einem Bankkonto wurde ein Anteil von ca. 5,9 % aus deliktischer Quelle als ausreichend betrachtet, um von einer Gesamtkontamination auszugehen.[39] Teile der juristischen Fachliteratur halten die Lehre von der Gesamtkontamination zu Recht für verfassungswidrig bzw. unverhältnismäßig. Bevorzugt wird die Annahme einer Teilkontamination. Diese kann jedoch nicht sicher beantworten, wann welcher Teil des Vermögens kontaminiert ist. Auch wenn der reformierte § 261 StGB (→ Rn. 10) eher für die Teilkontaminationslehre spricht: das Problem löst er nicht.[40] Vielmehr muss man davon ausgehen, dass die Grundsätze der Rechtsprechung erst einmal fortgelten.

25 Beispiel:

Die Angeklagte hatte für Angehörige einer Gruppe von Zigarettenhändlern gewerbsmäßig Gewinne aus dem Handel mit unversteuerten Zigaretten über Bankkonten in den legalen Geldkreislauf eingeschleust. Dazu hatte sie binnen drei Jahren ca. 380.000 EUR auf mehrere Giro- und Sparkonten eingezahlt, die ihr zuvor von der Gruppierung übergeben worden waren. Ein Teil des Geldes wurde von ihr abgehoben und entweder an Gruppenmitglieder zurückgegeben oder in ein Drittland überwiesen. Im relevanten Zeitraum betrieb sie als Einzelunternehmerin eine Gaststätte. Damit erzielte sie legale Einkünfte, die ebenfalls auf die Giro- und Sparkonten flossen. Der BGH vertrat die Ansicht, dass die Kontoguthaben insgesamt Gegenstand der Geldwäsche darstellen. Dem steht nicht entgegen, dass diese im genannten Tatzeitraum sowohl aus rechtmäßigen Zahlungseingängen als auch aus Straftaten resultierten. Der Anteil der Gelder aus deliktischen Quellen lag im relevanten Zeitraum zwischen 5,9 % bis ca. 35 %.[41]

5. Die Tathandlungen

26 Die Tathandlungen des § 261 StGB wurden iRd Reform neu strukturiert. Sie entsprachen zwar den Vorgaben der RL (EU) 2018/1673-Strafrecht (→ § 1 Rn. 9). Die Vorschrift hatte jedoch die *„Grenzen der Verständlichkeit"* erreicht.[42] Die einzelnen Tathandlungen ließen sich nicht scharf voneinander abgrenzen, sondern überschnitten sich in vielfacher Weise, was sie für die Praxis schwer handhabbar machte.[43] Ziel der Neufassung war eine möglichst umfassende Pönalisierung des Umgangs mit inkriminierten Gegenständen.[44] Nach der Neufassung begeht Geldwäsche, wer einen tauglichen Gegenstand (→ Rn. 16) „*1. verbirgt, 2. in der Absicht, dessen Auffinden, dessen Einziehung oder die Ermittlung von dessen Her-*

---

[38] BGH NStZ 2017, 167 (168).
[39] BGH NJW 2015, 3254 (3255); NStZ 2017, 167 (169); NZWist 2016, 157 (158); NStZ 2009, 328 (329); OLG Karlsruhe NJW 2005, 767 (769).
[40] Schindler NZWist 2020, 457 (466); Bülte ZWF 2016, 377 (385 f.).
[41] BGH NStZ 2017, 167 (169); 2009, 328 (329).
[42] BGH NStZ 2009, 326; ähnl. Travers/Michaelis NZWist 2021, 125 (126).
[43] BT-Drs. 19/24180, 21 unter Nr. 3b.
[44] Schindler NZWist 2020, 457 (466).

kunft zu vereiteln, umtauscht, überträgt oder verbringt, 3. sich oder einem Dritten verschafft oder 4. verwahrt oder für sich oder einen Dritten verwendet, wenn er dessen Herkunft zu dem Zeitpunkt gekannt hat, zu dem er ihn erlangt hat" (§ 261 Abs. 1 StGB). Gemäß § 261 Abs. 2 StGB wird wegen Geldwäsche außerdem bestraft, „wer Tatsachen, die für das Auffinden, die Einziehung oder die Ermittlung der Herkunft eines Vermögensgegenstands nach Absatz 1 von Bedeutung sein können, verheimlicht oder verschleiert. Absatz 1 S. 2 gilt entsprechend." (§ 261 Abs. 2 StGB). Eine gewisse Überschneidung der Tathandlungen besteht auch nach der Neufassung fort. Wer einen Vermögensgegenstand verbirgt, wird damit zB dessen Auffinden vereiteln.[45]

Für die Auslegung der Tathandlungen wird man auf viele Grundsätze zurückgreifen können, die schon bisher galten. Die Tathandlung der Nr. 1 („*Verbergen*") wird wie der bisherige Begriff des „Verschleierns" alle irreführenden Machenschaften umfassen, die darauf abzielen, einem Gegenstand den Anschein einer anderen (legalen) Herkunft zu verleihen oder zumindest die wahre Herkunft zu verbergen. Das ist zB der Fall, wenn Identifikations- oder Herkunftsmerkmale (Typenschilder) eines Vermögensgegenstands beseitigt oder verändert werden. Ein Verbergen setzt zielgerichtetes Handeln voraus, das geeignet ist, den Zugang zu dem Vermögensgegenstand zu erschweren. Wer einen Vermögensgegenstand verliert oder verlegt, verbirgt ihn daher nicht. Die Handlung muss allerdings nicht zum Erfolg führen. Die Tathandlungen der Nr. 2 („*Umtauschen, Übertragen oder Verbringen*") waren schon bisher tatbestandsmäßig. Dafür reicht aus, dass der Täter Maßnahmen der Behörden gefährdet, zB weil er illegal erworbenes Bargeld in eine größere Menge legal erworbenes Bargeld einbringt. Heimlichkeit ist nicht Voraussetzung. Zur Tatbegehung reicht auch eine unrichtige Darstellung der Vermögensverhältnisse.[46] Zusätzlich bedarf es der Absicht, das Auffinden, die Einziehung oder die Ermittlung der Herkunft des Vermögensgegenstands zu vereiteln. Kritisiert wird dies, weil Geldwäsche dadurch zum Gefährdungsdelikt wird.[47] Die Tatbestandsalternative des Nr. 3 („*sich Verschaffen*") ist unverändert gegenüber der bisherigen Rechtslage. Sie soll sogar vorliegen, wenn der Gegenstand dem Täter der Vortat gewaltsam oder unter Drohungen weggenommen wurde.[48] Nr. 4 („*Verwahren oder Verwenden*") setzt bewusste Ausübung tatsächlicher Sachherrschaft voraus.[49] Wer nicht weiß, dass er im Besitz eines Vermögensgegenstands ist, verwahrt diesen nicht. Wer dagegen Geld aus einer Vortat auf seinem Konto belässt, verwahrt das Geld iSv § 261 Abs. 1 Nr. 4 StGB,[50] jedenfalls wenn er als alleiniger Kontoinhaber Verfügungsgewalt über das Konto hat.[51] Unter Verwenden fällt dagegen der bestimmungsgemäße Gebrauch des bemakelten Gegenstands,[52] bei Bargeld also Geldgeschäfte aller Art wie der Kauf von Waren oder Leistungen. Dabei spielt es keine Rolle, ob der Täter der Geldwäsche Waren für andere oder für sich erwirbt.[53] Bei Bankkonten fallen alle Verfügungen über das jeweilige Guthaben auf dem Bankkonto unter den Begriff Verwenden, egal, ob Überweisungen, Barabhebungen, die Erteilung von Ermächtigungen zum Lastschrifteneinzug sowie von Einzugsermächtigungen.[54] Bei einem Fahrzeug liegt die Verwendung iSd Geldwäsche-Tatbestands in dessen Nutzung. Bei § 261 Abs. 2 StGB handelt es sich um einen Ableger des Vereitelungs-/Gefährdungstatbestands des § 261 Abs. 2 S. 1, 2. Alt. StGB aF.[55]

---

[45] Fischer StGB § 261 Rn. 32.
[46] BGH NStZ 2017, 28.
[47] Schindler NZWist 2020, 457 (466).
[48] BGH NJW 2010, 3730 (3734).
[49] BGH NStZ 2017, 167 (169).
[50] Neuheuser NStZ 2008, 492 (496).
[51] BGH NStZ 2017, 167 (169).
[52] Fischer StGB § 261 Rn. 41.
[53] BGH NStZ 2017, 167 (169); NZWiSt 2016, 157 (158).
[54] BGH NJW 2015, 3254 (3255).
[55] Schindler NZWist 2020, 457 (467).

28 **Beispiel (auf Basis des § 261 StGB aF):**
W. veruntreute zum Nachteil seines Arbeitgebers über den Zeitraum von zehn Jahren ca. 3,8 Mio. EUR. Er wurde wegen gewerbsmäßiger Untreue rechtskräftig verurteilt. Seine Tochter und sein Schwiegersohn wurden wegen Geldwäsche angeklagt. Die Tochter hatte ein Grundstück erworben und bebaut. Erwerb und Wohnungsbau wurden nahezu vollständig aus den Geldern bestritten, die aus dem veruntreuten Vermögen stammten. Nachdem Tochter und Schwiegersohn von der bemakelten Herkunft der Mittel Kenntnis erlangt hatten, schlossen sie einen notariell beurkundeten Ehevertrag mit Übergang von Zugewinngemeinschaft zu Gütertrennung. Zum Ausgleich des in der Ehe entstandenen Zugewinns übertrug die Tochter den hälftigen Miteigentumsanteil an dem Wohngrundstück auf ihren Ehemann. Dadurch wurde der irreführende Anschein erweckt, die Angeklagten hätten einen Zugewinn in Höhe des Verkehrswerts des Grundstücks erwirtschaftet. Die Zuwendungen des Vaters an die Tochter begründeten keinen Anspruch ihres Ehemanns auf Zugewinnausgleich. Mit dem Ehevertrag wurde ein Rechtsgrund für die Übertragung des Miteigentumsanteils nur fingiert. Der Abschluss des Ehevertrags wurde vom BGH daher als tatbestandlich („Verschleierung") iSd § 261 Abs. 1 Nr. 2 StGB aF angesehen.[56]

6. Vorsatz und Leichtfertigkeit

29 Grds. setzt die Strafbarkeit wegen Geldwäsche *(„bedingten")* Vorsatz, also Handeln in Kenntnis aller Tatumstände voraus. Strafbar ist, wer weiß, dass Geld oder ein anderer Vermögensgegenstand – direkt oder indirekt – aus einer Vortat stammt und trotzdem eine Tathandlung vornimmt. Bei den Tathandlungen des § 261 Abs. 1 Nr. 1 und Abs. 2 StGB muss zusätzlich noch eine spezifische Absicht vorliegen. Bei der Tatbestandsvariante des § 261 Abs. 1 Nr. 4 StGB muss die Kenntnis über die Herkunft des Vermögensgegenstands bereits zum Zeitpunkt des Erwerbs vorliegen. Ein späteres Erlangen der Kenntnis reicht nicht aus. Mit Blick auf den Wegfall des bisherigen Vortatenkatalogs (→ Rn. 10) wird angenommen, dass in Zukunft nicht mehr erforderlich sein wird nachzuweisen, um welche Vortat es sich handelte. Ausreichend soll die Überzeugung des Gerichts sein, dass ein Gegenstand illegaler Herkunft ist.[57] Indes ist dies nicht sicher. Das BVerfG hat noch kurz vor der Reform mit Blick auf Ermittlungsmaßnahmen die Notwendigkeit eines doppelten Anfangsverdachts postuliert, der Geldwäschehandlungen und die Vortat umfasst.[58] Auf dieser Basis wird angenommen, dass auch in Zukunft Feststellungen zur Vortat erforderlich sein werden.[59] Definitiv erfolgt keine Beweislastumkehr. Ein Beschuldigter muss nicht nachweisen, dass er einen Gegenstand legal erworben hat.

30 Eine Besonderheit ergibt sich aufgrund von § 261 Abs. 6 S. 1 StGB (§ 261 Abs. 5 StGB aF). Danach ist strafbar, wer *leichtfertig* nicht erkennt, dass der fragliche Gegenstand aus einer Vortat (iS irgendeiner Straftat) stammt oder ein Surrogat desselben ist.[60] Das ist insofern bemerkenswert, als fahrlässiges Handeln im Bereich der Wirtschafts- und Vermögensdelikte praktisch nicht vorkommt.[61] Für die Strafbarkeit wegen leichtfertiger Geldwäsche gibt es weder eine internationale Verpflichtung noch internationale Vorbilder.[62] Die RL (EU) 2018/1673-Strafrecht (→ § 1 Rn. 9) sieht die Möglichkeit vor, zwingend ist sie nicht.[63] Eine effektive Strafverfolgung ist auch ohne den Leichtfertigkeitstatbestand mög-

---

[56] BGH NStZ 2017, 28 (29).
[57] BT-Dr. 19/24180, 12 f.
[58] BVerfG NZWist 2020, 276.
[59] Schindler NZWist 2020, 457 (463).
[60] Köllner NZI 2021, 316 (317).
[61] Fischer StGB § 261 Rn. 65.
[62] Bülte NZWiSt 2017, 276 (285).
[63] Erwgr. 13 Richtlinie (EU) 2018/1673 des Europäischen Parlaments und des Rates vom 23.10.2018 über die strafrechtliche Bekämpfung der Geldwäsche, ABl. L 284, 22.

lich.⁶⁴ Verurteilungen wegen Leichtfertigkeit haben seit Jahren einen Anteil an den Verurteilungen wegen Geldwäsche von mehr als 50%. Die Strafbarkeit wegen leichtfertiger Geldwäsche ist kein Ausnahmefall, sondern der Regeltatbestand der Geldwäsche. Dabei war das Strafbedürfnis in diesen Fällen immer schon zweifelhaft. Der leichtfertigen Geldwäsche hängt der Ruch der Verdachtsstrafe an.⁶⁵ Als Sündenfall der Reform des § 261 StGB wird daher bezeichnet, dass die zunächst angedachte Streichung der Strafbarkeit wegen Leichtfertigkeit im parlamentarischen Verfahren ohne nähere Begründung rückgängig gemacht wurde.⁶⁶ In der Praxis gelten vor allem Fälle sogenannter Finanzagenten als typisches Beispiel leichtfertiger Geldwäsche. Neuerdings werden aber auch Fälle von Urheberrechtsverletzungen (Kauf von Software weit unter Neupreis) als leichtfertige Geldwäsche angeklagt.

> **Praxishinweis:** 31
> Bei Finanzagenten handelt es sich um Personen, die unbekannten Dritten erlauben, Geldtransfers über ihr Bankkonto durchzuführen oder die diese für Dritte erledigen. Häufig fallen sie auf dubiose Anzeigen herein, in denen ihnen Nebenverdienste ohne großen Aufwand versprochen werden. Dahinter stehen idR gewerbsmäßige oder bandenmäßige Betrügereien, zB der Verkauf von Waren gegen Vorkasse, die die Käufer aber nie erhalten oder „Phishing"-Angriffe auf Bankkonten. Die Bankkonten des an den Betrügereien nicht beteiligten und nicht eingeweihten „Finanzagenten" werden zum unauffälligen Transfer der Gewinne an meist ausländische Hintermänner benutzt. Bei solchen Geschäften muss man nach der Rechtsprechung damit rechnen, dass es sich um Gelder aus gewerbsmäßigem Betrug oder anderen schweren Straftaten handelt, was ausreicht, um die Strafbarkeit wegen leichtfertiger Geldwäsche zu begründen.⁶⁷

Die Rechtsprechung stellt hohe Anforderungen an die Feststellung der Leichtfertigkeit. 32
Allgemeine Fahrlässigkeit im Sinne eines Versehens oder Fehlers reicht nicht aus. Es sind konkrete Umstände erforderlich, aus denen der Täter auf eine Vortat hätte schließen können. Man kann „*Leichtfertigkeit*" daher am ehesten mit dem Begriff einer „besonders groben Fahrlässigkeit" umschreiben. Die Strafbarkeit wegen leichtfertiger Geldwäsche setzt voraus, dass sich die Herkunft des Vermögensgegenstands aus einer Vortat geradezu aufdrängt oder die Vortat jedenfalls in den wesentlichen Grundzügen hätte erkannt werden können. Der Täter der Geldwäsche muss dies unbeachtet lassen, weil es ihm in besonderem Maße gleichgültig ist oder er grob unachtsam handelt.⁶⁸ An diesen Anforderungen hat sich durch die Reform nichts geändert. Ob der Wegfall des bisherigen Vortatenkatalogs dazu führt, dass ausreicht, wenn sich aufdrängt, dass ein Gegenstand nicht aus legaler Quelle sein kann, bleibt abzuwarten. Zu beachten ist, dass der Tatbestand des § 261 Abs. 6 StGB auch nach der Reform kein reiner Fahrlässigkeits- (Leichtfertigkeits-) Tatbestand ist. Vielmehr handelt es sich um eine Vorsatz-Fahrlässigkeitskombination. Neben der Leichtfertigkeit ist daher auch in Zukunft „*im Übrigen*" Vorsatz erforderlich. Das heißt, der Täter iSd § 261 Abs. 6 StGB verkennt zwar leichtfertig die Herkunft des Gegenstands aus einer Straftat, aber er weiß, dass er den Vermögensgegenstand verbirgt, seine Herkunft verschleiert oder sonst sein Auffinden durch die Behörden vereitelt oder gefährdet. Es reicht nicht aus, wenn er ihn zB versehentlich verlegt, nicht mehr auffindet, verliert oder verbraucht und dadurch den Zugriff auf den Gegenstand unmöglich macht oder erschwert.

---

⁶⁴ Gazeas NJW 2021, 1041 (1044).
⁶⁵ Schindler NZWist 2020, 457 (467).
⁶⁶ Gazeas NJW 2021, 1041 (1044).
⁶⁷ BGH NStZ-RR 2015, 13 (14).
⁶⁸ BGH NStZ-RR 2015, 13 (14); NJW 2008, 2516 (2517); 1997, 3323 (3326).

33 Praxishinweis:
Es gibt bislang keine Urteile zur Leichtfertigkeit von Güterhändlern dadurch, dass sie Anhaltspunkte iSd FIU-Typologien (→ § 7 Rn. 45) nicht entdecken, übersehen oder falsch beurteilen oder ungeachtet einer Verdachtsmeldung Geschäfte durchführen. Komplett ausschließen kann man ein strafrechtliches Risiko in solchen Situationen nicht. Leichtfertigkeit liegt aber nicht vor, nur weil sich nicht final aufklären lässt, ob Geld oder ein anderer Vermögenswert aus legaler Quelle stammt oder weil eine illegale Herkunft möglich ist bzw. sich nicht ausschließen lässt. Die Verdachtsmeldepflicht nach § 43 Abs. 1 GwG und Bußgelder im Fall eines Verstoßes bleiben hiervon unberührt.

7. Strafverschärfungen und Strafausschließungsgründe

34 Der im Zug der Reform (→ Rn. 10) neu eingefügte § 261 Abs. 4 StGB enthält eine Strafverschärfung (Qualifikation) für Verpflichtete iSd § 2 Abs. 1 GwG (→ § 3 Rn. 3) in Form einer Mindeststrafe von drei Monaten Gefängnis. Eine Geldstrafe ist in einem solchen Fall ausgeschlossen. Im Einklang mit der RL (EU) 2018/1673-Strafrecht (→ § 1 Rn. 9) soll dies nur gelten, wenn der Täter als geldwäscherechtlich Verpflichteter handelt, also in Ausübung seines Gewerbes oder Berufs, der ihn zum Verpflichteten macht. Strafrechtlich relevante Handlungen außerhalb der besonderen geldwäscherechtlichen Verantwortung werden von der Qualifikation nicht erfasst. Erreicht wird dies dadurch, dass § 2 Abs. 1 GwG die Verpflichteteneigenschaft an eine Handlung *„in Ausübung des Gewerbes oder Berufs"* knüpft. Der Qualifikationstatbestands ist daher nicht anwendbar, wenn eine Person (zB ein Rechtsanwalt) außerhalb des in § 2 GwG aufgelisteten gewerblichen oder beruflichen Tätigkeitsbereichs, sprich im Privatleben leichtfertig Geldwäsche begeht.[69] Soweit nicht Berufsträger, sondern Gesellschaften Verpflichtete sind, hat die Vorschrift daher aktuell nur über den Umweg der Zurechnungsvorschriften der §§ 9, 30, 130 OWiG Relevanz.[70] Zu beachten ist die besondere Verpflichteten-Eigenschaft der Syndikusrechtsanwälte (→ § 11 Rn. 12).

35 Einen persönlichen Strafausschließungsgrund enthält § 261 Abs. 7 StGB. Danach wird grds. nicht (zusätzlich) wegen Geldwäsche bestraft, *„wer wegen Beteiligung an der Vortat strafbar ist"* (Selbstgeldwäsche bzw. Eigengeldwäsche). Unerheblich ist, ob es um die Strafbarkeit als Täter oder Teilnehmer geht. Dies folgt aus dem Gedanken der mitbestraften Nachtat, dem Grundsatz der Straffreiheit von Selbstbegünstigungshandlungen und dem Verbot von Doppelbestrafungen. Der Strafausschließungsgrund greift jedoch nur, wenn die Beteiligung an der Vortat festgestellt und der Täter deswegen verurteilt werden kann.[71] Wo die Strafbarkeit wegen der Vortat zweifelhaft oder aus anderen Gründen (zB Schuldunfähigkeit, Tatbestandsirrtum, etc) nicht gegeben ist, muss nach der Rechtsprechung des BGH eine Verurteilung des Vortatbeteiligten wegen Geldwäsche erfolgen. Die eingeschränkte Strafbarkeit der Selbstgeldwäsche entspricht der bisherigen Regelung in § 261 StGB aF Eine weitreichende Ausnahme vom Grundsatz des § 261 Abs. 7 StGB besteht, sofern der Täter oder Teilnehmer der Vortat, *„den Vermögensgegenstand in den Verkehr bringt und dabei dessen rechtswidrige Herkunft verschleiert"* (§ 261 Abs. 5 StGB). In diesen Fällen wird über das Unrecht der Vortat hinaus die Integrität des Finanz- und Wirtschaftsverkehrs beeinträchtigt, so dass der Gedanke der mitbestraften Nachtat nicht mehr trägt. Diese Regelung ist nach Ansicht des Gesetzgebers mit der RL (EU) 2018/1673-Strafrecht vereinbar und verfassungsgemäß.[72]

---

[69] BT-Drs. 19/24180, 18 unter 2b).
[70] Ähnl. Travers/Michaelis NZWiSt 2021, 125 (129).
[71] BGH NStZ 2017, 167 (170).
[72] BT-Drs. 19/24180, 21 f. unter Ziff. 3c).

Gemäß § 261 Abs. 1 S. 2 StGB ist eine tatbestandliche Handlung in den Fällen des Abs. 1 Nr. 2 und 4 nicht als Geldwäsche strafbar, die *„in Bezug auf einen Gegenstand, den ein Dritter zuvor erlangt hat, ohne hierdurch eine rechtswidrige Tat zu begehen"* (strafloser Vorerwerb). Die Regelung soll die ausufernden Tendenzen des Geldwäsche-Tatbestands begrenzen. Mit dem straflosen Vorerwerb reißt die Kette des „Makels" ab. Sie lebt auch bei einem nachfolgenden, bösgläubigen Erwerber nicht wieder auf. Mit Blick auf den zivilrechtlich eingeschränkten gutgläubigen Erwerb von abhanden gekommenen Sachen (§ 935 Abs. 1 BGB), wird der praktische Anwendungsbereich der Vorschrift im Wesentlichen auf Geldgeschäfte begrenzt angesehen.[73] Wer Geld aus einer Vortat annimmt, davon aber nichts weiß und dies auch nicht leichtfertig verkennt, erwirbt das Geld gutgläubig und begeht keine strafbare Geldwäsche. Wer das Geld danach erhält und verwendet, macht sich nicht strafbar, selbst wenn er die ursprüngliche Herkunft des Geldes kennen sollte (Vorsatz) oder sie sich aufdrängt (Leichtfertigkeit). Durch die Formulierung *„ohne eine rechtswidrige Tat"* zu begehen, wird klargestellt, dass nicht nur eine Straftat nach § 261 StGB gemeint ist. Der Vorerwerber darf durch den Erwerb des Gegenstands auch keine andere rechtswidrige Tat wie zB Betrug begangen haben.[74] Zu beachten ist, dass die Ausnahme nur für die Tathandlungen des § 261 Abs. 1 Nr. 3 und 4 gilt.

36

> **Praxishinweis:**
> Strafloser Vorerwerb liegt nicht vor, wenn Geld aus einer Vortat auf ein Konto eingezahlt und danach von einer anderen Person abgehoben wird, die weiß oder damit rechnet, dass das Geld aus einer Vortat stammt. Zwar erwirbt die Bank die Geldscheine gutgläubig. Der Täter erwirbt mit der Einzahlung des Geldes aber eine Forderung gegen die Bank als Surrogat (→ Rn. 21). Die Forderung – und nicht die Geldscheine – überträgt er an den Helfer. Die Bank erwirbt die Forderung nicht, daher findet die Vorschrift zum straflosen Vorerwerb keine Anwendung.[75]

37

§ 261 Abs. 8 StGB sieht vor, dass in Fällen tätiger Reue keine Bestrafung wegen Geldwäsche erfolgt. Zu den Voraussetzungen der Strafbefreiung gehört eine freiwillige Anzeige der Geldwäschetat bei der zuständigen Strafverfolgungsbehörde. Die strafbefreiende Wirkung tritt nicht ein, wenn die Tat zum Zeitpunkt der Anzeige von den Behörden bereits entdeckt war und der Täter dies wusste oder jedenfalls davon ausgehen musste. Nach hM genügt dazu ein Anfangsverdacht (§ 152 Abs. 2 StPO) der Behörde nicht; erforderlich ist ein hinreichender Tatverdacht (§ 170 StPO), dh sofern nach der Erkenntnislage der Behörde (bereits) Anklage erhoben werden könnte. Eine Verdachtsmeldung in derselben Sache hindert die strafbefreiende Wirkung einer Selbstanzeige nicht (§ 43 Abs. 4 S. 2 GwG). Die Verdachtsmeldung gilt als Selbstanzeige, wenn sie alle notwendigen Angaben des § 261 Abs. 8 StGB enthält (§ 44 Abs. 4 S. 1 GwG). Umgekehrt ersetzt die Selbstanzeige nicht die Verdachtsmeldung. Eine steuerliche Selbstanzeige iSd § 371 AO ist weder mit der Verdachtsmeldung noch mit der Selbstanzeige iSd § 261 Abs. 8 StGB verbunden.[76] Im Fall leichtfertiger Geldwäsche (→ Rn. 29) reicht es aus, die Geldwäschetat anzuzeigen (Nr. 1). Im Fall vorsätzlicher Geldwäsche muss der Täter zusätzlich dafür sorgen, dass der Gegenstand der Geldwäsche sichergestellt wird (Nr. 2). Nur wenn alle Voraussetzungen tätiger Reue erfüllt sind, bleibt der Täter straffrei. Eine „verunglückte" Selbstanzeige, die den Anforderungen des § 261 Abs. 8 StGB nicht genügt, kann sich strafmildernd auswirken. Selbst wenn die Strafbarkeit wegen Geldwäsche entfällt, bleibt die Strafbarkeit wegen anderer Delikte bestehen, die der Täter in dem Zusammenhang begangen haben sollte. Insbesondere wird die Vortat durch die tätige Reue nicht straflos.

38

---

[73] So auch Fischer StGB § 261 Rn. 44.
[74] Schindler NZWist 2020, 457 (463).
[75] Fischer StGB § 261 Rn. 45.
[76] Obenhausen/Bartsch Stbg 2021, 133 (134).

8. Besonderheiten

a) Geldwäsche und Steuerdelikte

39 Bis zur Reform des § 261 StGB waren nur bestimmte Steuer- und Abgabendelikte Vortat der Geldwäsche, bei weitem nicht alle! Konkret handelt es sich um Steuerhinterziehung (§ 370 AO, siehe § 261 Abs. 1 S. 2 Nr. 4 Buchst. b StGB aF), sowie bestimmte Formen von Schmuggel (§ 373 AO, siehe § 261 Abs. 1 S. 2 Nr. 3 StGB aF) und Steuerhehlerei (§ 374 Abs. 2 AO, siehe § 261 Abs. 1 S. 2 Nr. 3 StGB aF). Im Fall der Steuerhinterziehung nach § 370 AO war nur die „bandenmäßige oder gewerbsmäßige" Begehung Vortat der Geldwäsche (§ 261 Abs. 1 S. 3 StGB). Die Annahme einer gewerbsmäßigen oder bandenmäßigen Steuerhinterziehung lag bei Hinterziehung von unternehmensbezogenen (Umsatz- oder Ertrags-) Steuern allerdings nahe.[77] Seit der Reform des § 261 StGB (→ Rn. 10) sind alle Steuerstraftaten in jeder Begehungsform gleichermaßen taugliche Vortat der Geldwäsche. Dies geht soweit, dass man befürchtet, mit Steuerhinterziehung gehe fast schon zwingend Geldwäsche einher.[78] Unterschieden werden muss allerdings bei der Frage, ob Vorteile einer Steuerstraftat tauglicher Gegenstand der Geldwäsche (→ Rn. 16) sind. Bislang galt aufgrund der expliziten Regelung in § 261 Abs. 1 S. 3 StGB aF die aus der als Vortat definierten Form der „*Steuerhinterziehung ersparten Aufwendungen bzw. unrechtmäßig erlangten Steuererstattungen und Steuervergütungen*" als Gegenstand der Geldwäsche. Problematisch waren dabei ersparte Aufwendungen (also Fälle, in denen keine oder zu geringe Steuern gezahlt wurden), weil diese im technischen Sinne nicht durch die Steuerstraftat erlangt werden und im Vermögen nur wirtschaftlich, aber nicht gegenständlich abgrenzbar sind. Das Geld auf dem Konto eines Unternehmers stammt aus seiner legalen Tätigkeit, selbst wenn er einen Teil davon zu Unrecht nicht an das Finanzamt abführt. Bei den ersparten Aufwendungen handelt es sich um Vermögensvorteile, die aus der Steuerstraftat resultieren,[79] nicht um abgrenzbare Vermögensgegenstände. Der Vermögensvorteil entsteht dabei von vornherein nur als Wertanteil des Gesamtvermögens. Hält man diesen Anteil für einen tauglichen Gegenstand der Geldwäsche wird legal erworbenes Vermögen zum Gegenstand der Geldwäsche, ohne dass klar wird, wie daran die Tathandlungen begangen werden können.[80] Über die Logik der Gesamtkontamination (→ Rn. 24) wurde letztlich das Gesamtvermögen wegen der nicht abgeführten Steuern zu potenziell inkriminiertem Vermögen. Für Verpflichtete (→ § 3 Rn. 1) hatte dies insofern Bedeutung als damit potenziell das gesamte Vermögen eines Vertragspartners als inkriminiert gelten konnte, sobald der Verdacht im Raum stand, dass er irgendwann Steuern in irgendeiner Höhe hinterzogen haben könnte. Mit Blick auf die Verdachtsmeldepflichten ist doppelt unerfreulich, dass Fälle, in denen das „Waschen" von im Ausland hinterzogenen Steuern in Deutschland nach § 261 StGB verfolgt wurde, bislang nicht bekannt sind.[81]

40 **Praxishinweis:**

Umsatzsteuerkarusselle nutzen eine Besonderheit des europäischen Umsatzsteuerrechts: Ein Unternehmen mit Sitz in der EU kauft Waren umsatzsteuerfrei aus dem Ausland. Beim Weiterverkauf schlägt es 19 % Umsatzsteuer auf, führt diesen Betrag aber nicht an das Finanzamt ab. Die Waren wechseln danach mehrfach den Besitzer, oft zu reduzierten Preisen gegenüber dem Marktpreis. Die hierfür anfallenden Steuern und Abgaben werden ordnungsgemäß entrichtet. Schließlich werden die Waren von einem Unternehmen am Ende der Kette wieder grenzüberschreitend verkauft, unter Umständen sogar

---

[77] Fischer StGB § 261 Rn. 24.
[78] Obenhaus/Bartsch Stbg 2021, 133.
[79] BT-Dr. 14/7471, 9 zu § 261 Abs. 1 S. 3 StGB.
[80] Fischer StGB § 261 Rn. 11 f.
[81] Fischer StGB § 261 Rn. 27.

an den ursprünglichen, ausländischen Verkäufer. Dieser Verkauf ist ebenfalls umsatzsteuerfrei, die für den (letzten) Ankauf gezahlte Umsatzsteuer lässt das Unternehmen (scheinbar legal) vom Finanzamt erstatten. Dann gehen die Waren erneut auf die „Reise" im Karussell. Umsatzsteuerkarusselle nutzen nicht einfach eine gesetzliche Lücke, sondern erreichen durch Verschleierungs- und Verzögerungsmanöver, sowie falsche bzw. verspätete Steuererklärungen und Steuerzahlungen sowie das Überschreiten von Grenzen, dass die Behörden eines EU-Staats Umsatzsteuer auf Produkte und Waren erstatten, die faktisch nur im Kreis (Karussell) zwischen eingeweihten Unternehmen kursieren.[82]

Im Zuge der Reform des § 261 StGB wurde § 261 Abs. 1 S. 3 StGB aF gestrichen. Zwar bleibt mit dem Merkmal: „*herrühren aus einer Straftat*" Raum für die weitreichende, rein kausale Auslegung des Gegenstands der Geldwäsche durch den BGH. Ersparte Aufwendungen sind jedoch keine Vermögensgegenstände und damit nicht taugliches Objekt der Geldwäsche. Sie werden auch nicht mit dem übrigen Vermögen „vermischt", sondern sind von vorneherein Teil desselben. Die Streichung des § 261 Abs. 1 S. 3 StGB aF bewirkt daher, dass keine Strafbarkeit der Geldwäsche besteht, wenn auf steuerbare Umsätze oder Einkommen keine Steuern gezahlt werden oder eine Nachzahlung vermieden wird. Dagegen bleibt es bei der Strafbarkeit wegen Geldwäsche und ggf. der Vermischung mit dem sonstigen Vermögen, wenn mit derselben Steuerhinterziehung eine unberechtigte (rechtswidrige) Steuererstattung oder Steuervergütung erzielt wird. Letztlich hängt die Geldwäsche-Strafbarkeit damit vom Zufall ab, ob eine Steuererstattung erzielt wird oder Steuerzahlungen unterbleiben.[83] Ob diese Unterscheidung ihren Niederschlag in der Praxis der Geldwäsche-Verdachtsmeldungen finden wird, ist allerdings zweifelhaft.[84] 41

> **Praxishinweis:** 42
> Schmuggel (§ 373 AO) oder Handel mit unversteuerten Zigaretten stellt eine (je nach Sachlage gewerbsmäßige oder bandenmäßige) Straftat (§ 374 Abs. 2 AO, Steuerhehlerei) dar.[85] Vor der Reform des § 261 StGB galt in diesen Fällen „*der Gegenstand hinsichtlich dessen*" Verbrauchssteuern bzw. Einfuhr- oder Ausfuhrabgaben hinterzogen wurden, dh die Zigaretten, als taugliches Objekt der Geldwäsche (§ 261 Abs. 1 S. 3 aE StGB aF). Damit wurde letztlich komplett auf einen Zusammenhang zwischen der Vortat und dem daraus herrührenden Vermögensgegenstand verzichtet. Denn die Waren „resultieren" nicht aus der Steuervortat, sie waren nur Gegenstand der Tat (Tatmittel). Eine entsprechende Regelung besteht seit der Reform des § 261 StGB nicht mehr. Strafbar ist daher nur noch Beihilfe zu den genannten Taten, nicht mehr Geldwäsche an den Tatmitteln.

b) Geldwäsche und Korruption

Vor der Reform des § 261 StGB nahm die Rechtsprechung an, dass die für die Begehung einer Bestechungstat bezahlten Gelder tauglicher Gegenstand der Geldwäsche sind, da diese Gelder aus der Straftat „herrühren".[86] Korruptionsstraftaten sind sowohl in der aktiven wie in der passiven Begehungsform taugliche Vortaten der Geldwäsche. Dies wird kritisiert, weil es sich bei den Bestechungsgeldern um Tatmittel handelt. Tatmittel gelten generell nicht als tauglicher Gegenstand der Geldwäsche. Tatmittel ist, was für die Begehung oder Vorbereitung der Vortat gebraucht wird oder dazu bestimmt ist (§ 74 Abs. 1 Alt. 2 43

---

[82] S. zB unter http://www.umsatzsteuerkarussell.de/, Zugriff am 5.11.2017.
[83] Gazeas NJW 2021, 1041 (1042); Schindler NZWist 2020, 457 (463).
[84] Meyer GWuR 2021, 61 (63).
[85] Sachverhalt nach BGH NStZ 2017, 167 (168).
[86] BGH NJW 2008, 2516 (2517).

StGB). Eine im Gesetz geregelte Ausnahme galt explizit im Fall von Schmuggel (§ 373 AO) bzw. Steuerhehlerei (§ 374 Abs. 2 AO) (→ Rn. 42). Die entsprechenden Vorschriften wurden mit der Reform des § 261 StGB gestrichen. Ob in Zukunft Bestechungsgelder als Tatmittel nicht mehr als tauglicher Gegenstand der Geldwäsche angesehen werden, bleibt trotzdem zweifelhaft. Anzunehmen ist eher, dass die Rechtsprechung den kausalen Zusammenhang mit der Vortat betonen wird. Letztlich ist das Bestechungsgeld – anders als zB eine Urkunde iRd Urkundenfälschung – nicht nur reines Mittel der Tat, sondern auch „Lohn" der rechtswidrig erbrachten Dienstleistung bzw. iRd Vorteilsgewährung der rechtswidrig angenommene Vorteil. Soweit Bestechungsgeld durch illegale Handlungen nutzbar gemacht wird, zB indem es im Wege der Untreue aus der offiziellen Buchhaltung eines Unternehmens ausgeschleust wird, ist das Geld bereits vor der Verwendung für Zwecke der Bestechung als Ertrag aus der Untreuestraftat geldwäschefähig. Zu beachten ist, dass auch Tatmittel der Vermögensabschöpfung unterliegen und eingezogen werden können (§ 74 Abs. 1 StGB).

44 **Praxishinweis:**
Für Unternehmen mit einem nicht nur abstraktem Korruptionsrisiko hat dies hohe praktische Bedeutung. Aufgrund der niedrigen Verdachtsmeldeschwelle (→ § 7 Rn. 41) müssten sie in Betracht ziehen, bei konkreten Hinweisen auf Bestechung zB durch eigene Mitarbeiter oder enge Geschäftspartner, eine Verdachtsmeldung quasi gegen sich selbst abzugeben. Da diese unverzüglich zu erstatten ist, wäre ihnen damit die Möglichkeit genommen, den Sachverhalt zunächst intern zu untersuchen.

c) Geldwäsche und Hawala-Banking

45 Hawala-Banking stellt in Deutschland eine Straftat (§ 63 ZAG), nicht nur eine Ordnungswidrigkeit dar. Verboten ist aber nicht der Geldtransfer als solcher. Den Strafgrund bilden die Umstände, unter denen der Geldtransfer stattfindet,[87] insbes. das Fehlen der entsprechenden Erlaubnis nach dem ZAG. Das Geld, das der Hawaladar transferiert, rührt nicht aus der Tat her. Es ist weder Tatertrag noch Tatprodukt des Verstoßes gegen des ZAG, sondern Gegenstand (Tatmittel), mit dem die Tat begangen wird. Tatertrag sind allenfalls Erträge und Provisionen oder andere Zuwendungen, die er für seine Dienste erhält.[88] Sofern das transferierte Geld nicht aus einer (anderen) Straftat stammt und per Hawala-Banking in den Wirtschaftskreislauf eingeschleust wird, ist es nicht inkriminiert – ungeachtet der Tatsache, dass das Handeln des Hawaladar strafbar ist. Die Kunden des Hawaladar machen sich allein durch die Annahme des Geldes idR nicht strafbar, soweit nicht Beihilfe oder Mittäterschaft beim Verstoß gegen das ZAG oder eine andere Straftat im Raum steht.[89] Dennoch wird Hawala-Banking idR verdächtig und meldepflichtig sein, weil die legale Herkunft des Geldes in solchen Fällen nicht nachweisbar ist und Geldwäsche nie ausgeschlossen werden kann. Ausgehend von der Reform des § 261 StGB müssen Güterhändler auch künftig eine Kontamination ihres Vermögens iSd BGH-Rechtsprechung befürchten, wenn sie (ungewollt) Zahlungen im Wege des Hawala-Banking) auf ihr Konto erhalten. Verhindern können sie Einzahlungen oder Überweisungen durch Hawaladare idR nicht.

d) Abgrenzung zu Hehlerei und Strafvereitelung

46 Geldwäsche muss abgegrenzt werden gegenüber der Hehlerei (§ 259 StGB) und der Strafvereitelung (§ 258 StGB) bzw. Begünstigung (§ 257 StGB). Hehlerei betrifft die Aufrecht-

---
[87] Bittmann NZWiSt 2021, 133 (140).
[88] Bittmann NZWiSt 2021, 133 (140).
[89] Bittmann NZWiSt 2021, 133 (140).

erhaltung des durch die Vortat geschaffenen rechtswidrigen Vermögenszustandes durch einverständliches Zusammenwirken mit dem Vortäter. Die Vortat muss sich gegen fremdes Vermögen richten, Hehlerei ist nur an konkreten körperlichen Sachen möglich, nicht an Geldwert oder Bankguthaben. Ein Finanzgeschäft, das dem Geldwaschen dient, kann daher nur in seltenen Fällen unter diesen Tatbestand fallen. Für die Bewältigung von komplexen Geldwaschvorgängen ist der Tatbestand ungeeignet. Die Strafvereitelung setzt voraus, dass jemand absichtlich oder wissentlich ganz oder zum Teil vereitelt, dass ein anderer wegen einer rechtswidrigen Tat bestraft wird. Der Tatbestand ist auf die Begünstigung einer Person zugeschnitten, nicht auf das Waschen von Geld oder anderen Vermögenswerten. Entsprechendes gilt für die Begünstigung, die voraussetzt, dass einem anderen in der Absicht geholfen wird, ihm die Vorteile aus seiner rechtswidrigen Tat zu sichern. Bei komplexen Geldwaschvorgängen fehlt es aber idR daran, dass ein Vorteil unmittelbar aus der Vortat erlangt ist.[90]

C. Terrorismusfinanzierung

I. Definition der Terrorismusfinanzierung im GwG

Definition: 47
§ 1 Abs. 2 GwG definiert Terrorismusfinanzierung als *„Bereitstellen oder Sammeln von Vermögensgegenständen mit dem Wissen oder in der Absicht, dass diese ganz oder teilweise verwendet werden oder verwendet werden sollen für die Begehung einer Straftat nach § 89c StGB, eine Straftat iSd § 129a StGB auch in Verbindung mit § 129b StGB"* oder eine andere der in den Art. 3, 5, 10 und 12 RL (EU) 2017/541 (→ § 1 Rn. 8) umschriebenen Straftaten.

Anders als bei der Geldwäsche verweist § 1 Abs. 2 GwG für die Zwecke der Terrorismusfinanzierung nicht nur auf die gleichlautende Strafvorschrift (§ 89c StGB), sondern auf weitere Strafgesetze und zusätzlich auf einen Katalog von Straftaten lt. RL (EU) 2017/541 (→ § 1 Rn. 6). Der Verweis wurde durch das GwG-Änderungsgesetz 2020 (→ § 1 Rn. 12) eingefügt und dient der Umsetzung von Vorgaben der RL 2018/843/EU.[91] Die RL (EU) 2017/541 ersetzt den in der früheren Version der Vorschrift genannten EU-Rahmenbeschluss zur Terrorismusbekämpfung (→ § 1 Rn. 6).[92] Ähnlich wie bei den Vortaten der Geldwäsche nimmt die Definition der Terrorismusfinanzierung mit dem Begriff der *„anderen in den Art. 3,5, 10 und 12 der EU-Terrorismusrichtlinie genannten Straftaten"* Bezug auf ein unübersichtliches Sammelsurium an strafbaren Handlungen allgemeiner Natur, wenn terroristische Hintergründe bestehen oder terroristische Ziele verfolgt werden, wie zB *„Angriffe auf das Leben einer Person, die zum Tode führen können, Angriffe auf die körperliche Unversehrtheit einer Person, Entführung oder Geiselnahme; schwerwiegende Zerstörungen an einer Regierungseinrichtung oder einer öffentlichen Einrichtung, einem Verkehrsmittel, einer Infrastruktur einschließlich eines Informatiksystems, an einer festen Plattform, die sich auf dem Festlandsockel befindet, einem allgemein zugänglichen Ort oder einem Privateigentum, die Menschenleben gefährden oder zu erheblichen wirtschaftlichen Verlusten führen können, das Kapern von Luft- und Wasserfahrzeugen oder von anderen öffentlichen Verkehrsmitteln oder Gütertransportmitteln, etc."* Wie schon in der Vorgängervorschrift leidet die Verständlichkeit der Definition unter dem Verweis auf die Terrorismusrichtlinie ganz erheblich. Auf dieser Basis lässt sich nicht mehr sinnvoll bestimmen, was Terrorismusfinanzierung iSd GwG eigentlich ist. Ähnlich wie bei 48

---

[90] BT-Drs. 12/989, 26.
[91] BT-Drs. 352/19, 70.
[92] Rahmenbeschluss des Rates vom 13.6.2002 zur Terrorismusbekämpfung, ABl. L 164, 3, bzw. in der zuletzt geänderten Fassung Rahmenbeschluss 2008/919/JI des Rates vom 28.11.2008, ABL 330/21.

der Geldwäsche kann es sich bei Terrorismusfinanzierung iSd GwG um eine Vielzahl von Straftaten handeln, wenn dahinter terroristische Absichten, Strukturen oder Ziele stehen. Für die Zwecke der niedrigen Verdachtsmeldeschwelle (→ § 7 Rn. 41) im GwG ist unbeachtlich, ob solche Absichten erkennbar sind oder ob überhaupt tatbestandliche Merkmale vorliegen. Ein Rückgriff auf die strafrechtlichen Vorschriften ist in der Praxis der Geldwäsche-Compliance unnötig und trägt nichts zur Beurteilung eines potenziell meldepflichtigen Sachverhalts bei. Abgesehen von Treffern auf speziellen Terrorismuswarnlisten gibt es praktisch keine spezifischen, von Geldwäsche abweichenden Anhaltspunkte für Terrorismusfinanzierung (→ § 7 Rn. 32). Der Verdacht der Terrorismusfinanzierung iSd § 43 Abs. 1 Nr. 2 GwG ist daher genauso von den Voraussetzungen der einschlägigen Straftatbestände gelöst, wie der Begriff der Geldwäsche von § 261 StGB. Da die Pflicht zur Verdachtsmeldung unabhängig davon besteht, ob ein Verdacht der Geldwäsche oder Terrorismusfinanzierung vorliegt, müssen sich die Verpflichteten iRd Meldepflichten über die präzise Abgrenzung idR keine Gedanken machen.

II. Die drei Phasen der Terrorismusfinanzierung

49 Das Drei-Phasen-Modell der Geldwäsche ist für Terrorismusfinanzierung nur begrenzt aussagekräftig. Ein entsprechendes Modell der Terrorismusfinanzierung gibt es nicht. Man spricht in diesem Zusammenhang aber ähnlich von einem Dreiklang aus Mittelgenerierung, Mitteltransfer und Mittelverwendung *("Raising, Moving, Using of Funds")*. Bei der Mittelgenerierung wird nicht unterschieden, ob terroristische Organisationen wissentlich oder unwissentlich, durch allein handelnde Personen oder Gruppen sowie zur Finanzierung konkreter Anschläge oder nur allgemeiner Aktivitäten oder Vorbereitungshandlungen erfolgt. Anders als bei der Geldwäsche kann die Mittelgenerierung bei der Terrorismusfinanzierung sowohl aus legalen Quellen, wie zB einem Kredit, als auch illegalen Quellen, wie zB dem Sozialleistungsbetrug, erfolgen. Verbreitet sind Finanzierungsmodelle wie das Sammeln von Spenden durch Vereine *("non governmental oder non-profit organizations – NGO/NPO-Missbrauch")* und Privatpersonen. Es kann sich dabei um Geldspenden oder Sachspenden handeln. Häufig wird zu Spendenzahlungen über das Internet, zB in den sozialen Netzwerken, aufgerufen. Dazu werden gezielt potenzielle Spender angesprochen, die sich außerhalb von Krisengebieten befinden. Ebenso verbreitet ist, dass gutgläubige Personen unter Vorgabe eines *"guten Zwecks"* zu Spenden animiert werden, ohne sich der missbräuchlichen Endverwendung ihrer Spendengelder bewusst zu sein.[93]

50 Mitteltransfer bezieht sich auf die Phase der Verwahrung und der Verbringung der Geld- oder Sachmittel an den Ort der Verwendung. Dazu gehören auch vielfältige Aktivitäten der Verschleierung der Herkunft und des Verwendungszwecks. Vielfach werden die Mittel nicht da verwendet, wo sich der Aktionskreis der terroristischen Personen oder Organisationen befindet. Durch die Nutzung von uU hintereinandergeschalteten Transfers wird die Aufklärung der Herkunft und des Verwendungszwecks weiter erschwert. Beim Mitteltransfer werden neben der Nutzung des bestehenden Banken- und Finanzdienstleistersystems Kurierdienste, die Bargeld oder Sachgüter wie Schmuck oder Edelsteinen auf einer Reise mitführen. Auch Hawala-Banking (→ § 8 Rn. 24) ist beliebt für den Transfer von Geldern für terroristische Zwecke. Ebenfalls möglich ist der Einsatz virtueller Währungen, von Prepaid-Karten oder Gutscheinen. Die Mittelverwendung beschreibt die finale Verwendung für terroristische Zwecke, sei es zum Aufbau von terroristischer Infrastruktur, zur Vorbereitung terroristischer Aktivitäten und Anschläge oder zu deren Durchführung. Beispielhaft für die Mittelverwendung sind der Aufbau von terroristischen Organisationen und die Fortführung ihrer Aktivitäten, die Durchführung von Anschlägen

---

[93] FIU, Typologien der Geldwäsche und Terrorismusfinanzierung, Besondere Anhaltspunkte für das Erkennen einer möglichen Terrorismusfinanzierung, Stand April 2021, abrufbar (nach Registrierung) unter https://www.zoll.de/fiu-intern, Zugriff am 15.10.2021.

oder anderer staatsgefährdender Straftaten, Aus- und Fortbildungskosten sowie nicht zuletzt die Finanzierung des Lebensunterhalts und Unterstützung von Mitgliedern von terroristischen Organisationen und deren Angehöriger.[94] In der Phase des Mitteltransfers gleichen die Vorgehensweisen der Terrorismusfinanzierer am Ehesten denen der Geldwäscher.

Spätestens seit den verheerenden Anschlägen auf das WTC in New York am 11.9.2001 weiß man, dass die vorausschauende Erkennung terroristischer Motive und Aktivitäten nahezu unmöglich ist. Die FAFT gibt offen zu, dass die Erkennung terroristischer Aktivitäten extrem schwierig ist. Es gibt keine festen Verhaltensmuster im Bereich des Terrorismus. Es bestehen in diesem Bereich erhebliche Wissenslücken, Unsicherheiten und es fehlen qualifizierte und erfolgversprechende Ermittlungsansätze. Die für einen Anschlag erforderlichen Finanzmittel sind oft nur sehr gering. Für den Anschlag einer Einzelperson kann ein Betrag von wenigen hundert EUR ausreichend sein. Es ist kaum möglich sie von legalen und legitimen Alltagstransaktionen zu unterscheiden. Da Terrorismusfinanzierung regelmäßig auf ein zukünftiges Ereignis gerichtet ist, müssten die Verpflichteten eine Prognose darüber abgeben, ob sie dem betreffenden Transaktions- oder Geschäftspartner „zutrauen", Terrorismus zu finanzieren. Die von der Hamburger Terroristenzelle vor den Anschlägen in New York getätigte Bestellung und Bezahlung eines Videos zur Pilotenausbildung ist ohne weitere Informationen ein neutraler Vorgang. Es bedürfte des Zugangs zu Informationen aus sozialen Netzwerken oder über die Haltung einer Person zu kulturellen Normen des Aufenthaltslandes, zu ihrer Reisetätigkeit in Konfliktregionen, zu Kontaktpersonen, etc, um dieses Geschäft näher zu beurteilen. Das ist rechtlich wie tatsächlich unmöglich und auch nicht Aufgabe von Teilnehmern des Wirtschaftsverkehrs. Unklar bleibt allenfalls, wie man damit umgehen soll, wenn zB der örtliche Kulturverein im Verfassungsschutzbericht auftaucht. Im Zusammenhang mit Handelsgeschäften ist denkbar, dass der Kauf von militärischer Technik (Waffen, Munition oder ähnliche Produkte), Outdoor-Ausrüstung (Kompass, Zelte) bzw. von dual-use Technologie aber auch von technischen Geräten, die für kriegerische Zwecke bzw. Anschläge und Attentate verwendet oder umfunktioniert werden können[95] (siehe dazu die Berichte über Drohnen mit Motoren deutscher Modellflugzeughersteller, die im Kriege in Jemen zum Einsatz kamen).[96]

III. Terrorismusfinanzierung (§ 89c StGB)

Der Straftatbestand des § 89c StGB (Terrorismusfinanzierung) wurde 2015 in das Strafgesetzbuch aufgenommen.[97] Ziel war eine einheitliche Vorschrift zur Strafbarkeit der Terrorismusfinanzierung. Gleichzeitig diente der Tatbestand der Umsetzung des UN-Übereinkommens zur Bekämpfung der Finanzierung des Terrorismus (→ § 1 Rn. 7).[98] Allerdings ist die Bezeichnung des Straftatbestands irreführend. Weder ist dieser auf die Unterstützung von Terrororganisationen beschränkt noch auf Transaktionen iS einer Finanzierung.[99] Terrorismusfinanzierung wird mit sechs Monaten bis zu zehn Jahren Freiheitsstrafe bestraft. Tätige Reue führt auch im Zusammenhang mit Terrorismusfinanzierung zu Möglichkeiten, die Strafe (weiter) zu mildern (§ 89c Abs. 6 StGB). Der Versuch der Terrorismusfinanzierung ist nicht strafbar.

---

[94] FIU, Typologien der Geldwäsche und Terrorismusfinanzierung, Besondere Anhaltspunkte für das Erkennen einer möglichen Terrorismusfinanzierung, Stand April 2021, abrufbar (nach Registrierung) unter https://www.zoll.de/fiu-intern, Zugriff am 15.10.2021.
[95] Scherp CB 2016, 408 (409 ff.).
[96] https://www.tagesschau.de/investigativ/swr/drohnen-iran-motoren-101.html, Zugriff am 15.10.2021.
[97] Gesetz zur Änderung der Verfolgung und Vorbereitung von schweren staatsgefährdenden Gewalttaten v. 12.6.2015, BGBl. 2015 I 926.
[98] Gesetz zu dem Internationalen Übereinkommen der Vereinten Nationen vom 9.12.1999 zur Bekämpfung der Finanzierung des Terrorismus v. 19.12.2003, BGBl. 2003 II 1923.
[99] Gehling/Lüneborg NGZ 2020, 1164 (1170).

53 Die Strafbarkeit wegen Terrorismusfinanzierung nach § 89c StGB hängt davon ab, dass der Täter oder ein anderer plant, eine der in § 89c Abs. 1 Nr. 1–8 StGB genannten Straftaten zu begehen, die in Zusammenhang mit Terrorismus stehen. Dazu gehören unter anderem:
- Mord bzw. Totschlag (§§ 211, 212 StGB)
- Völkermord, Verbrechen gegen die Menschlichkeit (§§ 6, 7 VStGB)
- Kriegsverbrechen (§§ 8–12 VStGB)
- Gefährliche bzw. Schwere Körperverletzung (§§ 224, 226 StGB)
- Erpresserischer Menschenraub oder Geiselnahme (§§ 239a, 239b StGB)
- Computersabotage, Zerstörung von Bauwerken oder wichtigen Arbeitsmitteln (§§ 303b, 305, 305a StGB)
- Brandstiftung, mit oder ohne Todesfolge, Herbeiführen einer Kernexplosion (§§ 306, 306c, 307 Abs. 1–3 StGB)
- Zerstörung von Bauwerken (§ 305 StGB) oder Arbeitsmitteln (§ 305a StGB)
- Computersabotage (§ 303c StGB)
- Schwere Gefährdung durch Freisetzen von Giften (§ 330a StGB)
- Diverse Verstöße gegen das Kriegswaffenkontrollgesetz (§ 89c Abs. 1 S. 1 Nr. 5 StGB)
- Verstöße gegen das Waffengesetz (§ 51 Abs. 1–3 WaffenG)
- Unerlaubter Umgang mit radioaktiven Stoffen und anderen gefährlichen Stoffen und Gütern (§ 328 Abs. 1 StGB)
- Vorbereitung eines Explosions- oder Strahlungsverbrechens (§ 310 Abs. 1 und 2 StGB)
- Teilnahme an Terrorismustrainings (§ 89a Abs. 2a StGB)

54 § 89c StGB erfasst jeden Vermögensgegenstand, der der Finanzierung des Terrorismus dienen soll, nicht nur Geld oder andere Finanzmittel, sondern auch Sachmittel. Wer Terroristen zB Waffen, Sprengstoff oder Fahrzeuge besorgt, begeht – ggf. zusammen mit einer Beihilfe zu anderen Taten – strafbare Terrorismusfinanzierung.[100] Der Wert des Vermögensgegenstands ist unerheblich. Insbesondere gibt es keine Bagatellgrenze. Bei geringwertigen Gegenständen kommt eine Minderung der Strafe in Betracht (§ 89c Abs. 5 StGB). Die Tathandlung besteht darin, Vermögenswerte zu sammeln, entgegenzunehmen oder Dritten zur Verfügung zu stellen, wobei dies unmittelbar oder mittelbar geschehen kann, planmäßig und wiederholt oder nur gelegentlich oder sogar einmalig.[101] Unter Sammeln fällt das Einfordern von Vermögenswerten[102] ebenso wie das bloße Ansparen (Ansammeln). Das Zur-Verfügung-Stellen umfasst die Verschaffung von Gewahrsam an einer Sache oder bei Geld dessen Überweisungen auch im Wege des Hawala-Bankings (→ § 8 Rn. 24).[103]

55 Beispiel:
Terrorismusfinanzierung begeht zB wer über einen Mittelsmann 400 EUR an eine Person überweist, die sich in Syrien im Bereich des IS aufhält und das Geld zur Anschaffung eines Nachtsichtgerätes und eines Zielfernrohrs verwendet[104] genauso wie eine Person, die Geld anspart bzw. damit eine Waffe kauft, mit der sie einen Anschlag verüben will.[105]

56 Mit Ausnahme der Katalogtat Teilnahme an Terrorismustrainings (§ 89a Abs. 2a StGB) ist Voraussetzung der Strafbarkeit wegen Terrorismusfinanzierung, dass die Tat im Kontext

---

[100] BeckOK StGB/Heintschel-Heinegg, 49. Ed. 1.2.2021, StGB § 89c Rn. 8.
[101] Fischer StGB § 89c Rn. 4.
[102] LG Karlsruhe Urt. v. 27.9.2017 – 5 KLs 540 Js 3049/17, BeckRS 2017, 126499 Rn. 4 ff.
[103] BeckOK StGB/Heintschel-Heinegg, 49. Ed. 1.2.2021, StGB § 89c Rn. 5 f.; BGH Beschl. v. 9.1.2020 – AK 61/19, BeckRS 2020, 468 Rn. 11.
[104] BGH BeckRS 2017, 100833, wobei es nur um die Verlängerung der Haft ging.
[105] LG Karlsruhe Urt. v. 27.9.2017 – 5 KLs 540 Js 3049/17, BeckRS 2017, 126499.

einer im Gesetz umständlich beschriebenen Staatsgefährdung steht (§ 89c Abs. 1 S. 2 StGB). Beispiele für Staatsgefährdungen sind die Einschüchterung der Bevölkerung durch die geplante Straftat, etwa durch ein Attentat; die Nötigung einer Behörde oder internationalen Organisation zB durch die Drohung mit Anschlägen, um Häftlinge freizupressen; oder die Beeinträchtigung der Grundstrukturen eines Staats oder einer internationalen Organisation, wie das für mafiöse und ähnliche Strukturen der organisierten Kriminalität angenommen werden kann. Die Katalogtat muss darüber hinaus durch die Art ihrer Begehung oder ihre Auswirkungen die Gefahr einer Schädigung des Staats oder einer internationalen Organisation bergen, zB indem sie öffentlich besondere Aufmerksamkeit hervorruft (Anschläge an symbolischen Orten oder an hohen Feiertagen), mit demonstrativer Grausamkeit ausgeführt wird (öffentliche Hinrichtung von Geiseln), der beabsichtigte Schaden besonders hoch wäre (Zerstörung von Kraftwerken, Staudämmen oder ganzen Häuserkomplexen), geeignet wäre eine Massenpanik auszulösen (Anschläge bei öffentlichen Massenveranstaltungen) oder zur Verschärfung bestehender Konflikte und gewaltsamen Auseinandersetzungen in einem Staat beitragen könnte (Anschlag auf Minderheiten oder im Namen von Minderheiten bei politischen Spannungen).

Terrorismusfinanzierung nach § 89c StGB ist Vorsatzstraftat; fahrlässige Terrorismusfinanzierung gibt es nicht, auch nicht in Form der Leichtfertigkeit (→ Rn. 30). Der Täter der Terrorismusfinanzierung muss entweder wissen, dass die Vermögenswerte für eine Katalogtat bestimmt sind oder er muss mit der Absicht handeln, dass dies geschehen soll. Bedingter Vorsatz reicht nicht.[106] Die Strafbarkeit der Terrorismusfinanzierung ist nicht auf reine Inlandssachverhalte begrenzt. Nach § 89c Abs. 3 StGB ist Terrorismusfinanzierung vielmehr auch dann in Deutschland strafbar, wenn die terroristische Tat im EU-Ausland begangen werden soll. Die Staatsangehörigkeit des Täters spielt dabei keine Rolle. In allen anderen Fällen ist Terrorismusfinanzierung in Deutschland strafbar, wenn die (geplante) terroristische Tat einen Bezug zu Deutschland aufweist, zB weil sie in Deutschland durchgeführt werden soll, der Täter der terroristischen Tat Deutscher ist oder seine Lebensgrundlage in Deutschland hat oder Opfer der Tat Deutsche (oder eine deutsche Behörde oder deutscher Staat) sein sollen.[107] Dann bedarf es einer besonderen Ermächtigung für die Strafverfolgung (§ 89c Abs. 4 StGB). 57

Beispiel: 58

Ein Nicht-EU-Bürger, der in Deutschland Geld sammelt, um einen Anschlag in seinem Heimatland außerhalb der EU zu unterstützen, ist in Deutschland nach § 89c StGB strafbar. Wohnt er in Frankreich und sammelt er das Geld dort, ist § 89c StGB nicht anwendbar (ggf. aber französisches Strafrecht). Ein deutscher Staatsangehöriger, der – in Deutschland oder anderswo – Geld für eine solche Tat sammelt, ist nach § 89c StGB strafbar, egal wo die Tat stattfinden soll und gegen wen sie sich richtet.

IV. Bildung terroristischer Vereinigungen (§§ 129a, b StGB)

§ 129a StGB (Bildung terroristischer Vereinigungen) wurde 1976 in das StGB aufgenommen und seither mehrfach geändert, zuletzt mit der Umsetzung des Rahmenbeschlusses des Europäischen Rates zur Terrorismusbekämpfung in seiner Fassung von 2002 (→ § 1 Rn. 6). Die Tat ist ein Verbrechen (§ 12 Abs. 1 StGB), die Mindeststrafe beträgt daher ein Jahr Freiheitsentzug, das Höchstmaß zehn Jahre; Rädelsführer einer terroristischen Vereinigung drohen im Mindestmaß drei Jahre Freiheitsentzug (§ 129b Abs. 4 StGB). Der Versuch ist strafbar. In Fällen, in denen eine terroristische Tat nur angedroht werden soll, liegt die Freiheitsstrafe zwischen sechs Monaten und fünf Jahren (§ 129b Abs. 3 StGB). Die Unterstützung der Vereinigung wird ebenfalls mit sechs Monaten bis 59

---

[106] BeckOK StGB/Heintschel-Heinegg, 49. Ed. 1.2.2021, StGB § 89c Rn. 12, 13.
[107] BeckOK StGB/Heintschel-Heinegg, 49. Ed. 1.2.2021, StGB § 89c Rn. 10.

zu zehn Jahren bestraft (§ 129b Abs. 5 StGB). Die praktische Bedeutung der Vorschrift war in den vergangenen Jahren gering, ist durch die vermehrten Aktivitäten terroristischer Vereinigungen in Deutschland und Europa aber etwas gewachsen.[108]

60 § 129a StGB enthält Qualifikationstatbestände zu § 129 StGB (Bildung krimineller Vereinigungen). Auch wenn dieser eher auf den Bereich der organisierten Kriminalität abzielt und er in der Definition des § 1 Abs. 2 Nr. 1 Buchst.a GwG nicht erwähnt ist, müssen dessen Tatbestandsvoraussetzungen zusätzlich erfüllt sein, wenn eine Strafbarkeit nach § 129a StGB vorliegen soll. Dabei stuft die Vorschrift bereits die Gründung terroristischer Vereinigungen und die Mitgliedschaft dort als Verbrechen ein. Der Begriff: „Vereinigung" setzt eine gewisse organisatorische Struktur voraus im Gegensatz zB zu dem Begriff der eher losen „Bande."[109] Eine terroristische Vereinigung in diesem Sinne braucht nicht unbedingt eine politisch oder religiös motivierte Zielsetzung. Es reicht aus, wenn der Zweck darin besteht, besonders schwerwiegende Straftaten zu begehen (Mord, Totschlag, Völkermord, Verbrechen gegen die Menschlichkeit oder Kriegsverbrechen, siehe § 129a Abs. 1 StGB). Zielt die Vereinigung dagegen auf Straftaten, die als weniger schwerwiegend angesehen werden, wie zB Körperverletzung, Computersabotage, Zerstörung von Bauwerken, Verstöße gegen das Kriegswaffenkontrollgesetz oder das Waffengesetz, gilt die Vereinigung nur dann als terroristisch, wenn die von ihr geplanten Taten zusätzlich Merkmale einer Staatsgefährdung aufweisen (§ 129a Abs. 2 StGB). Ausreichend ist, wenn die Straftaten nur angedroht werden (§ 129a Abs. 3 StGB), eine Ausführung oder gar Vollendung ist nicht erforderlich.

61 Tathandlung ist sowohl die Gründung einer entsprechenden Vereinigung also auch die Beteiligung als Mitglied. Dies erfordert mehr als die reine (passive) Mitgliedschaft.[110] Die Unterstützung einer solchen Vereinigung oder das Werben für sie ist nach § 129a Abs. 5 StGB ebenfalls strafbar. Das Werben um Mitglieder und Unterstützer soll wiederum nicht unter die Vorschrift fallen. Ebenso ist das bloße Befürworten einer terroristischen Vereinigung oder das Eintreten für deren Ideologie nicht nach § 129a StGB strafbar (sog. Sympathiewerbung).[111] Die Strafbarkeit setzt Vorsatz voraus. Dieser muss sich auch darauf beziehen, dass die Vereinigung eine oder mehrere der Katalogstraftaten oder deren Androhung beabsichtigt. Die Beteiligung an ausländischen kriminellen Vereinigungen wird gemäß § 129b StGB geahndet. Mit dieser Vorschrift reagierte der Gesetzgeber auf die Anschläge in den USA am 11.9.2001, auch wenn entsprechende Planungen für den Bereich der EU bereits vorausgingen. Mit ihr wurde die Gemeinsame Maßnahme (→ § 1 Rn. 6) des Europäischen Rats vom 21.12.1998 umgesetzt.[112] Die Strafbarkeit tritt unabhängig davon ein, an welchem Ort die Vereinigung ihre Operationsbasis hat oder ihre strafbaren Handlungen ausübt. Der Wortlaut der Vorschrift unterscheidet nicht zwischen kriminellen und terroristischen Vereinigungen. Im Kontext der Terrorismusfinanzierung iSd § 1 Abs. 2 GwG interessieren genau genommen nur letztere, auch wenn die Grenzen verschwimmen. Die Vorschrift begründet trotz des Wortlauts keine allgemeine Zuständigkeit deutscher Strafverfolgungsbehörden für Auslandtaten. Diese Zuständigkeit ergibt sich insbesondere, wenn die Ziele oder Tätigkeiten der ausländischen Vereinigung zumindest auch auf mögliche Straftaten in Deutschlands gerichtet sind. Die Vorschrift unterscheidet dabei zwischen Vereinigungen in einem EU-Mitgliedsstaat und solchen außerhalb der EU. Für Vereinigungen, die zumindest eine Teilorganisation in einem EU-Mitgliedsstaat haben, gelten die §§ 129a, 129b StGB uneingeschränkt (§ 129b Abs. 1 S. 1 StGB). Der Täter muss kein Deutscher sein und sich auch nicht in Deutschland befinden. Bei Vereinigungen außerhalb der EU-Mitgliedsstaaten ist § 129b StGB dagegen nur anwendbar, soweit die Vereinigung in Deutschland relevante Straftaten begeht oder der Täter oder das Opfer einer solchen

---

[108] Fischer StGB § 129a Rn. 3.
[109] BGH NJW 2005, 1668 (1670).
[110] BeckOK StGB/Heintschel-Heinegg, 49. Ed. 1.2.2021, StGB § 129a Rn. 7.
[111] BGH NJW 2007, 2782 (2783).
[112] Gemeinsame Maßnahme vom 21.12.1998, Abl. L 351, 1.

Straftat Deutscher ist. Die Tathandlungen und Tatmodalitäten sind dieselben wie bei den §§ 129, 129a StGB. Eine Besonderheit besteht noch insofern, als gemäß § 129b Abs. 1 S. 3–5 StGB die Verfolgung von Vereinigungen außerhalb der EU nur mit einer Ermächtigung des BMJV zulässig ist (Prozessvoraussetzung). Dabei geht es vor allem um die Schnittstelle zur Bewertung von im Ausland tätigen „Befreiungsbewegungen", deren Kampf politisch als legitim angesehen wird. Insgesamt gilt die Vorschrift als missglückt, da sie nicht zu den allgemeinen Regeln der §§ 3 ff. StGB (Geltung für Inlands- und Auslandstaten) passt.[113]

D. Strafverfahren und Vermögensabschöpfung

I. Strafprozessuale Aspekte

In Ermittlungsverfahren wegen des Verdachts der Geldwäsche (§ 261 StGB), Terrorismusfinanzierung (§ 89c StGB) oder Gründung oder Mitgliedschaft in einer terroristischen Gruppierung (§§ 129a, 129b StGB) stehen den Strafverfolgungs- und Polizeibehörden weitreichende Ermittlungsbefugnisse zu. Insbesondere dürfen sie – unter den weiteren Voraussetzungen der einschlägigen strafprozessualen Vorschriften – Telefone und Telekommunikation Verdächtiger überwachen (§ 100a Abs. 2 Nr. 1 Buchst. a, d und m StPO) oder einen „Lauschangriff" auf die Wohnung oder sonstigen Räume starten, in dem sich der Betroffene aufhält (§ 100c StPO iVm § 100b Abs. 2 Nr. 1 Buchst. a, c und m StPO). Der Wegfall des bisherigen Katalogs von Vortaten (→ Rn. 10) der Geldwäsche hat daher auch Auswirkungen in strafprozessualer Hinsicht. Befürchtet wird, dass Ermittlungsverfahren gestützt auf einen Geldwäsche-Verdacht als Türöffner für die weitreichenden strafprozessualen Ermittlungsbefugnisse genutzt werden könnten.[114] § 261 StGB könnte so zum Allzweckinstrument der Kriminalitätsbekämpfung werden, was Fragen der Verhältnismäßigkeit und Rechtmäßigkeit aufwirft.[115] Tatsächlich ist nicht jeder Verdacht der Geldwäsche bei beliebiger Vortat ausreichend, um alle Ermittlungsbefugnisse zu rechtfertigen. Entscheidend ist vielmehr der in der jeweiligen Verfahrensvorschrift genannte, beschränkte Katalog an Straftaten (Vortaten). Anders als bei § 261 StGB besteht dieser Katalog von Vorschriften auch nach der Reform des § 261 StGB weiter. Nicht jeder Verdacht der Geldwäsche rechtfertigt daher gleichermaßen alle prozessualen weitereichenden Eingriffs- und Ermittlungsbefugnisse der StPO, sondern nur besondere, schwere Fällen.

62

II. Aspekte der Vermögensabschöpfung

Das Konzept der Bekämpfung der Geldwäsche mit strafrechtlichen Mitteln wird weithin als gescheitert angesehen. Weitere Ausweitungen des Vortatenkatalogs oder die Reform der FIU versprechen keine Abhilfe. Ein alternativer Weg wird in der Abschöpfung der Gewinne aus kriminellen Taten gesehen.[116] Gegenstände der Geldwäsche können eingezogen werden (§ 261 Abs. 10 S. 1 StGB iVm § 74a StGB). Dasselbe gilt für Werkzeuge und Tatmittel, die zur Bildung einer terroristischen Vereinigung oder von dieser zur Vorbereitung terroristischer Taten benutzt werden. Mit Wirkung zum 1.7.2017 hat der Gesetzgeber eine umfassende Neuregelung der strafrechtlichen Vermögensabschöpfung (Einziehung) beschlossen.[117] Dabei wurden sowohl die materiellen Voraussetzungen der Abschöpfung (§§ 73 ff. StGB), als auch die strafprozessualen Vorschriften und vollstre-

63

---

[113] Fischer StGB § 129b Rn. 1 ff.
[114] Gazeas NJW 2021, 1041 (1044).
[115] Bülte GwuR 2021, 8; Gazeas NJW 2021, 1041 (1043).
[116] Bussmann/Veljovic NZWist 2020, 417 (424).
[117] Gesetz zur Reform der strafrechtlichen Vermögensabschöpfung v. 13.4.2017, BGBl. 2017 I 872.

ckungsrechtlichen Regelungen neu ausgestaltet. Ähnlich wie die §§ 812 ff. BGB (ungerechtfertigte Bereicherung) im Zivilrecht dienen sie dazu, Straftätern deliktisch erlangte Vermögenswerte zu entziehen. Die strafrechtliche Vermögensabschöpfung ist keine Strafmaßnahme oder strafähnliche Sanktion, sondern eine Maßnahme eigener Art. Verfassungsrechtlich ist sie eine Schranke des Eigentumsrechts, für die weder der Schuldgrundsatz noch die Unschuldsvermutung gilt. Die strafrechtliche Vermögensabschöpfung ist zwingendes Recht. Liegen ihre Voraussetzungen vor, muss die Einziehung angeordnet werden.[118] Adressat der Einziehung kann der Täter oder Teilnehmer einer Straftat sein (§ 73 Abs. 1 StGB) oder ein an der Straftat nicht Beteiligter Dritter (§ 73b StGB). Die Einziehung richtet sich primär auf den Tatertrag, wobei das StGB den Begriff nicht definiert. Allgemein versteht man darunter Zuflüsse aus oder im Zusammenhang mit einer Straftat (tatbedingte Zuflüsse),[119] dh die Tatbeute oder den Tatlohn (das „erlangte Etwas") wie zB das Diebesgut beim Diebstahl oder der Schleuserlohn. Die Rechtsprechung geht davon aus, dass als Tatertrag jeder Vermögenswert einziehungsfähig ist, der einem Tatbeteiligten (Täter oder Teilnehmer) oder einem Drittbegünstigten aus der Verwirklichung des Tatbestands in irgendeiner Phase des Tatablaufs zufließen.[120] Nach überwiegender Rechtsprechung erfolgt dies im Fall der Geldwäsche nicht nach § 73b StGB, der Vorschrift über die Einziehung von Taterträgen (aus der Vortat) bei Dritten (dem Geldwäscher), sondern nach § 74 Abs. 2 StGB als Tatobjekt (der Geldwäsche).[121] Das Gesetz geht dabei vom Bruttoprinzip aus, dh Aufwendungen und Kosten im Zusammenhang mit dem Erwerb des Tatertrags werden nicht abgezogen, etwa Bestechungsgeld vom Werklohn für ein durch Bestechung erlangten öffentlichen Auftrag. Kann der ursprüngliche Tatertrag nicht eingezogen werden oder ist er inzwischen weniger wert, kann der Wert des Tatertrags bzw. die Differenz als Wertersatz, dh als Geldbetrag eingezogen werden (§ 73c StGB, Wertersatz). Außerdem begrenzt § 73 Abs. 3 Nr. 1 StGB die Kette möglicher Surrogate (→ Rn. 21) als Einziehungsobjekt beim Wertersatz auf das erste Surrogat.[122]

64   Bis zur Reform 2017 wurde das Institut der Einziehung bzw. Sicherung nur in wenigen Fällen genutzt.[123] Im Jahr 2014 berichtete die FIU über Sicherungen in Höhe von nur ca. 28,3 Mio. EUR, im Jahr 2016 waren es insgesamt 69,8 Mio. EUR, die aufgrund von Sicherstellungsmaßnahmen sichergestellt wurden, die direkt oder indirekt aus Verdachtsmeldungen nach dem GwG resultierten. Die Summe umfasst vorläufige, nicht nur endgültige Maßnahmen. Die Zahlen schwanken naturgemäß stark von Jahr zu Jahr.[124] Auch Unternehmen sollten sich auf eine zunehmende Bedeutung des Abschöpfungsrechts einrichten. So werden zB im Lebensmittelrecht Erlöse aus dem Verkauf verkehrsunfähiger Lebensmittel ohne Anrechnung von Aufwendungen eingezogen.[125] Eine Einstellung des Verfahrens nach §§ 153 ff. StPO hilft den Unternehmen nicht. Sie hindert die Einziehung nach § 76a Abs. 1 StGB nicht. Auch der Umstand, dass Unternehmen bislang nicht Täter einer Straftat sein können, hindert die Abschöpfung nicht (§ 73b Abs. 1 Nr. 1 StGB).[126] Um eine umfassende Abschöpfung deliktisch erlangter Vermögenswerte zu ermöglichen, sieht das Gesetz die „erweiterte (selbständige) Einziehung" von Taterträgen vor (§ 76a StGB). Sie folgt der Idee der präventiven Vermögensabschöpfung (*„non-conviction based confiscation"*) wie sie zB im italienischen Anti-Mafia-Recht und im englischen Recht (*„unexplained wealth order"*) bekannt ist.[127] Sie knüpft an den Nachweis (§ 73a StGB) oder den Verdacht einer Straftat (§ 76 Abs. 4 StGB) an. § 76a Abs. 4 StGB ermöglicht die Ein-

---

[118] Köhler NStZ 2017, 497.
[119] Bittmann NZWiSt 2021, 133.
[120] S. zB BGH NStZ 2021, 355.
[121] Bittmann NZWiSt 2021, 133.
[122] Köhler NStZ 2017, 497 (503).
[123] Bussmann/Veljovic NZWist 2020, 417 (422).
[124] BKA, FIU Jahresbericht 2016, S. 15.
[125] LG Stuttgart ZLR 2020, 808.
[126] Bülte GWuR 2021, 8 (11).
[127] Bussmann/Veljovic NZWist 2020, 417 (423).

ziehung auch dann, wenn keine bestimmte Person verfolgt oder verurteilt wurde. Der Kreis der einziehungsfähigen Vermögenswerte wurde durch die Reform des § 261 StGB (→ Rn. 10) auf Nutzungen iSd §§ 99 f. BGB erweitert, dh die mit dem Einsatz inkriminierter Vermögensgegenstände erzielten Erträge, zB Mieteinnahmen aus einer Immobilie.[128] § 437 StPO gibt Kriterien und Indizien vor, auf die das Gericht seine Überzeugung der rechtswidrigen Herkunft von Vermögen stützen kann. Dazu gehört ein grobes Missverhältnis zwischen dem Wert des möglicherweise inkriminierten Gegenstands und den rechtmäßigen Einkünften bzw. dem Vermögen des Betroffenen. Der Katalog ist nicht abschließend („insbesondere"). Wie die Anforderungen an die Darlegungslast des Betroffenen aussehen, ist noch nicht abschließend geklärt.[129] Ursprünglich war die Reform des § 261 StGB in der Kritik, weil sie die selbständige Einziehung erschweren würde.[130] Nunmehr wird kritisiert, dass § 76a Abs. 4 StGB auch nach der Reform auf das „Herrühren" (→ Rn. 21) von Gegenständen aus einer Vortat abstellt. Zusammen mit dem Wegfall des bisherigen Vortatenkatalogs in § 261 StGB hat eine erhebliche Erweiterung des Anwendungsbereichs auch der selbständigen Einziehung stattgefunden, die so ursprünglich gar nicht beabsichtigt war.[131] Diese sollte nach dem Regierungsentwurf auf Gegenstände beschränkt sein, die in einem Verfahren wegen Geldwäsche eingezogen wurden, wenn die Vortat der Geldwäsche ein Verbrechen ist oder die Vortat banden- oder gewerbsmäßig begangen wurde.[132]

Grds. erfolgt die Einziehung im Strafurteil durch das Gericht. Ansonsten bleibt das selbständige Verfahren (§§ 435 f. StPO). Dieses ermöglicht die Einziehung zum Beispiel für den Fall, dass Ermittlungen gegen den Täter nach den §§ 153 ff. StPO eingestellt werden oder wenn die Straftat verjährt ist (§ 76a Abs. 2 und 3 StGB). Tatsächlich werden 99 % der Ermittlungen wegen Geldwäsche eingestellt, weil es keinen (ausreichenden) Beweis der Vortat gibt.[133] Betrieben wird das selbständige Verfahren durch die Staatsanwaltschaft in deren Ermessen. Der Anspruch auf Einziehung (auch von Wertersatz) kann durch vorläufige Sicherstellung vor einer rechtskräftigen Entscheidung gesichert werden. Unter den Voraussetzungen des § 72b StGB richtet sich der Anspruch gegen Drittbegünstigte, wie zB ein Unternehmen, bei dem der Straftäter arbeitet und das durch sein Handeln begünstigt wurde (tatbegünstigter Dritter). 65

---

[128] Gazeas NJW 2021, 1041 (1042 f.).
[129] Bussmann/Veljovic NZWist 2020, 417 (424).
[130] Bussmann/Veljovic NZWist 2020, 417 (424).
[131] El-Ghazi/Marstaller/Zimmermann NZWist 2021, 297 (304 f.).
[132] El-Gazhi/Laustetter NZWist 2021, 209 (214).
[133] Bussmann/Veljovic NZWist 2020, 417 (425).

§ 3. Güterhändler als GwG-Verpflichtete

Literatur:
Bielefeld/Wengenroth, Neue Risiken für Unternehmen: Was auf Güterhändler nach der (geänderten) 4. EU-Geldwäscherichtlinie zukommt, BB 2016, 2499; Bussmann/Vockrodt, Geldwäsche-Compliance im Nicht-Finanzsektor: Ergebnisse aus einer Dunkelfeldstudie, CB 2016, 138; Cappel, Geldwäsche-Compliance in Industrieunternehmen, DB 2018, 1066; Maume/Haffke/Zimmermann, Bitcoin versus Bargeld – Die geldwäscherechtliche Verpflichtung von Güterhändlern bei Zahlungen mit Kryptowährungen, CCZ 2019, 149; Gehling/Lüneborg, Pflichten des Güterhändlers nach dem Geldwäschegesetz, NZG 2020, 1164; Gehrmann/Wengenroth, Geldwäscherechtliche Pflichten für Güterhändler am Beispiel von Immobilienunternehmen, BB 2019, 1035; Ghassabeh, Anti-Geldwäsche-Compliance in der deutschen Industrie – Eine Übersicht zu den geldwäscherechtlichen Pflichten privilegierter Güterhändler unter Berücksichtigung der neuen GwG-Regelungen, CCZ 2021, 33; Glos/Hildner/Glasow, Der Regierungsentwurf zur Umsetzung der Vierten EU-Geldwäscherichtlinie – Ausweitung der geldwäscherechtlichen Pflichten außerhalb des Finanzsektors, CCZ 2017, 83; Hennecke, „Darf ich in Bitcoin zahlen?" – Geldwäscherisiken für Industrie- und Handels-Unternehmen bei Bitcoin-Transaktionen, CCZ 2018, 120; Lochen, Geldwäsche-Compliance im Industrieunternehmen, CCZ 2017, 226; Maume/Haffke/Zimmermann, Bitcoin versus Bargeld – Die geldwäscherechtliche Verpflichtung von Güterhändlern bei Zahlungen mit Kryptowährungen CCZ 2019, 149; Quennet, Der Agent als Verpflichteter iSd GwG, CCZ 2021, 133; Rieg, Güterhändler-Gruppen nach der GwG-Novelle 2020 – alles (leider) wie gehabt!, NZWiSt 2020, 297; Rothe/Schlombs, Übles von jemandem denken – die Verdachtsfälle im Geldwäschegesetz aus Sicht von Güterhändlern ZRFC 2018, 266; Scheben, Referentenentwurf zur Umsetzung der 4. EU-Geldwäscherichtlinie: Was ändert sich für Güterhändler? CB 2017, 21; Scheben, Geldwäscheprävention im Unternehmen: Die bevorstehenden Änderungen des Geldwäschegesetzes mit Blick auf Güterhändler, CB 2016, 412; Scheben/Ellerbrock, Datenschutzrechtliche Aspekte der Geldwäscheprävention durch Güterhändler, CB 2019, 93; Scherp/Feiler, Die Vierte EU-Geldwäscherichtlinie – Weitere geldwäscherechtliche Pflichten für Bereiche außerhalb des Finanzsektors, CB 2013, 316; Teichmann/Park, Geldwäscherei und Terrorismusfinanzierung im Diamantenhandel, CB 2018, 183; Sandleben/Wittmann, Regelungen gegen Geldwäsche im Nicht-Finanzsektor, BC 2010, 464.

A. Überblick

NEU (seit Vorauflage): 1
Der Kreis der nach § 2 Abs. 1 Nr. 16 GwG verpflichteten Güterhändler hat sich seit der letzten Auflage nicht verändert. Der neu eingeführte Schwellenwert für den Handel mit Edelmetallen (→ § 4 Rn. 6) betrifft den Umfang der geldwäscherechtlichen Pflichten, nicht die (unveränderte) Eigenschaft als Verpflichteter. Im Kunstsektor wurde der Kreis der Verpflichteten zum 1.1.2020 um Kunstlagerhalter (→ § 11 Rn. 8) erweitert. Dabei handelt es sich nicht um Güterhändler. Kunstvermittler (→ § 11 Rn. 7) werden neu im Gesetz definiert, waren aber schon vorher als Güterhändler Verpflichtete.

Abschnitt 1 des GwG definiert in § 2 Abs. 1 GwG, welche in Deutschland ansässigen 2 Berufsträger und Unternehmen geldwäscherechtlichen Pflichten im engeren Sinne unterliegen (Verpflichtete). Üblich, aber im Gesetz nicht vorgesehen, ist eine Unterscheidung zwischen Finanz- und Nicht-Finanzsektor. Industrie- und Handelsunternehmen sind als Güterhändler GwG-Verpflichtete. Reine Dienstleister dagegen nicht. Ob Güterhändler Bargeldgeschäfte tätigen, spielt für die Eigenschaft als Verpflichteter keine Rolle. Deutschland hat die RL (EU) 2015/849 insoweit „überschießend" umgesetzt. Ob ein Unternehmen Güterhändler ist, entscheidet sich anhand seiner typischen (Haupt-) Tätigkeit. Abgrenzungsfragen ergeben sich, wo nicht nur eine Tätigkeit iSd § 2 Abs. 1 GwG vorliegt. Bei der Bestimmung der Verpflichteten-Eigenschaft in Unternehmensgruppen ist auf jede einzelne rechtliche Einheit oder Person abzustellen, so dass es innerhalb einer Gruppe unterschiedliche Verpflichtete und ggf. auch nicht Verpflichtete Gesellschaften geben kann. Für Vermittler von Güterhandelsgeschäften (→ § 11 Rn. 1) und im Kunstsektor (→ § 11 Rn. 5) gelten Sonderregelungen.

B. GwG-Verpflichtete

I. Verpflichtete

3 Nach wie vor gilt, dass geldwäscherechtliche Pflichten im engeren Sinne, also das Risikomanagement (→ § 4 Rn. 1), die Sorgfaltspflichten (→ § 5 Rn. 1) und die Verdachtsmeldepflichten (→ § 7 Rn. 1) nur für die in § 2 Abs. 1 GwG aufgeführten Unternehmen und Berufsträger gelten (Verpflichtete). Die Vorschrift ist abschließend, dh andere als die dort Genannten treffen keine geldwäscherechtlichen Pflichten, selbst wenn ihre geschäftliche Tätigkeit ein Risiko der Geldwäsche oder Terrorismusfinanzierung beinhaltet. Andere Personen oder Unternehmen als die Verpflichteten iSd § 2 Abs. 1 GwG sind allenfalls mit Blick auf eine mögliche Strafbarkeit wegen (insbes. leichtfertiger) Geldwäsche (→ § 2 Rn. 30) oder mit Blick auf eine mögliche Aufsichtspflichtverletzung (§ 130 OWiG) zu Maßnahmen der Geldwäsche-Prävention aufgerufen. Diese können, müssen aber nicht den Vorgaben des GwG folgen (→ § 4 Rn. 35).

4 **Praxishinweis:**
Das GwG begründet eine Vielzahl von Pflichten für Personen und Unternehmen unabhängig von deren Eigenschaft als Verpflichtete. Dazu zählen zum Beispiel die besonderen Transparenzpflichten im Zusammenhang mit dem Register der Wirtschaftlich Berechtigten (Transparenzregister, §§ 18 ff. GwG, → § 10 Rn. 1), Pflichten von Arbeitgebern, die Syndikusrechtsanwälte beschäftigen (§ 6 Abs. 3 GwG, → § 11 Rn. 17), die Mitwirkungspflichten von Vertrags- bzw. Geschäftspartnern (§ 11 Abs. 6 GwG, → § 5 Rn. 44) und die Mitwirkungspflichten der Mitarbeiter der Verpflichteten gegenüber der Aufsichtsbehörde (§ 52 GwG, → § 9 Rn. 15). Dabei handelt es sich um Pflichten nach dem GwG, aber nicht um geldwäscherechtliche Pflichten im engeren Sinne.

II. Finanzsektor und Nichtfinanzsektor

5 Die Liste der Verpflichteten ist historisch gewachsen. Nicht jede Ziff. ist selbsterklärend. Teilweise wird auf andere Vorschriften und Gesetze verwiesen, wie zB das Kreditwesengesetz (KWG), das Zahlungsdiensteaufsichtsgesetz (ZAG) oder die EU-Richtlinie über Lebensversicherungen.[1] Das GwG selbst unterscheidet nicht zwischen Verpflichteten des Finanzsektors und solchen aus dem Nichtfinanzsektor. Die Unterscheidung ist jedoch weit verbreitet. Dem Finanzsektor rechnet man die Verpflichteten zu, die gem. § 50 Abs. Nr. 1 und 2 GwG von der BaFin beaufsichtigt werden. Dazu zählen insbes. die Verpflichteten nach § 2 Abs. 1 Nr. 1–9 GwG, die Finanzprodukte, Versicherungen und dazugehörige Leistungen vertreiben oder vermitteln. Der Nichtfinanzsektor umfasst mit den Verpflichteten aus § 2 Abs. 1 Nr. 10–16 GwG eine inhomogene Gruppe von Berufsträgern und Unternehmen. Diese umfasst auf der einen Seite Immobilienmakler, Veranstalter von Glücksspielen sowie Industrie und Handelsunternehmen (Güterhändler), auf der anderen Seite rechtsberatende Berufe wie Rechtsanwälte, Patentanwälte, Notare, Wirtschaftsprüfer und Steuerberater. Auch Finanzunternehmen iSd § 2 Abs. 1 Nr. 6 GwG gelten ungeachtet der Bezeichnung als Teil des Nichtfinanzsektors. Die Unterscheidung zwischen Finanz- und Nichtfinanzsektor hat keine praktische Bedeutung. Sie wird vor allem im Zusammenhang mit der Kritik an der angeblich zu geringen Zahl von Verdachtsmeldungen des Nichtfinanzsektors (→ § 7 Rn. 3) erwähnt. Tatsächlich handelt es sich auch innerhalb der soge-

---

[1] Richtlinie 2002/83/EG des Europäischen Parlaments und des Rates vom 5.11.2002 über Lebensversicherungen, ABl. 2002 L 345, 1.

nannten „Sektoren" jeweils um weitgehend zufällig zusammengefasste Gruppen von Berufen bzw. Unternehmungen, die untereinander wenig gemeinsam haben. Der Gefahr der Geldwäsche oder Terrorismusfinanzierung sind sie in unterschiedlicher Art und Weise ausgesetzt. Entsprechend gelten nicht einmal innerhalb der Sektoren einheitliche gesetzliche Anforderungen und Standards zur Bekämpfung von Geldwäsche und Terrorismusfinanzierung.

> **Praxishinweis:**
> Mit der Zuordnung eines (verpflichteten) Unternehmens zum Finanzsektor oder zum Nichtfinanzsektor ist vor allem die Frage verknüpft, welche Behörde iSd § 50 GwG die Aufsicht ausübt (Aufsichtsbehörde, → § 9 Rn. 3). Der Wirecard-Skandal macht deutlich, dass diese Abgrenzung nicht immer einfach und eindeutig ist.[2]

6

III. Sitzland Deutschland

Das GwG beruht zwar in wesentlichen Teilen auf den Regelungen der aktuellen, RL 2018/843/EU (→ § 1 Rn. 8), ist aber ein deutsches Gesetz, genauer; Teil des (Wirtschafts-) Verwaltungsrechts. Als solches ist es nur auf Personen und Unternehmen anwendbar, die ihre berufliche oder gewerbliche Tätigkeit iSd § 2 Abs. 1 GwG dauerhaft in Deutschland ausüben, zB weil sie ihren Sitz oder Wohnsitz oder eine Niederlassung in Deutschland haben (Territorialprinzip).[3] Bei nur vorübergehenden, grenzüberschreitenden Tätigkeiten in Deutschland iSd EU-Dienstleistungsrichtlinie[4] ist nicht das GwG, sondern das Recht des Heimatlandes anwendbar.[5] Das GwG gilt aber nicht nur für Geschäfte innerhalb Deutschlands. Es erfasst auch Export-Geschäfte oder grenzüberschreitende Leistungen von Verpflichteten aus Deutschland ins Ausland. Der grenzüberschreitende Verkauf von Waren aus dem Ausland nach Deutschland erfüllt die Voraussetzungen der Verpflichteten-Eigenschaft nach § 2 Abs. 1 GwG dagegen nicht.[6] Eine ausländische Gesellschaft wird nicht zum GwG-Verpflichteten, weil sie zB Waren aus Frankreich nach Deutschland ausführt. Ebenso wird ein im Inland ansässiges Unternehmen nicht zum Verpflichteten, weil ein Tochterunternehmen im Ausland Aktivitäten entfaltet, die in Deutschland zum Katalog des § 2 Abs. 1 GwG gehören würden. Dagegen ist die in Deutschland ansässige Tochtergesellschaft eines ausländischen Konzerns Güterhändler, wenn die Tochtergesellschaft mit Gütern handelt.[7] Dies gilt unabhängig von der Frage, ob die französische Mutter nach dortigem Recht Verpflichtete ist. Mitwirkungspflichten nach § 11 Abs. 6 GwG (→ § 5 Rn. 44) oder Eintragungspflichten im Transparenzregister (→ § 10 Rn. 8) können dagegen auch für ausländische Personen oder Gesellschaften entstehen, wenn sie Geschäfte in Deutschland durchführen. Sie werden dadurch aber nicht zu Verpflichteten iSd § 2 Abs. 1 GwG.

7

---

[2] S. dazu die Presseberichterstattung, zB https://www.handelsblatt.com/finanzen/banken-versicherungen/banken/wirecard-skandal-bafin-bankenaufseher-roeseler-aufsichtsansatz-war-nicht-geeignet/26957440.html?ticket=ST-62137-u4yJHPlexH5PgEDS7EC-cas01.example.org, Zugriff am 15.10.2021.
[3] Ebenso Jarass RIW 2017, 642 (647).
[4] Richtlinie 2006/123/EG des Europäischen Parlaments und des Rates vom 12.12.2006 über Dienstleistungen im Binnenmarkt, ABl. L 376, 36.
[5] AuA Nichtfinanzsektor, S. 1, Ziff. 1.1.
[6] S. dazu auch BT-Drs. 18/11555, 157 zu § 43 Abs. 3 GwG, wo allerdings undifferenziert von „Verpflichteten" mit Niederlassung in Deutschland und ohne solche die Rede ist.
[7] Rieg NZWist 2020, 207 (301).

IV. Unternehmensgruppen im GwG

8 Eine „Unternehmensgruppe" im wirtschaftlichen oder konzernrechtlichen Sinne ist als solche weder Verpflichteter iSd § 2 Abs. 1 GwG noch sonst Objekt geldwäscherechtlicher Pflichten des GwG. Verpflichtete sind stets natürliche Personen (Berufsträger wie zB Rechtsanwälte oder Notare) oder juristische Personen, Personengesellschaften bzw. andere Rechtsgestaltungen wie Stiftungen oder Trusts (→ § 5 Rn. 93). Zwar kennt das GwG den Begriff der gruppenweiten Pflichten (§ 9 GwG, → § 4 Rn. 1). Diese knüpfen allerdings an die Verpflichteten-Eigenschaft der Muttergesellschaft einer Gruppe oder der Obergesellschaft einer Teilgruppe an an und verpflichten in erster Linie diese, nicht die Gruppe. Innerhalb einer Firmengruppe kann es daher Gesellschaften geben, die Verpflichtete iSd § 2 Abs. 1 GwG sind und andere, bei denen dies nicht der Fall ist. Ebenso ist denkbar, dass Gesellschaften einer Gruppe vom Umfang her unterschiedlichen Pflichten und Anforderungen unterliegen, zB weil eine privilegierte Güterhändlerin (→ § 4 Rn. 4) ist, während die andere als Kreditinstitut in vollem Umfang geldwäscherechtliche Pflichten hat. In der Firmengruppe muss daher für jede gruppenangehörige Gesellschaft gesondert geprüft und entschieden werden, ob Sie Verpflichtete iSd § 2 Abs. 1 GwG ist.[8] Dabei gibt es keinen *„umgekehrten"* gruppenweiten Ansatz: Ein im Inland ansässiges Unternehmen wird nicht zum Verpflichteten, weil ein Tochterunternehmen im Ausland Aktivitäten entfaltet, die es in Deutschland nach dem Katalog des § 2 Abs. 1 GwG zum Verpflichteten machen würden. Darin liegt auch keine Umgehung in Deutschland anwendbarer Rechtsvorschriften. Zurechnungstatbestände sind allenfalls denkbar, wenn eine nach § 2 Abs. 1 GwG verpflichtete Gesellschaft Geschäfte bewusst zur Umgehung geldwäscherechtlicher Vorschriften, etwa der Identifizierungspflichten (→ § 5 Rn. 1) im Ausland vornehmen lässt.

9 **Praxishinweis:**
Einzelne geldwäscherechtliche Pflichten können durch Aktivitäten ausländischer Tochtergesellschaften ausgelöst werden. So sieht § 4 Abs. 5 Nr. 1 Buchst. b und c GwG vor, dass (schwellenwertabhängig) Bargeldtransaktionen *„durch Dritte"* Risikomanagement-Pflichten bei Güterhändlern begründen. Dies ist auch innerhalb der Unternehmensgruppe vorstellbar. Allerdings begründen Bargeldgeschäfte von Tochtergesellschaften im Ausland nach der hier vertretenen Ansicht nicht automatisch Risikomanagement-Pflichten der inländischen Muttergesellschaft (→ § 4 Rn. 34).

C. Gewerblicher Güterhandel

I. Definition Güterhändler

10 **Definition:**
Güterhändler ist gemäß § 1 Abs. 9 GwG *„wer gewerblich Güter veräußert"* (§ 1 Abs. 9 GwG).

11 Güterhändler sind Verpflichtete (§ 2 Abs. 1 Nr. 16 GwG). Die mit dem GwG-Änderungsgesetz 2020 (→ § 1 Rn. 12) geringfügig angepasste Definition in § 1 Abs. 9 GwG erfasst natürliche Personen (Einzelunternehmen) genauso wie juristische Personen und Personengesellschaften. Eine Beteiligung der öffentlichen Hand ändert an der Eigenschaft als Güterhändler nichts. Auch juristische Personen des öffentlichen Rechts oder privatrechtlich organisierte Unternehmen mit öffentlich-rechtlicher Beteiligung sind unter den

---
[8] So zB auch Rieg NZWist 2020, 297 (301).

Voraussetzungen des § 1 Abs. 9 GwG Güterhändler[9] (siehe dazu zB Versorgungsbetriebe (→ Rn. 19), die häufig in öffentlicher Hand sind). Voraussetzung der Verpflichteten-Eigenschaft ist gemäß § 2 Abs. 1 Nr. 16 GwG, dass Güterhändler *„in Ausübung ihres Gewerbes handeln."* Insbesondere Einzelkaufleute (§ 19 Abs. 1 Nr. 1 HGB) unterliegen den Vorschriften des GwG daher nicht mit ihren privaten Geschäften (→ Rn. 14). Aus der Vorschrift ergibt sich gleichzeitig, dass geldwäscherechtliche Pflichten nicht mit Blick auf Geschäfte oder Transaktionen Dritter entstehen, an denen der Güterhändler nicht beteiligt ist, sondern nur mit Blick auf seine eigenen Geschäfte.

II. Güter

Was unter: *„Gütern"* zu verstehen ist, ist im GwG nicht definiert. Ursprünglich verstand man darunter iSd Außenwirtschaftsrechts (AWG) *bewegliche Sachen* (§ 90 BGB), die Gegenstand des Handelsverkehrs sein können, wobei auch Know-How bzw. Unterlagen, die Know-How verkörpern (§ 2 Abs. 13 und 22 AWG) dazu zählten.[10] Heute wird der Begriff viel weiter ausgelegt.[11] Zunächst wurde die Auslegung des Begriffs auf Gas, Wasser und Elektrizität ausgeweitet, um Versorgungsbetriebe (→ Rn. 19) in den Anwendungsbereich des GwG einzubeziehen.[12] Seit 2017 werden wie selbstverständlich nicht bewegliche Sachen, also Immobilien als Güter betrachtet. Gemäß den AuA Nichtfinanzsektor umfasst der Begriff alle beweglichen und unbeweglichen Sachen unabhängig vom Aggregatzustand (flüssig, fest, gasförmig). Damit wären auch immaterielle Vermögenswerte Güter, wie zB Forderungen, Markenrechte, Wertpapiere, Aktien und andere Unternehmensbeteiligungen, daneben Strom, Software und elektronische Daten.[13] Diese Auslegung überdehnt den Begriff „Güter".[14] Wer zB Rechte (Forderungen) ankauft und verkauft handelt in der allgemeinen Wahrnehmung nicht mit Gütern und wird sich selbst auch nicht als Güterhändler begreifen. Eindeutig nicht um „Güter" handelt es sich bei Dienstleistungen (→ Rn. 22) und Geschäftsbesorgungen,[15] sowie im Fall der Urproduktion (→ Rn. 23).

12

Unerheblich für die Frage, ob Güterhandel vorliegt, ist, ob es sich um Güter für den privaten Endverbraucher handelt oder um Waren für den industriellen Bedarf, ob es Zwischen- oder Teilprodukte sind, die im Inland oder Ausland von anderen Unternehmen in der Produktion verwendet werden oder ob es sich um Teile einer komplexen Anlage handelt, oder ob sie leicht transportiert werden können oder eher stationär eingesetzt oder gar fest installiert werden.[16] Auch auf den Preis oder Wert der Güter kommt es nicht an. Insbesondere gibt es keine Bagatellschwelle unterhalb derer der Handel mit Gütern keine geldwäscherechtlichen Pflichten auslöst. Der Verkauf billiger Ramschware ist genauso Güterhandel wie der Vertrieb *hochwertiger Güter* (→ § 4 Rn. 120) (§ 1 Abs. 10 GwG). Art und Umfang der Geschäfte des Güterhändlers spielen nur eine Rolle beim Umfang des Risikomanagements (→ § 4 Rn. 42), nicht bei der Feststellung der Verpflichteten-Eigenschaft nach § 2 Abs. 1 GwG. Kleine Ladengeschäfte, die nur lokal Alltagsgegenstände in geringem Wert verkaufen, sind daher genauso Güterhändler wie verzweigte Handelsgesellschaften oder multinationale Industriekonzerne mit Milliardenumsätzen.

13

---

[9] AuA Nichtfinanzsektor, S. 1, Ziff. 1.1. bzw. S. 5, Ziff. 1.7.
[10] Auslegungshinweis des Bundesministeriums für Finanzen v. 24.4.2012 – VII A 3 – WK 5023/11/10021 mit Hinweis auf § 4 Absatz 2 Nr. 4 AWG.
[11] Bausch/Voller Geldwäsche-Compliance S. 24.
[12] BMF, Auslegung des Begriffs „Güterhändler" gemäß § 2 Abs. 1 Nr. 12 GwG v. 24.4.2012 – VII A 3 – WK 5023/11/10021.
[13] AuA Nichtfinanzsektor, S. 5, Ziff. 1.7.
[14] Ähnl. schon Scherp/Feiler CB 2013, 316 (319) vor Verabschiedung der RL (EU) 2015/849.
[15] So auch Gehling/Lüneborg NGZ 2020, 1164.
[16] S. ähnlich die Auslegungshinweise Nichtfinanzsekor, S. 5, Ziff. 1.7.

III. Gewerblicher Handel

14 Güterhandel ist nicht begrenzt auf klassischen Warenhandel iSd An- und Verkaufs von Gütern. Auch das produzierende Gewerbe (Industrie) gilt als Güterhandel (→ Rn. 19). Maßstab für Güterhandel ist, ob zivilrechtlich ein Kaufvertrag oder ein Vertrag vorliegt, auf den Kaufrecht Anwendung findet.[17] Unerheblich ist, ob der Vertrieb unmittelbar an die Nutzer und Endanwender erfolgt oder indirekt über Handelspartner oder weiterverarbeitende Unternehmen. Auch die Vertriebsform wird zunehmend für unbeachtlich gehalten. Verständlich ist dies beim Abzahlungskauf, der letztlich nur die Zahlungsmodalitäten variiert. Güterhandel soll aber auch vorliegen bei Leasinggeschäften, solange nicht die Finanzierungsfunktion im Vordergrund steht, wie beim Sale-and-Lease-Back oder bei einem dauerhaften Mietvertrag.[18] Dem muss widersprochen werden: Leasing und Miete sind eben nicht Kauf und Güterhandel. Eine Kaufoption zum Abschluss eines Leasingvertrags, begründet einen Kauf und damit Güterhandel erst dann, wenn die Option ausgeübt wird. In Anlehnung an die GewO gilt Güterhandel als *gewerblich*, wenn es sich um eine selbständige, erlaubte, fortgesetzte Tätigkeit handelt, welche planmäßig ausgeübt wird und dauerhaft auf die Erzielung eines nicht nur vorübergehenden Gewinnes gerichtet ist.[19] Ob das Gewerbe Gewinn abwirft oder nach den Vorschriften der Gewerbeordnung (GewO) angezeigt wurde, spielt für die Eigenschaft als Güterhändler keine Rolle. Dagegen ist zB eine öffentlich-rechtliche Körperschaft, die ihrem gesetzlichen Auftrag folgend zwar Güterhandelsgeschäfte durchführt, dabei kostendeckend, aber nicht gewinnorientiert arbeitet, mangels Gewerblichkeit kein Güterhändler und folglich nicht Verpflichteter iSd GwG.

15 **Praxishinweis:**
Eine gewerbliche Tätigkeit liegt zB nicht vor, wenn ein nicht im Kunstsektor tätiges Unternehmen eine begrenzte Zahl von Kunstgegenständen kauft oder verkauft, weil die hausinterne Kunstsammlung aktualisiert, aufgelöst oder sonst verändert wird oder Büros ausgestattet werden. Hier fehlt es an der Absicht fortgesetzt Gewinn mit dem Verkauf von Kunstgegenständen zu erzielen und damit am Merkmal der *„gewerblichen Veräußerung"* von Gütern (Kunstgegenständen). Das Unternehmen wird durch diesen Vorgang nicht zum Kunsthändler. Daher gelten in diesem Fall für den Verkauf der Kunstgegenstände nicht die Sonderregelungen des Kunstsektors (→ § 11 Rn. 5).

IV. Haupttätigkeit

16 Um festzustellen, ob ein Unternehmen Verpflichteter ist und welcher Kategorie des § 2 Abs. 1 GwG es ggf. unterfällt, ist auf seine *Haupttätigkeit* abzustellen. Die Haupttätigkeit eines Unternehmens ist diejenige, mit der es seine wesentlichen Umsätze bzw. Gewinne generiert.[20] Das ist bedeutsam, wenn ein Unternehmen nicht einer einzigen geschäftlichen oder beruflichen Tätigkeit nachgeht oder wenn es parallel mehrere geschäftliche Tätigkeiten unternimmt. Die Einstufung von Unternehmen in mehrere Kategorien des § 2 Abs. 1 GwG verbietet sich, weil damit ein Nebeneinander von Zuständigkeiten der Aufsichtsbehörden verbunden wäre. Es gibt keinen Hinweis im GwG oder der RL (EU) 2015/849, dass dies gewollt sein könnte. Güterhandel liegt daher vor, wenn die prägende Haupttätigkeit im gewerblichen Handel mit Gütern besteht (§ 1 Abs. 9 GwG). Eine parallel dazu ausgeführte, anderweitige Tätigkeit, zB gewerbliche Dienstleistungen ändern daran nichts. Umgekehrt liegt kein Güterhandel vor, wenn die Haupttätigkeit in einer gewerblichen

---
[17] AuA Nichtfinanzsektor, S. 5, Ziff. 1.7.
[18] So wohl Gehling/Lüneborg NGZ 2020, 1164.
[19] Zentes/Glaab/Kaetzler GwG § 1 Rn. 91.
[20] AuA Nichtfinanzsektor, S. 2, Ziff. 1.2.

C. Gewerblicher Güterhandel § 3

Dienstleistung besteht und daneben, in untergeordnetem Umfang auch Güter vertrieben werden (zB Friseursalon, der seinen Kunden Beauty-Produkte zum Kauf anbietet oder ein Handwerksunternehmen, das Ersatzteile verkauft). Bei einem Mobilfunkunternehmen besteht die Haupttätigkeit idR in einer Dienstleistung. Es ist daher kein Güterhändler und kein Verpflichteter iSd GwG. Vertreibt das Unternehmen darüber hinaus Mobiltelefone und Zubehör ist es nur Güterhändler, wenn der Verkauf der Endgeräte die Haupttätigkeit darstellt. Anders verhält es sich, wenn der Verkauf der Endgeräte über rechtliche eigenständige Tochterunternehmen abgewickelt wird. Diese sind dann Güterhändler, das Mobilfunkunternehmen im Übrigen nicht. Dieselben Grundsätze gelten auch, soweit ein Unternehmen mit seiner Haupttätigkeit anderer Verpflichteter aber nicht Güterhändler ist. Eine Bank, die am Schalter Goldmünzen gegen bar verkauft, bleibt deshalb immer noch eine Bank. Sie hat keine Pflicht, die niedrigeren Schwellenwerte des § 10 Abs. 6a GwG statt den Bargeldgrenzen des § 10 Abs. 3 S. 1 Nr. 2 Buchst. b GwG zu beachten. Dass das mit Blick auf die gewünschte Absenkung der Schwellenwerte für die Identifizierungspflichten beim Handel mit Edelmetallen (→ § 5 Rn. 6) Fragen aufwirft, ändert nichts an der Rechtslage: Eine Bank ist beim Verkauf von Goldmünzen kein *„Teilzeit-Güterhändler."* Entsprechendes gilt, wenn Güterhändler zB nebenbei in geringem Umfang Immobilienmaklergeschäfte betreiben. Selbst wenn dies mehr als gelegentlich der Fall ist, sind sie Güterhändler und nicht Immobilienmakler oder eine Mischung aus beidem, solange der Güterhandel die Haupttätigkeit darstellt. Werden dagegen parallel unterschiedliche Arten von Gütern vertrieben, liegt insgesamt Güterhandel vor, egal welches der beiden Geschäftsfelder die Haupttätigkeit darstellt. Steht fest, dass ein Unternehmen Güterhändler ist, ist jeweils unter Auslegung der entsprechenden Vorschriften des Risikomanagements (→ § 4 Rn. 1), der Sorgfaltspflichten (→ § 5 Rn. 1) und der Verdachtsmeldepflichten (→ § 7 Rn. 1) zu bestimmen, ob geldwäscherechtliche Pflichten alle geschäftlichen Aktivitäten erfassen, auch solche, die nicht die Haupttätigkeit des Unternehmens darstellen oder ob es jeweils nur um die Aktivitäten im Güterhandel geht. Ebenso ist jeweils abzugrenzen, ob dabei nur Aktivitäten im Vertrieb oder auch im Einkauf relevant sind und ob dies transaktionsbezogen oder generell auf alle Aktivitäten bezogen der Fall ist (→ Rn. 18).

Beispiel: 17

Ein Unternehmen vermietet Fahrzeuge an Privatkunden. Dazu werden regelmäßig Fahrzeuge angeschafft und nach einiger Zeit wieder veräußert. Das Unternehmen ist kein Güterhändler und damit kein Verpflichteter iSd § 2 Abs. 1 Nr. 16 GwG, wenn die Vermietung die Haupttätigkeit darstellt. Es findet dann keine Abgrenzung der Geschäftsaktivitäten statt. Das Unternehmen ist daher auch nicht mit dem Flottenan- und -verkauf (Teil-)Güterhändler.[21] Dies gilt erst recht, wenn es die Fahrzeuge nicht ankauft, sondern least oder mietet und iRd Leasing-Verträge (Mietverträge) nach definierten Kriterien rollierend austauschen lässt. Darin liegt kein Ankauf und keine Veräußerung der Fahrzeuge und daher kein Güterhandel.

V. Einkauf von Gütern

Zum Teil wird angenommen, dass auch der Einkauf von Gütern Güterhandel sei und daher geldwäscherechtlichen Pflichten unterliege. Angeführt wird, dass die RL (EU) 2015/849 auf den Handel mit Gütern abstellt, nicht nur auf deren Veräußerung. Außerdem wird darauf hingewiesen, dass die Voraussetzungen für das Risikomanagement (§ 4 Abs. 5 GwG, → § 4 Rn. 6) und die Sorgfaltspflichten (§ 10 Abs. 6a GwG, → § 5 Rn. 6) bei Güterhändlern (auch) an ausgehende Bargeldzahlungen und damit implizit an Beschaffungsvorgänge anknüpfen.[22] Fakt ist, dass die Definition von Güterhandel in § 1 Abs. 9 GwG 18

---

[21] Ähnl. Zentes/Glaab/Kaetzler GwG § 1 Rn. 92.
[22] Zentes/Glaab/Kaetzler GwG § 1 Rn. 101.

explizit nur auf die „*Veräußerung*" (den Vertrieb) von Gütern abstellt. Im Rahmen des Gesetzgebungsprozesses für das GwG-Änderungsgesetz 2020 (→ § 1 Rn. 12) wurde über eine Ausdehnung des Wortlauts auf den Ankauf von Gütern diskutiert. Es wurde jedoch keine Änderung vorgenommen. Nach aktueller Rechtslage begründet daher allein der Ankauf von Gütern nicht die Eigenschaft als Güterhändler. Anderenfalls wären praktisch alle Unternehmen und Berufsträger in Deutschland Güterhändler, selbst reine Dienstleistungsunternehmen. Denn kein Unternehmen kommt ohne den Einkauf von Gütern aus! Eine Bank braucht Ordner und Büromöbel, eine Reinigungsfirma Reinigungsmittel und anderes Verbrauchsmaterial, ein Rechtsanwalt Druckerpapier, Gesetzestexte und juristische Literatur. Entsprechendes gilt für Kantinenbetreiber, die Wartung des Fuhrparks oder den Kauf der Büro- und Geschäftsausstattung eines Unternehmens. Die AuA Nichtfinanzsektor stellen zur Bestimmung der Verpflichteten-Eigenschaft auf die geschäftstypische Tätigkeit eines Unternehmens ab.[23] Der Einkauf von Gütern, die nur der Aufrechterhaltung des eigenen Geschäftsbetriebs dienen bzw. die keinen Bezug zu den geschäftsspezifischen Leistungen des Unternehmens haben, kann die Verpflichteten-Eigenschaft daher nicht begründen.[24] Beim Güterhändler wird die prägende Tätigkeit im „*An- **und** Verkauf von Waren*" gesehen.[25] Für die Qualifizierung eines Unternehmens als Güterhändler iSd § 2 Abs. 1 GwG ist daher der Einkauf von Gütern allein nicht ausreichend. Vielmehr ist iSd § 1 Abs. 9 GwG erforderlich, dass Güter (auch) veräußert werden. Zwar kann kein Güterhändler Produkte verkaufen ganz ohne Güter (ggf. in der Form von Vorprodukten oder Rohmaterialien) zu kaufen. Der Ankauf allein prägt den Handel mit Gütern aber gerade nicht. Daran ändert auch der Umstand nichts, dass in § 4 Abs. 5 GwG bzw. § 10 Abs. 6a GwG an Beschaffungsvorgänge angeknüpft wird. Diese sind nur Tatbestandsmerkmal (Voraussetzung) der genannten Vorschriften. Die Rechtsfolgen erstrecken sich gerade nicht automatisch auf alle Vorgänge im Einkauf. Bei der transaktionsbezogenen Vorschrift des § 10 Abs. 6a GwG ist dies eindeutig. Der Grund für die Nennung vereinzelter Einkaufsaktivitäten in § 4 Abs. 5 GwG und § 10 Abs. 6a GwG liegt auch nicht im Risiko begründet, das der Einkauf von Gütern mit sich bringt, sondern im Transaktionsrisiko, dh dem Inverkehrbringen von Bargeld. Bei Beschaffungsvorgängen unterhalb der jeweiligen Schwellenwerte oder (außerhalb des Kunstsektors → § 11 Rn. 5) bei unbarer Zahlung, entstehen beim Einkauf von Gütern keine Risikomanagement- oder Kundensorgfaltspflichten. Entsprechend kann allein der Einkauf von Gütern nicht am Wortlaut des § 1 Abs. 9 GwG vorbei die Eigenschaft als Güterhändler begründen. Von einer generellen Einbeziehung des Einkaufs von Gütern in das GwG ist weder bei der FATF noch auf Ebene der EU die Rede und folglich auch nicht iRd GwG. § 4 Abs. 5 und § 10 Abs. 6a setzen die Eigenschaft als Güterhändler voraus, sie begründen sie nicht.

VI. Abgrenzungsfragen

19 Güterhandel ist nicht begrenzt auf klassischen Warenhandel *(Handelsbetriebe)*. Über den Wortsinn hinaus sind vielmehr auch produzierende Gewerbe *(Industriebetriebe)* erfasst, die Waren und Güter herstellen und gewerblich vertreiben.[26] Kfz-Hersteller sind daher genauso Güterhändler, wie zB Maschinen- und Anlagenbauer oder die Hersteller pharmazeutischer Produkte, um nur einige zu nennen. Der Handel mit Edelmetallen ist ebenfalls Güterhandel, ungeachtet der zum 1.1.2020 abgesenkten Schwellenwerte für das Risiko-

---

[23] AuA Nichtfinanzsektor, S. 1, Ziff. 1.1.
[24] AuA Nichtfinanzsektor, S. 1, Ziff. 1.1.; BT-Drs. 16/9038, 29 zu § 1 Abs. 3 GwG; BeckOK GwG/Krais, 4. Ed. 1.12.2020, GwG § 1 Rn. 77 Rn. 77; Herzog/Figura GwG § 1 Rn. 27, wo darauf abgestellt wird, dass keine Geschäftsbeziehung vorliegt; aA Zentes/Glaab/Kaetzler GwG § 1 Rn. 101.
[25] AuA Nichtfinanzsektor, S. 1, Ziff. 1.1.
[26] AuA Nichtfinanzsektor, S. 5, Ziff. 1.7.; so auch Gehling/Lüneborg NGZ 2020, 1164; Maslo BB 2017, 3010.

management (→ § 4 Rn. 8) bzw. allgemeine Sorgfaltspflichten (→ § 5 Rn. 6). *Versorgungsbetriebe,* die zB Gas, Wasser oder Strom liefern, sind nach Ansicht des BMF Güterhändler:[27] Sie vertreiben zwar keine Gegenstände („Sachen") und ihr Leistungsspektrum gleicht eher einer Dienstleistung (Vorhalten der Infrastruktur bzw. der Erbringung von Versorgungsleistungen). Zur Begründung verweist das BMF auf die Rechtsprechung des BGH. Dieser wendet bei der zivilrechtlichen Einstufung der Vertragsbeziehung von Versorgungsbetrieben Kaufvertragsrecht an.[28] Güterhändler sei, wer eine Leistung auf der Basis eines Kaufvertrags erbringe. Diese rein vertragsrechtliche Einstufung ist zweifelhaft und wird kritisiert.[29] Es gibt jedoch bislang keine Gerichtsurteile, die sich mit der Frage beschäftigen. In der Branche scheint diese Auslegung weitgehend akzeptiert zu sein. Anbieter reiner Infrastruktur zur Durchleitung von Gas, Wasser oder Strom sind dagegen keine Güterhändler.

Der gewerbliche Ankauf und Verkauf von *Immobilien, Grundstücken bzw. grundstücksgleichen Rechten* (zB Wohnungs- und Teileigentum bei Eigentumswohnungen oder Erbbaurechten) galt bis zur GwG-Novelle 2017 (→ § 1 Rn. 12) nicht als Güterhandel. Güter waren nur bewegliche Sachen.[30] Das entspricht der volkswirtschaftlichen Einstufung von Immobilien und Grundstücken als nicht handelbare Güter *("non-tradables")*.[31] Ohne, dass sich an den einschlägigen gesetzlichen Vorschriften etwas geändert hätte, vertritt das BMF seither die Auffassung, dass auch „unbewegliche Sachen" (Immobilien) Güter seien.[32] Gewerbliche Immobilienhändler sind seither Güterhändler. Die Frage, ob die Immobilien gewerblich oder privat genutzt werden, spielt dabei keine Rolle. Auf den ersten Blick mag die Ausdehnung konsequent sein. Denn im Immobiliensektor werden hohe Risiken der Geldwäsche und Terrorismusfinanzierung vermutet.[33] Im internationalen Kontext zeichnen sich Immobiliengeschäfte nicht selten durch Komplexität und steueroptimierte Gestaltungen aus.[34] Nach den Vorgaben der EU-Geldwäsche-Richtlinie sind nur Immobilienmakler Verpflichtete (§ 2 Abs. 1 Nr. 14 GwG). Unverändert unterliegt die reine Liegenschaftsverwaltung (Vermietung und Verpachtung, Facility Management) nicht den Anforderungen des GwG, weder als Güterhandel noch sonst. Dasselbe gilt für private (nicht-gewerbliche, → Rn. 14) Immobilien- oder Grundstücksgeschäfte. 20

In Bezug auf Software und dazugehörige Dienstleistungen ist – zivilrechtlich – nach wie vor unklar, ob eine „Sache" iSd § 90 BGB vorliegt oder nicht.[35] Dass sie wirtschaftlichen Wert hat und Gegenstand von Handelsgeschäften sein kann, ist dagegen unbestritten. Bei endgültiger Überlassung von Standard-Software gilt Kaufvertragsrecht.[36] Die zweitweise oder kündbare Überlassung ist Miete oder Pacht.[37] Die Anfertigung von Individualsoftware dagegen unterliegt dem Werkvertragsrecht.[38] Dabei wird die Anwendung des § 651 BGB, der auf das Kaufvertragsrecht zurückverweist, von der Rechtsprechung nicht favorisiert.[39] Beratungsleistungen bei der Einführung von Software wird man als Dienstleistung einstufen können, die keine geldwäscherechtlichen Pflichten auslösen. Stellt man wie das BMF in seinen Auslegungshinweisen → Rn. 19 zur Abgrenzung von Güterhandel zivilrechtlich auf die Vertragsart ab, sind Software-Unternehmen, die im Wesentlichen vorge- 21

---

[27] BMF, Auslegung des Begriffs „Güterhändler" gemäß § 2 Abs. 1 Nr. 12 GwG v. 24.4.2012 – VII A 3 – WK 5023/11/10021.
[28] Die zitierte Entscheidung BGH NJW 2009, 913 setzt sich genau genommen nur mit Fragen von Angebot und Annahme auseinander.
[29] Zeidler CCZ 2014, 105 (108).
[30] Auslegungshinweis des Bundesministeriums für Finanzen v. 24.4.2012 – VII A 3 – WK 5023/11/10021 mit Hinweis auf § 4 Absatz 2 Nr. 4 AWG, s. auch Gehrmann/Wengenroth BB 2019, 1035 (1037).
[31] https://www.wiwiwiki.net/index.php/Nichthandelbare_G%C3%BCter, Zugriff am 15.10.2021.
[32] BT-Drs. 18/11555, 102 zu § 1 Abs. 9 GwG.
[33] S. dazu zB Teichmann/Falker GWuR 2021, 69.
[34] Ähnl. Willems/Jankowski CB 2015, 453.
[35] Palandt/Ellenberger BGB § 90 Rn. 2.
[36] StRspr ausgehend von BGH NJW 1988, 406 (407), zB BGH NJW 2000, 1415 (1415f.).
[37] BGH NJW 2007, 2394 (2395).
[38] BGH NJW 1987, 1259; 2001, 1718 (1719).
[39] Palandt/Sprau BGB Einf. zu § 631 Rn. 22.

fertigte, standardisierte Software-Pakete auf Datenträgern oder zusammen mit Hardware vertreiben, Güterhändler, Software-Dienstleister, die komplexe, sehr stark individualisierte Software-Landschaften installieren und im Beratungsgeschäft tätig sind, dagegen nicht. Software-Unternehmen, die beides anbieten, müssten danach abgrenzen, was ihre Haupttätigkeit → Rn. 16 ist. Geht man dagegen davon aus, dass Software ganz allgemein eine Ware iSd AWG → Rn. 12 ist, sind alle Hersteller von Software Güterhändler, egal ob es sich um Standard- oder Individualsoftware handelt. Nur reine Beratungsleistungen wären dann geldwäscherechtlich nicht erfasst.

22 Dienstleitungen sind keine Güter, gewerbliche Dienstleister daher nicht Güterhändler.[40] Der Begriff Güterhändler wurde vielmehr 2008 ins GwG aufgenommen, um reine Dienstleister von seinem Anwendungsbereich auszunehmen.[41] Hiervon profitieren insbes. Internet-Dienstleister und Plattformanbieter oder Suchmaschinen im Internet, soweit diese nicht selbst Güter über die Plattform verkaufen oder Verkaufsgeschäfte vermitteln (→ § 11 Rn. 1). Keine Güterhändler sind auch Zeitarbeitsfirmen nach AÜG („Body Leasing"), Anbieter von Leistungen wie Montageüberwachung oder Projektleitung durch technische Experten, Ingenieursdienstleistungen (Planung, Projektierung, Design, Entwicklung, etc), Outsourcing, Mobilfunkdienste, soziale Netzwerke oder Anbieter von Rabattpunktesystemen oder Infrastrukturdienstleister oder die Betreiber von Verkehrsleitzentralen. Einzelne freie Berufe sind zwar in § 2 Abs. 1 GwG aufgeführt, zB Rechtsanwälte und Steuerberater. Sie sind Verpflichtete iSd GwG, wenn sie bestimmte Tätigkeiten entfalten. Sie sind aber nicht Güterhändler.

23 Handwerksbetriebe sind nicht gewerblich tätig und daher keine Güterhändler, selbst wenn sie im Rahmen ihrer Tätigkeit Material und Ersatzteile zusammen mit ihrer handwerklichen Leistung vertreiben. Handwerksbetriebe benötigen grds. eine Eintragung bei der entsprechenden Handwerkskammer (§ 1 Abs. 1 HwO). Das gilt unabhängig davon, ob die handwerkliche Tätigkeit der Meisterpflicht unterliegt oder meisterfrei betrieben werden kann. Abgrenzungsschwierigkeiten können sich bei einem Handwerk mit unerheblichem Nebenbetrieb ergeben (§ 3 Abs. 1 HwO) bzw. bei einem handwerklichen Hilfsbetrieb (§ 2 Nr. 2 HwO). Die Urproduktion, also Landwirtschaft, Berg- und Tagebau wird ebenfalls nicht als Güterhandel angesehen.[42]

24 Ein Gebrauchtwagenhändler repariert Kraftfahrzeuge zum Zwecke des Wiederverkaufs. Nach der Rechtsprechung des Bundesverwaltungsgerichts[43] ist der Betrieb kein Handwerksbetrieb, solange der reine Handel mit gebrauchten Fahrzeugen – die nicht repariert wurden – nach den erzielten Umsätzen überwiegt (Haupttätigkeit, → Rn. 16). Der Betrieb ist dann überwiegend gewerblich tätig und gleichzeitig Güterhändler. Spezialisiert sich der Betrieb darauf, Unfallfahrzeuge zu reparieren und wieder zu verkaufen, überwiegt der handwerkliche Teil. Es liegt dann kein Gewerbe vor, sondern ein Handwerksbetrieb (der ggf. Meistertitel und Eintragung in der Handwerksrolle erfordert). Es liegt dann kein Güterhandel vor ungeachtet der Tatsache, dass Kraftfahrzeuge → § 4 Rn. 120 als „hochgradig geldwäscherelevant" gelten.[44]

D. Überschießende Umsetzung und Privilegierung

25 Anders als von der RL (EU) 2015/849 vorgesehen, sind in Deutschland alle Güterhändler GwG-Verpflichtete.[45] Für die Eigenschaft als Güterhändler spielt es in Deutschland insbes.

---

[40] So auch explizit Scherp CB 2017, 275 (279).
[41] Bausch/Voller S. 19, sa BT-Drs. 16/9038, 32 zu § 2 Abs. 1 Nr. 12 GwG.
[42] BeckOK GwG/Krais, 4. Ed. 1.12.2020, GwG § 1 Rn. 70.
[43] BVerwG NVwZ 1986, 742.
[44] Diergarten/Barreto da Rosa Geldwäscheprävention Kap. 10 Rn. 169.
[45] AuA Nichtfinanzsektor, S. 6, Ziff. 2.1.

keine Rolle, ob der Vertrieb der Güter gegen Bargeld erfolgt. Erst beim Umfang der Pflichten, denen Güterhändler unterliegen, unterscheidet das GwG, je nachdem ob Bargeldgeschäfte getätigt werden oder nicht bzw. in welchem Umfang Geschäfte über Kunstgegenstände (→ § 11 Rn. 5) erfolgen (§ 4 Abs. 5 GwG, § 10 Abs. 6a GwG). Güterhändler, die bei Transaktionen über bestimmte Güter definierte Schwellenwerte nicht erreichen, sind gegenüber anderen Verpflichteten in Deutschland privilegiert (privilegierte Güterhändler).[46] Die Formulierung täuscht allerdings: Die undifferenzierte Einbeziehung aller Güterhändler in den Anwendungsbereich des GwG führt dazu, dass sie gegenüber praktisch allen anderen Güterhändlern in der EU und weltweit benachteiligt sind. Dies entspricht weder den Standards der FATF noch der Systematik der RL (EU) 2015/849[47]. Danach überwachen Kreditinstitute den unbaren Zahlungsverkehr bereits zu mehr als 100%. Güterhändler müssten nach der RL (EU) 2015/849 geldwäscherechtliche Pflichten nur erfüllen, „soweit" sie Bargeldgeschäfte tätigen, die die Schwelle von 10.000 EUR erreichen oder überschreiten. Auch die FATF-Empfehlungen verlangen keine Ausdehnung der Geldwäsche-Compliance auf alle Güterhändler und unabhängig vom Vorliegen von Bargeldgeschäften.[48] Die überschießende Umsetzung *(„Goldplating")* im GwG widerspricht soweit bekannt der gängigen Praxis aller EU-Staaten und fast aller Staaten der Welt. Die Gefahr von Wettbewerbsverzerrungen für deutsche Unternehmen ist evident. Wiederholte Hinweise seitens der Industrie und Handelsverbände in den Gesetzgebungsverfahren seit 2017 wurden vom Gesetzgeber ignoriert.[49] Eine entsprechende Änderung würde keine „Aufweichung" der heutigen Rechtslage darstellen, sondern die Angleichung an internationale Standards der Bekämpfung von Geldwäsche und Terrorismusfinanzierung. Die überschießende Tendenz des GwG im Bereich Güterhändler besteht seit 1993, als erstmals alle Gewerbetreibenden in den Anwendungsbereich des GwG einbezogen wurden.[50] Es ist nicht zu erwarten, dass der Gesetzgeber die Rechtslage in naher Zukunft korrigieren wird.[51]

26

Abb. 2: In Deutschland sind alle Güterhändler Verpflichtete iSd § 2 Abs. 1 GwG (überschießende Tendenz des GwG)

---

[46] Gehling/Lüneborg NGZ 2020, 1164.
[47] S. Art. 2 Abs. 1 Nr. 3 Buchst. e RL (EU) 2015/849.
[48] S. FATF-Empfehlungen, Nr. 22c): „Händler von Edelsteinen und Edelmetallen, soweit sie Bargeldgeschäfte betreiben".
[49] ZB Stellungnahme des BDI zum Regierungsentwurf vom 20.4.2017, Dokument-Nr. D 0868, im Internet nicht mehr abrufbar.
[50] § 3 Abs. 1 GwG 1993; Bausch/Voller Geldwäsche-Compliance S. 19.
[51] Scheben CB 2016, 412.

§ 4. Geldwäsche-Risikomanagement bei Güterhändlern

Literatur:
Risikomanagement
Bergles/Eul, „Rasterfahndung" zur Geldwäschebekämpfung – ein Konflikt mit dem Datenschutz?, BKR 2002, 556; Eggers, Risikoanalyse und Geldwäsche – das Kataster, CB 2021, 25; Fritz/Renz, Unzuverlässigkeit als Kündigungsgrund? Einfluss außerdienstlichen Verhaltens auf compliancerelevante Pflichten, CCZ 2015, 229; Hingst/Neumann, CB-Beitrag: Bitcoin-Handel als Anwendungsfall der Regulierung „virtueller Währungen", CB 2019, 254; Kaetzler, Anforderungen an die Organisation der Geldwäscheprävention bei Bankinstituten – ausgewählte Einzelfragen, CCZ 2008, 174; Krais, Geldwäsche, in Minkhoff/Sahan/Wittig, Konzernstrafrecht, 517; Leisch/Boerger, Geldwäscherechtliche Gruppenpflichten nach § 9 GwG, CB 2017, 460; Maslo, Gruppenweite Einhaltung von geldwäscherechtlichen Pflichten bei Güterhändlern, BB 2017, 3010; Ranker, Geldwäscheprävention in der Steuerberaterpraxis nach dem neuen Geldwäschegesetz: Die Risikoanalyse NZG 2018, 217; Rieg, Güterhändler-Gruppen nach der GwG-Novelle 2020 – alles (leider) wie gehabt!, NZWiSt 2020, 297; Scheben/Birte Ellerbrock, Datenschutzrechtliche Aspekte der Geldwäscheprävention durch Güterhändler, CB 2019, 93; Zentes/Wybitul, Interne Sicherungsmaßnahmen und datenschutzrechtliche Grenzen bei Kreditinstituten sowie bei anderen Instituten des Finanzwesens – Neue Anforderungen zur Verhinderung von Geldwäsche, Terrorismusfinanzierung und sonstigen strafbaren Handlungen, CCZ 2011, 90.

Geldwäschebeauftragter
Berstein/Klein, Auslagerung der Compliance-Funktion bei kleineren und mittleren Unternehmen am Beispiel eines Finanzdienstleistungsunternehmensm, CCZ 2014, 284; Engels/Gemmerich, Geldwäschebeauftragter – Was nun? Newsdienst Compliance 2021, 210010; Findeisen, Outsourcing der Funktion des Geldwäschebeauftragten und anderer wesentlicher Pflichten des Geldwäschegesetzes, WM 2000, 1234; Gerlach, Sanktionierung von Bankmitarbeitern nach dem Geldwäschegesetz-Entwurf, CCZ 2017, 176; Kleinmann/Fündling, Kündigung des Geldwäschebeauftragten bei Betriebsstilllegung, NZA 2020, 991; Kleinmann/Fündling, Kündigung des Geldwäschebeauftragten bei Betriebsstilllegung, NZA 2020, 991; Mehle/Neumann, Die Bestellung von Betriebsbeauftragten, NJW 2011, 360; Neuheuser, Die Strafbarkeit des Geldwäschebeauftragten wegen Geldwäsche durch Unterlassen bei Nichtmelden eines Verdachtsfalles gem. § 11 I GwG, NZWiSt 2015, 241; Otto, das strafrechtliche Risiko der gesetzlichen Vertreter und Geldwäschebeauftragten der Kreditinstitute nach dem Geldwäschegesetz, wistra 1995, 323; Suendorf-Bischof, Die persönliche Haftung des Geldwäschebeauftragten nach dem Geldwäschegesetz, BB 2020, 522; Wagner/Rütters, Der Geldwäschebeauftragte als Bezugstäter iRd § 30 OWiG, NZWiSt 2015, 282; Weitze, Pflicht zur Bestellung eines Datenschutz-, Geldwäsche- und Sicherheitsbeauftragten sowie eines Betriebsarztes in der Steuerkanzlei?, DStR 2006, 869

A. Überblick

NEU (seit Vorauflage): 1
Wesentliche Neuerungen in Bezug auf das Risikomanagement ergaben sich durch das GwG-Änderungsgesetz 2020 (→ § 1 Rn. 12). Seither hängt die Privilegierung von Güterhändlern in Bezug auf das Risikomanagement von unterschiedlichen Schwellenbeträgen ab, je nachdem ob es sich um Handel mit Edelmetallen (2.000 EUR in bar, → Rn. 6) oder sonstigen Gütern (10.000 EUR in bar) handelt. Für den Handel mit Kunstgegenständen gilt ein gesonderter Schwellenbetrag von 10.000 EUR, bar oder unbar (→ § 11 Rn. 5). Das TrFinInfoG brachte für Güterhändler keine weiteren Änderungen beim Risikomanagement.

Abschnitt 2 des GwG regelt das Risikomanagement (§§ 4–7 GwG) inklusive gruppenweiter Pflichten (§ 9 GwG), sowie Aufzeichnungs- und Aufbewahrungspflichten (§ 8 GwG). Die Vorschriften beruhen auf Vorgaben des Art. 8 RL (EU) 2015/849. Der Begriff Risikomanagement wurde mit der GwG-Novelle 2017 (→ § 1 Rn. 12) in das GwG aufgenommen. Es umfasst die unternehmensspezifische Risikoanalyse (§ 5 GwG) und interne Sicherungsmaßnahmen (§§ 6, 7 und 9 GwG). Güterhändler, die keine Transaktionen iSd § 4 Abs. 5 GwG durchführen, müssen kein Risikomanagement durchführen (privilegierte Güterhändler, → Rn. 4). Dabei gelten unterschiedliche Bargeld-Schwellenwerte, je nach- 2 dem, ob es um den Handel mit Edelmetallen, mit sonstigen Gütern oder mit Kunstgegenständen geht. Nach herrschender Meinung reicht eine einzige Transaktion ab dem einschlägigen Schwellenwert aus, um bei Güterhändlern die Risikomanagement-Pflicht auszulösen. Nach wie vor ungeklärt ist, ob sich das Risikomanagement auf alle geschäftlichen Aktivitäten auswirkt oder nur auf solche iSd § 4 Abs 5 GwG und ob Aktivitäten im Einkauf davon mitumfasst sind (→ Rn. 44). Zuständig für das Risikomanagement ist ein benanntes Mitglied der Leitungsebene, ggf. der Geldwäschebeauftragte (→ Rn. 39). Einen Geldwäschebeauftragten müssen (nicht-privilegierte) Güterhändler nur auf Anordnung der Aufsichtsbehörde bestellen. Bußgelder drohen bei vorsätzlicher oder leichtfertiger Verletzung bestimmter Pflichten im Zusammenhang mit der Risikoanalyse oder den Sicherungsmaßnahmen (§ 56 Abs. 1 Nr. 1–14 GwG). Dasselbe gilt, wenn vorsätzlich oder fahrlässig keine Zuständigkeit auf Leitungsebene begründet oder kein Geldwäschebeauftragter oder Gruppengeldwäschebeauftragter ernannt wird, wo die Pflicht dazu besteht (§ 56 Abs. 2 Nr. 1–4 GwG). Die Auslagerung („Outsourcing") von Maßnahmen des Risikomanagements unterliegt besonderen Voraussetzungen (§ 6 Abs. 7 GwG). Befreiungen (§ 6 Abs. 9 GwG) von den Sicherungsmaßnahmen kommen für Güterhändler über den in § 4 Abs. 5 GwG vorgesehenen Umfang in der Praxis eher nicht in Betracht. Die Aufzeichnungs- und Aufbewahrungspflichten (§ 8 GwG) sind keine echten Sicherungsmaßnahmen. Sie werden daher gesondert behandelt (→ Rn. 167).

3

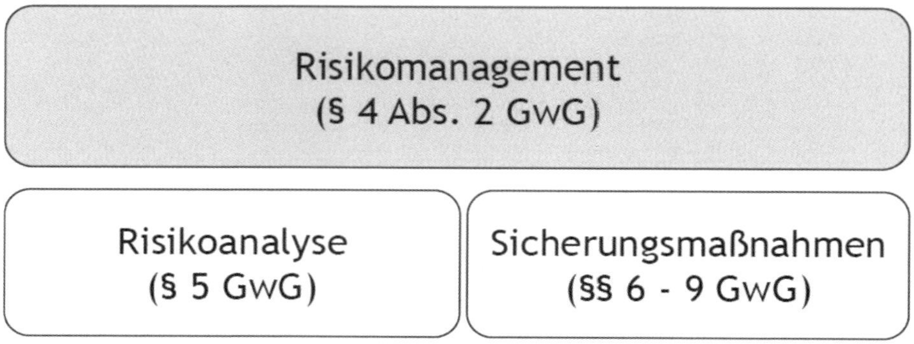

Risikomanagement
(§ 4 Abs. 2 GwG)

Risikoanalyse
(§ 5 GwG)

Sicherungsmaßnahmen
(§§ 6 - 9 GwG)

Abb. 3: Das Geldwäsche-Risikomanagement umfasst die Risikoanalyse und die internen Sicherungsmaßnahmen

B. Privilegierte Güterhändler

I. Rechtsgrundlage

4 Generell gilt: *„Verpflichtete müssen zur Verhinderung von Geldwäsche und Terrorismusfinanzierung über ein wirksames Risikomanagement verfügen. Das Risikomanagement umfasst eine Risikoanalyse nach § 5 GwG und interne Sicherungsmaßnahmen nach § 6 GwG"* (§ 4 Abs. 1 und 2 GwG). Für Güterhändler gilt die Pflicht zum Risikomanagement allerdings nur nach Maßgabe der Sonderregelung („lex specialis") in § 4 Abs. 5 GwG. Diese Regelung ist abschließend. Liegen ihre Voraussetzungen nicht vor, ist die Anwendung des kompletten Abschnitts 2 (§§ 4–9 GwG) ausgeschlossen (privilegierte Güterhändler). Es besteht dann allenfalls eine Obliegenheit durch organisatorische Maßnahmen die Erfüllung der Verdachtsmeldepflicht (→ § 7 Rn. 1) sicherzustellen und zu überwachen, ob die Voraussetzungen des § 4 Abs. 5 GwG eintreten (Risikomanagement „light", → Rn. 35). Liegen dagegen die Voraussetzungen vor, müssen auch Güterhändler Geldwäsche-Risikomanagement durchführen (nicht privilegierte Güterhändler). Unter identischen

Voraussetzungen sind Güterhändler gem. § 10 Abs. 6a GwG zu Allgemeinen Sorgfaltspflichten (→ § 5 Rn. 6) verpflichtet. Der Verweis auf „gruppenweite Verfahren" in § 4 Abs. 5 GwG ist rein deklaratorischer Natur (→ Rn. 179).

Praxishinweis:
Soweit geschäftspolitisch vertretbar, sollten Güterhändler Bargeldtransaktionen über Edelmetalle ab einer Höhe von 2.000 EUR und Bargeldtransaktionen über alle anderen Güter ab einer Höhe von 10.000 EUR untersagen und einstellen. Dies gilt für eingehende wie ausgehende Zahlungen (Vertrieb und Einkauf). Ein förmlicher Beschluss der Geschäftsführung/des Vorstands ist rechtlich nicht zwingend,[1] wird aber von den Aufsichtsbehörden erwartet. Ob der Beschluss im Hinblick auf § 4 Abs. 5 GwG (Barzahlungen über Dritte, → Rn. 31) und § 9 GwG gruppenweit, auch im Ausland wirken soll[2] oder auf die rechtliche Einheit begrenzt werden kann, die Verpflichtete ist, ist nicht abschließend geklärt. Aus praktischen Gründen ist ein gruppenweit einheitliches Vorgehen vorzugswürdig, auch um Umgehungen zu vermeiden. Um die Wirksamkeit firmeninternen Bargeldverbots nachzuhalten, sind regelmäßige Kontrollen zB des Kassenkontos notwendig.[3] Eventuell ist es erforderlich in Verträge mit Kunden entsprechende Bargeldabwehrklauseln einzubauen.[4]

II. Schwellenwerte

§ 4 Abs. 5 GwG unterscheidet drei Arten von Transaktionen über Güter und definiert dafür jeweils eigene Schwellenwerte. Transaktionen unterhalb der Schwellenwerte des § 4 Abs. 5 GwG lösen die Risikomanagement-Pflicht nicht aus, selbst wenn sie regelmäßig vorkommen oder aggregiert über einen gewissen Zeitraum den Schwellenwert erreichen oder übersteigen. Ausgenommen sind Fälle zusammengehörender Zahlungen bzw. von Smurfing (→ Rn. 27).

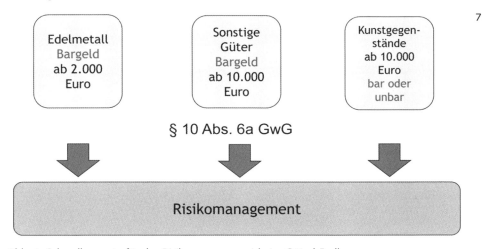

Abb. 4: Schwellenwerte für das Risikomanagement beim Güterhändler

---

[1] Lochen CZZ 2017, 226; anders offenbar Scherp CB 2017, 275 (277).
[2] So die Empfehlung bei Zentes/Glaab/Kaetzler GwG § 4 Rn. 57 und dort ausf. auch in Fußnote 60, ebenso Gehrmann/Wengenroth BB 2019, 1035 (1040).
[3] AuA Nichtfinanzsektor, S. 8, Ziff. 2.4.
[4] Lüneborg NGZ 2020, 1164 (1166).

1. Handel mit Edelmetallen

8 Risikomanagement-Pflichten entstehen für Güterhändler „*bei Transaktionen über hochwertige Güter iSd § 1 Abs. 10 S. 2 Nr. 1 GwG, bei welchen sie Barzahlungen über mind. 2.000 EUR tätigen oder entgegennehmen*" (§ 4 Abs. 5 Nr. 1 Buchst. b GwG). Die Vorschrift betrifft ausschließlich hochwertige Güter iSd § 1 Abs. 10 S. 2 Nr. 1 GwG (Edelmetalle). Sie gilt nicht für den Handel mit anderen hochwertigen Gütern iSd § 1 Abs. 10 GwG wie zB Edelsteinen, Schmuck oder Uhren (→ Rn. 120).[5] Für den Handel mit Letzteren gilt weiterhin der Bargeld-Schwellenwert für sonstige Güter.[6] Es bleibt unklar, was genau unter Edelmetallen zu verstehen ist. Im Gesetz werden explizit klassische Edelmetalle wie Gold, Silber oder Platin genannt. Umfasst sind damit vermutlich alle Platinmetalle (zB Rhodium, Ruthenium, Iridium und Osmium aber auch Quecksilber).[7] In den Gesetzesmaterialien werden des Weiteren das Halbedelmetall Kupfer und seltene Erden erwähnt.[8] Allgemein erfährt der Begriff eine weite Auslegung, die nicht physikalisch oder chemisch argumentiert, sondern Anlagemetalle und das mit Wertanlagen verbundene Risiko im Blick hat. Die Folge ist ein Verschwimmen des Begriffs Edelmetalle zu Lasten der Verpflichteten. Keine Edelmetalle sind unedle Metalle wie Aluminium, Blei oder Eisen und Legierungen wie Bronze. Metallabfälle, „Schrott" (Buntmetall) oder ähnliche Materialmischungen. Sie stellen kein Edelmetall dar, sofern dieses nicht leicht abgesondert werden kann und den Preis beim Verkauf bestimmt (zB Zahngold oder Goldstaub aus Filteranlagen schmuckverarbeitender Betriebe).

9 **Praxishinweis:**

Die Abgrenzung zwischen Edelmetallen und daraus hergestellten Gütern, wie zB Schmuck oder auch Kunst- und Antiquitäten soll primär anhand wertbildender Faktoren erfolgen. Das ist vor allem bei Münzen bedeutsam. Sammlermünzen (zB antike römische Silbermünzen mit hohem Sammlerwert und geringem Schmelzwert) gelten demnach als „sonstige Güter". Besteht der eigentliche Wert dagegen im Materialwert (zB bei gängigen Anlagegoldmünzen wie Krügerrand) handelt es sich um Handel mit Edelmetall.[9]

10 Der gegenüber sonstigen Gütern abgesenkte Bargeld-Schwellenwert für Edelmetalle beruht nicht auf Vorgaben der RL (EU) 2015/849, sondern auf Ergebnissen der Nationalen Risikoanalyse (→ Rn. 50). Diese stellte fest, dass im Bereich des Goldhandels ein starker Bargeldverkehr knapp unterhalb der damals geltenden Bargeldschwelle von 10.000 EUR bestand.[10] Mit der abgesenkten Schwelle soll die Gefahr des Smurfing (→ Rn. 27) unterbunden werden.[11] Die Anwendung der Vorschrift ist nicht auf typische Edelmetallhändler begrenzt. Sie findet auch auf andere Handelsgeschäfte Anwendung, also zB den Einkauf von Edelmetallen für die Produktion eines Industriebetriebs oder den Verkauf von Produktionsresten, sofern es sich um Edelmetalle handelt.[12] Relevant sind sowohl eingehende als auch ausgehende Barzahlungen in der entsprechenden Höhe („*tätigen oder entgegennehmen*").

---

[5] AuA Nichtfinanzsektor, S. 7, Ziff. 2.3.1.2.
[6] BT-Drs. 19/13827, 74, zu § 4 Abs. 5 GwG.
[7] https://de.wikipedia.org/wiki/Edelmetalle, Zugriff am 15.10.2021.
[8] BT-Drs. 18/11555, 103, zu § 1 Abs. 10 GwG.
[9] AuA Nichtfinanzsektor, S. 7, Ziff. 2.3.1.2.
[10] BMF, Erste Nationale Risikoanalyse 2018/2019, S. 117 f.
[11] BT-Drs. 19/13827, 74, zu § 4 Abs. 5 GwG.
[12] Brian/Frey/Krais CCZ 2019, 245, 247 unter Ziff. 4.

2. Handel mit sonstigen Gütern

Für den Handel mit sonstigen Gütern gilt unverändert, dass nur Transaktionen ab 10.000 EUR in bar die Risikomanagement-Pflicht auslösen (§ 4 Abs. 5 Nr. 1 Buchst. c GwG). Darunter fallen alle Güter mit Ausnahme von Kunstgegenständen (→ § 11 Rn. 5) und Edelmetallen (→ Rn. 8). Der Schwellenwert beruht auf Vorgaben in Art. 2 Abs. 1 Nr. 3 Buchst. e RL (EU) 2015/849. Auch insoweit sind sowohl eingehende als auch ausgehende Zahlungen relevant *("tätigen oder entgegennehmen")*. 11

> **Praxishinweis:** 12
>
> Auf das Produktrisiko (→ Rn. 98) kommt es iRd Vorschrift nicht an. Der Verkauf eines Fahrzeugs (§ 1 Abs. 10 Nr. 2 GwG) oder von (echtem) Schmuck (§ 1 Abs. 10 Nr. 3 GwG) gegen Zahlung von 9.500 EUR löst keine Risikomanagement-Pflicht aus, selbst wenn die Zahlung in bar erfolgt. Der Kauf von Baumaterialien im Wert von 10.500 EUR in bar, löst dagegen die Risikomanagement-Pflichten aus.

III. Bargeld-Transaktionen über Güter

1. Der Transaktionsbegriff im GwG

> **Definition:** 13
>
> Eine Transaktion ist im GwG definiert als *„Handlung, die eine Geldbewegung oder eine sonstige Vermögensverschiebung bezweckt oder bewirkt"* (§ 1 Abs. 5 S. 1 GwG). Unter einer Geldbewegung in diesem Sinne ist nicht der physische Transport von Geld oder Vermögenswerten gemeint. Abgestellt wird vielmehr auf eine Vermögensverschiebung im Rechtssinne (Eigentumsübergang oder Zuwachs an Vermögen).[13] Für das Vorliegen einer Transaktion ist ausreichend, dass eine Geldbewegung oder Vermögensverschiebung *„bezweckt"* wird. Ob sie tatsächlich erfolgt bzw. eintritt (*„bewirkt"* wird) spielt keine Rolle.
>
> Bedeutung hat der Transaktionsbegriff für Güterhändler abgesehen von § 4 Abs. 5 GwG bei den Auslöseatbeständen für allgemeine Sorgfaltspflichten (§ 10 Abs. 6a GwG, → § 5 Rn. 6), im Rahmen von Geschäfts- und Transaktionsverboten (§ 10 Abs. 9 GwG, § 15 Abs. 9 GwG, → § 5 Rn. 23) und bei der Bewertung von Transaktionen als verdächtig (§ 43 Abs. 1 GwG, → § 5 Rn. 1). Für Vermittler von Güterhandelsgeschäften (→ § 11 Rn. 1) bzw. Kunstvermittlern (→ § 5 Rn. 7) gilt eine abweichende Definition der Transaktion. 14

§ 4 Abs. 5 GwG knüpft Rechtsfolgen an *„Transaktionen"* über bestimmte Güter. Klassische Transaktionen sind Geldtransfers, egal ob bar (Zahlung oder Annahme von Bargeld) oder unbar (Buchtransaktion, zB Überweisung).[14] Ausreichend ist, dass die Zahlung in Auftrag gegeben wird; eine Transaktion liegt nicht erst vor, wenn die Zahlung beim Empfänger ankommt. Das gilt auch für Geldtransfers, die (buchhalterisch) noch nicht final vereinnahmt bzw. verumsatzt werden (zB Anzahlung oder Reservierungsgebühr). Dagegen ist die (buchhalterische) Erfassung einer eingegangenen Zahlung oder ihre Zuordnung zu einer offenen Rechnung keine Transaktion. Die Buchhaltung bildet Transaktionen in bestimmter Form ab bzw. dokumentiert diese, der buchhalterische Vorgang stellt aber keine Transaktion dar. Auch die Lieferung einer Ware stellt eine Transaktion dar, weil sie (sachenrechtlich) den Übergang des Eigentums und damit eine Vermögensverschiebung 15

---

[13] BT-Drs. 16/9038, 29 zu § 1 Abs. 4 GwG.
[14] Zentes/Glaab/Kaetzler GwG § 1 Rn. 58; Herzog/Figura GwG § 1 Rn. 34.

("Übereignung") bezweckt.[15] Die Erbringung einer Dienstleistung ist dagegen keine Transaktion, selbst wenn dafür eine Vergütung vereinbart ist. Erst die Zahlung des Entgelts für die Dienstleistung stellt eine Transaktion dar. Einzahlungen oder Überweisungen auf ein eigenes Bankkonto oder Bargeldabhebungen von einem eigenen Konto sind keine Transaktionen mit sich selbst, auch wenn das Eigentum an den Scheinen wechselt oder sich der Forderungssaldo gegen die Bank ändert! Das ist nicht anderes, als wenn ein Kunde zB Wertpapiere in seinem eigenen Depot deponiert.[16] Reine Bargeldbestände, etwa in Baukassen, sind unabhängig von der Höhe des Bestands kein Auslöser für Risikomanagement-Pflichten iSd § 4 Abs. 5 GwG. Der Besitz von Bargeld egal welcher Höhe stellt keine Transaktion dar.

16 Die Begriffe *„Transaktion"* (→ Rn. 13) und *„Geschäftsbeziehung"* (§ 1 Abs. 4 GwG) wurden im GwG ursprünglich als Gegensätze verstanden. Entweder lag eine auf Dauer angelegte Geschäftsbeziehung vor (zB Kontoführungsvertrag bei einer Bank), in deren Verlauf es (regelmäßige oder vereinbarte) Geldbewegungen und Vermögensverschiebungen geben konnte. Oder es lag nur eine einmalige oder gelegentliche Transaktion vor, die außerhalb einer Geschäftsbeziehung erfolgte (zB Gelegenheitsgeschäfte, Ladengeschäfte durch Laufkundschaft, Einzahlung eines Betrag auf ein fremdes Konto bei einer Bank, etc). Hintergrund waren die unterschiedlichen Schwellenbeträge für Kundensorgfaltspflichten (s. § 10 Abs. 3 S. 1 Nr. 1 und Nr. 2 GwG). Für Güterhändler hat die Unterscheidung zwischen Transaktion und Geschäftsbeziehung keine Bedeutung. Güterhändler begründen zwar regelmäßig auch Geschäftsbeziehungen. Rechtsfolgen knüpft das GwG für Güterhändler aber nur an Transaktionen. Transaktionen iSd § 4 Abs. 5 GwG können gleichermaßen innerhalb oder außerhalb von Geschäftsbeziehungen stattfinden.[17]

17 Geschäftsbeziehung iSd GwG *„ist jede Beziehung, die unmittelbar in Verbindung mit den gewerblichen oder beruflichen Aktivitäten des Verpflichteten steht und bei der beim Zustandekommen des Kontakts davon ausgegangen wird, dass sie von gewisser Dauer sein wird"* (§ 1 Abs. 4 GwG). Eine Geschäftsbeziehung setzt einen unmittelbaren gewerblichen oder beruflichen Kontext voraus.[18] Nachbarschaftliche Verhältnisse, private Freundschaften oder familiäre Beziehungen schließen die Begründung von Geschäftsbeziehung zwar nicht aus, stellen aber als solche keinen Anknüpfungspunkt für geldwäscherechtliche Pflichten dar. Entscheidend ist vielmehr eine geschäftsspezifische Leistung des Verpflichteten[19] Dasselbe gilt für unverbindliche Messekontakte, Informationsgespräche und ähnliche Auskünfte oder Geschäftsessen sowie Kostenvoranschläge. Anders kann dies sein bei ernsthaften, länger dauernden Verhandlungen, auch wenn noch keine vertragliche Bindung im engeren Sinne besteht. Keine Geschäftsbeziehung besteht, sofern offen ist, ob es mit den Verhandlungen weiter geht oder ob es zum Zuschlag kommt. Entscheidend für die Frage, ob (schon) eine Geschäftsverbindung vorliegt, ist der Zeitpunkt, ab dem die Parteien davon ausgehen müssen, dass die Verbindung von gewisser Dauer sein wird. Gehen die Beteiligten beim Zustandekommen des Kontakts von einer längeren Dauer aus, erledigt sich der Kontakt jedoch später, ändert dies nichts daran, dass bis zu diesem Zeitpunkt eine Geschäftsbeziehung iSd GwG vorliegt.[20]

18 Ungeklärt ist, ob Vertragsabschlüsse Transaktionen darstellen.[21] Geldwächerechtliche Pflichten würden dann bereits beim Verkauf von Gütern entstehen, wenn Zahlungen ab

---

[15] BT-Drs. 16/9038, 29 zu § 1 Abs. 4 GwG.
[16] Herzog/Figura GwG § 1 Rn. 36.
[17] BT-Drs. 18/11555, 101 zu § 1 Abs. 5 GwG.
[18] BT-Drs. 18/11555, 100 zu § 1 Abs. 4 GwG.
[19] Herzog/Warius GwG § 1 Rn. 22.
[20] Herzog/Warius GwG § 1 Rn. 24.
[21] So BT-Drs. 16/9038, 29 zu § 1 Abs. 4 GwG.

den Schwellenwerten des § 4 Abs. 5 GwG vereinbart werden, unabhängig davon, ob diese später erfolgen. Tatsächlich bezweckt der Vertragsabschluss keinen Vermögensübergang und bewirkt diesen auch nicht. Es bedarf vielmehr einer (ggf. späteren) rechtlich separaten Handlung, um sachenrechtlich die Vermögensverschiebung herbeizuführen. Der Abschluss der schuldrechtlichen (vertraglichen) Vereinbarung ist zwar im kausalen Sinne erforderlich, rechtlich jedoch wird durch sie der Vermögensübergang weder bezweckt noch bewirkt, sondern nur vorbereitet. Würde eine solche, rein kausale Handlung eine Transaktion darstellen, wäre schon das Betreten der Straßenbahn mit dem Ziel die Hausbank aufzusuchen, um ein Überweisungsformular einzureichen, eine Transaktion iSd Geldwäscherechts. Damit würde die Privilegierung der Güterhändler (→ Rn. 4) erodiert. Abgestellt werden muss auf Handlungen, die direkt oder indirekt und ohne wesentliche weitere Zwischenschritte auf eine Vermögensverschiebung abzielen oder diese bewirken. Dafür spricht auch der Wortlaut des § 4 Abs. 5 GwG (*„bei Transaktionen"*). Bei Warenlieferungen ist dies frühestens mit dem Angebot zum Eigentumsübergang der Fall. Auf keinen Fall liegt eine Transaktion vor beim Abschluss von Rahmenverträgen, unverbindlichen Lieferoptionen (*„letter of intent"*), Angeboten, Voranfragen bzw. Terminreservierungen.

Beispiel: 19
Zwei Unternehmen schließen nach längeren Verhandlungen einen (schuldrechtlichen) Vertrag über die Lieferung bestimmter Güter. Der Vertrag ist mit Unterschrift wirksam, Güter, Mengen, Liefertermine und Gegenleistung (*„essentialia negotii"*) sind im Vertrag bestimmt. Vorgesehen ist eine Bargeldzahlung in Höhe von 15.000 EUR bei Abholung der Ware. Die Unterzeichnung des Vertrags begründet eine Vertrags- und Geschäftsbeziehung (§ 1 Abs. 4 GwG, → Rn. 17). Aber erst mit Lieferung der Güter bzw. Zahlung des Entgelts liegen Transaktionen im geldwäscherechtlichen Sinne vor. Wird vor Abholung der Ware beschlossen, die Zahlung unbar durchzuführen, liegt keine Bargeldtransaktion über Güter vor. Die Prüfung und ggf. Meldung von Verdachtsmomenten ist hiervon unabhängig und hat schon bei Begründung der Geschäftsbeziehung zu erfolgen.

Die AuA Nichtfinanzsektor (→ § 1 Rn. 13) knüpfen die Risikomanagement-Pflicht 20 daran, dass Güterhändler Transaktionen ab den Schwellenwerten des § 4 Abs. 5 GwG nicht ausschließen können.[22] Dies widerspricht dem Wortlaut in § 4 Abs. 5 GwG, dessen Rechtsfolge nur *„bei Transaktionen"* entsteht, nicht wenn diese möglich sind. Güterhändler kommen daher solange in den Genuss der Privilegierung des § 4 Abs. 5 GwG wie sie darlegen können, dass entsprechende Transaktionen nicht vorgekommen sind. Sofern absehbar ist, dass in Zukunft relevante Transaktionen getätigt werden oder sofern dies nicht ausgeschlossen werden kann, besteht nur eine (sekundäre) Überwachungspflicht der Leitung des Unternehmens, die darauf zielt sicherzustellen, dass die Risikomanagement-Pflicht (und ggf. die Allgemeinen Sorgfaltspflichten, → § 5 Rn. 6) eingehalten werden, sobald entsprechende Transaktionen tatsächlich vorliegen.

2. Ausreißer

Unbestritten sind Güterhändler zum Risikomanagement verpflichtet, wenn sie regelmäßig 21 oder in nicht unwesentlichem Umfang Transaktionen ab den einschlägigen Schwellenwerten des § 4 Abs. 5 GwG tätigen. Ausgehend vom Wortlaut der Vorgängervorschrift, des § 4 Abs. 4 GwG aF wird vertreten, dass schon eine einzelne Transaktion die Risikomanagement-Pflicht auslöst.[23] Der durch das GwG-Änderungsgesetz 2020 (→ § 1 Rn. 12) geänderte Wortlaut des § 4 Abs. 5 GwG stellt zwar auf *„Transaktionen"* (Plural) ab. Es wird

---

[22] AuA Nichtfinanzsektor, S. 6, Ziff. 2.1, s. dagegen die zutreffende Formulierung an anderer Stelle der Auslegungshinweise, zB S. 8, Ziff. 2.4.
[23] BT-Drs. 18/11555, 109, zu 4 GwG.

jedoch bezweifelt, ob damit eine Änderung der Rechtslage verbunden ist.[24] Das ist inkonsequent.[25] Denn Maßnahmen des Risikomanagements sind nicht transaktionsbezogen. Eine Risikoanalyse (§ 5 GwG) bezieht sich nicht auf eine Einzeltransaktion, einen Geldwäschebeauftragen (§ 7 GwG) kann man nicht für nur eine Transaktion bestellen und gruppenweite (weltweite) Maßnahmen (§ 9 GwG) wegen einer einzigen Transaktion im Wert von wenigen tausend EUR erscheinen absurd.[26] Die AuA Nichtfinanzsektor (→ § 1 Rn. 13) gehen auf die Frage nicht explizit ein. Sie lassen jedoch vermuten, dass die Aufsichtsbehörden die Risikomanagement-Pflicht nach wie vor an die erste Überschreitung der Schwellenwerte in § 4 Abs. 5 GwG knüpfen.[27] Auch die bisher erlassenen Allgemeinverfügungen (→ Rn. 119) zur Bestellung von Geldwäschebeauftragen durch Güterhändler lassen im Sinne einer impliziten Anwendungsvoraussetzung eine einzige Transaktion in bar ausreichen. Zumindest für den Fall vereinzelter Ausreißer wird man das in Frage stellen müssen. Dasselbe gilt bei „aufgezwungenen" Zahlungen, weil zB die Einzahlung von Barbeträgen unterhalb der Schwellenwerte über Automaten erfolgt, deren Begrenzungsmechanismen trotz entsprechender Hinweise oder vertraglicher Vereinbarungen vom Geschäftspartner durch Stückelung der Einzahlungsbeträge umgangen werden. Die Lösung solcher Fälle liegt letztlich weniger in der Verneinung der Risikomanagement-Pflicht, sondern in der Angemessenheit (→ Rn. 42) des Risikomanagements bzw. seines Umfangs und seiner Bezugspunkte (→ Rn. 44). Für Einzelfälle („Ausreißer") wird man angemessene Maßnahmen des Risikomanagements erwarten dürfen, aber nicht ein gruppenweites (weltweites) Risikomanagement für alle Geschäfte der Verpflichteten im Vertrieb und im Einkauf. Das umfasst transaktionsbezogen die Durchführung allgemeiner Sorgfaltspflichten sowie Maßnahmen, um weitere Ausreißer auszuschließen. Je häufiger Transaktionen oberhalb der Schwellenwerte von § 4 Abs. 5 GwG vorkommen, desto höher werden Anforderungen an die Angemessenheit des Risikomanagements[28] auch beim Güterhändler.

22 Praxishinweis:
Bei nicht-privilegierten Güterhändlern (→ Rn. 4) bedarf es organisatorischer Vorkehrungen, um die Einhaltung der Schwellenwerte des § 4 Abs. 5 GwG zu überwachen. Dazu müssen insbes. Anweisungen an alle mit Zahlungen befassten Mitarbeiter ergehen. Außerdem müssen die Zahlungsprozesse und korrespondierende Kontrollen iRd Internen Kontrollsystems (IKS) entsprechend ausgestaltet werden, um eine Umgehung durch Stückelung von Zahlungen (möglichst) zu unterbinden.[29]

3. Bargeld-Transaktionen

23 § 4 Abs. 5 Nr. 1 Buchst. b und c GwG beziehen sich auf *„Transaktionen, bei welchen Barzahlungen"* in bestimmter Höhe erfolgen. Das setzt den Transfer von Bargeld in gültiger inländischer oder ausländischer Währung voraus.[30] In Deutschland ist das einzig unbeschränkte gesetzliche Zahlungsmittel EUR bzw. Euro-Cent lautende Banknoten und Münzen (§ 14 Abs. 1 S. 2 BBankG). Denkbar sind auch Zahlungen in Deutscher Mark. Diese können bei der Bundesbank zeitlich unbegrenzt und gebührenfrei zum festen Umrechnungskurs in EUR umgetauscht werden. Eine Sammlung alter, nicht mehr gültiger Münzen ist dage-

---

[24] Rieg NZWiSt 2020, 297 (304 f.).
[25] BeckOK GwG/Lochen, 4. Ed. 1.12.2020, GwG § 4 Rn. 66.
[26] Ähnl. Zentes/Glaab/Kaetzler GwG § 4 Rn. 58.
[27] AuA Nichtfinanzsektor, S. 8 f., Ziff. 2.3.1.
[28] BT-Drs. 18/11555, 109, zu § 4 GwG; BeckOK GwG/Lochen, 4. Ed. 1.12.2020, GwG § 4 Rn. 66; Zentes/Glaab/Kaetzler GwG § 4 Rn. 58.
[29] BeckOK GwG/Lochen, 4. Ed. 1.12.2020, GwG § 4 Rn. 57; Rieg NZWiSt 2020, 297 (301).
[30] AuA Nichtfinanzsektor, S. 7, Ziff. 2.3.1.

gen kein Bargeld. Vielmehr handelt es sich um einen Vermögensgegenstand und ggf. um dessen Annahme an Erfüllung statt (Inzahlungnahme, § 364 BGB).[31]

> **Praxishinweis:** 24
> Bei Barzahlungen mit ausländischen Banknoten und Münzen sind diese zum Umrechnungskurs der Europäischen Zentralbank am Tag der Verwendung in EUR und Euro-Cent umzurechnen.[32] Beträge in ausländischer Währung, können daher wegen nicht vermeidbarer Kursschwankungen mal die Risikomanagement-Pflicht auslösen, mal nicht.

Zahlungen mit bargeldähnlichen Zahlungsmitteln, wie zB E-Geld oder Schecks sind 25 keine Barzahlungen iSd § 4 Abs. 5 GwG. Das GwG kennt keine Gleichstellung von Bargeldzahlungen und bargeldähnlichen Zahlungsmitteln.[33] Mangels Rechtsgrundlage sind Güterhändler daher bei Annahme von oder Zahlung mit zB E-Geld oder in Form von Schecks nicht zum Risikomanagement verpflichtet. In Deutschland enthält das Scheckgesetz Regelungen, die verhindern, dass Schecks als Ersatzwährung neben Bargeld kursieren (s. zB die Vorlegefrist des Art. 29 ScheckG). Ähnliches gilt zB für Wechsel und Zahlungsanweisungen. Ihre Inzahlungnahme stellt genauso wie die Annahme anderer Vermögensgegenstände an Zahlung statt keine Annahme von Bargeld dar. Die Höhe der Transaktion oder die Art der Güter spielt dabei keine Rolle. Das gilt ungeachtet der Tatsache, bargeldähnliche Zahlungsmittel nach zollrechtlichen Vorschriften bei Grenzübertritt offen zu legen sind.[34] Die Pflicht bei Vorliegen der Voraussetzungen ggf. einen Verdachtsfall zu melden, bleibt hiervon unberührt.

> **Praxishinweis:** 26
> Die geldwäscherechtlichen Risiken von Kryptowährungen sind evident. Sie sind bislang wenig reguliert. Gleichzeitig bieten sie Möglichkeiten zur pseudonymen oder anonymen Abwicklung von Transaktionen. In der juristischen Literatur wird vertreten, die Schwellenwerte des § 4 Abs. 5 GwG und § 10 Abs. 6a GwG auf die Annahme von oder Zahlung mit Kryptowährungen analog anzuwenden.[35] Die Aufsichtsbehörden haben sich dazu bisher nicht geäußert. Güterhändler unterliegen daher derzeit bei der Annahme oder Zahlung mit Kryptowährungen mit Ausnahme der Verdachtsmeldepflicht keinen geldwäscherechtlichen Pflichten. Strafrechtlich sind Kryptowährungen tauglicher Gegenstand der Geldwäsche (→ § 2 Rn. 16).[36] Ob durch die illegale Verwendung von Bitcoins die gesamte Blockchain iSd BGH-Rechtsprechung „kontaminiert" und die gesamte Währung dadurch unbrauchbar wird[37] bzw. ein allgemeines Risiko der Strafbarkeit besteht, ist ungeklärt.

4. Zusammenhängende Transaktionen

Bei der Entscheidung, ob Schwellenwerte des § 4 Abs. 5 GwG erreicht oder überschritten 27 sind, darf nicht formal auf jeden einzelnen Vorgang abgestellt werden, der für sich eine Transaktion darstellt. Mehrere Handlungen gelten als eine (zusammenhängende) Transakti-

---

[31] AuA Nichtfinanzsektor, S. 7, Ziff. 2.3.1.
[32] AuA Nichtfinanzsektor, S. 7, Ziff. 2.3.1.
[33] Zentes/Glaab/Kaetzler GwG § 4 Rn. 49; HML Corporate Compliance/Diergarten § 34 Rn. 34; aA Voller/Bausch Geldwäsche-Compliance S. 158 f.
[34] Art. 2 Verordnung (EG) Nr. 1889/2005 des Europäischen Parlaments und des Rates vom 26.10.2005 über die Überwachung von Barmitteln, die in die Gemeinschaft oder aus der Gemeinschaft verbracht werden, ABl. 2009 L 309, 9. jetzt VO (EU) 2018/1672 vom 23.10.2018, ABl. 2018 L 284/6.
[35] Maume/Haffke/Zimmermann CZZ 2019, 149 (154ff.).
[36] Hennecke CCZ 2018, 120 (121).
[37] Abl. Maume/Haffke/Zimmermann CZZ 2019, 149 (154).

on „*soweit zwischen ihnen eine Verbindung zu bestehen scheint*" (§ 1 Abs. 5 GwG). Dies geht auf eine Formulierung in der RL (EU) 2015/849 (→ § 1 Rn. 8) zurück,[38] die sich auf die Umgehung von Schwellenwerten durch Smurfing (→ Rn. 27) bezieht. Es geht darum „innere Zusammenhänge zwischen künstlich aufgespaltenen Transaktionen zu erkennen."[39] Die Formulierung ist insoweit missverständlich, als nicht der reine Anschein einen Zusammenhang begründen kann. Es soll der Versuch unterbunden werden, durch Aufteilung einer Transaktion in mehrere Tranchen geldwäscherechtliche Pflichten zu umgehen. Eine rein äußerliche, zeitliche oder mehr oder weniger zufällige Verbindung oder gar nur der Anschein im Sinne reiner Möglichkeit wäre unverhältnismäßig und letztlich willkürlich (zB jemand kauft in kurzer Folge mehrmals Güter beim selben Güterhändler, wenn und weil er dafür immer wieder Bedarf hat, aber keinen größeren Vorrat anlegen will). Bei langfristigen Verträgen (Dauerschuldverhältnisse, Rahmenverträge, etc) wird man je nach den Umständen des Einzelfalls abgrenzen müssen. Regelmäßig wiederkehrende (zB monatliche) Zahlungen für eine über einen längeren Zeitraum wiederkehrend erbrachte Leistung wird man jeweils für den vereinbarten Zeitabschnitt als separate Transaktion betrachten können, auch wenn offensichtlich ein Zusammenhang (das Dauerschuldverhältnis) besteht. Das muss selbst dann gelten, wenn zB bei Rückständen ein größerer Zeitraum in einer Summe beglichen wird. Anderenfalls würde der Schwellenwert unter den weiteren Voraussetzungen des § 4 Abs. 5 GwG nach einer bestimmten Dauer des Schuldverhältnisses unweigerlich überschritten. Dagegen wird man (Teil-) Zahlungen auf einen vereinbarten Gesamtpreis, die pro rata oder nach Projektfortschritt erfolgen, als individuelle Teile einer einzigen Gesamttransaktion betrachten müssen.

28 **Praxishinweis:**
Der Begriff der „*zusammenhängenden Transaktion*" in § 1 Abs. 5 GwG ist nicht identisch mit „*Smurfing*" (bzw. „*Structuring*"). „Smurfing" (von Englisch: Schlumpf) ist die *künstliche* Aufsplittung von Zahlungen, mit dem Ziel geldwäscherechtliche Anforderungen durch Verschleierung des Zusammenhangs zu unterlaufen.[40] Smurfing ist daher Anhaltspunkt iSd FIU Typologien (→ § 7 Rn. 45) und kann Auslöser für eine Verdachtsmeldung sein. Wird eine Kaufpreiszahlung von 15.000 EUR aus legitimen Gründen (zB zum Zweck der Finanzierung) in drei Raten von je 5.000 EUR bezahlt, ist dies nicht verdächtig und auch kein Smurfing. Trotzdem liegt iSd § 1 Abs. 5 GwG eine einzige (*„zusammenhängende"*) Transaktion vor. Erfolgen die Zahlungen in bar, entsteht nach § 4 Abs. 5 GwG die Risikomanagement-Pflicht und sind Kundensorgfaltspflichten durchzuführen. Geschieht die Aufteilung unter verdächtigen Umständen, ist zusätzlich (!) Verdachtsmeldung nach § 43 Abs. 1 GwG zu erstatten.

5. Güterbezogene Transaktionen

29 Nicht jede Transaktion eines Güterhändlers ab den Schwellenwerten löst Risikomanagement-Pflichten aus. Entscheidend ist nach § 4 Abs. 5 GwG, dass es sich um *„Transaktionen über Güter"* handelt. Man wird dies so interpretieren dürfen, dass es sich um Entgelt für die Übereignung von Gütern handeln muss bzw. im Vorgriff darauf geleistete Zahlungen (Anzahlungen). Lohn- und Gehaltszahlungen, Reisespesen und ähnliche Auslagen oder die Begleichung von Steuerforderungen (*„stamp duties"*) im Ausland sind keine Transaktionen über Güter und daher nicht Auslöser von Risikomanagement-Pflichten, selbst wenn sie in bar erfolgen und die in § 4 Abs. 5 GwG definierten Schwellenwerte erreichen oder überschreiten.

---

[38] BT-Drs. 18/11555, 102 unter Verweis auf Art. 11 Buchst. b lit. ii bzw. Buchst. d RL (EU) 2015/849.
[39] BT-Drs. 18/11555, 102 zu § 1 Abs. 5 GwG.
[40] AuA Nichtfinanzsektor, S. 6, Ziff. 2.3.1.

Beispiel: 30

Güterhändler G hat mit seinem ausländischen Kunden Abnahmetests für eine Maschine und die Schulung seines Personals vereinbart. Eine Delegation des Kunden soll dabei anwesend sein. Für die Dauer des zweiwöchigen Schulungsaufenthalts ist mit dem Kunden vertraglich ein Tagegeld von 75 Euro/Mitarbeiter vereinbart. Den Gesamtbetrag von 10.500 EUR hat sich G zunächst von seiner Bank auszahlen lassen. Von dem Geld übergibt er jedem Techniker täglich den Tagessatz, pro Person, über die Gesamtdauer des Aufenthalts 1.050 EUR. Es liegt keine Bargeldtransaktion über Güter iSd § 4 Abs. 5 GwG vor. Die Barzahlungen erfolgen nicht an den Endkunden, sondern an die einzelnen Mitarbeiter. Es handelt sich auch nicht um eine zusammenhängende (aufgesplittete) Zahlung. Der Endkunde vereinnahmt und verbucht das Geld nicht. Dass ein tatsächlicher und zeitlicher Zusammenhang zwischen den Zahlungen und ein einheitlicher Rechtsgrund (Vertrag mit dem Endkunden) besteht, ändert hieran nichts. Insbesondere liegt kein Fall von „Smurfing" vor. Es handelt sich um zehn gleichartige, aber individuelle Zuwendungen an unterschiedliche Empfänger (Vertrag zugunsten Dritter). Entscheidend ist daher nicht der aggregierte Gesamtwert der Zuwendungen, sondern der Wert der einzelnen Zuwendung. Diese liegt im Beispiel zudem unterhalb des Schwellenwerts für die Risikomanagementpflicht.

6. Transaktionen über Dritte

Im Fall des Handels mit Edelmetallen (§ 4 Abs. 5 Nr. 1 Buchst. b GwG) und sonstigen 31 Gütern (§ 4 Abs. 5 Nr. 1 Buchst. c GwG) wird die Risikomanagement-Pflicht nicht nur ausgelöst, wenn der Güterhändler selbst Bargeldtransaktionen ab dem relevanten Schwellenwert vornimmt. Die Rechtsfolge tritt vielmehr auch dann ein, wenn die Annahme oder Zahlung des Bargelds „durch Dritte" erfolgt. Die Formulierung beruht nicht auf Vorgaben der RL (EU) 2015/849. Auch insoweit liegt eine für Güterhändler nachteilige überschießende Regelung vor.[41] Sie wurde durch das GwG-Änderungsgesetz 2020 (→ § 1 Rn. 12) eingefügt. Mit ihr soll klargestellt werden, dass es nicht darauf ankommt, ob der Güterhändler Bargeld unmittelbar von seinem Vertragspartner erhält oder ob Dritte eingeschaltet sind.[42] Dem Wortlaut nach beansprucht die Vorschrift Geltung sogar für den Fall, dass der Güterhändler keine Kenntnis davon hat, dass der Dritte Barzahlungen tätigt oder annimmt, weil er selbst Zahlungen mit dem Dritten ausschließlich unbar abwickelt. Da Zahlungen über Dritte häufig genug seriösen Zwecken dient (Bank, Inkasso, Finanzierung, Leasing, Geldwechsel, etc) führt die oben genannte Regelung undifferenziert zu einer immensen Ausweitung der Pflichten von Güterhändlern wegen des Verhaltens Dritter, auf das er oft genug weder rechtlich noch tatsächlich Einfluss hat.[43] Insbesondere bei selbständig agierenden Wiederverkäufern im Ausland, kann es wettbewerbsrechtlich bzw. kartellrechtlich unzulässig sein, Vorgaben bzgl. der Zahlungsmodalitäten zu machen.

> **Praxishinweis:** 32
> Bareinzahlungen eines Kunden auf das Bankkonto des Güterhändler gelten als Annahme von Bargeld durch den Güterhändler selbst.[44] Dabei wird nicht danach differenziert, ob der Güterhändler seinen Geschäfts- oder Vertragspartner aktiv dazu anhält, dieses Vorgehen kennt oder toleriert. Genau genommen unterliegt in solchen Fällen nur die Hausbank geldwäscherechtlichen Anforderungen, insbes. den Sorgfaltspflichten. Der Güterhändler erhält zu keinem Zeitpunkt Bargeld. Die Zahlung über lizensierte Zahlungs- oder Kreditinstitute in nachvollziehbarer und marktüblicher Weise sollte daher

---

[41] Zentes/Glaab/Kaetzler GwG § 4 Rn. 51.
[42] BT-Drs. 19/13827, 74, zu § 4 Abs. 5 GwG.
[43] BeckOK GwG/Lochen, 4. Ed. 1.12.2020, GwG § 4 Rn. 68.
[44] AuA Nichtfinanzsektor, S. 7, Ziff. 2.3.1.

> nicht als Zahlung über Dritte gelten.[45] In der Praxis werden Kreditinstitute wegen der damit verbundenen Risiken nur noch in wenigen Fällen bereit sein, Bareinzahlungen von Personen zu akzeptieren, mit denen sie keine Geschäftsverbindung haben. Sie werden idR darauf verweisen, dass das Geld zunächst beim Kreditinstitut des Kunden auf dessen Konto eingezahlt und von dort überwiesen wird.

33 Vermutlich ging es dem Gesetzgeber mit der Formulierung darum, Umgehungskonstellationen zu unterbinden,[46] was der Wortlaut der Vorschrift allerdings nicht erkennen lässt. Andere sehen darin eine schlecht formulierte Reminiszenz an die Definition des Güterhändlers (*„unabhängig davon, in wessen Namen und auf wessen Rechnung"*), so dass Kommissionsgeschäfte, Vermittlergeschäfte und zB Bargeldgeschäfte über Auktionatoren erfasst wären, wenn diese das Inkasso für den Verkäufer vornehmen oder als Zahlstelle für den Käufer agieren.[47] Unter dem Gesichtspunkt der Verhältnismäßigkeit muss der Begriff Dritte jedenfalls einschränkend ausgelegt werden.[48] Erfasst sein können nur solche Dritte, deren Handeln dem Verpflichteten zugerechnet werden kann, weil er diese bewusst einschaltet und mit der Entgegennahme oder Zahlung von Bargeld an seiner Stelle beauftragt, insbes. um eigene geldwäscherechtliche Pflichten zu vermeiden oder zu umgehen.[49] Unternehmen können nicht als Dritte zählen, wenn sie mit dem Verpflichteten zusammenarbeiten aber rechtlich und tatsächlich selbständig sind und nach dem auf sie anwendbaren Recht in zulässiger Weise Bargeld ab den Schwellenwerten annehmen oder auszahlen, insbes. wenn der Güterhändler dies aus rechtlichen oder anderen Gründen gar nicht untersagen kann oder davon gar nichts weiß. Der Praxis wird dennoch angeraten, die strengere Auslegung zu beachten, solange keine Klärung dieser Frage erreicht ist.[50]

34 **Praxishinweis:**
> Nach den AuA im Nichtfinanzsektor (→ § 1 Rn. 13) soll die Privilegierung des § 4 Abs. 5 GwG bei Unternehmensgruppen nur gelten, sofern innerhalb der gesamten Gruppe ausgeschlossen ist, dass die Tochterunternehmen Transaktionen ab den jeweiligen Schwellenbeträgen durchführen.[51] Auch diese Auslegung geht zu weit. Ausländische Tochtergesellschaften sind keine Verpflichteten iSd § 2 Abs. 1 GwG. Ihre Handlungen und geschäftlichen Aktivitäten begründen nicht die Verpflichteten-Eigenschaft der Muttergesellschaft. Es gibt im GwG keinen „umgekehrten" gruppenweiten Ansatz (→ Rn. 179), insbes. nicht, wenn es sich um eigene, lokale Geschäfte der Tochtergesellschaft handelt. Nur soweit die Muttergesellschaft die Tochtergesellschaft zur Entgegennahme oder Durchführung von Zahlungen in bar verwendet (Zahlung über Dritte), kommt eine Zurechnung nach den oben dargelegten Grundsätzen in Frage.

IV. Risikomanagement „light"

35 Privilegierte Güterhändler (→ Rn. 4) haben keine Pflicht zum Geldwäsche-Risikomanagement. Für sie gilt der gesamte Abschnitt 2, dh die §§ 4–9 GwG nicht. Für die Vorgängervorschrift, § 4 Abs. 4 GwG aF ergab sich dies explizit aus den Gesetzesmaterialien.[52] Mit dem GwG-Änderungsgesetz 2020 (→ § 1 Rn. 12) wurde die Vorschrift zu § 4 Abs. 5 GwG. Für die Rechtsfolge der – abgesehen von der Ausdifferenzierung der Schwellenbe-

---

[45] Zentes/Glaab/Kaetzler GwG § 4 Rn. 55.
[46] So auch BeckOK GwG/Lochen, 4. Ed. 1.12.2020, GwG § 4 Rn. 68.
[47] Zentes/Glaab/Kaetzler GwG § 4 Rn. 53f.
[48] Dafür wird auch BeckOK GwG/Lochen, 4. Ed. 1.12.2020, GwG § 4 Rn. 68.
[49] Zentes/Glaab/Kaetzler GwG § 4 Rn. 53f.
[50] Rieg NZWist 2020, 297 (305).
[51] AuA Nichtfinanzsektor, S. 18, Ziff. 3.3.3.3.
[52] BT-Drs. 18/11555, 109, zu § 4 GwG.

träge – inhaltsgleichen aktuellen Vorschrift kann daher nichts anderes gelten.[53] Art und Umfang der Geschäftstätigkeit des Güterhändlers spielt keine Rolle. Für Anordnungen der Aufsichtsbehörde zum Risikomanagement oder zu einzelnen Sicherungsmaßnahmen, insbes. zur Bestellung eines Geldwäschebeauftragten, besteht daher bei privilegierten Güterhändlern keine Rechtsgrundlage. Ungeachtet dessen müssen auch privilegierte Güterhändler unabhängig vom Wert des betroffenen Vermögensgegenstands oder der Höhe einer Transaktion Verdachtsmeldungen erstatten (§ 43 Abs. 1 GwG) und daher ein internes Verdachtsmeldewesen (→ § 7 Rn. 99) einführen. Außerdem müssen sie in der Lage sein, im Verdachtsfall allgemeine Sorgfaltspflichten (→ § 5 Rn. 8) durchzuführen (§ 10 Abs. 3 Nr. 3 GwG). Schließlich müssen sie überwachen, ob die Schwellenwerte des § 4 Abs. 5 GwG nicht irgendwann überschritten werden. Insoweit obliegt ihnen die Darlegungslast. Ohne ein Mindestmaß an Risikomanagement kommen daher auch privilegierte Güterhändler nicht aus.[54] Denn selbst evidente Verdachtsfälle melden sich nicht von allein! Trotz der Befreiung von der Risikomanagement-Pflicht besteht daher die Notwendigkeit, Mitarbeiter über Verdachtsmomente und deren Handhabung zu informieren.[55] Darüber hinaus wird ein rudimentäres Geldwäsche-Risikomanagement erforderlich sein (hier als Risikomanagement „light" bezeichnet), sofern nach der Art und dem Umfang des Geschäfts das Risiko der Geldwäsche oder Terrorismusfinanzierung nicht sicher ausgeschlossen werden kann. Ein Risikomanagement „light" in diesem Sinne könnte zum Beispiel die folgenden Elemente umfassen:

- die Durchführung einer Risikoanalyse angelehnt an § 5 GwG und mit Blick auf potenziell verdächtige Geschäftspartner, Geschäfte oder Transaktionen, insbes. mögliche Bargeldtransaktionen iSd § 4 Abs. 5 GwG,
- die Benennung einer intern zuständigen Stelle zur Bekämpfung von Geldwäsche und Terrorismusfinanzierung, etwa der Rechtsabteilung oder der Compliance, ohne formal einen Geldwäschebeauftragten zu ernennen,
- die Verabschiedung interner Richtlinien und Arbeitsanweisungen und die Einrichtung von Verfahren und Vorgehensweisen zur Einhaltung der gesetzlichen Verpflichtungen (Verdachtsmeldepflicht, Sorgfaltspflichten im Verdachtsfall),
- die Entwicklung entsprechender Prozesse und Instrumente (Tools) für die Durchführung von Sorgfaltspflichten im Verdachtsfall,
- die Einrichtung von Zuständigkeiten und Abläufen zur Entgegennahme, Bearbeitung und Erstattung von Verdachtsmeldungen und
- die Schulung des relevanten Mitarbeiterkreises zu Fragen der Geldwäsche und Terrorismusfinanzierung, Verdachtsmomenten und internen Verdachtsmeldungen, sowie den Kundensorgfaltspflichten und entsprechenden Geschäfts- und Transaktionsverboten,
- die Einführung von Kontrollmechanismen, mit denen die Wirksamkeit und das Funktionieren dieses Systems überprüft und ggf. nachgeschärft werden. Es muss regelmäßig überwacht werden, ob die Voraussetzungen des § 4 Abs. 5 GwG (weiterhin nicht) vorliegen, sowie
- eine ausreichende Dokumentation der Maßnahmen, Abläufe und Bearbeitungsergebnisse im Einzelfall, im Einklang mit datenschutzrechtlichen Vorschriften.

Maßnahmen iRd Risikomanagement „light" beruhen nicht auf Vorgaben des GwG. Sie stellen eine Obliegenheit dar und keine Rechtspflicht. Sie erfolgen mit Blick auf das Risiko von Bußgeldern zB wegen der Verletzung der Verdachtsmeldepflicht (→ § 9 Rn. 17), das Risiko eigener Strafbarkeit wegen (insbes. leichtfertiger) Geldwäsche (→ § 2 Rn. 25) oder das Risiko von Aufsichtspflichtverletzungen und Ordnungswidrigkeiten iSd §§ 9, 30, 130 OWiG (→ § 1 Rn. 17). Maßnahmen des Risikomanagement „light" dürfen dem gesetzlichen Umfang der §§ 4ff. GwG entsprechen, müssen dies aber nicht. Die Aufsichtsbe-

36

---

[53] BeckOK GwG/Lochen, 4. Ed. 1.12.2020, GwG § 4 Rn. 59.
[54] Ebenso BeckOK GwG/Lochen, 4. Ed. 1.12.2020, GwG § 4 Rn. 63; Rieg NZWist 2020, 297 (300).
[55] AuA Nichtfinanzsektor, S. 10, Ziff. 3.1.1.

hörde kann Abweichungen eines Risikomanagement „light" von den §§ 4-9 GwG nicht sanktionieren. Sie kann Bußgelder und andere Sanktionen nur an die Verletzung geldwäscherechtlicher Pflichten knüpfen, zB der Verdachtsmeldepflicht. Dabei muss man realistisch bleiben: Ohne Risikomanagement und ohne Durchführung von Kundensorgfaltspflichten in dem Umfang wie es zB Kreditinstitute tun, werden privilegierte Güterhändler allenfalls offensichtliche Verdachtsfälle erkennen. Es ist nicht verhältnismäßig von privilegierten Güterhändlern dieselben Ergebnisse zu erwarten, wie andere Verpflichtete mit viel Aufwand und Kosten für das Risikomanagement und die Kundensorgfaltspflichten erzielen. Der Gesetzgeber hat Güterhändler insoweit bewusst privilegiert. Die Privilegierung steht nicht im Widerspruch zur RL (EU) 2015/849, deren Privilegierung reicht deutlich weiter als die des GwG (→ § 3 Rn. 25). Privilegierte Güterhändler müssen auch kein Leitungsmitglied nach § 4 Abs. 3 GwG benennen(→ Rn. 39). Die Leitung des Güterhändlers muss allerdings veranlassen, dass regelmäßig geprüft wird, ob die Privilegierung fortbesteht.

37

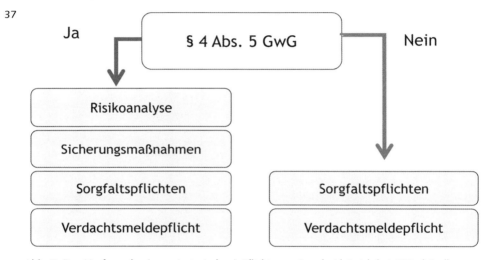

Abb. 5: Der Umfang der (organisatorischen) Pflichten unterscheidet sich bei Güterhändlern erheblich, je nachdem, ob sie Bargeldgeschäfte ab 10.000 EUR tätigen oder nicht.

C. Allgemeine Anforderungen an das Risikomanagement

38 Nicht-privilegierte Güterhändler (→ Rn. 4) sind wie alle anderen Verpflichteten zum Risikomanagement iSd §§ 4-9 GwG inklusive gruppenweiter Maßnahmen verpflichtet. Besonderheiten gelten bei der Bestellung des Geldwäschebeauftragten.

I. Zuständigkeit der Leitungsebene

39 „*Verantwortlich für das Risikomanagement sowie für die Einhaltung ganz allgemein der geldwäscherechtlichen Bestimmungen des GwG, anderer Gesetze oder auf dieser Basis ergangener Rechtsverordnungen ist ein zu benennendes Mitglied der Leitungsebene*" (§ 4 Abs. 3 S. 1 GwG). Die Vorschrift beruht auf Vorgaben in Art. 46 Art. 4 RL (EU) 2015/849 und wurde mit der GwG-Novelle 2017 (→ § 1 Rn. 12) ins GwG aufgenommen. Das GwG enthält keine Definition des Begriffs Leitungsebene. Zur Leitungsebene zählen die Personen, denen kraft Gesetz oder Satzung die Leitung der Geschäfte und Angelegenheiten eines Unter-

nehmens obliegen (idR Vorstände oder Geschäftsführer, bei Personengesellschaften der geschäftsführende Gesellschafter). Anders als bei Personen der Führungsebene (§ 1 Abs. 15 GwG, → Rn. 129) gehören Personen der Leitungsebene kraft ihres Amtes oder ihrer Funktion an. Es bedarf keiner weiteren Voraussetzungen. Das Mitglied der Leitungsebene muss „*benannt*" werden. Dazu muss die Zuständigkeit explizit bei einer Person angesiedelt werden. Eine Zuständigkeit für ein breiteres Ressort: „Compliance" wird ausreichen, wenn deutlich wird, dass dies auch Fragen der Geldwäsche bzw. Terrorismusfinanzierung umfasst. Die Ernennung erübrigt sich, wenn nur eine Person auf Leitungsebene existiert (Kleinunternehmen).[56] Ansonsten muss eine Person ausgewählt werden. Dafür genügt ein interner Organisationsbeschluss im Sinne einer Geschäftsordnung oder Zuständigkeitsverteilung. Es bedarf keiner Entscheidung der Gesellschafter oder Aktionärsversammlung (Hauptversammlung). Die Benennung muss anders als beim Geldwäschebeauftragten nicht der Aufsichtsbehörde mitgeteilt werden. Nicht-privilegierte Güterhändler (→ Rn. 4) begehen eine Ordnungswidrigkeit bereits, wenn sie fahrlässig keine Person auf Leitungsebene benennen (§ 56 Abs. 2 Nr. 1 GwG). Ein Mitglied der Führungsebene kann die Zuständigkeit nach § 4 Abs. 3 GwG nicht wahrnehmen. Vernünftige Gründe dafür sind nicht erkennbar, zumal weder das GwG noch die RL (EU) 2015/849 besondere Qualifikationen oder Anforderungen an die Person der Leitungsebene stellt[57] und diese ihre Aufgaben (allerdings nicht die finale Verantwortung) intern delegieren kann.

Das benannte Mitglied der Leitungsebene ist ganz allgemein zuständig für die „*Einhaltung der geldwäscherechtlichen Bestimmungen des GwG, anderer Gesetze oder auf dieser Basis ergangener Rechtsverordnungen*" (§ 4 Abs. 3 S. 1 GwG). Die Person wird daher primär die Prüfung zu veranlassen haben, ob und in welchen Umfang überhaupt iSd § 2 Abs. 1 GwG Pflichten nach dem GwG, anderen einschlägigen Gesetzen oder ergangenen Rechtsverordnungen bestehen, ob das Unternehmen als Güterhändler nach § 4 Abs. 5 GwG eine Pflicht zum Risikomanagement hat oder privilegiert ist, ob und in welchen Fällen gemäß § 10 GwG Kundensorgfaltspflichten durchzuführen sind und in welchen Fällen ggf. Verdachtsfälle zu melden sind. Auch die Einhaltung der übrigen im GwG geregelten Pflichten insbes. mit Blick auf das Transparenzregister (§§ 19 ff. GwG, → § 10 Rn. 1) gehört zur Verantwortung des benannten Mitglieds der Leitungsebene. Die Zuständigkeit ist insofern unglücklich formuliert, als dass den Geldwäschebeauftragter (→ Rn. 133), sofern ein solcher bestellt werden muss, zumindest teilweise identische Pflichten treffen. 40

Das benannte Mitglied der Leitungsebene muss die Risikoanalyse (§ 5 GwG) und die Sicherungsmaßnahmen (§ 6 GwG) genehmigen (§ 4 Abs. 3 S. 2 GwG), ggf. wiederholt im Zuge von Aktualisierungen. Gegenstand ist die Methode der Risikoanalyse, deren Ergebnisse, die daraus abgeleiteten Sicherungsmaßnahmen, sowie deren Umsetzung bzw. neue Erkenntnisse, die dann wieder in die Aktualisierung der Risikoanalyse und ggf. Sicherungsmaßnahmen einfließen. Mit der Vorschrift wird das benannte Mitglied zur Kenntnisnahme gezwungen, was potenziell den Boden für eine persönliche Haftung (Aufsichtspflichtverletzung bzw. Zurechnung) bereitet bzw. den Nachweis eines Organisationsverschuldens erleichtert. § 4 Abs. 3 S. 1 GwG begründet allerdings darüber hinaus keine höchstpersönliche Handlungspflicht. Die Person der Leitungsebene darf generell Aufgaben zur Einhaltung des GwG delegieren – zB an den Geldwäschebeauftragten oder andere Personen der Führungsebene (→ Rn. 129). Das Mitglied der Leitungsebene muss aber schon aus allgemeinen haftungsrechtlichen Erwägungen eine aktive Steuerung und Kontrolle behalten. Dazu wird sich die Person regelmäßig über Gesetzesänderungen, Risiken sowie konkrete Vorgänge und Verdachtsfälle iRd Geldwäsche-Compliance berichten lassen. Die Leitungsebene ist verpflichtet, aktiv Maßnahmen zu ergreifen, wo dies 41

---

[56] AuA Nichtfinanzsektor, S. 10, Ziff. 3.1.2.
[57] Ähnl. Spoerr/Roberts WM 2017, 1142 (1145).

notwendig erscheint.[58] Mit Blick auf mögliche Interessenkonflikte soll das nach § 4 Abs. 3 GwG zu benennende Mitglied der Leitungsebene nicht gleichzeitig die Funktion des Geldwäschebeauftragten im Unternehmen übernehmen. Eine Ausnahme wird nur für sehr kleine Unternehmen in Frage kommen.

II. Angemessenheit und Wirksamkeit

42 Das Risikomanagement muss nach *„Art und Umfang der Geschäftstätigkeit angemessen"* (§ 4 Abs. 1 GwG, aE) sein. Dabei handelt es sich um eine besondere Ausprägung des risikobasierten Ansatzes (→ § 1 Rn. 14) bzw. des Verhältnismäßigkeitsgrundsatzes. Güterhändler in zB bargeldintensiven Branchen benötigen möglicherweise andere Risikomanagement-Instrumente und Verfahren als Güterhändler, die keinen besonderen Risiken der Geldwäsche oder Terrorismusfinanzierung ausgesetzt sind. Bei Art und Umfang der Geschäftstätigkeit geht es vor allem um die Risiken, die sich aus der Kundenstruktur, den Absatzmärkten bzw. involvierten Jurisdiktionen, angebotenen Produkten und Dienstleistungen sowie Vertriebswegen ergeben.[59] Bei kleineren und mittleren Unternehmen wird ein weniger komplexes Risikomanagement ausreichen als bei großen, multinationalen Organisationen. Die Verpflichteten haben die Darlegungslast gegenüber den Aufsichtsbehörden, dass die im Einzelfall von ihnen getroffenen Maßnahmen des Risikomanagements angemessen sind.

43 Das Risikomanagement muss außerdem *„wirksam"* sein (§ 4 Abs. 4 GwG). Darunter ist zu verstehen, dass es im praktischen Geschäftsleben hinreichende „Durchschlagskraft" entfaltet. Es genügt nicht, dass der Verpflichtete ein „auf dem Papier" taugliches Risikomanagementkonzept entwickelt hat, er dieses aber im praktischen Geschäftsalltag – gewollt oder ungewollt – nicht oder nur unzureichend umsetzt.[60] Um die Wirksamkeit des Risikomanagements zu beurteilen, wird man Stichproben, Audits und andere Kontrollen benötigen, die von Zeit zu Zeit, anlassbezogen oder unabhängig davon, die Kenntnis der Mitarbeiter von den Prozessen und Vorgaben, sowie deren Einhaltung kontrolliert und an die Stelle im Unternehmen berichtet, die ggf. Veränderungen anstoßen kann. Das kann die Rechts- oder Compliance-Abteilung sein oder direkt die Geschäftsführung bzw. der Vorstand. Zur Wirksamkeit des Risikomanagements trägt auch die regelmäßige Aktualisierung der Risikoanalyse und ggf. die daraus folgende Anpassung der Sicherungsmaßnahmen bei. Der risikobasierte Ansatz verbietet allerdings aus Schwächen, Fehlern oder Verstößen automatisch auf die mangelnde Wirksamkeit des Risikomanagements zu schließen. § 4 Abs. 5 GwG verlangt nicht Fehlerfreiheit und Perfektion, sondern Wirksamkeit iS einer hohen Effektivität.

III. Umfang und Dauer

44 Nach wie vor ungeklärt sind Umfang bzw. Reichweite des Risikomanagements bei nichtprivilegierten Güterhändlern. Sie sind nur wegen Transaktionen im Anwendungsbereich der §§ 4–9 GwG, die bestimmte Schwellenwerte überschreiten (§ 4 Abs. 5 GwG, → Rn. 6). Es stellt sich daher die Frage, worauf sich ihre Risikomanagement-Pflicht bezieht (Bezugspunkt) bzw. wie weit das Risikomanagement reicht (Umfang) und wie lange es zeitlich wirkt (Dauer). Das gilt sowohl für die Pflicht zur Risikoanalyse als auch für die Sicherungsmaßnahmen, wobei letztere zumeist keinen klaren Anknüpfungspunkt bei Art und dem Umfang der Geschäfte des Verpflichteten haben. Unklar bleibt insbesondere, ob die Risikomanagement-Pflicht,

---

[58] Lesenswert, allerdings übertrieben, was die Organisationspflichten des Vorstandsmitglieds angeht, BGH NZWist 2014, 183 („Neubürger").
[59] BeckOK GwG/Müller, 4. Ed. 1.12.2020, GwG § 4 Rn. 25.
[60] BT-Drs. 16/4028, S. 95, zu § 25a GwG, Zentes/Glaab/Kaetzler GwG § 4 Rn. 10.

C. Allgemeine Anforderungen an das Risikomanagement   § 4

- nur für die konkrete Transaktion gilt, die sie auslöst, also transaktionsbezogen ist oder ob sie auch für weitere, insbes. potenzielle (zukünftige) Transaktionen iSd § 4 Abs. 5 GwG gilt,
- ob sie ggf. nur für Transaktionen ab dem jeweiligen Schwellenwert des § 4 Abs. 5 GwG gilt oder, einmal ausgelöst, für alle zukünftigen Transaktionen, unabhängig davon ob bar oder unbar und welcher Höhe,
- ob sie ggf. alle Geschäfte eines Güterhändlers erfasst oder der Art nach nur solche über Güter, die das Risikomanagement nach § 4 Abs. 5 GwG auslösen und
- ob sie dauerhaft gilt oder nur für einen begrenzten Zeitraum, etwa ein Geschäfts- oder Kalenderjahr, insbesondere, wenn keine weiteren Transaktionen ab dem Schwellenwert folgen

Die AuA Nichtfinanzsektor (→ § 1 Rn. 13) nehmen zu diesen Fragen nicht explizit 45 Stellung. Der Wortlaut des § 4 Abs. 4 GwG aF legte nahe, dass die Pflicht, einmal entstanden, auf das gesamte Geschäft des Verpflichteten anwendbar sein sollte. Die Risikoanalyse nach § 5 GwG zB musste dann alle Kunden, alle Geschäftsgebiete und Abteilungen und alle Transaktionen begutachten, egal ob im Vertrieb oder im Einkauf. Die seit dem 1.1. 2020 gültige Formulierung „*bei folgenden Transaktionen über Güter*" in § 4 Abs. 5 GwG lässt dagegen eine Auslegung zu, wonach die Risikomanagement-Pflicht in sachlicher wie zeitlicher Hinsicht begrenzt ist: In sachlicher Hinsicht auf Transaktionen über die in § 4 Abs. 5 GwG erwähnten Güter, sofern diese die einschlägigen Schwellenwerte erreichen. In zeitlicher Hinsicht („bei"), solange und soweit entsprechende güterbezogene Transaktionen getätigt werden oder dies zumindest absehbar der Fall sein wird. Eine derartige Beschränkung wäre iSd § 4 Abs. 1 GwG angemessen, weil auf den Teil der Geschäfte beschränkt, die die Schwellenwerte in § 4 Abs. 5 GwG erreichen. Nur diesen wohnt nach dem Ansinnen des Gesetzgebers ein Risiko inne, das geldwäscherechtliche Pflichten erfordert. Diese Auslegung entspräche auch den Vorgaben der RL (EU) 2015/849 (→ § 1 Rn. 8), die Güterhändler generell nur einbezieht, wenn und soweit sie entsprechende Bargeldtransaktionen tätigen. Dass die Verdachtsmeldepflicht nicht entsprechend begrenzt ist (→ § 7 Rn. 17), ist dabei unerheblich. Der Gesetzgeber hat im Zuge der überschießenden Umsetzung der EU-Vorgaben (→ § 3 Rn. 25) bewusst Unterschiede im Umfang der geldwäscherechtlichen Pflichten von Güterhändlern in den einzelnen Abschnitten des GwG geschaffen.

Zum selben Ergebnis kommt man, wenn man davon ausgeht, dass § 4 Abs. 5 GwG nur 46 den Auslöser für das Risikomanagement definiert, nicht die Frage wie weit die Pflicht reicht. Dann bleibt es bei der Bestimmung des § 4 Abs. 1 GwG, wonach das Risikomanagement nach „*Art und Umfang der Geschäftstätigkeit angemessen*" sein muss. So oder so ist die Frage nach dem Umfang und der Reichweite des Risikomanagements also danach zu beantworten, in welcher Häufigkeit Bargeldtransaktionen ab den einschlägigen Schwellenwerten des § 4 Abs. 5 GwG getätigt werden und in welcher Größenordnung sich die Bargeldtransaktionen konkret bewegen. Bei Güterhändlern, die regelmäßig und in höherem Umfang Bargeldtransaktionen tätigen, wird das Risikomanagement höheren Anforderungen unterliegen, als bei einem Güterhändler, der nur vereinzelt Bargeldtransaktionen ab den Schwellenwerten des § 4 Abs. 5 GwG tätigt und der die Schwellen des § 4 Abs. 5 GwG dabei nur geringfügig überschreitet.[61] Man wird das Risikomanagement auf einzelne Transaktionen begrenzen können, wenn entgegen einem Beschluss der Geschäftsleitung nur ausnahmsweise einmal einem unerfahrenen Mitarbeiter Bargeld „durchrutscht" oder in vergleichbaren Fällen von Ausreißern oder „aufgezwungenen" Transaktionen (→ Rn. 21).

Ähnlich wie iRd Verpflichteteneigenschaft ist ungeklärt, ob sich die Risikomanage- 47 ment-Pflichten auch auf Vorgänge im Einkauf beziehen. Dass solche Vorgänge Auslöser des Risikomanagements sein können (→ § 3 Rn. 18) ist allein nicht maßgeblich. Als gesi-

---

[61] So auch Zentes/Glaab/Kaetzler GwG § 4 Rn. 58.

chert kann gelten, dass das GwG (und damit nicht nur die Vorschriften über die Kundensorgfaltspflichten) nicht auf den Einkauf von Gütern anwendbar ist, die der Aufrechterhaltung des eigenen Geschäftsbetriebs dienen. Das gilt nach den AuA Nichtfinanzsektor auch für Güterhändler.[62]

48 Eindeutig besteht die Risikomanagement-Pflicht nicht dauerhaft ab dem Zeitpunkt, zu dem – ggf. erstmals – eine Transaktion ab dem einschlägigen Schwellenwert durchgeführt wird. Auch insoweit bildet die Angemessenheit eine Grenze. Aus den Allgemeinverfügungen im Bereich des Geldwäschebeauftragten bei Güterhändlern (→ Rn. 119) kann man herauslesen, dass die Aufsichtsbehörden sich an einer jährlichen Betrachtungsweise orientieren. Wo nicht-privilegierte Güterhändler während eines Geschäftsjahres keine (weiteren) Transaktionen iSd § 4 Abs. 5 GwG tätigen, entfällt daher die Risikomanagement-Pflicht für das Folgejahr; anderenfalls verlängert sie sich um ein weiteres Geschäftsjahr.

D. Risikoanalyse (§ 5 GwG)

I. Europäische und Nationale Risikoanalyse

49 Mit der RL (EU) 2015/849 (→ § 1 Rn. 8) wurde ein europäischer Mechanismus zur Bestimmung der Gefahren der Geldwäsche und Terrorismusfinanzierung eingeführt. Dieser umfasst eine Risikoanalyse auf Ebene der EU *(supranationale Risikoanalyse)*. Die Mitgliedsstaaten erstellen auf dieser Basis jeweils eine nationale Risikoanalyse (NRA), die wiederum die Grundlage für die unternehmensspezifische Risikoanalyse der Verpflichteten bildet. *„Die nationale Risikoanalyse berücksichtigt die Risikobewertung der EU-Kommission gemäß Art. 6 der RL (EU) 2015/849 und wird regelmäßig aktualisiert. Nach Bedarf werden sektorale Risikoanalysen erstellt"* (§ 3a Abs. 2 S. 3 und 4 GwG). Mit diesem Vorgehen soll EU-weit der öffentliche und private Sektor bestmöglich miteinander verzahnt werden. Die erste supranationale Risikoanalyse der EU wurde im Juli 2019 fertiggestellt.[63] Die nationale Risikoanalyse (NRA) für Deutschland wurde im Oktober 2019 veröffentlicht.[64] Auf Ebene der Länder und in Bezug auf besonders risikorelevante Sektoren oder Themenfelder wurden spezifische Risikoanalysen erstellt.[65] Die nationale Risikoanalyse Deutschlands wird vom BMF koordiniert. *„Die für die Verhinderung und Bekämpfung von Geldwäsche und Terrorismusfinanzierung zuständigen Behörden des Bundes und der Länder wirken daran mit"* (§ 3a Abs. 2 S. 1 GwG). *„Die Verpflichteten (→ § 3 Rn. 3) werden bei der Erstellung der Risikoanalyse eingebunden und über ihre Ergebnisse unterrichtet"* (§ 3a Abs. 2 S. 2 GwG). Eine Mitwirkungspflicht besteht insoweit nicht. Die Mitwirkung erfolgt in der Form der schriftlichen Anhörung, idR über die jeweiligen Wirtschaftsverbände. Die Verpflichteten müssen bei der Erstellung ihrer eigenen, unternehmensspezifische Risikoanalyse *„die Informationen berücksichtigen, die auf Grundlage der nationalen Risikoanalyse zur Verfügung gestellt"* werden (§ 5 Abs. 1 S. 2 GwG). Sie müssen die Ergebnisse daher als Risikofaktoren in die eigene Risikoanalyse aufnehmen. Dabei bleiben Beurteilungsspielräume. Ein Risiko, das auf EU-Ebene oder aus Sicht Deutschlands mittel bis groß erscheint, kann sich im individuellen Kontext eines

---

[62] AuA Nichtfinanzsektor, S. 1, Ziff. 1.1.
[63] Bericht der EU-Kommission über die Bewertung der mit grenzüberschreitenden Tätigkeiten im Zusammenhang stehenden Risiken der Geldwäsche und der Terrorismusfinanzierung für den Binnenmarkt, Brüssel, den 24.7.2019 COM(2019) 370 final, abrufbar unter https://eur-lex.europa.eu/legal-content/DE/TXT/PDF/?uri=CELEX:52019DC0370&from=de, Zugriff am 15.10.2021.
[64] BMF, Erste Nationale Risikoanalyse, 2018/2019, https://www.bundesfinanzministerium.de/Content/DE/Downloads/Broschueren_Bestellservice/2019-10-19-erste-nationale-risikoanalyse_2018-2019.html, Zugriff am 15.10.2021.
[65] Zuletzt zB Bundesministerium des Innern, für Bau und Heimat, Sektorale Risikoanalyse, Terrorismusfinanzierung durch (den Missbrauch von) Non-Profit-Organisationen in Deutschland, Stand 2020, https://www.bmi.bund.de/SharedDocs/downloads/DE/publikationen/themen/sicherheit/sektorale-risikoanalyse.pdf;jsessionid=EDCB9E8D418F96A937320BA126573063.2_cid295?__blob=publicationFile&v=8, Zugriff am 15.10.2021.

Unternehmens auch als deutlich geringer darstellen, weil es nicht oder nur selten auftritt (Bruttorisiko) oder weil bereits risikoreduzierende Sicherungsmaßnahmen getroffen wurden (Nettorisiko).

Im Rahmen der Nationalen Risikoanalyse des BMF für 2018/2019 wurde das Geldwäscherisiko für den Güterhandel mit mittel bis hoch, das Risiko der Terrorismusfinanzierung mit mittel bewertet. Der Handel mit hochwertigen Gütern (→ § 4 Rn. 120) gegen Bargeld stand erkennbar im Fokus der Analyse, darunter besonders Bargeldgeschäfte über Edelmetalle und Edelsteine. Als risikoträchtig werden aber auch Gestaltungen aufgeführt, bei denen in Deutschland ansässige Güterhändler großvolumige Zahlungen für Waren oder Dienstleistungen durch (ihnen unbekannte) dritte Parteien erhalten, die sich als Briefkastengesellschaften (→ § 8 Rn. 2) aus Offshore-Jurisdiktionen („Steueroasen") (→ § 8 Rn. 17) erweisen und in keiner Verbindung mit dem finalen Verbringungsort der Warenlieferung stehen (Drittzahlungen aus unbekannter Quelle, → § 8 Rn. 20). Risiken werden des Weiteren gesehen bei Unstimmigkeiten zwischen dem auf der Rechnung eingetragenen Warenwert und dem angemessenen Marktwert der Ware bzw. Unstimmigkeiten hinsichtlich der Transportdokumente und Begleitpapiere, etwa zwischen der Summe der Transaktion und dem in Rechnung gestellten Betrag. Ein weiteres Risiko im Güterhandel ist lt. Nationaler Risikoanalyse die Nutzung von Handelsgütern als Tausch- und Wertaufbewahrungsmittel, etwa die Investition von Bargeld mit unbekannter Mittelherkunft in hochwertige Güter.[66] Im Rahmen der Nationalen Risikoanalyse ergaben sich Hinweise, dass in der jüngeren Vergangenheit Angehörige der Organisierten Kriminalität (insbes. aus dem Clan-Milieu) häufiger auf einen Erwerb von hochwertigen Gütern verzichteten, stattdessen wurden diese Güter gemietet bzw. geleast. Im Wesentlichen handelt es sich dabei um Kraftfahrzeuge sowie um Schmuck (etwa Uhren und Ketten). Die an der Nationalen Risikoanalyse beteiligten Behörden gehen davon aus, dass es sich bei diesem Phänomen um Mechanismen handelt, die eine Vermögensabschöpfung (→ § 2 Rn. 63) erschweren sollen.[67]

> **Praxishinweis:**
> Anlage 4 der Nationalen Risikoanalyse ordnet bestimmten Ländern ein erhöhtes Risiko der Geldwäsche bzw. Terrorismusfinanzierung zu, die bislang nicht von der FATF, der EU oder in anderem Zusammenhang gelistet waren. Dazu gehören *China, Malta, Russland, die Türkei und Zypern* (→ § 6 Rn. 39).

II. Unternehmensspezifische Risikoanalyse

§ 4 Abs. 2 GwG bestimmt, dass *„das Risikomanagement eine Risikoanalyse [...] umfasst."* Die Vorschrift beruht auf Vorgaben von Art. 8 Abs. 1 RL (EU) 2015/849 und wurde mit der GwG-Novelle 2017 (→ § 1 Rn. 12) ins GwG aufgenommen. Bis dahin enthielt das GwG keine explizite Pflicht zur Erstellung einer Geldwäsche-spezifischen Risikoanalyse. Das ist einigermaßen verwunderlich, denn ohne Risikoanalyse ist gute Unternehmensführung heute praktisch nicht mehr möglich,[68] gilt der risikobasierte Ansatz (→ § 1 Rn. 14) als nicht umsetzbar.[69] Im Finanzsektor wurde die Pflicht zur Risikoanalyse vor 2017 aus der Vorgabe zur Schaffung angemessener Sicherungssysteme und Kontrollen abgeleitet (§ 25g Abs. 1 KWG aF). Als *„angemessen"* wurden dabei solche Sicherungsmaßnahmen angesehen, die der jeweiligen Risikosituation entsprechen und diese hinreichend

---
[66] BMF, Nationale Risikoanalyse 2018/2019, S. 116 ff.
[67] BMF, Nationale Risikoanalyse 2018/2019, S. 107.
[68] So auch Lochen CCZ 2017, 92.
[69] Nur beispielhaft: Wohlschlägl-Aschberger Geldwäsche S. 9.

abdecken.[70] Die Risikoanalyse soll aufzeigen, welchen Risiken der Geldwäsche oder Terrorismusfinanzierung ein Unternehmen ausgesetzt ist und wie diese Risiken bewertet werden.[71] Dazu müssen die spezifischen Risiken im Geschäftsbetrieb des Verpflichteten umfassend und vollständig erfasst, identifiziert, kategorisiert und gewichtet werden. Darauf aufbauend sind geeignete Geldwäsche-Präventionsmaßnahmen (interne Sicherungsmaßnahmen, → Rn. 105) zu treffen. Letztere müssen sich aus der Risikoanalyse ableiten lassen und dieser entsprechen (§ 6 Abs. 1 GwG).[72] Die Erstellung der Risikoanalyse ist typischerweise Aufgabe des Geldwäschebeauftragten.[73] Sie muss von dem nach § 4 Abs. 3 GwG benannten Mitglied der Leitungsebene genehmigt werden (→ Rn. 39). Privilegierte Güterhändler (→ Rn. 4) sind nicht verpflichtet, eine Risikoanalyse zu erstellen. Nicht-privilegierte Güterhändler, die vorsätzlich oder leichtfertig (→ § 9 Rn. 19) keine Risikoanalyse erstellen bzw. die Risikoanalyse nicht dokumentieren und nicht regelmäßig aktualisieren, handeln ordnungswidrig (§ 56 Abs. 1 Nr. 1 und 2 GwG). Innerhalb einer Unternehmensgruppe muss uU eine Gruppen-Risikoanalyse durchgeführt werden (§ 5 Abs. 3 GwG, → Rn. 185).

53 **Praxishinweis:**
Banken und Kreditinstitute sind aufgrund gesetzlicher und regulatorischer Vorgaben verpflichtet, neben den Risiken der Geldwäsche und Terrorismusfinanzierung andere Gefahren zu erfassen. Daher spricht man im Finanzsektor von Gefährdungsanalyse (GFA). Abgesehen davon besteht kein wesentlicher Unterschied zur Risikoanalyse nach GwG. Zur Vermeidung von Missverständnissen wird vorliegend die Terminologie des GwG verwendet.

III. Dokumentation und Aktualisierung

54 Die Risikoanalyse muss (schriftlich oder elektronisch) *„dokumentiert"* werden (§ 5 Abs. 2 Nr. 1 GwG).[74] Eine gedruckte Fassung ist genauso denkbar wie eine elektronische. Eine gebundene Ausgabe in der Art früherer Geschäftsberichte ist nicht erforderlich. Verpflichtete müssen die Risikoanalyse *„der Aufsichtsbehörde auf Verlangen […] zur Verfügung stellen"* (§ 5 Abs. 2 Nr. 3 GwG). Es reicht nicht aus, wenn die Risikoanalyse nur im Unternehmen einsehbar ist. Zulässig ist dagegen die Übermittlung einer Datei in gängigem (lesbarem) Format oder ein Ausdruck. Voraussetzung ist, dass die Aufsichtsbehörde die Vorlage der Risikoanalyse verlangt. Ohne Anlass müssen Verpflichtete die Risikoanalyse dort nicht einreichen. Vorgelegt werden muss die *„jeweils aktuelle Fassung"*; frühere Versionen kann die Aufsichtsbehörde daher nicht zur Einsicht verlangen. Verpflichtete müssen ihre Risikoanalyse *„regelmäßig überprüfen und ggf. aktualisieren."* (§ 5 Abs. 2 Nr. 2 GwG). Die Aktualisierungspflicht besteht vor dem Hintergrund des fortlaufenden Wandels der angebotenen (Waren und) Dienstleistungen, des technischen Fortschritts sowie der sich laufend ändernden Methoden der Geldwäsche und ggf. auch mit Blick auf Änderungen des Geldwäschegesetz. Von den Aufsichtsbehörden wird erwartet, dass die Risikoanalyse mind. (!) einmal im Jahr auf Änderungsbedarf überprüft wird.[75] Auch wenn sich daraus keine Änderungen ergeben, sollte dies mit Blick auf die Bußgeldnorm des § 56 Abs. 1 Nr. 2 dokumentiert

---

[70] BaFin Rundschreiben 8/2005 (GW) – Institutsinterne Implementierung angemessener Risikomanagementsysteme zur Verhinderung der Geldwäsche, Terrorismusfinanzierung und Betrug zu Lasten der Institute gemäß §§ 25a Abs. 1 S. 3 Nr. 6, Abs. 1a KWG, 14 Abs. 2 Nr. 2 GwG, https://www.bafin.de/SharedDocs/Veroeffentlichungen/DE/Rundschreiben/rs_0508_gw_implementierung_risikosysteme.html, Zugriff am 15.10.2021.
[71] AuA Nichtfinanzsektor, S. 10, Ziff. 3.2.
[72] BT-Drs. 18/11555, 109f. zu § 5 GwG.
[73] AuA Nichtfinanzsektor, S. 11, Ziff. 3.2.
[74] AuA Nichtfinanzsektor, S. 10, Ziff. 3.2.
[75] AuA Nichtfinanzsektor, S. 10, Ziff. 3.2.; BT-Drs. 18/11555, 109 zu § 5 GwG.

werden.[76] Im Rahmen der Aktualisierung muss nicht jedes Mal eine komplette Risikoanalyse durchgeführt werden. Ausreichend ist, sich auf die Bereiche zu konzentrieren, bei denen es erkennbar Veränderungen des Produkt-, Kunden- oder Transaktionsrisikos gegeben hat.[77] Hinweise auf veränderte Risiken ergeben sich ggf. aus denselben Quellen, die auch für die Einschätzung von Risiken iRd (ersten) Erstellung der Risikoanalyse herangezogen werden können.

Beispiel: 55
Güterhändler M hat vor etwas mehr als einem Jahr eine detaillierte und zweitaufwendige Risikoanalyse erstellt. Mit der Aufhebung von UN-Embargo-Vorschriften gegen ein Land im Nahen Osten nehmen Anfragen von Kunden aus diesem Land sprunghaft zu. In der Risikoanalyse waren Kunden aus diesem Land wegen des damals noch bestehenden Embargos nicht näher analysiert worden. Geschäfte wurden zu diesem Zeitpunkt nicht getätigt. Trotz der Aufhebung des Embargos gilt der Staat international weiterhin als Staat mit hohem Risiko in Bezug auf Geldwäsche bzw. Terrorismusfinanzierung. Die Risikoanalyse und ggf. die Sicherungsmaßnahmen müssen daher zumindest in Bezug auf das Land angepasst werden.

IV. Auslagerung („Outsourcing")

Das GwG trifft keine explizite Aussage zur Frage, ob die Durchführung der Risikoanalyse 56 ausgelagert werden darf. Die Aufsichtsbehörden vertreten die Ansicht, dies sei nur möglich, wenn auch ein externer Geldwäschebeauftragter benannt wurde. Eine Auslagerung nach § 6 Abs. 7 GwG (→ Rn. 107), wie bei den Sicherungsmaßnahmen, sei nicht möglich. Die Anfertigung der Risikoanalyse sei zwar Teil des Risikomanagements. Sie bilde auch die Grundlage für die Sicherungsmaßnahmen. Sie sei aber selbst keine Sicherungsmaßnahme. Das Risikomanagement liege gemäß § 4 Abs. 3 GwG in der Verantwortung der Geschäftsleitung, es sei daher eine Leitungsaufgaben, die nicht ausgelagert werden könne. Zulässig sei eine externe Beratung des Verpflichteten für Zwecke und iRd Erstellung der Risikoanalyse. Bei Bestellung eines externen Geldwäschebeauftragten könne die Auslagerung der Risikoanalyse erfolgen, da deren Erstellung klassische Aufgabe des Geldwäschebeauftragten sei.[78] Vernünftige Gründe für diese viele zu enge Auslegung sind nicht ersichtlich. Die Erstellung der Risikoanalyse ist eine Pflicht des Verpflichteten, sprich des Unternehmens und kein höchstpersönlicher Akt der Leitung. Unabhängig von der Verantwortlichkeit der Leitung und des Geldwäschebeauftragten für die Durchführung, Ergebnisse und Umsetzung der Risikoanalyse kann die Durchführung und Erstellung selbstverständlich extern wie intern delegiert werden. Ein Grundsatz, die Leitung eines Unternehmens dürfe bestimmte Aufgaben nicht an extern delegieren, ist nirgendwo im Recht verankert, schon gar nicht im GwG. Im Gegenteil: die (interne wie externe) Delegation von Aufgaben ist geradezu charakteristisch für die Leitungsfunktion, insbes. bei kleineren und mittleren Unternehmen im Nichtfinanzsektor. Höchstpersönlich sind nur wenige Aufgaben, wie zB die Unterzeichnung des Jahresabschlusses bei der GmbH (§ 245 GmbHG). Dass es sich bei der Anfertigung der Risikoanalyse um eine höchstpersönliche Pflicht des Geldwäschebeauftragen handelt, ist dem GwG ebenfalls nicht zu entnehmen und unter dem Gesichtspunkt der Verhältnismäßigkeit nicht zu rechtfertigen. Da die Leitung bzw. der Geldwäschebeauftragte letztlich immer in der Verantwortung für das Ergebnis bleiben, muss es in Ermangelung einer gesetzlichen Vorschrift ihnen überlassen sein, wie sie die Erfüllung ihrer Aufgaben organisieren, welche Aufgaben sie höchstpersönlich durchführen und wo sie sich auf Delegation und Überwachung Dritter beschränken. Dass

---

[76] BeckOK GwG/Müller, 4. Ed. 1.12.2020, GwG § 5 Rn. 64.
[77] So auch BeckOK GwG/Müller, 4. Ed. 1.12.2020, GwG § 5 Rn. 64.
[78] AuA Nichtfinanzsektor, S. 24 ff., Ziff. 3.3.9.

§ 6 Abs. 7 GwG nur die Sicherungsmaßnahmen explizit nennt, ist kein Hintergrund für eine analoge Anwendung der Vorschrift auf die Risikoanalyse. Es gibt keinen Grund anzunehmen, dass der Gesetzgeber mit dieser Vorschrift bewusst regeln wollte, dass die Übertragung der Erstellung einer Risikoanalyse auf Dritte nicht in Frage kommen soll.

V. Befreiungsmöglichkeiten

57 In Bezug auf die Risikoanalyse kann „*die Aufsichtsbehörde Verpflichtete auf deren Antrag hin von der Pflicht zur Dokumentation der Risikoanalyse befreien*" (§ 5 Abs. 4 GwG). Die Regelung basiert auf Art. 8 Abs. 2 S. 2 RL (EU) 2015/849. Voraussetzung ist, dass „*die im Bereich des Verpflichteten bestehenden, konkreten Risiken der Geldwäsche und Terrorismusbekämpfung klar erkennbar sind und von ihm verstanden werden.*" Die Regelung kommt wegen § 4 Abs. 5 GwG nur bei nicht-privilegierten Güterhändlern (→ Rn. 4) zur Anwendung. Wegen der Schwellenwerte der Vorschrift werden ihre Voraussetzungen bei diesen idR nicht gegeben sein. Die Vorschrift befreit nur von der Dokumentationspflicht (→ Rn. 54), nicht von der Risikoanalyse als solcher.[79] Der Antragsteller muss ggf. in seinem Antrag an die Aufsichtsbehörde darlegen, dass die Voraussetzungen vorliegen. Ungeschriebene Voraussetzung ist, dass geeignete Vorkehrungen getroffen werden, um den bekannten Risiken angemessen zu begegnen.[80] Faktisch muss der Antragsteller daher Risiken und ggf. die getroffenen Sicherungsmaßnahmen im Antrag dokumentieren, statt wie sonst in der Risikoanalyse. Vorstellbar ist dies allenfalls bei sehr kleinen Unternehmen, bei denen Art und Umfang der Geschäftstätigkeit eine ausführliche Risikoanalyse nicht erfordern.[81] Die Befreiung nach dieser Vorschrift kann nach den einschlägigen Verwaltungsvorschriften des jeweiligen Landes kostenpflichtig sein.[82] Die Befreiung entbindet nicht von anderen geldwäscherechtlichen Pflichten, vor allem der Verdachtsmeldepflicht (→ § 7 Rn. 1).

58 **Praxishinweis:**
Die Gesetzesmaterialien nennen als Anwendungsbeispiel für die Vorschrift einen Einzelanwalt, der Immobiliengeschäfte berät.[83] Das ist schon deswegen schwer nachvollziehbar, weil Rechtsanwälte gerade wegen ihrer Mitwirkung an Immobiliengeschäften erst zu Verpflichteten werden (§ 2 Abs. 1 Nr. 10 GwG) und weil der Immobiliensektor allgemein als Hochrisikosektor gilt. Sinnvoll wäre eine Befreiung dagegen im Fall von Syndikusrechtsanwälten, deren Arbeitgeber selbst Verpflichteter iSd § 2 Abs. 1 GwG ist (→ § 11 Rn. 12). Eine entsprechende, pragmatische Tendenz ist bei den Aufsichtsbehörden bislang allerdings nicht erkennbar.

VI. Inhalt und Umfang

59 Die Durchführung einer Geldwäsche spezifischen Risikoanalyse muss weder kompliziert noch teuer sein.[84] Trotzdem kann sie, je nach Art und Umfang der Geschäftstätigkeit des Verpflichteten, erhebliche Ressourcen binden und Kosten verursachen. Es ist ohne Weiteres zulässig, sie mit der Analyse anderer Compliance-Risiken im Unternehmen zu bündeln, auch wenn deren Blickwinkel von dem der geldwäscherechtlichen Risikoanalyse abweicht. Das GwG enthält nur wenige inhaltliche und methodologische Vorgaben für die Erstellung der Risikoanalyse. Grds. müssen Verpflichtete „*diejenigen Risiken der Geldwäsche*

---

[79] AuA Nichtfinanzsektor, S. 11, Ziff. 3.2.
[80] BT-Drs. 18/11555, 109 zu § 5 GwG.
[81] Ebenso BeckOK GwG/Lochen, 4. Ed. 1.12.2020, GwG § 5 Rn. 73; Herzog/Herzog GwG § 5 Rn. 20.
[82] AuA Nichtfinanzsektor, S. 10, Ziff. 3.2.
[83] BT-Drs. 18/11555, 109 zu § 5 GwG.
[84] Lochen CCZ 2017, 92.

und der Terrorismusfinanzierung ermitteln und bewerten, die für Geschäfte bestehen, die von ihnen betrieben werden" (§ 5 Abs. 1 S. 1 GwG). Dazu müssen sie zum einen die in den Anlagen 1 und 2 zum GwG genannten Risikofaktoren berücksichtigen, zum anderen *„die Informationen […], die auf Grundlage der nationalen Risikoanalyse zur Verfügung gestellt"* (§ 5 Abs. 1 S. 2 GwG), sprich öffentlich gemacht werden. *„Der Umfang der Risikoanalyse richtet sich nach Art und Umfang der Geschäftstätigkeit des Verpflichteten"* (§ 5 Abs. 1 S. 3 GwG). Die Risikoanalyse muss daher einen angemessenen Umfang haben,[85] so wie generell das Risikomanagement (→ Rn. 42).

VII. Struktur und Gliederung

Das GwG enthält keine Vorgaben zur Struktur der Risikoanalyse. Sinnvoll ist es, den Empfehlungen der BaFin zu folgen.[86] Diese haben sich bewährt, entsprechen den gesetzlichen Vorgaben und sind nicht sektorspezifisch.[87] Sie eignen sich für Geschäfte außerhalb des Finanzsektors gleichermaßen wie für kleine, mittlere und große Unternehmen und sogar für Syndikusrechtsanwälte (→ § 11 Rn. 16). Hieran angelehnt empfiehlt sich auch bei Güterhändlern die folgende Struktur: 60

- Bestandsaufnahme: die Beschreibung der unternehmensspezifischen Situation.
- Risikoidentifizierung: die Erfassung der unternehmensspezifischen Risiken getrennt nach Kundenrisiken, Produktrisiken und transaktionsbezogenen Risiken.
- Kategorisierung: die Bewertung der Risiken und ggf. Einteilung in Risikogruppen.
- Dimensionierung: daraus abgeleitet die Schaffung angemessener Präventivmaßnahmen/interner Sicherungsmaßnahmen.
- Aktualisierung: die Überprüfung und Aktualisierung der Risikoanalyse bzw. Weiterentwicklung der Präventionsmaßnahmen.

1. Bestandsaufnahme

Die Bestandsaufnahme ist der Ausgangspunkt der Risikoanalyse. Mit ihr wird zunächst die konkrete Situation des Unternehmens erfasst, dh die Organisation und gesellschaftsrechtlichen Struktur, Geschäftsbereiche und Geschäftsabläufe des Unternehmens, Art und den Umfang der Geschäftstätigkeit, Geschäfts- und Produktbereiche, Geschäftsvolumen, Vertriebswege und Zahlungsmodalitäten, sowie die wesentliche Kundenstruktur. Es ist nicht notwendig Angaben zu wiederholen, die zB iRd Jahresberichts oder in einem Geschäftsbericht bereits vorliegen. Es reicht völlig aus, darauf Bezug zu nehmen, oder diese Dokumente der Risikoanalyse in der jeweils aktuellen Fassung beizufügen. 61

2. Risikoidentifizierung

Im Rahmen der Risikoidentifizierung geht es zunächst darum, die Risiken der Geldwäsche und Terrorismusfinanzierung anhand der Risikofaktoren (→ Rn. 66) zu identifizieren, die für das Unternehmen nach Art und Umfang seines Geschäfts relevant sein können. Die Eintrittswahrscheinlichkeit des Risikos und die möglichen Folgen bei Realisierung des Risikos, spielen an dieser Stelle keine Rolle. Bei der Risikoidentifizierung handelt es sich idR um abstrakte Risiken, nicht um konkret im Einzelfall bestehende oder 62

---

[85] AuA Nichtfinanzsektor, S. 10, Ziff. 3.2.
[86] Bafin Rundschreiben 8/2005 (GW) – Institutsinterne Implementierung angemessener Risikomanagementsysteme zur Verhinderung der Geldwäsche, Terrorismusfinanzierung und Betrug zu Lasten der Institute gemäß §§ 25a Abs. 1 S. 3 Nr. 6, Abs. 1a KWG, 14 Abs. 2 Nr. 2 GwG, https://www.bafin.de/SharedDocs/Veroeffentlichungen/DE/Rundschreiben/rs_0508_gw_implementierung_risikosysteme.html, letzter Zugriff 28.10.2017.
[87] So auch BeckOK GwG/Müller, 4. Ed. 1.12.2020, GwG § 5 Rn. 27.

konkrete Verdachtsfälle. Die Risikoidentifizierung erfolgt anhand einer möglichst umfassenden Liste von Risikofaktoren, wobei sowohl risikoerhöhende als auch risikomindernde Faktoren aufgeführt werden können. Allgemein wird unterschieden zwischen Kundenrisiken, Produktrisiken und Transaktionsrisiken. Eine weiter ausdifferenzierte Kategorisierung ist ohne Weiteres zulässig; komplett auslassen sollte man keine der genannten Kategorien. Das mit dem Sitzland des Geschäfts- oder Transaktionspartners verbundene Länderrisiko (→ Rn. 82) wird im Folgenden wegen der hohen Zahl von im GwG verwendeten Länderkategorien gesondert aufgeführt. Es ist genau genommen Teil des Kundenrisikos. Ergänzend werden spezifische Risiken der Terrorismusfinanzierung analysiert (→ Rn. 103).

3. Kategorisierung und Gewichtung

63 Die Kategorisierung der Risiken ist nichts anders als der logische Schritt nach der Risikoidentifizierung. Es geht darum, Kunden, Geschäfte und Produktbereiche des Unternehmens in (erneut abstrakte) Risikogruppen einzuteilen und zu gewichten. Dazu gehört die Einstufung, ob bestimmte Risiken im Unternehmen eher erhöht sind oder nicht, zB weil ein hoher Anteil von Kunden aus bestimmten Hochrisikoländern stammt, Produkte gut für Zwecke der Geldwäsche oder Terrorismusfinanzierung einsetzbar sind oder Transaktionen eine hohe Komplexität aufweisen, die sich leicht für Zwecke der Geldwäsche oder Terrorismusfinanzierung instrumentalisieren lässt. Im Rahmen der Kategorisierung und Gewichtung darf auch nach der Eintrittswahrscheinlichkeit der Risiken gefragt werden, sowie danach, ob es sich eher um abstrakte Risiken handelt (wie zB das Länderrisiko) oder um eher konkrete Risiken wie zB das PEP-Risiko (→ § 6 Rn. 120) oder bestimmte transaktionsbezogene Risiken.

64 **Praxishinweis:**
In der Praxis wird durchweg eine simple Dreiteilung mit Ampelwirkung verwendet (*"grün, gelb, rot"* oder *"niedrig, mittel, erhöht"*). Die Nationale Risikoanalyse nutzt eine Skala mit fünf Stufen *(niedrig, niedrig–mittel, mittel, mittel–hoch, hoch)*. Der Umstand, dass das GwG selbst in den Anlagen 1 und 2 nur Risikofaktoren nennt, die entweder tendenziell risikoerhöhend oder risikomindernd wirken, steht dem nicht entgegen. Weiter ausdifferenzierte Systeme sind zulässig, aber nicht erforderlich.[88]

4. Umsetzung (Dimensionierung)

65 Das Ergebnis der Identifizierung, Kategorisierung und Gewichtung bildet die Basis für die Umsetzung der Ergebnisse der Risikoanalyse in geeignete Präventionsmaßnahmen (§ 6 GwG, interne Sicherungsmaßnahmen). Genau genommen handelt es sich dabei nicht mehr um die rein risikoanalytische Arbeit. Der Schritt ist jedoch eng mit der Risikoanalyse verzahnt. Es gilt der Grundsatz: Je höher die Wahrscheinlichkeit einem Risiko ausgesetzt zu sein und je höher das Risikopotential, umso sorgfältiger muss bei der Ableitung und Umsetzung von Präventionsmaßnahmen vorgegangen werden, je niedriger das Risiko desto eher bestehen Spielräume (risikobasierter Ansatz, → § 1 Rn. 14). Erst aus der Definition der Sicherungsmaßnahmen ergibt sich für die Zwecke der Risikoanalyse das sogenannte Nettorisiko.

---

[88] S. dazu auch Lochen CCZ 2017, 92 (93).

VIII. Risikofaktoren

1. Zwingende Risikofaktoren

Das GwG enthält keine umfassende Liste von Risikofaktoren, die bei der Erstellung der Risikoanalyse zu verwenden wären. Zwingend zu berücksichtigen sind zunächst *„die in Anlagen 1 und 2 genannten Risikofaktoren."* (§ 5 Abs. 1 S. 2 GwG). Die Anlagen entsprechen den Anhängen II und III der RL (EU) 2015/849. Sie wurden mit der GwG-Novelle 2017 in das Gesetz aufgenommen und gemäß den Vorgaben der RL 2018/843/EU (→ § 1 Rn. 8) durch das GwG-Änderungsgesetz 2020 (→ § 1 Rn. 12) erweitert. Die Anlagen unterscheiden (allerdings nicht streng) zwischen kundenspezifischen inklusive geografischen, geschäftsspezifischen und transaktionsbezogenen Risikofaktoren. Einige Risikofaktoren entsprechen den Kriterien für vereinfachte bzw. erhöhte Sorgfaltspflichten vor der GwG-Novelle 2017. Andere erinnern an die tatbestandlichen Voraussetzungen aktueller Vorschriften im GwG. Wieder andere entsprechen im Grunde Anhaltspunkten iSd FIU-Typologien für Verdachtsfälle (→ § 7 Rn. 45). Insgesamt machen die Anlagen den Eindruck einer eher zufälligen Ansammlung von Einzelpunkten ohne klar erkennbare Systematik. In der Mehrzahl sind sie generisch, teilweise aussagelos.[89] Sie bieten kaum Hilfestellung bei der Bewertung von Risiken.[90] Für Güterhändler sind einige der genannten Risikofaktoren offensichtlich nicht einschlägig. Ihr praktischer Wert ist begrenzt. Neben den Anlagen zum GwG müssen gemäß § 5 Abs. 1 S. 2 GwG *„die Informationen, die auf Grundlage der Nationalen Risikoanalyse zur Verfügung gestellt werden, berücksichtigt werden"* (→ Rn. 50). Darüber hinaus kennzeichnet das GwG selbst bestimmte Sachverhalte als mehr oder weniger riskant. So nennt § 14 GwG bestimmte Umstände für ein niedriges und § 15 GwG Faktoren für ein erhöhtes Risiko, die nicht in den Anlagen 1 und 2 aufgeführt sind.

66

Das Vorliegen von Risikofaktoren der Anlage 1 und 2 GwG führt nicht automatisch zur Annahme eines niedrigen oder ggf. erhöhten Risikos. Risikofaktoren der Anlage deuten auf ein mögliches (potenziell) geringes oder erhöhtes Risiko hin. Die Verpflichteten müssen auf dieser Basis und bei Vorliegen von Risikofaktoren bewerten, welches Risiko sich daraus gerade für ihr Unternehmen und ihre Art von Geschäften ergibt und ob dies (eher) niedrig, nicht erhöht („normal") oder erhöht ist. Liegen gleichzeitig Faktoren aus unterschiedlichen Risikoklassen vor, müssen die gegenteiligen Tendenzen abgewogen und eine Einstufung im konkreten Fall getroffen werden. Was wiegt wie schwer? Was überwiegt? Wie ist die Situation insgesamt? Werden bestimmte (erhöhte) Risiken durch andere Faktoren mitigiert? Oder überlagert ggf. das erhöhte Risiko die Faktoren, die für ein niedriges Risiko sprechen? Dies wird nicht immer eindeutig und nach objektiven, für alle Verpflichteten gleichermaßen anwendbaren Maßstäben möglich sein. Für die Zwecke der Risikoanalyse soll dieses Zusammenspiel iRd Methodik abstrakt festgelegt werden. Im Folgenden werden zunächst jeweils die für Güterhändler einschlägigen Risikofaktoren der Anlagen 1 und 2 GwG erläutert. Sie werden im Anschluss beispielhaft und ohne Anspruch auf Vollständigkeit durch weitere Risikofaktoren der entsprechenden Kategorie ergänzt. Dabei wird in der üblichen Weise nach Kunden-, Produkt- und Transaktionsrisiken unterschieden. Das Länderrisiko ist systematisch Teil des Kundenrisikos, wird aber wegen seiner hohen Bedeutung separat behandelt.

67

> **Praxishinweis:**
> Das Vorliegen von Risikofaktoren für ein (potenziell) erhöhtes Risiko führt nicht automatisch immer zur Annahme erhöhter Risiken, sofern noch weitere Risikofaktoren für ein (potenziell) niedriges Risiko vorliegen. Allerdings wird es in solchen Fällen nicht möglich

68

---

[89] Spoerr/Robert WM 2017, 1142 (1145).
[90] Scherp CB 2017, 275 (277).

sein, von einem niedrigen Risiko auszugehen. Eventuell bleibt es aber bei einem insgesamt nicht erhöhten („normalen") Risiko.

2. Kunden- und geschäftspartnerbezogene Risiken

69 Mit Kundenrisiken sind Risiken der Geldwäsche und Terrorismusfinanzierung gemeint, die die Person, Herkunft und Verhältnisse der Geschäfts-, Vertrags- oder Transaktionspartners und eventuell sein Verhalten betreffen. Ein eher **geringes** Kundenrisiko kann man nach Ziff. 1 Anlage 1 GwG annehmen bei
- Ziff. 1 Buchst. a: [bestimmten] „öffentlichen, an der Börse notierten Unternehmen," wenn sie bestimmten Transparenzanforderungen genügen.
Erfasst sind nicht alle börsennotierten Unternehmen weltweit, sondern nur diejenigen, die zur Offenlegung und angemessenen Transparenz hinsichtlich des wirtschaftlichen Eigentümers verpflichtet sind. Dies kann auf der Basis gesetzlicher Anordnung sein; ausreichend ist aber auch, wenn die einschlägige Börsenordnung dies vorsieht oder andere rechtlich durchsetzbare (verbindliche) Instrumente. Die Regelung unterscheidet nicht zwischen inländischen und ausländischen Unternehmen. Es werden auch nicht explizit Transparenzanforderungen gefordert, die denjenigen des EU-Rechts gleichwertig sind. Erforderlich ist, dass *„eine angemessene Transparenz hinsichtlich des wirtschaftlichen Eigentümers"* besteht. Annehmen darf man, dass an einem organisierten Markt iSd § 2 Abs. 11 WpHG notierte und diesen lt. der Vorschrift gleichgestellte börsennotierte Unternehmen von der Vorschrift erfasst werden. Ausreichend ist generell, dass die für die Identifizierung der Gesellschaft und ihres Wirtschaftlich Berechtigten iRd Allgemeinen Sorgfaltspflichten erforderlichen Angaben zum Unternehmen und der Aktionärsstruktur öffentlich zugänglich sind.[91] Von entsprechenden Standards kann man abgesehen von der EU und dem EWR zB für die USA, UK oder Australien ausgehen. Eine Feststellung im Einzelfall erfordert allerdings Expertenwissen im Kapitalmarktrecht des betreffenden Staates. Generell darf man bei Unternehmen mit einer hohen Transparenz der Eigentümer- und Kontrollstruktur von einem tendenziell niedrigen (Kunden-) Risiko ausgehen, auch wenn diese nicht börsennotiert sind.

70 **Praxishinweis:**
Das niedrige Risiko einer börsennotierten Gesellschaft wird man vielfach auch für die Tochterunternehmen annehmen können, auch wenn diese selbst nicht börsennotiert sind. Das ist jedenfalls zulässig, wenn die Beteiligungsverhältnisse bis zur börsennotierten Gesellschaft durchgehend transparent sind und keine risikoerhöhenden Faktoren vorliegen. Siehe dazu die ähnliche Argumentation des BVA iRd (bisherigen) Gruppenprivilegs für Eintragungen im Transparenzregister (→ § 10 Rn. 36). Anders als dort kommt es für die Zwecke der Risikoanalyse nicht darauf an, ob die Beteiligungskette aus bestimmten deutschen Registern elektronisch abrufbar ist. Die Nachvollziehbarkeit anhand von anderen Registern, aus anderen Dokumenten und in Papierform genügt.

71 • Nr. 1 Buchst. b öffentliche Verwaltungen oder öffentliche Unternehmen:
Hierunter fallen ausnahmslos alle inländischen (deutschen) Behörden, also jede Stelle, die iSd Verwaltungsverfahrensgesetze (VwVfG) des Bundes bzw. der der Länder Verwaltungsaufgaben wahrnimmt. Umfasst sind die unmittelbaren und mittelbaren Bundes-, Landes- oder Kommunalbehörden, sowie die Organe und Körperschaften, Stiftungen und Anstalten des öffentlichen Rechts, egal ob auf Bundes- oder Landesebene, aber auch Gemeindeverbände. Öffentliche Unternehmen sind solche, die in öffentlicher Hand sind, typisch zB lokale Stadtwerke sowie Versorgungseinrichtungen. Dagegen fal-

---

[91] BT-Drs. 16/9038, 39 zu § 4 Abs. 4 S. 1 Nr. 3 GwG aF.

len öffentlich bestallte Unternehmen, wie zB der TÜV, nicht hierunter. Sie nehmen zwar öffentliche Aufgaben war, sind aber privatrechtlich organisiert und nicht in öffentlicher Hand. Auch in Bezug auf Einrichtungen wie zB Handwerkskammern, Universitäten und öffentlich-rechtliche Rundfunkanstalten erlauben die Risikofaktoren eine Bewertung des Risikos als niedrig. Anlage 1 Nr. 1 Buchst. b GwG ist nicht auf inländische Verwaltungen und öffentliche Unternehmen beschränkt, so dass vorbehaltlich anderer Risikofaktoren auch für ausländische Verwaltungen und öffentliche Unternehmen ein niedriges Risiko iSd Ziff. 1 Buchst. b angenommen werden kann.

> **Praxishinweis:** 72
> Geschäften mit der öffentlichen Verwaltung *("public business")* wird iRd Anti-Korruptions-Compliance regelmäßig ein erhöhtes (Korruptions-) Risiko zugeschrieben. Korruptionsstraftaten sind taugliche Vortat (→ § 2 Rn. 18) der Geldwäsche. Allerdings bekommen Verwaltungen ihr Geld idR über öffentliche Haushalte zugewiesen, so dass die Wahrscheinlichkeit einer inkriminierten Herkunft gering ist. Bestechungsgelder, die einzelne Amtsträger fordern oder erhalten fließen nicht in diese Haushalte ein und kontaminieren diese nicht. Auch soweit im Zusammenhang mit Korruption andere Tatbestände wie zB Untreue vorliegen, wird der öffentliche Haushalt zwar geschädigt, das veruntreute Geld wird diesem aber entzogen, nicht hinzugefügt, der öffentliche Haushalt daher idR nicht kontaminiert. Für Zahlungen oder Vertragsgestaltung unter Einschaltung von Dritten, die nicht zur öffentlichen Verwaltung gehören und keine öffentlichen Unternehmen sind, gilt dies dagegen nicht (Transaktionsrisiko).

Lt. Ziff. 1 Anlage 2 GwG muss man eher **erhöhte** Kundenrisiken annehmen bei 73
- Ziff. 1 Buchst. a: außergewöhnlichen Umstände der Geschäftsbeziehung.
  Bislang fehlt es an einer verständlichen Erläuterung, was damit gemeint sein soll. Als Risikofaktor ist die Ziff. viel zu allgemein und pauschal. Ggf. kann man eine Reihe der unten angeführten, zusätzlichen Risikofaktoren oder Anhaltspunkte iSd FIU-Typologien heranziehen.
- Ziff. 1 Buchst. c: Juristische Personen oder auch Trusts, Stiftungen und ähnliche Rechtsgestaltungen (→ § 5 Rn. 93), die der privaten Vermögensverwaltung dienen (Nr. 1 Buchst. c Anlage 2 GwG).
  Auch dieser Risikofaktor ist alles andere als selbsterklärend. Inhaltlich geht es um private Vermögen, die über die genannten Vehikel verwaltet werden. Hintergrund ist, dass die genannten Vehikel nicht vollständig transparent sind und daher Vorsicht angeraten ist, was die Mittelherkunft angeht.

> **Praxishinweis:** 74
> Zum Beispiel sind Stiftungen nach Liechtensteiner Recht seit den 1930er Jahren ein viel genutztes Mittel zur Vermögensverwaltung. Sie erlauben es, sich selbst oder Angehörige zu begünstigen, sowie das Vermögen vom Eigentümer zu trennen und damit zu anonymisieren. Nur dem Treuhänder muss der Name des Stifters bekannt sein. Behördliche Genehmigungen sind nicht erforderlich. Gründung und Einrichtung dauern nur wenige Tage. Die Besteuerung ist minimal. Ausländischen Steuerfahndern und Staatsanwälten wird nur begrenzt Amtshilfe gewährt. Die Stiftung kann vom Stifter jederzeit wieder aufgelöst werden. Nicht jede Stiftung nach Liechtensteiner Recht wird für illegale Zwecke genutzt. Das Modell begünstigt jedoch Geldwäsche und Terrorismusfinanzierung[92] bzw. andere Straftaten. Stiftungen wurden in der Vergangenheit nachweislich für Steuervergehen genutzt.[93] Ihnen wohnt daher ein höheres Risiko inne als zB einer GmbH

---

[92] https://de.wikipedia.org/wiki/Stiftung_(Liechtenstein), Zugriff am 2.1.2021; Diergarten/Barreto da Rosa Geldwäscheprävention Kapitel 1 Rn. 36.
[93] Danda NJOZ 2021, 801 (804).

mit transparenter Eigentümerstruktur und entsprechenden Eintragungen im Handelsregister.

75
- Ziff. 1 Nr. 1 Buchst. d: Unternehmen mit nominellen Anteilseignern oder mit als Inhaberpapieren emittierten Aktien (Nr. 1 Buchst. d Anlage 2 GwG)
Nominelle Anteilseigner sind solche, die formal Anteile an einem Unternehmen halten, aber treuhänderisch für den wahren Anteilseigner agieren. Inhaberpapiere erlauben eine anonyme Beteiligung, weil der Name des Aktionärs nicht registriert wird. Im Kern geht es um mögliche Strohmanngestaltungen. In Deutschland ist vorgesehen, dass Namensaktien (§ 10 Abs. 1 AktG) einer Aktiengesellschaft in einem Aktionärsregister zu erfassen sind (§ 67 AktG), um der Gefahr der Anonymität nomineller Aktien vorzubeugen.
- Ziff. 1 Buchst. e: bargeldintensive Unternehmen
Restaurants, Glücksspielanbieter und Kasinos oder auch größere Unternehmen im Einzelhandel werden als bargeldintensiv bezeichnet. In die Betrachtung einfließen lassen kann man, ob das Unternehmen Verpflichteter ist und bei Güterhändlern, ob gemäß § 4 Abs. 5 GwG die Pflicht zum Geldwäsche-Risikomanagement besteht oder nicht (→ Rn. 4). Es muss nicht zwingend jedes Unternehmen, das mit Bargeld in Berührung kommt, zum erhöhten Risiko erklärt werden (Zeitungskiosk, Bäckerei).

76 **Praxishinweis:**
Bei bargeldintensiven Branchen macht es wenig Sinn, die Zahlung mit Bargeld als solche zum Risiko zu erklären. Sinnvollerweise orientiert man sich an den Schwellenwerten der § 4 Abs. 5 GwG und § 10 Abs. 6a GwG (→ Rn. 6). Der Gesetzgeber sieht in Bargeldzahlungen unterhalb der dort definierten Schwellenwerte nicht einmal Grund für geldwäscherechtliche Pflichten, so dass insoweit jedenfalls kein erhöhtes Risiko vorliegt. Ein geringes Risiko sollte allenfalls bei vereinzelten Bargeldzahlungen unterhalb der Schwellenwerte angenommen werden. Bargeldzahlungen oberhalb der Schwellenwerte lösen Allgemeine aber nicht Verstärkte Sorgfaltspflichten aus (→ § 6 Rn. 9). Daraus kann man folgern, dass ohne Hinzutreten weiterer Umstände kein zwingend erhöhtes Risiko vorliegt. Dagegen kann man bei Überschreiten der Schwellenwerte nicht mehr von einem nur geringen Risiko ausgehen.

77
- Ziff. 1 Buchst. f: Unternehmen, die mit Blick auf Art (und ggf. Umfang) der Geschäftstätigkeit ungewöhnliche oder übermäßig komplizierte Eigentumsverhältnisse aufweisen. Letztlich geht es hier um die Transparenz der Eigentümer- und Kontrollstruktur. Gerade bei Briefkastenfirmen (→ § 8 Rn. 2) wird man häufig schon auf den ersten Blick auf komplizierte, undurchschaubare Gesellschafter- und Kontrollstrukturen treffen, die mit den angeblichen Geschäftsaktivitäten nicht erklärbar sind. Dagegen wäre es nicht per se risikoerhöhend, wenn ein multinationaler Konzern eine komplexe Beteiligungsstruktur hat.

78
- Ziff. 1 Buchst. g: „Der Kunde ist Angehöriger eines Drittstaats und hat Aufenthaltsrechte oder die Staatsbürgerschaft eines EU-Mitgliedsstaats im Austausch gegen die Übertragung von Kapital, den Kauf von Immobilien oder Staatsanleihen oder Investitionen in Gesellschaften in diesem Mitgliedsstaat beantragt."
Der Risikofaktor wurde durch das GwG-Änderungsgesetz 2020 (→ § 1 Rn. 12) in Anlage 2 GwG aufgenommen. Er betrifft den sogenannten Passhandel („Golden Pass" oder „Golden Visa" Programme), sprich den Kauf von Staatsangehörigkeiten ohne reguläre Einbürgerung oder der Erwerb eines Aufenthaltsstatus ohne entsprechende Verfahren. Meist muss dafür ein relevanter Betrag in eine Immobilie, ein Unternehmen oder sonst im Land investiert werden. Zypern und Malta gerieten mit solchen Programmen in Ne-

gativschlagzeilen. Tatsächlich bieten zwölf EU-Staaten entsprechende Programme an.[94] Auch wenn man über deren Sinn und Zweck geteilter Ansicht sein kann, ist jedenfalls nicht ersichtlich, dass die Gelder der betreffenden Personen automatisch oder auch nur überwiegend aus illegaler Quelle stammen und der Sachverhalt daher generell einen Verdacht oder ein erhöhtes Risiko der Geldwäsche oder Terrorismusfinanzierung darstellt. Güterhändlern wird idR nicht bekannt sein, welche Staatsangehörigkeit ihre Geschäftspartner oder die für sie auftretenden Personen oder wirtschaftlich Berechtigten haben, sofern nicht ausnahmsweise die Pflicht zur Durchführung Allgemeiner Sorgfaltspflichten besteht (→ § 5 Rn. 18). Es wird eher vom Zufall abhängen, ob Güterhändler Personen innerhalb des eigenen Kundenbestands benennen können, auf die diese Voraussetzungen zutreffen.

In den Anlagen des GwG nicht erwähnte Risikofaktoren (Kundenrisiko), sind zB ein eher geschlossener Kreis von Geschäftspartnern, mit denen eine langjährige Verbindung und intensive Zusammenarbeit mit vielfältigen persönlichen Kontakten besteht („man kennt sich"). In diesem Fall kann man ungeachtet der geldwäscherechtlichen Sorgfaltspflichten davon ausgehen, dass die wesentlichen Verhältnisse, vertretungsberechtigten und handelnden Personen, sowie die Eigentümer- und Kontrollstruktur bekannt sind. Umgekehrt ist es, wenn der Kundenkreis offen oder unbestimmt ist, oder einer hohen Fluktuation unterworfen ist („Laufkundschaft"), ohne dass es zu intensiven persönlichen Kontakten kommt. Ähnlich kann man danach unterscheiden, ob der Kunde Privatkunde oder Geschäftskunde ist und ob er damit in die Struktur der Kunden passt, die üblicherweise bei dem Güterhändler einkaufen (eher niedriges Risiko) oder ob dem nicht der Fall ist (eher erhöhtes Risiko). Auch Information über die Branche oder den Industriebereich des Geschäftspartners und dessen Risiko der Geldwäsche und Terrorismusfinanzierung dürfen berücksichtigt werden. So gilt zB die Bauwirtschaft tendenziell stärker von Schwarzarbeit, illegaler Beschäftigung und illegalem Aufenthalt von Mitarbeitern betroffen als andere Branchen. Der Immobiliensektor gilt per se als höheres Risiko als andere Sektoren. Ergänzend kann man darauf abstellen, ob der Vertrags- und Geschäftspartner erkennbar in eigenem Namen und auf eigene Rechnung handelt (dann tendenziell geringes Risiko), oder ob er in Vertretung Dritter oder auf fremde Rechnung handelt bzw. sogar treuhänderisch und für unbekannte Personen tätig ist (dann tendenziell erhöhtes Risiko). Beachten muss man, dass die gesetzliche oder rechtsgeschäftliche Stellvertretung (Handeln in Vollmacht) keine geldwäscherechtlich problematische Konstellation ist, sofern die Vertretung offengelegt und die Person des Vertretenen bekannt ist. Anders ist dies, wenn es sich tatsächlich um eine Treuhand oder Strohmanngestaltung handelt. Legitim ist auch, das Kundenrisiko (zusätzlich) nach dem Umfang und Ergebnis der Geschäftspartnerprüfung zu bewerten, die ein Verpflichteter aus anderen Gründen als geldwäscherechtlichen Pflichten durchführt, zB iRd Anti-Korruptionsprävention. Eine entsprechende Prüfung ohne Auffälligkeiten wird im Regelfall auch im geldwäscherechtlichen Sinne ein eher geringes, jedenfalls nicht erhöhtes Risiko begründen. Im umgekehrten Fall wird man auch für die Zwecke der Geldwäsche-Compliance kein niedriges Risiko mehr annehmen können. Briefkastenfirmen (→ § 8 Rn. 2) dienen häufig der Verschleierung der wahren Eigentümer bzw. Kontrollstrukturen, sowie der Finanzierungs- und Zahlungsflüsse, erst recht, wenn sie in Steueroasen (→ § 8 Rn. 17) angesiedelt sind. Sie eigenen sich besonders gut für illegale Zwecke inklusive Geldwäsche und Terrorismusfinanzierung. Geschäfte mit oder unter Einbeziehung von Briefkastenfirmen sind nicht per se illegal. Dennoch sollte ihnen iRd Risikoanalyse ein eher erhöhtes Risiko zugewiesen werden.[95] Charakteristische Merkmale von Briefkastengesellschaften werden im Zusammenhang mit den Praxisbeispielen erläutert.

Vielfach wird die Rechtsform eines Unternehmens als Risikoindikator verwendet. Dahinter steht der Gedanke, dass es Gesellschaftsformen gibt, die mehr und andere, die weni-

---

[94] https://de.wikipedia.org/wiki/Passhandel, Zugriff am 15.10.2021.
[95] So auch Gehling/Lüneborg NGZ 2020, 1164 (1173).

ger transparent sind und folglich ein eher erhöhtes oder niedriges Risiko aufweisen. Zu den Gesellschaften mit einem eher erhöhtem Risikopotential gehört zB die Gesellschaft bürgerlichen Rechts (GbR), die aufgrund ihrer fehlenden Registereintragung, der fehlenden Formerfordernisse und der Dispositivität hinsichtlich gesetzlich vorgesehener innerorganisatorischer Regelungen für Außenstehende eher intransparent ist. Umgekehrt gelten Kapitalgesellschaften tendenziell als weniger riskante Gesellschaftsform, weil an sie in aller Regel höhere Transparenz- und Veröffentlichungsanforderungen bestehen, was die gesetzlichen Vertreter, die Eigentümer und ggf. auch die wirtschaftlich Berechtigten angeht. Das gilt auch für ausländische Rechtsformen von Gesellschaften. Im Zusammenhang mit diversen Geldwäsche-Skandalen der vergangenen Jahre wurden zB Personengesellschaften mit Haftungsbegrenzung nach englischem Recht auffällig (Limited Private Partnerships – kurz: LLPs), so dass man diesen für die Zukunft ein tendenziell erhöhtes Risiko zuordnen kann. Tatsächlich ist die Rechtsform nur sehr begrenzt tauglich, um Risiken der Geldwäsche oder Terrorismusfinanzierung zu beurteilen. So gilt zB eine Wohnungseigentümergemeinschaft (§ 10 Abs. 6 WEG) völlig zu Recht als Gesellschaft mit geringem Risikopotential, obwohl es sich um eine GbR handelt.[96] Bei den erwähnten englischen LLPs lag das Problem weniger in der Rechtsform, als in der Tatsache, dass es sich um Briefkastengesellschaften (→ § 8 Rn. 2) handelte, deren Eigentümer- und Kontrollstruktur (→ § 5 Rn. 106) genauso intransparent war, wie die Herkunft ihrer Gelder. Ein Blick auf börsennotierte Gesellschaften zeigt die Fragwürdigkeit solch formaler Kriterien: Sie unterliegen zwar in den meisten Staaten erhöhten Transparenzanforderungen. Anknüpfungspunkt ist dabei gerade nicht die Rechtsform (meist eine Aktiengesellschaft), sondern der Grad der Transparenz der Eigentümer- und Kontrollstrukturen. Diese unterscheiden sich von Staat zu Staat erheblich. Eine Bewertung, ob die Transparenzanforderungen an eine Rechtsform in einem Land vergleichbar denen der EU sind, setzt vertiefte Kenntnisse des Gesellschafts- und Aktienrechts in unterschiedlichen Rechtsordnungen voraus.[97] Sinnvoller ist es daher auf die (erkennbare) Transparenz der Eigentümer- und Kontrollstruktur abzustellen, anstatt auf das formale Kriterium der Rechtsform oder Börsennotierung, das nur mit Expertenwissen mit Leben gefüllt werden kann. Unternehmen, deren wesentliche Unternehmensdaten in einem öffentlichen Register einsehbar sind oder die iRd Sorgfaltspflichten bereitwillig Auskunft über ihre Eigentümer und Kontrollstruktur erteilen, haben insoweit ein eher geringes (Kunden-)Risiko als solche, bei denen das nicht der Fall ist. Man kann in die Risiko-Bewertung einfließen lassen, ob zB notwendige Eintragungen in amtlichen Registern wie dem Handelsregister, Unternehmensregister oder auch dem Transparenzregister (→ § 10 Rn. 1) bestehen und aktuell sind.

81   Zwingend ist die Risikoerhöhung, wenn eine politische exponierte Person (PEP) vorhanden ist, wobei keine Rolle spielt, ob sie selbst Amtsinhaber ist oder aus anderen Gründen als PEP gilt, zB wegen ihrer verwandtschaftlichen Beziehungen (→ § 6 Rn. 26). Für die Zwecke der Risikoanalyse muss dabei nicht zwingend nur auf die Person des Vertrags- bzw. Geschäftspartners oder den Wirtschaftlich Berechtigten abgestellt werden. Es steht den Verpflichteten frei, einen risikoerhöhenden Faktor auch darin zu sehen, dass eine der auftretenden Personen (→ § 5 Rn. 66) PEP ist oder sonst eine Person, die eine zentrale Rolle im betreffenden Geschäft spielt. Liegt keine PEP-Eigenschaft vor, wird man nicht zwingend auf ein niedriges Risiko schließen können. Es wird dann meist nur ein „normales", nicht erhöhtes Risiko vorliegen. Da Güterhändler nicht in Bezug auf alle Kunden allgemeine Sorgfaltspflichten durchführen, wird ihnen die PEP-Eigenschaft idR nicht bekannt sein. Erhöhte Risiken wird man auch annehmen müssen, sofern der Vertrags- bzw. Geschäftspartner, seine Wirtschaftlich Berechtigten oder die für ihn auftretenden Personen inklusive der gesetzlichen Vertreter Gegenstand internationaler oder nationaler Sanktionsmaßnahmen sind, sei es, dass ein Embargo gegen sie verhängt wurde oder sie zB auf ein-

---

[96] BT-Drs. 16/9038, 30 zu § 1 Abs. 6 GwG aF.
[97] BT-Drs. 19/28164, 49 f.

schlägigen Terrorismuswarnlisten geführt werden. Erhöhte Risiken können sich auch aus Ermittlungen ergeben, die gegen eine Person geführt werden. Voraussetzung ist zum einen, dass dies überhaupt bekannt ist, zum anderen, dass es sich um Ermittlungen wegen einschlägiger Tatbestände handelt. Dasselbe gilt, wenn es zu Verurteilungen wegen Straftaten kam oder sonst ein Verdacht vorliegt, dass das Unternehmen oder Person aus dem Unternehmen in Straftaten verwickelt sein könnte. Unterscheiden kann man danach, ob Informationen aus einer verlässlichen (seriösen und glaubhaften) Quelle stammen, Aktualität besitzen und Relevanz mit Blick auf das mit dem Vertrags- und Geschäftspartner geplante oder laufende Geschäft haben. Verdachtsmomente in Bezug auf den Geschäftspartner, die eine Verdachtsmeldung auslösen, sind iRd Risikoanalyse typische Risikofaktoren eines erhöhten Kundenrisikos.

3. Geografische Risikofaktoren (Länderrisiko)

Das Länderrisiko ist im GwG systematisch Teil des Kundenrisikos (→ Rn. 69) (s. Nr. 1 Buchst. c Anlage 1 GwG bzw. Nr. 1 Buchst. b Anlage 2 GwG). Es wird hier wegen seiner hohen Bedeutung separat behandelt. Dabei bestimmt die Herkunft aus oder enge Beziehung zu einem Land, ob ein tendenziell niedriges oder erhöhtes Risiko vorliegt. Die Einstufung beruht auf internationalen, EU-weiten oder auch nationalen Bewertungen, die zum Teil politisch gefärbt und nicht immer objektiver Natur sind. Bis auf die regelmäßigen Veröffentlichungen der FATF (→ § 6 Rn. 46), die EU-Negativliste (→ § 6 Rn. 39) und neuerdings Anlage 4 zur Nationalen Risikoanalyse (→ Rn. 51) fehlen verbindliche Standards für die Zuordnung von Staaten in die Kategorien der Anlage 1 zum GwG. Den Verpflichteten bleibt es selbst überlassen auf Basis der verfügbaren Informationen eine Risikobewertung durchzuführen. Problematisch ist, dass dazu zum Teil unspezifisch auf *„Berichte über ein hohes Maß krimineller Aktivitäten"* abgestellt wird. Hilfreich sind verfügbare Indices wie der Corruption-Perception Index von Transparency International[98] oder der AML Index des Basel Institute of Governance.[99] Für die Zwecke des Länderrisikos wird gem. Anlage 1 und 2 GwG auf den Sitz bzw. Wohnsitz des Vertrags- oder Geschäftspartners abgestellt bzw. bei Unternehmen auf den Ort der Registrierung, Niederlassung bzw. den Sitz des Unternehmens. Ein *„anderweitig enger Bezug"* wie insbes. in der § 15 Abs. 3 Nr. 2 GwG und in der GwG-Immo-MeldeV (→ § 7 Rn. 39) ist in den Anlagen zum GwG nicht genannt.

> **Praxishinweis:**
> Die Staatsangehörigkeit einer Person, zB des Vertrags- und Geschäftspartners, seiner gesetzlichen Vertreter, der auftretenden Personen oder der Wirtschaftlich Berechtigten oder von Mitgliedern des Vertretungsorgans bzw. des Managements, ist kein zwingend zu verwendender Risikofaktor. Mit Blick auf § 15 Abs. 3 Nr. 2 GwG kann es sinnvoll sein, solche und weitere Bezüge zu Hochrisikoländern schon in der Risikoanalyse (abstrakt) zu erfassen. Aufgrund des nicht abschließenden Charakters der Anlagen zum GwG wird man nicht umhinkommen, erkennbare Bezüge zu einem Hochrisikoland in die Bewertung einfließen zu lassen. Neben der Herkunft (Staatsangehörigkeit) kann sich ein solcher aus engen familiären, freundschaftlichen oder geschäftlichen Beziehungen in das Land ergeben. Ein enger Bezug zu einem Staat kann sich auch durch eine Transaktion ergeben, die über eine Bank in einem solchen Land abgewickelt wird. Dass eine derart pauschale, rein geografische Qualifizierung den Keim der Diskriminierung in sich trägt, versteht sich von selbst. Voraussetzung ist, dass die entsprechenden Informationen und Daten (datenschutzkonform) und für eine Vielzahl von Vertrags- und Geschäftspartnern vorliegen. Anderenfalls ist eine (abstrahierende) Auswertung für Zwecke

---

[98] https://www.transparency.org/en/cpi/2020, Zugriff am 15.10.2021.
[99] https://baselgovernance.org/basel-aml-index, Zugriff am 15.10.2021.

der Risikoanalyse nicht möglich. Insbesondere bei privilegierten Güterhändlern wird dies regelmäßig der Fall sein, da sie bei Beginn einer Geschäftsbeziehung nicht generell Sorgfaltspflichten durchführen (→ § 5 Rn. 17).

84 Gem. Anlage 1 Nr. 1 Buchst. c GwG iVm Nr. 3 GwG darf ein eher niedriges Länderrisiko für alle EU-Mitgliedsstaaten angenommen werden (Ziff. 3 Buchst. a). Dies gilt ungeachtet der Tatsache, dass seriöse Berichte nicht allen EU-Staaten eine gleichermaßen risikolose Situation bescheinigen. So wurde zuletzt Malta von der FATF als Drittstaat mit erhöhtem Risiko gelistet. Malta und Zypern gelten auch lt. NRA des BMF von 2018/2019 als Hochrisikostaaten (→ Rn. 51). Entsprechend gilt ein eher niedriges Risiko für Drittstaaten (§ 1 Abs. 17 GwG) mit gut funktionierenden Systemen zur Bekämpfung von Geldwäsche und Terrorismusfinanzierung (Ziff. 3 Buchst. b). Hierunter können die Staaten des Europäischen Wirtschaftsraums (EWR) subsumiert werden.[100] Auch die früheren äquivalenten Drittstaaten sowie UK wird man unter diese Kategorie einordnen können.

85 **Praxishinweis:**
Unter der Geltung der RL (EU) 2005/60 (§ 1 Abs. 8) einigten sich die EU-Mitgliedsstaaten 2012 auf eine weiße Liste *("whitelist")* sogenannter **äquivalenter Drittstaaten**. Diese umfasste zuletzt: Australien, Brasilien, Kanada, Hongkong, Indien, Japan, Südkorea, Mexiko, Singapore, die Schweiz, Südafrika und die USA.[101] Die RL (EU) 2015/849 und das GwG nehmen seit 2017 hierauf nicht mehr explizit Bezug, obwohl dies mit Blick auf die Länderkategorien der Anlage 1 und 2 GwG durchaus sinnvoll gewesen wäre. Den Verpflichteten wäre mit einer solchen Liste geholfen. Unabhängig davon ist es nach Auffassung des Autors möglich die Länder der weißen Liste auch heute noch unter Ziff. 3 Buchst. b Anlage 1 GwG der zu subsumieren und für Geschäfts- und Transaktionspartner aus diesen Ländern ein tendenziell niedriges Länderrisiko anzunehmen, solange sich die Effektivität der Bekämpfung von Geldwäsche und Terrorismusfinanzierung in diesen Ländern nicht drastisch verschlechtert.

86 Für Staaten außerhalb der EU und des EWR (Drittstaaten, § 1 Abs. 17 GWG) kann man ein niedriges Risiko annehmen, wenn gängige Korruptions- und Kriminalitätsindices dies zulassen (Ziff. 3 Buchst. c). Es ist nicht nötig, mehrere Indices zu kombinieren und Durchschnittswerte zu bilden. Die Verwendung eines einzigen (seriösen) Index, wie zB dem TI Korruptionsindex reicht aus. Wo der „cut" zwischen tendenziell erhöhtem und tendenziell nicht mehr erhöhtem Risiko zu machen ist, ist letztlich den Verpflichteten überlassen *("risikobasierter Ansatz")*. Ähnliches gilt für Staaten außerhalb der EU und des EWR, deren Anforderungen an die Bekämpfung von Geldwäsche und Terrorismusfinanzierung insbes. nach den gegenseitigen Evaluierungen der FATF aber auch nach anderen glaubhaften, öffentlich zugänglichen Berichten, den überarbeiteten Empfehlungen der FAFT entsprechen und diese wirksam umsetzen (Ziff. 3d). Davon wird man ausgehen dürfen, solange die FATF selbst keine Vorbehalte veröffentlicht, indem sie den betreffenden Staat auf die Liste der *„monitored jurisdictions"* setzt oder sogar einen *„call for action"* veröffentlicht (→ § 1 Rn. 4). Ein tendenziell erhöhtes Länderrisiko besteht in Bezug auf Geschäfts- und Transaktionspartner, die ihre Registrierung, Niederlassung, ihren Sitz oder Wohnsitz in geografischen Gebieten mit hohem Risiko haben (Nr. 1 Buchst. b und Nr. 3 Anlage 2 GwG). Das sind insbes. Staaten der EU-Negativliste (→ § 6 Rn. 39) *("unbeschadet")* und des weiteren Länder, deren Finanzsysteme laut glaubwürdigen Quellen nicht über hinreichende Systeme zur Bekämpfung von Geldwäsche oder Terrorismusfinanzie-

---

[100] Bausch/Voller Geldwäsche-Compliance S. 42.
[101] Common Understanding between Member States on third country equivalence under the Anti-Money Laundering Directive (Directive 2005/60/EC), June 2012, abrufbar unter http://www.hcmc.gr/aweb/files/laundering/files/3rd-country-equivalence-list_en.pdf, Zugriff am 15.10.2021.

D. Risikoanalyse (§ 5 GwG) § 4

rung verfügen (Ziff. 3 Buchst. a Anlage 2 GwG), zB gemäß den Veröffentlichungen der FATF).

> **Praxishinweis:** 87
> Seit dem Jahr 2000 publiziert die FATF Listen sogenannter Hochrisikoländer bzw. nicht kooperierender Länder und Territorien (*„high risk and non-cooperative countries and territories"*, kurz „NCCTs", früher auch *„FATF blacklist"* genannt, → § 1 Rn. 4). Die Listen werden dreimal im Jahr aktualisiert, üblicherweise im Februar, im Juni und im Oktober. In Bezug auf Länder, deren Kooperation mit der FATF als nicht ausreichend angesehen wird, veröffentlicht die FATF einen Aufruf zu aktiven Gegenmaßnahmen (*„call on action"*). Dagegen beobachtet die FAFT die Entwicklung in Ländern, deren Rechtssystem zwar gravierende Mängel aufweist, die aber gemeinsam mit der FATF Pläne entwickelt haben, diese zu beheben (*„other monitored jurisdictions"*), ohne dass insoweit ein Aufruf zu aktiven Gegenmaßnahmen erfolgt.[102] Die EU führt inzwischen eine eigene Liste von Drittstaaten mit erhöhtem Risiko (EU-Negativliste) (→ § 6 Rn. 39). Die FIU veröffentlicht auf Ihrer Homepage eine Liste der jeweils aktuell von der FATF und der EU gelisteten Länder, Jurisdiktionen und Territorien.[103]

Des Weiteren gehören in diese Kategorie Staaten außerhalb der EU, in denen Korruption oder andere kriminelle Tätigkeiten laut glaubwürdigen Quellen signifikant stark ausgeprägt sind (Ziff. 3 Buchst. b) und Staaten außerhalb der EU gegen die die EU oder die UN-Sanktionen, Embargos oder ähnliche Maßnahmen verhängt hat bzw. haben (Ziff. 3c). Damit wird ein in hohem Maße problematisches Kriterium in die Risikobetrachtung eingeführt. Zwar sind Verstöße gegen UN- und EU Embargos nach außenwirtschaftsrechtlichen Vorschriften strafbar (§§ 17 f. AWG) und damit Vortat (→ § 2 Rn. 18) iSd Geldwäsche-Tatbestands. Embargos haben aber gerade in den letzten Jahren eher welt- oder wirtschaftspolitische Hintergründe (siehe das Embargo der EU gegen Russland nach der Annexion der Krim, womit Russland in diese Länderkategorie fällt, Kuba dagegen nicht, weil nur die USA ein Embargo gegen Kuba verhängt hat). Es geht häufig nicht um Geldwäsche oder Terrorismus. Das GwG unterscheidet auch nicht zwischen Voll- und Teilembargos. Es gibt aber keinen Grund allen Kunden aus einem Land ein potenziell höheres Geldwäsche-Risiko zuzuordnen, wenn gegen das Land bzw. seine Regierung zB ein Waffenembargo verhängt wurde. Es muss daher möglich sein, Geschäften mit diesen Ländern nur insoweit ein tendenziell erhöhtes Risiko zuzuordnen, als diese Lieferungen und Leistungen gerade aus dem außenwirtschaftsrechtlich relevanten (vom Embargo betroffenen Produkt- und Leistungsspektrum) anfordern oder erbringen oder zumindest indirekt ein solches Risiko besteht. Das setzt eine intensive Auseinandersetzung mit Geschäftspartnern voraus, die idR über die Einschätzung des abstrakten Risikos auf Ebene der Risikoanalyse weit hinausgehen wird. Sinnvoll wäre eine Fokussierung der Vorschrift auf Sanktionen wegen Verbindungen zu Aspekten der Terrorismusfinanzierung oder Organisierten Kriminalität bzw. Geldwäsche. Ggf. könnten auch Aspekte der Steuertransparenz und die Einhaltung entsprechender internationaler Standards in bestimmten Ländern berücksichtigt werden.[104] Eine Übersicht aktuell von Embargo-Entscheidungen betroffener Staaten hält die Generalzolldirektion im Internet vor.[105]

88

---

[102] http://www.fatf-gafi.org/publications/high-riskandnon-cooperativejurisdictions/more/more-on-high-risk-and-non-cooperative-jurisdictions.html?hf=10&b=0&s=desc(fatf_releasedate), Zugriff am 15.10.2021.
[103] https://www.zoll.de/DE/FIU/Fachliche-Informationen/Drittlaender/drittlaender_node.html, Zugriff am 15.10.2021.
[104] BeckOK GwG/Müller, 4. Ed. 1.12.2020, GwG § 5 Rn. 33.
[105] https://www.zoll.de/DE/Fachthemen/Aussenwirtschaft-Bargeldverkehr/Embargomassnahmen/Laenderembargos/laenderembargos_node.html, Zugriff 15.10.2021.

89 **Praxishinweis:**
Als Staaten mit tendenziell erhöhtem Risiko gelten auch die in **Anlage 4** der Nationalen Risikoanalyse genannten (→ Rn. 51). Damit werden insbes. Russland, China, Malta, die Türkei und Zypern pauschal zu Hochrisikoändern erklärt – obwohl diese weder von der FATF noch von der EU entsprechend gelistet sind. Bei den EU-Ländern Malta und Zypern erfolgt dies im Widerspruch zur Wertung in Ziff. 3 Buchst. a Anlage 1 GwG.

90 Des Weiteren muss man als Staaten mit eher erhöhtem Risiko solche ansehen, die terroristische Aktivitäten finanziell oder anderweitig unterstützen oder in denen bekannte terroristische Organisationen aktiv sind (Ziff. 3 Buchst. d). Dieses Kriterium ist ebenso politisch gefärbt wie die Einstufung von Staaten als Unterstützer terroristischer Aktivitäten. Der Grat zwischen gefürchteten Terroristen und gefeierten Freiheitskämpfern war in der Vergangenheit je nach realpolitischer Notwendigkeit mal äußerst schmal, mal ausgesprochen breit. Beispiele aus der jüngeren Vergangenheit sind zB die Türkei und ihre unklare Rolle im Syrienkonflikt bzw. in der Auseinandersetzung mit kurdischen Gruppierungen oder diverse Gruppen, die im syrischen Bürgerkrieg agieren. Von der US-Regierung werden derzeit Kuba, Nordkorea, Iran und Syrien als staatliche Unterstützer von Terrorismus angesehen.[106] Neutralere Einschätzungen finden sich zB unter Wikipedia.[107] Ergänzend kann man zB darauf abstellen, ob die Eigentümer- und Kontrollstruktur ungeachtet ihrer Komplexität im Wesentlichen in der EU, dem EWR und weiteren Staaten angesiedelt ist, die kein erhöhtes Risiko aufweisen bzw. ob die Wirtschaftlich Berechtigten des Vertrags- und Geschäftspartners in Staaten mit niedrigem Risiko ansässig sind. Umgekehrt kann es tendenziell zu einem erhöhten Risiko beitragen, wenn sich wesentliche Teile der Eigentümer- und Kontrollstrukturen in Drittländern mit erhöhtem Risiko (→ Rn. 82) wiederfinden.

91 **Praxishinweis:**
Die aktuellen Entwicklungen in Afghanistan erfordern eine genaue Beobachtung der Situation. Allerdings war Afghanistan zuletzt bereits als Drittstaat mit erhöhtem Risiko gelistet, so dass das (erhöhte) Länderrisiko durch die Machtübernahme der Taliban nicht verändert wurde.

4. Transaktionsbezogene Risiken (Transaktionsrisiko)

92 Transaktionsbezogene Risiken betreffen vornehmlich den Vertriebskanal und die Abwicklung von Transaktionen insbes. Geldtransfers. Sie variieren je nach Art und Komplexität der Geschäftsmodelle und Zahlungsmethoden. Je komplexer eine Geschäftsbeziehung oder Transaktion ist, desto wichtiger wird sein, ob die Beteiligten bekannt bzw. deren Eigentums- und Vermögensverhältnisse iSd legalen Herkunft der Vermögenswerte transparent sind. Die in Ziff. 2 Anlage 1 GwG für ein eher niedriges Transaktionsrisiko genannten Faktoren sind für Güterhändler nicht einschlägig. Anders sieht es aus mit den Risikofaktoren für ein tendenziell erhöhtes Risiko in Ziff. 2 Anlage 2 GwG. Dort sind vor allem die Buchst. b, c und d relevant. Die Fallgestaltungen der Ziff. 2 Buchst. e und f Anlage 2 GwG sind Teil des Produktrisikos (→ Rn. 58) und werden dort erörtert. Man kann das Transaktionsrisiko einer Geschäftsbeziehung oder Transaktion daher als eher niedrig einschätzen, wenn es sich um eine einfach strukturierte Transaktion handelt (Kauf gegen Überweisung bei rein inländischen Beteiligten ohne Finanzierung) oder die Geschäftsbeziehung oder Transaktion zwar – abstrakt betrachtet – komplex ist, aber keine Besonderheiten aufweist gegenüber den in der Branche üblichen (legalen) Vorgehensweisen (Immo-

---
[106] https://www.state.gov/state-sponsors-of-terrorism/, Zugriff am 1.2.2021.
[107] https://en.wikipedia.org/wiki/State-sponsored_terrorism, Zugriff am 15.10.2021.

bilienkauf unter Beteiligung eines Immobilienmakler, Steuerberater und einer Bank zum Zweck der Baufinanzierung; Finanzierung von internationalen Liefergeschäften durch Bankenkonsortien, M&A-Projekte unter Beteiligung von Beratern, Banken und unter Verwendung von frisch gegründeten Mantelgesellschaften zur steuerlichen Optimierung des Vorgangs, etc).

> **Praxishinweis:** 93
> Die Komplexität einer Transaktion allein begründet kein (erhöhtes) Risiko der Geldwäsche oder Terrorismusfinanzierung. Man muss stets den Kontext der Branche und des individuellen Geschäfts sehen. Eine M&A-Transaktion über mehrere Länder oder gar weltweit ist von Haus aus sowohl gesellschaftsrechtlich als auch steuerrechtlich komplex. Sie wirft häufig kartellrechtlich Fragen auf und bedarf besonderer Gestaltungen im Bereich des Zivilvertragsrechts, des Arbeitsrechts und auf weiteren Rechtsgebieten. Allein daraus ein Risiko der Geldwäsche oder Terrorismusfinanzierung abzuleiten oder gar einen Verdacht ist diskriminierend gegenüber den Beteiligten und durch keinen empirischen Erfahrungswert gerechtfertigt. Im Gegenteil: Gerade die Komplexität der Gestaltung wird eine Vielzahl von Beteiligten erfordern, damit einen hohen Grad an Transparenz und Kontrolle mit sich bringen und regelmäßig eher kein erhöhtes, sondern ein mittleres oder sogar ein niedriges Risiko der Geldwäsche und Terrorismusfinanzierung mit sich bringen.

Risikofaktoren für ein tendenziell höheres Transaktionsrisiko ergeben sich laut Nr. 2 94 Buchst. b Anlage 2 GwG zB aus *"Transaktionen, die Anonymität begünstigen können."* Die Vorschrift gilt nicht für Geschäfte und Transaktionen, bei denen der Geschäfts- oder Vertragspartner nicht anwesend und daher möglicherweise nicht persönlich bekannt ist, bei denen sich die Feststellung der Identität aber gem. § 12 Abs. 1 Nr. 2–5 GwG auf andere Weise durchführen lässt (Identifizierung unter Abwesenden, → § 5 Rn. 54). Ungeachtet dessen können Transaktionen im Einzelhandel und Bargeldgeschäfte nicht per Gesetz gemeint sein. Sie ermöglichen zwar weitgehend anonyme Transaktionen. Diese finden aber zum weit überwiegenden Teil unterhalb der Schwellenwerte der § 4 Abs. 5 GwG bzw. des § 10 Abs. 6a GwG statt. Man wird daher vermuten können, dass es um Geschäfte geht, bei denen nach Art und Umfang Anonymität ungewöhnlich ist. Denkbar ist, Geschäfte und Transaktionen mit Briefkastengesellschaften hierunter zu subsumieren, wenn Strohmänner auftreten oder die Eigentümer und Wirtschaftlich Berechtigten nicht erkennbar sind. Bei Güterhändlern ist zu beachten, dass sie nicht jeden Vertrags- und Geschäftspartner vor Aufnahme der Geschäftsbeziehung und nicht jeden Transaktionspartner vor Durchführung einer Transaktion identifizieren müssen. Darin liegt keine risikoerhöhende Begünstigung anonymer Transaktionen iSd Nr. 2 Buchst. b Anlage 2 GwG. Vielmehr steht dies im Einklang mit den FATF-Empfehlungen (→ § 1 Rn. 4), den Vorgaben der RL (EU) 2015/849 (→ § 1 Rn. 8) und den GwG-Vorschriften.

Geschäftsbeziehungen oder Transaktionen ohne persönliche Kontakte und ohne be- 95 stimmte Sicherungsmaßnahmen wie zB elektronische Unterschriften (Nr. 2 Buchst. c Anlage 2 GwG) gelten ebenfalls als solche mit erhöhtem Risiko. Dabei dürften Geschäfte ohne persönliche Kontakte vor allem beim Handel über Online-Plattformen vorkommen (Internet-Handel). Das gilt aber auch bei elektronischen Handelsbörsen wie zB den Strombörsen oder dem Handel mit CO_2-Zertifikaten. Die Mehrzahl der Ladengeschäfte ist im Grunde anonym. Aufgrund des persönlichen Kontakts gelten sie ohne Hinzutreten weiterer Umstände jedoch nicht als erhöhtes Risiko.

Beispiel: 96
Der Kunde meldet sich mehrfach per E-Mail, nutzt dabei unterschiedliche E-Mail-Accounts und scheint für verschiedene Firmen aufzutreten. Gleichzeitig wird der Abschluss eines Geschäfts als dringend bezeichnet. Alle Versuche der persönlichen Kontaktaufnahme schei-

tern. Telefongespräche kommen „aus Zeitgründen" nicht zustande. Die Firma des Kunden ist nicht allgemein bekannt und kann im Internet nicht lokalisiert werden. Der Kunde bietet 100 % Vorkasse.

97 Der „*Eingang von Zahlungen unbekannter oder nicht verbundener Dritter*" (Anlage 2, Nr. 2d, Drittzahlungen aus unbekannter Quelle, → § 8 Rn. 20) gilt generell als risikoerhöhend. Mit den nicht verbundenen Dritten sind Unternehmen oder Personen gemeint, die in keiner gesellschaftsrechtlich oder anderweitig nachvollziehbaren Beziehung zum Geschäfts- bzw. Vertragspartner stehen. Drittzahlungen aus unbekannter Quelle können iRd Risikoanalyse nur als abstrakt-latentes Risiko erfasst werden. Sofern keine belastbaren Erfahrungswerte vorliegen, kann man schlecht prognostizieren, welche Kunden solche Zahlungswege wählen, wie oft dies geschehen wird und welcher Anteil davon problematisch sein könnte. Charakteristisch an Drittzahlungen ist, dass sie gerade nicht einer bestimmten Gruppe von Geschäftspartnern, bestimmten Ländern oder Transaktionen zugeordnet werden können, bevor sie tatsächlich eintreten. Denkbar ist, dass Kunden aus Embargo-Ländern versuchen, den Zusammenhang mit Zahlungen in und Überweisungen aus dem betreffenden Land zu verschleiern. Häufig sind Drittzahlungen im Zusammenhang mit Fremdwährungsrestriktionen im Kundenland (Devisenbewirtschaftung) oder kriegerischen bzw. ähnlichen Ereignissen. Die Abwicklung von Zahlungen, Geldflüssen und anderen Transaktionen über Bankinstitute in Ländern der EU-Negativliste (→ § 6 Rn. 39) gilt schon gem. § 15 Abs. 3 Nr. 2 GwG als erhöhtes Risiko. Sollte sie über Länder vonstattengehen, die nicht auf der EU-Negativliste, aber auf der FATF-Liste (→ § 6 Rn. 46) stehen, wird man dagegen für die Zwecke der Risikoanalyse ein erhöhtes Risiko annehmen können. Dieser Risikofaktor kann auch dem geografischen Risiko (Länderrisiko, → Rn. 82) zugeordnet werden. Zahlungen mit Kryptowährungen sind ebenfalls tendenziell risikoerhöhend, während (übliche) Geldüberweisungen über anerkannte Banken als eher niedriges Transaktionsrisiko gelten.

5. Produktbezogene Risiken (Produktrisiko)

98 Produktrisiken beschreiben das abstrakte Risiko, dass ein vom Güterhändler vertriebenes Produkt für Zwecke der Geldwäsche oder Terrorismusfinanzierung eingesetzt werden kann. Tendenziell stellt man dabei auf die Phase des Placement oder Layering (→ Rn. 8) ab. Denn für final „gewaschenes" Geld ist gerade charakteristisch, dass man seine Herkunft aus einer Straftat nicht mehr leicht erkennt. Es kann daher weitgehend gefahrlos in praktisch jedes Produkt investiert werden. Daraus folgt nicht im Umkehrschluss, dass alle Produkte (!) ein erhöhtes Risiko der Geldwäsche oder Terrorismusfinanzierung aufweisen. Auf diesem Gedanken beruht auch die Privilegierung (→ § 4 Rn. 4) des Güterhandels in den FATF-Empfehlungen und in der RL (EU) 2015/849. Dienstleistungen sind nicht geldwäschefähig (→ § 2 Rn. 16) und daher bei der Betrachtung des Produktrisikos unbeachtlich. Leider gibt es keine gesetzlichen Regelungen, die dem Güterhändler eine exakte Einschätzung des Produktrisikos erlauben. Auch Anlage 1 zum GwG enthält keine Kriterien für das Produktrisiko im Güterhandel. Der unter Nr. 2 Buchst. e erwähnte Sachverhalt bezieht sich auf elektronische Währungen/Geldbörsen bzw. E-Geld. Im Güterhandel kommt dieses regelmäßig als Zahlungsmittel in Betracht und kann daher iRd Transaktionsrisikos eine Rolle spielen.

99 Als Leitlinie wird vertreten, dass für den Endverbraucher gefertigte Produkte mit hohem Wert und breiter Marktgängigkeit ein erhöhtes Risiko aufweisen, dh Massenprodukte, die sich ohne großen Wertverlust an einen großen Abnehmerkreis veräußern lassen, wie zB Mittelklasse- und Premiumklassefahrzeuge, aber auch Luxusuhren und Schmuck. Preisgünstigere Produkte und Unikate sollen dagegen ein geringeres Risiko haben. Der Kauf von Heizöl beim lokalen Händler umfasst sicher kein erhöhtes Risiko, seltene Erden, wenn sie aus einem Bürgerkriegsgebiet oder erhöhter Aktivität paramilitärischer Milizen

erworben werden, dagegen schon. Im Einklang hiermit wird man ein eher niedriges Produktrisiko annehmen können, bei Gütern, die zB wegen ihrer Größe oder ihres Gewichts nicht leicht transportabel sind, die ortsfest verankert oder betrieben werden müssen, bei denen Verschiffung, Aufbau oder Betrieb besonderes technisches Know-How voraussetzt oder die zur Nutzung eine Lizensierung oder Genehmigung benötigen, die nicht leicht erhältlich ist. Viele industrielle Produkte im Maschinen- und Anlagenbau sind daher – vom reinen Produktwert abgesehen – nicht gut für Zwecke der Geldwäsche einsetzbar. Sie bergen ein tendenziell niedriges Produktrisiko. Wenn der Verwalter einer Fahrzeugflotte 30 neue Fahrzeuge bestellt, liegt darin kein besonderes Risiko; das ist anders, wenn ein Privatkunde 30 Luxusfahrzeuge bestellt und sich dabei außerhalb des Normalen bewegt.[108] Vielfach wird als ergänzender Risikofaktor das Barzahlungsangebot verstanden.[109] Das Risiko, das der Gegenleistung (Entgelt) für eine Dienstleistung innewohnt, ist jedoch Teil des Transaktionsrisikos (→ Rn. 92) oder des Kundenrisikos (→ Rn. 69).

Für ein eher erhöhtes Produktrisiko sprechen vor allem ein hoher Wert des Produkts, die Möglichkeit zum leichten Transport zB wegen der geringen Größe (Diamanten), sowie die Möglichkeit, das Produkt jederzeit rasch und ohne Komplikationen wieder zu veräußern, ggf. auch gebraucht oder unter Hinnahme eines Abschlags. Dies gilt besonders, wenn der Verkauf gegen Bargeld möglich ist (Marktfähigkeit). Ein hohes Produktrisiko muss man auch annehmen, wenn auf andere Weise rasch und ohne Aufwand Austauschverhältnisse begründet werden können, so dass das investierte, „schmutzige" Geld durch Weiterverkauf schnell wieder flüssig gemacht werden kann. Das wird bei vielen der in § 1 Abs. 10 GwG als Regelbeispiele aufgeführten hochwertigen Güter (→ Rn. 120) der Fall sein, wie zB bei Edelmetallen, Edelsteinen bzw. Schmuck, Kunstgegenständen und Antiquitäten, hochwertigen Autos, Yachten und Flugzeugen. Ob die in der Nationalen Risikoanalyse (→ Rn. 50) genannten Baumaschinen tatsächlich in diese Kategorie fallen oder eher ein niedriges Produktrisiko haben, wird man nach den Gegebenheiten der jeweiligen Branche entscheiden müssen. 100

Ziff. 2 Anlage 2 GwG nennt unter den Buchstaben b, e und f Gestaltungen mit tendenziell höherem Produktrisiko, die auch im Güterhandel einschlägig sein können. Darunter fallen zum einen „Produkte, die Anonymität begünstigen können" (Nr. 2 Buchst. b). Dabei geht es weniger um das Produktrisiko als um Risiken von Geschäften, die sich anonym abwickeln lassen. Risikoerhöhend sind andererseits „neue Produkte und Geschäftsmodelle einschließlich neuer Vertriebsmechanismen sowie die Nutzung neuer oder in Entwicklung begriffener Technologien für neue oder bereits bestehende Produkte" (Nr. 2 Buchst. e). Die beiden Risikofaktoren sind im Zusammenhang mit der entsprechenden Sicherungsmaßnahme des § 6 Abs. 2 Nr. 4 GwG zu sehen (→ Rn. 144). Unbefangen vermittelt sie den Eindruck, als gehe es um das Produktrisiko von Neuwaren im Vergleich zu Gebrauchtwaren. Gemeint sind damit aber im allgemeinen Sinne neue Produkte, auch Finanzprodukte und Geschäftsmodelle, Vertriebsmechanismen und neue Technologien wie zB Kryptowährungen. Im Finanzsektor ist es üblich vor der Einführung neuer Produkte und Dienstleistungen eine Prüfung des Risikopotenzials durchzuführen. Im Güterhandel findet sich bislang nichts Vergleichbares. Ziff. 2f nennt schließlich eine Reihe von Produkten, denen ein erhöhtes Risiko innewohnt. Abgestellt wird dabei auf „Transaktionen in Bezug auf Öl, Waffen, Edelmetalle, Tabakerzeugnisse, Kulturgüter und andere Artikel archäologischer, historischer, kultureller oder religiöser Bedeutung oder von außergewöhnlichem wissenschaftlichem Wert sowie Elfenbein und geschützte Arten." Damit wird aus politischen Gründen ein Sammelsurium von Rohstoffen, Materialien, Produkten und Waren zum Gegenstand erhöhter Risiken der Geldwäsche und Terrorismusfinanzierung erklärt. Die Aufzählung entzieht sich der bisherigen Systematik des GwG. Edelmetalle gelten bereits als hochwertige Güter (→ Rn. 8). Der Handel 101

---
[108] Gehling/Lüneborg NGZ 2020, 1164 (1172 f.).
[109] S. zB Gov.UK, Guidance for High Value Dealers, Ziff. 9.2, https://www.gov.uk/government/publications/anti-money-laundering-guidance-for-high-value-dealers, letzter Zugriff am 15.10.2021.

mit hochwertigen Gütern stellt aber nicht automatisch ein erhöhtes Risiko dar. Bis zur Grenze von 2.000 EUR (bis 31.12.2019 sogar 10.000 EUR) können sie selbst gegen Bargeld gehandelt werden, ohne dass geldwäscherechtliche Pflichten entstehen. Öl und Kulturgüter bzw. andere Güter von hoher Bedeutung für die Archäologie, Geschichtswissenschaft, Kultur, Religion oder Forschung eines Landes sind vor allem wegen Nachrichten über den Verkauf zur Finanzierung terroristischer Gruppierungen in die Schlagzeilen geraten.[110] Beim Verkauf von Elfenbein und geschützten Arten geht es um Verstöße gegen das Washingtoner Artenschutzabkommen, bei denen Straftaten iSd §§ 71, 71a BNatSchG in Frage kommen. Wer mit diesen Produkten handelt, sollte den Umstand iRd Risikoanalyse bewerten; tendenziell liegt darin ein erhöhtes Risiko. Das gilt nicht automatisch für den Vertrieb von zB Maschinen an Unternehmen, die wiederum in diesen Branchen tätig sind.

102 **Praxishinweis:**
Mit dem Begriff hochwertige Güter (§ 1 Abs. 10 GwG) wird versucht, Luxusgüter von Gütern des Alltags abzugrenzen. Luxusgüter gelten tendenziell als interessant für Kriminelle und Geldwäscher; hochwertige Güter haben daher idR ein höheres (Produkt-) Risiko. Umgekehrt trifft dies nicht immer zu. Nicht jedes Produkt mit erhöhtem Produktrisiko ist hochwertiges Gut (→ Rn. 120).

6. Risikofaktoren der Terrorismusfinanzierung

103 Das GwG nennt keine spezifischen Risikofaktoren der Terrorismusfinanzierung. Grds. kann man auf alle Risikofaktoren zurückgreifen, die bei der Geldwäsche verwendet werden. Aus den Veröffentlichungen der FAFT (→ § 1 Rn. 4) zum Thema, lassen sich jedoch eine Reihe weiterer Faktoren ableiten.[111] Die FIU (→ § 7 Rn. 45) hat eine Typologie der Terrorismusfinanzierung veröffentlicht,[112] die allerdings nicht spezifisch für Güterhändler ist. Kritisiert wird, dass viele Anhaltspunkte, die nach Ansicht der FIU oder der FATF auf Terrorismusfinanzierung hindeuten, von jedem Abiturienten erfüllt werden, der sich auf ein Work-and-Travel-Jahr vorbereitet oder ein freiwilliges soziales Jahr in der Entwicklungshilfe verbringen möchte.[113] Mit Blick auf das Kundenrisiko (→ Rn. 69) ist in erster Linie relevant, ob an einer Transaktion beteiligte Personen oder Organisation auf einer Terrorismuswarnliste oder anderen Sanktionsliste geführt werden; gleiches gilt für Transaktionen in, aus bzw. innerhalb von Ländern, die mit Terrorismus in Verbindung gebracht werden (zur Zeit ua Iran, Sudan, Syrien und Nordkorea[114]). Risiken bestehen auch im Zusammenhang mit der Einbindung von Non Governmental Organizations/Non Profit Organizations (NGOs/NPOs) in Handelsgeschäfte oder beim Sammeln von Sach- oder Geldspenden durch solche Organisationen,[115] aber auch bei Geschenk- oder Hilfsaktionen oder Kreditgeschäften.[116] Die Einbindung informeller Finanzdienstleistungssysteme wie das Hawala-Banking (→ § 8 Rn. 24) kann ein Risiko der Terrorismusfinanzierung begründen. Dasselbe gilt für die Verwendung virtueller Währungen, von Prepaid-Karten oder Gutscheinen. Riskant kann auch der Erwerb von Gütern aus oder der Verkauf von Gütern in

---

[110] EU-Kommission, 20.12.2018, https://germany.representation.ec.europa.eu/news/eu-erschwert-terrorfinanzierung-durch-illegal-gehandelte-kulturguter-2018-12-20_de, Zugriff am 15.10.2021.
[111] https://www.fatf-gafi.org/publications/fatfgeneral/documents/terroristfinancing.html, Zugriff am 15.10.2021; s. auch FATF, Terrorist Financing Risk Assessment Guidance, Juli 2019, https://www.fatf-gafi.org/media/fatf/documents/reports/Terrorist-Financing-Risk-Assessment-Guidance.pdf, Zugriff am 15.10.2021.
[112] FIU, Typologien der Geldwäsche und Terrorismusfinanzierung, Besondere Anhaltspunkte für das Erkennen einer möglichen Terrorismusfinanzierung, Stand April 2021, abrufbar (nach Registrierung) unter https://www.zoll.de/fiu-intern, Zugriff am 15.10.2021.
[113] Scherp CB 2016, 408 (409 ff.).
[114] S. zB https://de.wikipedia.org/wiki/Schurkenstaat, Zugriff am 15.10.2021.
[115] Lindner/Lienke/Aydur CB 2016, 371 (372).
[116] Scherb CB 2016, 408 (410).

Krisengebiete sein; ebenso Hinweise, dass der Vertrieb in Krisengebiete über einen neutralen Dritten erfolgen soll.[117] Terroristische Organisationen finanzieren sich zum Teil auch über den illegalen Handel mit Kulturgütern sowie wild lebenden Tieren und Pflanzen. Auffälligkeiten können sich zB aus Geschäften mit Personen aus oder Lieferungen an Personen in bestimmten Krisengebieten oder deren Nachbarländer ergeben.[118]

7. Individuelle Risikofaktoren

Die in den Anlagen zum GwG genannten Risikofaktoren sind nicht abschließend *("insbesondere")*. Sie müssen um weitere, unternehmens- oder branchenspezifische Risikofaktoren ergänzt werden. Dafür kommen diverse Quellen in Betracht. Zum Beispiel kann sich ein Blick in die supranationale Risikoanalyse der EU lohnen oder in die Risikoanalysen anderer EU-Staaten. Risikokriterien lassen sich auch aus nationalen und internationalen Anhaltspunktepapieren (Typologien) ableiten, sowie aus den Jahresberichten der FIU. Eine weitere Quelle sind vorausgegangene Verdachtsfälle im Unternehmen und der Erfahrungsaustausch mit Geldwäschebeauftragten anderer Unternehmen, soweit zulässig (→ § 7 Rn. 74) und des Weiteren aus Veröffentlichungen der Aufsichts- und Ermittlungsbehörden oder der Presse.[119] Zulässig ist auch, sich im Finanzsektor umzuschauen. Zum Beispiel hat die European Banking Authority (EBA) eine (lange) Liste von Risikofaktoren für den Finanzsektor veröffentlicht.[120] Die seit 1.10.2020 geltende Meldeverordnung im Immobilienbereich (Immobilien-MeldeV GwG, → § 11 Rn. 20) enthält eine Vielzahl von potenziell meldepflichtigen Situationen und damit Risiken, die so oder ähnlich möglicherweise nicht nur im Immobilienbereich relevant sein können. Ein Blick in die Verordnung kann helfen, mögliche Risikofaktoren zu definieren, obwohl sie auf Güterhändler nicht anwendbar ist (Ausstrahlungswirkung). Hüten sollte man sich davor, praktisch jedes Ereignis, das vom wünschenswerten Normalfall geringfügig abweicht, zum erhöhten Risiko zu erklären, nur weil in aller Theorie auch Straftaten damit verbunden sein könnten.

104

E. Sicherungsmaßnahmen

I. Angemessenheit und weitere Anforderungen

Auf der Basis der Risikoanalyse (→ Rn. 52) müssen Verpflichtete angemessene Sicherungsmaßnahmen ergreifen. *"Angemessen sind solche Maßnahmen, die der jeweiligen Risikosituation des einzelnen Verpflichteten entsprechen und diese hinreichend abdecken"* (§ 6 Abs. 1 S. 1 und 2 GwG). Auf die Ausführungen zur Angemessenheit des Risikomanagements (→ Rn. 42) kann verwiesen werden. Die Aufsichtsbehörde kann die Durchführung der erforderlichen Sicherungsmaßnahmen anordnen (§ 6 Abs. 8 GwG). Eine solche Anordnung kann nicht nur bei vollständigem Fehlen einer internen Sicherungsmaßnahme ergehen, sondern auch wenn bestehende Sicherungsmaßnahmen nicht den Anforderungen des § 6 Abs. 2 entsprechen.[121] Die Anordnung ist aber nur *"im Einzelfall"* zulässig, dh die Aufsichtsbehörde kann nur auf konkrete Mängel bei einem Verpflichteten reagieren. Sie kann auf dieser Basis nicht präventiv im Wege der Allgemeinverfügung (→ Rn. 119) für alle oder eine größere

105

---

[117] FIU, Typologien der Geldwäsche und Terrorismusfinanzierung, Besondere Anhaltspunkte für das Erkennen einer möglichen Terrorismusfinanzierung, Stand April 2021, abrufbar (nach Registrierung) unter https://www.zoll.de/fiu-intern, Zugriff am 15.10.2021.
[118] Lindner/Lienke/Aydur CB 2016, 371 (372f.).
[119] AuA Nichtfinanzsektor, S. 11, Ziff. 3.2.
[120] EBA, the ML/TF Risk FactorsGuidelines, Stand 1.3.2021, abrufbar unter https://www.eba.europa.eu/sites/default/documents/files/document_library/Publications/Guidelines/2021/963637/Final%20Report%20on%20Guidelines%20on%20revised%20ML%20TF%20Risk%20Factors.pdf, zuletzt Zugriff 15.10.2021.
[121] BeckOK GwG/Gabriel, 4. Ed. 1.12.2020, GwG § 6 Rn. 145.

Gruppe von Verpflichteten anordnen, bestimmte Sicherungsmaßnahmen zu schaffen, selbst wenn sie einen allgemeinen Mangel von Maßnahmen in bestimmten Branchen vermutet oder feststellt. Die Möglichkeit per Allgemeinverfügung die Bestellung eines Geldwäschebeauftragten anzuordnen (→ Rn. 118), bleibt hiervon unberührt. Sicherungsmaßnahmen müssen darüber hinaus „*geschäfts- und kundenbezogen*" sein (§ 6 Abs. 1 S. 1 GwG). Damit ist nicht gemeint, dass es spezifische Sicherungsmaßnahmen für jeden Kunden oder jedes Geschäft geben müsste. Vielmehr geht es darum, dass Risiken der Geldwäsche und Terrorismusfinanzierung sowohl von außen, über die Geschäfts- und Vertragspartner des Verpflichteten als auch von „innen", zB durch eine mangelnde Schulung von Mitarbeitern resultieren können. Zu den *kundenbezogenen Sicherungsmaßnahmen* werden zB der Abgleich von Namen mit Sanktionslisten (→ § 8 Rn. 9) und die Berücksichtigung von Länderrisiken in Bezug auf den Sitz bzw. Wohnsitz iRd Risikoanalyse gezählt. Zu den *geschäftsbezogenen Sicherungsmaßnahmen* mitarbeiterbezogenen Sicherungsmaßnahmen wie die Schulung und die Überprüfung ihrer Zuverlässigkeit (→ Rn. 149).[122] Letztlich ist auch entscheidend, dass die Sicherungsmaßnahmen in angemessener Weise mit den Risiken korrespondieren.

II. Aktualisierung

106 Verpflichtete „*müssen die Funktionsfähigkeit der internen Sicherungsmaßnahmen überwachen und sie bei Bedarf aktualisieren*" (§ 6 Abs. 1 S. 3 GwG). Dies ergibt sich genau genommen schon aufgrund des Zusammenhangs zwischen Sicherungsmaßnahmen und Risikoanalyse. Wird die Risikoanalyse aktualisiert (→ Rn. 54), kann Bedarf entstehen, auch die Sicherungsmaßnahmen anzupassen.[123] Eine Änderung der Sicherungsmaßnahmen ist in diesem Fall nicht immer zwingend. Voraussetzung ist eine signifikante Änderung der Risikosituation. Es muss zum festen Bestandteil der Aktualisierung der Risikoanalyse werden, die Auswirkungen auf die Sicherungsmaßnahmen zu untersuchen. Dasselbe gilt, wenn sich zwar nicht die Risikosituation ändert, aber zB ein unternehmensintern definierter Prozess oder andere Sicherungsmaßnahme Verdachtsfälle nicht effektiv erkennen hilft oder wenn beim Ablauf immer wieder Fehler passieren. Es kann dann Bedarf bestehen, Optimierungen vorzunehmen bzw. zusätzliche Maßnahmen zu treffen. Änderungsbedarf kann sich auch ergeben bei Gesetzesänderungen oder bei Aktualisierung der FIU-Typologien, wenn sich daraus Erkenntnissen über neue Methoden der Geldwäsche oder Terrorismusfinanzierung ergeben.[124] Verpflichtete müssen daher regelmäßig Kontrollen durchführen, ob die Sicherungsmaßnahmen überhaupt wirken. Ein Unternehmen, das nie intern Verdachtsmeldungen erhält, sollte überprüfen, woran dies liegt und ob Fehler vorliegen, die ggf. abzustellen sind. Dies kann, je nach Situation durch zusätzliche Trainings entsprechender Zielgruppen geschehen oder indem man das Auffinden des Meldetools verbessert, Prozessbeschreibungen vereinfacht oder Mitteilungen des Managements an eine größere Gruppe oder Einheit versendet, wenn dort die Erwartungshaltung der Leitung kommuniziert werden muss, wie die Geldwäsche-Compliance im Unternehmen funktioniert (*„tone from the top"*).

III. Auslagerung („Outsourcing")

107 Verpflichtete dürfen interne Sicherungsmaßnahmen „*durch einen Dritten ausführen lassen*" (§ 6 Abs. 7 S. 1 GwG). Das gilt für einzelne Sicherungsmaßnahmen genauso wie für die Gesamtheit aller Sicherungsmaßnahmen. Beratungs- und Unterstützungsleistungen, die den Verpflichteten erst in die Lage versetzen, interne Sicherungsmaßnahmen zu entwer-

---

[122] Zentes/Glaab/Kaetzler GwG § 6 Rn. 20 ff.
[123] BT-Drs. 18/11555, 110 zu § 6 Abs. 1 GwG.
[124] AuA Nichtfinanzsektor, S. 12, Ziff. 3.3.

fen, gelten nicht als Auslagerung.¹²⁵ Voraussetzung ist eine „*vertragliche Vereinba*rung" *(Auslagerungsvereinbarung)* mit dem Dritten und eine (schriftliche) Mitteilung an die Aufsichtsbehörde *(„Auslagerungsanzeige")*. Anzeigepflichtig ist der Verpflichtete, nicht der externe Dienstleister. Die Aufsichtsbehörde kann der Übertragung widersprechen und die Rückübertragung auf den Verpflichteten verlangen, wenn der Dritte *„nicht die Gewähr dafür bietet, dass die Sicherungsmaßnahmen ordnungsgemäß durchgeführt werden"*, dh nicht ausreichend zuverlässig ist oder wenn die *„Steuerungsmöglichkeiten des Verpflichteten"* oder *„die Möglichkeit der Behörde zur Aufsicht"* beeinträchtigt werden (§ 6 Abs. 7 S. 2 GwG). Der Verpflichtete muss in der Auslagerungsanzeige an die Behörde darlegen, *„dass die Voraussetzungen* [für einen Widerruf] *nicht vorliegen"* (§ 6 Abs. 7 S. 3 GwG). Die AuA Nichtfinanzsektor (→ § 1 Rn. 13) erläutern dazu, dass der Verpflichtete dies selbst *(„in eigenen Worten")*, vollständig und schriftlich verfassen muss. Erwartet wird, dass die vertragliche Vereinbarung mit dem Dienstleister vorgelegt wird. Die Aufsichtsbehörden behalten sich vor, Nachweise über die Eignung des Dienstleisters zu verlangen wie zB Lebensläufe, Lehrgangsbescheinigungen oder andere Referenzen, die sich explizit auf geldwäscherechtliche Pflichten und Erfahrungen beziehen. Ein erfahrener IT-Dienstleister soll zB nicht ohne weiteres auch ein geeigneter Dienstleister im Hinblick auf das GwG sein. Der Dienstleister muss neben dem erforderlichen Fachwissen auch über die Mittel und Möglichkeiten verfügen, um die ihm übertragenen Leistungen in angemessener Form zu erbringen. Ggf. werden weitere Unterlagen oder Leistungsnachweise *(„Leistungsscheine")* verlangt. Die Aufsichtsbehörde kann ein Formular *(„Vordruck")* für die Auslagerungsanzeige zur Verfügung stellen; die Auslagerungsanzeige kann aber ungeachtet dessen formlos erfolgen. Je nach landesrechtlicher Gebührenregelung kann die Prüfung, dass keine Widerrufsgründe vorliegen, kostenpflichtig sein.¹²⁶

> **Praxishinweis:**
> Eine Checkliste zur Prüfung, ob vertraglich wichtige Punkte der Auslagerung bedacht sind, ist den AuA im Nichtfinanzsektor (→ § 1 Rn. 13) beigefügt. Wegen des theoretisch möglichen Widerrufs durch die Aufsichtsbehörde sollte in den Vertrag mit dem Dritten ein Sonderkündigungsrecht aufgenommen werden.¹²⁷

108

Die AuA Nichtfinanzsektor (→ § 1 Rn. 13) gehen immer dann von einer Auslagerung der Sicherungsmaßnahmen aus, wenn eine abweichende (natürliche oder juristische) Person die Maßnahmen anstelle des Verpflichteten wahrnimmt. Auslagerungen können danach auch innerhalb von Unternehmensgruppen vorkommen, zB wenn die Muttergesellschaft als zentrale Einheit Maßnahmen der Tochter übernimmt.¹²⁸ In der Bestellung eines Geldwäschebeauftragten für Tochterunternehmen bei der Muttergesellschaft einer Gruppe liegt daher aus Sicht der Tochtergesellschaft eine Auslagerung von Sicherungsmaßnahmen iSd § 6 Abs. 7 GwG. Auf die Bestellung eines Gruppen- oder Konzerngeldwäschebeauftragten nach § 9 GwG (→ Rn. 189) findet § 6 Abs. 7 GwG keine Anwendung. Die Verantwortung für die Einhaltung, Angemessenheit und Effektivität der Sicherungsmaßnahmen verbleibt auch bei Auslagerung stets beim Verpflichteten (§ 6 Abs. 7 S. 4 GwG). Anderenfalls drohen Bußgelder und andere aufsichtsrechtliche Maßnahmen wegen mangelnder Durchführung der Sicherungsmaßnahmen. Daraus ergibt sich eine Pflicht zur regelmäßigen Überprüfung, ob die von dem externen Dritten durchgeführten Sicherungsmaßnahmen angemessen und wirksam sind. Ggf. festgestellte Mängel müssen beseitigt werden.¹²⁹

109

---

¹²⁵ AuA Nichtfinanzsektor, S. 24, Ziff. 3.3.9.
¹²⁶ AuA Nichtfinanzsektor, S. 24 f., Ziff. 3.3.9.
¹²⁷ AuA Nichtfinanzsektor, S. 24 f., Ziff. 3.3.9.
¹²⁸ AuA Nichtfinanzsektor, S. 24, Ziff. 3.3.9.
¹²⁹ AuA Nichtfinanzsektor, S. 26, Ziff. 3.3.9.

110 § 6 Abs. 7 GwG beruht nicht auf Vorgaben der RL (EU) 2015/849. Bis zur GwG-Novelle 2017 (→ § 1 Rn. 12) sah das GwG ein (noch aufwendigeres) Genehmigungsverfahren vor, von dem die Behörden und Verpflichteten entlastet werden sollten.[130] Tatsächlich hat man mit der Neuregelung den Aufwand und die Darlegungslast einseitig auf die Verpflichteten verlagert. Eine Entlastung der Behörden tritt allenfalls in zeitlicher Hinsicht ein. Ausreichend wäre gewesen, für die Übertragung auf Dritte eine sorgfältige Auswahl und intern beim Verpflichteten eine entsprechende Dokumentation zu verlangen. Die Vorschrift zeugt von mangelndem Vertrauen gegenüber den Verpflichteten, da die Haftung für die ordnungsgemäße Durchführung der Sicherungsmaßnahmen in jedem Fall bei ihnen verbleibt. Der Erfolg von extern durchgeführten Sicherungsmaßnahmen zeigt sich in der Umsetzung der geldwäscherechtlichen Pflichten im Unternehmen und kann dort von den Aufsichtsbehörden geprüft werden.[131] Die Vorschrift ist praxisfern und entspringt gesetzgeberischen Kontrollfantasien. Von risikobasiertem Ansatz (→ § 1 Rn. 14) weit und breit keine Spur. Die Auslegung durch die Aufsichtsbehörden erweckt zusätzlich den Eindruck, dass eine Auslagerung auf bürokratischem Weg erschwert werden soll. Dass der Vertrag mit dem Dritten der Aufsicht vorgelegt werden müsse, ist zB in dieser Pauschalität sicher nicht zutreffend. Es besteht eine gesetzliche Pflicht zur Anzeige der Tatsache, dass Sicherungsmaßnahmen ausgelagert werden, nicht unter welchen vertraglichen Bedingungen der Dritte die Ausführung übernimmt. Tatsächlich kann die Aufsichtsbehörde dies nur im Rahmen aufsichtsrechtlicher Maßnahmen (→ § 9 Rn. 1) bei Prüfung des Verpflichteten verlangen.

IV. Befreiungsmöglichkeiten

111 Das GwG enthält keine Vorschrift, die explizit eine Befreiung von Sicherungsmaßnahmen vorsieht. Allerdings kann die *„Aufsichtsbehörde anordnen, dass auf einzelne Verpflichtete oder Gruppen von Verpflichteten [...] die Vorschriften des § 6 Abs. 1 bis 6 GwG risikoangemessen anzuwenden sind."* (§ 6 Abs. 9 GwG). Hinter der kaum verständlichen Formulierung versteckt sich die Befugnis der Aufsichtsbehörden, Erleichterungen oder Befreiungen von einzelnen Sicherungsmaßnahmen oder -theoretisch – von der Pflicht zur Durchführung von Sicherungsmaßnahmen zu erteilen. Durch die Vorschrift soll eine flexible Handhabung des § 6 GwG ermöglicht werden, die den individuellen Bedürfnissen der verschiedenen Verpflichteten Rechnung trägt. Voraussetzung einer Befreiung oder Erleichterung soll allerdings entgegen dem weit allgemeineren Wortlaut der Vorschrift sein, dass bei dem Unternehmen lediglich ein geringes Risiko der Geldwäsche oder Terrorismusfinanzierung vorliegt. Maßgebliches Kriterium für Befreiungen oder Erleichterungen sind außerdem Art und Umfang des Geschäfts.[132] Auf Basis der Vorschrift haben zB die Bundesrechtsanwaltskammern, Notarkammern und Wirtschaftsprüferkammern Befreiungen von der Pflicht zu Sicherungsmaßnahmen für Anwaltskanzleien, Notariate und Wirtschaftsprüfervereinigungen, mit nur wenigen Mitarbeitern erteilt.[133] Die Vorschrift hat bei Güterhändlern wegen der Privilegierung des § 4 Abs. 5 GwG keinen erkennbaren praktischen Anwendungsbereich. Bei privilegierten Güterhändlern bedarf es keiner Ausnahme. In Bezug auf nicht-privilegierte Güterhändler ist schwer vorstellbar, dass die Aufsichtsbehörden Ausnahmen von der Pflicht zu internen Sicherungsmaßnahmen genehmigen, die das Gesetz ab dieser Schwelle gerade anordnet. Allenfalls ist die Vorschrift anwendbar auf kleine und mittlere Betriebe (KMU) mit überschaubarem Kunden- und Wirkungskreis bzw. mit Produkten, die kein nennenswertes Risiko der Geldwäsche haben und die nur ganz ausnahmsweise Transaktionen ab den Schwellenwerten des § 4 Abs. 5 GwG durchführen. Ein

---
[130] BT-Drs. 18/11555, 112 zu § 6 Abs. 7 GwG.
[131] S. AuA Nichtfinanzsektor, S. 26, Ziff. 3.3.9.
[132] Herzog/Herzog GwG § 6 Rn. 30 f.
[133] S. exemplarisch die Veröffentlichung der Bundessteuerberaterkammer vom 11.2.2009, DStR 2009, 393 f.

E. Sicherungsmaßnahmen   § 4

leichtfertiger (→ § 2 Rn. 29) Verstoß gegen eine Anordnung nach § 6 Abs. 9 GwG ist bußgeldbewehrt (§ 56 Abs. 1 Nr. 5 GwG). Unklar ist, wie man gegen Befreiungen und Erleichterungen verstoßen könnte. Wer Sicherungsmaßnahmen nicht durchführt, zu denen er verpflichtet ist, riskiert jedenfalls ein Bußgeld wegen Verstoßes gegen die entsprechende geldwäscherechtliche Pflicht.

V. Regelbeispiele

Ausgehend von der Risikoanalyse müssen nicht-privilegierte Güterhändler (→ § 4 Rn. 4) „*interne Sicherungsmaßnamen schaffen, um die Risiken von Geldwäsche und Terrorismusfinanzierung [...] zu steuern und zu mindern*" (§ 6 Abs. 1 S. 1 GwG). Interne Sicherungsmaßnahmen sind unter anderem die in § 6 Abs. 2 GwG aufgezählten Maßnahmen. Diese werden als Regelbeispiele verstanden (*„insbesondere"*).[134] In der Regel müssen alle Sicherungsmaßnahmen durchgeführt werden. Nur ausnahmsweise und unter Darlegung der besonderen Gründe wird man von den im Gesetz aufgeführten Maßnahmen absehen oder diese modifizieren können. Dies ist am Ehesten vorstellbar bei sehr kleinen Unternehmen, deren Geschäfte keine besonderen Risiken aufweisen oder wenn die Maßnahmen strukturell nicht passen, wie zB bei Syndikusrechtsanwälten (→ § 11 Rn. 12). Für sie kommen uU auch Befreiungsmöglichkeiten in Betracht. Die Liste in § 6 Abs. 2 GwG ist nicht abschließend („insbesondere"). Das Gesetz enthält zB in § 6 Abs. 5 und 6 GwG weitere Maßnahmen, die verpflichtend sind. Darüber hinaus können Sicherungsmaßnahmen erforderlich werden, die nicht explizit im Gesetz genannt sind.[135] Sicherungsmaßnahmen ergeben sich risikobasiert aus den Ergebnissen der Risikoanalyse bzw. je nach Art und Umfang der Geschäftstätigkeit des Unternehmens. Logische Voraussetzung der Verdachtsmeldepflicht ist zB ein internes Meldewesen (→ § 7 Rn. 99). Üblich ist auch, soweit nicht schon außenwirtschaftlich und exportkontrollrechtlich erforderlich, die Prüfung von Geschäftspartnern gegen sogenannte Sanktionslisten und Terrorismuswarnlisten (→ § 8 Rn. 9), obwohl dies im GwG an keiner Stelle explizit erwähnt wird.

112

> **Praxishinweis:**
>
> Die Kundensorgfaltspflichten sind zwar kundenbezogene Maßnahmen, aber keine Sicherungsmaßnahmen iSd § 6 Abs. 2 GwG. Auch wenn sie dazu dienen Risiken zu erkennen bzw. zu bearbeiten, sind sie nicht Teil des Risikomanagements iSd §§ 4 ff. GwG, sondern von diesem zu unterscheidende, kunden- bzw. transaktionsbezogene Maßnahmen eigener Art. Die Sicherungsmaßnahmen bereiten die Sorgfaltspflichten in organisatorischer Hinsicht vor und ermöglichen diese durch die entsprechenden internen Arbeitsanweisungen, Verfahren und Instrumente (Tools) bzw. Schulungen und ggf. sonstigen Maßnahmen.

113

VI. Grundsätze, Verfahren und Kontrollen

§ 6 Abs. 1 S. 1 GwG verpflichtet zur Schaffung von „*Grundsätzen, Verfahren und Kontrollen*" in Bezug auf näher aufgeführte Risiken und Pflichten des GwG. Mit: „*Grundsätzen*" sind interne Richtlinien, Rundschreiben, Arbeitsanweisungen und Checklisten gemeint.[136] Sie enthalten Anordnungen der Geschäftsleitung, wie die gesetzlichen Pflichten im Unternehmen umzusetzen sind, welche Zuständigkeiten und Abläufe (Verfahren und Prozesse) dafür bestehen und wie diese ausgestaltet sind bzw. welche Hilfsmittel (Tools) ggf. Verwendung finden. Unter Kontrollen werden nicht nur Prozess- und Qualitätskontrollen im

114

---
[134] BT-Drs. 18/11555, 110 zu § 6 Abs. 1 und 2 GwG.
[135] AuA Nichtfinanzsektor, S. 12, Ziff. 3.3.
[136] AuA Nichtfinanzsektor, S. 12, Ziff. 3.3.1.

Sinne eines Internen Kontrollsystems (IKS) verstanden, die die Wirksamkeit und Effektivität der Geldwäsche-Compliance iSd Angemessenheit und Aktualisierungspflicht überwachen helfen. Vielmehr werden darunter auch Überwachungs- und Monitoringsysteme zur Ermittlung geldwäscherechtlich relevanter Sachverhalte und Auffälligkeiten subsumiert. In § 6 Abs. 2 Nr. 1 GwG sind konkrete Themenbereiche aufgeführt, auf die sich die Grundsätze, Verfahren und Kontrollen beziehen müssen. Auch diese Vorschrift ist nicht abschließend, sondern beispielhaft und ohne Anspruch auf Vollständigkeit. Ohne dass es explizit erwähnt wird, gehört zB zu jeder Sicherungsmaßnahme die Festlegung klarer Zuständigkeiten im Unternehmen.[137] Anweisungen, Verfahren und Kontrollen zur Geldwäsche müssen daher mind. regeln:

- den angemessenen Umgang mit den unternehmensspezifischen Risiken der Geldwäsche und Terrorismusfinanzierung. Das umfasst die Anfertigung einer unternehmensspezifischen Risikoanalyse und die Dokumentation der daraus abgeleiteten Sicherungsmaßnahmen.
- die Durchführung der (allgemeinen, vereinfachten und ggf. verstärkten) Sorgfaltspflichten („Kundensorgfaltspflichten") der §§ 10–17 GwG.
- die Erfüllung der Verdachtsmeldepflicht des § 43 Abs. 1 GwG und in diesem Zusammenhang die Einführung eines internen Verdachtsmeldewesens.
- die Einhaltung der Aufzeichnungspflichten nach § 8 GwG.

115 Praxishinweis:
Unter Buchstabe e verweist die Vorschrift ohne nähere Konkretisierung auf die Einhaltung der sonstigen geldwäscherechtlichen Vorschriften. Dabei handelt es sich um Sondervorschriften unter anderem des KWG, des ZAG oder der Geldtransferverordnung. Diese haben für Güterhändler keine Bedeutung.

VII. Geldwäschebeauftragter

1. Rechtsgrundlage

116 Zu den internen Sicherungsmaßnahmen gehört die „*Bestellung eines Geldwäschebeauftragten und eines Stellvertreter gemäß § 7 GwG*" (§ 6 Abs. 2 Nr. 2 GwG). § 7 GwG konkretisiert die in § 6 Abs. 2 Nr. 2 GwG verankerte Pflicht. Diese war im Kern schon im GwG 1993 (→ § 1 Rn. 12) enthalten. Sie wurde im Laufe der Jahre immer detaillierter. Die RL (EU) 2015/849 verpflichtet nicht zur Benennung eines Geldwäschebeauftragten.[138] Lange Zeit galt die Pflicht nur im Finanzsektor. Nach dem Deutschlandbericht der FATF aus 2010 (→ § 1 Rn. 4) wurde die Pflicht im Jahr darauf auch auf den Nichtfinanzsektor ausgedehnt. Der Geldwäschebeauftragte ist die *zentrale Figur* zur Umsetzung der Geldwäschepräventionsmaßnahmen im Unternehmen. Seine Tätigkeit ist stark mit hoheitlichen Tätigkeiten und Funktionen durchsetzt, was die Frage aufwirft, in wessen Interesse er eigentlich tätig ist.[139] Zu beachten ist, dass § 7 GwG – wie der gesamte Abschnitt 2 – auf privilegierte Güterhändler (→ § 4 Rn. 4) nicht anwendbar ist.

117 Praxishinweis:
Soweit Güterhändler ohne dazu nach § 7 Abs. 3 GwG verpflichtet zu sein, einen Geldwäschebeauftragten bestellen und bei der Aufsichtsbehörde angeben, wird dieser nicht als Geldwäschebeauftragter iSd § 7 GwG betrachtet. Die im Gesetz beschriebenen

---

[137] AuA Nichtfinanzsektor, S. 12, Ziff. 3.3.1.
[138] Der in Art. 8 Abs. 4 Buchst. a RL (EU) 2015/849 genannte Beauftragte ist auf Leitungsebene zu bestellen und entspricht daher dem Verantwortlichen gemäß § 4 Abs. 3 GwG, nicht dem Geldwäschebeauftragten.
[139] Zentes/Glaab/Kaetzler GwG § 7 Rn. 2.

E. Sicherungsmaßnahmen § 4

Rechte und Pflichten gelten für ihn nicht, sofern sie nicht einzelvertraglich vereinbart werden.[140]

2. Anordnung der Aufsichtsbehörde

Gem. § 7 Abs. 3 GwG ist Voraussetzung für die Bestellung eines Geldwäschebeauftragen bei Güterhändlern, dass die zuständige Aufsichtsbehörde die Bestellung anordnet. Nach S. 1 der Vorschrift „*kann die Aufsichtsbehörde dies anordnen, wenn sie es für angemessen hält*" (§ 7 Abs. 3 S. 1 GwG). Dabei muss sie alle Umstände des Einzelfalls abwägen („pflichtgemäßes Ermessen"). Nach S. 2 „*soll die zuständige Aufsichtsbehörde die Bestellung eines Geldwäschebeauftragten anordnen bei Güterhändlern, deren Haupttätigkeit im Handel mit hochwertigen Gütern besteht*" (→ Rn. 120) („gebundenes Ermessen"). Anordnungen der Aufsichtsbehörde nach § 7 Abs. 3 GwG sind Verwaltungsakte. Sie können individuell oder in Form der Allgemeinverfügung ergehen, dh als Verwaltungsakt, der sich an einen größeren Personenkreis richtet (§ 35 S. 2 VwVfG). Die Allgemeinverfügung beschreibt im Detail zB in welchen Branchen, ab welcher Unternehmensgröße und unter welchen weiteren Voraussetzungen ggf. ein Geldwäschebeauftragter zu bestellen ist.[141] Allgemeinverfügungen werden im jeweiligen Veröffentlichungsorgan (Anzeigeblatt) und auf den Internetseiten der Aufsichtsbehörde veröffentlicht. Sie sind vollziehbar, auch wenn die Verpflichteten davon keine Kenntnis haben. Sie erlangen Rechtskraft binnen eines Monats nach Veröffentlichung. Gegen eine Anordnung nach § 7 Abs. 3 GwG sind Widerspruch (§ 70 VwGO) und Anfechtungsklage (§ 42 Abs. 1 Alt. 1 VwGO) zulässig. Rechtsmittel haben keine aufschiebende Wirkung (§ 51 Abs. 2 S. 3 GwG); ggf. muss flankierend einstweiliger Rechtsschutz beantragt werden. Wer entgegen einer vollziehbaren Anordnung nach § 7 Abs. 3 GwG keinen Geldwäschebeauftragten ernennt oder nur mit Verspätung, begeht eine Ordnungswidrigkeit, die bereits im Fall einfacher Fahrlässigkeit mit Bußgeld geahndet werden kann (§ 56 Abs. 2 Nr. 3 GwG). 118

Praxishinweis:
Beispielsweise hat das Regierungspräsidium Darmstadt am 6.6.2020 eine Allgemeinverfügung für Güterhändler mit Hauptsitz im Regierungsbezirk Darmstadt erlassen. Diese verpflichtet sie zur Bestellung eines Geldwäschebeauftragten auf Führungsebene (→ Rn. 129) und eines Stellvertreters, sofern sie gewerblich bestimmte hochwertige Güter vertreiben. Abschließend genannt sind Edelmetalle (wie Gold, Silber oder Platin), Kupfer, seltene Erden, Edelsteine, Schmuck oder Uhren, Kunstgegenstände oder Antiquitäten, Kraftfahrzeuge, Schiffe oder Motorboote oder Luftfahrzeuge. Weitere Voraussetzung ist, dass der Handel mit diesen Gütern die Haupttätigkeit darstellt, weil damit über 50 % des Gesamtumsatzes im vorherigen Wirtschaftsjahr erzielt wurden und das Unternehmen am 31.12. des vorherigen Wirtschaftsjahres insgesamt mind. zehn Mitarbeiter in den Bereichen Akquise, Kasse, Kundenbuchhaltung, Verkauf, Vermittlung und Vertrieb einschließlich Leitungspersonal (insbes. Geschäftsführung) beschäftigte. Schließlich ist erforderlich, dass das Unternehmen Geschäftsvorgänge nicht ausschließt (→ Rn. 129), bei denen es Zahlungen ab den Schwellenwerten des § 4 Abs. 5 GwG annimmt oder tätigt. Diese Allgemeinverfügung gilt am Tag nach ihrer öffentlichen Bekanntmachung im Staatsanzeiger als bekannt gegeben.[142] 119

---

[140] AuA Nichtfinanzsektor, S. 17, Ziff. 3.3.2.8.
[141] AuA Nichtfinanzsektor, S. 9, Ziff. 2.5.
[142] S. unter https://rp-darmstadt.hessen.de/sites/rp-darmstadt.hessen.de/files/Allgemeinverf%C3%BCgung_2020_G%C3%BCterh%C3%A4ndler_final%20%28002%29_0_2.pdf, Zugriff am 15.10.2021.

3. Handel mit Hochwertigen Gütern

120 Die Befugnis der Aufsichtsbehörde zur Anordnung eines Geldwäschebeauftragten gemäß § 7 Abs. 3 S. 2 GwG setzt voraus, dass die Haupttätigkeit (→ § 3 Rn. 16) des Güterhändlers im Handel mit hochwertigen Gütern besteht. Im Rahmen der oben beispielhaft zitierten Allgemeinverfügung (→ Rn. 119) wird daher explizit darauf abgestellt, dass mehr als 50 % des Umsatzes im Handel mit hochwertigen Gütern erzielt wird. Einkaufsaktivitäten und Aufwände (Kosten) für die Beschaffung hochwertiger Güter sind für die Beurteilung der Haupttätigkeit nicht relevant.

121 **Definition:**
Hochwertige Güter sind gemäß § 1 Abs. 10 GwG *„Gegenstände, die sich [...] von Gebrauchsgegenständen des Alltags abheben oder [...] keine Alltagsanschaffung darstellen."* Zur Abgrenzung hochwertiger Güter von Alltagsgegenständen wird auf die *„Beschaffenheit, den Verkehrswert bzw. Preis oder den bestimmungsgemäßen Gebrauch des Gegenstands abgestellt."* Keine Rolle spielt dagegen, ob die hochwertigen Güter gegen Bargeld (→ Rn. 23) vertrieben werden. Beispielhaft nennt das Gesetz die folgenden Güter: *„Edelmetalle wie Gold, Silber, Platin, Edelsteine, Schmuck und Uhren, Kunstgegenstände und Antiquitäten, Kraftfahrzeuge, Schiffe und Motorboote sowie Luftfahrzeuge."*

122 Die Definition hochwertiger Güter wurde durch das GwG 2013 (→ § 1 Rn. 12) eingefügt. Sie beruht nicht auf Vorgaben der RL (EU) 2015/849. Im Zuge der GwG-Novelle 2017 (→ § 1 Rn. 12) wurde die Regelung ohne inhaltliche Änderung zu § 1 Abs. 10. Der Begriff wird nur in § 7 Abs. 3 S. 2 GwG verwendet. Er hat ausschließlich Bedeutung für die behördliche Befugnis gegenüber Güterhändlern die Bestellung eines Geldwäschebeauftragten anzuordnen. Der Vertrieb hochwertiger Güter löst als solches weder die Risikomanagement-Pflicht (→ Rn. 1) noch Kundensorgfaltspflichten (→ § 5 Rn. 1) aus. § 1 Abs. 10 GwG definiert auch nicht das Produktrisiko (→ Rn. 98). Es besteht nur eine partielle Überlappung der Begriffe. Die Vorschrift grenzt in schwer verständlicher Art und Weise Luxuswaren von Alltagsartikeln ab. Den Regelbeispielen liegt dabei die überkommene Vorstellung zugrunde, dass Kriminelle die Früchte strafbarer Handlungen in Pelzwaren, teuren Schmuck und Uhren, schnelle Autos, Yachten und private Flugzeuge investieren.[143] Zum Teil ist schon unklar, was mit den Regelbeispielen gemeint ist (s. zu Edelmetallen → Rn. 8). Darüber hinaus gibt es Studien, wonach Konsum- und Luxusgüter wie Uhren, Kraftfahrzeuge, teure Yachten, etc gerade nicht für Geldwäsche geeignet seien. Mit Ausnahme von Kunstgegenständen und Antiquitäten wird bei ihnen keine ausreichende Wertstabilität gesehen. Sie stellen keine übliche Handelsware dar, so dass man sie zumindest in größeren Mengen nur schwer verkaufen kann, ohne Aufmerksamkeit auf sich zu ziehen.[144] Demgegenüber stehen Presseberichte, wonach Helfer der südamerikanischen Drogenmafia Gewinne aus illegalem Drogenverkauf über den Ankauf von Luxusuhren in den Nahen Osten verbracht haben sollen.[145] Aufgrund der Anordnung in § 1 Abs. 10 GwG handelt es sich jedenfalls in aller Regel um hochwertige Güter. Die Abgrenzung zwischen Alltags- und Luxuswaren muss allerdings auch in Bezug auf die Regelbeispiele vorgenommen werden. Während (echte) Edelsteine, (echter) Schmuck oder teure Luxusuhren hochwertige Güter sind, ist dies bei unechten Preziosen und unechtem Schmuck bzw. billigem Modeschmuck oder Armbanduhren von der Stange genauso offensichtlich nicht der Fall, obwohl sie vom Wortlaut („Uhren, Schmuck") erfasst sind. Bei Kreuzfahrtschiffen und Großraumflugzeugen ist die Problematik ähnlich. Um Alltagsge-

---

[143] Zentes/Glaab/Kaetzler GwG § 1 Rn. 103.
[144] Bussmann/Vockrodt CB 2016, 138 (139).
[145] https://www.dw.com/de/bande-soll-in-deutschland-millionen-gewaschen-haben/a-46265031, Zugriff am 28.8.2011.

E. Sicherungsmaßnahmen § 4

genstände handelt es sich sicherlich nicht. Aber auch nicht um typische Luxusartikel. Anders mag dies beim Vertrieb von Luxusyachten oder kleineren Sport- und Linienflugzeugen sein. Auf dieselbe Weise wird man zB teurere Luxusfahrzeuge und Fahrzeuge von Premium-Herstellern als hochwertige Güter definieren können, aber warum ältere Gebrauchtwagen gängiger Marken vom Händler an der Ecke? Der Verkauf gegen Bargeld spielt für die Einstufung keine Rolle. Das Zahlungsmittel ist laut § 1 Abs. 10 GwG nicht Bewertungskriterium. Bargeldzahlungen machen nicht das Produkt zum Problem. Es liegt dann ein Transaktionsrisiko (→ Rn. 92) vor. Dieselbe Problematik besteht außerhalb der in der Definition aufgeführten Regelbeispiele. Teure Pelzmäntel, Designer-Kleider oder Maßanfertigungen kommen als hochwertige Güter in Frage, Alltagskleidung von der Stange sicher nicht. Aus alledem wird gefolgert, dass § 1 Abs. 10 GwG nur eine widerlegbare Vermutung aufstellt, dass es sich bei den von der Vorschrift erfassten Gütern um hochwertige Güter handelt.[146] Tatsächlich gibt der strikte Wortlaut der Vorschrift keinen Hinweis darauf, dass dahinter nur eine Vermutung steckt. Diese Auslegung folgt eher praktischer Notwendigkeit und um zu verhindern, dass der Anwendungsbereich ausufert.

> **Praxishinweis:** 123
> Bereits seit den 1990er Jahren gilt der Handel mit Diamanten als fast paradiesischer Rahmen für Geldwäsche und Terrorismusfinanzierung. Sie eigenen sich für alle Phasen der Geldwäsche. Terroristische Gruppierungen wie Al Quaida sollen sich mit dem Handel mit Diamanten finanziert haben.[147] Sie können leicht transportiert werden, ihre Lagerung zB in Zollfreilagern stellt keine allzu hohen Anforderungen und sie binden große Mengen Kapital. Die tatsächliche Herkunft von Diamanten kann nur mit sehr aufwendigen Methoden nachvollzogen werden und ist leicht zu verschleiern. Herkunftszertifikate bieten keinen sicheren Schutz. Der Handel erfolgt vielfach gegen Barzahlung. Der Schliff der Diamanten rechtfertigt einen hohen Preisaufschlag, der nach nicht transparenten Kriterien gebildet wird. Für Laien ist nicht ersichtlich, wie viele und welche Schliffe an einem Rohdiamanten vorgenommen wurden. Eine Überprüfung sämtlicher Transaktionen eines Schmuckhändlers oder Juweliers ist den Aufsichtsbehörden nicht möglich.[148]

Maschinen und Anlagen sind den Regelbeispielen in § 1 Abs. 10 GwG nicht vergleichbar, so dass sie ungeachtet eines „hohen" Preises nicht generell und vorschnell als hochwertige (Luxus-) Güter gelten sollten. Allein der Verkehrswert oder Preis einer Ware begründet die Eigenschaft als hochwertiges Gut nicht. Anderenfalls wären völlig undifferenziert alle Güter hochwertig, die nicht nur wenige EUR kosten. Maschinen und Anlagen aus industrieller Produktion haben hohe Verkehrswerte bzw. erzielen hohe Marktpreise. Sie sind nicht das, was man gemeinhin als Alltagsgegenstand bezeichnen würde. Gleichzeitig sind sie keine Luxuswaren, sondern je nach Art für den industriellen, gewerblichen oder handwerklichen Bedarf der Kunden gedacht. Sofern sie zB nur aufwendig zu verschiffen bzw. zu transportieren sind, nicht ohne technisches Know-How und Personal montiert, in Betrieb gesetzt und betrieben werden können oder wo es keinen Markt für einen schnellen Wiederverkauf gibt, liegt es nicht nahe ein erhöhtes Produktrisiko (→ Rn. 98) anzunehmen, insbesondere, wenn der Vertrieb solcher Güter nicht gegen Bargeld erfolgt. Wegen der Gleichsetzung des Begriffs Güter mit Vermögensgegenständen aller Art (→ § 3 Rn. 12) kommen theoretisch selbst immaterielle Vermögenswerte, etwa Forderungen und Rechte oder Wertpapiere, als hochwertige Güter in Frage. Unklar ist, wie man diese von Alltagsgegenständen abgrenzen wollte. Die Regelbeispiele in § 1 124

---

[146] Zentes/Glaab/Kaetzler GwG § 1 Rn. 104.
[147] Wall Street Journal vom 16.11.2001; https://www.wsj.com/articles/SB1005860635600904840; Zugriff am 15.10.2021.
[148] Ausf. bei Teichmann/Park CB 2018, 183.

Abs. 10 GwG legen jedenfalls nahe, dass der Begriff unter hochwertigen Gütern eher materielle Güter zu verstehen sind.

4. Bestellung und Entpflichtung

125 Der Tätigkeit des Geldwäschebeauftragten liegt eine Beauftragung iRd Arbeitsverhältnisses oder – bei externen Dienstleistern (→ Rn. 140) – ein gesonderter Geschäftsbesorgungsvertrag zugrunde. Zulässig ist, dass ein Geldwäschebeauftragter für mehrere rechtlich selbständige Tochtergesellschaften bestellt wird. Dabei ist zu beachten, dass ggf. eine Auslagerung nach § 6 Abs. 7 GwG vorliegt. *„Der Aufsichtsbehörde muss die Bestellung oder Entpflichtung des Geldwäschebeauftragten vorab angezeigt werden"* (§ 7 Abs. 4 S. 1 GwG). Es handelt sich um eine reine Anzeigepflicht (Mitteilungspflicht), nicht um ein Genehmigungsverfahren.[149] Erwartet wird, dass bereits der Bestellanzeige Nachweise über die ausreichende Qualifikation des Geldwäschebeauftragten sowie zu seiner Zuverlässigkeit vorgelegt werden. Dazu gehört eine Übersicht über den beruflichen Werdegang, Nachweise über die geldwäscherechtliche Ausbildung oder die Teilnahme an Schulungsveranstaltungen sowie ein Auszug aus dem Bundeszentralregister (Führungszeugnis) oder ggf. dem Gewerbezentralregister.[150] Der Verpflichtete soll die Gründe seiner Entscheidung, die Person zum Geldwäschebeauftragten zu ernennen, kurz skizzieren.[151] Die Bestellungsanzeige muss erfolgen bevor der Geldwäschebeauftragte seine Arbeit aufnimmt, da die Aufsichtsbehörde der Bestellung widersprechen kann.[152] Auch vor der Abberufung (Entpflichtung) eines Geldwäschebeauftragten ist der Aufsichtsbehörde Mitteilung zu machen. Eine Änderung der Allgemeinverfügung (→ Rn. 119) begründet dagegen keine Anzeigepflicht, es sei denn es gibt gleichzeitig Änderungen in der Person des Geldwäschebeauftragten.

126 *„Die Aufsichtsbehörde kann den Widerruf der Bestellung einer Person zum Geldwäschebeauftragten verlangen, wenn die Person nicht die erforderliche Qualifikation oder Zuverlässigkeit aufweist"* (§ 7 Abs. 4 S. 2 GwG). Eine Frist hierfür sieht das Gesetz nicht vor. Aus Gründen der Verhältnismäßigkeit kann es sich aber nur um eine zeitnahe Rückmeldung – einige Tage bis eventuell wenige Wochen – nach der Mitteilung durch den Verpflichteten handeln. Vorstellbar ist ein späterer Widerruf nur, sofern die Unzuverlässigkeit erst später eintritt oder bekannt wird (zB spätere Verfehlungen oder Gesetzesverstöße). Da das Gesetz keine ausdrücklichen Anforderungen an die Qualifikation des Geldwäschebeauftragten stellt, kommt die Anordnung des Widerrufs nur bei evidenten Mängeln der persönlichen oder fachlichen Qualifikation in Frage. Die Behörde kann nicht verlangen, eine ihr „passende" Person zum Geldwäschebeauftragten zu bestellen. Anhaltspunkte können sich aus (Vorkommnissen im Rahmen) einer vorherigen Beschäftigung ergeben oder auch aus den Ergebnissen einer aufsichtsrechtlichen Prüfung beim Verpflichteten.[153] Die Behörde kann die Ernennung eines Geldwäschebeauftragten nicht selbst rückgängig machen. Sie kann nur den Widerruf der Bestellung anordnen. Es obliegt dem Verpflichteten, vertraglich die Möglichkeit zum Widerruf der Bestellung bei mangelnder Qualifikation und/oder Zuverlässigkeit des Geldwäschebeauftragten zu schaffen.[154] Die Handlungen des Geldwäschebeauftragten werden durch das Verlangen der Aufsichtsbehörde nicht unwirksam, weder rückwirkend noch ab der Zeit des behördlichen Verlangens.

---

[149] BeckOK GwG/Brian/Krais, 4. Ed. 1.12.2020, GwG § 7 Rn. 19.
[150] AuA Nichtfinanzsektor, S. 13, Ziff. 3.3.2.1.
[151] BeckOK GwG/Brian/Krais, 4. Ed. 1.12.2020, GwG § 7 Rn. 19.
[152] BT-Drs. 18/11555, 113 zu § 7 Abs. 4 GwG.
[153] AuA Nichtfinanzsektor, S. 13, Ziff. 3.3.2.2.
[154] BT-Drs. 18/11555, 113; ebenso AuA Nichtfinanzsektor, S. 13, Ziff. 3.3.2.2.

5. Qualifikation und Zuverlässigkeit

Eine bestimmte Qualifikation oder Ausbildung ist für den Geldwäschebeauftragten im Gesetz nicht vorgesehen. Der Verpflichtete hat daher einen weiten Beurteilungsspielraum, wen er für fachlich qualifiziert und persönlich zuverlässig hält. Kennzeichnend ist die (fachliche) Unabhängigkeit und Wirksamkeit (Effektivität) der von Geldwäschebeauftragten ergriffenen Maßnahmen.[155] Die erforderliche Fachkompetenz (Qualifikation) verlangt neben der Kenntnis der einschlägigen gesetzlichen Vorschriften zur Verhinderung von Geldwäsche und Terrorismusfinanzierung sowie der entsprechenden aufsichtsrechtlichen Anforderungen auch Kenntnis über die bei dem jeweiligen Verpflichteten vorhandenen Geschäftsbereiche und Produkte nebst der Ablauforganisation und Prozesssteuerung.[156] Dabei muss die spezifische Aufgabe als Geldwäschebeauftragter und die Risikosituation des Verpflichteten berücksichtigt werden, sowie die Frage, ob es sich um eine gruppenweite Funktion (Gruppengeldwäschebeauftragter, → Rn. 143) handelt. Die Zuverlässigkeit lässt sich analog der Kriterien beurteilen, die sonst für Mitarbeiter gelten (→ Rn. 149). Eine formale Zertifizierung des Geldwäschebeauftragten ist möglich, aber nicht vorgeschrieben.[157] Voraussetzung ist in jedem Fall, dass die Person nicht bereits einschlägige Straftaten begangen hat.[158] Wegen des unmittelbaren Kontakts mit den Behörden, werden ausreichende deutsche Sprachkenntnisse erwartet.[159] Hinzu kommt, dass *„der Geldwäschebeauftragte seine Tätigkeit im Inland ausüben muss"* (§ 7 Abs. 5 S. 1 GwG). Er muss sich also während seiner Arbeitszeiten in Deutschland aufhalten. Er muss aber weder deutscher Staatsangehöriger sein noch einen ständigen Wohnsitz in Deutschland haben.[160] Es besteht keine Residenzpflicht. Eine Tätigkeit aus dem Ausland, etwa durch einen Gruppen- oder Konzern-Geldwäschebeauftragten, wird damit unnötig erschwert. Das ist schon deswegen seltsam, weil es unerheblich ist, wo im Inland der Geldwäschebeauftragte seine Tätigkeit wahrnimmt. Ob er dies von Paris oder Berlin ausmacht, sollte in einer globalisierten Welt eigentlich keine Bedeutung haben, sofern seine Erreichbarkeit bzw. Vertretung sichergestellt werden kann. Dass er und nur er Kontaktperson der Behörden sei, ist vom Gesetz nicht gefordert. Die Anforderung stammt noch aus Zeiten vor der Corona-Pandemie und erklärt sich möglicherweise mit einem Mangel an Erfahrung des öffentlichen Sektors mit der flexiblen Gestaltung von Arbeitsinhalten.

6. Fachliche und organisatorische Zuordnung

Der Geldwäschebeauftrage *„hat der Geschäftsleitung unmittelbar zu berichten"* (§ 7 Abs. 5 S. 5 GwG). Gemeint ist damit die Leitungsebene (→ Rn. 39), nicht die Führungsebene (→ Rn. 129). Bei mehreren Mitgliedern der Leitungsebene erfolgt die Zuordnung zu der Person, die gemäß § 4 Abs. 3 GwG im Leitungsgremium für die Geldwäsche-Bekämpfung benannt wurde. Die Zuordnung zur Leitung darf nicht nur theoretischer Natur sein. Vielmehr muss der Geldwäschebeauftragte tatsächlich in regelmäßigen Abständen über seine Tätigkeit an die Geschäftsführung berichten und ggf. dort Beschlüsse herbeiführen, die für die Umsetzung einer effektiven Geldwäsche-Compliance im Unternehmen erforderlich sind. Die AuA Nichtfinanzsektor (→ § 1 Rn. 13) postulieren darüber hinaus, dass der Geldwäschebeauftragte selbst organisatorisch (disziplinarisch) unmittelbar der Leitungsebene nachgeordnet, dh der Führungsebene angehören muss.[161]

---

[155] AuA Nichtfinanzsektor, S. 13, Ziff. 3.3.2.3.
[156] BeckOK GwG/Brian/Krais, 4. Ed. 1.12.2020, GwG § 7 Rn. 20.
[157] AuA Nichtfinanzsektor, S. 14, Ziff. 3.3.2.3.
[158] BeckOK GwG/Brian/Krais, 4. Ed. 1.12.2020, GwG § 7 Rn. 21.
[159] Zentes/Glaab/Kaetzler GwG § 7 Rn. 39.
[160] Herzog/Herzog GwG § 7 Rn. 14.
[161] Auslegungshinweise Nichtfinanzsekor, S. 13, Ziff. 3.3.2.3.

129 **Definition:**

„Mitglied der Führungsebene ist eine Führungskraft oder ein leitender Mitarbeiter eines Verpflichteten mit ausreichendem Wissen über die Risiken, denen der Verpflichtete in Bezug auf Geldwäsche und Terrorismusfinanzierung ausgesetzt ist, und mit der Befugnis, insoweit Entscheidungen zu treffen" (§ 1 Abs. 15 GwG). Der Leiter der Entwicklung im Unternehmen wird in aller Regel nicht zur Führungsebene iSd GwG gehören, der Leiter Recht bzw. Compliance schon eher. Entscheidend ist nicht der Titel, sondern Seniorität (Führungskraft/Leitender Angestellter), entsprechende Kenntnisse im Bereich Geldwäsche (Wissen) und Entscheidungsbefugnisse (Zuständigkeit). Der Leiter Recht ist daher nicht Teil der Führungsebene, wenn er für Entscheidungen im Bereich Geldwäsche nicht zuständig ist, weil es neben ihm eine eigene Compliance- oder Geldwäsche-Struktur gibt. Bei einem Mitglied der Führungsebene muss es sich nicht um einen Leitenden Angestellten iSd § 5 Abs. 3 BetrVG handeln.

130 Mit Blick auf Aufgaben und Haftungsrisiken wird der Geldwäschebeauftragte häufig eine Person der Führungsebene sein. Explizite Anforderungen dieser Art stellt das GwG jedoch nicht. Zwar regelt § 7 Abs. 1 S. 3 GwG, dass der Geldwäschebeauftrage *„der Geschäftsleitung unmittelbar nachgeordnet ist."* § 7 Abs. 1 GwG ist gilt jedoch nur für bestimmte Verpflichtete im Finanzsektor (→ § 3 Rn. 5). Und selbst dort gehört der Geldwäschebeauftragte keinesfalls immer der Führungsebene an.[162] Entscheidend sind vielmehr die Größe des Unternehmens und seine strukturellen Gegebenheiten.[163] Allgemeinverfügungen, die verlangen, dass der Geldwäschebeauftragte bei Güterhändlern der Führungsebene angehören müsse, stehen daher auf unklarer Grundlage. Der Geldwäschebeauftragte kann zusätzlich zu seiner Funktion andere Tätigkeiten im Unternehmen ausüben, vorausgesetzt, dass dies seine Arbeit als Geldwäschebeauftragter nicht beeinträchtigt. Entscheidend ist der zu erwartende Arbeitsanfall, aber auch die Frage, ob der Geldwäschebeauftragte in Interessenkonflikte (Rollenkonflikte) geraten könnte (Grundsatz der Funktionstrennung)[164]. Die andere Tätigkeit muss weder hierarchisch noch disziplinarisch unmittelbar der Leitung nachgeordnet sein.[165] Das nach § 4 Abs. 3 GwG zu benennende Mitglied der Leitungsebene (→ Rn. 39) soll nicht gleichzeitig Geldwäschebeauftragter des Unternehmens sein.[166] Generell kommt die Bestellung von Mitgliedern der Leitungsebene zu Geldwäschebeauftragten nur bei Unternehmen mit weniger als zehn Mitarbeitern in Betracht, sofern unterhalb der Leitungsebene keine geeigneten Beschäftigten vorhanden sind. Kritisch wird auch gesehen, wenn der Geldwäschebeauftragte organisatorisch an eine andere Abteilung oder Stabsstelle angebunden ist (zB als Teil der Rechtsabteilung). Das gilt nicht, wenn er zugleich Leiter Recht oder Compliance ist oder wenn er für das Risikocontrolling zuständig ist. Nicht vorstellbar ist, dass der Geldwäschebeauftragte gleichzeitig im Vertrieb beschäftigt ist oder in der Revisionsabteilung, sofern diese auch die Tätigkeit des Geldwäschebeauftragte überprüfen soll. Die Darlegungslast, dass aus einer doppelten Rolle keine Interessenkonflikte entstehen, liegt beim Verpflichteten.[167]

---

[162] Zentes/Glaab/Kaetzler GwG § 7 Rn. 48.
[163] Herzog/Herzog GwG § 7 Rn. 4.
[164] BeckOK GwG/Brian/Krais, 4. Ed. 1.12.2020, GwG § 7 Rn. 42.
[165] Zentes/Glaab/Kaetzler GwG § 7 Rn. 47.
[166] Zentes/Glaab/Kaetzler GwG § 4 Rn. 25.
[167] AuA Nichtfinanzsektor, S. 13, Ziff. 3.3.2.3.

E. Sicherungsmaßnahmen § 4

> **Praxishinweis:**
> Von den Aufsichtsbehörden wird nicht befürwortet, dass der Geldwäschebeauftragte zeitgleich Datenschutzbeauftragter ist. Es bestehe ein Zielkonflikt zwischen Datenschutz und Geldwäscherecht.[168] Diese Aussage ist so nicht nachvollziehbar. Die Vorschriften des GwG und des Datenschutzrechts ergänzen sich. Geldwäscherechtliche Befugnisse können nie weiter gehen als vom Datenschutzrecht erlaubt, siehe § 11a GwG. Kenntnisse im Datenschutzrecht sind unabdingbar für einen Geldwäschebeauftragten. Ein Konflikt kann nur entstehen, wenn man die Aufgabe des Geldwäschebeauftragten dahin fehlinterpretiert, den Ermittlungsbehörden in einem vom Datenschutz nicht gedeckten Umfang Angaben und Informationen über Personen und Unternehmen zukommen zu lassen.

131

Der Geldwäschebeauftragte unterliegt grds. dem Weisungsrecht der Geschäftsleitung, allerdings mit zwei Einschränkungen: Kein Weisungsrecht besteht, „*soweit er die Erstattung einer Verdachtsmeldung nach § 43 Abs. 1 GwG beabsichtigt oder die Beantwortung eines Auskunftsersuchens der FIU nach § 30 Abs. 3 GwG*" (§ 7 Abs. 5 S. 6 GwG). Die Einschränkung des Direktionsrechts wird sehr weit ausgelegt, so dass sämtliche Vorbereitungshandlungen (inkl. der Informationsbeschaffung und Untersuchungshandlung) von der Weisungsfreiheit erfasst sind.[169] Die Geschäftsleitung kann den Geldwäschebeauftragten daher nicht anweisen, einen Sachverhalt als unverdächtig einzustufen, eine Verdachtsmeldung zu erstatten oder dies zu unterlassen, oder der FIU Auskünfte zu erteilen, zu verweigern, oder diese in bestimmter Weise zu erteilen. Die Weisungsungebundenheit kann auch nicht durch entsprechende Weisungen an Mitarbeiter des Geldwäschebeauftragten oder andere Mitarbeiter des Unternehmens umgangen werden. Auskunftsersuchen anderer Behörden als der FIU, zB der Strafverfolgungsbehörden, sind von der Vorschrift nicht erfasst.[170] Es besteht keine „Totalausnahme" vom Direktionsrecht gegenüber dem Geldwäschebeauftragten.[171]

132

7. Aufgaben, Befugnisse und Haftung

„*Der Geldwäschebeauftragte ist für die Einhaltung der geldwäscherechtlichen Vorschriften zuständig*" (§ 7 Abs. 1 S. 2 GwG). Die Vorschrift begründet die „faktische operationelle Totaldelegation" im Sinne einer „Allzuständigkeit" des Geldwäschebeauftragten für alle geldwäscherechtlichen Angelegenheiten.[172] Zu den geldwäscherechtlichen Vorschriften gehören auch auf Basis des GwG ergangene Rechtsverordnungen und (vollstreckbare) aufsichtsbehördliche Anordnungen sowie Änderungen der Rechtslage, die sich durch gesetzliche Anpassungen, Auslegungsvorschriften, behördliche Anordnungen oder Gerichtsurteile ergeben können. Eine **Allein**zuständigkeit des Geldwäschebeauftragten für geldwäscherechtliche Fragen ergibt sich aus dieser Vorschrift dagegen nicht.[173] Seine Aufgabe und Verantwortung überlappt mit der des nach § 4 Abs. 3 GwG benannten Mitglieds der Leitungsebene (→ Rn. 39). Exklusiv ist nur seine Rolle als „*Ansprechpartner der FIU, der Strafverfolgungs- und Aufsichtsbehörden*" sowie für weitere Behörden (§ 7 Abs. 5 S. 2 GwG). Die Aufgabe des Geldwäschebeauftragten liegt unter anderem darin, etwaige geldwäscherelevanten Risikostrukturen zeitnah zu erkennen und dem jeweiligen Risiko entsprechende Anweisungen und interne Grundsätze, Gefährdungsanalysen und Verfahren unabhängig umzusetzen, um

133

---

[168] BaFin Auslegungs- und Anwendungshinweise zum GwG, Stand Mai 2020, S. 16, Kap. 3.2.; zust. Zentes/Glaab/Kaetzler GwG § 7 Rn. 51; BeckOK GwG/Brian/Krais, 4. Ed. 1.12.2020, GwG § 7 Rn. 44.
[169] BeckOK GwG/Brian/Krais, 4. Ed. 1.12.2020, GwG § 7 Rn. 63; Zentes/Glaab/Kaetzler GwG § 7 Rn. 132.
[170] BeckOK GwG/Brian/Krais, 4. Ed. 1.12.2020, GwG § 7 Rn. 64.
[171] Zentes/Glaab/Kaetzler GwG § 7 Rn. 134 f.
[172] Findeisen WM 2000, 1234; Zentes/Glaab/Kaetzler GwG § 7 Rn. 61.
[173] So fälschlicherweise das OLG Frankfurt a.M. NStZ 2020, 173 (176).

diese laufend aktualisieren zu können.[174] Er muss dafür sorgen, dass zu jedem denkbaren Zeitpunkt ein funktionierendes, angemessen dimensioniertes Geldwäsche-Compliance System besteht, das den Vorschriften des GwG entspricht und im Einzelfall richtige (vertretbare) Ergebnisse liefert, etwa bei der Beurteilung von möglichen Verdachtsfällen. Dies beginnt, wo keine Privilegierung (→ § 4 Rn. 4) besteht, mit der Durchführung einer Risikoanalyse, der Erstellung interner Richtlinien und Arbeitsanweisungen, dem Aufbau eines angemessenen Risikomanagements inklusive notwendiger Schulungen und Trainings und der Durchführung von Sorgfaltspflichten, wo erforderlich und schließlich der Prüfung von Verdachtsfällen einschließlich der Abgabe von Verdachtsmeldungen und ggf. der Weisung, ob eine Geschäftsverbindung fortgesetzt oder eine Transaktion durchgeführt werden kann. Der Geldwäschebeauftragte muss auch dafür Sorge tragen, dass angemessene Kontrollmaßnahmen durchgeführt werden und die Geldwäsche-Compliance im Unternehmen ggf. aktualisiert wird. Wo Defizite festgestellt werden, muss er die Leitung entsprechend informieren und auf eine Aktualisierung der Sicherungsmaßnahmen drängen, soweit er nicht selbst weisungsbefugt ist. Er ist dafür zuständig, dass die Geschäftsleitung und das Aufsichtsorgan im erforderlichen Umfang regelmäßig informiert werden und hat dafür klare Berichtswege zu schaffen. Der Geldwäschebeauftragte soll auch bei der Erstellung von Organisations- und Arbeitsanweisungen eingebunden werden, die nicht unmittelbar Fragen der Geldwäsche-Compliance regeln, aber Relevanz im Hinblick auf die Durchführung geldwäscherechtlicher Pflichten haben.[175] Einen umfassenden Katalog möglicher Aufgaben enthalten die AuA Nichtfinanzsektor.[176]

134 Der Geldwäschebeauftragte muss im Unternehmen eine Position besitzen, die es ihm erlaubt, Maßnahmen mit Nachdruck uU gegen andere unternehmerische Interessen durchzusetzen.[177] Das Geschäftsinteresse des Unternehmens darf den Aufgaben des Geldwäschebeauftragten nicht entgegenstehen. Interessenkollisionen zwischen den gesetzlichen Anforderungen und den Geschäftsinteressen des Unternehmens dürfen die Rechte des Geldwäschebeauftragten als Arbeitnehmer nicht beeinträchtigen, zB wenn er eine Verdachtsmeldung abgibt, die wirtschaftliche Nachteile nach sich ziehen kann.[178] Dem Geldwäschebeauftragten müssen daher *„ausreichende Befugnisse eingeräumt werden für die ordnungsgemäße Durchführung seiner Funktion"* (§ 7 Abs. 5 S. 3 GwG). Dazu zählt die Ausstattung mit personellen und sachlichen Mitteln, die nach Art und Umfang der Geschäftstätigkeit des Verpflichteten und dem zu erwartenden Arbeitsanfall beim Geldwäschebeauftragten entsprechen. Entscheidend sind Größe, Geschäftsmodell und die Risikosituation des Unternehmens.[179] Ihm muss *„ungehinderter Zugang zu sämtlichen Informationen, Daten, Aufzeichnungen und Systemen gewährt oder verschafft werden, die zur Erfüllung seiner Aufgaben von Bedeutung sein können"* (§ 7 Abs. 5 S. 4 GwG). Dazu gehört ein uneingeschränktes Auskunfts- und Einsichtsrecht, das den Zugang zu Räumlichkeiten, Unterlagen, Aufzeichnungen, IT-Systemen und weiteren relevanten Informationen umfasst.[180] Der Geldwäschebeauftragte soll in der Lage sein, etwaige Gefahrenquellen zeitnah zu erkennen und dem jeweiligen Risiko entsprechende Anweisungen und Verfahren unabhängig umzusetzen; das erfordert eine intensive Einbindung des Geldwäschebeauftragten in alle wesentlichen Prozesse und Fachabteilungen beim Verpflichteten. Der Geldwäschebeauftragte darf *„Daten und Informationen"*, die er in seiner Funktion erhält, jedoch *„ausschließlich zur Erfüllung seiner Aufgaben"* verwenden (§ 7 Abs. 6 GwG). Darüber hinaus wird erwartet, dass der Geldwäschebeauftragte

---

[174] OLG Frankfurt a. M. NStZ 2020, 173 (176).
[175] AuA Nichtfinanzsektor, S. 15, Ziff. 3.3.2.5.
[176] AuA Nichtfinanzsektor, S. 15, Ziff. 3.3.2.5.; BeckOK GwG/Brian/Krais, 4. Ed. 1.12.2020, GwG § 7 Rn. 35.
[177] Zentes/Glaab/Kaetzler GwG § 7 Rn. 70.
[178] AuA Nichtfinanzsektor, S. 13, Ziff. 3.3.2.3.
[179] AuA Nichtfinanzsektor, S. 14, Ziff. 3.3.2.4.
[180] AuA Nichtfinanzsektor, S. 14, Ziff. 3.3.2.4, s. auch BeckOK GwG/Brian/Krais, 4. Ed. 1.12.2020, GwG § 7 Rn. 60.

E. Sicherungsmaßnahmen § 4

in allen Angelegenheiten der Verhinderung von Geldwäsche oder der Bekämpfung der Terrorismusfinanzierung unternehmensintern Weisungen erteilen darf.[181] Soweit der Geldwäschebeauftragte auf Führungsebene (→ Rn. 129) bestellt wird, wird er schon aus hierarchischen Gründen gewisse Weisungsrechte haben. Die Befugnis im Rahmen seiner Funktion, Informationen anzufordern und Auskünfte von Mitarbeitern einzuholen, wird nicht in Frage stehen.[182] Beschäftigte dürfen entsprechende Anforderungen nicht verweigern, soweit nicht strafprozessuale Aussage- und Auskunftsverweigerungsrechte bestehen.[183] Der Verpflichtete muss ggf. durch die Einräumung von Kompetenzen an den Geldwäschebeauftragten und entsprechende Weisungen an die Mitarbeiter dafür sorgen, dass den Anordnungen des Geldwäschebeauftragten Folge geleistet wird. Der Geldwäschebeauftragte muss gegenüber der Leitungsebene (→ Rn. 39) darauf drängen, dass er alle Befugnisse erhält, die er zur effektiven Wahrnehmung seiner Aufgabe benötigt. Darüber hinausgehende Kompetenzen zum Eingreifen in innerbetriebliche Abläufe und/oder Vertragsbeziehungen mit Dritten können dem Geldwäschebeauftragten eingeräumt werden. Eine Pflicht dazu besteht auf Basis des § 7 Abs. 5 S. 3 GwG nicht. Nicht erforderlich und nicht üblich ist, dem Geldwäschebeauftragten die Befugnis einzuräumen, selbst Transaktionen oder die Aufnahme einer Geschäftsbeziehung final zu untersagen oder sie einzustellen bzw. zu kündigen.[184] Insoweit sind unter Umständen schwierige Abwägungsprozesse erforderlich, die nicht rein geldwäscherechtlicher Natur sind. Aufgabe des Geldwäschebeauftragten bleibt durch, geeignete Maßnahmen dafür zu sorgen, dass die Geschäfts- und Transaktionsverbote (→ § 5 Rn. 23) des GwG eingehalten werden.

Praxishinweis: 135
Die Ablehnung oder Kündigung einer Geschäftsbeziehung muss nicht unverzüglich erfolgen. Sie kann daher der Entscheidung durch die Leitung vorbehalten bleiben. Der Geldwäschebeauftragte muss allerdings die Möglichkeit haben anzuordnen, dass eine problematische Transaktion angehalten bzw. nicht ausgeführt und eine Geschäftsverbindung bis zu einer Entscheidung der Leitung ausgesetzt wird.

Der Geldwäschebeauftragte muss in der Lage sein, in allen Angelegenheiten der Geld- 136
wäsche und Terrorismusfinanzierung die notwendigen rechtsverbindlichen Erklärungen für den Verpflichteten abzugeben und ihn nach außen zu vertreten.[185] Alleinvertretungsmacht ist dafür nicht zwingend erforderlich; Gesamtvertretung mit einem Vorstandsmitglied wird jedoch mit Blick auf die Unabhängigkeit des Geldwäschebeauftragten (Grundsatz der Funktionstrennung), kritisch betrachtet. Eine Ausnahme gilt für kleine Unternehmen, wenn die Zahl der Führungskräfte, die alternativ zur Geschäftsleitung für eine gemeinschaftliche Vertretung nach außen zusammen mit dem Geldwäschebeauftragten in Frage kommen, begrenzt ist.[186] Der Geldwäschebeauftragte kann Aufgaben zur Erledigung an disziplinarisch oder fachlich zugeordnete Mitarbeiter oder an andere Funktionen und Abteilungen im Unternehmen auslagern.[187] Er bleibt verantwortlich für die Angemessenheit und Effektivität der Geldwäsche-Compliance, ist aber nicht persönlich und unabhängig von seinem eigenen Verschulden für jeden Fehler verantwortlich, der bei der Umsetzung oder Durchführung im Unternehmen geschehen könnte. Grds. haftet auch ein Geldwäschebeauftragter nur nach den allgemeinen arbeitsrechtlichen, zivilrechtlichen oder strafrechtlichen Gesetzen. Eine Garantenstellung des Geldwäschebeauftragten iSd Strafbarkeits-

---
[181] AuA Nichtfinanzsektor, S. 14, Ziff. 3.3.2.4.
[182] BeckOK GwG/Brian/Krais, 4. Ed. 1.12.2020, GwG § 7 Rn. 62; Zentes/Glaab/Kaetzler GwG § 7 Rn. 71.
[183] AuA Nichtfinanzsektor, S. 14, Ziff. 3.3.2.4.
[184] Zentes/Glaab/Kaetzler GwG § 7 Rn. 72, 74.
[185] AuA Nichtfinanzsektor, S. 14, Ziff. 3.3.2.4.
[186] BeckOK GwG/Brian/Krais, 4. Ed. 1.12.2020, GwG § 7 Rn. 57.
[187] Zentes/Glaab/Kaetzler GwG § 7 Rn. 66.

voraussetzung für Unterlassungsstraftaten (§ 13 Abs. 1 StGB), liegt aufgrund seiner besonderen Stellung nahe.[188] Der Geldwäschebeauftragte kann daher strafrechtlich verantwortlich sein, auch wenn er nicht selbst aktiv eine Straftat oder Ordnungswidrigkeit begeht, sondern nur durch unterlasse (effektive) Präventions- oder Abwehrmaßnahmen, die im Rahmen seiner Verantwortlichkeit liegen, dazu beigetragen hat.[189] Die Garantenstellung des Geldwäschebeauftragten ist aber kein Automatismus. Insbesondere kann man sie nicht aus der Formulierung des § 7 Abs. 1 S. 2 GwG ableiten. Die Vorschrift macht den Geldwäschebeauftragten seit der GwG-Novelle 2017 (→ § 1 Rn. 42) persönlich verantwortlich für die „*Einhaltung*" des GwG, nicht mehr wie zuvor für die „*Durchführung.*"[190] Wollte man darin einen veränderten Umfang der Verantwortlichkeit sehen, würde dies bedeuten, dass es zuvor möglich war, das GwG durchzuführen, ohne es einzuhalten. Tatsächlich handelt es sich nur um eine rein sprachliche Veränderung ohne substanzielle Auswirkung auf den Umfang der Aufgaben und Verantwortlichkeit des Geldwäschebeauftragten. Solange das GwG nicht explizit eine Garantenstellung des Geldwäschebeauftragen anordnet, bleibt es dabei, dass diese im Einzelfall nach den relevanten Kriterien des § 13 StGB vorliegen kann,[191] aber nicht automatisch und zwingend vorliegt.

137 **Praxishinweis:**
Selbst die Justiz macht sich nicht immer die Mühe, die Garantenstellung des Geldwäschebeauftragten im Einzelfall festzustellen. Es kann vorkommen, dass sie diese einfach als gegeben annimmt, wie das OLG Frankfurt a. M. in seinem Beschluss vom 10.4.2018 (→ § 7 Rn. 56).

138   Ähnliche Risiken bestehen für Geldwäschebeauftragte im Bereich der Ordnungswidrigkeiten des § 56 GwG. Diese treffen primär den Verpflichteten, nicht den Geldwäschebeauftragten. Es ist fraglich, ob überhaupt ein Bedürfnis für eine Haftung des Geldwäschebeauftragen besteht.[192] Die aktuelle Rechtslage erlaubt aber eine Zurechnung nach § 30 OWiG, denn der Geldwäschebeauftragte ist „*sonstige Leitungsperson*" nach § 30 Abs. 1 Nr. 5 OWiG und rückt deshalb nach § 9 Abs. 2 S. 1 Nr. 2 OWiG in die Normadressatenstellung des zugehörigen Verbandes ein.[193] Insoweit geht es dem Geldwäschebeauftragten nicht anders als der Geschäftsleitung, dem Leiter Recht, oder dem Leiter Compliance. Der Unterschied ist, dass seine Verantwortlichkeit gesetzlich geregelt, nicht nur Gegenstand vertraglicher Vereinbarungen ist. Sein Risiko persönlicher Haftung ist definitiv erhöht gegenüber zB einer Person in einfacher, sachbearbeitender Stelle ohne die weitreichenden Befugnisse des Geldwäschebeauftragen. Die Haftung des Geldwäschebeauftragten besteht ungeachtet („neben") der eigenen Haftung und Gesamtverantwortung der Geschäftsleitung: Die „*Verantwortlichkeit der Leitungsebene* (→ Rn. 39) *bleibt unberührt*" (§ 7 Abs. 1 S. 2, am Ende GwG). Angesichts der umfassenden Übertragung der operationellen Verantwortung auf den Geldwäschebeauftragten wird iSd § 4 Abs. 3 GwG nur mehr von einer „residualen" Verantwortlichkeit der Geschäftsleitung im Sinne einer „Restpflicht" gesprochen.[194] Der Geldwäschebeauftragte haftet aber nicht an Stelle der Geschäftsleitung im Fall ihres Versagens, sondern nur für eigene Verfehlungen.

---

[188] BeckOK GwG/Brian/Krais, 4. Ed. 1.12.2020, GwG § 7 Rn. 27; Zentes/Glaab/Kaetzler GwG § 7 Rn. 65.
[189] S. zB BGH NJW 2009, 3173 (3174) in Bezug auf einen Compliance-Officer, der nicht Beauftragter war.
[190] Zentes/Glaab/Kaetzler GwG § 7 Rn. 65.
[191] Ebenso kritisch BeckOK GwG/Brian/Krais, 4. Ed. 1.12.2020, GwG § 7 Rn. 31 ff.
[192] BeckOK GwG/Brian/Krais, 4. Ed. 1.12.2020, GwG § 7 Rn. 31.
[193] Zentes/Glaab/Kaetzler GwG § 7 Rn. 153.
[194] Zentes/Glaab/Kaetzler GwG § 7 Rn. 61.

8. Benachteiligungsverbot; Kündigungsschutz

"Dem Geldwäschebeauftragten darf wegen der Erfüllung seiner Aufgaben keine Benachteiligung im Beschäftigungsverhältnis entstehen." (§ 7 Abs. 7 S. 1 und 2 GwG). Anders als die Weisungsfreiheit (→ Rn. 132) erstreckt sich das Benachteiligungsverbot auf die gesamte Tätigkeit des Geldwäschebeauftragten. Die Regelung soll die unabhängige und uneingeschränkte Ausübung der Tätigkeit durch den Geldwäschebeauftragten ermöglichen.[195] Mit ihr erfolgt in arbeitsrechtlicher Hinsicht eine Gleichstellung mit dem Datenschutzbeauftragten.[196] Was eine Benachteiligung ist, wird nach allgemeinen arbeitsrechtlichen Maßstäben beurteilt.[197] Zusätzlich genießt der Geldwäschebeauftragte für die Dauer der Funktion und für ein Jahr danach Sonderkündigungsschutz. Eine Ausnahme gilt nur für Gründe, die eine fristlose Kündigung (*"aus wichtigem Grund ohne Einhaltung einer Kündigungsfrist"*) rechtfertigen (§ 7 Abs. 7 S. 2 und 3 GwG). Die Erstattung einer Verdachtsmeldung gegen den Willen des Verpflichteten ist kein Grund für eine Kündigung, jedenfalls sofern sie pflichtgemäß oder im Guten Glauben erfolgt. Das gilt selbst dann, wenn die Verdachtsmeldung gegen den Arbeitgeber selbst gerichtet ist.[198] Für den Geschäftsbesorgungsvertrag mit einem externen Geldwäschebeauftragten (*"outsourcing"*, → Rn. 140) gilt der Sonderkündigungsschutz nicht.[199]

139

9. Auslagerung („Outsourcing")

Wie andere Sicherungsmaßnahmen kann auch die Funktion des Geldwäschebeauftragten auf Externe ausgelagert werden (§ 6 Abs. 7 GwG, Auslagerung). In der Regel wird dazu ein Geschäftsbesorgungsvertrag abgeschlossen. Als externe Geldwäschebeauftragte kommen zB erfahrene Rechtsanwälte oder spezialisierte Berater in Frage. Nach den AuA im Nichtfinanzsektor (→ § 1 Rn. 13) liegt darin idR eine Totalauslagerung aller Sicherungsmaßnahmen des § 6 GwG (→ Rn. 105). Der Umfang der Sicherungsmaßnahmen, die ggf. in der Verantwortung des Verpflichteten verbleiben sollen, sowie Weisungsrechte und Vertretungsbefugnisse des externen Geldwäschebeauftragten und ggf. Zugriffsrechte müssen im Auslagerungsvertrag festgelegt werden.[200] Es muss möglich sein, dass das zuständige Mitglied der Leitungsebene (→ Rn. 39) direkt beim externen Geldwäschebeauftragten Auskünfte einholt. Beim Verpflichteten ist eine Verbindungsperson zu benennen; es muss sichergestellt sein, dass der (externe) Geldwäschebeauftragte auskunftsfähig ist, wenn er um Informationen ersucht wird.[201] Durch die Auslagerung entstehen Überwachungspflichten. Der Dienstleister muss laufend im Hinblick auf fachliche Eignung und Zuverlässigkeit überprüft werden. Diese Verantwortlichkeit kann nicht abbedungen werden. Auch der extern bestellte Geldwäschebeauftragte muss seine Tätigkeit *„im Inland ausüben"* (§ 7 Abs. 5 S. 1 GwG), was die grenzüberschreitende Auslagerung erschwert.[202] Die BaFin hat für ihren Zuständigkeitsbereich angeordnet, dass die Auslagerung innerhalb einer Gruppe an ein Mutterunternehmen und entgegen zivilrechtlichem Verständnis sogar die Übertragung der Aufgaben an eine Hauptniederlassung als Auslagerung zu werten ist, sofern Letztere im Ausland belegen ist.[203] In den AuA Nichtfinanzsektor (→ § 1 Rn. 13) finden sich bislang keine entsprechenden Hinweise.

140

---

[195] BT-Drs. 18/11555, 114, zu § 7 Abs. 7 GwG.
[196] BeckOK GwG/Brian/Krais, 4. Ed. 1.12.2020, GwG § 7 Rn. 68, 69.
[197] Zentes/Glaab/Kaetzler GwG § 7 Rn. 139.
[198] BeckOK GwG/Brian/Krais, 4. Ed. 1.12.2020, GwG § 7.
[199] Zentes/Glaab/Kaetzler GwG § 7 Rn. 145.
[200] AuA Nichtfinanzsektor, S. 26, Ziff. 3.3.9.
[201] AuA Nichtfinanzsektor, S. 16, Ziff. 3.3.2.6.
[202] Zentes/Glaab/Kaetzler GwG § 7 Rn. 86 bzw. 88.
[203] BaFin AuA, Ziff. 3.2, S. 20.

10. Befreiungsmöglichkeiten

141 *„Die Aufsichtsbehörde kann einen Verpflichteten von der Pflicht zur Ernennung eines Geldwäschebeauftragen befreien"* (§ 7 Abs. 2 GwG). Die Vorschrift geht der Befreiungsmöglichkeit nach § 6 Abs. 9 GwG (→ Rn. 111) vor *(„lex specials")*,[204] auch wenn im Ergebnis ähnlich (enge) Anforderungen bestehen. Eine Befreiung nach § 7 Abs. 2 GwG erfordert zunächst, dass „keine Gefahr von Informationsverlusten aufgrund arbeitsteiliger Unternehmensstrukturen bestehen (§ 7 Abs. 2 Nr. 1 GwG). Darauf wird gefolgert, dass nur kleinen Unternehmen mit nicht mehr als zehn Mitarbeitern für die Befreiung in Frage kommen.[205] Zusätzlich muss der Verpflichtete *"nach risikobasierter Bewertung anderweitige Vorkehrungen treffen, um Geschäftsbeziehungen und Transaktionen zu verhindern, die mit Geldwäsche oder Terrorismusfinanzierung zusammenhängen"* (§ 7 Abs. 2 Nr. 2 GwG). Es muss also in jedem Fall ein nach Art und Umfang der Geschäftstätigkeit angemessenes Geldwäsche-Risikomanagement bestehen, das die Ernennung eines Geldwäschebeauftragten in dem betreffenden Unternehmen verzichtbar erscheinen lässt. Welche *"anderweitigen Vorkehrungen"* dazu notwendig sind, sagt das Gesetz nicht. Insoweit wird es auf die Umstände des Einzelfalls ankommen und darauf die Aufsichtsbehörde zu überzeugen (Darlegungslast). Die Befreiung lässt alle anderen geldwäscherechtlichen Pflichten unberührt. Insbesondere muss für den Fall einer Anfrage der Behörden sichergestellt sein, wer Ansprechpartner ist. Ein Antrag auf Befreiung muss schriftlich begründet werden. Die Bearbeitung kann je nach Landesrecht kostenpflichtig sein.[206] Da Güterhändler nur auf Anordnung der Aufsichtsbehörde verpflichtet sind, einen Geldwäschebeauftragten zu benennen, wird vertreten, dass die Befreiungsmöglichkeit für Güterhändler nicht anwendbar sei.[207] Auch in Bezug auf Unternehmensgruppen und im Falle von grenzüberschreitenden Unternehmensstrukturen wird eine Befreiung nicht befürwortet.[208] Allerdings wird man dies als zu starr und nicht vom Gesetz gedeckt ansehen müssen.[209] Tatsächlich hat die Befreiungsmöglichkeit bei Güterhändlern keinen praktischen Anwendungsbereich, solange Allgemeinverfügungen nach § 7 Abs. 3 GwG kleine Unternehmen von der Anwendung ausnehmen (→ Rn. 119).

11. Stellvertreter

142 Die AuA Nichtfinanzsektor (→ § 1 Rn. 13) gehen wie selbstverständlich davon aus, dass auch Güterhändler einen Stellvertreter für den Geldwäschebeauftragen benennen müssen.[210] Das oben erwähnte Beispiel einer Allgemeinverfügung (→ Rn. 119) ordnet entsprechend die Bestellung eines Stellvertreters an. Nach § 6 Abs. 2 Nr. 2 GwG soll die Benennung *„gemäß § 7 GwG"* erfolgen. Anders als § 7 Abs. 1 GwG räumt § 7 Abs. 3 GwG den Aufsichtsbehörden explizit nur die Befugnis ein, die Bestellung eines Geldwäschebeauftragten durch Güterhändler anzuordnen. Man darf aber vermuten, dass dies vom Gesetzgeber nur versäumt wurde. Die Gesetzesmaterialien lassen jedenfalls nicht erkennen, dass dahinter eine bewusste Entscheidung steckt. Je nach Art und Umfang der Geschäftstätigkeit bzw. der Risikogeneigtheit der Tätigkeit ist die Benennung eines Stellvertreters so oder so sinnvoll.[211] Auch die Benennung mehrerer Stellvertreter ist zulässig, sofern ein arbeitsteiliges Zusammenwirken gewährleistet ist.[212] Bei kleineren Firmen kommt eventuell eine Befreiung (→ Rn. 141) in Betracht (§ 7 Abs. 2 GwG). Der Stellvertreter übernimmt die Vertretung des Geldwäschebeauftragten, zB im Fall von Urlaub

---

[204] Zentes/Glaab/Kaetzler GwG § 7 Rn. 13.
[205] BeckOK GwG/Brian/Krais, 4. Ed. 1.12.2020, GwG § 7 Rn. 11.
[206] AuA Nichtfinanzsektor, S. 16, Ziff. 3.3.2.7.
[207] Zentes/Glaab/Kaetzler GwG § 7 Rn. 13.
[208] AuA Nichtfinanzsektor, S. 16, Ziff. 3.3.2.7.
[209] BeckOK GwG/Brian/Krais, 4. Ed. 1.12.2020, GwG § 7 Rn. 13.
[210] AuA Nichtfinanzsektor, S. 13, Ziff. 3.3.2.1.
[211] BeckOK GwG/Brian/Krais, 4. Ed. 1.12.2020, GwG § 7 Rn. 17.
[212] AuA Nichtfinanzsektor, S. 13, Ziff. 3.3.2.

E. Sicherungsmaßnahmen § 4

oder Krankheit (Abwesenheitsvertretung), aber auch bei besonders hohem Arbeitsanfall (Parallelvertretung). Für den Stellvertreter gelten dieselben Grundsätze und Anforderungen wie für den Geldwäschebeauftragten selbst. Er muss allerdings nicht auf Führungsebene (→ Rn. 129) bestellt werden.[213] Mit der Delegation an oder Übernahme von Aufgaben durch den Stellvertreter wird der Geldwäschebeauftragte von der eigenen Verantwortlichkeit und Haftung frei, soweit nicht in der Auswahl, Anleitung und ggf. Überwachung Fehler gemacht werden. Die Delegation einzelner Aufgaben durch den Geldwäschebeauftragten an andere Personen als den Stellvertreter ist möglich und steht in der Verantwortung des Geldwäschebeauftragten. Das gilt auch für die Erstattung von Verdachtsmeldungen.[214]

12. Gruppengeldwäschebeauftragter

Gem. § 9 Abs. 1 S. 2 Nr. 2 GwG besteht bei Unternehmensgruppen die *„Pflicht zur Bestellung eines Gruppen-Geldwäschebeauftragten"* (Konzerngeldwäschebeauftragter). Die Bestellung erfolgt idR beim Mutterunternehmen der Gruppe (→ Rn. 181). Er untersteht dann der Geschäftsleitung des Mutterunternehmens und berichtet an diese. Aufgaben, Zuordnung und weitere Details seiner Tätigkeit waren bislang nicht geregelt. Mit dem TrFinInfoG (→ § 1 Rn. 12) wurde klargestellt, dass *„die Regelungen des § 7 Abs. 2 bis 7 GwG für den Gruppen-Geldwäschebeauftragten entsprechend gelten (§ 9 Abs. 1 S. 4 GwG)."* Dies gilt nicht nur für die Bestellung, sondern auch die Ausübung seiner Funktion, sowie für die Entpflichtung und die arbeitsrechtlichen Schutzrechte. Die Abgrenzung seiner Befugnisse gegenüber denen des Geldwäschebeauftragten von nachgeordneten Gruppenmitgliedern bleibt unscharf und in vielen Punkten offen. Der Gruppengeldwäschebeauftragte ersetzt nicht die ggf. bei gruppenangehörigen Unternehmen erforderlichen Geldwäschebeauftragten, sondern nimmt eine zusätzliche Funktion war.[215] Zuständig ist er primär *„für die Erstellung einer gruppenweiten Strategie zur Verhinderung von Geldwäsche und Terrorismusfinanzierung, sowie für die Koordinierung und Überwachung der Umsetzung."* Mit der erneut unpräzisen Formulierung ist das globale Risikomanagement der Gruppe gemeint. Es ist seine Aufgabe eine einheitliche Strategie zur Verhinderung von Geldwäsche und Terrorismusfinanzierung zu schaffen, die Umsetzung der Strategie zu koordinieren und sie gruppenweit zu überwachen[216]. Außerdem gehört zu seinen Aufgaben die Durchführung der gruppenweiten Risikoanalyse (§ 9 Abs. 1 S. 2 GwG). Es ist nicht Aufgabe des Gruppengeldwäschebeauftragten, die Einhaltung der Rechtsvorschriften in jedem Land sicherzustellen, sondern einen einheitlichen Rahmen zu schaffen, der für die gesamte Gruppe im In- und Ausland gleichermaßen Gültigkeit besitzt, und mit dem auf die Einhaltung der Vorschriften insgesamt hingewirkt wird.[217] Er ist damit auf die gruppenbezogenen Abläufe beschränkt, sofern er nicht zeitgleich (in Personalunion) die Rolle als Geldwäschebeauftragter einer nachgeordneten Gesellschaft der Gruppe wahrnimmt. Er hat sozusagen Rahmenrichtlinienkompetenz.[218] Gerade bei grenzüberschreitenden Gestaltungen ist die Wahrnehmung der Funktion als Gruppengeldwäschebeauftragter schon aus datenschutzrechtlichen Gründen nicht einfach. Soweit die Tätigkeit zu Konflikten mit den Befugnissen lokaler Geldwäschebeauftragter oder lokalem Recht kommt, müssen diese von den Verpflichteten in eigener Verantwortung gelöst werden, da sie im GwG nicht adressiert sind. Die Existenz eines Gruppengeldwäschebeauftragten entbindet nicht von der Pflicht zur Bestellung eines Geldwäschebeauftragten für einzelne Einheiten der Gruppe. In der Praxis übernimmt oft der

143

---

[213] Zentes/Glaab/Kaetzler GwG § 7 Rn. 28 und 46; BeckOK GwG/Brian/Krais, 4. Ed. 1.12.2020, GwG § 7 Rn. 46.
[214] BeckOK GwG/Brian/Krais, 4. Ed. 1.12.2020, GwG § 7 Rn. 47 ff.
[215] AuA Nichtfinanzsektor, S. 19, Ziff. 3.3.3.4.4.
[216] BT-Drs. 18/12405, 166.
[217] BeckOK GwG/Bayer/Krais, 4. Ed. 1.12.2020, GwG § 9 Rn. 28.
[218] Zentes/Glaab/Kaetzler GwG § 7 Rn. 81.

Gruppengeldwäschebeauftragte im Wege der Auslagerung (→ Rn. 107) die Funktion des Geldwäschebeauftragten für gruppenangehörige Unternehmen, insbesondere, wenn diese über kein oder nur wenig eigenes Personal verfügen. Nach dem Wortlaut des Gesetzes besteht keine Pflicht zur Bestellung eines Stellvertreters für den Gruppengeldwäschebeauftragten.[219] Ungeachtet dessen gehen die AuA Nichtfinanzsektor (→ § 1 Rn. 13) davon aus, dass ein Stellvertreter zu benennen ist.[220]

VIII. Missbrauch neuer Technologien

144 Zu den internen Sicherungsmaßnahmen gehört *„die Schaffung und Fortentwicklung geeigneter Maßnahmen zur Verhinderung des Missbrauchs von neuen Produkten und Technologien zur Begehung von Geldwäsche und Terrorismusfinanzierung."* Gleichzeitig müssen Maßnahmen ergriffen werden, die davor schützen, dass neue Technologien und Produkte eingesetzt werden, um *„die Anonymität von Geschäftsbeziehungen oder von Transaktionen zu begünstigen"* (§ 6 Abs. 2 Nr. 4 GwG). Die Vorschrift wurde 2013 ins GwG aufgenommen.[221] Sie dient der Umsetzung von Art. 13 Abs. 6 der 3. RL (EU) 2015/849. Auslöser war der Deutschlandprüfbericht der FAFT von 2010 (→ § 1 Rn. 4), der eine Regelung hinsichtlich des Missbrauchs neuer Technologien anmahnte.[222] Mit der GwG-Novelle 2017 wurde die Vorschrift verschoben, ohne sie inhaltlich zu ändern. Im Finanzsektor hat sich für die Einführung neuer Finanzprodukte auf Basis der MaRisk bereits unabhängig von dieser Vorschrift ein förmlicher Neu-Produkt-Prozess etabliert. In dessen Rahmen werden Produkte umfassend unter verschiedenen Risikogesichtspunkten geprüft.[223] Im Nichtfinanzsektor gibt es bislang keine Entsprechung. Welche Maßnahmen konkret zu ergreifen sind, regelt die Vorschrift nicht. Die Gesetzesbegründung enthält dazu keine Ausführungen.[224] Maßgeblich hängt dies von der konkreten Risikosituation des Verpflichteten ab. Je anfälliger die Geschäftstätigkeit des Verpflichteten in Ansehung seiner Geschäftsstruktur, Absatzmärkte, Produkte, Vertriebswege und Kundenstruktur für Geldwäsche und Terrorismusfinanzierung ist, desto größere Anstrengungen sind dem Verpflichteten im Hinblick auf die Prävention gegen neuartige Missbrauchsmöglichkeiten zuzumuten. Angeraten wird bei der Einführung neuer Produkte und Technologien eine ergänzende Risikoanalyse durchzuführen und ggf. auf dieser Basis spezifische Maßnahmen zu ergreifen, wo erforderlich. Hierfür sind in einem ersten Schritt neue Produkte, ihre Märkte und Vertriebswege auf Missbrauchsmöglichkeiten für Zwecke der Geldwäsche und Terrorismusfinanzierung hin zu untersuchen. Im besonderen Fokus stehen hierbei Umstände, bei denen ein hohes Maß an Anonymität vorherrscht. Das können Geschäftsbeziehungen und Transaktionen sein, die über das Internet oder mobil initiiert und abgewickelt werden oder wo aus anderen Gründen durch die stetig voranschreitende Technisierung der Geschäftswelt neue „Sicherheitslücken" auftreten. Die Verpflichteten sollen diese möglichst schnell erkennen und schließen.[225] Risiken, die sich aus neuen geografischen Absatzmärkten oder neuen Kundensegmenten ergeben, sind dagegen eher als Teil der Aktualisierung der Risikoanalyse zu sehen.[226] Entsprechende Anforderungen gelten zB für neue Zahlungsmittel- und Zahlungsmethoden, wie Kryptowerte (virtuelle Währungen). Gerade in diesem Bereich kommt es aktuell zu vielen Neuerungen, die auch für Güterhändler interessant sein können.[227] Die Vorschrift verpflichtet dazu Produkte, Märkte und Vertriebswege nicht nur

---

[219] Zentes/Glaab/Kaetzler GwG § 7 Rn. 84.
[220] AuA Nichtfinanzsektor, S. 19, Ziff. 3.3.3.4.4.
[221] GwG-Ergänzungsgesetz (GwGErgG) vom 18.2.2013, BGBl. 2013 I 268.
[222] Herzog/Herzog GwG § 6 Rn. 9.
[223] BeckOK GwG/Müller, 4. Ed. 1.12.2020, GwG § 6 Rn. 62; Zentes/Glaab/Kaetzler GwG § 6 Rn. 56.
[224] BT-Drs. 18/11555, 110 zu § 6 Abs. 2 Nr. 4 GwG.
[225] Zentes/Glaab/Kaetzler GwG § 6 Rn. 62 f.
[226] AA offenbar Zentes/Glaab/Kaetzler GwG § 6 Rn. 62 f.
[227] BeckOK GwG/Müller, 4. Ed. 1.12.2020, GwG § 6 Rn. 61.

E. Sicherungsmaßnahmen § 4

einmalig, sondern fortlaufend in Bezug auf die Entstehung neuer Missbrauchsmöglichkeiten zu überwachen. Werden Missbrauchsmöglichkeiten festgestellt, müssen die bereits getroffenen Sicherheitsvorkehrungen angepasst (*„fortentwickeln"*) und notfalls durch neue Konzepte ersetzt werden.[228] Genau genommen besteht dieses Erfordernis bereits wegen der Pflicht zur Aktualisierung nach § 6 Abs. 1 S. 3 GwG.[229]

IX. Schulungen (Trainings)

Verpflichtete müssen *„ihre Mitarbeiter in Bezug auf Typologien und aktuelle Methoden der Geldwäsche und Terrorismusfinanzierung sowie die einschlägigen Vorschriften und Pflichten unterrichten. Dazu gehören explizit auch die ‚einschlägigen Datenschutzbestimmungen'."* (§ 6 Abs. 2 Nr. 6 GwG). Eine Unterrichtungspflicht war bereits in § 14 GwG 1993 und in § 9 Abs. 2 Nr. 3 GwG 2008 (→ § 1 Rn. 12) enthalten. Sie beruht auf Vorgaben des Art. 35 Abs. 1 RL (EU) 2015/849. Mit der Unterrichtung soll die Sensibilisierung der Mitarbeiter für das Erkennen dubioser Geldbewegungen und Geschäftspraktiken gefördert werden.[230] Eine *„Unterrichtung"* iSd Vorschrift muss nicht zwingend eine Schulung sein. Sie kann auch auf andere Weise, zB durch schriftliche Rundschreiben erfolgen,[231] wobei Schulungsveranstaltungen generell höhere Effektivität aufweisen. Einig ist man sich, dass keine Pflicht zu Präsenzschulungen besteht.[232] Empfehlenswert ist diese aber für die Erstschulung von Mitarbeitern, die bislang keine oder keine umfassende Schulung zum Thema Geldwäsche und Terrorismusfinanzierung erhalten haben. Im Rahmen der Angemessenheit ist der Verpflichtete in der Wahl der Art der Unterrichtung, ihrer Ausgestaltung und ihrem Umfang sowie dem Zeitpunkt frei,[233] so dass auch Webinare, Eigenstudium oder Ähnliches in Frage kommen, wenn damit der Zweck erreicht wird. Außerhalb von oder zwischen Schulungen kann dagegen mit ad-hoc Nachrichten, Rundmails, oder Kurz-Vorträgen auf Team-Meetings, etc über Veränderungen und Entwicklungen bzw. Einzelfälle und Vorkommnisse hingewiesen werden. Ebenso kann der Verpflichtete entscheiden, ob er bestimmte Personen zu Präsenzschulungen verpflichtet und bei anderen andere Lösungen wählt, ob Schulungen durch interne Mitarbeiter gehalten werden oder durch externe Dienstleister und ob die Schulungen mit anderen Trainings etwa zu Fragen der Korruptionsprävention kombiniert werden. Die Unterrichtung über Datenschutzbestimmungen kann separat von der Schulung über geldwäscherechtliche Bestimmungen erfolgen.

145

> **Praxishinweis:**
> Die Auslagerung von Teilbereichen der Mitarbeiterunterrichtung gilt nicht als Auslagerung iSd § 6 Abs: 7 GwG. Die Entscheidung für ein externes Schulungsangebot als Baustein der betrieblichen Mitarbeiterunterrichtung liegt allein in der Verantwortung des Verpflichteten. Als Voraussetzung wird angesehen, dass die weitere und laufende Unterrichtung der Mitarbeiter über die unternehmensinternen Vorgaben, Änderungen bei Typologien oder Datenschutzbestimmungen durch den Verpflichteten selbst erfolgt.[234] Diese Abgrenzung ist künstlich und praxisfern. Ob die Unterrichtung durch den Verpflichteten selbst erfolgt oder durch Auftragnehmer, spielt keinerlei Rolle. Es handelt sich nicht um eine höchstpersönliche Pflicht.

146

---

[228] Zentes/Glaab/Kaetzler GwG § 6 Rn. 62.
[229] BeckOK GwG/Müller, 4. Ed. 1.12.2020, GwG § 6 Rn. 62.
[230] BT-Drs. 12/2704, 20, unter § 15 Interne Sicherungsmaßnahmen.
[231] Herzog/Herzog GwG § 6 Rn. 17.
[232] AuA Nichtfinanzsektor, S. 22 f., Ziff. 3.3.5.
[233] Zentes/Glaab/Kaetzler GwG § 6 Rn. 90.
[234] AuA Nichtfinanzsektor, S. 26, Ziff. 3.3.9.

147 Die AuA Nichtfinanzsektor (→ § 1 Rn. 13) sehen vor, grds. alle Mitarbeiter zu schulen. Ausgenommen seien allenfalls Beschäftigte, deren Tätigkeit keinerlei Bezug zu den geschäftstypischen Aufgaben oder Leistungen des Verpflichteten aufweisen (zB Reinigungspersonal)[235] oder Angestellte der Hausverwaltung (Facility Management). Diese Auslegung entspricht zwar der Erwartung der FAFT. Danach soll erst beim Umfang und Inhalt der Unterrichtung differenziert werden.[236] Eine so weite Interpretation der Unterrichtungspflicht ist aber eindeutig nicht mehr verhältnismäßig und nicht iSd risikobasierten Ansatzes. Mit Blick auf die konkrete Situation des Verpflichteten und sein spezielles Risiko sowie den Umfang der Pflichten muss es möglich sein, Schulungen zur Geldwäsche-Compliance auf den Mitarbeiterkreis zu beschränken, der im Rahmen seiner Beschäftigung zumindest potenziell mit geldwäscherechtlich relevanten Vorgängen in Berührung kommt.[237] Ziel von Schulungen werden daher idR Funktionen wie zB Compliance, Recht, der Vertrieb, die Projektimplementierung (Abwicklung), sowie die Buchhaltung und Finanzverwaltung sein, jeweils inklusive der entsprechenden Management-Funktionen und der Leitung. Bei Mitgliedern der Führungsebene sind Kenntnisse im Geldwäscherecht konstitutiv (→ Rn. 129). Mitarbeiter im Einkauf sollten geschult werden, die Entwicklungsabteilung wird man dagegen nicht priorisieren müssen. Soweit Syndikusrechtsanwälte (→ § 11 Rn. 12) oder andere Inhouse-Funktionen als Verpflichtete gelten, ist es sinnvoll, ihnen spezifische Schulungen über ihre Pflichten anzubieten. Zur Schulung von Lieferanten und Dienstleistern besteht keine gesetzliche Pflicht. Nicht alle Mitarbeiter müssen in gleichem Umfang geschult werden: Vertriebsmitarbeiter haben andere Kenntnisse und kommen zu anderen Zeitpunkten und in anderer Form mit möglichen Geldwäsche-Sachverhalten in Berührung als zB die Mitarbeiter in der Projektabwicklung oder der Buchhaltung. Entsprechend unterschiedlich sind ihre Möglichkeiten, Anhaltspunkte der Geldwäsche oder Terrorismusfinanzierung zu erkennen, was sich in unterschiedlichen Schulungsinterhalten widerspiegeln darf. Schulungen müssen „erstmalig und laufend" durchgeführt werden. Ausreichend ist eine gewisse Regelmäßigkeit bzw. eine Schulung in aktualisierter Form, je nach Art und Umfang der Tätigkeit des Verpflichteten, seiner spezifischen Risikosituation, etc. In welchen Abständen Schulungen erfolgen bzw. wiederholt werden müssen, ist der Einschätzung des Verpflichteten überlassen. Die Auslegungshinweise für den Nichtfinanzsektor gehen von einem Schulungsrhythmus von 2 Jahren aus,[238] den man als vielfach unrealistisch und unverhältnismäßig ansehen muss. Entscheidend ist die Risikosituation eines Unternehmens, sowie seine Leistungsmöglichkeiten, nicht ein theoretisch wünschenswerter Zyklus.

148 **Praxishinweis:**
Schulungsmaterial bietet zB das Dreiphasenmodell (→ § 2 Rn. 5), die Anhaltspunktepapiere (Typologien) (→ § 7 Rn. 45) der FIU bzw. der FATF oder die Liste der Risikofaktoren in Anlage 1 und 2 GwG, sowie die Risikokonstellationen des § 15 GwG. Des Weiteren bieten der FIU Jahresbericht (→ § 7 Rn. 63) und entsprechende Veröffentlichungen des BKA, der LKAs oder von Europol zu bestimmten Sektoren oder Themenbereichen Material. In abstrahierter Form kann man auch aus eigenen Verdachtsmeldefällen Schulungsfälle entwerfen. Für die Mehrzahl der Mitarbeiter wird es darauf ankommen, Verdachtsmomente (Anhaltspunkte) zu erkennen und zu wissen, wie die internen Abläufe und Zuständigkeiten sind. Vertiefte Kenntnisse des komplexen GwG sind oft nicht erforderlich. Die Durchführung von Sorgfaltspflichten kann in den Händen der Rechtsabtei-

---

[235] AuA Nichtfinanzsektor, S. 22, Ziff. 3.3.5.
[236] BT-Drs. 17/6804, 34, zu § 9 Abs. 2 Nr. 3 GwG.
[237] BT-Drs. 12/2704, 20, unter § 15 Interne Sicherungsmaßnahmen; aA BT-Drs. 17/6804, 34, zu § 9 Abs. 2 Nr. 4 GwG.
[238] AuA Nichtfinanzsektor, S. 23, Ziff. 3.3.5.

lung oder Compliance zentralisiert werden, so dass der Schulungsbedarf insofern reduziert wird.

X. Zuverlässigkeitsprüfung

Definition:

Nach § 1 Abs. 20 GwG liegt „die Zuverlässigkeit eines Mitarbeiters iSd GwG vor, wenn er die Gewähr dafür bietet, dass er
- „die im GwG geregelten Pflichten, sonstige geldwächerechtliche Pflichten und die beim Verpflichteten eingeführten Strategien, Kontrollen und Verfahren zur Verhinderung von Geldwäsche und von Terrorismusfinanzierung sorgfältig beachtet,"
- „Tatsachen nach § 43 Abs. 1 GwG dem Vorgesetzten oder dem Geldwäschebeauftragen, sofern ein Geldwäschebeauftragen bestellt ist, meldet" und
- „sich weder aktiv noch passiv an zweifelhaften Transaktionen oder Geschäftsbeziehungen beteiligt."

149

Verpflichtete „müssen ihre Mitarbeiter durch geeignete Maßnahmen, insbes. durch Personalkontroll- und Beurteilungssysteme auf Zuverlässigkeit überprüfen" (§ 6 Abs 2 Nr. 5 GwG). Dies erinnert an den gleichlautenden Begriff im Gewerberecht (§ 35 GewO). Damit hat er jedoch nichts zu tun.[239] Denn beurteilt wird nicht der Inhaber eines Gewerbes. Vielmehr muss der Verpflichtete die Zuverlässigkeit seiner Mitarbeiter bewerten. Genau genommen geht es um eine Prognose der zukünftigen Zuverlässigkeit. Ob sich ein Mitarbeiter tatsächlich als zuverlässig erweist, kann man erst nach einer gewissen Zeit und rückblickend beurteilen. Die Vorschrift hat keine Grundlage in der RL (EU) 2015/849. Sie geht zurück auf Anmerkungen im FAFT-Prüfbericht von 2010 (→ § 1 Rn. 4). Die Beschäftigten sollen nach ihrer Persönlichkeit Gewähr dafür bieten, geldwächerechtliche Vorschriften sowie die im Unternehmen geltenden Grundsätze zu beachten.[240] So soll verhindert werden, dass Mittelsmänner als „Brückenköpfe", in die für die Geldwäsche und Terrorismusfinanzierung wichtigen Berufs- und Unternehmensgruppen eindringen.[241] Kritisch anmerken muss man, dass solche Fälle aus öffentlichen Berichten der letzten Jahre nicht bekannt sind. Es handelt sich eher um theoretische Konstrukte. Auch der Fall Wirecard liegt anders. Dort steht im Raum, dass hochrangige Mitglieder der Geschäftsführung im Rahmen ihrer beruflichen Tätigkeit Straftaten wie insbes. Betrug und Untreue gegen das eigene Unternehmen begangen haben sollen.

150

Der von der Zuverlässigkeitsprüfung betroffene Personenkreis soll alle Mitarbeiter inklusive der Organe einer Gesellschaft (Vorstand, Geschäftsführer, etc) ungeachtet ihrer konkreten Tätigkeit einschießen.[242] Ähnlich wie iRd Unterrichtspflicht (→ Rn. 145) stellen die AuA Nichtfinanzsektor (→ § 1 Rn. 13) auf alle Beschäftigten ab, die in für Geldwäsche und Terrorismusfinanzierung relevanten Arbeitsbereichen tätig sind. Insbesondere soll nicht unterschieden werden, ob Beschäftigte bare oder unbare Transaktionen ausführen und ob sie bei der Begründung von Geschäftsbeziehung einbezogen sind (zB Vertrieb) oder nur rein interne Verwaltungsaufgaben verrichten. Die Zuverlässigkeitsprüfung soll immer schon dann erforderlich sein, wenn ein Mitarbeiter Bezug zum Bereich der Geldwäsche oder Terrorismusfinanzierung haben kann.[243] Tatsächlich legen der risikobasierte Ansatz (→ § 1 Rn. 14) als Ausprägung des Verhältnismäßigkeitsgrundsatzes ebenso wie datenschutzrechtliche und arbeitsrechtliche Überlegungen nahe, dass

151

---
[239] AA offenbar Zentes/Glaab/Kaetzler GwG § 6 Rn. 64.
[240] AuA Nichtfinanzsektor, S. 21, Ziff. 3.3.4.
[241] BT-Drs. 17/6804, 34 zu § 9 Abs. 2 Nr. 4 GwG aF.
[242] BeckOK GwG/Müller, 4. Ed. 1.12.2020, GwG § 6 Rn. 65; Zentes/Glaab/Kaetzler GwG § 6 Rn. 67.
[243] AuA Nichtfinanzsektor, S. 21 f., Ziff. 3.3.4.

die Zuverlässigkeitsprüfung risikoorientiert weiter beschränkt werden darf auf den Mitarbeiterkreis, der mit Tätigkeiten betraut ist, die der Geldwäsche und der Terrorismusfinanzierung Vorschub leisten können.[244] Zeitarbeitskräfte zählen nicht zu dem genannten Kreis der Mitarbeiter.[245] § 6 Abs. 5 GwG (Hinweisgebersysteme, → Rn. 158) nennt neben Mitarbeitern explizit *„Personen in vergleichbarer Position"*, um Leiharbeitnehmer in den Anwendungsbereich einzubeziehen. § 6 Abs. 2 Nr. 5 GwG erwähnt dagegen keine anderen Personen. Wie andere externe Dienstleister sind Leiharbeiter keine Mitarbeiter des Verpflichteten. Eine Überprüfung der Personen durch den Verpflichteten ist schon aus datenschutzrechtlichen und arbeitsrechtlichen Gründen fragwürdig. Sofern Dienstleister geldwäscherechtliche Pflichten im Auftrag des Verpflichteten erledigen, gelten für sie die besonderen Anforderungen des § 6 Abs. 7 GwG bzw. § 17 Abs. 7 GwG (Auslagerung). Bei allen anderen muss der Verpflichtete ggf. mit dem Arbeitgeber vereinbaren, ob in und welchem Umfang dieser Zuverlässigkeitsprüfungen durchführt. Sinnvoll ist dies nur, sofern seine Mitarbeiter in geldwäscherechtlich sensiblen Bereichen tätig sind für die der Verpflichtete, würde er eigenes Personal einsetzen, eine Zuverlässigkeitsprüfung durchführen müsste. Alles andere ist im Sinne allgemeiner Risikovorsorge sinnvoll, aber nicht Teil der Zuverlässigkeitsprüfung bzw. Sicherungsmaßnahmen des § 6 Abs. 2 Nr. 4 GwG. Syndikusrechtsanwälte (→ § 11 Rn. 12) gelten nicht generell wegen der berufsrechtlichen Verschwiegenheit als zuverlässig.[246] Auch sie müssen daher einer individuellen Prüfung unterzogen werden.

152 Die Zuverlässigkeit ist bei Begründung eines Arbeitsverhältnisses durchzuführen und regelmäßig während desselben zu wiederholen. In Betracht ziehen muss man sie auch bei Funktionsänderungen, wenn dadurch in höherem Maß als bisher Berührungspunkte mit Sachverhalten der Geldwäsche oder Terrorismusfinanzierung eintreten oder die Position eine höhere Verantwortung für geldwäscherechtliche Sachverhalte mit sich bringt, etwa die Ernennung zum Geldwäschebeauftragten. In Abhängigkeit von Position und Tätigkeitsfeld des Beschäftigten sind die Kontrollhandlungen festzulegen. Dabei soll der Verpflichtete hinsichtlich der Kontrolldichte und der verwendeten Kontrollinstrumente risikoangemessen Beurteilungsspielraum haben. Allein die Vorlage eines Arbeitszeugnisses bei Begründung des Arbeits- oder Dienstverhältnisses reicht nicht aus. Maßnahmen iRd Einstellung können zB bestehen aus der Prüfung der Plausibilität der Bewerberangaben anhand eingereichter Unterlagen wie dem Lebenslauf, der Vorlage eines Ausweisdokuments im Original, eines polizeilichen Führungszeugnisses oder ggf. der Prüfung der Vermögensverhältnisse durch entsprechende Bonitätsauskünfte externer Dienstleister oder durch Vorlage eines Gewerbezentralregisterauszugs. Eine Schufa-Auskunft als Regelfall der Zuverlässigkeitsprüfung ist dagegen datenschutzrechtlich nicht darstellbar. Selbst wenn der Betroffene zustimmt, muss man die Freiwilligkeit der Zustimmung bezweifeln. Im bestehenden Arbeitsverhältnis darf sich der Verpflichtete vorhandener Personalbeurteilungssysteme bedienen. Die wiederkehrende Prüfung der Zuverlässigkeit kann daher zB mit jährlichen Zielerreichungs- oder Feedbackgesprächen kombiniert werden. Insoweit besteht anlassbezogen die Pflicht zu weiteren Nachforschungen über die Zuverlässigkeit des Mitarbeiters.[247] Die wiederkehrende Prüfung kann sich daher darauf beschränken, ob ein solcher Anlass besteht (Negativattest).[248] Liegen Anhaltspunkte vor, die geeignet sind, die Zuverlässigkeit eines Beschäftigten in Frage zu stellen, müssen weitere Nachforschungen durchgeführt werden. Die AuA Nichtfinanzsektor (→ § 1 Rn. 13) sehen vor, dass hiervon der Geldwäschebeauftragten in Kenntnis gesetzt wird, was jedoch allenfalls bei schwerwiegenden Zweifeln an der Zuverlässigkeit einer Person zwingend sein dürfte. Anhaltspunkte

---

[244] So die ursprüngliche Intention der Vorschrift, s. BT-Drs. 317/11, 47.
[245] AA BeckOK GwG/Müller, 4. Ed. 1.12.2020, GwG § 6 Rn. 65; offen Zentes/Glaab/Kaetzler GwG § 6 Rn. 78.
[246] Zentes/Glaab/Kaetzler GwG § 6 Rn. 80.
[247] AuA Nichtfinanzsektor, S. 21 f., Ziff. 3.3.4.
[248] Zentes/Glaab/Kaetzler GwG § 6 Rn. 75.

E. Sicherungsmaßnahmen

§ 4

können sich ergeben aus einschlägigen Straftaten, der beharrlichen Verletzung geldwäscherechtlicher Pflichten oder interner Anweisungen und Richtlinien oder wenn ein Beschäftigter die interne Meldung von (möglichen) Verdachtsfällen iSd § 43 Abs. 1 GwG unterlässt.[249] Einschlägige Straftaten sind solche, die mit Blick auf die konkrete Funktion des Arbeitnehmers im Unternehmen Relevanz haben. Eine einfache Körperverletzung im privaten Umfeld anlässlich einer Feier macht eine Person noch nicht geldwäscherechtlich unzuverlässig. Ein Betrug oder eine Unterschlagung möglicherweise schon.

Die AuA Nichtfinanzsektor (→ § 1 Rn. 13) nennen als weitere Anhaltspunkte für eine mögliche Unzuverlässigkeit:[250] 153
- Ein Beschäftigter beteiligt sich an zweifelhaften Transaktionen oder Geschäften.
- Gegen einen Beschäftigten werden Zwangsvollstreckungsmaßnahmen (zB Pfändungen durch den Gerichtsvollzieher) bekannt.
- Ein Beschäftigter veranlasst, dass bei bestimmten Kunden keine Vertretung stattfindet.
- Ein Beschäftigter versucht, Urlaub zu vermeiden und keine Abwesenheiten entstehen zu lassen.
- Ein Beschäftigter verwaltet Geschäftsunterlagen quasi privat.
- Ein Beschäftigter arbeitet häufig außerhalb der üblichen Arbeitszeiten allein im Büro.
- Ein Beschäftigter nimmt häufig und ohne ersichtlichen Grund Unterlagen mit nach Hause.

Diese Grundsätze müssen im Einzelfall kritisch hinterfragt werden. So sind zB Zwangsvollstreckungsmaßnahmen gegen einen Mitarbeiter (zB im Rahmen eines privaten Unterhaltsstreits) nicht per se geeignet seine geldwäscherechtliche Zuverlässigkeit in Frage zu stellen. Tatsächlich wird dies nur dann der Fall sein, wenn Umfang oder Frequenz solcher Pfändungen die Solvenz des Mitarbeiters erkennbar gefährden und er Tätigkeiten verrichtet, bei denen seine private Solvenz eine Rolle für die Einschätzung der Zuverlässigkeit spielt. Das ist sicher nicht der Fall, wenn jemand in der Abwicklung von Kundenaufträgen arbeitet, ohne Einfluss oder Zugriff auf Zahlungsflüsse zu haben. Das mag anders sein, wenn es um eine Person geht, die Verfügungsberechtigung über die Konten des Unternehmens hat. Auslöser ist dann aber genau genommen nicht das Risiko der Geldwäsche oder Terrorismusfinanzierung, sondern eher die Besorgnis eines Betrugs oder der Veruntreuung von Geldern durch den Mitarbeiter. Für Mitarbeiter, die geldwäscherechtlich sensible Positionen (bei einer Bank) innehaben, wird eine arbeitsvertragliche Nebenpflicht angenommen, sich privat auch nicht passiv an zweifelhaften Transaktionen oder Geschäften zu beteiligten, die Geldwäsche oder Terrorismusfinanzierung darstellen können.[251] Das wird man so nicht für alle sachbearbeitenden Funktionen bei Güterhändlern annehmen können. Für Güterhändler gilt unabhängig von ihrer Privilegierung, dass ihre Risikosituation von der einer Bank drastisch abweicht. Die Prüfung der Zuverlässigkeit eines Mitarbeiters sollte auch nicht in die Hände des Geldwäschebeauftragten gelegt werden. Es besteht keine Rechtsgrundlage dafür, den Geldwäschebeauftragten zB von (meist im Privatbereich begründeten) Vollstreckungsmaßnahmen gegen einen Mitarbeiter in Kenntnis zu setzen, der ihm nicht unterstellt ist.[252] Noch weniger ist es zulässig in einem solchen Fall andere Funktionen wie die interne Revision oder die Rechtsabteilung einzubinden.[253] Sofern keine besonderen Umstände vorliegen (etwa der Verdacht von Straftaten durch den Mitarbeiter) sollte die Beurteilung allein durch die Personalabteilung ggf. in Absprache mit der zuständigen Führungskraft erfolgen. Das Ergebnis kann dem Geldwäschebeauftragten mitgeteilt werden, sofern damit Veränderungen in der täglichen Arbeit der Geldwäsche-Compliance oder ähnliche Risiken verbunden sind.

---

[249] AuA Nichtfinanzsektor, S. 21 f., Ziff. 3.3.4.
[250] AuA Nichtfinanzsektor, S. 21 f., Ziff. 3.3.4.
[251] LAG Berlin-Brandenburg NZA-RR 2015, 241 (243 f.).
[252] So aber die Forderung der Gemeinsamen Auslegungshinweise der Länder zum GwG, S. 21, Ziff. 3.3.4.
[253] AA BeckOK GwG/Müller, 4. Ed. 1.12.2020, GwG § 6 Rn. 69.

154 **Praxishinweis:**
Maßnahmen, die aus arbeits- oder datenschutzrechtlichen Gründen unzulässig sind, kommen auch iRd Zuverlässigkeitsprüfung nicht in Betracht.[254] Arbeitnehmerrechte werden durch das GwG nicht eingeschränkt. Zu beachten ist das kollektive (zB BetrVG) wie das individuelle Arbeitsrecht, sowie die Vorschriften der VO (EU) 2016/679. Personalkontrollsysteme wie die Zuverlässigkeitsprüfung unterfallen der Mitbestimmung durch den Betriebsrat (§ 87 BetrVG).[255]

155 Bei mangelnder Zuverlässigkeit dürfen Mitarbeiter nicht mehr in geldwächerechtlich sensiblen Bereichen eingesetzt werden. Arbeitsrecht und Datenschutz setzen dem allerdings enge Grenzen. Es müssen daher Anhaltspunkte für schwerwiegende Verstöße oder konkrete Gefährdungen vorliegen, die arbeitsrechtliche Konsequenzen wie zB nicht nur eine Abmahnung, sondern eine Umsetzung oder gar Kündigung rechtfertigen.[256] Maßnahmen auf Basis allein der oben erwähnten Anhaltspunkte werden sich häufig nicht durchsetzen lassen.[257] Die Ergebnisse der Zuverlässigkeitsprüfung sollen zum Nachweis dokumentiert werden. Eine ausdrückliche Rechtsgrundlage hierfür fehlt zwar. Die Aufbewahrungspflichten des § 8 GwG (→ Rn. 167) sind nicht einschlägig. Da Sicherungsmaßnahmen der Aufsicht unterliegen, ist es ohne einen entsprechenden Nachweis aber gar nicht möglich, die Erfüllung der gesetzlichen Pflichten darzulegen. Da es um personenbezogene Angaben geht, sollten Art, Umfang und Dauer der Dokumentation vorab unter datenschutzrechtlichen Anforderungen überprüft und mit dem Datenschutzbeauftragten abgestimmt werden.

XI. Unabhängige Überprüfung

156 „*Verpflichtete müssen die zuvor genannten Grundsätze und Verfahren unabhängig überprüfen lassen, soweit die angesichts der Art und des Umfangs der Geschäftstätigkeit angemessen ist*" (§ 6 Abs. 2 Nr. 7 GwG). Die Vorschrift beruht auf Art. 8 Abs. 4 Buchst. b RL (EU) 2015/849 und wurde mit der GwG-Novelle 2017 ins GwG aufgenommen. Sie ist wegen § 4 Abs. 5 GwG nur auf nicht-privilegierte (→ Rn. 4) Güterhändler anwendbar. Zur Frage, wann Art und Umfang des Geschäftsbetriebs eine unabhängige Prüfung verlangen, gibt es bislang keine Auslegungshilfen. Man kann daher davon ausgehen, dass bei Güterhändlern keine Überprüfung erforderlich ist, wenn sie kleine und mittlere Unternehmen (KMUs) iSd § 267 HGB sind. Der Umstand, dass sie möglicherweise (weil nicht-privilegiert) Bargeldgeschäfte iSd § 4 Abs. 5 GwG tätigen oder gewerblich mit Kunstgegenständen ab 10.000 EUR handeln (→ § 11 Rn. 5) spielt dabei keine Rolle, da weder das eine noch das andere per se als erhöhtes Risiko iSd § 15 GwG gilt. Dasselbe gilt für große Unternehmen, sofern ihr Risikoprofil nicht umfangreich erhöhte Risiken aufweist oder aus anderen Gründen besonders riskant erscheint. Die Überprüfung kann durch externe Dritte geschehen, zB Wirtschaftsprüfgesellschaften oder spezialisierte Beratungsgesellschaften. Zulässig ist auch die Vornahme durch geeignete interne Stellen mit hoher fachlicher Unabhängigkeit, zB die Innenrevision („Internal Audit")[258] oder eines Internen Kontrollsystems (IKS). Die Überprüfung ersetzt nicht die Kontrollpflichten des Geldwäschebeauftragten.[259] Maßnahmen der Überprüfung und ihre Ergebnisse sollten mit Blick auf die Darlegungslast ausreichend dokumentiert werden. Ggf. sind auf Basis der Überprüfung Aktualisierungen der

---

[254] AuA Nichtfinanzsektor, S. 21 f., Ziff. 3.3.4.
[255] LAG Hessen Beschl. v. 2.11.2006 – 5 TaBVGa 196/06, BeckRS 2007, 40035.
[256] BeckOK GwG/Müller, 4. Ed. 1.12.2020, GwG § 6 Rn. 70.
[257] Ausf. dazu Eufinger WM 2017, 1581 (1587 f.).
[258] BT-Drs. 18/11555, 111, zu § 6 Abs. 2 Nr. 7 GwG, aA offenbar Herzog/Herzog GwG § 6 Rn. 18, der nur externe Prüfer zulassen will.
[259] AuA Nichtfinanzsektor, S. 21, Ziff. 3.3.6.

E. Sicherungsmaßnahmen　　　　　　　　　　　　　　　　　　　　　　　§ 4

Risikoanalyse, der Sicherungsmaßnahmen oder weiterer Prozesse und Abläufe erforderlich. Umgekehrt kann eine neuerliche Pflicht zur Überprüfung entstehen bei einer wesentlichen Änderung oder Aktualisierung des Geldwäsche-Compliance-Programms oder gesetzlicher Vorgaben. Verstöße gegen die Pflicht zur Durchführung einer unabhängigen Überprüfung sind nicht bußgeldbewehrt (→ § 9 Rn. 17).

Unklar ist der Umfang der Überprüfung, insbes. ob die Vorschrift nur auf die Grundsätze und Verfahren des § 6 Abs. 2 Nr. 1 GwG verweist oder mit Blick auf § 6 Abs. 2 Nr. 1e GwG *("sonstige geldwäscherechtliche Vorschriften")* auf alle geldwäscherechtlichen Verpflichtungen, mithin die gesamte Geldwäsche-Compliance des Verpflichteten.[260] Das Kontrollkonzept des Geldwäschebeauftragten sei jedenfalls als Ganzes umfasst.[261] Nach den AuA Nichtfinanzsektor (→ § 1 Rn. 13) umfasst die Überprüfung sogar den ganzen vom Geldwäschebeauftragten zu verantwortenden Bereich.[262] Wie die Überprüfung konkret auszugestalten ist, ist nicht näher geregelt und daher dem Ermessen der Verpflichteten überlassen. Dabei wird man risikoorientiert vorgehen dürfen und die Prüfung auf die richtige Erfassung und Einordnung der Risiken, die Ableitung zutreffender Maßnahmen und das Funktionieren der Prozesse und Abläufe im Unternehmen beschränken dürfen. 157

XII. Hinweisgebersystem ("Hotline")

"Verpflichtete haben im Hinblick auf ihre Art und Größe angemessene Vorkehrungen treffen, damit es ihren Mitarbeitern und Personen in vergleichbarer Position möglich ist, Verstöße gegen geldwäscherechtliche Vorschriften an geeignete Stellen zu berichten" (§ 6 Abs. 5 GwG). Die Vorschrift beruht auf Art. 42 (EU) 2015/849 und wurde mit der GwG-Novelle 2017 (→ § 1 Rn. 12) ins GwG aufgenommen. Verpflichtend ist die Vorschrift nur für nicht-privilegierte (→ Rn. 4) Güterhändler. Die Maßnahme ist Teil der internen Sicherungsmaßnahmen (§ 6 GwG), zählt aber nicht zu den Regelbeispielen des § 6 Abs. 2 GwG. Sie verpflichtet zur Einrichtung eines Hinweisgebersystems (*"Whistleblower-Hotline"*).[263] Besteht eine solche bereits aus anderen Gründen, verpflichtet die Vorschrift nicht dazu, ein weiteres, separates System einzurichten.[264] Das bestehende System muss allerdings den Anforderungen des GwG entsprechen. Die konkrete Ausgestaltung des Hinweisgebersystems steht im Ermessen des Verpflichteten, insbes. welche interne (*"geeignete"*) Stelle für den Empfang der Meldungen zuständig sein soll.[265] In Frage kommt nach den Auslegungshinweisen im Nichtfinanzsektor (→ § 1 Rn. 13) der Geldwäschebeauftragte und/oder die interne Revision,[266] ohne Weiteres aber auch eine Compliance oder Rechtsabteilung. Denkbar ist auch die Beauftragung eines (externen) Dienstleisters (→ Rn. 107) (§ 6 Abs. 7 GwG). Zu beachten sind ggf. datenschutzrechtliche Anforderungen und Mitbestimmungserfordernisse.[267] 158

Das Hinweisgebersystem muss nicht der Allgemeinheit zugänglich sein. Der Zugang kann auf Mitarbeiter des Verpflichteten und *"Personen in vergleichbarer Position"* beschränkt werden. Dabei handelt es sich um Personen, die beim Verpflichteten oder für diesen tätig sind, jedoch nicht in einem Beschäftigungsverhältnis zu ihm stehen, zB freiberuflich Tätige oder Leiharbeitskräfte iSd AÜG.[268] Andere Lieferanten gehören nicht dazu. Das Hinweisgebersystem muss Meldungen zulassen *"unter Wahrung der Vertraulichkeit der Identität"* erlauben. Das setzt nicht zwingend anonyme Meldungen voraus; es reicht, wenn die Identität 159

---

[260] BeckOK GwG/Müller, 4. Ed. 1.12.2020, GwG § 6 Rn. 85.
[261] BeckOK GwG/Müller, 4. Ed. 1.12.2020, GwG § 6 Rn. 85.
[262] AuA Nichtfinanzsektor, S. 21, Ziff. 3.3.6.
[263] BeckOK GwG/Gabriel, 4. Ed. 1.12.2020, GwG § 6 Rn. 107.
[264] BeckOK GwG/Gabriel, 4. Ed. 1.12.2020, GwG § 6 Rn. 108.
[265] BT-Drs. 18/11555, 111, zu § 6 Abs. 5 GwG.
[266] AuA Nichtfinanzsektor, S. 23, Ziff. 3.3.7.
[267] So auch Zentes/Glaab/Kaetzler GwG § 6 Rn. 152.
[268] AuA Nichtfinanzsektor, S. 23, Ziff. 3.3.7.

des Meldenden so geschützt wird, dass zB die Leitung oder der Vorgesetzte und auch Dritte davon nicht erfahren. Schließlich muss das Hinweisgebersystem *„im Hinblick auf die Art und Größe des Verpflichteten angemessen"* sein. Es kann daher je nach Art und Umfang der Geschäftstätigkeit beim Verpflichteten ausgestaltet werden. Kleinere und mittlere Unternehmen können zulässigerweise auf die Hinweisgebersysteme der Aufsichtsbehörden (→ § 9 Rn. 11) verlinken oder andere einfache Meldesysteme nutzen. Das kann eine Eingabemaske im Firmen-Intranet sein, über die Informationen an die intern zuständige Stelle übermittelt werden, ohne den Hinweisgeber zu erfassen. Große Unternehmen werden um professionelle Hinweisgebersysteme nicht herum kommen, sofern sie im Geschäftsalltag höheren Risiken ausgesetzt sind.

160 Dem Wortlaut der Vorschrift nach dient das System zur (vertraulichen) Meldung von *„Verstößen gegen geldwäscherechtliche Vorschriften."* Meldungen nach § 6 Abs. 5 GwG sind daher keine Verdachtsmeldungen.[269] Dies wird durch die weitgehend identische Formulierung in § 4 Abs. 3 GwG deutlich. § 6 Abs. 5 GwG ergänzt die durch die Aufsichtsbehörden einzurichtenden Stellen für Hinweisgeber.[270] Art. 61 Abs. 1, 3 RL (EU) 2015/849 sprechen insoweit präziser von *„Verstößen gegen die zur Umsetzung dieser Richtlinie erlassenen nationalen Vorschriften."* Die Vorschrift beabsichtigt daher die Schaffung von Hinweisgebersystemen zur Meldung von möglichen Ordnungswidrigkeiten und Bußgeldtatbeständen nach dem GwG.[271] Kurios ist dabei, dass die Meldung an den potenziellen Täter und Verantwortlichen der Ordnungswidrigkeit erfolgt. Sinn einer solchen – unter Umständen anonymen – Meldung kann eigentlich nur sein, ihm die Möglichkeit zu geben, den Verstoß abzustellen. Weder die RL (EU) 2015/849 noch das GwG sieht jedoch die Möglichkeit vor, von einer Sanktion abzusehen, wenn der Verpflichtete auf eine Meldung reagiert. Die praktische Bedeutung der Vorschrift dürfte daher, vom Aufwand und den Kosten für die Verpflichteten abgesehen, sehr gering sein. Den Mitarbeitern steht es frei den Meldeweg zu nutzen. Eine Pflicht dazu besteht nicht.[272]

161 **Praxishinweis:**
§ 6 Abs. 5 GwG normiert erstmals die Einrichtung eines Hinweisgebersystems.[273] Mit der Verabschiedung der EU-Richtlinie zum Schutz von Whistleblowern im August 2019[274] hat die Vorschrift nichts zu tun.

XIII. Vorkehrungen für Auskunftsersuchen

162 *„Verpflichtete müssen Vorkehrungen treffen, um auf Anfrage der FIU oder anderer zuständiger Behörden Auskunft darüber geben zu können, ob sie während eines Zeitraums von fünf Jahren vor der Anfrage mit bestimmten Personen eine Geschäftsbeziehung unterhalten haben und welcher Art diese Geschäftsbeziehung war"* (§ 6 Abs. 6 S. 1 GwG). Die Vorschrift dient der Umsetzung von Art. 42 4. RL (EU) 2015/849. Sie wurde mit der GwG-Novelle 2017 (→ § 1 Rn. 12) ins GwG eingefügt. Sie gilt nur für nicht-privilegierte (→ Rn. 4) Güterhändler. S. 3 und 4 können für Syndikusrechtsanwälte (→ § 11 Rn. 12) relevant sein. Die Vorschrift soll die Kooperation zwischen den Verpflichteten und der FIU bzw. anderen zuständigen Behörden sichern.[275] Tatsächlich ist sie einseitig unklar iSd Behörden formuliert und berücksichtigt weder strafprozessuale noch datenschutzrechtliche oder praktische Gegebenheiten bei

---

[269] AuA Nichtfinanzsektor, S. 23, Ziff. 3.3.7.; aA Herzog/Herzog § 6 Rn. 21.
[270] BT-Drs. 18/11555, 111, zu § 6 Abs. 5 GwG; AuA Nichtfinanzsektor, S. 23, Ziff. 3.3.7.
[271] Krais CCZ 2015, 251 (252).
[272] BeckOK GwG/Gabriel, 4. Ed. 1.12.2020, GwG § 6 Rn. 109.
[273] Scheben CB 2017, 21 (23).
[274] Richtlinie (EU) 2019/1937 des Europäischen Parlaments und des Rates vom 23.10.2019 zum Schutz von Personen, die Verstöße gegen das Unionsrecht melden, ABL 305/17, 17.
[275] AuA Nichtfinanzsektor, S. 24, Ziff. 3.3.8.

E. Sicherungsmaßnahmen § 4

den Verpflichteten. Die Vorschrift bezieht sich auf formelle Anfragen (Auskunftsersuchen) sowohl der FIU als auch „*anderer zuständiger Behörden.*" Um welche es sich handelt, wird nicht näher erläutert. Insoweit wird man auf den Kanon des § 23 Abs. 1 Nr. 1 GwG verweisen können. Zu beachten ist, dass die Vorschrift keine materielle Pflicht zur Beantwortung von Auskunftsersuchen der genannten Art begründet. Sie ist keine Rechtsgrundlage für die Anfrage oder Auskunft selbst. Sie begründet auch keine über die Vorschriften der StPO hinausgehende Pflicht zur Erteilung einer Auskunft.[276] Inhaltlich ist sie darauf beschränkt, die Verpflichteten im Sinne einer Kooperation mit den Behörden zu Vorkehrungen für zukünftige Auskunftsersuchen zu verpflichten. Im Anwendungsbereich der Vorschrift sind nur solche Auskunftsersuchen, die danach fragen, ob mit einer bestimmten (natürlichen oder juristischen) Person eine Geschäftsbeziehung besteht oder während des Zeitraums von fünf Jahren vor der Anfrage bestand und welcher Art diese ist oder war. Soweit Auskunftsersuchen weitere Details erfragen, etwa über einzelne Transaktionen innerhalb einer Geschäftsbeziehung, ist dieser Teil nach dem eindeutigen Gesetzeswortlaut nicht von der Pflicht zu Vorkehrungen erfasst.[277] Dasselbe gilt für Anfragen, die darauf abzielen, an einer Geschäftsbeziehung beteiligte Personen erst zu benennen.[278] Im Anwendungsbereich sind auch nicht Anfragen zu Geschäftsbeziehungen in der Unternehmensgruppe des Verpflichteten. Es geht nicht um eine Umgehung der Vorschriften über die internationale Rechtshilfe und ggf. die Verletzung von Datenschutzvorschriften. Solche Details dürfen seitens der Behörden selbstverständlich erfragt werden. Die Verpflichteten müssen jedoch für solche Auskunftsersuchen keine Vorkehrungen nach § 6 Abs. 6 GwG treffen. Es besteht gerade keine Pflicht zu Vorkehrungen für Auskunftsersuchen jeder Art. Der Zeitraum von fünf Jahren wurde aus datenschutzrechtlichen Gründen gewählt. Es handelt sich dabei nicht um eine Aufbewahrungsfrist.[279] Das schließt nicht aus, dass die Aufbewahrung der relevanten Informationen aus steuerrechtlichen oder handelsrechtlichen Gründen beim Verpflichteten für längere Zeiträume erforderlich sein kann.[280]

> **Praxishinweis:** 163
> Die Vorschrift lässt offen, welche Art von Vorkehrungen Verpflichtete treffen müssen. Sie verpflichtet nicht zur separaten Erhebung, Aufzeichnung oder Aufbewahrung von Informationen über Geschäftsbeziehungen außerhalb der beim Verpflichteten iRd Geschäftsabwicklung im Einsatz befindlichen Systeme oder in einem anderen Umfang als steuerrechtlich oder handelsrechtlich erforderlich.[281] Vorkehrungen iSd § 6 Abs. 6 GwG können zB die Klärung interner Zuständigkeiten umfassen (welche Abteilung ist federführend) und Abläufe bzw. Verfahren definieren (wer muss einbezogen, ggf. informiert werden, wer hat Zugriff auf welche Informationen in den relevanten Systemen, etc) inklusive eventueller interner Freigaben (wer wird vor der Antwort informiert). Ggf. ist es sinnvoll durch die Geschäftsleitung klarzustellen, dass Auskunftsersuchen dieser Art prioritär bearbeitet werden. Denkbar ist, der zuständigen Stelle einen eigenen Zugriff auf die relevanten EDV-Systeme einzuräumen, wenn diese von ihr bedient werden können.[282] Verpflichtend ist dies nicht.

Nach S. 2 der Vorschrift müssen die Verpflichteten „*sicherstellen, dass die Informationen* 164 *sicher und vertraulich an die anfragende Stelle übermittelt werden*" (§ 6 Abs. 6 S. 2 GwG). Insbesondere dürfen unbefugte Dritte keinen Zugang zu den Informationen erhalten. Der Pra-

---
[276] AA wohl BeckOK GwG/Gabriel, 4. Ed. 1.12.2020, GwG § 6 Rn. 119; unklar bei Zentes/Glaab/Kaetzler GwG § 6 Rn. 171.
[277] Zentes/Glaab/Kaetzler GwG § 6 Rn. 171.
[278] BeckOK GwG/Gabriel, 4. Ed. 1.12.2020, GwG § 6 Rn. 124.
[279] So aber Zentes/Glaab/Kaetzler GwG § 6 Rn. 176.
[280] BT-Drs. 18/11555, 111 zu § 6 Abs. 6 GwG.
[281] Missverständlich insoweit AuA Nichtfinanzsektor, S. 24, Ziff. 3.3.8.
[282] BT-Drs. 18/11555, 111 zu § 6 Abs. 6 GwG.

xisferne der Vorschrift entsprechend, sollen die Antworten nach den AuA Bafin (→ § 1 Rn. 13) bevorzugt postalisch übermittelt werden. Bei der Übermittlung per E-Mail seien Verschlüsselungsmethoden zu verwenden, die dem jeweiligen Stand der Technik entsprechen.[283] Dazu sind die Verpflichteten ohne Mitwirkung der anfragenden Behörde allerdings nicht in der Lage. Eine vertrauliche Übermittlung von Informationen zB per E-Mail setzt entsprechende Sicherheitstechnologie (Verschlüsselung) auf Seiten der Behörde voraus.[284] Eine spezifische Frist für die Beantwortung von Auskunftsersuchen enthält § 6 Abs. 6 GwG nicht. Ohne gesetzliche Grundlage ist daher die Auslegung, wonach die Verpflichteten im Falle von Anfragen organisatorisch und logistisch in der Lage sein müssten, unverzüglich (→ § 7 Rn. 59) Auskunft zu erteilen.[285] Auskunftsersuchen sind mangels anderweitiger gesetzlicher Vorschriften binnen angemessener Frist zu beantworten. In der Regel werden die Verpflichteten um eine zeitnahe Information bemüht sein. Dass dies auch von der Qualität der Anfrage abhängt, versteht sich von selbst. Die anfragende Behörde kann ggf. im Rahmen ihrer Befugnisse eine angemessene Frist für die Beantwortung der Anfrage setzen und bei Nichteinhaltung Zwangsgelder nach allgemeinen Vorschriften verhängen oder sonst Zwangsmaßnahmen durchführen, sofern dafür eine Rechtsgrundlage besteht. Das GwG selbst sieht Verstoß gegen § 6 Abs. 6 GwG keinen Bußgeldtatbestand bei vor.

XIV. Datenverarbeitungssysteme und Kundenscorings

165 Sicherungsmaßnahmen müssen mit Blick auf Art und Umfang des Geschäfts bzw. Größe des Güterhändlers angemessen und wirksam sein. Im Finanzsektor gehört dazu zwingend die Ableitung geeigneter Parameter („Filter") für EDV-gestützte Systeme, die die Geschäfte und Transaktionen nach Auffälligkeiten und möglichen Verdachtsfällen durchsuchen (§ 25g Abs. 2 KWG aF). Für Güterhändler gilt die Pflicht zur Automatisierung nicht. Zwar ist der Einsatz von EDV-gestützten Systemen zB iRd Risikoanalyse oder bei der kontinuierlichen Überwachung von Transaktionen und Geschäftsbeziehungen sinnvoll. Aus den Vorschriften des GwG ergibt sich jedoch keine Pflicht für Güterhändler iRd Risikomanagements EDV-Systeme zu anzuschaffen. Außer Frage steht dies bei privilegierten Güterhändlern, die gar nicht zum Risikomanagement verpflichtet sind (→ Rn. 4). Für nicht-privilegierte Güterhändler gilt nichts anderes. Denn entsprechende Vorgaben bestehen nur partiell für ganz bestimmte Verpflichtete, zB gemäß § 6 Abs. 4 GwG für den Bereich der Glücksspielindustrie und nach § 25h Abs. 2 KWG für Kreditinstitute. Entsprechend müssen Güterhändler auch keine Form der Risikobewertung ihrer Vertrags- und Geschäftspartner *(„Kundenbezogene Risikoscorings")* einführen. Damit wird jedem Vertrags- und Geschäftspartner bei Aufnahme der Geschäftsbeziehung auf Basis der sie betreffenden risikoerhöhenden wie risikomindernden Faktoren ein individueller Risiko-Scoringwert zugeordnet. Auf dieser Basis werden Umfang und Reichweite der Kundensorgfaltspflichten bestimmt sowie prozesstechnisch Frequenz, Reichweite und Sensibilität von Maßnahmen der kontinuierlichen Überwachung.

XV. Datenschutz

166 Seit dem 25.5.2018 ist die EU-Datenschutz-Grundverordnung (VO (EU) 2016/679) unmittelbar anwendbares Recht. Sie hat dem Datenschutzrecht besondere Relevanz verliehen, genau genommen der dramatisch erhöhte Sanktionsmechanismus der VO (EU)

---

[283] Gemeinsame AuA Nichtfinanzsektor, S. 24, Ziff. 3.3.8.
[284] BT-Drs. 18/11555, 112 zu § 6 Abs. 6 GwG.
[285] Gemeinsame AuA Nichtfinanzsektor, S. 24, Ziff. 3.3.8.; s. dazu auch Zentes/Glaab/Kaetzler GwG § 6 Rn. 175.

2016/679. Bereits iRd Risikomanagements verarbeiten die Verpflichteten personenbezogene Daten, zB iRd Zuverlässigkeitsprüfung (→ Rn. 149). Selbst der Abgleich der Mitarbeiter mit Sanktionslisten oder Terrorismuswarnlisten oder die Prüfung eines polizeilichen Führungszeugnisses stellt einen datenschutzrechtlich relevanten Vorgang dar. Insoweit sind ergänzend zur VO (EU) 2016/679 die Vorschriften des § 26 BDSG (Arbeitnehmerdatenschutz) zu beachten. Darüber hinaus schafft das Risikomanagement in organisatorischer Hinsicht die Grundlagen und Voraussetzungen für die spätere Verarbeitung von personenbezogenen Daten im Rahmen zB der Kundensorgfaltspflichten (→ § 5 Rn. 1) oder der Erstattung von Verdachtsmeldungen (→ § 7 Rn. 1). Schon bei der Konzipierung dieser Maßnahmen ist der Datenschutz zu beachten. Explizit ist diese Pflicht (nur) im Zusammenhang mit den gruppenweiten Pflichten in § 9 Abs. 1 Nr. 4 GwG geregelt. Es handelt sich aber um ein allgemeines, datenschutzrechtliches Prinzip, das unabhängig von der Erwähnung im GwG Geltung beansprucht. Besondere Bedeutung hat der Zweckbindungsgrundsatz des § 11a GwG (vormals § 58 GwG aF) iVm Art. 5 Abs. 1 Buchst.b VO (EU) 2016/679. Nach dieser Vorschrift dürfen auf Basis des GwG erhobene Daten nicht für andere Zwecke verwendet werden. Zu beachten sind ggf. auch die Informations- und Auskunftsrechte der Betroffenen über Verarbeitungszweck, Empfänger der Daten, Dauer der Speicherung und das Recht zur Berichtigung oder Löschung nach den Art. 13, 14 VO (EU) 2016/679, die allerdings durch § 11a Abs. 2 GwG eingeschränkt sind. Sofern Daten gruppenweit weitergegeben werden, muss sichergestellt sein, dass die in den jeweiligen Ländern geltenden Mindeststandards eingehalten werden.[286] Dasselbe gilt für die datenschutzrechtliche Zulässigkeit der Übermittlung von Daten innerhalb der Firmengruppe. Mitarbeiter sind unter anderem über die datenschutzrechtlichen Bestimmungen zu schulen (→ Rn. 145).

F. Aufzeichnungs- und Aufbewahrungspflichten

I. Privilegierte Güterhändler

§ 8 GwG regelt Aufzeichnungspflichten und Aufbewahrungsfristen. Die Vorschrift beruht auf Art. 40 RL (EU) 2015/849. Geht man davon aus, dass die Vorschriften des 2. Abschnitts auf privilegierte Güterhändler (→ Rn. 4) nicht anwendbar sind, hätte dies zur Folge, dass auch § 8 GwG für sie nicht gilt. Mangels Rechtsgrundlage dürften sie dann gemäß GwG erhobene Angaben und Informationen weder aufzeichnen noch aufbewahren, jedenfalls nicht länger als nach rein datenschutzrechtlichen Bestimmungen unter Abwägung aller Interessen und zur Erreichung der gesetzlichen Zwecke zwingend notwendig. Auch das Recht zur Kopie etwa von Ausweisdokumenten (→ § 5 Rn. 50) stünde ihnen nicht zu. Sie dürften daher iRd Allgemeinen Sorgfaltspflichten (→ § 5 Rn. 18) zwingend zu erhebende personenbezogene Angaben und Informationen unter Verweis auf datenschutzrechtliche Vorschriften allenfalls für eine kurze Frist aufbewahren und müssten diese zeitnah wieder löschen. Man darf vermuten, dass das vom Gesetzgeber nicht gewollt war. Vielmehr wurde die Vorschrift systematisch falsch in Abschnitt 2 (Risikomanagement) eingeordnet, weil im Wesentlichen die organisatorischen Maßnahmen im Blick waren, die zur Umsetzung erforderlich sind.[287] Tatsächlich handelt es sich bei § 8 GwG nicht vorwiegend um präventive, interne Sicherungsmaßnahmen, sondern um die notwendige gesetzliche Grundlage für die Dokumentation und Aufbewahrung der nach den Vorschriften des GwG erhobenen Angaben und Daten, mithin vornehmlich um einen datenschutzrechtlichen Annex zu den Sorgfaltspflichten und anderen geldwäscherechtlichen Pflichten. Abweichend von § 4 Abs. 5 GwG wird man davon ausgehen müssen, dass der Gesetzgeber

167

---
[286] Scheben/Ellerbrock CB 2019, 93 (94 f.).
[287] S. den Hinweis bei AuA Nichtfinanzsektor, S. 63, Ziff. 5.

§ 8 GwG auch für privilegierte Güterhändler zur Anwendung bringen wollte.[288] Entsprechend werden die Aufzeichnungs- und Aufbewahrungsvorschriften in den Auslegungshinweisen zum Nichtfinanzsektor nicht unter Risikomanagement behandelt, sondern unter einer separaten Ziffer.[289]

II. Anforderungen an Aufzeichnungen

168 Nach § 8 GwG sind bestimmte Angaben und Informationen aufzuzeichnen und aufzubewahren. Im Rahmen der internen Sicherungsmaßnahmen sind entsprechende Anweisungen zu schaffen, die die Umsetzung bzw. Einhaltung der Aufzeichnungs- und Aufbewahrungsfristen sicherstellen (§ 6 Abs. 2 Nr. 1 Buchst. d GwG).[290] Als Aufzeichnung iSv § 8 gelten Kopien vorgelegter Dokumente genauso wie optische Digitalisierungen (Scans) oder die eigene Aufzeichnung von Daten, die vor Ort, zB durch Einsichtnahme in ein Register erfolgt. Ausreichend ist jeweils, wenn diejenigen Seiten der zur Identifizierung vorgelegten Dokumente, die relevante Angaben enthalten, so kopiert oder gescannt werden, dass auch nur diese abgebildet werden. Bei einem Personalausweis sind dies Vorder- und Rückseite bei einem Reisepass die integrierte Personaldaten-Karte, aber nicht die Visa-Seiten.[291] Bei Einsichtnahme in elektronisch geführte amtliche Register oder Verzeichnisse wie das Handelsregister gilt ein Ausdruck (Auszug) als Aufzeichnung der darin enthaltenen Angaben und Informationen (§ 8 Abs. 2 S. 8 GwG). Eine Beglaubigung ist dazu grds. nicht erforderlich. Teilweise verlangt § 8 GwG „hinreichende" oder „nachvollziehbare" Aufzeichnungen. Hinreichend sollen Aufzeichnungen sein, wenn sie die Durchführung und Ergebnisse der Risikobewertung nachvollziehbar erkennen lassen und eine Bewertung möglich machen, ob die daraufhin ergriffenen Maßnahmen angemessen sind. Damit wird jedoch nur ein unbestimmter Rechtsbegriff durch drei andere ersetzt.[292] Genau genommen kann man die Angemessenheit nicht dokumentieren oder aufzeichnen. Verpflichtete können nur Tatsachen dokumentieren, aus denen sich ggf. ergibt, ob Maßnahme hinreichend, angemessen oder nachvollziehbar sind. Zum Teil bestehen im GwG gesonderte Aufzeichnungspflichten, so zB gem. § 5 Abs. 2 Nr. 1 GwG in Bezug auf die Dokumentation der Risikoanalyse (→ Rn. 54). Die freiwillige Durchführung von Kundenprüfungen (→ Rn. 35), auch wenn angelehnt oder identisch mit dem Umfang der Sorgfaltspflichten, begründet keine Aufbewahrungspflichten nach dem GwG. Abgesehen von den in § 8 GwG explizit geregelten Fällen erwarten die Aufsichtsbehörden regelmäßig, dass praktische alle Handlungen zur Durchführung des GwG dokumentiert werden (Darlegungslast).[293] Gemäß § 8 Abs. 3 GwG „*können die Aufzeichnungen digital auf einem Datenträger gespeichert werden.*" Die Aufbereitung in Papier ist nicht erforderlich.[294] Besondere technische Anforderungen stellt das Gesetz insoweit nicht. Allerdings müssen die Verpflichteten (→ § 3 Rn. 3) „*sicherstellen, dass die gespeicherten Daten mit den festgestellten Angaben und Informationen übereinstimmen, während der Dauer der Aufbewahrungsfrist verfügbar sind und jederzeit innerhalb einer angemessenen Frist lesbar gemacht werden können. Müssen die Unterlagen einer öffentlichen Stelle (Behörde) vorgelegt werden, gilt § 147 Abs. 5 AO entsprechend*" (§ 8 Abs. 5 GwG). Ggf. muss der Verpflichtete daher auf eigene Kosten die Hilfsmittel zur Verfügung stellen, die erforderlich sind, um die Unterlagen lesbar zu machen. Außerdem muss er sicherstellen, dass Unbefugte keinen Zugriff auf die Aufzeichnungen nehmen,[295] was aber schon aus datenschutzrechtlichen Gründen erforderlich ist.

---

[288] BeckOK GwG/Brian/Krais, 4. Ed. 1.12.2020, GwG § 8 Rn. 7.
[289] AuA Nichtfinanzsektor, S. 63 ff., Ziff. 5.
[290] AuA Nichtfinanzsektor, S. 63 ff., Ziff. 5.
[291] AuA Nichtfinanzsektor, S. 63 f., 5.2.1.
[292] Ähnl. kritisch BeckOK GwG/Brian/Krais, 4. Ed. 1.12.2020, GwG § 8 Rn. 15.
[293] AuA Nichtfinanzsektor, S. 63, 5.1.
[294] BeckOK GwG/Brian/Krais, 4. Ed. 1.12.2020, GwG § 8 Rn. 36.
[295] BT-Drs. 18/11555, 115, unter § 8 Abs. 3 GwG.

III. Umfang der Aufzeichnungspflichten

1. Sorgfaltspflichten

Bei Durchführung der Sorgfaltspflichten müssen Verpflichtete die folgenden Angaben und Informationen aufzeichnen und aufbewahren (§ 8 Abs. 1 S. 1 Nr. 1, 8 S. 2 und 3 GwG): Alle Angaben und Informationen bzw. Belege über 169

- *„den Vertragspartner,*
- *die gegebenenfalls für den Vertragspartner auftretenden Personen,*
- *den (die) wirtschaftlich Berechtigten,*
- *die „Aufzeichnungen über die getroffenen Maßnahmen zur Ermittlung des wirtschaftlich Berechtigten bei juristischen Personen",* sowie
- *„die Dokumentation der Eigentums- und Kontrollstruktur"* nach § 12 Abs. 4 S. 1 GwG.
- In Bezug auf *„Personen, die nach § 3 Abs. 2 S. 5 GwG als wirtschaftlich Berechtigte gelten"* (fiktive Wirtschaftlich Berechtigte) zusätzlich *„die Maßnahmen zur Überprüfung der Identität nach § 11 Abs. 5 GwG und etwaige Schwierigkeiten die während des Überprüfungsvorgangs aufgetreten sind."*
- die Geschäftsbeziehung bzw. Transaktionen, insbes. Transaktionsbelege, soweit sie für Untersuchungen erforderlich sein können. Dies umfasst insbes. die Informationen über Art und Zweck einer Geschäftsbeziehung.

Generell umfasst die Vorschrift alle Angaben und Informationen, die iRd Sorgfaltspflichten zu erheben sind, sowie die Belege und Dokumente, die iRd Überprüfung der Angaben und Informationen anfallen oder angefertigt wurden. Dazu gehören bei natürlichen Personen, die als Vertragspartner oder auftretende Personen identifiziert werden, auch die nach § 8 Abs. 2 GwG zusätzlich aufzuzeichnenden Angaben zum Identitätsdokument bzw. die Anfertigung der Kopie des Dokuments (→ § 5 Rn. 52). In Bezug auf die fiktiv Wirtschaftlich Berechtigten müssen ggf. Schwierigkeiten bei der Feststellung dokumentiert werden. Mit der Formulierung wird Bezug genommen auf § 3 Abs. 2 S. 5 GwG, der umfassende Prüfungen voraussetzt und die Feststellung, dass kein Verdachtsfall iSd § 43 Abs. 1 GwG vorliegt, bevor eine Person „fiktiv" an Stelle des „echten" Wirtschaftlich Berechtigten identifiziert werden darf. Die Feststellung des fiktiv Wirtschaftlich Berechtigten selbst erfolgt idR durch Einsichtnahme in das relevante öffentliche Register, zB das Handelsregister. Schwierigkeiten sind in diesem Zusammenhang nicht zu erwarten. Vermutlich geht es eher darum zu dokumentieren, ob es überhaupt Schwierigkeiten bei der Identifizierung des Wirtschaftlich Berechtigten gab (zB aufgrund von komplexen Eigentums- und Kontrollstrukturen) und ggf. anzugeben, warum kein „echter" wirtschaftlich Berechtigter ermittelt werden konnte.[296] Durch die Aufzeichnungen iSd § 8 Abs. 1 S. 3 GwG muss nachvollziehbar werden, dass die Voraussetzungen für die Inanspruchnahme der Fiktion (→ § 5 Rn. 89) des § 3 Abs. 2 S. 5 GwG gegeben sind. 170

2. Risikobewertungen

Gem. § 8 Abs. 1 S. 1 Nr. 2 GwG müssen Verpflichtete *„hinreichende Informationen über die Durchführung und über die Ergebnisse bestimmter Risikobewertungen und über die Angemessenheit der auf Grundlage dieser Ergebnisse ergriffenen Maßnahmen"* aufzeichnen. Dabei handelt es sich um die folgenden drei Risikobewertungen: 171

- *nach § 10 Abs. 2,* zur Festlegung des konkreten Umfangs der allgemeinen Sorgfaltspflichten,
- *nach § 14 Abs. 1,* zur Bestimmung, ob Vereinfachte Sorgfaltspflichten in Frage kommen und ihres konkreten Umfangs,

---

[296] BeckOK GwG/Brian/Krais, 4. Ed. 1.12.2020, GwG § 8 Rn. 12.

- *nach § 15 Abs. 2*, zur Bestimmung ob Gründe für Verstärkte Sorgfaltspflichten vorliegen und ihres konkreten Umfangs.

Dabei sind jeweils die Risikofaktoren der Anlagen 1 und 2 GwG (→ Rn. 66) zwingend zu verwenden. Aus den Aufzeichnungen muss sich für den Einzelfall ergeben, welche Risikofaktoren vorlagen, wie diese bewertet wurden, was das Ergebnis der Bewertung war und welche Maßnahmen daraus resultierend in welchem Umfang ergriffen wurden. Dies gilt jeweils nur, sofern eine Pflicht zur Durchführung von Sorgfaltspflichten besteht, also ein Auslösetatbestand vorliegt.

3. Untersuchung auffälliger Transaktionen

172 Aufzeichnungspflichten bestehen des Weiteren in Bezug auf *„die Ergebnisse der Untersuchung nach § 15 Absatz 6 Nr. 1"* (§ 8 Abs. 1 S. 1 Nr. 3 GwG). Dabei geht es um die Untersuchung auffälliger bzw. ungewöhnlicher Transaktionen im Rahmen verstärkter Sorgfaltspflichten (§ 15 Abs. 3 Nr. 2 GwG, → § 6 Rn. 47). Nach dem eindeutigen Wortlaut sind nur die Ergebnisse der Prüfung aufzuzeichnen, nicht die Untersuchungsschritte oder Zwischenergebnisse. Im Sinne der Nachvollziehbarkeit empfiehlt sich eine etwas weitere Auslegung der Vorschrift ähnlich der Aufzeichnungspflichten bei Verdachtsfällen.

4. Verdachtsfälle

173 Aufzeichnen müssen die Verpflichteten *„die Erwägungsgründe und eine nachvollziehbare Begründung des Bewertungsergebnisses eines Sachverhalts hinsichtlich der Meldepflicht nach § 43 Abs. 1 GwG"* (§ 8 Abs. 1 S. 1 Nr. 4 GwG). Dabei geht es um alle Sachverhalte, die intern beim Verpflichteten einer Prüfung unterzogen werden, ob ein meldepflichtiger Verdacht vorliegt, nicht nur um Sachverhalte, bei denen tatsächlich Meldung erstattet wurde. Zwischen *„Erwägungsgründen"* und *„Begründung"* ist kein wesentlicher Unterschied erkennbar. Dokumentiert werden müssen die Gründe (Erwägungen), die dazu führen, dass der Sachverhalt gemeldet wird oder dass man davon absieht.[297] Zum Umfang der Aufzeichnungen über Verdachtsfälle gibt es keine Vorgabe im GwG. Eine kurze Sachverhaltsdarstellung, der ggf. getroffenen Maßnahmen und die Angabe der wesentlichen Gründe, die die Meldung erfordern oder die davon absehen lassen, muss daher ausreichen. Es bedarf keines detaillierten Rechtsgutachtens; sinnvoll ist es, die zum Sachverhalt gehörigen Beweismittel beizufügen oder zu erwähnen, so dass sie bei Bedarf wiedergefunden werden. Zu beachten ist, dass die Vorschrift nicht dazu verpflichtet, ausnahmslos zu jedem Sachverhalt, mit ein Güterhändler konfrontiert wird, Aufzeichnungen zu fertigen. Auslöser ist jeweils, dass Anhaltspunkte iSd FIU-Typologien (→ § 7 Rn. 45) vorliegen, die eine Prüfung der Verdachtsmeldepflicht erst eröffnen.

174 **Praxishinweis:**

Sofern eine Verdachtsmeldung erfolgt, ergeben sich deren Gründe in aller Regel schon aus der Meldung, so dass es ausreicht, eine Kopie derselben aufzubewahren, auch wenn in Frage gestellt wird, ob Verdachtsmeldungen den Aufbewahrungspflichten des § 8 GwG überhaupt unterliegen.[298] Allein mit den Erwägungsgründen kann man jedenfalls nichts anfangen!

---

[297] BT-Drs. 18/11555, 114, unter § 8 Abs. 1 Nr. 4 GwG.
[298] BeckOK GwG/Brian/Krais, 4. Ed. 1.12.2020, GwG § 8 Rn. 42 f.

IV. Aufbewahrungsfrist

"Die Aufzeichnungen und sonstige Belege nach den Absätzen 1 bis 3 müssen fünf Jahre aufbewahrt werden" (§ 8 Abs. 4 S. 1 GwG). Vorschriften aus anderen Gesetzen, die längere Fristen vorsehen, bleiben hiervon unberührt. Die Aufbewahrungsfrist beginnt bei Güterhändlern *"mit dem Schluss des Kalenderjahres, in dem die jeweilige Angabe festgestellt worden ist"* (§ 8 Abs. 4 S. 4 GwG). Konkret beträgt die Aufbewahrungsfrist bei Güterhändlern daher fünf volle Kalenderjahre, theoretisch also zwischen fünf und sechs Jahren (minus ein Tag). Die absolute Aufbewahrungsfrist von bis zu zehn Jahren (§ 8 Abs. 4 S. 3 GwG) hat bei Güterhändlern keine Bedeutung. Dasselbe gilt für den S. 4 der Vorschrift, der den Beginn der Aufbewahrungsfrist bis zum Ende einer Geschäftsbeziehung verschiebt. Dies gilt allerdings nur im Fall der Verpflichtung zu Sorgfaltspflichten nach § 10 Abs. 3 S. 1 Nr. 1 GwG, die für Güterhändler nicht einschlägig ist (→ § 5 Rn. 17).

175

Beispiel:
Güterhändler H führt am 31.7.2021 allgemeine Sorgfaltspflichten in Bezug auf einen Kunden durch, weil Verdachtsmomente bestehen (§ 10 Abs. 1 S. 3 Nr. 3 GwG). Die Aufbewahrungsfrist für die erhobenen Daten und Aufzeichnungen beginnt am Ende des Kalenderjahres, dh am 31.12.2021 (§ 8 Abs. 4 S. 4 GwG). Sie dauert fünf Jahre (§ 8 Abs. 4 S. 1 GwG) und endet folglich am 31.12.2026, nach Ablauf von fünf vollen Kalenderjahren, insgesamt nach Ablauf von fünf Jahren und fünf Monaten.

176

Nach Ablauf der Aufbewahrungsfrist müssen die Aufzeichnungen vernichtet werden, soweit nicht *"andere gesetzliche Bestimmungen über Aufzeichnungs- und Aufbewahrungspflichten"* eine weiter Aufbewahrung erfordern, zB steuer- oder handelsrechtliche Vorschriften (§ 8 Abs. 4 S. 1, aE GwG). In jedem Fall müssen auf der Basis des GwG erfolgte Aufzeichnungen und sonstige Belege spätestens nach Ablauf von zehn Jahren vernichtet werden (§ 8 Abs. 4 S. 2 GwG). Dabei handelt es sich um eine absolute Frist, die ab Erhebung der Angaben gilt und in allen Fällen, unabhängig davon ist, wann die Aufbewahrungsfrist beginnt. Auch insoweit muss aber gelten, dass eine längere Aufbewahrung auf der Basis anderer Vorschriften möglich ist, wenn deren Voraussetzungen vorliegen, zB wenn ein anhängiger, langjähriger Rechtsstreit oder andere legitime Gründe die weitere Aufbewahrung erfordern und datenschutzrechtlich erlauben. Nur die geldwäscherechtliche Ermächtigung zur Aufbewahrung endet absolut und in jedem Fall nach den besagten zehn Jahren.

177

> **Praxishinweis:**
> Beim Güterhändler liegt das Ende der geldwäscherechtlichen Aufbewahrungsfrist wegen § 8 Abs. 4 S. 4 GwG jeweils am Ende eines Kalenderjahres Es ist daher sinnvoll im datenschutzrechtlichen Löschkonzept vorzusehen, jeweils Anfang Januar zu prüfen, welche Akten und Unterlagen nach den Vorschriften des GwG nicht mehr aufbewahrt werden müssen und diese dann zügig einer Löschung bzw. Vernichtung zuzuführen, soweit keine anderweitigen Aufbewahrungspflichten oder sonst zulässige Gründe für eine weitere Aufbewahrung vorliegen.

178

G. Gruppenweites Risikomanagement

I. Privilegierte Güterhändler

Gem. § 9 GwG müssen unter bestimmten Voraussetzungen gruppenweite Pflichten erfüllt werden. § 9 GwG ist Teil der Sicherungsmaßnahmen (§ 6 Abs. 2 Nr. 3 GwG) und des Risikomanagements (§ 4 Abs. 2 GwG). Bis zur GwG-Novelle 2017 (→ § 1 Rn. 12) galten

179

gruppenweite Pflichten nur für Kredit- und Finanzdienstleistungsinstitute.[299] Auf Güterhändler ist die Vorschrift daher nur unter den Voraussetzungen des § 4 Abs. 5 GwG anwendbar (→ Rn. 4).[300] Zwar gab es 2019 Pläne, § 9 GwG unabhängig hiervon auf alle Unternehmensgruppen auszudehnen. Dieser Plan wurden jedoch nicht umgesetzt.[301] Der explizite Verweis auf die *„gruppenweiten Verfahren"* in § 4 Abs. 5 GwG ändert hieran nichts. Im Gegenteil: Der Verweis wurde explizit aufgenommen, um klarzustellen, dass die Pflichten des § 9 GwG für Güterhändler ausschließlich unter den Voraussetzungen des § 4 Abs. 5 GwG gelten. Die Gesetzesbegründung stellt dazu klar, dass bei Güterhändlergruppen unternehmensinterne Bargeldbeschränkungen in besonderem Maße geeignet sind, in präventiver Weise Geldwäscherisiken entgegenzuwirken. Gerade dieser Ansatz entspricht dem geldwäscherechtlichen Regelungswillen. Insofern ist der Verweis in § 4 Abs. 5 GwG eine Klarstellung, dass bei einem Ausschluss von Barzahlungen keine Gruppenpflichten greifen.[302] Privilegierte Güterhändler müssen daher keine gruppenweiten Pflichten nach § 9 GwG erfüllen. Abzustellen ist auf Barzahlungen durch das Mutterunternehmen der Gruppe. Ob (insbes. ausländische) Tochterunternehmen in der Gruppe die Schwellenwerte des § 4 Abs. 5 GwG erreichen oder überschreiten spielt keine Rolle.[303] Die AuA Nichtfinanzsektor nehmen dagegen rechtsirrig Bezug auf die gesamte Gruppe (→ § 1 Rn. 13). Nur wenn gruppenweit ausgeschlossen sei, dass die Schwellenbeträge des § 4 Abs. 5 GwG erreicht werden, könne die Muttergesellschaft danach von der gruppenweiten Risikoanalyse bzw. den gruppenweiten Pflichten absehen.[304] Tatsächlich gibt es im GwG keinen „umgekehrten" gruppenweiten Ansatz, bei dem die Muttergesellschaft zum Verpflichteten wird oder Privilegierungen verliert, weil eine Tochtergesellschaft Aktivitäten entfaltet, die bei der Muttergesellschaft Rechtsfolgen auslösen würden, sofern diese im Anwendungsbereich des GwG stattfänden. Das GwG hat insbes. keine extraterritoriale Wirkung (→ § 3 Rn. 7). Soweit § 9 GwG darauf Bezug nimmt, dass die gruppenangehörigen Unternehmen (Tochterunternehmen) geldwäscherechtlichen Pflichten unterliegen, ist ausschließlich darauf abzustellen, ob diese nach dem lokalen Geldwäscherecht ihres Standorts verpflichtet sind. Eine Ausnahme kann nur gelten, wo die Muttergesellschaft Bargeldzahlungen für Zwecke der Umgehung über Tochtergesellschaften als Dritte durchführen lässt (→ Rn. 33).

II. Gruppenweite Pflichten der Muttergesellschaft

1. Gruppenweite Pflichten

180 § 9 GwG konkretisiert die in § 6 Abs. 2 Nr. 3 GwG enthaltene Sicherungsmaßnahme. Er beruht auf Vorgaben des Art. 45 Abs. 1 RL (EU) 2015/849 (→ § 1 Rn. 8). Er wurde mit der GwG-Novelle 2017 (→ § 1 Rn. 12) erstmals auf alle Verpflichteten ausgedehnt. Zuvor galten gruppenweite Pflichten nur für bestimmte Verpflichtete im Finanzsektor, allerdings begrenzt auf die Einhaltung der Sorgfaltspflichten sowie der Aufzeichnungs- und Aufbewahrungsvorschriften.[305] Mit dem GwG-Änderungsgesetz 2020 wurde die Vorschrift erweitert, wobei die zentralen Grundsätze unverändert blieben. Insgesamt ist die Vorschrift komplex und schwer verständlich. Das Verhältnis der einzelnen Absätze zueinander bleibt ungeklärt. Auch die AuA Nichtfinanzsektor (→ § 1 Rn. 13) gehen nicht detailliert auf Praxisfragen ein. Fakt ist, dass § 9 Abs. 2 GwG Sonderregelungen für Tochtergesellschaften in der EU und im EWR enthält, während § 9 Abs. 3 GwG Sonderregelungen für Toch-

---

[299] Maslo BB 2017, 3010.
[300] MSW KonzernStrafR-HdB/Krais § 22 Rn. 11 ff.
[301] Rieg NZWist 2020, 297.
[302] BT-Drs. 19/15196, S. 45 zu Nummer 5 (§ 4 Abs. 5 GwG).
[303] So auch Rieg NZWist 2020, 297 (302).
[304] AuA Nichtfinanzsektor, S. 18, Ziff. 3.3.3.2 und 3.3.3.3.
[305] Drathen/Moelgen WPg 2017, 955, 961.

tergesellschaften in bestimmten Drittländern enthält. Für Tochtergesellschaften in Deutschland und in Drittländern, die nicht unter § 9 Abs. 3 GwG fallen, soll offenbar die Grundregel des § 9 Abs. 1 GwG gelten. Ziel der Vorschrift ist der großen Zahl von grenzüberschreitenden Geschäften der Verpflichteten Rechnung zu tragen. Betont wird die Bedeutung von gruppenweit einheitlichen Standards, um Risiken auf Gruppenebene berücksichtigen bzw. adressieren zu können.[306] Wegen der überschießenden Umsetzung des GwG (→ § 3 Rn. 25) ist die Vorschrift für Güterhändler mit erheblicher Rechtsunsicherheit verbunden. Der Gesetzgeber hat leider nicht verstanden, dass die Vorschrift, zu Ende gedacht, die überschießende Tendenz des GwG weltweit exportiert und damit völlig unnötig deutschen Unternehmensgruppen einen massiven Wettbewerbsnachteil zufügt.[307]

2. Mutterunternehmen einer Gruppe

> **Definitionen:** 181
>
> *„Mutterunternehmen iSd GwG ist ein Unternehmen, dem mind. ein anderes Unternehmen nach § 1 Abs. 16 Nr. 2 bis 4 GwG nachgeordnet ist und dem kein anderes Unternehmen übergeordnet ist"* (§ 1 Abs. 25 GwG). Gruppe iSd GwG ist gemäß § 1 Abs. 16 GwG ein *„Zusammenschluss von Unternehmen, der besteht aus einem Mutterunternehmen (Nr. 1), den Tochterunternehmen des Mutterunternehmens (Nr. 2), den Unternehmen, an denen das Mutterunternehmen oder seine Tochterunternehmen eine Beteiligung halten (Nr. 3)"* und des Weiteren (allen) Unternehmen, die aufgrund von Vorgaben der EU-Bilanzierungsrichtlinie[308] im Jahresabschluss des Mutterunternehmens konsolidiert werden (Nr. 4).[309] Zweigstellen und (Zweig-) Niederlassungen (dazu gehören ggf. auch ausländische steuerliche Betriebsstätten) sind als unselbständige Einheiten Bestandteile der rechtlichen Einheit, zu der sie gehören. Die Definition beruht auf Art. 3 RL (EU) 2015/849 und wurde nahezu wörtlich übernommen.

Gem. § 9 Abs. 1 GwG treffen die gruppenweiten Pflichten in erster Linie Verpflichtete, 182 die Mutterunternehmen einer Gruppe sind. Mit der Definition in § 1 Abs. 25 GwG wird klargestellt, dass es innerhalb einer Gruppe nur ein Mutterunternehmen geben kann.[310] Dabei handelt es sich um die Obergesellschaft der Gruppe, die selbst keiner anderen (inländischen oder ausländischen) Gesellschaft untergeordnet ist. Das Mutterunternehmen der Gruppe hat nur dann Pflichten nach § 9 GwG, wenn es Verpflichtete iSd § 2 Abs. 1 GwG ist. Dies ist konstitutive Voraussetzung für die Anwendbarkeit der gruppenweiten Pflichten des § 9 Abs. 1–3 GwG.[311] Es muss daher seinen Sitz in Deutschland haben.[312] Eine ausländische Gesellschaft hat keine Pflichten nach § 9 GwG, selbst wenn sie am Sitz Verpflichtete nach lokalem Geldwäsche-Recht ist oder iSd RL (EU) 2015/849 als Verpflichtete gelten müsste. Abgestellt wird insoweit auf den rechtlichen Sitz, nicht die Geschäftsadresse der Verwaltung.

Neben der Muttergesellschaft gehören die in § 1 Abs. 16 Nr. 1–4 GwG definierten 183 Unternehmen zur Gruppe (gruppenangehörige Unternehmen). Die Vorschrift erläutert allerdings nicht, was ein Tochterunternehmen ist und nach welchen Kriterien die Nachord-

---

[306] BT-Drs. 18/11555, 115 zu § 9 Abs. 1 GwG.
[307] So auch Rieg NZWist 2020, 297 (300).
[308] S. Artikel 22 Abs. 1 Richtlinie 2013/34/EU des Europäischen Parlaments und des Rates vom 26.6.2013 über den Jahresabschluss, den konsolidierten Abschluss und damit verbundene Berichte von Unternehmen bestimmter Rechtsformen und zur Änderung der Richtlinie 2006/43/EG des Europäischen Parlaments und des Rates und zur Aufhebung der Richtlinien 78/660/EWG und 83/349/EWG des Rates, ABl. 2013 L 182, 19.
[309] BT-Drs. 18/11555, 104 zu § 1 Abs. 16 GwG.
[310] BT-Drs. 19/13827, 70, unter § 1 Abs. 25 GwG.
[311] Rieg NZWist 2020, 297 (304).
[312] AuA Nichtfinanzsektor, S. 17, Ziff. 3.3.3.1.

nung bzw. Unterordnung von Gesellschaften und damit das Vorliegen einer Gruppe beurteilt werden soll. In den Gesetzesmaterialien wird auf den beherrschenden Einfluss iSd § 290 HGB (→ § 5 Rn. 80) der Muttergesellschaft auf ihre Beteiligungen abgestellt. Damit weicht der Gruppenbegriff im GwG von der vor der GwG-Novelle 2017 (→ § 1 Rn. 12) verwendeten Definition ab.[313] Bei einer (direkten oder indirekten) Mehrheitsbeteiligung ist beherrschender Einfluss gegeben.[314] Mehrheitseigentum ist aber weder zwingend Voraussetzung noch alleiniges Kriterium für die Festlegung, welche Unternehmen zu einer Gruppe gehören.[315] Streng genommen ist das Kriterium des beherrschenden Einfluss dem Gesetzeswortlaut nicht zu entnehmen.[316] Es entspricht aber der Praxis außerhalb des GwG am besten. Außerdem stützt sich § 1 Abs. 16 Nr. 4 GwG auf dem § 290 HGB entsprechende Kriterien der Beherrschung. (Auch) Minderheitsbeteiligungen gehören daher zur Gruppe, wenn direkt oder indirekt auf andere Weise als über die Beteiligungsquote ein beherrschender Einfluss der Muttergesellschaft iSd § 290 HGB besteht. Unternehmen, bei denen diese Voraussetzungen nicht vorliegen, sind ungeachtet konzernrechtlicher, handelsbilanzieller oder auch umgangssprachlicher Behandlung nicht Teil der Gruppe iSd GwG. Der Gruppenbegriff ist nicht auf Unternehmen im Inland beschränkt, wie sich aus § 9 Abs. 2 und 3 GwG ergibt. Zu den nachgeordneten, gruppenangehörigen Unternehmen gehören daher alle Unternehmen im In- und Ausland, die dem beherrschenden Einfluss des Mutterunternehmens unterliegen.[317]

184 **Praxishinweis:**

Eine Beziehung iSd § 1 Abs. 16 Nr. 4 GwG besteht, wenn ein Unternehmen (Mutterunternehmen) das Recht hat,
- die Mehrheit der Mitglieder des Verwaltungs-, Leitungs- oder Aufsichtsorgans eines anderen Unternehmens (Tochterunternehmens) zu bestellen oder abzuberufen und gleichzeitig Aktionär oder Gesellschafter dieses Unternehmens ist,
- das Recht hat, auf ein Unternehmen (Tochterunternehmen), dessen Aktionär oder Gesellschafter es ist, einen beherrschenden Einfluss auf Grund eines mit diesem Unternehmen geschlossenen Vertrags oder auf Grund einer Satzungsbestimmung dieses Unternehmens auszuüben,
- Aktionär oder Gesellschafter eines Tochterunternehmens ist und allein durch die Ausübung seiner Stimmrechte die Mehrheit der Mitglieder des Verwaltungs-, Leitungs- oder Aufsichtsorgans dieses Unternehmens (Tochterunternehmens) bestellt worden sind, die während des Geschäftsjahres sowie des vorhergehenden Geschäftsjahres bis zur Erstellung des konsolidierten Abschlusses im Amt sind, oder
- auf Grund einer Vereinbarung mit anderen Aktionären oder Gesellschaftern dieses Unternehmens (Tochterunternehmens)allein über die Mehrheit der Stimmrechte der Aktionäre oder Gesellschafter dieses Unternehmens verfügt.

3. Gruppenweite Risikoanalyse

185 *„Verpflichtete, die Mutterunternehmen einer Gruppe sind haben eine Risikoanalyse für alle […] gruppenangehörigen Unternehmen iSd § 1 Abs. 16 Nr. 2–4 GwG durchzuführen, die geldwäscherechtlichen Pflichten unterliegen"* (§ 9 Abs. 1 S. 1 GwG). Ausgehend von der Definition der Gruppe ist daher zu unterscheiden zwischen gruppenangehörigen Gesellschaften, die in die Gruppen-Risikoanalyse einbezogen werden und solche, bei denen dies nicht erforderlich ist. Mitwirkungspflichten oder die Pflicht zur Eintragung im Transparenzregister sind

---

[313] BT-Drs. 18/11555, 103f zu § 1 Abs. 16 GwG.
[314] AuA Nichtfinanzsektor, S. 17, Ziff. 3.3.3.1.
[315] BT-Drs. 18/11555, 104 zu § 1 Abs. 16 GwG.
[316] BeckOK GwG/Bayer, 4. Ed. 1.12.2020, GwG § 1 Rn. 131.
[317] Ähnl. AuA Nichtfinanzsektor, S. 18, Ziff. 3.3.3.2.

mit dem Begriff geldwäscherechtliche Pflichten nicht gemeint. Entscheidend ist, welche Gesellschaften Verpflichtete iSd § 2 Abs. 1 GwG sind. Bei ausländischen Gesellschaften kommt es auf die Verpflichteten-Eigenschaft nach lokalem Geldwäscherecht an, nicht darauf, ob die Gesellschaft aus Sicht der Regelung am Standort der Mutter geldwäscherechtlich Verpflichtete wäre.[318]

Beispiel: 186
Das zu der Güterhandels-Gruppe des G gehörende Tochterunternehmen G Service erbringt gewerbliche Dienstleistungen an Dritte. Sie ist daher nicht Verpflichtete iSd § 2 GwG (→ § 3 Rn. 12). Die G Service muss daher auch unter der Geltung des § 9 GwG nicht in die Gruppen-Risikoanalyse bzw. gruppenweite Geldwäsche-Compliance einbezogen werden. Das würde selbst dann gelten, wenn sie Bargeldgeschäfte durchführt, die oberhalb der Schwellenwerte des § 4 Abs. 5 GwG liegen. Als reines Dienstleistungsunternehmen unterliegt sie nicht den Anforderungen des GwG und daher keinen geldwäscherechtlichen Pflichten. Dasselbe gilt für eine Güterhandels-Tochter im EU-Ausland, die nach lokalem Recht nicht zur Geldwäsche-Compliance verpflichtet ist.

Zur Struktur bzw. zum Inhalt der gruppenweiten Risikoanalyse enthält das GwG keine 187
Vorgaben. Insoweit kann man auf die Ausführungen zu § 5 GwG verweisen, auch, soweit es die Dokumentation und Aktualisierung angeht. Inhaltlich muss das Mutterunternehmen (auch) das Risiko bewerten, dass die Aktivität eines gruppenangehörigen Unternehmens für die gesamte Gruppe darstellt. Vorgesehen ist, dass das Ergebnis der gruppenweiten Risikoanalyse von dem benannten Mitglied der Leitung nach § 4 Abs. 3 GwG (→ Rn. 39) zu genehmigen sei.[319] Dass dies sinnvoll sein kann, ist unbestritten. Eine Rechtsgrundlage dafür besteht allerdings nicht, wie sich implizit aus § 9 Abs. 1 S. 4 GwG ergibt. Diese Vorschrift verweist in Bezug auf den Gruppen-Geldwäschebeauftragten zurück auf die Regelungen des § 7 GwG. Für die Zwecke der Gruppen-Risikoanalyse fehlt ein entsprechender Rückverweis auf §§ 4 und 5 GwG. Die Erstellung der gruppenweiten Risikoanalyse entbindet die gruppenangehörigen Unternehmen nicht von der Pflicht zur Erstellung einer eigenen Risikoanalyse, wo dies gesetzlich vorgesehen ist.[320] Man muss vermuten, dass dies auch für Risikoanalyse des Mutterunternehmens gilt. Denn § 9 Abs. 1 S. 1 GwG verpflichtet das Mutterunternehmen nur dazu, eine gruppenweite Risikoanalyse für die gruppenangehörigen Unternehmen zu erstellen.

4. Einheitliche Sicherungsmaßnahmen

„Auf Grundlage der Gruppen-Risikoanalyse müssen gruppenweit einheitliche interne Sicherungsmaß- 188
nahmen gemäß § 6 Abs. 2 GwG" durchgeführt werden (§ 9 Abs. 1 S. 2 Nr. 1 GwG). Adressat der Pflicht ist erneut das Mutterunternehmen („sie"), es sind nicht die gruppenangehörigen Unternehmen. Der Verweis auf § 6 Abs. 2 GwG legt nahe, dass es dabei nur um die Umsetzung der dort aufgezählten Sicherungsmaßnahmen geht. Es muss zB kein gruppenweites Hinweisgebersystem eingeführt werden (§ 6 Abs. 5 GwG) und es braucht keine gruppenweit einheitlichen Vorkehrungen für eventuelle Auskunftsersuchen (§ 6 Abs. 6 GwG). Dabei bedeutet Einheitlichkeit nicht, dass die Sicherungsmaßnahmen überall unabhängig von der lokalen Rechtslage identisch sein müssen.[321] Nach Erwägungsgrund 48 der RL (EU) 2015/849 soll vermieden werden, dass innerhalb einer Unternehmensgruppe unterschiedliche Standards angewendet werden. Letztlich geht es also eher um gleiche

---

[318] BeckOK GwG/Bayer/Krais, 4. Ed. 1.12.2020, GwG § 9 Rn. 19, auch die AuA Nichtfinanzsektor stellen genau genommen auf die Verpflichteten-Eigenschaft am Standort ab, siehe S. 18, Ziff. 3.3.3.4.1. der Widerspruch zu Ziff. 3.3.3.3. wird offenbar nicht gesehen.
[319] AuA Nichtfinanzsektor, S. 18, Ziff. 3.3.3.4.1.
[320] AuA Nichtfinanzsektor, S. 18, Ziff. 3.3.3.4.1.
[321] BeckOK GwG/Bayer/Krais, 4. Ed. 1.12.2020, GwG § 9 Rn. 27; Zentes/Glaab/Lang, 2. Aufl. 2020, GwG § 9 Rn. 12.

Standards der Geldwäsche-Compliance und ein einheitliches Verständnis der Risiken als um exakt identische Maßnahmen.[322] Schon innerhalb der EU fehlt es an einer einheitlichen Umsetzung der Vorgaben der RL (EU) 2015/849. Es kann daher nicht erwartet werden, dass die Geldwäschestandards des GwG zum internationalen Gruppenstandard werden, der die Einhaltung lokaler Vorschriften unmöglich machen würde.[323] Dem entspricht die Regelung in den nachfolgenden Absätzen 2 und 3, die lokalem Recht den Vorrang einräumen. Auch die RL (EU) 2015/849 ist kein Mindeststandard, der weltweit einzuhalten wäre. Dafür bietet § 9 Abs. 1 keine Grundlage.[324] Vielmehr ist darauf zu achten, dass für alle Verpflichteten gleicher Art (also zB Güterhändler, Finanzunternehmen, etc) innerhalb einer Gruppe die gleichen Sicherungsmaßnahmen gelten. Verschiedene Verpflichtete innerhalb einer Gruppe können unterschiedliche Sicherungsmaßnahmen anwenden. Sicherzustellen ist darüber hinaus, dass die Anwendung der Sicherungsmaßnahmen in gleicher Weise geschieht.[325] Ein Sachverhalt, der für ein Unternehmen der Gruppe ein erhöhtes Risiko darstellt, soll dies grds. auch für jedes andere der Gruppe. Und ein Sachverhalt, der als verdächtig gilt, soll in der ganzen Gruppe als verdächtig behandelt werden, wenn er dort ebenfalls auftritt.

5. Gruppen-Geldwäschebeauftragter

189 Zu den gruppenweiten Maßnahmen gehört des Weiteren *„die Bestellung eines Geldwäschebeauftragten, der für die Erstellung einer gruppenweiten Strategie zur Verhinderung von Geldwäsche und Terrorismusfinanzierung sowie für die Koordinierung und Überwachung ihrer Umsetzung zuständig ist"* (Gruppengeldwäschebeauftragter, § 9 Abs. 1 S. 2 Nr. 2 GwG, → Rn. 143). Auch diese Pflicht trifft nur das Mutterunternehmen der Gruppe. Für die Bestellung, Aufgaben, Haftung und Entpflichtung des Gruppengeldwäschebeauftragten verweist § 9 Abs. 1 S. 4 GwG auf die Vorschriften des § 7 Abs. 4–7 GwG. Entgegen dem Wortlaut der Vorschrift sollte die Bestellung eines Gruppen-GWB jedoch nicht erst *„auf Grundlage der gruppenweiten Risikoanalyse"* erfolgen, sondern möglichst vor deren Erstellung. Die (Gruppen-)Risikoanalyse gehört schließlich zum Kern der Aufgaben, die dem Gruppen-Geldwäschebeauftragten obliegen.

6. Verfahren zum Informationsaustausch

190 Zu den gruppenweiten Pflichten gehört des Weiteren *„die Schaffung von Verfahren für den Informationsaustausch innerhalb der Gruppe zur Verhinderung von Geldwäsche und von Terrorismusfinanzierung"* (§ 9 Abs. 1 S. 2 Nr. 3 GwG). Bei der unbestimmten Regelung soll es darum gehen, dass die gruppenangehörigen Unternehmen dem Gruppengeldwäschebeauftragten die für die Erfüllung der gruppenweiten Pflichten nach § 9 Abs. 1 GwG notwendigen Informationen zur Verfügung stellen. Das umfasst zB Kundendaten, Informationen zu Verdachtsfällen oder Informationen über Kontakte zu Finanzmärkten, Strafverfolgungs- und Ermittlungsbehörden sowie zu Steuer- oder Zollbehörden handeln.[326] Die Vorschrift zwingt nur zur Einrichtung entsprechender Verfahren, Abläufe und Prozesse. Sie verleiht keine Befugnis zum Austausch von Informationen. Insbesondere handelt es sich nicht um eine datenschutzrechtliche Grundlage für den Austausch personenbezogener Informationen. Die Vorschrift ist dazu viel zu allgemein und unbestimmt.[327] Vor dem Austausch entsprechender Informationen muss man sich daher separat der rechtlichen, insbes. datenschutzrechtlichen Zulässigkeit des Informationsaustauschs vergewissern. Im Zusam-

---

[322] So auch BeckOK GwG/Bayer, 4. Ed. 1.12.2020, GwG § 1 Rn. 108.
[323] BeckOK GwG/Bayer/Krais, 4. Ed. 1.12.2020, GwG § 9 Rn. 26.
[324] BeckOK GwG/Bayer/Krais, 4. Ed. 1.12.2020, GwG § 9 Rn. 27.
[325] AuA Nichtfinanzsektor, S. 19, Ziff. 3.3.3.4.3.
[326] AuA Nichtfinanzsektor, S. 20, Ziff. 3.3.3.4.5.
[327] BeckOK GwG/Bayer/Krais, 4. Ed. 1.12.2020, GwG § 9 Rn. 34.

7. Vorkehrungen zum Datenschutz

Abschließend verlangt der gruppenweite Ansatz *„Vorkehrungen zum Schutz von personenbezogenen Daten"* (§ 9 Abs. 1 S. 2 Nr. 4 GwG). Genau genommen ergibt sich diese Pflicht schon aus der VO (EU) 2016/679 und entsprechenden Gesetzen im Ausland bzw. mit Blick auf die Sorgfaltspflichten aus § 11a GwG. Die Vorschrift hat insoweit nur deklaratorische Wirkung, begründet darüber hinaus aber eine spezielle Verantwortlichkeit des Gruppengeldwäschebeauftragten sicherzustellen, dass die Belange des Datenschutzes iRd Gruppen-Geldwäsche-Compliance berücksichtigt werden. Inhaltlich geht es um eine Aufgabe, die sinnvollerweise beim Datenschutzbeauftragten angesiedelt wäre. Es spricht aber nichts dagegen, wenn der Gruppen-Geldwäschebeauftragte sich zur Erfüllung dieses Teils seiner Aufgaben Dritter bedient. Mit der Vorschrift ist keine Pflicht verbunden, personenbezogene Daten weltweit einheitlich nach dem Maßstab der VO (EU) 2016/679 zu behandeln, wo diese nicht anwendbar ist. Allerdings muss der Gruppen-Geldwäschebeauftragte dafür Sorge tragen, dass personenbezogene Daten auch im Ausland mind. nach dem dort geltenden Standard geschützt werden.

191

8. Wirksamkeit

Gem. § 9 Abs. 1 S. 4 GwG muss das Mutterunternehmen der Gruppe *„sicherstellen, dass die Pflichten und Maßnahmen nach § 9 Abs. 1 S. 2 Nr. 1, 3 und 4 GwG von den gruppenangehörigen Unternehmen [...] wirksam umgesetzt werden."* Dies setzt entsprechende Anweisungen, Verfahren und Kontrollen (Stichproben) voraus. Mit der Ausarbeitung von Richtlinien und Arbeitsanweisungen ist es nicht getan. Anwendbar ist die Vorschrift nur auf *„gruppenangehörige Unternehmen, die dem beherrschenden Einfluss des Mutterunternehmens unterliegen,"* was angesichts der Definition der Gruppe redundant und ohne Auswirkungen ist. Wichtig ist, dass auch diese Vorschrift nur für gruppenangehörige Unternehmen gilt, *„die geldwäscherechtlichen Pflichten unterliegen"* (→ § 3 Rn. 3).

192

III. Gruppenunternehmen in der EU und im EWR

§ 9 Abs. 2 GwG enthält eine Sonderregelung *(„lex specialis")* in Bezug auf gruppenangehörige Unternehmen in der EU. Danach hat die Muttergesellschaft einer Gruppe, sicherzustellen, dass *„gruppenangehörige Unternehmen in einem anderen Mitgliedstaat der Europäischen Union ansässig sind, die dort geltenden nationalen Rechtsvorschriften zur Umsetzung"* der RL (EU) 2015/849 einhalten" (§ 9 Abs. 2 GwG). Explizit wird dabei Bezug auf die RL (EU) 2015/849 genommen. Gemeint ist die Richtlinie in der Fassung der Änderungsrichtlinie von 2018 (→ § 1 Rn. 8). Wie bei § 9 Abs. 1 GwG ist Voraussetzung, dass das Mutterunternehmen Verpflichtete iSd § 2 Abs. 1 GwG ist. Gruppenangehörige Gesellschaften im EU-Ausland müssen sich *„in mehrheitlichem Besitz"* des Mutterunternehmens befinden. Abgesehen davon, dass es um Eigentum, nicht um den Besitz geht, darf man auch insoweit vermuten, dass damit beherrschender Einfluss iSd § 290 HGB gemeint ist, nicht nur eine Anteilsmehrheit (→ § 5 Rn. 80). Weitere Voraussetzung ist, dass die gruppenangehörigen Gesellschaften im EU-Ausland nach dem lokalen Recht geldwäscherechtliche Pflichten haben. Es besteht insbes. keine Pflicht, die Standards des GwG auf Gesellschaften in der EU auszudehnen, wenn das lokale Recht dies gar nicht als Verpflichtete sieht. Dies gilt auch und gerade für gruppenangehörige Unternehmen, die Güterhändler sind. Sofern das lokale Recht in Übereinstimmung mit der RL (EU) 2015/849 keine geldwäscherechtlichen Pflichten vorsieht, weil sie keine Bargeldgeschäfte ab dem einschlä-

193

gigen Schwellenwert der RL (EU) 2015/849 vornehmen (→ § 3 Rn. 25), besteht keine Pflicht dafür zu sorgen, dass ersatzweise der Standard des GwG Verwendung findet. Sie zählen dann nicht zur Gruppe iSd § 9 GwG.[328] Dann geht die Überwachungspflicht des Mutterunternehmens nur dahin, sicherzustellen, ob sich die Rechtslage in dem EU-Staat ändert. Das ist angesichts des harmonisierten Vorgehens in der EU nur wahrscheinlich, wenn eine neue EU-Richtlinie oder die FATF dazu den Anstoß geben. Zuständig ist insoweit das Mutterunternehmen selbst, nicht der Gruppengeldwäschebeauftragte.[329] Unbeschadet der Regelung in § 9 Abs. 3 GwG wird das Mutterunternehmen die Gruppen-Risikoanalyse und die Regelungen zum Informationsaustausch bzw. zum Datenschutz (§ 9 Abs. 1 Nr. 2–4 GwG) auch auf Tochtergesellschaften in der EU erstrecken müssen. Die Pflicht zu einheitlichen Sicherungsmaßnahmen (§ 9 Abs. 1 Nr. 1 GwG) dagegen wird von der Pflicht nach § 9 Abs. 3 GwG abgelöst, die Maßnahmen zu ergreifen, die das lokale Recht vorsieht.

194 **Beispiel:**

In Frankreich sind Güterhändler im Einklang mit den Vorgaben der RL (EU) 2015/849 nur ausnahmsweise Verpflichtete, weil eine allgemeine Bargeldschwelle gilt, die unterhalb des Schwellenwerts der Richtlinie liegt. Das in Deutschland ansässige Mutterunternehmen, das selbst Bargeldgeschäfte ab 10.000 EUR tätigt und deshalb zum Risikomanagement (→ Rn. 4) inklusive gruppenweiter Pflichten verpflichtet ist, muss daher in Bezug auf seine französische Tochtergesellschaft nur überwachen, dass die lokale Rechtslage eingehalten wird. Es ist nicht nötig, die Standards des GwG auszurollen oder überhaupt für eine Vereinheitlichung von Sicherungsmaßnahmen zu sorgen.

195 Die Staaten des EWR sind vom Wortlaut des § 9 Abs. 2 GwG (EU-Staaten) nicht umfasst, fallen aber nach der Definition in § 1 Abs. 17 GwG auch nicht unter § 9 Abs. 3 GwG (Drittstaaten). Da sie angemessene Standards der Geldwäsche-Bekämpfung aufweisen, handelt es sich offensichtlich nicht um Staaten iSd § 9 Abs. 3 GwG. Angesichts dessen erscheint es gerechtfertigt, § 9 Abs. 2 GWG analog auf EWR-Staaten anzuwenden.[330] Anderenfalls bleibt es beim Grundsatz des § 9 Abs. 1 GwG, wonach gruppenweit einheitliche Geldwäschestandards herzustellen sind, soweit die Gruppenunternehmen geldwäscherechtlichen Pflichten unterliegen. Im Ergebnis dürfte dies, soweit es die Staaten des EWR angeht, auf dasselbe hinauslaufen, da vielfach keine oder nur begrenzte Anforderungen an Güterhändler bestehen, die Bargeldgeschäfte durchführen.

IV. Gruppenunternehmen in Drittstaaten

196 **Definition:**

„Drittstaat iSd GwG ist jeder Staat, der nicht Mitglied der Europäischen Union ist und nicht Vertragsstaat des Abkommens über den Europäische Wirtschaftsraum (EWR) ist" (§ 1 Abs. 17 GwG).

197 *„Soweit sich gruppenangehörige Unternehmen in einem Drittstaat befinden"* verpflichtet § 9 Abs. 3 GwG das Mutterunternehmen zu besonderen Maßnahmen. Die Pflichten treffen erneut nur Mutterunternehmen, die Verpflichtete iSd § 2 Abs. 1 GwG sind. Pflichten bestehen nur in Bezug auf gruppenangehörige Unternehmen, die im *„Mehrheitsbesitz"* (→ Rn. 193) des Mutterunternehmens sind. Anders als bei § 9 Abs. 1 und 2 GwG kommt es dem Wortlaut nach offenbar nicht darauf an, ob die gruppenangehörigen Unternehmen nach lokalem Recht geldwäscherechtliche Pflichten haben. Es ist unklar, wieso dies hier

---
[328] Maslo BB 2017, 3010 (3014).
[329] BeckOK GwG/Bayer/Krais, 4. Ed. 1.12.2020, GwG § 9 Rn. 44.
[330] AA BeckOK GwG/Bayer/Krais, 4. Ed. 1.12.2020, GwG § 9 Rn. 46.

keine Rolle spielen soll und ob es sich hier um ein Versehen des Gesetzgebers handelt. Entscheidend ist im Rahmen von § 9 Abs. 3 GwG, dass in dem Drittstaat *„die Mindestanforderungen an die Verhinderung von Geldwäsche oder Terrorismusfinanzierung geringer sind als die Anforderungen für Unternehmen mit Sitz in Deutschland."* Die Formulierung geht auf die GwG-Novelle 2017 (→ § 1 Rn. 12) zurück, wurde aber mit dem Änderungsgesetz 2020 nochmal angepasst. Die Erläuterungen zu Inhalt und Zielsetzung der Vorschrift sind unverständlich und gehen am Wortlaut vorbei. Danach soll mit dem geänderten Wortlaut zum Ausdruck kommen, dass die von der Muttergesellschaft geschaffenen Verfahren nicht zwingend den Standards des GwG entsprechend müssen, jedoch bei gruppenangehörigen Unternehmen in Drittstaaten die Mindeststandards der RL (EU) 2015/849 nicht unterschreiten dürfen.[331] Der Gesetzestext nimmt jedoch keinerlei Bezug auf die Mindeststandards der RL (EU) 2015/849, sondern gerade auf die des GwG. Dabei bleibt unklar, was unter Mindeststandards im GwG zu verstehen sein soll. GwG und RL (EU) 2015/849 stellen unterschiedliche Anforderungen an unterschiedliche Verpflichtete. Gleichzeitig sind die Anforderungen im Bereich Güterhandel im GwG, gegenüber denen der RL (EU) 2015/849, zu Lasten der Verpflichteten verschoben (→ § 3 Rn. 25). Für Güterhändler können allenfalls die Verdachtsmeldepflichten als Mindestanforderungen gelten. Denn diese gelten für alle Güterhändler, egal ob privilegiert oder nicht und ohne Rücksicht auf Schwellenwerte oder Barzahlungen (→ § 7 Rn. 16). Dem Wortlaut nach will die Vorschrift gruppenweite Standards auf Basis der GwG-Pflichten überall da, wo in Drittstaaten ein geringeres Schutzniveau als nach dem GwG besteht. Ob es sinnvoll ist, die nur in Deutschland umfassend bestehende Verdachtsmeldepflicht für Güterhändler in Drittstaaten auszurollen, die keine solche Pflicht kennen? Eine halbwegs sinnvolle, mit dem Wortlaut aber nicht zu vereinbarende Auslegung wäre, dass es gar nicht um die Anforderungen und Standards des GwG geht, sondern um die Frage, ob in dem Drittstaat ein angemessenes Schutzniveau iSd FATF-Empfehlungen oder der RL (EU) 2015/849 besteht. In Bezug auf gruppenangehörige Unternehmen in Drittstaaten mit ebenso strengen oder gar höheren Anforderungen („angemessenes Schutzniveau") wie von der FATF gefordert, wären dann keine zusätzlichen Maßnahmen erforderlich. Darunter könnte man insbes. die EWR-Mitgliedsstaaten und die früheren äquivalenten Drittstaaten(→ Rn. 85) zählen, ebenso wie die FATF-Mitgliedsstaaten (→ § 1 Rn. 3). Insoweit würde nur § 9 Abs. 1 GwG gelten, obwohl es sinnvoller wäre, sie analog § 9 Abs. 2 GwG zu behandeln. Für Güterhändler hieße dies, dass in den meisten Drittstaaten mit ausreichendem Schutzniveau keine umfangreichen geldwächserechtlichen Pflichten nach § 9 Abs. 3 GwG bestehen bzw. allenfalls mit Blick auf bestimmte Hochrisikobranchen oder Bargeldgeschäfte.

Beispiel: 198
In UK sind Güterhändler im Einklang mit den Vorgaben der RL (EU) 2015/849 nur dann Verpflichtete, wenn sie Bargeldgeschäfte ab 10.000 EUR bzw. dem Äquivalent in GBP tätigen („High Value Dealer").[332] Alle anderen Güterhändler sind – anders als in Deutschland – nicht zur Geldwäsche-Compliance verpflichtet. UK ist nach dem Austritt aus der EU ein Drittstaat iSd § 1 Abs. 17 GwG. Allerdings wird man es zu einem Drittstaat mit angemessenem (vergleichbarem) Schutzniveau zählen dürfen, da noch bis vor Kurzem die Standards der RL (EU) 2015/849 galten und nicht erkennbar ist, dass sich daran etwas geändert hätte. Das in Deutschland ansässige Mutterunternehmen, das selbst Bargeldgeschäfte ab 10.000 EUR tätigt und deshalb zum Risikomanagement inklusive der gruppenweiten Pflichten verpflichtet ist, muss daher in Bezug auf seine Tochtergesellschaft in UK nur die Pflichten aus § 9 Abs. 1 GwG erfüllen und darüber hinaus allenfalls sicherstellen, dass das

---
[331] BT-Drs. 19/13827, 77 zu § 9 Abs. 3 GwG.
[332] HMRC, Anti-Money Laundering Supervision: Guidance for High Value Dealers, Ziff. 9.2, S. 50, abrufbar unter https://assets.publishing.service.gov.uk/government/uploads/system/uploads/attachment_data/file/796552/High_Value_Dealers_Guidance.pdf, Zugriff am 15.10.2021.

lokale Recht eingehalten wird (analog § 9 Abs. 2 GwG). Es ist dann nicht nötig, die Standards des GwG in UK auszurollen.

199 Auch wenn man die EWR-Staaten und die Staaten mit einem äquivalenten Schutzniveau sowie sonstige FATF-Mitglieder unbeachtet lässt, bleiben noch immer eine Reihe von Staaten im Anwendungsbereich des § 9 Abs. 3 GwG. Ob deren Rechtsordnungen geringere Mindestanforderungen als das GwG stellen, kann im Grunde erst nach einer aufwendigen Analyse des lokalen Rechts beurteilt werden. Dazu wird den meisten Güterhändlern die Kapazität und das rechtliche Know-How fehlen. Bislang gibt es keine offizielle Liste der Staaten, die unter § 9 Abs. 3 GwG fallen. Definitiv annehmen kann man es nur für die Staaten, die die FATF-Liste als *„high risk and non-cooperative jurisdictions* (→ § 1 Rn. 3)" einstuft bzw. die lt. EU-Negativliste(→ § 6 Rn. 39) ein erhöhtes Risiko aufweisen. Für alle anderen Drittsaaten muss man sich anhand zB der FATF-Evaluierungen ein Bild machen, ob man (noch) von vergleichbaren oder schon von weniger strengen Anforderungen ausgehen muss.

200 **Praxishinweis:**
Der Verweis auf *„Drittstaaten mit weniger strengen Anforderungen"* verlangt von den Verpflichteten nicht, dass sie – ggf. wiederholt, zB bei Gesetzesänderungen – jede einzelne gesetzliche Regelung des Drittstaats mit denen des GwG bzw. der RL (EU) 2015/849 auf mögliche Abweichungen hin untersuchen (1:1-Abgleich). Eine derartige Analyse wäre unverhältnismäßig und würde die Mehrzahl der Verpflichteten in allen Sektoren vor unlösbare Probleme stellen. Wegen der überschießenden Tendenz des GwG würde der Vergleich außerdem praktisch weltweit dazu führen, dass Drittstaaten als weniger streng gelten, weil sie Güterhändler – in Übereinstimmung mit den Vorgaben der FATF und im Einklang mit der RL (EU) 2015/849 – weniger umfangreiche Pflichten auferlegen als das GwG. Gemeint sein kann daher nur ein Gesamtvergleich des allgemein bestehenden Schutzniveaus nach Wahrnehmung internationaler Fachgremien wie der FATF oder der EU. Dafür spricht sowohl die Formulierung *„Mindestanforderungen"* als auch die oben zitierte Gesetzesbegründung, die nicht auf den Umfang der Pflichten einzelner Verpflichteter abstellt, sondern auf das allgemeine Schutzniveau der RL (EU) 2015/849, die auf den FATF-Empfehlungen beruht und diesen folgt.

201 Grds. gilt auch mit Blick auf Gruppenunternehmen, die in einem Drittstaat mit weniger strengen Anforderungen ansässig sind, die Pflicht aus § 9 Abs. 1 GwG zu einheitlichen Sicherungsmaßnahmen, allerdings nur *„soweit das Recht des Drittstaats dies zulässt"* (§ 9 Abs. 3 S. 1 GwG). *„Soweit die in Absatz 1 genannten Maßnahmen nach dem Recht des Drittstaats nicht durchgeführt werden dürfen, sind die Mutterunternehmen verpflichtet (§ 9 Abs. 3 S. 2 GwG) 1. sicherzustellen, dass ihre dort ansässigen gruppenangehörigen Unternehmen zusätzliche Maßnahmen ergreifen, um dem Risiko der Geldwäsche und der Terrorismusfinanzierung wirksam zu begegnen, und 2. die Aufsichtsbehörde über die getroffenen Maßnahmen zu informieren."* Dasselbe soll gelten, wenn die Maßnahmen aus tatsächlich (nicht rechtlichen) Gründen nicht durchführbar sind.[333] Eine gesetzliche Grundlage für diese Auslegung ist allerdings nicht erkennbar. Mit *„zusätzlichen Maßnahmen"* iSd Nr. 1 sind andere als die in § 9 Abs. 1 GwG vorgesehenen Maßnahmen gemeint (Ersatzmaßnahmen), die nach lokalem Recht zulässig sind. Um welche Maßnahmen es sich handelt, kann man nicht abstrakt vorherbestimmen. Dies hängt von den Umständen des Einzelfalls ab. Über die konkret getroffenen Ersatzmaßnahmen muss das verpflichtete Mutterunternehmen gemäß Nr. 2 ihre Aufsichtsbehörde in Deutschland informieren. Kommt die Aufsichtsbehörde zu dem Ergebnis, dass die Ersatzmaßnahmen nicht ausreichend sind, muss sie (kein Ermessen!) anordnen, dass der Verpflichtete in dem Drittstaat keine neuen Geschäftsbeziehungen begründet und keine

---

[333] AuA Nichtfinanzsektor, S. 20, Ziff. 3.3.3.4.7.

Transaktionen mehr durchgeführt werden. Bestehende Geschäftsbeziehungen müssen durch Kündigung oder auf andere Weise beendet werden (*§ 9 Abs. 3 S. 3 GwG, Beendigungsgebot bzw. Transaktionsverbot*, → § 5 Rn. 23).[334] Die so verfügte Geschäftseinstellung erfolgt *„ungeachtet anderer gesetzlicher oder vertraglicher Bestimmungen,"* im Zweifel also unter Missachtung rechtmäßig begründeter vertraglicher und gesetzlicher Verpflichtungen bzw. unter Bruch anwendbaren Rechts und mit dem Risiko einhergehender Schadenersatzpflichten für den Verpflichteten. Auf einen konkreten Geldwäscheverdacht oder auch nur ein konkret erhöhtes Risiko im Einzelfall kommt es dabei dem Wortlaut der Vorschrift nach nicht an. Ohne jeden Zweifel wird ein so umfassendes Verbot bei praktisch nicht vorhandenem Anlass unter dem Gesichtspunkt der Verhältnismäßigkeit kaum jemals praktisch zum Tragen kommen. Insbesondere ist es unzutreffend zu folgern, dass die Beendigung oder Kündigung immer dann verpflichtend sei, wenn die (zusätzlichen!) gruppenweiten Maßnahmen, die im Drittstaat nicht durchgeführt werden können, wesentlich seien.[335] Allgemein ist kaum ein praktischer Anwendungsfall denkbar, bei dem eine Maßnahme lokal verboten ist, aber zB außerhalb des Landes in anderer Form problemlos durchgeführt werden könnte. Im umgekehrten Falle würden die deutschen Aufsichtsbehörden sofort einen Fall der Umgehung gesetzlicher Vorschriften wittern, was gerade keine Ausnahme von gesetzlichen Anforderungen begründet. Im Zweifel steht mit einer Verdachtsmeldung und dem Verstreichen der Stillhaltefrist sowie der Durchführung der notwendigen Sorgfaltspflichten ein Instrumentarium zur Verfügung, dass weit konkreter in der Lage ist, die Gefährdung durch eine spezifische Transaktion oder Geschäftsbeziehung zu erfassen bzw. einzugrenzen. Schon aus diesem Grund ist unter Verhältnismäßigkeitsgesichtspunkten kein praktisch relevanter Fall vorstellbar, der auf der Basis rein rechtsdogmatischer Überlegungen derart weitreichende Beeinträchtigung der grundrechtlich geschützten wirtschaftlichen und beruflichen Betätigungsfreiheit von Wirtschaftsteilnehmern rechtfertigen könnte, solange kein konkreter Verdacht einer Straftat im Raum steht. Sofern die Vorschrift je zur Anwendung kommen sollte, müsste die Anordnung gegenüber dem Mutterunternehmen erfolgen, das dafür zu sorgen hätte, dass das gruppenangehörige Unternehmen in dem betreffenden Drittstaat keine Geschäfte oder Transaktionen mehr tätigt. Damit sind erneut Fragen der extraterritorialen Wirkung (→ § 3 Rn. 7) des GwG angesprochen.

V. Teilgruppen als Adressat gruppenweiter Pflichten

§ 9 Abs. 4 GwG sieht entsprechende *„gruppenweite"* Pflichten für Teile einer mehrstufigen Unternehmensgruppe vor. Im Sinne der Definition Gruppe betrifft dies gruppenangehörige Unternehmen, deren Muttergesellschaft weder nach § 9 Abs. 1 GwG noch, falls es sich um ein ausländisches Unternehmen handelt, nach dem lokalen Recht des Staates, in dem die Muttergesellschaft ansässig ist, gruppenweite Pflichten hat. Weitere Voraussetzung ist, dass das gruppenangehörige Unternehmen Verpflichteter ist (→ § 3 Rn. 3), also in Deutschland ansässig ist (→ § 3 Rn. 7). Dem gruppenangehörigen Unternehmen muss mind. ein weiteres Unternehmen der Gruppe nachgeordnet sein, das seinem beherrschenden Einfluss unterliegt. In diesem Fall ist die (eigentlich) gruppenangehörige Gesellschaft quasi die (in Deutschland ansässige) Obergesellschaft für das nachgeordnete Unternehmen oder den ihr nachgeordneten Teil der Gruppe. Die (eigentlich gruppenangehörige) Quasi-Muttergesellschaft treffen in diesem Fall nach § 9 Abs. 4 GwG dieselben gruppenweiten Pflichten wie ansonsten eine in Deutschland ansässige Muttergesellschaft. Dass sie diese ohne Zustimmung der Muttergesellschaft gar nicht effektiv umsetzen kann, weil sie von dieser beherrscht wird, interessiert den Gesetzgeber nicht. Ob die Vorschrift weitreichende

202

---

[334] BT-Drs. 18/11555, 115, zu § 9 Abs. 3 GwG.
[335] AuA Nichtfinanzsektor, S. 20, Ziff. 3.3.3.4.7.

praktische Bedeutung hat, darf bezweifelt werden. Für Schwestergesellschaften, die also unter dem beherrschenden Einfluss der gemeinsamen Muttergesellschaft stehen, gilt die Vorschrift nicht. Sie beruht auf der Verwaltungspraxis der BaFin im Finanzsektor, die bis zur Schaffung des § 9 Abs. 4 GwG keine Rechtsgrundlage hatte.[336] Sie beruht auf der Furcht vor „Wertungswidersprüchen" zwischen Gruppen mit Mutterunternehmen, die gruppenweite Pflichten haben und solchen, die keine haben.[337] Worin dabei ein Wertungswiderspruch liegen soll, wenn das Gesetz an Teilgruppen keine Anforderungen stellt, bleibt ohne Erläuterung. Tatsächlich steht die Wertung der Vorschrift im Widerspruch mit der Definition Gruppe, die erkennbar davon ausgeht, dass es in einer Unternehmensgruppe nur eine Muttergesellschaft gibt, nicht eine willkürlich und gegen die tatsächlichen und rechtlichen Gegebenheiten definierte Vielzahl von Teilgruppen-Muttergesellschaften.

VI. Pflichten gruppenangehöriger Unternehmen

203 § 9 Abs. 5 S. 1 GwG normiert die Pflicht der gruppenangehörigen Unternehmen die von der Muttergesellschaft iSv § 9 Abs. 1 GwG ergriffenen Maßnahmen umzusetzen. Die Vorschrift stellt die Kehrseite des § 9 Abs. 1 GwG dar. Sie begründet quasi eine Mitwirkungspflicht der gruppenangehörigen Unternehmen bei der Umsetzung der gruppenweiten Maßnahmen mit Ausnahme der Bestellung des Gruppengeldwäschebeauftragten durch die Muttergesellschaft. Dabei ist der Bezugspunkt der Gruppe (§ 1 Abs. 16 GwG) unzutreffend, da die gruppenweiten Pflichten nur auf bestimmte Gruppenunternehmen Anwendung finden („*Unternehmen im Mehrheitsbesitz, die selbst geldwäscherechtlichen Pflichten unterliegen*", → Rn. 193). Nur so macht die Bezugnahme in § 9 Abs. 5 S. 2 GwG auf „*alle anderen gruppenangehörigen Verpflichteten*" Sinn. Diese Vorschrift erstreckt die Wirkungen gruppenweiter Pflichten begrenzt auf den Informationsaustausch und die Beachtung datenschutzrechtlicher Vorgaben auf andere Verpflichtete iSd § 2 Abs. 1 GwG in der Gruppe. Dies gilt unbeschadet der eigenen geldwäscherechtlichen Pflichten dieser Gesellschaften (§ 9 Abs. 5 S. 3 GwG). Gruppenangehörige Gesellschaften, die keinen geldwäscherechtlichen Pflichten unterliegen, sind von § 9 Abs. 5 GwG nicht erfasst. Dieser hat generell nur Geltung für gruppenangehörige Gesellschaften im Inland. Ausländische gruppenangehörige Gesellschaften unterliegen nicht den Anforderungen des GwG und können daher nicht Adressat der Vorschrift sein.

---

[336] MSW KonzernStrafR-HdB/Krais § 22 Rn. 24f.
[337] Begründung RegE BT-Drs. 352/19, 82, unter Nr. 8.

§ 5. Allgemeine Kundensorgfaltspflichten bei Güterhändlern

Literatur:
Susana/Campos/Nave, Das Know Your Customer-Prinzip und die Geldwäscheprävention, CB 2018, 166; Paul, Die geldwäscherechtliche Identifizierung der für einen Vertragspartner auftretenden Person, GWR 2018, 147; Rodatz/Judis/Bergschneider, Der Konflikt bei der Bestimmung des wirtschaftlich Berechtigten, CCZ 2021, 30; Sundermann/von Busekist/Christian Judis, Know-Your-Customer oder doch „Know Your Contracting Party"?, CCZ 2020, 291.

A. Überblick

NEU (seit Vorauflage): 1

Mit dem GwG-Änderungsgesetz 2020 (→ § 1 Rn. 12) wurden die speziellen Regelungen Güterhändler betreffend nach § 10 Abs. 6a GwG verschoben. Danach gelten für allgemeine Sorgfaltspflichten bei Güterhändlern dieselben Schwellenwerte wie bei § 4 Abs. 5 GwG, je nachdem, ob es sich um eine Transaktion über Edelmetalle (2.000 EUR in bar) oder sonstige Güter (10.000 EUR in bar) handelt. Für den Handel mit Kunstgegenständen gilt ein eigener Schwellenwert von 10.000 EUR, bar oder unbar (→ § 11 Rn. 5). Neu geregelt wurden die Voraussetzung und der Umfang der Verstärkten Sorgfaltspflichten für den Fall einer Berührung zu Drittstaaten mit erhöhtem Risiko lt. EU-Negativliste. Durch das TrFinInfoG (→ § 1 Rn. 12) wurde vor allem die Unterscheidung zwischen Erhebung und Überprüfung von Angaben iRd Identifizierungspflichten weiter ausdifferenziert und die Nutzung des Transparenzregisters iRd Sorgfaltspflichten näher geregelt.

Abschnitt 3 des GwG ist überschrieben mit: *„Sorgfaltspflichten in Bezug auf Kunden."* 2 Hinter den sogenannten Kundensorgfaltspflichten verbergen sich umfangreiche Prüf- und Dokumentationspflichten in Bezug auf Geschäfts- bzw. Vertragspartner oder Beteiligte an einer Transaktion (Transaktionspartner) der Verpflichteten. Die bildlich als Know Your Customer (KYC) bezeichneten Kundensorgfaltspflichten stellen eine Geldwäsche spezifische Geschäftspartnerprüfung *(„compliance due diligence")* dar. Ziel ist, den Gegenüber und die Herkunft der Vermögenswerte, die Gegenstand einer Geschäftsbeziehung oder Transaktion sind, besser zu kennen. Güterhändler müssen Sorgfaltspflichten nur bei Transaktionen über bestimmte Güter vornehmen, sofern in § 10 Abs. 6a GwG definierte Schwellenwerte erreicht oder überschritten werden. Dabei handelt es sich um dieselben Schwellenwerte, die gemäß § 4 Abs. 5 GwG für das Risikomanagement gelten, allerdings wirken sie im Abschnitt 3 transaktionsbezogen. Im Übrigen müssen Güterhändler nur dann Sorgfaltspflichten durchführen, wenn ein Verdacht vorliegt. Andere Auslöseatbestände haben für Güterhändler keine Bedeutung. Das GwG unterscheidet allgemeine Sorgfaltspflichten (§ 10 GwG), Vereinfachte Sorgfaltspflichten (§ 14 GwG) und Verstärkte Sorgfaltspflichten (§ 15 GwG), je nach Grad des Risikos. Zu beachten sind die Mitwirkungspflichten der Geschäfts- und Vertragspartner (§ 11 Abs. 6 GwG), die strikten (zeitlich nicht begrenzten) Beendigungsgebote bzw. Transaktionsverbote (§ 11 Abs. 9 GwG und § 15 Abs. 9 GwG) sowie das Zusammenspiel mit dem Tipping-Off Verbot des § 47 GwG bei Durchführung der Kundensorgfaltspflichten wegen Vorliegens eines Verdachts. Wer Kundensorgfaltspflichten nicht ordnungsgemäß durchführt, handelt ordnungswidrig (§ 56 Abs. 1 Nr. 15–45 GwG). Die Übertragung von Sorgfaltspflichten auf Dritte („Auslagerung – Outsourcing") unterliegt besonderen Voraussetzungen (§ 17 GwG).

3 **Praxishinweis:**
Know Your Customer (KYC) ist ein Pseudonym für (insbesondere) die Allgemeinen Sorgfaltspflichten. Der Know Your Customer (KYC)-Prozess dient dazu, den „Kunden" (Geschäftspartnern), die für ihn auftretenden Personen, seine Hintermänner (Wirtschaftlich Berechtigte) sowie bestimmte Risiken (PEP-Status) und das Transaktionsverhalten des „Kunden" (kontinuierliche Überwachung) zu verstehen bzw. zu überwachen.

B. Privilegierte Güterhändler

4 Güterhändler müssen Kundensorgfaltspflichten durchführen, wenn im Gesetz näher definierte Voraussetzungen vorliegen (Auslösetatbestände). Dabei wird unterschieden zwischen den schwellenwertabhängigen Auslösetatbeständen des § 10 Abs. 6a GwG und dem Verdacht der Geldwäsche oder Terrorismusfinanzierung als schwellenwertunabhängigem Auslöser für Kundensorgfaltspflichten (§ 10 Abs. 3 Nr. 3 GwG).

5
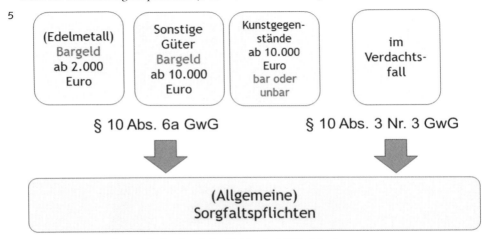

Abb. 6: Auslösetatbestände für Sorgfaltspflichten bei Güterhändlern

I. Schwellenwertabhängige Auslösetatbestände

6 Grds. gilt gemäß § 10 Abs. 3 Nr. 1 GwG, dass Verpflichtete vor Begründung jeder Geschäftsbeziehung (→ § 4 Rn. 17) allgemeine Sorgfaltspflichten durchführen müssen. Abweichend hiervon gilt für Güterhändler die Sondervorschrift („lex specialis") des § 10 Abs. 6a GwG. Deren Voraussetzungen sind mit denen des § 4 Abs. 5 GwG (Risikomanagement, → § 4 Rn. 4) identisch. Kundensorgfaltspflichten entstehen bei Güterhändlern daher unter denselben Voraussetzungen wie das Risikomanagement. Auf die dortigen Ausführungen insbes. zum Verständnis von Edelmetallen (→ § 4 Rn. 8), sonstigen Gütern (→ § 4 Rn. 11), Transaktionen bei Gütern (→ § 4 Rn. 29) und Bargeld (→ § 4 Rn. 23) kann daher verwiesen werden. Transaktionen unterhalb der Schwellenwerte des § 10 Abs. 6a GwG lösen bei Güterhändlern keine Sorgfaltspflichten aus, sofern kein Verdachtsfall (→ Rn. 8) vorliegt. Für Transaktionen über Kunstgegenstände gilt ein separater Schwellenwert von 10.000 EUR, unabhängig, ob bar und unbar (§ 10 Abs. 6a Nr. 1 Buchst.a GwG, → § 11 Rn. 5). Güterhändler müssen folglich gemäß § 10 Abs. 6a GwG allgemeine Sorgfaltspflichten durchführen

- *"bei Transaktionen, über hochwertige Güter nach § 1 Abs. 10 S. 2 Nr. 1 GwG (Edelmetalle), bei welchen sie Barzahlungen über mind. 2.000 EUR selbst oder durch Dritte tätigen oder entgegennehmen"* (§ 10 Abs. 6a Nr. 1b) GwG) und
- *"bei Transaktionen, über sonstige Güter, bei welchen sie Barzahlungen über mind. 10.000 EUR selbst oder durch Dritte tätigen oder entgegennehmen"* (§ 10 Abs. 6a Nr. 1 Buchst. c) GwG).

> **Praxishinweis:** 7
> Güterhändler, die Bargeldgeschäfte ab den in § 10 Abs. 6a GwG genannten Schwellenwerten wirksam untersagen, müssen Kundensorgfaltspflichten ausschließlich bei Vorliegen von Verdachtsfällen durchführen (§ 10 Abs. 3 Nr. 1 GwG).

II. Der Verdachtsfall als Auslösetatbestand

Abgesehen von den in § 10 Abs. 6a GwG geregelten schwellenwertabhängigen Auslösetatbeständen, müssen Güterhändler gemäß § 10 Abs. 3 Nr. 3 GwG Kundensorgfaltspflichten durchführen, wenn Tatsachen vorliegen, die auf Geldwäsche oder Terrorismusfinanzierung hindeuten.[1] Die Pflicht besteht *„ungeachtet etwaiger nach diesem Gesetz oder anderen Gesetzen bestehenden Ausnahmeregelungen, Befreiungen oder Schwellenwerten."* Im Verdachtsfall müssen Güterhändler daher Sorgfaltspflichten ohne Rücksicht darauf durchführen, ob und in welcher Höhe eine Transaktion durchgeführt wurde und ob diese in bar oder unbar erfolgte. Das kann bereits iRd Anbahnung eines Geschäfts der Fall sein, während seiner Durchführung oder danach. Selbst wenn (noch) keine Transaktion getätigt wurde, müssen Güterhändler Kundensorgfaltspflichten durchführen, sofern ein Verdacht vorliegt. Explizite Rechtsfolge der Vorschrift ist die Pflicht zu Allgemeinen Sorgfaltspflichten (→ Rn. 18); regelmäßig wird man im Verdachtsfall auch Verstärkte Sorgfaltspflichten durchführen müssen (§ 15 Abs. 1 GwG, → § 6 Rn. 13). Die Bezugnahme auf *„andere Gesetze"*, wie zB das KWG und VAG,[2] hat für Güterhändler keine Bedeutung. Eine Barzahlung unterhalb (oder oberhalb) der Schwellenwerte des § 10 Abs. 6a GwG, begründet nach der eindeutigen gesetzlichen Wertung als solches keinen Verdacht. Unterhalb der einschlägigen Schwellenwerts ist im Grunde unerheblich, ob die Zahlung in einer Summe erfolgt oder in mehrere Tranchen aufgeteilt wird, sofern nicht die Umstände der Aufteilung einen Verdacht aufkeimen lassen.

> **Praxishinweis:** 9
> Bis zum Inkrafttreten des GwG-Änderungsgesetz 2020 (→ § 1 Rn. 12) enthielt die Vorgängervorschrift des § 10 Abs. 6a GwG (§ 10 Abs. 6 GwG aF) einen expliziten Rückverweis auf § 10 Abs. 3 Nr. 3 GwG. Dieser wurde *„aus redaktionellen Gründen"* aus der Vorschrift des § 10 Abs. 6a GwG gestrichen.[3] Dies kann zu der Annahme verleiten, dass § 10 Abs. 6a GwG als Spezialgesetz („lex specialis") für Güterhändler die Anwendung des § 10 Abs. 3 Nr. 3 GwG ausschließt. Aufgrund des Hinweises in den Gesetzesmaterialien wird man letztlich die Geltung des § 10 Abs. 3 Nr. 3 GwG für Güterhändler akzeptieren müssen. Kritisiert werden muss allerdings, dass die eindeutige, für alle Beteiligten leicht verständliche frühere Fassung nunmehr aufgrund rein rechtstheoretischer Erwägungen missverständlich ist. Sollten Güterhändler die Systematik des Gesetzes missverstehen und im Verdachtsfall keine Sorgfaltspflichten durchführen, wird die Aufsichtsbehörde das Versäumnis daher nicht per se unter dem Vorwurf der Leichtfertigkeit (→ § 9 Rn. 19) sanktionieren können (§ 56 Abs. 1 Nr. 69 GwG).

---

[1] BT-Drs. 18/11555, 117, zu § 10 Abs. 6 GwG.
[2] BT-Drs. 18/11555, 116, zu § 10 Abs. 3 Nr. 3 GwG.
[3] BT-Drs. 19/13827, 78, unter § 10 Abs. 6a GwG.

10 Unklar ist das Verhältnis zwischen den Kundensorgfaltspflichten im Verdachtsfall und der Verdachtsmeldepflicht (→ § 7 Rn. 86),[4] insbes. was genau unter einem Verdacht iSd § 10 Abs. 3 Nr. 3 GwG zu verstehen ist. Schon vor der GwG-Novelle 2017 (→ § 1 Rn. 12) waren die beiden Vorgängervorschriften praktisch wortgleich. Mit der Novelle sollte an der Verdachtsmeldeschwelle nichts geändert werden.[5] Es ist daher ohne Weiteres vertretbar, dass Güterhändler nach § 10 Abs. 3 Nr. 3 GwG nur dann Kundensorgfaltspflichten durchführen müssen, wenn gleichzeitig eine Pflicht zur Abgabe einer Verdachtsmeldung nach § 43 Abs. 1 GwG besteht.[6] In der Regel wird man dann zunächst die Verdachtsmeldung erstatten und danach die Kundensorgfaltspflichten durchführen. Denn die Verdachtsmeldung muss unverzüglich (→ § 7 Rn. 59) erfolgen und kann pragmatisch betrachtet idR auch kurzfristig erstattet werden. Dagegen ist die Durchführung Allgemeiner und ggf. Verstärkter Sorgfaltspflichten nicht zuletzt wegen der notwendigen Mitwirkung des Geschäftspartners (→ Rn. 44) idR zeitintensiv.[7] Im Zeitpunkt der Verdachtsmeldung liegt daher möglicherweise keine Kenntnis über Wirtschaftlich Berechtigte (→ Rn. 68), deren PEP-Eigenschaft (→ Rn. 21) oder zB die Herkunft von Vermögenswerten (→ § 6 Rn. 17) vor. Diese Informationen sind nicht zwingend Voraussetzung einer Verdachtsmeldung, in jedem Fall aber hilfreich bei der Beurteilung, ob überhaupt ein Verdachtsfall vorliegt. Unbestreitbar ist, dass diese Auslegung zu Spannungen mit dem Tipping-Off-Verbot (→ § 7 Rn. 74) führt. Jeder Geschäfts- oder Vertragspartner mit Grundkenntnissen im deutschen Geldwäscherecht, wüsste aufgrund der Anfrage des Güterhändlers zB zum Wirtschaftlich Berechtigten sofort, dass eine Verdachtsmeldung erstattet wurde.

11 **Praxishinweis:**
Die Verletzung der Mitwirkungspflichten durch den Vertrags- oder Geschäftspartner ist zwar gem. § 43 Abs. 1 Nr. 1 GwG meldepflichtig (→ § 7 Rn. 34), in § 10 Abs. 3 Nr. 3 GwG aber nicht erwähnt. Sie ist zwar meldepflichtig gem. § 43 Abs. 1 Nr. 3 GwG, aber kein Verdachtsfall im eigentlichen Sinne. Sie setzt im Übrigen voraus, dass bereits Sorgfaltspflichten durchgeführt wurden. Die erneute Durchführung von Sorgfaltspflichten wäre sinnlos und ist daher ungeachtet des § 10 Abs. 3 Nr. 3 GwG nicht erforderlich.

12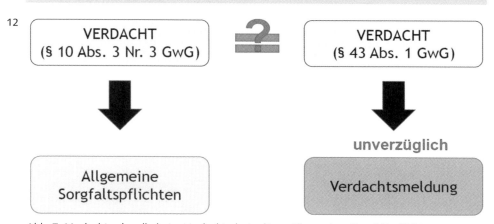

Abb. 7: Verdachtsschwelle beim Verdacht als Auslöser Allgemeiner Sorgfaltspflichten

---

[4] So auch Komma CB 2019, 197.
[5] S. zur alten Rechtslage Voller/Bausch Geldwäsche-Compliance S. 161, die dazu raten in diesen Fällen immer auch eine Verdachtsmeldung zu erstatten.
[6] BeckOK GwG/Krais, 4. Ed. 1.12.2020, GwG § 10 Rn. 75 Rn. 75; so auch Gehling/Lüneborg NGZ 2020, 1164 (1166 f.).
[7] Rothe/Schlombs ZRFC 2018, 266 (269).

In systematischer Hinsicht wäre sinnvoller, zunächst die Kundensorgfaltspflichten durchzuführen und auf dieser Basis über die Meldepflicht zu entscheiden.[8] Denn die Erfüllung der Sorgfaltspflichten soll in erster Linie den Strafverfolgungsbehörden Informationen und Ermittlungsansätze verschaffen, die ihnen mit der Verdachtsmeldung zur Verfügung gestellt werden („Papierspur").[9] Um dieses Vorgehen zu rechtfertigen muss man annehmen, dass die Verdachtsschwelle des § 10 Abs. 3 Nr. 3 GwG (noch) niedriger ist, als die eh schon unverhältnismäßig niedrige Verdachts(melde)schwelle (→ § 7 Rn. 41) des § 43 Abs. 1 GwG. Ein Verdacht iSd § 10 Abs. 3 Nr. 3 GwG wäre so im Sinne erster Auffälligkeiten oder Anhaltspunkte gemäß den FIU-Typologien (→ § 7 Rn. 45) zu verstehen. Diese lösen nicht automatisch die Verdachtsmeldepflicht aus.[10] Zur Prüfung, ob eine Verdachtsmeldepflicht vorliegt, könnten dann zunächst die Allgemeinen und ggf. Verstärkten Kundensorgfaltspflichten durchgeführt werden. Diese wären Mittel der Sachverhaltsklärung bzw. Verdachtsprüfung. Die so gewonnenen Erkenntnisse können Verdachtsmomente bestätigen oder entkräften und damit die Entscheidung über die Verdachtsmeldepflicht erleichtern. Die Mitwirkung und Transparenz des Geschäfts- oder Vertragspartners ist dabei ein wesentliches Element. So würde sichergestellt, dass Güterhändler wie die übrigen Verpflichteten vor Abgabe einer Verdachtsmeldung die Chance erhalten, die Verhältnisse ihres Geschäfts- bzw. Vertragspartners zu untersuchen. Die Folge wäre eine qualitative Verbesserung der Verdachtsmeldungen. Meldungen, die heute wegen unbedeutender Auffälligkeiten ins Blaue hinein erfolgen, könnten unterbleiben, wenn die Hintergründe des Geschäfts- und Vertragspartners bekannt sind. Andere, qualitativ hochwertigere könnten erfolgen, weil auf Basis der umfassenderen Informationen der Verdacht klarer vor Augen steht. Folgt man dieser risikoorientierten Auslegung, liegt die Verdachtsschwelle iSd § 10 Abs. 3 Nr. 3 GwG idR unterhalb der Verdachtsmeldeschwelle des § 43 Abs. 1 GwG. Folge wäre eine (etwas) höhere Zahl von Fällen, in denen Güterhändler die aufwendigen Kundensorgfaltspflichten durchführen. Darüber ob die Zahl der Verdachtsmeldungen davon beeinflusst würde, kann man nur spekulieren. Güterhändler erhielten aber eine qualitativ fundierte Grundlage für die Entscheidung über einen möglichen Verdachtsmeldefall. Die Grenze zwischen den „Verdachtsgraden" ist dabei äußerst schmal, so dass sich eine schematische Anwendung im Sinne einer strikten Prüfreihenfolge verbietet. Entscheidend sind immer die Umstände des Einzelfalls. Liegt ein konkreter Verdacht auf der Hand darf, die Meldepflicht nicht mit Verweis auf die zunächst durchzuführenden Allgemeinen Kundensorgfaltspflichten nach § 10 Abs. 3 Nr. 3 GwG oder fehlende Angaben zum Geschäfts- und Vertragspartner oder seinem Wirtschaftlich Berechtigten ausgesetzt werden, bis die Kundensorgfaltspflichten durchgeführt wurden. Umgekehrt befreit die Verdachtsmeldung nicht von den Sorgfaltspflichten;[11] diese dürfen trotz der Gefahr des Tipping-Off (→ § 7 Rn. 74) nicht einfach ignoriert werden, sofern geplant ist, weitere Transaktionen durchzuführen oder die Geschäftsverbindung aufrecht zu erhalten. Auch wenn diese Auslegung nach dem Wortlaut der beiden Vorschriften nicht naheliegt:[12] sie entspricht im Kern der Möglichkeit einen auffälligen Sachverhalt vor Abgabe einer Meldung zu untersuchen und subjektiv, auf Basis des Erfahrungshorizonts des Güterhändlers zu bewerten (→ § 7 Rn. 48). Daher ist vertretbar, dass die Sorgfaltspflichten vor der Erstattung einer Verdachtsmeldung zumindest in dem Umfang durchgeführt werden dürfen, dass mit Abgabe der Verdachtsmeldung notwendige und sinnvolle Informationen bereitgestellt werden können.[13]

---

[8] Komma CB 2019, 197 (201).
[9] Zentes/Glaab/Sonnenberg GwG § 10 Rn. 122.
[10] ZB BKA, FIU Newsletter Nr. 12/2015, S. 3.
[11] Rothe/Schlombs ZRFC 2018, 266 (270).
[12] Komma CB 2019, 197.
[13] Rothe/Schlombs ZRFC 2018, 266 (270).

14 Praxishinweis:
Zur besseren Abgrenzung der unterschiedlichen Verdachtsgrade ist es sinnvoll, zunächst (nur) von Verdachtsmomenten oder Auffälligkeiten („Red Flags") zu sprechen und erst bei Vorliegen der Meldepflicht von einem „echten" (meldepflichtigen) Verdacht.

15
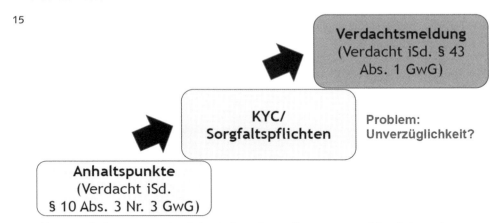

Abb. 8: Verdachtsmomente (Red Flags) als Auslöser Allgemeiner Sorgfaltspflichten ohne gleichzeitige Verdachtsmeldepflicht

16 Beispiel:
Aktuelle Presseberichte lassen es möglich erscheinen, dass der Kunde K des Güterhändlers G Verflechtungen mit Strukturen der Organisierten Kriminalität aufweist. Angeblich seien staatsanwaltliche Vorermittlungen unter anderem wegen Geldwäsche im Gange. K hat sich bislang kommerziell und technisch als verlässlicher Partner des G erwiesen. Es gab keine Auffälligkeiten iSd Anhaltspunkte (Typologien). Es stehen Gespräche über ein neues Projekt an. Verdachtsmomente in Bezug auf dieses neue Geschäft gibt es bislang keine, so dass eine Meldung ohne jede Tatsachenbasis wäre. Aufgrund der Presseberichte und des damit verbundenen Risikos könnten dennoch zunächst Allgemeine, ggf. auch Verstärkte Kundensorgfaltspflichten durchgeführt werden. Konkretisiert sich dabei der Verdacht, dass die Firma Verbindungen zu mafiösen Strukturen aufweist oder ergeben sich sonst Anhaltspunkte für Geldwäsche oder Terrorismusfinanzierung, wäre eine Verdachtsmeldung zu erstatten. Ist dies nicht der Fall, ist eine kontinuierliche Überwachung das verhältnismäßige und richtige Mittel. Es besteht keine Pflicht, (an sich unverdächtige) Geschäftsverbindungen oder Transaktionen mit Personen zu melden, die anderweitig im Verdacht krimineller Handlungen stehen.

III. Ausschluss anderer Auslösetatbestände

17 Die Regelungen in § 10 Abs. 6a GwG und § 10 Abs. 3 Nr. 3 GwG sind für Güterhändler abschließender Natur, dh sie müssen in keinem anderen Fall Kundensorgfaltspflichten durchführen. Die ansonsten unter § 10 Abs. 3 GwG aufgeführten Auslösetatbestände sind für Güterhändler nicht anwendbar. Anders als alle anderen Verpflichteten müssen Güterhändler nicht vor Aufnahme jeder Geschäftsbeziehung allgemeine Sorgfaltspflichten durchführen (Privilegierung). Auch bei (unbaren) Transaktionen müssen Güterhändler keine Sorgfaltspflichten durchführen, selbst wenn diese den Schwellenwert des § 10 Abs. 3 Nr. 2 Buchst. b GwG von 15.000 EUR erreichen oder überschreiten. Das gilt auch für den Auslösetatbestand des § 10 Abs. 3 Nr. 4 GwG (Zweifel an der Identität des Vertrags-

partners oder Wirtschaftlich Berechtigten).[14] Dieser Tatbestand kommt nur in Frage, wenn bereits Sorgfaltspflichten durchgeführt wurden;[15] beim Güterhändler muss daher bereits einer der zuvor erwähnten Auslösetatbestände vorliegen, damit die Vorschrift überhaupt anwendbar ist. Aus ähnlichen Gründen ist § 10 Abs. 3a GwG auf Güterhändler nicht anwendbar. Die Vorschrift verpflichtet bei Bestandskunden zu allgemeinen Sorgfaltspflichten für den Fall von Veränderungen, Zeitablauf oder sofern der Verpflichtete den Kunden aufgrund gesetzlicher Vorgaben kontaktieren muss. Die Vorschrift räumt den Verpflichteten die Möglichkeit ein, Änderungen im Umfang der Kundensorgfaltspflichten, die durch die diversen Änderungen des GwG eintreten, bei Bestandskunden risikoorientiert, dh nach und nach durchzuführen, sofern dies wegen der Änderung wesentlicher Umstände sowieso notwendig wird.[16] Sie soll die Verpflichteten entlasten, nicht Güterhändler zu Kundensorgfaltspflichten verpflichten. Güterhändler müssen daher nicht auf Basis dieser Vorschrift rückwirkend die Kundendatei auf mögliche Verdachtsmomente durchforsten oder die Partner früherer Bargeldgeschäfte identifizieren. Allerdings müssen auch Güterhändler Kundensorgfaltspflichten gegenüber Vertragspartnern durchführen, mit denen eine Geschäftsbeziehung schon besteht, sofern in deren Verlauf einer der für sie geltenden Auslösetatbestände eintritt, zB eine Bargeldtransaktion über sonstige Güter im Wert von 10.000 EUR (→ Rn. 6) oder ein Verdachtsfall (→ Rn. 8), etwa iRd Abwicklung des Geschäfts. Verstärkte Sorgfaltspflichten kommen bei Güterhändlern nur in Betracht, wenn neben den Voraussetzungen des § 15 GwG bereits ein Auslösetatbestand des § 10 Abs. 3 Nr. 3 GwG oder alternativ des § 10 Abs. 6a GwG vorliegt (→ § 6 Rn. 9).[17] Der gesamte Abschnitt 3 des GwG ist auf Güterhändler daher nur anwendbar, wenn wenigstens einer der zuvor genannten Auslösetatbestände gegeben ist.[18] Anderenfalls können Güterhändler angelehnt an die Vorschriften des GwG und auf freiwilliger Basis geldwäsche-spezifische Geschäftspartnerprüfung durchführen, soweit sie dies aufgrund von allgemeinen Risikoerwägungen für sinnvoll erachten und die allgemeinen Gesetze, zB datenschutzrechtliche Bestimmungen einhalten. In diesen Fall bildet das GwG allerdings keine Rechtsgrundlage für die Erhebung der entsprechenden personenbezogener Daten.

C. Allgemeine Sorgfaltspflichten

Die Allgemeinen Sorgfaltspflichten werden in § 10 Abs. 1 Nr. 1–5 GwG umschrieben. Es handelt sich dabei nicht um einzelne Pflichten, sondern jeweils um ein ganzes Bündel von Maßnahmen. Zu beachten ist, dass Kundensorgfaltspflichten anders als das Risikomanagement stets transaktionsbezogen sind. Sie beziehen sich immer nur auf einen konkreten Geschäfts- bzw. Vertragspartner oder Beteiligten einer Transaktion (Transaktionspartner). Auch bei § 10 Abs. 6a GwG entsteht keine generelle Pflicht, Kundensorgfaltspflichten für alle anderen Vertrags- und Geschäftspartner durchzuführen. Allgemeine Sorgfaltspflichten sind die Folgenden. Die Reihenfolge ist aus systematischen Gründen gegenüber der im GwG leicht verändert (§ 10 Abs. 1 GwG). Erläuterungen zu politisch exponierten Personen (PEP) erfolgen aus systematischen Gründen erst iRd Verstärkten Sorgfaltspflichten (→ § 6 Rn. 19):

- *„die Identifizierung des Vertragspartners und gegebenenfalls der für ihn auftretenden Person [...] sowie die Prüfung, ob diese Person hierzu berechtigt ist" (§ 10 Abs. 1 Nr. 1 GwG),*

18

---

[14] AA offenbar Scheben CB 2016, 412 (413).
[15] BeckOK GwG/Krais, 4. Ed. 1.12.2020, GwG § 10 Rn. 41.
[16] BT-Drs. 18/11555, 116, zu § 10 Abs. 3 GwG.
[17] So auch Bausch/Voller Geldwäsche-Compliance S. 156.
[18] BT-Drs. 18/11555, 117, zu § 10 Abs. 6 GwG.

- „die Abklärung, ob der Vertragspartner für einen wirtschaftlich Berechtigten handelt, und, soweit dies der Fall ist, die Identifizierung des wirtschaftlich Berechtigten [...]" (§ 10 Abs. 1 Nr. 2 GwG),
- „die Feststellung [...], ob es sich bei dem Vertragspartner oder dem wirtschaftlich Berechtigten um eine politisch exponierte Person, um ein Familienmitglied oder um eine bekanntermaßen nahestehende Person handelt" (§ 10 Abs. 1 Nr. 4 GwG),
- „die Einholung und Bewertung von Informationen über den Zweck und die angestrebte Art der Geschäftsbeziehung [...]" (§ 10 Abs. 1 Nr. 3 GwG),
- „die kontinuierliche Überwachung der Geschäftsbeziehung einschließlich der Transaktionen, die in ihrem Verlauf durchgeführt werden [...]" (§ 10 Abs. 1 Nr. 5 GwG).

19

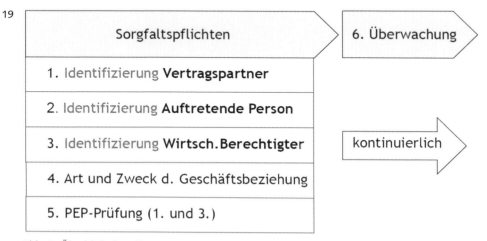

Abb. 9: Überblick der Allgemeinen Sorgfaltspflichten

I. Umfang der Sorgfaltspflichten

20 „Der konkrete Umfang der Maßnahmen iRd Allgemeinen Sorgfaltspflichten muss dem jeweiligen Risiko der Geldwäsche oder Terrorismusfinanzierung entsprechen, insbes. in Bezug auf den Vertragspartner, die Geschäftsbeziehung oder Transaktion" (§ 10 Abs. 2 S. 1 GwG). Verpflichtete müssen in der Lage sein, dies gegenüber der Aufsichtsbehörde auf deren Verlangen darzulegen (§ 10 Abs. 2 S. 4 GwG). Die Vorschrift ist eine spezielle Ausprägung des risikobasierten Ansatzes (→ § 1 Rn. 14). Die Verpflichteten sollen in die Lage versetzt werden, selbst die konkrete Risikosituation im Einzelfall einzuschätzen und in eigenem Ermessen zu bestimmen, in welchen Umfang Maßnahmen erforderlich sind.[19] Dies bezieht sich jedoch explizit nur auf Maßnahmen iRd Allgemeinen Sorgfaltspflichten. In Bezug auf die Vereinfachten und vor allem Verstärkten Sorgfaltspflichten enthält das Gesetz teilweise Wertungen den Umfang der Maßnahmen betreffend, die den Verpflichteten praktisch keine Ermessensspielräume lassen. Gleichzeitig sind die Verpflichteten in der Art und Weise wie sie ihr Ermessen ausüben nicht frei. Vielmehr müssen sie bei der Entscheidung über den Umfang der von ihnen zu treffenden Maßnahmen „insbes. die in Anlage 1 und 2 des GwG genannten Risikofaktoren berücksichtigen" (§ 10 Abs. 2 S. 2 GwG, → § 4 Rn. 66). Anders als iRd Risikoanalyse erfolgt die Risikobewertung bezogen auf den Einzelfall einer Geschäftsbeziehung oder Transaktion (transaktionsbezogen). Dabei müssen sie zusätzlich den Zweck der Geschäftsbeziehung, die Höhe der Vermögenswerte, die Gegenstand der Geschäftsbeziehung oder einer Transaktion sind, sowie den Umfang der ausgeführten Transaktionen und

---

[19] BT-Drs. 17/9038, 35 zur im Wesentlichen wortgleichen Vorgängervorschrift des § 3 Abs. 4 GwG aF.

die Regelmäßigkeit oder Dauer der Geschäftsbeziehung berücksichtigen (§ 10 Abs. 2 S. 3 Nr. 1–3 GwG). Bei niedrigen Beträgen reichen eher geringere Anstrengungen als bei Transaktionen mit hohen Werten, eine einmalige Zahlung verlangt weniger weitreichende Maßnahmen als regelmäßig wiederkehrende. Wer den Umfang der Allgemeinen Sorgfaltspflichten nicht risikobasiert bestimmt oder nicht darlegen kann, dass die von ihm getroffenen Maßnahmen angemessen sind, handelt im Fall von Leichtfertigkeit (→ § 9 Rn. 19) ordnungswidrig (§ 56 Abs. 2 Nr. 21, 22 GwG).

II. Prüfung von PEP und anderen erhöhten Risiken

Zu den allgemeinen Sorgfaltspflichten gehört seit 2017 die Bestimmung, ob der Geschäfts- oder Vertragspartner bzw. sein wirtschaftlich Berechtigter eine politisch exponierte Person (PEP) ist (→ § 6 Rn. 20, § 10 Abs. 1 Nr. 4 GwG). Dies ist systematisch in mehrfacher Hinsicht verfehlt. Bei der Feststellung der PEP-Eigenschaft handelt es sich nicht um Kundensorgfaltspflichten, sondern um die Prüfung, ob die Voraussetzungen für Verstärkte Sorgfaltspflichten des § 15 Abs. 2, 3 Nr. 1 GwG vorliegen. Mit der Einfügung in § 10 Abs. 1 GwG sollte ausgedrückt werden, dass die Prüfung, ob wegen der PEP-Eigenschaft des Vertragspartners oder seines Wirtschaftlich Berechtigten Verstärkte Sorgfaltspflichten durchgeführt werden müssen, bereits iRd Allgemeinen Sorgfaltspflichten zu leisten ist. Anderenfalls könnte zB nicht entschieden werden, ob (nur) eine kontinuierliche Überwachung (→ Rn. 110) oder (schon) die Verstärkte Überwachung (→ § 6 Rn. 35) durchgeführt werden muss oder ob Geschäfts- und Transaktionsverbote nach § 15 Abs. 9 GwG bestehen. Dies gilt generell für alle Verstärkten Sorgfaltspflichten des § 15 GwG. Daher ist ungeachtet des Wortlauts in § 10 Abs. 1 Nr. 4 GwG anzuraten nach Abschluss der Identifizierungsmaßnahmen des § 10 Abs. 1 GwG nicht nur die PEP-Eigenschaft zu prüfen, sondern generell die Frage, ob gemäß § 15 Abs. 1 und 2 GwG ein Sachverhalt vorliegt, der Verstärkte Sorgfaltspflichten erfordert. Ggf. werden dann zunächst die Verstärkten Sorgfaltspflichten im erforderlichen Rahmen durchgeführt und erst danach die verstärkte kontinuierliche Überwachung. Anderenfalls, wenn also kein erhöhtes Risiko vorliegt, bleibt es bei der („einfachen") kontinuierlichen Überwachung. Die Sorgfaltspflichten sind dann beendet, ebenso das Geschäfts- und Transaktionsverbot des § 10 Abs. 9 GwG. Um den Zusammenhang zu wahren, werden Maßnahmen zur Bestimmung der PEP-Eigenschaft unter den Verstärkten Sorgfaltspflichten erläutert.

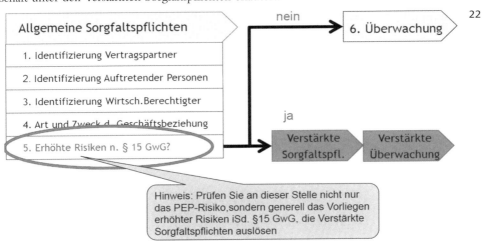

Abb. 10: Übersicht zur Prüfung, ob die Voraussetzungen Verstärkter Sorgfaltspflichten vorliegen

III. Geschäfts- und Transaktionsverbote

23 „Ist der Verpflichtete nicht in der Lage, die Allgemeinen Sorgfaltspflichten nach § 10 Abs. 1 Nr. 1 bis 4 GwG zu erfüllen, so darf die Geschäftsbeziehung nicht begründet oder nicht fortgesetzt werden und darf keine Transaktion durchgeführt werden. Soweit eine Geschäftsbeziehung bereits besteht, ist sie vom Verpflichteten ungeachtet anderer gesetzlicher oder vertraglicher Bestimmungen durch Kündigung oder auf andere Weise zu beenden" (§ 10 Abs. 9 S. 1 und 2 GwG). Grds. spielt es keine Rolle, welche Teile der Allgemeinen Sorgfaltspflichten nicht erfüllt werden können, aus welchem Grund dies geschieht oder wer daran schuld ist.[20] Explizit ausgenommen von der Regelung ist die Pflicht zur kontinuierlichen Überwachung (§ 10 Abs. 1 Nr. 5 GwG). Es ist kein praxisnaher Fall vorstellbar, bei dem die rein interne Überwachung durch den Verpflichteten selbst nicht erfüllt werden könnte. Nicht einschlägig ist § 10 Abs. 9 GwG, wenn anstelle des „echten" Wirtschaftlich Berechtigten gemäß § 3 Abs. 2 S. 5 GwG nur ein fiktiv wirtschaftlich Berechtigter festgestellt wird (→ Rn. 89).[21] Die Sorgfaltspflichten gelten dann als in vollem Umfang erfüllt. § 10 Abs. 9 GwG soll unmittelbar aus dem GwG abzuleitende Rechte auf außerordentliche Kündigung bzw. Aussetzung der Geschäftsbeziehung einräumen, das gegenteiligen gesetzlichen oder vertraglichen Regelungen vorgeht.[22] Die Verpflichteten sollen ggf. die Kündigung aussprechen oder anderweitig für eine Beendigung der Geschäftsbeziehung sorgen, wobei je nach Einzelfall (risikoorientiert) zB eine ordentliche Kündigung, die einvernehmliche Vertragsaufhebung oder die Nichtannahme von Aufträgen und Bestellungen in Frage kommen. Gleichzeitig sollen sie die Notwendigkeit einer Verdachtsmeldung prüfen und dokumentieren.[23] Der damit verbundene Eingriff in die Vertragsfreiheit der Verpflichteten wird angesichts des Ziels der effektiven Bekämpfung der Geldwäsche und Terrorismusfinanzierung als gerechtfertigt angesehen.[24] Wer das Beendigungs- bzw. Transaktionsverbot leichtfertig (→ § 9 Rn. 19) nicht beachtet handelt ordnungswidrig (§ 56 Abs. 1 Nr. 25 GwG).

24 Ausnahmen von der strikten Rechtsfolge des § 10 Abs. 9 GwG werden von den Aufsichtsbehörden restriktiv gehandhabt. Sie kommen allenfalls unter dem Gesichtspunkt der mangelnden Verhältnismäßigkeit in Betracht, wenn nach Abwägung des wirtschaftlichen Interesses des Verpflichteten an der Fortsetzung der Geschäftsbeziehung oder Durchführung der Transaktion mit dem Risiko der Geldwäsche oder Terrorismusfinanzierung des jeweiligen Vertragspartners und der jeweiligen Transaktion eine Beendigung unangemessen wäre.[25] Eine Ausnahme von § 10 Abs. 9 kommt angeblich nicht in Betracht, wenn ein erhöhtes Risiko vorliegt oder die mangelnde Erfüllung der Sorgfaltspflichten nachhaltig und dauerhaft ist. Die Entscheidung, mit Rücksicht auf den Verhältnismäßigkeitsgrundsatz von einer Beendigung der Geschäftsbeziehung abzusehen oder eine Transaktion durchzuführen, ist individuell zu begründen, es reicht nicht aus, pauschal auf die Risikoanalyse zu verweisen. Zusätzlich ist die Zustimmung eines Mitglieds der Leitungsebene einzuholen und geeignete risikobasierte Maßnahmen zu treffen, um einem bestehenden Restrisiko im Hinblick auf die Geschäftsbeziehung oder Transaktion angemessen zu begegnen. Alle Maßnahmen müssen schriftlich dokumentiert werden.[26] Auch wenn dieses Vorgehen aus allgemeinen Erwägungen heraus sinnvoll erscheint: eine Rechtsgrundlage für derart verdichtete Anforderungen, insbes. die Zustimmung der Leitungsebene ergibt sich aus dem GwG nicht.

---

[20] Diergarten/Barreto da Rosa Geldwäscheprävention/Diergarten Kapitel 3 Rn. 245.
[21] AuA Nichtfinanzsektor, S. 56, Ziff. 4.10.1.
[22] Erbs/Kohlhaas/Häberle GwG § 3 Rn. 18.
[23] AuA Nichtfinanzsektor, S. 56, Ziff. 4.10.1.
[24] BT-Drs. 16/9038, 36, zu § 3 Abs. 6 GwG.
[25] So schon BT-Drs. 16/9038, 36 zu § 3 Abs. 6 GwG.
[26] AuA Nichtfinanzsektor, S. 56, Ziff. 4.10.2.

C. Allgemeine Sorgfaltspflichten § 5

Beispiel: 25
Der Kunde weigert sich unter Angabe einer plausiblen Begründung, iRd Allgemeinen Sorgfaltspflichten seinen Ausweis kopieren zu lassen (→ Rn. 50). Der Verpflichtete konnte jedoch alle nach dem Geldwäschegesetz erforderlichen Daten für eine vollständige Identifizierung erfassen und anhand des Ausweises sowohl die Daten wie auch die Identität des Kunden überprüfen. Es bestanden keine Zweifel an der Echtheit des Dokuments. Hier kann der Verpflichtete das Geschäft nach Abwägung aller Faktoren, insbes. auch des individuell mit dem konkreten Geschäft verbundenen Risikos durchführen. Die getroffenen Abwägungen und die vom Kunden genannten Gründe für die Nichtanfertigung der Kopie müssen dokumentiert werden, damit dies im Nachhinein sowohl vom Verpflichteten als auch von den Behörden nachvollzogen werden kann.[27]

Den obigen Aussagen zur Verhältnismäßigkeitsprüfung muss widersprochen werden. Bei 26 Einführung der Vorgängervorschrift des § 10 Abs. 9 GwG wurde festgehalten, dass sie im Licht des risikobasierten Ansatzes anzuwenden sei. Die Beendigung einer Geschäftsbeziehung sollte nicht auf formal-schematischen Kriterien basieren, sondern an den Umfang der Sorgfaltspflichten anknüpfen, wie er von den Verpflichteten selbst risikoorientiert bestimmt wird. Was das in der Praxis zu bedeuten hat, bliebt allerdings unklar. Zwar dient § 10 Abs. 9 GwG wichtigen Zielen. Man darf auch davon ausgehen, dass es zur ordnungsgemäßen Geschäftspolitik eines Unternehmens gehört, keine Transaktionen und Geschäftsbeziehungen mit kriminellem Hintergrund durchzuführen.[28] Allein wegen des so legitim formulierten Ziels der Vorschrift ist aber nicht jeder damit verbundene Eingriff in die grundgesetzlich geschützte Vertragsfreiheit (Art. 2 Abs. 1 GG) und Gewerbefreiheit (Art. 12 GG) des Verpflichteten iSd Verhältnismäßigkeit geeignet, erforderlich und angemessen. Dies gilt vor allem mit Blick auf zivilrechtlich bindende Handels- und Lieferbeziehungen mit dem Geschäfts- oder Vertragspartner, sei es im Inland oder Ausland. § 10 Abs. 9 GwG ist kein Verbotsgesetz iSd § 134 BGB, es durchbricht die zivilrechtliche Bindungswirkung des Vertrags gerade nicht. Dazu müsste es den Vertrag mit dem Geschäftspartner für nichtig erklären.[29] Das GwG begründet daher keine Möglichkeit, Verträge zu kündigen oder anderweitig aufzulösen, ohne ggf. Pönalen und Schadenersatzansprüche auszulösen. Das gilt erst recht mit Blick auf Verträge im Ausland oder nach ausländischem Recht oder von Verträgen einer Tochtergesellschaft innerhalb einer Unternehmensgruppe. Es kann kein allgemeiner Vorrang des deutschen Wirtschaftsverwaltungsrechts gegenüber anderen Rechtsgebieten und Rechtsordnungen angenommen werden. Das GwG hat keine extraterritoriale Wirkung (→ § 3 Rn. 7), von einer Durchsetzbarkeit im Ausland ganz abgesehen. Ausgangspunkt der Verhältnismäßigkeitsüberlegung muss der Umstand sein, dass der Gesetzgeber Güterhändler dahingehend privilegiert, dass sie bei Eingehung einer Geschäftsbeziehung nur ausnahmsweise Sorgfaltspflichten durchführen müssen. Verdachtsmomente stellen sich häufig erst iRd Abwicklung von Geschäften oder Zahlungen ein, also zu einem Zeitpunkt, wo vertragliche und rechtliche Bindungen längst bestehen. Das (legitime und grundrechtlich geschützte!) wirtschaftliche Interesse des Güterhändlers an der Fortsetzung der im Einklang mit der gesetzlichen Wertung begründeten (und für ihn zivilrechtlich bindenden) Geschäftsbeziehung oder der Durchführung (weiterer) Transaktionen ist zu diesem Zeitpunkt wesentlich höher einzuschätzen als vor Begründung einer Geschäftsbeziehung (Angebotsphase). Die Ansicht, wonach dem Geschäftspartner bei der gesetzlich vorgesehenen Beendigungspflicht bzw. dem Transaktionsverbot des § 10 Abs. 9 GwG keine Schadenersatzansprüche gegen den Verpflichteten zustehen,[30] ist praxisfern. Schon der Ruf, ein Unternehmen halte seine vertraglichen Bindungen nicht ein, kann dieses in der Existenz gefährden. Aus der Sicht des ausländischen Geschäftspartners würde

---
[27] AuA Nichtfinanzsektor, S. 56, Ziff. 4.10.2.
[28] BT-Drs. 16/9038, 36 zu § 3 Abs. 6 GwG.
[29] Palandt/Ellenberger BGB § 134 Rn. 6 ff.
[30] BT-Drs. 16/9038, 36, zu § 3 Abs. 6 GwG.

sich die Beendigung der Geschäftsbeziehung wahrscheinlich als grundlose Erfüllungsverweigerung darstellen! Ist Auslöser ein meldepflichtiger Verdachtsfall könnte sich der Güterhändler aufgrund des Tipping-Off-Verbots (→ § 7 Rn. 74) gegen eine Klage des Geschäfts- bzw. Vertragspartners nicht einmal sinnvoll verteidigen, ohne eine Ordnungswidrigkeit zu begehen. Im Verhältnis hierzu muss iRd Abwägung thematisiert werden, ob ein gravierender Mangel der Sorgfaltspflichten vorliegt. Geht es um eher formale Versäumnisse, zB dass einzelne Angaben oder Dokumente fehlen oder nicht in der erforderlichen Qualität vorgelegt werden, im Übrigen aber keine vernünftigen Zweifel an der Identität des Geschäftspartners bestehen? Oder steht der Grund für die Nichterfüllung außerhalb der Einflusssphäre des Verpflichteten und des Geschäfts- bzw. Vertragspartners? Dann wird man risikobasiert das Geschäfts- und Transaktionsverbot einschränken müssen. Dagegen müsste man eher vom Beendigungsgebot bzw. Transaktionsverbot ausgehen, wenn sich der Geschäfts- bzw. Vertragspartner trotz Hinweis auf die Rechtslage für den Verpflichteten hartnäckig weigert, wesentliche Informationen, Angaben oder Dokumente zur Verfügung zu stellen, ohne die die Allgemeinen Sorgfaltspflichten keinen Sinn machen oder die benötigt werden, um Verdachtsmomente aufzuklären.[31] In solchen Fällen wird regelmäßig ein Verdachtsfall (→ § 7 Rn. 19) vorliegen, was die Abwägung zu Lasten der Geschäftsbeziehung oder Transaktion beeinflusst. Entscheidend ist letztlich die Frage, wie konkret das Risiko oder der Verdacht der Geldwäsche, Terrorismusfinanzierung oder anderer Straftaten ist. Es mag dem Gesetzgeber zustehen, abstrakte Sachverhalte als erhöhtes Risiko zu qualifizieren und auf niedrigster, praktisch anlassloser Schwelle weit unterhalb des strafprozessualen Anfangsverdachts iSd § 152 StPO verwaltungsrechtliche Meldepflichten zu begründen (§ 43 Abs. 1 GwG, → § 7 Rn. 41). Auf dieser niedrigen Verdachtsmeldeschwelle kollidieren aber nicht automatisch die geschäftlichen Interessen der Verpflichteten mit denen der Strafverfolgungsbehörden.[32] Auf dieser Schwelle überwiegen die grundrechtlich geschützten Freiheiten der Gewerbetreibenden regelmäßig das rein verwaltungsrechtlich begründete Geschäfts- und Transaktionsverbot des § 10 Abs. 9 GwG. Im Rahmen der Verhältnismäßigkeitsabwägung ist nicht die gesetzliche Qualifizierung eines Sachverhalts als Verdacht der Geldwäsche oder der Terrorismusfinanzierung entscheidend, sondern das im Einzelfall tatsächlich bestehende, materielle (strafrechtliche bzw. strafprozessuale) Risiko einer schweren Straftat. Bei Vorliegen nur weniger latent-abstrakter Anhaltspunkte iSd FIU-Typologien (→ § 7 Rn. 45) liegt regelmäßig kein konkretes Risiko strafbarer Handlungen vor. Solange die Ermittlungsbehörden nicht einmal einen Ermittlungsansatz haben und ein Verfahren eröffnen, liegt daher kein Grund vor, von Geschäften oder Transaktionen abzusehen, nur weil bestimmte, vom Gesetzgeber idealisierte Identifizierungsmaßnahmen nicht strikt iSd geldwäscherechtlichen Regelungsflut durchgeführt werden können. Die Beendigung einer Geschäftsbeziehung ist *eine* (eindeutige) Sache, wenn ein Geschäftspartner und sei es über mehrere Beteiligungsstufen Verflechtungen zu mafiösen Strukturen aufweist; eine *ganz andere* ist es hingegen, wenn ein Geschäftspartner eine Geschäftsstruktur vorschlägt, die nicht ganz alltäglich ist und abstrakt betrachtet, illegalen Zwecken dienen könnte, ohne, dass es irgendeinen konkreten Hinweis darauf gibt, dass dem tatsächlich so ist. Es mag aus Sicht der FIU legitim sein, möglichst früh und möglichst oft über solche Auffälligkeiten im Geschäftsverkehr informiert zu werden. Daraus folgt aber nicht automatisch, dass das Geschäft illegal oder verdächtig ist und einzustellen wäre. Dies wäre nur der Fall, wenn die Fortführung der Geschäftsbeziehung oder die Durchführung einer Transaktion Kriminelle warnen und vor Strafverfolgung schützen würde oder wenn dadurch Beweise oder Möglichkeiten der Ermittlung oder Strafverfolgung von Straftaten gefährdet würden. In diesem Fall steht sowohl der FIU als auch den Strafverfolgungsbehörden die Möglichkeit zu, Transaktionen zu untersagen (→ § 7

---

[31] BeckOK GwG/Krais, 4. Ed. 1.12.2020, GwG § 10 Rn. 102; aA offenbar Zentes/Glaab/Sonnenberg GwG § 10 Rn. 155; Herzog/Figura GwG § 10 Rn. 133.
[32] So aber Bussmann/Vockrodt CB 2016, 138 (143), allerdings in Bezug auf Verdachtsmeldungen.

C. Allgemeine Sorgfaltspflichten § 5

Rn. 88). Wo dies nicht geschieht, besteht kein Anlass über eine Einschränkung der Gewerbefreiheit nachzudenken, soweit die Identifizierung der Beteiligten im Sinne allgemeiner Sorgfaltspflichten nicht grds. fehlschlägt, weil praktisch überhaupt nicht bekannt ist, um wen es sich handelt, keinerlei Verifizierung von Daten möglich war oder sonst erhebliche Zweifel an der Identität der Beteiligten besteht. In diesem Sinne begründet § 10 Abs. 9 GwG nach der hier vertretenen Auffassung nur eine verwaltungsrechtliche (bußgeldbewehrte) Pflicht, iRd Verhältnismäßigkeit und abhängig vom nicht nur abstrakten Risiko einer Straftat der Geldwäsche oder Terrorismusfinanzierung für eine Beendigung der Geschäftsbeziehung zu sorgen bzw. Transaktionen einzustellen, bei denen mind. (!) der sehr konkrete Anfangsverdacht iSd § 152 StPO (→ § 7 Rn. 41) besteht, dass sie illegalen Handlungen Vorschub leisten. Dass Verpflichtete iRd Verdachtsmeldung keine Subsumption des Sachverhalts vornehmen sollen (→ § 7 Rn. 41), ändert daran nichts. Zum einen geht es im Rahmen von § 10 Abs. 9 GwG nicht um die Bewertung eines Sachverhalts vor dem Hintergrund der niedrigschwelligen Meldepflicht des § 43 Abs. 1 GwG. Zum anderen ist den Verpflichteten die Subsumption nicht verboten. Sie ist im Übrigen auch nicht so schwierig, dass man sie ihnen für die Zwecke der Abwägung und Verhältnismäßigkeitsprüfung nicht überantworten könnte.

Ein striktes Beendigungs- und Transaktionsverbot lässt sich daher regelmäßig nicht mit 27 dem abstrakten Risiko der Geldwäsche oder Terrorismusfinanzierung rechtfertigen das zB einer (legalen!) Bargeldzahlung ab den Schwellenwerten des § 10 Abs. 6a GwG (→ Rn. 6) oder einem Verdachtsfall (→ § 7 Rn. 19) inne wohnt, die unterhalb der Schwelle des strafprozessualen Anfangsverdachts (§ 152 StPO) angesiedelt ist. Selbst ein meldepflichtiger Verdacht löst nur ein temporäres Transaktionsverbot (→ § 7 Rn. 77) aus, kein dauerhaftes. Systematische Erwägungen legen nahe, dass § 10 Abs. 9 GwG auf Güterhändler im Verdachtsfall gar nicht anwendbar ist. Selbst wenn man dem nicht folgen wollte, muss § 10 Abs. 9 GwG auf jeden Fall zurücktreten, wenn eine Verdachtsmeldung erstattet wurde und nicht binnen der gesetzlich vorgesehen Frist eine Untersagungsanordnung (→ § 7 Rn. 88) der FIU oder der Staatsanwaltschaft ergeht. Spätestens dann gibt es keinen Grund, dem Güterhändler zu untersagen, die Geschäftsbeziehung weiterzuführen oder Transaktionen vorzunehmen, nur weil Teile der Allgemeinen Sorgfaltspflichten nicht durchführbar sind. Genau betrachtet sind fehlende Angaben oder Unterlagen nichts anderes als ein (weiterer) Risikofaktor, der als solcher iRd Risikoabwägung bzw. Verhältnismäßigkeitsprüfung zu berücksichtigen ist. Sinnvoll wäre daher im Sinne Verstärkter Sorgfaltspflichten (→ § 6 Rn. 9) die Herkunft der Vermögenswerte zu klären und ggf. eine verstärkte kontinuierliche Überwachung sicherzustellen. Unzutreffend ist daher auch die Auffassung eine Ausnahme von § 10 Abs. 9 GwG komme nicht in Frage, wenn das Risiko erhöht ist oder die Nichtdurchführbarkeit der Sorgfaltspflichten nachhaltig oder dauerhaft ist.[33] In diesen Fällen wird zwar die Schwelle für eine Ausnahme verhältnismäßig höher liegen als bei Gestaltungen mit einfachen Risiken. Letztlich ist aber immer noch die Rede von reinen Risiken, die sogar unterhalb der (niedrigen) Schwelle des Verdachts (→ § 7 Rn. 41) angesiedelt sind und damit noch deutlicher unterhalb der strafprozessualen Eingriffsschwelle. Auf keinen Fall zutreffend ist die Annahme, dass eine Ausnahme zur zulässig sei, wenn die Sorgfaltspflichten nachgeholt bzw. vervollständigt werden können. In diesem Fall liegt von vorneherein nur ein behebbares (temporäres) Hindernis vor, kein Fall, der die Kündigung der Geschäftsbeziehung erfordert.

Verhältnismäßigkeitsgesichtspunkte können auch zu einer „Abschwächung" des strikten 28 Beendigungs- und Transaktionsverbot führen. So ist einer sofortigen („fristlosen") Beendigung der Geschäftsbeziehung unter Umständen eine ordnungsgemäße Beendigung unter Einhaltung vereinbarter Fristen vorzuziehen oder eine einvernehmliche Aufhebung oder Beendigung der Geschäftsbeziehung. In anderen Fällen kommen temporäre oder partielle Transaktionsverbote in Frage, wenn die Durchführung der Sorgfaltspflichten nicht endgül-

---

[33] AuA Nichtfinanzsektor, S. 57, Ziff. 4.10.2.

tig gescheitert ist oder die Durchführung der Allgemeinen Sorgfaltspflichten nur in Bezug auf bestimmte Transaktionspartner oder für eine bestimmte Zeit nicht möglich ist, aber nicht den Geschäftspartner oder die Geschäftsbeziehung insgesamt betrifft. Letztlich ist auch das Transaktionsverbot selbst eine weniger einschneidende und damit verhältnismäßige Maßnahme gegenüber dem strikten Beendigungsgebot, wenn es zB möglich ist Transaktionen auf andere Weise durchzuführen als die, die das Risiko oder den Verdacht begründet hat. Insoweit hängt viel von den Umständen des Einzelfalls ab. Bislang gibt es allerdings keine gerichtlich entschiedenen Präzedenzfälle, mit denen die Grenze der Verhältnismäßigkeit beim Transaktionsverbot rechtssicher konkretisiert wurden.

29 Beispiel:

Güterhändler G steht in einer seit längerem andauernden Geschäftsbeziehung mit einem osteuropäischen Kunden. Im Rahmen der Gespräche über eine erneute Lieferung bietet der Kunde Zahlungen über Firmen mit Sitz auf Zypern an. Eine einfache Recherche ergibt Auffälligkeiten in Bezug auf den Dritten, die dessen Einschaltung eher ungewöhnlich erscheinen lassen. Auf die Bitte bei der Identifizierung des Dritten behilflich zu sein, zögert der Kunde. Eine direkte Anfrage beim Dritten wird nicht beantwortet. Seine eigene Identifizierung lehnt der Kunde unter Hinweise auf die seit langem bestehende Geschäftsbeziehung zunächst ab. Nachdem ihm erläutert wird, dass man sich möglicherweise gezwungen sieht, die Geschäftsbeziehung zu beenden, übermittelt der Geschäftspartner im Wesentlichen alle erforderlichen Angaben und Unterlagen, die im Einklang stehen mit den bisher bekannten Daten. Unter den gegebenen Umständen kommt ein Geschäfts- bzw. Transaktionsverbot gegenüber dem Dritten in Betracht. Mit Blick auf den Geschäftspartner wird man unter dem Gesichtspunkt der Verhältnismäßigkeit die Aufrechterhaltung der Geschäftsbeziehung vertreten können. Dem erhöhten Risiko muss ggf. durch eine verstärkte Überwachung weiterer Transaktionen Rechnung getragen werden, die nicht über den Dritten abgewickelt werden.

IV. Auslagerung („Outsourcing")

1. Rechtsgrundlage

30 „Zur Erfüllung der Allgemeinen Sorgfaltspflichten des § 10 Abs. 1 Nr. 1–4 GwG kann ein Verpflichteter auf Dritte zurückgreifen" (§ 17 Abs. 1 S. 1 GwG). Das kann ggf. alternativ zur Fernidentifizierung geschehen.[34] Das GwG unterscheidet zwei Fallkonstellationen: In den Abs. 1–4 wird die Ausführung von Sorgfaltspflichten durch Person oder Unternehmen geregelt, die selbst geldwäscherechtlichen Pflichten unterliegen (Dritte, die Verpflichtete sind). In § 17 Abs. 5–7 GwG geht es dagegen um die Übertragung von Aufgaben im Wege des Outsourcing auf andere zuverlässige Personen oder Unternehmen (Sonstige Dritte).[35] Voraussetzung für die Auslagerung an Letztere ist eine vertragliche Vereinbarung, eine Zuverlässigkeitsprüfung und Maßnahmen des Verpflichteten um sicherzustellen, dass der Dritte den Vorschriften des nationalen Geldwäschegesetz entspricht (§ 17 Abs. 5 GwG).[36] Verpflichtete dürfen „nicht auf einen Dritten zurückgreifen, der in einem Drittstaat mit hohem Risiko niedergelassen ist" (§ 17 Abs. 2 S. 1 GwG). Darunter sind streng genommen nur Drittstaaten iSd der EU-Negativliste (→ § 6 Rn. 39) zu verstehen. Bei Dritten aus Staaten, die lt. FATF oder Nationaler Risikoanalyse ein erhöhtes Risiko aufweisen, besteht formal kein Verbot. Von den Aufsichtsbehörden wird die Regelung in § 17 Abs. 1 GwG als abschließend betrachtet. Die kontinuierliche Überwachung der Geschäftsbeziehung und die Aktualisierungspflichten müssen die Verpflichteten demnach stets

---

[34] AuA Nichtfinanzsektor, S. 60, Ziff. 4.11.1.
[35] BT-Drs. 18/11555, 123 f., zu § 17 GwG.
[36] AuA Nichtfinanzsektor, S. 57 f., Ziff. 4.11.

selbst wahrnehmen. Auch die Verstärkten Sorgfaltspflichten im Fall erhöhter Risiken iSd § 15 GwG dürfen nach Ansicht der Aufsichtsbehörden nicht auf Dritte übertragen werden.[37] Wünschenswert wäre eine Regelung gewesen, die den Verpflichteten ohne das bürokratische Klein-Klein des § 17 GwG eine flexible, risikoorientierte Möglichkeit geboten hätte, auf Dritte ihrer Wahl zuzugreifen, die – ähnlich wie ihre Mitarbeiter- ausreichend Gewähr für ihre Zuverlässigkeit bieten,[38] zumal die Haftung und Verantwortlichkeit für die Erfüllung der Allgemeinen Sorgfaltspflichten ungeachtet der Auslagerung beim Verpflichteten bleibt (§ 17 Abs. 1 S. 3 GwG). Verletzungen der Sorgfaltspflichten durch den Dritten werden dem Verpflichteten wie eigene zugerechnet.[39]

> **Praxishinweis:** 31
> Dem Wortlaut des § 17 Abs. 1 GwG zufolge können Verstärkte Sorgfaltspflichten nicht ausgelagert werden. Das ist nachvollziehbar, soweit es sich um Maßnahmen handelt, die intern beim Verpflichteten durchgeführt werden müssen, wie zB die Zustimmung der Führungsebene (§ 15 Abs. 4 S. 1 Nr. 1 GwG) oder die (ggf. verstärkte) kontinuierliche Überwachung (§ 15 Abs. 4 S. 1 Nr. 3 GwG). Dagegen ist die Bestimmung der Herkunft von Vermögenswerten einer Person ohne Einschaltung Dritter gar nicht vorstellbar. Zulässig ist in jedem Fall externe Dienstleister mit der Informationsbeschaffung zu beauftragen, soweit die Entscheidung, welche Maßnahmen ergriffen werden und wie die Ergebnisse zu bewerten sind, beim Verpflichteten verbleibt. Vereinfachte Sorgfaltspflichten sind nur ein „Minus" gegenüber den Allgemeinen Sorgfaltspflichten, so dass der Einsatz nach § 17 GwG qualifizierter Dritter zulässig ist.

2. Gesetzlich Qualifizierte Dritte

Gesetzlich qualifizierte Dritte sind in erster Linie alle Verpflichteten iSd § 2 Abs. 1 GwG 32 (§ 17 Abs. 1 S. 1 Nr. 1 GwG) sowie alle Verpflichteten aus Mitgliedsstaaten der EU („*Verpflichtete iSd EU-Geldwäsche-Richtlinie*", § 17 Abs. 1 S. 1 Nr. 2 GwG) bzw. des EWR. In Frage kommen des Weiteren ausländische Mitgliedsorganisationen oder Verbände von Verpflichteten in der EU, dem EWR und anderen Ländern (§ 17 Abs. 1 S. 1 Nr. 3 GwG). Voraussetzung ist, dass sie Sorgfalts- und Aufbewahrungspflichten unterliegen, die denen der RL (EU) 2015/849 entsprechen und dass deren Einhaltung behördlich beaufsichtigt wird. Qualifiziert sind des Weiteren gemäß § 17 Abs. 2 S. 2 GwG Niederlassungen („*Zweigstellen*") und in Mehrheitsbesitz (gemeint ist vermutlich Mehrheitseigentum) befindliche Tochtergesellschaften von in der EU niedergelassenen Verpflichteten, sofern sie sich uneingeschränkt an die gruppenweit anzuwendende Geldwäsche-Compliance halten (§ 17 Abs. 2 GwG).[40] Generell gelten Dritte als qualifiziert, wenn sie derselben Gruppe angehören wie der Verpflichtete, den Vorgaben der RL (EU) 2015/849 entsprechende Risikomanagementpflichten, Sorgfaltspflichten und Aufbewahrungspflichten zu erfüllen haben und auf Gruppenebene einer behördlichen Aufsicht unterliegen (§ 17 Abs. 4 GwG).[41] Bei den Genannten geht man davon aus, dass sie sich an ihre geldwäscherechtlichen Pflichten halten.[42] Die Übertragung von Sorgfaltspflichten auf diese Dritten erfordert weder eine vertragliche Vereinbarung noch eine vorausgehende Zuverlässigkeitsüberprüfung. Unzutreffend ist allerdings die Aussage, dass alle genannten Dritten selbst Verpflichtete iSd § 2 Abs. 1 GwG oder der RL (EU) 2015/849 sein müssten.[43] Zumindest für die unter

---
[37] AuA Nichtfinanzsektor, S. 57, Ziff. 4.11.
[38] S. Spoerr/Robert WM 2017, 1142 (1144), der ebenfalls die mangelnde Risikoorientiertheit kritisiert.
[39] AuA Nichtfinanzsektor, S. 60, Ziff. 4.11.1.
[40] BT-Drs. 18/11555, s. 124, zu § 17 Abs. 2 GwG.
[41] AuA Nichtfinanzsektor, S. 58 f., Ziff. 4.11.1.
[42] BT-Drs. 18/11555, 123 f., zu § 17 GwG.
[43] AuA Nichtfinanzsektor, S. 59, Ziff. 4.11.1.

§ 17 Abs. 4 GwG genannten Dritten ist dies keine gesetzliche Voraussetzung; es reicht vielmehr aus, dass sie Objekt gruppenweiter Pflichten sind, die das Mutterunternehmen treffen (s. § 9 GwG). Die Übertragung von Sorgfaltspflichten an einen nicht qualifizierten Dritten ist im Fall von Leichtfertigkeit (→ § 9 Rn. 19) eine Ordnungswidrigkeit (§ 56 Abs. 1 Nr. 53 GwG).

3. Zusätzliche Anforderungen

33 Die Ausführung von Sorgfaltspflichten durch gesetzlich qualifizierte Dritte (→ Rn. 32) bedarf keiner bestimmten Form und muss nicht gegenüber den Aufsichtsbehörden angekündigt oder angezeigt werden. Es bedarf keiner vorgeschalteten Zuverlässigkeitsprüfung. Der Dritte muss nicht überwacht werden. Er wird zum Erfüllungsgehilfen des Verpflichteten. Sofern Verpflichtete Sorgfaltsmaßnahmen auslagern, müssen sie sicherstellen, dass die Identifizierung von im Inland ansässigen Personen nach den Vorschriften des GwG durchgeführt wird (§ 17 Abs. 3 S. 1 Nr. 1 GwG). Dies gilt auch, wenn der Dritte im Ausland sitzt. Es ist nicht gestattet bei der Identifizierung eines im Inland ansässigen Geschäftspartners durch einen im Ausland ansässigen Dritten die Vorschriften des deutschen Rechts zu umgehen und zB eine Online-Identifikation durchzuführen, die hier so nicht zulässig wäre.[44] Des Weiteren muss der Verpflichtete sicherstellen, dass die Informationen eingeholt werden, die nach § 10 Abs. 1 Nr. 1–4 GwG notwendig sind (§ 17 Abs. 3 S. 1 Nr. 2 GwG). Dabei darf er sich ggf. der anlässlich einer früheren Identifizierung eingeholten Informationen bedienen, wenn diese gewisse Bedingungen erfüllen (§ 17 Abs. 3a GwG). Unzutreffend sind die AuA Nichtfinanzsektor, soweit sie davon sprechen, dass sich der Umfang der von dem Dritten durchzuführenden Sorgfaltsmaßnahmen nach dem auf ihn anwendbaren Recht richtet und dass geringere Anforderungen im Ausland risikoorientiert zu berücksichtigen seien.[45] Tatsächlich übernimmt der Dritte die Pflicht des Verpflichteten und damit die gesetzlichen Anforderungen des GwG, denen der Verpflichtete unterliegt. Entsprechend muss der Dritte dem Verpflichteten die Informationen, der er iRd ausgelagerten Sorgfaltspflichten einholt, unverzüglich und unmittelbar, also ohne Einschaltung weiterer Dritter, übermitteln (§ 17 Abs. 3 S. 1 Nr. 3 GwG). Das gilt explizit für Kopien, elektronische oder sonstige Unterlagen iRd Identifizierung des Geschäfts- bzw. Vertragspartners, der auftretenden Personen und des Wirtschaftlich Berechtigten (§ 17 Abs. 3 S. 2 GwG). Ein Rückgriff auf postalische oder andere Dienstleister zur Übertragung von Informationen oder Unterlagen ist damit nicht gemeint. Diese Umstände müssen ggf. (vertraglich) gegenüber dem Dritten klargestellt werden, wenn er gleichwertigen, aber im Detail anderen Anforderungen nach seinem lokalen Recht unterliegt. Auch dass der Dritte befugt ist, Kopien von Ausweisdokumenten zu erstellen und weiterzuleiten, sollte näher erörtert werden, da sich dies nur auf in Deutschland angefertigte Kopien beziehen kann. Das GwG hat insoweit keine Möglichkeit, Dritten im Ausland das Kopieren von Ausweisen zu erlauben, wenn dies nach lokalen Recht untersagt ist (§ 17 Abs. 3 S. 3 GwG).

4. Vertraglich qualifizierte Dritte

34 Verpflichtete können andere geeignete Personen mit der Durchführung von Sorgfaltspflichten beauftragen (§ 17 Abs. 5 S. 1 GwG). In Frage kommen grds. alle Personen oder Unternehmen, die nicht bereits nach § 17 Abs. 1 bzw. § 17 Abs. 4 GwG gesetzlich qualifiziert sind, auch solche die im Ausland ansässig sind. Ausgenommen sind nur Personen und Unternehmen, die schon nach § 17 Abs. 2 S. 1 GwG nicht in Frage kommen, weil sie in einem Drittstaat lt. EU-Negativliste (→ § 6 Rn. 39) ansässig sind.

---

[44] AuA Nichtfinanzsektor, S. 59, Ziff. 4.11.1.
[45] So fälschlicherweise BT-Drs. 18/11555, 124, zu § 17 GwG und ebenfalls AuA Nichtfinanzsektor, S. 59, Ziff. 4.11.1.

C. Allgemeine Sorgfaltspflichten § 5

> **Praxishinweis:** 35
> Die Inanspruchnahme von Auskunfteien oder vergleichbaren Dritten iRd Sorgfaltspflichten stellt keine Auslagerung dar, sofern sich die Dienstleistung auf die bloße Beschaffung von Informationen beschränkt. In diesem Fall wird der Dienstleister nur unterstützend tätig. Die eigentliche Identifizierung erfolgt durch den Verpflichteten selbst.

Voraussetzung der Auslagerung nach § 17 Abs. 5 GwG ist ein Vertrag, der die Personen oder Unternehmen zur ordnungsgemäßen Durchführung der Sorgfaltspflichten verpflichtet.[46] Darüber hinaus bedarf es einer Eignungsprüfung (Zuverlässigkeitsprüfung, § 17 Abs. 7 GwG). Dies muss vor Aufnahme der Zusammenarbeit durchgeführt werden. Dazu sollen Referenzen herangezogen werden, die die erforderlichen Fachkenntnisse aussagekräftig aufzeigen. Bei natürlichen Personen sollen Führungszeugnisse in Frage kommen. Letzteres ist zweifelhaft, weil das Führungszeugnis ja nichts über die Qualifikation im Geldwäscherecht aussagt, die hier allein relevant ist. Am Ende geht es um die Erfahrung und Reputation des Dritten, egal ob Unternehmen oder natürliche Person. Dass ausländische Dritte daher besonders intensiv zu prüfen seien, ist allenfalls mit Blick auf ihre Kenntnisse im deutschen Geldwäscherecht richtig. Da der Verpflichtete dafür sorgen muss, dass die iRd Auslagerung eingesetzten Personen über die Anforderungen an die Durchführung der Sorgfaltspflichten unterrichtet werden,[47] sollte dies in aller Regel kein Hindernis darstellen. Von der Eignungs- und Zuverlässigkeitsprüfung sind Botschaften, Auslandshandelskammern und Konsulate ausgenommen. Sie gelten kraft der vertraglichen Vereinbarung als geeignet und zuverlässig (§ 17 Abs. 8 GwG). Während der Laufzeit des Vertrags müssen Stichproben durchgeführt werden (§ 17 Abs. 5 S. 2 GwG). In welchen Rhythmus und mit welcher Intensität dies geschieht kann der Verpflichtete entscheiden. Am besten wird es sein dies mit Blick auf die Zahl und Komplexität der Vorgänge sowie das konkret im Raum stehende Risiko der Geldwäsche oder Terrorismusfinanzierung zu entscheiden und aus Gründen der Nachweisbarkeit gegenüber der Aufsichtsbehörde entsprechend zu dokumentieren. Generell erscheint die gesetzliche Regelung unnötig bürokratisch und detailverliebt: Anhand der durchgeführten Identifizierungen kann der Verpflichtete ja jederzeit erkennen, ob der Dritte sein Handwerk versteht oder nicht. Bei Zweifeln muss er reagieren. Anderenfalls werden Fehler der Dritten dem Verpflichteten wie eigene zugerechnet (§ 17 Abs. 5 S. 3 GwG). Die Übertragung darf den Verpflichteten nicht daran hindern, seine gesetzlichen Pflichten einzuhalten. Seine Geschäftsleitung muss jederzeit die Möglichkeit zu Steuerung- und Kontrolle haben, was voraussetzt, dass sie dem Dritten entweder Weisungen erteilen oder – auch ohne Ankündigung, Fristsetzung oder ähnlichem – selbst Maßnahmen ergreifen kann. Die Übertragung darf auch nicht die Aufsicht über den Verpflichteten beeinträchtigten (§ 17 Abs. 6 GwG). In die vertragliche Vereinbarung sollen daher Prüf- und Kontrollrechte zugunsten der Aufsichtsbehörde aufgenommen werden.[48] Diese Auslegung entbehrt allerdings jeglicher Grundlage im Gesetz. Die Aufsichtsbehörde kann ihren sachlichen Zuständigkeitsbereit nicht qua Auslegung der Gesetzesvorschriften auf Personen und Unternehmen ausdehnen, die nicht Verpflichtete iSd § 2 Abs. 1 GwG sind. § 17 Abs. 3 GwG (zusätzliche Maßnahmen, → Rn. 33) gilt in den Fällen der vertraglichen Auslagerung entsprechend (§ 17 Abs. 5 S. 4 GwG). 36

> **Praxishinweis:** 37
> Zur Identifizierung natürlicher Personen bietet die Deutsche Post AG seit 1996 das Postident-Verfahren an.[49] Dabei identifiziert ein Postmitarbeiter am Schalter in der Filia-

---

[46] BT-Drs. 18/11555, 123 f., zu § 17 GwG; AuA Nichtfinanzsektor, S. 61, Ziff. 4.11.2.
[47] AuA Nichtfinanzsektor, S. 61, Ziff. 4.11.2.
[48] AuA Nichtfinanzsektor, S. 61, Ziff. 4.11.2.
[49] https://www.deutschepost.de/de/p/postident.html, Zugriff 15.10.2021.

le, nach neueren Varianten auch per Videoidentifizierung oder per Signatur eine Person. Die Bestätigung geht dann an den Verpflichteten. Das Postident-Verfahren wird von den Aufsichtsbehörden als geeignetes Verfahren zur Identifizierung angesehen. Auf die Eignungs- und Zuverlässigkeitsprüfung kann aber dem Gesetzeswortlaut nach nicht verzichtet werden. Die deutsche Post AG wird in § 17 Abs. 8 GwG nicht erwähnt, obwohl der Rückgriff auf das Verfahren in Deutschland eine jahrzehntelange Tradition hat und, soweit bekannt, problemlos funktioniert. Die Gesetzesmaterialien früherer GwG-Änderungen gingen daher (contra legem) davon aus, dass eine Zuverlässigkeitsprüfung der Post nicht erforderlich ist,[50] vermutlich eine Konzession an die ansonsten praktisch unmögliche Identifizierung natürlicher Personen, die nicht persönlich beim Verpflichteten anwesend sind (→ Rn. 54).

5. Unterbeauftragung (Sub-Auslagerung)

38 Grds. ist es möglich, dass Dritte iSd § 17 Abs. 1 GwG ihrerseits Dritte oder andere geeignete Personen mit der Durchführung der Sorgfaltspflichten beauftragen. Gesetzlich geregelt ist diese Möglichkeit nicht, so dass man an dieser Auslegung Zweifel hegen kann. Sie entspricht aber praktischen Bedürfnissen vor allem bei Kontakten im Ausland. Eine vertragliche Sub-Auslagerung ist dabei nur gestattet, wenn alle Voraussetzungen des § 17 Abs. 5–7 GwG auch im Verhältnis des Verpflichteten zu dem Unterbeauftragten gewahrt sind. Es bedarf daher stets einer Vereinbarung mit dem Unterbeauftragten zugunsten des Verpflichteten, die ihm – und nach den Auslegungshinweisen auch seiner Aufsichtsbehörde (→ Rn. 36) – unmittelbare Prüf- und Kontrollrechte einräumen.[51]

D. Geldwäscherechtliche Identifizierung

I. Datenerhebung und Datenüberprüfung

39 **Definition:**
Identifizierung iSd GwG ist gem. § 1 Abs. 3 GwG ein zweistufiger Prozess. Dieser besteht aus: *„1. dem Erheben von Angaben [Datenerhebung] und 2. der Überprüfung dieser Angaben zum Zweck der Identifizierung [Überprüfung]."*

40 Zu den allgemeinen Sorgfaltspflichten gehört die Identifizierung des Vertragspartners, der ggf. für ihn auftretenden Personen und, wo vorhanden, des Wirtschaftlich Berechtigten (§ 10 Abs. 1 Nr. 1, 2 GwG). Die Identifizierung ist der zentrale Aspekt des „Know Your Customer"-Prozesses (KYC) (→ Rn. 3). Es soll Anonymität verhindern und Transparenz mit Blick auf die Beteiligten von Transaktionen und Geschäftsbeziehungen herstellen.[52] Die Identifizierung soll den Ermittlungsbehörden eine „Papierspur" zur Verfügung stellen und Hintergründe bzw. Intentionen im Zusammenhang mit einer Transaktion oder Geschäftsverbindung erkennen lassen.[53] Die Unterscheidung zwischen der Erhebung von Daten und der Überprüfung von Daten ist im Gesetz sehr strikt ausgestaltet.[54] Während § 11 GwG regelt, welche Daten jeweils zu erheben sind (Was?), ergibt sich aus § 12 Abs. 1 GwG welche Instrumente für die Überprüfung der Daten erlaubt sind (Woraus?). § 13 GwG bestimmt, auf welche Art und Weise die Daten erhoben bzw. überprüft werden

---

[50] BT-Drs. 16/9038, 42 zu § 7 Abs. 2 GwG.
[51] AuA Nichtfinanzsektor, S. 59, Ziff. 4.11.1. und S. 61f., Ziff. 4.11.3.
[52] Bausch/Voller Geldwäsche-Compliance S. 167.
[53] BT-Drs. 16/9038, 29, zu Abs. 1 (Identifizierung).
[54] Wende/Kröger GWuR 2021, 12 (14).

(Auf welche Weise?). Die Überprüfung der Identität muss mittels einer der gesetzlich vorgeschriebenen Methoden (§ 12 Abs. 1 GwG) und in der gesetzlich geregelten Art und Weise (§ 13 GwG) erfolgen. In der Regel gehen Feststellung der notwendigen Angaben und deren Überprüfung Hand in Hand, zB bei Vorlage eines Ausweisdokuments. Beachten muss man, dass manche der nach § 12 GwG zur Überprüfung geeigneten und anerkannten Mittel der Identitätsprüfung nicht alle lt. § 11 Abs. 4 GwG nötigen Angaben zur Verfügung stellen (→ Rn. 50).[55]

II. Zeitpunkt der Identifizierung

Grds. müssen *„Verpflichtete ihre Vertragspartner und gegebenenfalls für diese auftretende Personen und wirtschaftlich Berechtigte vor Begründung der Geschäftsbeziehung oder vor Durchführung der Transaktion identifizieren"* (§ 11 Abs. 1 S. 1 GwG). Ausnahmsweise ist eine spätere Identifizierung zulässig, die *„noch während der Begründung der Geschäftsbeziehung [...] abgeschlossen werden kann, wenn dies erforderlich ist, um den normalen Geschäftsablauf nicht zu unterbrechen,"* also bei eilbedürftigen Geschäften zB über verderbliche Ware oder rein elektronischen Handel, der nicht manuell gesteuert wird (§ 11 Abs. 1 S. 2 GwG). Voraussetzung für die spätere Durchführung der Kundensorgfaltspflichten ist, dass *„ein geringes Risiko der Geldwäsche und der Terrorismusfinanzierung besteht,"* was die Anwendbarkeit der Ausnahme auf sehr wenige Fälle begrenzt. Ob dies der Fall ist, muss ggf. aufwendig für den Einzelfall anhand der vom GwG zur Verfügung gestellten Risikofaktoren (→ § 4 Rn. 66) bestimmt und dokumentiert werden. Für Güterhändler ist dies nur relevant, sofern schon zu diesem frühen Zeitpunkt ein auf sie anwendbarer Auslösetatbestand (→ Rn. 6) vorliegt. Sofern Auslösetatbestände erst bei Abwicklung eines Geschäfts auftreten, muss die Identifizierung mit Blick auf das potenzielle Risiko der Geldwäsche oder Terrorismusfinanzierung zu diesem (späteren) Zeitpunkt durchgeführt werden.

41

III. Ausnahme von der Identifizierung

„Von einer Identifizierung kann abgesehen werden, wenn der Verpflichtete die zu identifizierende Person bereits bei früherer Gelegenheit iRd Erfüllung der Sorgfaltspflichten identifiziert hat und die dabei erhobenen Angaben aufgezeichnet hat" (§ 11 Abs. 3 S. 1 GwG). Die Vorschrift soll (unnötige) Doppelarbeit vermeiden. Wo bereits Identifizierungen durchgeführt wurden, erübrigt sich eine erneute Identifizierung, wenn bald danach erneut ein Auslösetatbestand (→ Rn. 6) vorliegt. Es muss sich um eine frühere Identifizierung nach dem GwG handeln (Kundensorgfaltspflichten). Angaben, die aus anderen Gründen erhoben wurden, etwa im Rahmen einer Bonitätsprüfung oder allgemeinen Compliance-Prüfung, können vorbehaltlich datenschutzrechtlicher Vorschriften und ihrer Aktualität wiederverwendet werden, sie reichen aber nicht aus, um auf die Identifizierung nach § 11 Abs. 3 GwG zu verzichten. Wie lange eine einmal erfolgte Identifizierung Gültigkeit besitzt, sagt das Gesetz nicht. Prinzipiell gibt es daher keine zeitliche Grenze für die Verwertung von Angaben, die bereits im Rahmen früherer Kundensorgfaltspflichten aufgezeichnet wurden. Dies ist ggf. risikoorientiert festzulegen. Voraussetzung dafür ist, dass die erforderlichen Angaben noch verfügbar sind. Spätestens nach Ablauf der Aufbewahrungsfrist (→ § 4 Rn. 175) ist eine Berufung auf die früher erhobenen Daten daher problematisch. Die Angaben müssen des Weiteren vom Umfang her den Angaben entsprechen, die eine Identifizierung zum aktuellen Zeitpunkt erfordert. Eine weniger weitreichende Prüfung auf Basis früherer, zwischenzeitlich geänderter Vorschriften reicht nicht, um (komplett) von der Identifizierung abzusehen. Ggf. sind dann die fehlenden Angaben einzuholen oder anderweitigen Identifizierungsschritte (zB Einsicht ins Transparenzregister) durchzuführen. Die Ausnahme

42

---

[55] BT-Drs. 18/11555, 118, zu § 12 Abs. 1 GwG.

gilt nur für die Identifizierung des Geschäfts- bzw. Vertragspartners, der für ihn auftretenden Personen und der Wirtschaftlich Berechtigten. Sie erlaubt nicht, auf die übrigen Sorgfaltspflichten zu verzichten (Dokumentation von Art und Zweck der Geschäftsbeziehung (→ Rn. 108) sowie kontinuierliche Überwachung, → Rn. 110). Genau genommen geht es bei der Vorschrift eher darum, bestehende Geschäftspartner erneut zu identifizieren, wenn die erhobenen Angaben nicht mehr zutreffend sind.[56] In diesem Sinne ist negativ formulierte Voraussetzung, dass der *„Verpflichtete keine Zweifel aufgrund äußerer Umstände hegen muss, ob die bei der früheren Identifizierung erhobene Angaben weiterhin zutreffend sind"* (§ 11 Abs. 3 S. 2 GwG). Wo Anlass für Zweifel an der Aktualität oder inhaltlichen Richtigkeit von Angaben bestehen, muss die Identifizierung durchgeführt werden. Dies ist der Fall, wenn *„äußere Umstände"* dafür sprechen, dass die Daten nicht mehr aktuell sind, zB eine erkennbar veraltete Geschäftsadresse, ein Wechsel in der Vertretung oder Geschäftsführung oder auch der Ablauf eines längeren Zeitraums seit der Erhebung der Angaben oder die Notwendigkeit zusätzlicher Sorgfaltspflichten wegen eines veränderten Risikos. Will der Verpflichtete nach § 11 Abs. 3 S. 1 GwG von der Durchführung der Identifizierung absehen, muss er ungeachtet dessen bestimmte Aufzeichnungen machen. Dazu gehört *„der Name des zu Identifizierenden und der Umstand, dass er bei früherer Gelegenheit identifiziert worden ist"* (§ 8 Abs. 2 S. 5 GwG). Dabei ist der Begriff „Name" in doppelter Hinsicht unpräzise: bei natürlichen Personen bedarf es mind. des Vornamens, wenn nicht weiterer Merkmale, um sie sicher zu identifizieren. Bei Vertragspartnern, die juristische Personen sind, dokumentiert man sinnvollerweise aus demselben Grund neben Firmenname, die Rechtsform sowie Sitz und Sitzland, und ggf. Firmenanschrift oder Registerdaten. Bei Güterhändlern ist der praktische Anwendungsbereich der Vorschrift begrenzt. Die Notwendigkeit wiederholter Kundensorgfaltspflichten etwa aufgrund wiederholter Verdachtsfälle (→ Rn. 8) (§ 10 Abs. 3 Nr. 3 GwG) in Bezug auf einen Geschäfts- oder Vertragspartner ist eher unwahrscheinlich; vorstellbar sind allenfalls wiederholte Bargeldzahlungen über dem einschlägigen Schwellenwert durch einen Geschäftspartner aus einer bargeldintensiven Branche. Denkbar ist die Anwendung auch im Kunstsektor bei wiederholten Geschäften über Kunstgegenstände mit einem (Transaktions-)Wert von 10.000 EUR oder mehr (→ § 11 Rn. 5).

43 **Beispiel:**
Die Firma Müller S.A. könnte ihren Sitz uaderem in Frankreich, Spanien oder vielen lateinamerikanischen Staaten haben. Erst die Angabe wie zB Müller S.A., Santiago de Chile (Chile) lässt eine eindeutige Identifikation zu.

IV. Mitwirkungspflichten

44 Verpflichtete werden idR nicht in der Lage sein, allgemeine Sorgfaltspflichten allein durchzuführen bzw. die dafür notwendigen Informationen und Unterlagen einzuholen, vor allem in Bezug auf im Ausland ansässige Personen oder Unternehmen. Sie sind auf die Mitwirkung des Geschäfts- bzw. Vertragspartners angewiesen.[57] Dieser ist gesetzlich zur Mitwirkung verpflichtet. Er *„muss dem Verpflichteten die Informationen und Unterlagen zur Verfügung stellen, die zur Identifizierung erforderlich sind* (§ 11 Abs. 6 S. 1 GwG). Gemeint ist damit in erster Linie die Identifizierung des Geschäfts- bzw. Vertragspartners. Die Mitwirkungspflicht soll sich auch auf die Klärung des PEP-Status erstrecken,[58] was vor 2017 aus dem Gesetzestext ersichtlich war.[59] Offenbar hat der Gesetzgeber versäumt, die Vorschrift in die Neufassung des GwG einzubringen. Anfragen beim Geschäfts- bzw. Vertragspartner

---
[56] So auch Scheben/Ellerbrock CB 2019, 93 (94).
[57] BT-Drs. 16/9038, 38, zu § 3 Abs. 6 GwG.
[58] Zentes/Glaab/Sonnenberg GwG § 11 Rn. 46.
[59] § 6 Abs. 2 Nr. 1 S. 6 GwG aF.

zum PEP-Status sind dennoch zulässig und üblich. Keine Mitwirkungspflicht besteht dagegen bei der Einholung von Informationen über den Zweck und die angestrebte Art der Geschäftsbeziehung nach § 10 Abs. 1 Nr. 3 GwG (arg. ex § 11 Abs. 6 GwG).[60] Mit der Vorschrift bekommt der Verpflichtete zumindest formal Anspruch auf Überlassung der Informationen und Unterlagen, die er zur Identifizierung benötigt. Die Mitwirkungspflicht bezieht sich sowohl auf die Erhebung der Angaben als auch auf deren Überprüfung,[61] dh die dazu notwendigen Unterlagen. Ausreichend ist im Prinzip jede Art der Mitwirkung, schriftlich, mündlich oder auch per Telefon oder Videoschaltung, soweit nach GwG zulässig. Die Verwendung standardisierter Fragebögen seitens des Verpflichteten zur Erhebung von Angaben kann sinnvoll sein. Selbstauskünften des Geschäfts- bzw. Vertragspartners wird aber generell ein geringerer Beweiswert zugemessen als amtlichen Dokumenten. Außer in Fällen Vereinfachter Sorgfaltspflichten reichen sie allenfalls zur Erhebung von Daten, nicht zu deren Überprüfung. Darüber hinaus ist der Geschäfts- bzw. Vertragspartner verpflichtet *"offen zu legen, ob er die Geschäftsbeziehung oder Transaktion für einen wirtschaftlich Berechtigten begründen, fortsetzen oder durchführen will."* Gegebenenfalls muss er „*die Identität des wirtschaftlich Berechtigten nachweisen*" (§ 11 Abs. 6 S. 3 und 4 GwG). Unter der „Identität" ist nicht nur der Name und Vorname des Wirtschaftlich Berechtigten zu verstehen, sondern auch weitere Identifikationsmerkmale ebenso wie ggf. der Nachweis iSd Dokumente und Unterlagen, die für die Überprüfung der Identität erforderlich sind. Bei Verletzung der Offenlegungspflicht nach S. 3 der Vorschrift muss (!) der Verpflichtete Verdachtsmeldung erstatten (§ 43 Abs. 1 Nr. 3 GwG, → § 7 Rn. 34). Der Vertragspartner muss nur auf Anfrage des Verpflichteten mitwirken bzw. wenn er weiß, dass Sorgfaltspflichten durchgeführt werden oder wurden. Ist dies nicht der Fall (zB weil der Verpflichtete die Angaben ohne seine Mitwirkung durch Einsicht in das Handelsregister festgestellt und überprüft hat), läuft die Mitwirkungspflicht praktisch leer. Relevant ist das vor allem mit Blick auf die Pflicht zur Aktualisierung von Angaben: *„Ergeben sich im Laufe der Geschäftsbeziehung Änderungen, muss der Vertragspartner diese unverzüglich gegenüber dem Verpflichteten anzeigen."* (§ 11 Abs. 6 S. 2 GwG). Dies kann sich nur auf die Änderung von Angaben beziehen, deren Relevanz der Vertrags- bzw. Geschäftspartner kennt. Dazu muss er über die Durchführung von Sorgfaltspflichten informiert sein, was vor allem im Verdachtsfall (→ Rn. 8) und mit Blick auf das Tipping-Off-Verbot (→ § 7 Rn. 74) problematisch sein kann. Für die Verwalter von Trusts, Stiftungen und ähnlichen Rechtsgestaltungen gelten entsprechende Mitwirkungspflichten. Sie müssen gegenüber dem Verpflichteten ihre Verwaltereigenschaft offenlegen und diesen die erforderlichen Angaben über den Wirtschaftlich Berechtigten vorlegen, sofern ein einschlägiger Auslösetatbestand des GwG vorliegt (§ 11 Abs. 7 GwG).

> **Praxishinweis:**
> Vielfach werden ausländische Geschäftspartner ihre Mitwirkungspflichten nicht kennen. In Anfragen kann darauf hingewiesen werden. In Verträge kann ggf. ein Verweis eingebaut werden, sofern die Verhandlungssituation es erlaubt. Die Grenze ist stets das Tipping-Off-Verbot des § 47 GwG (→ § 7 Rn. 74) bzw. der Verdachtsfall (→ § 7 Rn. 19).

45

E. Identifizierung des Vertragspartners und auftretender Personen

Zu den Allgemeinen Sorgfaltspflichten gehört die *„Identifizierung des Vertragspartners [...]"* (§ 10 Abs. 1 Nr. 1 GwG) nach Maßgabe der §§ 11 Abs. 4, 12 Abs. 1 und 2 bzw. 13 GwG. Unterschieden wird zwischen der Identifizierung natürlicher Personen auf der einen und

46

---
[60] Herzog/Figura GwG § 11 Rn. 44.
[61] So auch Bausch/Voller Geldwäsche-Compliance S. 171.

juristischen Personen bzw. Personengesellschaften auf der anderen Seite. Bei den juristischen Personen wird weiter danach differenziert, ob sie persönlich anwesend sind oder ob eine Fernidentifizierung erfolgt.

47
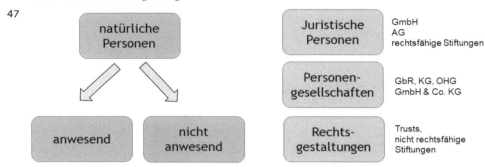

Abb. 11: Bei der Identifizierung des Vertragspartners wird differenziert zwischen natürlichen Personen und Gesellschaften sowie anderen Rechtsgestaltungen.

I. Wer ist Vertragspartner?

48 Unklar ist die Verwendung des Begriffs: „Vertragspartner" in § 10 Abs. 1 Nr. 1 GwG. Aus der Überschrift des Abschnitts 3 könnte man folgern, dass damit nur vertraglich gebundene Kunden gemeint sind *(Kundensorgfaltspflichten)*. Entsprechend ist in § 10 Abs. 3a GwG von „neuen Kunden" bzw. „Bestandskunden" die Rede. Auch die Bezeichnung als „Know Your Customer – KYC" (Kunde) stützt diese Überlegung. Der Begriff Vertragspartner wird aber viel weiter ausgelegt. Gemeint ist jede Person bzw. jedes Unternehmen, mit der bzw. mit dem eine Geschäftsbeziehung (→ § 4 Rn. 17) besteht (§ 1 Abs. 4 GwG) oder eine Transaktion (→ § 4 Rn. 13) durchgeführt wird (§ 1 Abs. 5 GwG), mithin jeder Geschäfts- oder Transaktionspartner. Erfasst werden daher nicht nur Kunden und Endkunden iSv Abnehmern einer Leistung oder Ware, sondern zB auch Agenten und Handelsvertreter, Wiederverkäufer bzw. Distributoren oder – im internationalen Anlagenbau – EPCs oder Systemintegratoren genauso wie Lieferanten und Dienstleister. Eine vertragliche Bindung ist entgegen dem Wortlaut nicht erforderlich. Daher sind unbekannte Dritte genauso erfasst, wenn sie unangekündigt Geld auf das Konto des Güterhändlers überweisen (Drittzahlung aus unbekannter Quelle, → § 8 Rn. 20) und damit reine Transaktionspartner darstellen.[62] Bei mehreren Geschäfts- bzw. Vertragspartnern (zB Konsortien, Mehrparteienverträge, etc) ist die Identifizierung durch Güterhändler je nach Auslöseetatbestand (→ Rn. 6) nur in Bezug auf die Betroffenen erforderlich.

49 **Praxishinweis:**

In der juristischen Literatur wird die Frage aufgeworfen, ob sich die Sorgfaltspflichten auch auf Lieferanten beziehen, so dass es statt „Know Your Customer" eher „Know Your Contracting Party" heißen müsste.[63] Dahinter steht, wie bei der Bestimmung der Güterhändler-Eigenschaft (→ § 3 Rn. 18) und beim Risikomanagement (→ § 4 Rn. 44), die Frage, ob sich geldwäscherechtliche Pflichten auf Vorgänge im Einkauf beziehen. Für die Sorgfaltspflichten bei Güterhändlern ist diese Frage einfach zu beantworten: Die Auslöseetatbestände des § 10 Abs. 6a GwG gelten auch für ausgehende Barzahlungen über Güter ab den genannten Schwellenwerten, also für Einkaufsvorgänge – allerdings nur transaktionsbezogen (→ Rn. 6). Es entsteht keine generelle Pflicht zu Sorgfaltspflich-

---

[62] BeckOK GwG/Krais, 4. Ed. 1.12.2020, GwG § 10 Rn. 8.
[63] Sundermann/von Busekist/Judis CCZ 2020, 291 (293).

ten für alle Vorgänge im Einkauf. Sorgfaltspflichten im Verdachtsfall (§ 10 Abs. 3 Nr. 3 GwG, → Rn. 8) müssen dagegen unabhängig davon durchgeführt werden, ob ein Vorgang im Einkauf oder im Vertrieb stattfindet.

II. Identifizierung natürlicher Personen

1. Anwesende natürlicher Personen

Zur Identifizierung natürlicher Personen muss der Verpflichtete im ersten Schritt bestimmte Angaben erheben (§ 11 Abs. 4 Nr. 1 GwG). Natürliche Personen sind auch Einzelkaufleute (e.K, e.Kfm. oder e.Kfr., § 19 HGB) oder sonst von Einzelpersonen betriebene Geschäfte ungeachtet firmenähnlicher Namensgebung. Zu erheben sind: *„Vor- und Nachname, Geburtsort, Geburtsdatum, Staatsangehörigkeit und eine Wohnanschrift"* (§ 11 Abs. 4 Nr. 1 GwG). Ausreichend ist die Erhebung von Namensangaben, die eine sichere Identifizierung zulassen. Es ist daher nicht zwingend notwendig stets alle Vornamen einer Person zu erheben, zumal wenn weitere Identifikationsmerkmale wie Geburtsdatum und Geburtsort Verwechslungen auf theoretische Wahrscheinlichkeiten reduzieren. Bei der Wohnanschrift handelt es sich um die Privatanschrift oder einen Ort, an dem die Person nicht nur vorübergehend wohnt. Eine Hotel-Anschrift reicht dazu idR nicht, ebenso nicht die geschäftliche Adresse. Sofern die (natürliche) Person persönlich anwesend ist, erfolgt die Überprüfung der erhobenen Angaben *„anhand eines gültigen amtlichen Ausweises, der ein Lichtbild des Inhabers enthält und mit dem die Pass- und Ausweispflicht im Inland erfüllt wird"* (§ 12 Abs. 1 Nr. 1 GwG). Dabei handelt es sich, je nach Herkunftsland des Geschäfts- bzw. Vertragspartners, um einen deutschen oder nach ausländerrechtlichen Bestimmungen anerkannten oder zugelassenen Pass, Personalausweis oder ein entsprechendes Ersatzdokument.[64] Führerscheine, Kreditkarten, Visitenkarten oder nicht mehr gültige Dokumente reichen zur Identifizierung einer natürlichen Person nicht aus, selbst wenn sie ein Bild tragen oder erst kurze Zeit abgelaufen sind. Die Überprüfung ausländischer Staatsangehöriger kann auf der Grundlage gültiger und anerkannter Reisepässe bzw. Personalausweise des Wohnsitzstaates vorgenommen werden, sofern diese zur Erfüllung ihrer in Deutschland bestehenden Ausweispflicht geeignet sind. Andere Dokumente wie ein Reisedokument nach der Genfer Flüchtlingskonvention (GFK) oder Ersatzpapiere, die im Rahmen eines Asylverfahrens ausgestellt wurden, kommen ebenfalls in Frage. Es kursieren seltsam anmutende Aufrufe zu erhöhter Sorgfalt, soweit Passersatzpapiere, zB bei Asylbewerbern, ausschließlich auf den Angaben der Person beruhen.[65] Was Verpflichtete, zumal Güterhändler, zur Identitätsbestimmung von Asylbewerben tun könnten, das nicht bereits von den zuständigen Behörden getan wurde, bevor diese die Papiere ausstellen, bleibt im Dunkeln. Gem. § 13 Abs. 1 Nr. 1 GwG müssen die Verpflichteten zur Verifizierung der Angaben natürlicher Personen *„das vor Ort vorgelegte Ausweisdokument angemessen prüfen"* (§ 13 Abs. 1 Nr. 1 GwG). Vor Ort bedeutet, dass dies physisch bei Anwesenheit des Geschäfts- oder Vertragspartners und des (Vertreters des) Verpflichteten geschieht; ob in den Räumen des Verpflichteten, des Geschäfts- oder Vertragspartners oder an anderer Stelle ist unbeachtlich. Vorlage bedeutet, dass das Original-Dokument ausgehändigt wird; es reicht nicht aus, dieses zB per Kopie zu übersenden, oder es kurz vorzuzeigen, ohne es aus der Hand zu geben. Eine angemessene Prüfung erfordert, dass das Dokument in Augenschein genommen und ggf. auch „haptisch" geprüft wird, also in die Hand genommen wird, um zB herauszufinden, ob es sich um eine (plumpe) Fälschung handelt. Mehr wird man von den Verpflichteten allerdings nicht erwarten können. Letztlich geht es nicht um die Überprüfung des Ausweises, sondern um die Überprüfung der Identität anhand des Aus-

50

---

[64] BT-Drs. 16/9038, 37 zu § 4 Abs. 4 GwG.
[65] BT-Drs. 16/9038, 38, zu Nr. 1.

weises.⁶⁶ Das BMF kann Rechtsverordnung weitere Dokumente bestimmen, die zur Überprüfung der Identität geeignet sind (§ 12 Abs. 5 GwG), was auf Basis der Vorgängervorschrift⁶⁷ für Zwecke der Errichtung von Basiskonten bei Banken erfolgt ist (ZIdPrüfV⁶⁸, s. § 12 Abs. 1 Nr. 5 GwG).

51 **Praxishinweis:**
Einen guten Überblick über zulässige ausländische Ausweisdokumente gibt die von der Europäischen Kommission veröffentliche Liste der in den verschiedenen EU-Mitgliedstaaten anerkannten Reisedokumente.⁶⁹ Allerdings enthalten zB Reisepässe vielfach keine Angaben zur Wohnanschrift einer Person. Vertreten wird, dass in solchen Fällen trotzdem die Verifizierung der erhobenen Angaben anhand des Reisepasses zulässig ist, sofern keine Zweifel an der angegebenen Adresse bestehen.⁷⁰ Sinnvoll ist es allerdings mit Blick auf den strikten Gesetzeswortlaut eine Verifizierung anhand anderer Quellen vorzunehmen, sofern nicht nur ein geringes Risiko (→ § 6 Rn. 3) vorliegt.

52 An eher versteckter Stelle sind zusätzliche Dokumentationsanforderungen für die Überprüfung der Identität natürlicher Personen anhand eines Ausweisdokuments geregelt. Danach müssen bestimmte Angaben das Ausweisdokument betreffend vom Verpflichteten aufgezeichnet werden. Formal ist dies Teil der Aufzeichnungspflichten, tatsächlich Annex des Identifizierungsvorgangs. Verpflichtete müssen daher zusätzlich *„die Art des Ausweisdokuments, seine Nummer, sowie die ausstellende Behörde"* aufzeichnen (§ 8 Abs. 2 S. 1 GwG). Dazu haben die Verpflichteten explizit *„das Recht und die Pflicht (!) eine vollständige Kopie des Ausweisdokuments anzufertigen oder es vollständig optisch digitalisiert zu erfassen („scannen"). Die Kopie gilt als Aufzeichnung im Sinne der,"* gesetzlichen Pflichten; auch, soweit es die personenbezogenen Angaben angeht, die nach § 11 Abs 4 Nr. 1 GwG (→ Rn. 50) erhoben werden müssen (§ 8 Abs. 2 S. 2 und 3 GwG). Grds. darf man sich auf die Kopie zB der Personaldatenkarte im Reisepass beschränken. Seiten eines Dokuments, die keine identifizierungspflichtigen Angaben enthalten, müssen nicht kopiert werden. Aus datenschutzrechtlicher Sicht dürfen sie idR nicht kopiert werden (Grundsatz der Datensparsamkeit). Die Schwärzung von Teilen des Dokuments, das für die Identifizierung nicht relevante Daten enthält (zB Lichtbild) soll nicht erforderlich sein, auch wenn der Wortlaut der Vorschrift abweichend von früheren Versionen nicht mehr auf eine *"vollständige„* Kopie abstellt.⁷¹

53 **Praxishinweis:**
In Deutschland besteht kein allgemeines Verbot eine Ausweiskopie anzufertigen; allerdings darf dies nach dem mit Wirkung zum 15.7.2017 angepassten Passgesetz⁷² nur durch den Ausweisinhaber oder mit dessen Zustimmung geschehen. § 8 Abs. 2 S. 2 GwG ist insoweit als spezialgesetzliche Ermächtigung für die Verpflichteten zu sehen, die Kopie selbst vorzunehmen. Mit der Regelung wurde die jahrelange Diskussion um die Frage, ob die geldwäscherechtliche Regelung die Anfertigung von Kopien trotz der

---

[66] BT-Drs. 18/11555, 118 zu § 12 Abs. 1 GwG.
[67] § 4 Abs. 4 S. 2 GwG aF.
[68] Verordnung über die Bestimmung von Dokumenten, die zur Überprüfung der Identität einer nach dem Geldwäschegesetz zu identifizierenden Person zum Zwecke des Abschlusses eines Zahlungskontovertrags zugelassen werden (Zahlungskonto-Identitätsprüfungsverordnung – ZIdPrüfV) vom 5.7.2016, BAnz AT 6.7.2016 V1.
[69] S. unter https://www.consilium.europa.eu/prado/de/prado-recognised-documents.html, aufgerufen am 15.10.2021.
[70] Herzog/Figura GwG § 12 Rn. 2, 8.
[71] BeckOK GwG/Brian/Krais, 4. Ed. 1.12.2020, GwG § 8 Rn. 26.
[72] § 18 Abs. 3 PassG idF nach Art. 3 Gesetz zur Förderung des elektronischen Identitätsnachweises v. 7.7.2017, BGBl. 2017 I 2310.

entgegenstehenden Vorgaben der Pass- und Ausweisgesetze zulässt, zugunsten des GwG aufgelöst.[73] Gegen den Willen bzw. ohne die Zustimmung des Ausweisinhaber darf die Kopie dennoch nicht erfolgen. Verweigert er die Herausgabe des Ausweises für Zwecke der Kopie, gilt dies jedoch als Verweigerung der Mitwirkung und kann die Pflicht zur Verdachtsmeldung begründen (→ § 7 Rn. 34).

2. Fernidentifizierung natürlicher Personen

Die Vorlage und Überprüfung des Ausweisdokuments eignet sich ausschließlich für die Identifizierung von natürlichen Personen, denen der Verpflichtete persönlich gegenüber steht *(die persönlich anwesend sind)*. In allen anderen Fällen der Identifizierung natürlicher Personen *(Fernidentifizierung)* bietet das GwG die folgenden Möglichkeiten, die Angaben des Vertragspartners zu überprüfen (§ 12 Abs. 1 Nr. 2–4 GwG): 54
- Ein elektronischer Identitätsnachweis nach § 18 PAuswG oder nach § 78 Abs. 5 AufenthG (§ 12 Abs. 1 Nr. 2 GwG);
- eine qualifizierte Signatur nach Art. 3 Nr. 12 VO (EU) 910/2014[74] (§ 12 Abs. 1 Nr. 3 GwG) oder
- ein nach Art. 8 Abs. 2 Buchst. c VO (EU) 910/2014 iVm Art. 9 VO (EU) 910/2014. (§ 12 Abs. 1 Nr. 4 GwG).

Zusammenfassend kann man sagen, dass alle diese Maßnahmen nach wie vor eher theoretischer Natur sind. Entweder sind diese bei den Verpflichteten oder bei den Geschäfts- und Vertragspartnern nicht bekannt oder nicht im Einsatz bzw. nicht mit Systemen, die mit denen des Verpflichteten kompatibel sind. Oder sie sind aus anderen Gründen unpraktisch, weil zu komplex und aufwendig. Der Begriff elektronischer Identitätsnachweis zB entstammt § 18 des Personalausweisgesetz (PAuswG). Um einen elektronischen Identitätsnachweis durchzuführen, benötigt der Nutzer einen Personalausweis oder elektronischen Aufenthaltstitel mit aktivierter Online-Ausweisfunktion (auch eID-Funktion genannt), entsprechende Software (einen eID-Client) sowie ein spezielles Ausweis-Lesegerät. Allerdings wird eID in der Praxis noch immer kaum benutzt. Abgesehen von den Bundesbehörden interessieren sich nur wenige Unternehmen für das Verfahren. Es gibt kaum Anbieter aus der Privatwirtschaft, etwa Onlinehändler, die eID unterstützen. Die VO (EU) 910/2014 verspricht den Einsatz einer sicheren, aber zugleich benutzerfreundlich(er)en Online-Signatur zB über Smartphones und Tablets – die sogenannte Fernsignatur. Sie soll eine elektronische Unterschrift ohne Signaturkarte und Lesegerät ermöglichen. Trotzdem haben sich elektronische Signaturen in der Praxis bis heute nicht durchgesetzt, wohl wegen des nach wie vor hohen organisatorischen und technischen Aufwands. Auch in der Privatwirtschaft können unter den Regeln der VO (EU) 910/2014 eID-Systeme grenzüberschreitend eingesetzt werden. Dabei wird nicht ein einheitlicher europäischer eID-Standard geschaffen, sondern es erfolgt eine gegenseitige Anerkennung der in den Mitgliedstaaten bereits vorhandenen oder künftig in den Mitgliedsländern noch einzuführenden elektronischen Identifizierungssysteme. Voraussetzung für die Nutzung im Zusammenhang mit der Identifizierung iRd GwG ist eine Notifizierung auf Sicherheitsniveau: „hoch."[75] Dazu ist Voraussetzung, dass der Mitgliedstaat das eID-System im Rahmen eines in der VO (EU) 910/2014 festgelegten Verfahrens auf dem entsprechenden Vertrauensniveau notifiziert hat. 55

Selbst wo die oben erwähnten alternativen Möglichkeiten der Überprüfung von Angaben iRd Identifizierung zur Verfügung stehen, werden diese durch zusätzliche Maßnah- 56

---

[73] BeckOK GwG/Brian/Krais, 4. Ed. 1.12.2020, GwG § 8 Rn. 23.
[74] Verordnung (EU) Nr. 910/2014 des Europäischen Parlaments und des Rates vom 23.7.2014 über elektronische Identifizierung und Vertrauensdienste für elektronische Transaktionen im Binnenmarkt und zur Aufhebung der Richtlinie 1999/93/EG, ABl. L 257, 73.
[75] BT-Drs. 18/11555, 118 zu § 12 Abs. 1 GwG.

men überfachtet und unpraktisch. So reicht zB die Verwendung einer elektronischen Signatur für Zwecke der Identifizierung einer Person nach GwG nicht aus. Vielmehr muss der Verpflichtete in diesem Fall zusätzlich *„eine Validierung der qualifizierten elektronischen Signatur vorzunehmen"* (§ 12 Abs. 1 S. 2 GwG). Diese erfolgt nach den Vorgaben des Art. 32 Abs. 1 VO (EU) 910/2014. Die Validierung ist in aller Regel Teil der Signatursoftware, die der Verpflichtete braucht, um überhaupt Signaturen erstellen und empfangen zu können. Je nach System bzw. Konfiguration wird die Validierung bei Erhalt eines signierten Dokuments automatisch durchgeführt oder nur auf Veranlassung des Nutzers. Die Validierung der Signatur umfasst insbes. die Echtheitsprüfung des Zertifikatsstatus der digitalen ID des Unterzeichners und der Dokumentintegrität. Die Echtheitsprüfung bestätigt, dass das Zertifikat des Unterzeichners vertrauenswürdig und gültig ist. Mit der Prüfung der Dokumentintegrität wird kontrolliert, ob der Inhalt einer Nachricht nach dem Anbringen der elektronischen Signatur geändert wurde bzw. ob Inhaltsänderungen vom Unterschreibenden genehmigt wurden. Die Validierung ist aufzuzeichnen (§ 8 Abs. 2 S. 7 GwG). Der Verpflichtete muss bei dieser Variante zusätzlich *„sicherstellen, dass eine Transaktion unmittelbar von einem Zahlungskonto iSd § 1 Abs. 3 ZAG erfolgt, das auf den Namen des Vertragspartners lautet und bei einem"* Kreditinstitut (Verpflichteter nach § 2 Abs. 1 S. 1 Nr. 1 GwG) oder einem Zahlungsinstitut oder E-Geld-Institut (Verpflichtete nach § 2 Abs. 1 S. 1 Nr. 3 GwG) vorgenommen wird (§ 12 Abs. 1 S. 3 GwG). Zulässig ist auch *„ein Kreditinstitut mit Sitz in einem anderen Land der EU, des EWR oder in einem anderen Drittstaat, in dem es Sorgfalts- und Aufbewahrungspflichten unterliegt, die denen der Vierten EU-Geldwäsche-Richtlinie entsprechend und die einer mit der deutschen Regelung vergleichbaren Aufsicht unterliegen"* (siehe dazu zB die Liste äquivalenter Drittländer, → § 4 Rn. 85).[76] Weitere spezielle Dokumentationsanforderungen enthält § 8 Abs. 2 S. 3 und S. 6 GwG bei Vorlage elektronischer Identitätsnachweise iSd PAuswG oder AufenthG. Schon wegen des Aufwands, der mit diesen weiteren Anforderungen verbunden ist, wird die Identifizierung mittels qualifizierter elektronischer Signatur in der Praxis nur selten in Frage kommen.

3. Videoidentifizierung

57 Angesichts der Praxisferne der Fernidentifizierung natürlicher Personen nach § 12 Abs. 1 Nr. 2–4 GwG[77] entstand schon vor der GwG-Novelle 2017 (→ § 1 Rn. 12) im Finanzsektor die Idee, die Identifizierung per Videoschaltung durchzuführen. Dies wurde von der BaFin unter bestimmten Voraussetzungen akzeptiert.[78] Mit § 13 Abs. 1 Nr. 2 GwG besteht inzwischen eine Rechtsgrundlage im GwG für die Videoidentifizierung. Sie erlaubt dazu auf Verfahren zurückzugreifen, die nicht bereits in § 12 Abs. 1 Nr. 2–5 GwG geregelt sind[79] und *„die zur geldwäscherechtlichen Prüfung der Identität geeignet sind und ein Sicherheitsniveau aufweisen, das dem in Nummer 1 genannten Verfahren* [Vorlage eines Ausweisdokuments] *gleichwertig ist."* Im Nichtfinanzsektor erlauben die Aufsichtsbehörden den Einsatz des Videoidentifizierungsverfahren bislang nicht. Sie verweisen auf das Postident-Verfahren.[80] Das ist insofern unverständlich als § 13 Abs. 1 Nr. 2 GwG nicht unter einem Anwendungsvorbehalt der Aufsichtsbehörde steht. Wenn das Verfahren im Finanzsektor für die Identifizierung ausreicht, gibt es keinen vernünftigen Grund anzunehmen, warum bei Einhaltung der dort etablierten Voraussetzungen im Nichtfinanzsektor etwas anderes gelten könnte. Einwenden muss man allerdings, dass die BaFin nach wie vor selbst bei einfachen Standardgeschäften überhöhte, nicht risikoorientierte Anforderungen stellt.[81] Auch

---

[76] So auch Herzog/Achtelik GwG § 6 Rn. 31 unter Hinweis auf § 1 Abs. 6a GwG aF.
[77] S. dazu Spoerr/Robert WM 2017, 1142 (1143).
[78] S. Ziff. III des Rundschreiben 1/2014 (GW) der Bafin vom 5.3.2014, in seiner Fassung vom 10.11.2014 (GW 1–GW 2001–2008/0003).
[79] BT-Drs. 18/11555, 118 zu § 13 Abs. 1 GwG.
[80] AuA Nichtfinanzsektor, S. 37, Ziff. 4.4.3.2.5.
[81] Spoerr/Robert WM 2017, 1142 (1144).

E. Identifizierung des Vertragspartners und auftretender Personen   § 5

die Videoidentifizierung wird daher in der aktuellen Form nicht zum Mittel der ersten Wahl werden, wenn es um die Fernidentifizierung natürlicher Personen geht. Die Identifizierung juristischer Personen oder von Personengesellschaften im Wege der Videoidentifizierung ist nicht möglich. Das Videoidentifizierungsverfahren sollte im Jahr 2020 evaluiert werden.[82] Soweit iRd Sorgfaltspflichten Ton- oder Videoaufnahmen getätigt werden, zB iRd Videoidentifizierung, gelten diese als Aufzeichnungen, § 8 Abs. 2 S. 4 GwG. Sie müssen während der Aufbewahrungsfrist aufbewahrt und zugänglich gehalten werden.

> **Praxishinweis:** 58
> Voraussetzung für eine Videoidentifizierung natürlicher Personen ist nach dem aktuellen Rundschreiben der BaFin insbesondere:
> - die Vornahme durch geschultes Personal
> - in abgetrennten, durch Zugangskontrollen gesicherten Räumlichkeiten
> - bei Vorliegen des ausdrücklichen Einverständnisses der betreffenden Person
> - und eine sichere, in Echtzeit ablaufende und end-to-end verschlüsselte Videoübertragung.[83]

4. Sonstige Identifizierungsverfahren

Die Bestimmung weiterer geeigneter Verfahren zur Überprüfung der Identität erfolgt ggf. 59 durch Rechtsverordnung des BMF (§ 13 Abs. 2 GwG). Zu diesem Zweck soll die Möglichkeit bestehen, die Verfahren zu „konkretisieren," zusätzliche Anforderungen zu stellen oder neue Identifizierungsverfahren zu bestimmen.[84] Bislang ist keine Rechtsverordnung erlassen worden. Die Verwendung von Verfahren nach § 13 Abs. 1 GwG durch die Verpflichteten steht nicht unter dem Vorbehalt der Rechtsverordnung, auch wenn diese Details der Verfahren nach § 13 Abs. 1 GwG regeln kann.

III. Identifizierung juristischer Personen/Gesellschaften

Die Identifizierung juristischer Personen und Personengesellschaften richtet sich nach § 11 60 Abs. 4 Nr. 2 GwG, § 12 Abs. 2 GwG. Juristische Personen sind insbes. Kapitalgesellschaften (zB Aktiengesellschaften, GmbHs), aber auch eingetragene Vereine (e.V.) oder rechtsfähige Stiftungen. Typische Personengesellschaften sind die Offenen Handelsgesellschaften (OHGs), Kommanditgesellschaften (KG) auch in der Sonderform der GmbH & Co KG und eingetragene Genossenschaften (eG), sowie die Gesellschaft bürgerlichen Rechts (GbR). Die GbR spielt zB bei Zusammenschlüssen von Anwälten (Anwaltssozietäten), Arztpraxen oder Architektenbüros eine Rolle, aber auch bei Erbengemeinschaften oder Hauseigentümergemeinschaften nach WEG, soweit jeweils keine Sonderformen genutzt werden, die juristische Personen sind („Anwalts-GmbH"). Schwierigkeiten kann die Einstufung von ausländischen Vertragspartnern bereiten. Wer kann schon auf Anhieb sagen, ob die niederländische „Maatschap" oder eine englische „partnership" eine juristische Person ist, oder eher einer GbR entspricht?[85] Eine sorgfältige Internet-Recherche oder Nachfragen beim Geschäfts- bzw. Vertragspartner können weiterhelfen.

Zur Identifizierung juristischer Personen und von Personengesellschaften muss der Ver- 61 pflichtete die folgenden Angaben erheben: *„Firma, Name oder Bezeichnung, Rechtsform, Re-*

---
[82] BT-Drs. 18/11555, 118 zu § 13 Abs. 1 GwG.
[83] S: Bafin, Rundschreiben 3/2017 (GW) – Videoidentifizierungsverfahren v: 10.4.2017, GZ: GW 1–GW 2002–2009/0002, https://www.bafin.de/SharedDocs/Veroeffentlichungen/DE/Rundschreiben/2017/rs_17_03_gw_videoident.html, Zugriff am 15.10.2021.
[84] BT-Drs. 18/11555, 118 zu § 13 Abs. 2 GwG.
[85] Letzteres ist der Fall, die holländische Maatschap ist wie eine deutsche GbR keine juristische Person.

gisternummer, falls vorhanden, Anschrift des Sitzes oder der Hauptniederlassung und die Namen der Mitglieder des Vertretungsorgans oder der gesetzlichen Vertreter" (§ 11 Abs. 4 Nr. 2 GwG). Bei Personengesellschaften sind gesetzliche Vertreter idR die geschäftsführenden Gesellschafter. Bei ausländischen Gesellschaften muss man ggf. die Vertretungsbefugnisse erfragen. Bekannt ist der Unterschied zwischen Executive Board Members (solchen mit geschäftsführenden Befugnissen und Vertretungsmacht) und Non-Executive Board Members (solchen, die eher Aufsichtsfunktion wahrnehmen, ähnlich wie in Deutschland Aufsichtsräte oder Beiräte). Dieses Modell findet man nicht nur in Ländern, die dem Englisch-Amerikanischen Rechtskreis angehören. Hat der Geschäfts- oder Vertragspartner eine größere Anzahl gesetzlicher Vertreter, genügt es maximal fünf davon nach Maßgabe des GwG zu identifizieren.[86] Bei der Auswahl ist man frei. Die Erhebung der Angaben kann aus öffentlich zugänglichen Quellen erfolgen (zB die Webpage des Vertragspartners), auf einer Selbstauskunft des Vertragspartners beruhen oder auf der Einsichtnahme in öffentliche Register, zB das Handelsregister. Ebenso können sich die Angaben aus Auskünften einer Handelskammer oder sonst privater Auskunftsdienste entnommen werden.

62 Anders verhält es sich bei der Überprüfung der Angaben. Diese muss bei juristischen Personen und Personengesellschaften anhand der Dokumente erfolgen, die in § 12 Abs. 2 GwG genannt sind: Es besteht insoweit kein Ermessen. Nur der Umfang der Maßnahmen zur Überprüfung kann ggf. risikoorientiert angepasst werden. Zur Überprüfung benötigt man daher alternativ:
- „*einen Auszug aus dem Handels- oder Genossenschaftsregister oder einem vergleichbaren amtlichen Register oder Verzeichnis*" (§ 12 Abs. 2 Nr. 1 GwG).
- „*Gründungsdokumente oder gleichwertige beweiskräftige Dokumente*" der Gesellschaft (§ 12 Abs. 2 Nr. 2 GwG), zB den Gesellschaftervertrag, die Satzung bzw. By-Laws, Anmeldungen und Registrierungen, etc., soweit dies noch aussagekräftig für die aktuellen Verhältnisse sind,
- „*eine eigene dokumentierten Einsichtnahme des Verpflichteten in die Register- oder Verzeichnisdaten*" (§ 12 Abs. 2 Nr. 3 GwG).

Der Einfachheit halber sollten zur Identifizierung juristischer Personen oder Personengesellschaften Handelsregisterauszüge oder andere offizielle Dokumente eingeholt werden. Damit ist gleichzeitig die Erhebung der Daten und deren Überprüfung möglich. Grds. spielt es keine Rolle, ob der Verpflichtete den Registerauszug selbst anfordert oder ihn sich vom Geschäfts- bzw. Vertragspartner im Rahmen dessen Mitwirkungspflichten (→ Rn. 44) vorlegen lässt. Bei Durchführung der Kundensorgfaltspflichten wegen eines Verdachts (→ Rn. 8) ist stets die Gefahr des Tipping-Offs (→ § 7 Rn. 74) zu beachten. Eine einfache Kopie des Registerauszugs wird normalerweise ausreichen, eine beglaubigte Kopie wird erforderlich sein, sofern das Risiko gefälschter Dokumente in einem Land besonders hoch ist. Alternativ reicht die eigene Einsichtnahme in das (insbes. elektronische) amtliche Register durch den Verpflichteten aus. In diesem Fall muss vom Verpflichteten dokumentiert werden, wann die Einsicht erfolgte, durch wen und welche Angaben verifiziert werden konnten.[87]

63 **Praxishinweis:**
Nicht alle Staaten führen ein amtliches Handels- oder Unternehmensregister. Alternative Quellen wie zB Registrierungen bei den Handelskammern sind keine amtlichen Quellen, es sei denn sie sind öffentlich-rechtlich organisiert oder haben den gesetzlichen oder sonst öffentlichen Auftrag ein entsprechendes Register zu führen. Dasselbe gilt für Auskünfte rein privater Informationsdienste, selbst wenn man davon ausgeht, dass diese ihre Informationen (überwiegend) aus aktuellen, amtlichen Registern beziehen. Zur Datenerhebung sind sie dagegen uneingeschränkt geeignet.

---

[86] BT-Drs. 17/9038, 36 zu § 4 Abs. 3 Nr. 2 GwG.
[87] BT-Drs. 18/11555, 118 zu § 12 Abs. 2 GwG.

E. Identifizierung des Vertragspartners und auftretender Personen § 5

Eine Sonderregelung gilt, sofern *„ein Mitglied des Vertretungsorgans oder der gesetzliche Vertreter eine juristische Person ist"* (§ 11 Abs. 4 Nr. 2 Buchst. e GwG aE), also zB für die GmbH & Co KG bzw. vergleichbare Konstrukte. In diesem Fall müssen Verpflichtete zunächst die Personengesellschaft (KG) in vollem Umfang gemäß § 11 Abs. 4 Nr. 2 Buchst. a–e GwG identifizieren. Zusätzlich müssen sie in Bezug auf die geschäftsführende GmbH *„Firma, Name oder Bezeichnung, Rechtsform, Registernummer, soweit vorhanden und Anschrift des Sitzes oder der Hauptniederlassung erheben"* (§ 11 Abs. 4 Nr. 2 Buchst. e GwG aE). Angaben zum Vertretungsorgan oder den gesetzlichen Vertreter der GmbH (§ 11 Abs. 4 Nr. 2 Buchst. e GwG) müssen dagegen nicht erhoben werden. Die Überprüfung der Angaben erfolgt sowohl für die KG als auch die GmbH auf dem üblichen Weg. Handelt es sich um „mehrstöckige" Gesellschafts-Konstruktionen (ist also gesetzlicher Vertreter der GmbH erneut eine Gesellschaft und keine natürliche Person) besteht nach dem Wortlaut des GwG keine Pflicht zur Erhebung oder Überprüfung von Angaben dieser weiteren GmbH. Insoweit sollten risikoorientiert und mit Blick auf einen möglichen Verdachtsfall weitere Identifizierungsmaßnahmen in Betracht gezogen werden, soweit dies zB datenschutzrechtlich zulässig ist.

64

IV. Identifizierung anderer Rechtsgestaltungen

Für die Identifizierung von Trusts, Stiftungen oder anderen Rechtsgestaltungen (→ Rn. 93) als Vertragspartner gibt es im GwG keine expliziten Vorschriften (anders als für die Bestimmung und Identifizierung des Wirtschaftlich Berechtigten). Wo kein öffentliches Register oder sonst öffentlich einsehbare Dokumente zur Verfügung stehen, wird man zB auf die Gründungsdokumente zurückgreifen müssen. Auftretende Person wird idR der Treuhänder oder Verwalter sein, der aber auch als wirtschaftlich Berechtigter gelten kann. Der Treugeber oder Stifter wird dafür in aller Regel nicht in Frage kommen. Diese Angaben sind ggf. wichtig, um die Herkunft des Vermögens zu bestimmen, wo dies notwendig wird (→ § 6 Rn. 31). Ohne Offenlegung des Stiftungsvertrags und ggf. treuhänderischer Abreden besteht keine Möglichkeit festzustellen, ob die Mittel treuhänderisch gehalten werden.[88]

65

V. Identifizierung Auftretender Personen

Abgesehen vom Geschäfts- bzw. Vertragspartner muss die *„gegebenenfalls für ihn auftretende Person identifiziert"* werden. Außerdem muss *„geprüft werden, ob diese berechtigt ist"* für den Geschäfts- bzw. Vertragspartner aufzutreten (§ 10 Abs. 1 Nr. 1 GwG). Die Vorschrift beruht auf Vorgaben des Art. 13 RL (EU) 2015/849. Danach sollen sich die Verpflichteten vergewissern, dass jede Person, die vorgibt, im Namen des Kunden zu handeln, dazu berechtigt ist und die Identität dieser Person feststellen und überprüfen. Die (nicht vollständige) Umsetzung der Vorgaben im GwG erfolgte aus unbekannten Gründen bereits im Juni 2016, ein Jahr vor der GwG-Novelle 2017 (→ § 1 Rn. 12).[89] Für die Identifizierung auftretender Person gelten dieselben Vorgaben und Maßstäbe der §§ 11 Abs. 4 Nr. 1 und Nr. 2 bzw. § 12 Abs. 1 und 2 GwG, je nachdem ob es sich – wie in der Mehrzahl der Fälle – um eine natürliche Person handelt oder – was seltener vorkommt – um eine Gesellschaft. Welcher Personenkreis von der Vorschrift erfasst ist, ist dem GwG selbst nicht zu entnehmen.[90] Auch die RL (EU) 2015/849 macht dazu keine Angaben. In der Gesetzes-

66

---

[88] So auch Danda NJOZ 2021, 801 (804).
[89] Gesetz zur Umsetzung der Richtlinie über die Vergleichbarkeit von Zahlungskontoentgelten, den Wechsel von Zahlungskonten sowie den Zugang zu Zahlungskonten mit grundlegenden Funktionen v. 11.4.2016, BGBl. 2016 I 720.
[90] Scherp CB 2017, 275 (277).

begründung wird auf Bevollmächtigte und Boten des Vertragspartners verwiesen,[91] also Personen, die *rechtsgeschäftlich* oder *tatsächlich* für den Geschäfts- oder Vertragspartner handeln. Auf Basis gesetzlicher Befugnisse handeln die gesetzlichen Vertreter (Geschäftsführer, Vorstände, geschäftsführende Gesellschafter, Partner, etc). Als rechtsgeschäftliche Vertreter kommen zB Prokuristen, Handlungsbevollmächtigte, aber auch Mitarbeiter des Vertragspartners in Frage, die aufgrund einer Anscheins- oder Duldungsvollmacht handeln sowie Personen mit General- oder Sondervollmachten. Als Bote kommt im Grunde jedermann in Betracht, eine besondere Funktion oder Stellung ist nicht erforderlich. Vertreten wird, dass die Vorschrift Personen nicht erfasst, die als Organe oder Angestellte des Geschäfts- bzw. Vertragspartners in seinen Geschäftsbetrieb integriert sind.[92] An anderer Stelle wird vertreten, dass sich die Pflicht generell nicht auf Personen bezieht, die auf Seiten des Geschäftspartners im Rahmen einer bestehenden Geschäftsbeziehung agieren.[93] Die Gesetzesmaterialien nahmen die gesetzlichen Vertreter vom Anwendungsbereich der Vorschrift aus, weil die Feststellung ihrer Namen bereits Teil der Identifizierung der Gesellschaft sei.[94] Die Identifizierung der auftretenden (handelnden) Personen geht aber weiter als die Feststellung der Namen der gesetzlichen Vertreter des Vertrags- oder Geschäftspartners iRd allgemeinen Sorgfaltspflichten. Soweit ein gesetzlicher Vertreter für den Geschäfts- oder Vertragspartner auftritt, kann man daher der Meinung sein, dass er in vollem Umfang nach den Vorschriften der § 11 Abs. 4 GwG, § 12 Abs. 1, 2 GwG identifiziert werden muss,[95] während für alle anderen (im konkreten Fall nicht handelnden) gesetzlichen Vertreter die Feststellung ihrer Namen ausreicht. Für Güterhändler wird diese Auslegung angesichts der begrenzten Auslöseetatbestände selten praktische Bedeutung erlangen. Generell muss man darauf abstellen, dass die Person *„für den Vertrags- oder Geschäftspartner"* handelt *(„auftritt")*. Sie müssen also für die Begründung der Geschäftsbeziehung oder die Durchführung einer Transaktion nicht nur eine völlig untergeordnete Rolle spielen. Erfasst sind federführende Verhandlungspartner, die für den Vertragspartner auftreten, aber nicht jede Person, die beim Vertragspartner beschäftigt ist und die dort Berührung mit einem Vorgang hat, der die geldwäscherechtlichen Pflichten auslöst. Sinn und Zweck der erweiterten Identifizierungspflicht kann nicht sein, eine Vielzahl von Mitarbeitern des Vertragspartners oder gar seine Handelsvertreter zu identifizieren,[96] weil diese iRd Angebots- oder Vertragsklärung, bei Verhandlungen oder bei der Abwicklung eines Geschäfts mitwirken. Damit würden die Identifizierungspflichten entgegen dem risikobasierten Ansatz (→ § 12 Rn. 14) völlig überdehnt. Gerade bei größeren Vorhaben im Ausland kann es vorkommen, dass Kundendelegationen dutzende Personen umfassen und dass im Rahmen von Kundenkontakten zT vielfach wechselnde Angestellte oder Vertreter des Vertragspartners beteiligt sind, die man nicht näher kennt und nie näher kennen lernen wird. Es ist schlicht unrealistisch zu erwarten, dass der Güterhändler jedes Mal bei einem neuen Gesprächspartner auf Seiten seines Geschäftspartners zunächst den Ausweis verlangt! Mit dem Begriff *„auftreten"* ist vermutlich nicht gemeint, dass die Person persönlich anwesend sein muss. Diese Auslegung stünde im Einklang mit der früheren Rechtslage. Danach mussten Verpflichtete (ausschließlich) die Person identifizieren, die (persönlich) gegenüber dem Mitarbeiter eines Kredit- und Finanzinstituts erschien und sich zB als Bote oder Bevollmächtigter des Vertragspartners zu erkennen gab.[97] In der Praxis wird aber nicht nach der Anwesenheit der auftretenden Personen unterschieden, sondern jede Person einer Identifizierung unterzogen, die ausdrücklich oder implizit vorgibt für den Geschäfts- oder Vertragspartner zu handeln. Zusätzlich zur Identifizierung muss die Berechtigung der Person überprüft werden, für den Vertrags-

---

[91] BT-Drs. 18/7204, 99, zu § 3 Abs. 1 Nr. 1 GwG.
[92] Klugmann NJW 2017, 2888; Scherp CB 2017, 275 (277).
[93] Zentes/Glaab/Sonnenberg GwG § 10 Rn. 25.
[94] BT-Drs. 18/7204, 99, zu § 3 Abs. 1 Nr. 1 GwG.
[95] Krais CCZ 2016, 185 (186); aA Klugmann NJW 2017, 2888.
[96] Ebenso Scherp CB 2017, 275 (277).
[97] § 2 Abs. 1 bzw. § 3 GwG 1993.

partner aufzutreten. Dabei geht es um die zivilrechtliche Vertretungsbefugnis und deren Umfang bzw. den Auftrag an den Boten und dessen Inhalt. Die Prüfung erfolgt durch Vorlage einer Vollmacht oder Rückversicherung beim Vertragspartner, ob die Person von ihm beauftragt wurde. Soweit die Vertretung oder das Auftreten als Bote aus den äußeren Umständen offensichtlich ist, besteht nach allgemeiner Meinung keine Pflicht zur aktiven Nachforschung. Nur in Zweifelsfällen muss diese Frage abgeklärt werden.[98]

Beispiel: 67
Güterhändler Müller GmbH verhandelt über einen Vertrag mit einem bis dato nicht bekannten Geschäftspartner, einer GmbH mit Sitz in Deutschland. Verhandlungsführer ist eine Person, die sich informell als Gründer und Eigentümer der Firma zu erkennen gibt. Im Handelsregister ist die Person aber nicht vermerkt. Sie ist weder Geschäftsführer noch Prokurist der Firma. Unterstellt es liegt ein Auslösetatbestand vor, muss iRd allgemeinen Sorgfaltspflichten diese Person identifiziert und ihre Vertretungsbefugnis verifiziert werden. Sie ist *„auftretende Person."*

F. Identifizierung des wirtschaftlich Berechtigten

I. Abklärungs- und Identifizierungspflicht

Zu den Allgemeinen Sorgfaltspflichten gehört die *„Abklärung, ob der Vertragspartner für einen* 68 *wirtschaftlich Berechtigten handelt und soweit dies der Fall ist, die Identifizierung des wirtschaftlich Berechtigten"* nach Maßgabe des § 11 Abs. 5 GwG (§ 10 Abs. 1 Nr. 2 GwG). Die sprachliche Unterscheidung zwischen Abklärung und Identifizierung stammt noch aus der Zeit bevor mit der Schaffung des fiktiv wirtschaftlich Berechtigten in § 3 Abs. 2 S. 5 GwG (→ Rn. 89) dafür Sorge getragen wurde, dass jede Gesellschaft letztlich einen wirtschaftlich Berechtigten nennen kann. Die Abklärungspflicht umfasst im Wesentlichen alle Maßnahmen, um den wirtschaftlich Berechtigten zu bestimmen. Mit der Identifizierung des wirtschaftlich Berechtigten sollen Strohmanngeschäfte unterbunden und die Person sichtbar gemacht werden, in deren wirtschaftlichem oder rechtlichem Interesse eine Transaktion erfolgt[99] oder eine Geschäftsbeziehung begründet wird. Verschachtelte, mehrstufige Unternehmensstrukturen sind auch bei verhältnismäßig geringem Kapitaleinsatz geeignet, diese Person zu verschleiern und damit solche Strukturen für Zwecke der Geldwäsche oder Terrorismusfinanzierung zu missbrauchen.[100] Sind mehrere natürliche Personen Wirtschaftlich Berechtigte, muss ggf. die Identität aller Personen festgestellt und überprüft werden.

II. Wer ist wirtschaftlich Berechtigter?

Definition: 69
Wirtschaftlich Berechtigter ist gemäß § 3 Abs. 1 GwG *„die natürliche Person in deren Eigentum (Nr. 1, 1. Alt.) oder unter deren Kontrolle (Nr. 1, 2. Alt.) eine juristische Person, sonstige Gesellschaft oder eine Rechtsgestaltung iSd Abs. 3 letztlich steht oder die natürliche Person, auf deren Veranlassung eine Transaktion letztlich durchgeführt oder eine Geschäftsbeziehung letztlich begründet wird (Nr. 2)."*

---
[98] BeckOK GwG/Krais, 4. Ed. 1.12.2020, GwG § 10 Rn. 16; Herzog/Figura GwG § 10 Rn. 9.
[99] BT-Drs. 16/9038, 30, zu § 1 Abs. 6 GwG.
[100] BT-Drs. 18/11555, 108 zu § 3 GwG.

70 Wer wirtschaftlich Berechtigter (WB) bzw. *„ultimate beneficial owner"* (oder UBO) iSd GwG ist, wird in § 3 Abs. 1 GwG definiert. Die weiteren Abs. 2–4 enthalten systematisch ungeordnet Auslegungsregeln bzw. Anwendungsbeispiele. Beim Wirtschaftlich Berechtigten iSd GwG handelt es sich immer und ausschließlich um eine oder mehrere natürliche Personen. Abweichend von wirtschaftlichen und steuerrechtlichen Überlegungen ist eine juristische Person, Personengesellschaft oder sonstige Vereinigung niemals wirtschaftlich Berechtigter iSd GwG. Die Definition unterscheidet drei Gestaltungen (§ 3 Abs. 1 GwG):
- (rechtliches) Eigentum am Vertragspartner,
- (wirtschaftliche) Kontrolle über den Vertragspartner oder
- Handeln (des Vertragspartners) auf Veranlassung (des wirtschaftlich Berechtigten).

71

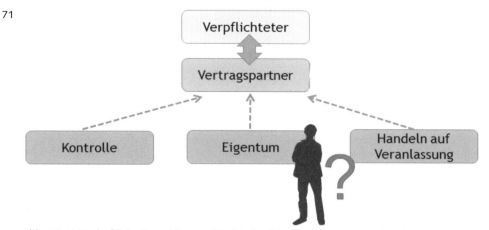

Abb. 12: Wirtschaftliche Berechtigung iSd. § 3 GwG kann sich aus unterschiedlichen Gründen ergeben.

72 Durch das TrFinInfoG (→ § 1 Rn. 12) wurde der Wortlaut des § 3 GwG angepasst. Bislang wurde dort auf den wirtschaftlich Berechtigten des *„Vertragspartners"* Bezug genommen, jetzt auf den *„einer juristischen Person, sonstigen Gesellschaft oder Rechtsgestaltung."* Hintergrund ist, dass die Vorschrift seit der GwG-Novelle 2017 sowohl für die Bestimmung des wirtschaftlich Berechtigten iRd Sorgfaltspflichten als auch für Zwecke des Transparenzregisters anwendbar ist. Die Bezugnahme allein auf den Vertragspartner war irritierend[101] bzw. sachlich falsch. Der 2017 eingetretene Funktionswandel der Vorschrift war bisher im Wortlaut nicht vollzogen worden. Eine inhaltliche Änderung der Grundsätze zur Bestimmung des wirtschaftlich Berechtigten war mit der Änderung nicht verbunden.

73 **Praxishinweis:**
Die Grundsätze des § 3 GwG zur Bestimmung des wirtschaftlich Berechtigten gelten analog zur Bestimmung des wirtschaftlich Berechtigten für Zwecke des Transparenzregisters (→ § 11 Rn. 1), allerdings weichen die AuA BVA gegenüber der Verwaltungspraxis außerhalb des Transparenzregisters in bestimmten Konstellationen ab (→ Rn. 88). Es ist daher wichtig, die jeweilige Auslegungspraxis der Aufsichtsbehörden für den jeweiligen Zweck im Blick zu behalten.

74 § 3 Abs. 2–4 GwG enthält Auslegungsregeln und Beispiele für wirtschaftliches Eigentum iSd GwG. *„Zu den wirtschaftlich Berechtigten zählen [...] die in den Absätzen 2 bis 4 aufge-*

---

[101] Bode/Gätsch NZG 2012. 437 (438).

F. Identifizierung des wirtschaftlich Berechtigten

führten natürlichen Personen" (§ 3 Abs. 1 S. 2 GwG). Diese Aufzählung ist nicht abschließend (*"insbesondere"*). Die Erstellung eines abschließenden Katalogs ist aufgrund der Vielzahl denkbarer Gestaltungen nicht möglich. Für die Bestimmung des wirtschaftlich Berechtigten ergibt sich daraus, dass stets geprüft werden muss, ob nicht im konkreten Fall aus anderen als den in den Abs. 2–4 genannten Gründen Wirtschaftliches Eigentum einer natürlichen Person vorliegt. Es darf vor allem keine ausschließliche Bestimmung anhand der Kapitalanteile (Eigentumsquoten) versucht werden. Genau genommen ist die (sichere) Bestimmung wirtschaftlichen Eigentums ohne Mitwirkung des Vertrags- und Geschäftspartners nicht möglich, da zB Treuhandvereinbarungen nicht öffentlich sind. Wirtschaftliches Eigentum wird auf Basis der Auslegungsregeln nicht nur vermutet, sondern unwiderlegbar festgestellt. Ob die Person, die nach den Grundsätzen der § 3 Abs. 2–4 GwG wirtschaftlich Berechtigter ist, davon weiß oder ob es ihr gefällt, ist unerheblich; ebenso ob sie die Rechte, die mit der Stellung einer gehen, zB Stimmrechte, tatsächlich ausübt.

1. Rechtliches Eigentum

Wirtschaftlich Berechtigter ist jede *"natürliche Person, in deren Eigentum [...] eine juristische Person, sonstige Gesellschaft oder eine Rechtsgestaltung iSd Abs. 3 letztlich steht"* (§ 3 Abs. 1 Nr. 1 GwG). Unter sonstigen Gesellschaften sind vor allem Personengesellschaften zu verstehen. Auf diese ist die Vorschrift genau genommen nicht unmittelbar anwendbar, weil sie keine verselbständigten Kapitalanteile haben, an denen Eigentum begründet werden könnte. Unabhängig davon kann man auf Basis der Einlagen die Haftungs- und Kapitalquoten (wirtschaftlich) berechnen, was streng genommen eine Form der Kontrolle ist. Mit Eigentum iSd § 3 Abs. 1 Nr. 1 GwG ist nicht Alleineigentum (100%) oder eine Mehrheit der Anteile (> 50%) gemeint. Vielmehr zählt *"jede natürliche Person zu den wirtschaftlich Berechtigten, die mehr als 25% der Kapitalanteile"* hält (§ 3 Abs. 2 Nr. 1 GwG) bzw. kontrolliert. Die Vorschrift unterscheidet nicht zwischen in- und ausländischen Gesellschaften.[102] Anteile, die eine Gesellschaft an sich selbst hält, werden bei der Berechnung der Kapitalquoten nicht berücksichtigt.[103] Kontrolliert eine Person mittelbar und unmittelbar bestimmte Kapitalanteile oder Stimmrechte, so werden diese zusammengerechnet.[104] Für Rechtsgestaltungen wie Trusts und Stiftungen gelten besondere Regelungen, da sie nicht im Eigentum von Personen stehen. Das umfasst auch rechtsfähige Stiftungen, obwohl sie juristische Person sind. Bevollmächtigte sind nicht wirtschaftlich Berechtigte, es sei denn sie halten treuhänderisch Kapitalanteile von mehr als 25% oder die Vollmacht ist so atypisch mit Rechten ausgestaltet, dass man von Kontrolle iSd § 3 Abs. 2 GwG ausgehen muss bzw. von einer Treuhand.[105] Hat eine Gesellschaft natürliche Personen als Anteilsigner, die zwar bis zu 25% der Anteile halten, aber nicht mehr, dann sind diese zunächst nicht nach § 3 Abs. 1 Nr. 1 Alt. 1 GwG wirtschaftlich Berechtigte (Streubesitz). Da man in diesen Fällen nie ausschließen kann, dass ein wirtschaftlich Berechtigter nach den Maßstäben der (ggf. mittelbaren) Kontrolle (→ Rn. 80), wirtschaftlich Berechtigter ist, ist zunächst zu ermitteln, ob eine Person aus anderen Gründen als wegen der Eigentumsquoten „echter" wirtschaftlich Berechtigter ist. Wo dies nicht der Fall ist bzw. die Prüfung kein Ergebnis liefert, gelten alle (!) gesetzlichen Vertreter gemäß § 3 Abs. 2 S. 5 GwG als fiktive wirtschaftlich Berechtigte.[106]

---

[102] BT-Drs. 16/9038, 30 zu § 1 Abs. 6 GwG.
[103] BVA, Auslegungshinweise, S. 7, B.I.5.; zust. Nordhues/Zenker GWR 2021, 138 (140).
[104] BVA, Auslegungshinweise, S. 8, B.I.6.
[105] BVA, Auslegungshinweise, S. 8, B.I.8.
[106] BVA, Auslegungshinweise, S. 6, zu B.I.1.

76 **Praxishinweis:**
Definitionsgemäß ist unerheblich, ob die Anteile von mehr als 25 % direkt oder indirekt gehalten werden. „Indirektes" (rechtliches) Eigentum gibt es aber nicht. Es handelt sich dabei um eine Form des wirtschaftlichen Eigentums iSd der (indirekten) Kontrolle der Anteile bei mehrstufigen Beteiligungsformen. Genau genommen ist die „mehr als 25 %-Regel" daher nur anwendbar auf der ersten Beteiligungsebene bzw. in Bezug auf den unmittelbaren Gesellschafter/Eigentümer einer Gesellschaft.

2. Stimmrechte

77 Das GwG geht von wirtschaftlichem Eigentum aus bei *„jeder natürlichen Person, die mehr als 25 % der Stimmrechte kontrolliert"* (§ 3 Abs. 2 S. 1 Nr. 2 GwG). Dabei handelt es sich trotz der Nennung in einem Atemzug mit den Kapitalanteilen um eine Form der Kontrolle (→ Rn. 80). In der Regel entspricht die Eigentumsquote an den Kapitalanteilen einer Gesellschaft der Anzahl von Stimmrechten in der Gesellschafterversammlung. Wer mehr als 25 % der Stimmrechte einer Gesellschaft ausüben kann, wird daher vielfach eine entsprechend höhere Quote der Anteile halten und wirtschaftlich Berechtigter kraft Eigentums (→ Rn. 75) sein. Zwingend ist dies aber nicht. So können je nach den Gegebenheiten des jeweiligen Gesellschaftsrechts zB Anteile ohne Stimmrechte ausgegeben werden, Stimmrechte eingeschränkt oder begrenzt, verpfändet oder nur auf Anweisung anderer ausgeübt werden (Stimmrechtsbindung). Ebenso können bestimmten Anteilseignern, meist wichtigen Kapitalgebern, zum Schutz ihrer Investition allgemein oder in bestimmten Fragen Veto-Rechte oder auch eine höhere Anzahl von Stimmrechten eingeräumt werden, als es formal ihrer Kapitalquote entspricht. Denkbar sind auch Abreden zwischen den Gesellschaftern oder zwischen Gesellschaftern und Dritten, die Einfluss auf die Zahl der Stimmrechte haben, die eine Person tatsächlich kontrolliert. Wer auf diese Weise mehr als 25 % der Stimmrechte der Eigentümerversammlung ausüben (lassen) kann oder sie kontrolliert, ist ebenfalls wirtschaftlich Berechtigter, egal ob die Person überhaupt Anteile am Geschäfts- oder Vertragspartner hält. Es ist nicht nötig, dass man Stimmrechte persönlich und tatsächlich ausübt; ausreichend ist, dass man sie aufgrund von Vereinbarungen oder aus anderen Gründen „kontrolliert" und ausüben könnte.

78 **Beispiel:**
A hält an der Beliebig GmbH 30 % der Anteile. Seine Stimmrechte über er jedoch aufgrund einer Abrede mit B, der 10 % der Anteile an der GmbH hält, nur im Einvernehmen mit diesem aus. A ist wegen seiner Beteiligung (> 25 %) nach § 3 Abs. 2 S. 1 Nr. 1 GwG unwiderlegbar wirtschaftlich Berechtigter der GmbH kraft Eigentums. Auf die Ausübung der Stimmrechte kommt es nicht an. B ist wirtschaftlich Berechtigter nach § 3 Abs. 2 S. 1 Nr. 2 GG, weil er zusätzlich die Stimmrechte des A kontrolliert und damit mehr als 25 % der Stimmrechte insgesamt.

F. Identifizierung des wirtschaftlich Berechtigten § 5

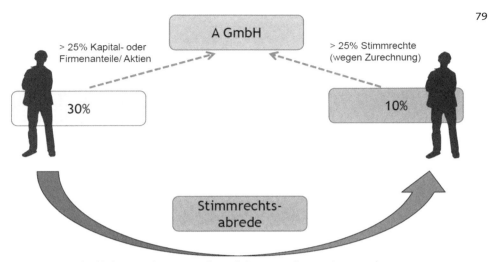

Abb. 13: Wirtschaftliche Berechtigung aufgrund der Kontrolle von Stimmrechten.

3. Kontrolle

Wirtschaftlich Berechtigter iSd GwG ist des Weiteren „*jede natürliche Person, unter deren Kontrolle eine juristische Person, sonstige Gesellschaft oder eine Rechtsgestaltung iSd Abs. 3 letztlich steht*" (§ 3 Abs. 1 Nr. 1 GwG). Kontrolle kann auf vielfältige Weise ausgeübt werden, ohne dass eine Beteiligung vorliegt oder Einfluss auf die Stimmrechte oder deren Verteilung genommen wird. Beispiele für Kontrolle sind in § 3 Abs. 2 S. 2–4 GwG aufgezählt. Die Darstellung im GwG ist allerdings unübersichtlich und systematisch fragwürdig. Die Generalklausel (direkter, wie indirekter) Kontrolle ergibt sich aus § 3 Abs. 2 S. 3, 4 GwG. Danach liegt wirtschaftliches Eigentum auf Basis von Kontrolle immer dann vor, „*wenn eine natürliche Person [...] einen beherrschenden Einfluss auf eine Vereinigung iSd § 20 Abs. 1 GwG ausüben kann. Für das Bestehen eines [...] beherrschenden Einflusses gilt § 290 Abs. 2 bis 4 HGB entsprechend.*" Wirtschaftliches Eigentum aufgrund von Kontrolle besteht demnach unabhängig von der Beteiligungsquote, zum Beispiel, wenn einer natürlichen Person, die Gesellschafter ist, das Recht zusteht, die Mehrheit der Mitglieder des Verwaltungs-, Leitungs- oder Aufsichtsorgans beim Geschäftspartner zu bestellen oder abzuberufen (§ 290 Abs. 2 Nr. 2 HGB) oder wenn ein Beherrschungsvertrag besteht oder Regelungen in der Satzung des Geschäftspartners der Person erlauben, die Finanz- und Geschäftspolitik zu bestimmen (§ 290 Abs. 2 Nr. 3 HGB).

> **Praxishinweis:**
> Vereinigungen iSd § 20 Abs. 1 GwG sind juristische Personen und Personengesellschaften. Der Verweis ist insofern unglücklich als für die Zwecke des Transparenzregister (§§ 18 ff. GwG) mit wenigen Ausnahmen nur im Inland ansässige und (zB im Handelsregister) registrierte juristische Personen und Personenvereinigungen relevant sind (→ § 10 Rn. 8). Die Auslegungsvorschrift in § 3 Abs. 2 S. 3 GwG ist dagegen auf jegliche juristische Person oder Personenvereinigung im In- und Ausland anwendbar unabhängig von ihrer Registrierung oder der Pflicht Mitteilungen an das deutsche Transparenzregister zu erstatten.

4. Handeln auf Veranlassung

82 Wirtschaftlich Berechtigter ist des Weiteren jede natürliche Person, *„auf deren Veranlassung eine Transaktion letztlich durchgeführt oder eine Geschäftsbeziehung letztlich begründet wird"* (§ 3 Abs. 1 S. 1 Nr. 2 GwG). Redundant und ohne eigene Bedeutung ist die Regelung, wonach *„zu den Wirtschaftlich Berechtigten derjenige zählt, auf dessen Veranlassung die Transaktion durchgeführt wird."* (§ 3 Abs. 4 S. 1 GwG). Abgestellt werden soll nicht auf den formal Beteiligten, sondern auf den Veranlasser oder Hintermann (Auftraggeber). Praktisch relevant ist dies vor allem bei Treuhandverhältnissen. Entsprechend gilt: *„Soweit der Vertragspartner als Treuhänder handelt, handelt er auf Veranlassung"* (§ 3 Abs. 4 S. 2 GwG). Wirtschaftlich Berechtigter ist idR der Treugeber. Der Treuhänder ist ggf. daneben wirtschaftlich Berechtigter, wenn er zB mehr als 25 % der Kapitalanteile einer Gesellschaft treuhändisch hält oder entsprechende Kontrolle ausübt. Entsprechendes gilt bei Strohmann-Konstellationen, wo im Grunde genommen der Treugeber unbekannt ist und verdeckt bleiben soll. Handeln auf Veranlassung entspricht im Wesentlichen dem Handeln in eigenem Namen aber auf Rechnung eines Dritten.[107] Boten und Vertreter (Bevollmächtigte) (→ Rn. 66) handeln auch für Dritte, jedoch nicht in eigenem Namen, sondern explizit für den Vertretenen bzw. Auftraggeber. Sie werden nicht Vertragspartner. Daher liegt bei ihrem Auftreten idR kein Handeln auf Veranlassung vor. Durch sie werden für den Vertretenen unmittelbar Rechte und Pflichten begründet. Bevollmächtigte sind ausnahmsweise wirtschaftlich Berechtigte, wenn sie treuhänderisch agieren und in dieser Eigenschaft die Voraussetzungen für wirtschaftliches Eigentum erfüllen oder wenn die Vollmacht so atypisch mit Rechten ausgestaltet ist, dass man von Kontrolle iSd § 3 Abs. 2 GwG ausgehen muss.[108] Relevant ist die Figur des Handelns auf Veranlassung vor allem, wenn der Geschäfts- oder Vertragspartner eine natürliche Person ist. Denn Eigentum oder Kontrolle an einer natürlichen Person gibt es definitionsgemäß nicht, handeln auf Veranlassung dagegen schon. Die praktische Bedeutung des Konzepts ist allerdings eher gering. Denn Treuhandverhältnisse sind nur erkennbar, wenn diese offengelegt werden.

83 **Praxishinweis:**

Ähnliches gilt bei einer treuhändischen Stiftung. Dabei handelt es sich um eine nicht rechtsfähige, unselbstständige Vermögensmasse, über die der Treuhänder unmittelbar und eigenrechtlich verfügt. Sie unterliegt keiner behördlichen Aufsicht und wird nicht im Transparenzregister eingetragen.[109]

5. Mittelbare Wirtschaftliche Berechtigung

84 Für die Frage der wirtschaftlichen Berechtigung spielt es keine Rolle, ob eine natürliche Person direkt („unmittelbar") oder indirekt („mittelbar") Eigentum oder Kontrolle hat bzw. direkt oder indirekt auf Veranlassung eines wirtschaftlich Berechtigten handelt. Dies kann ggf. über mehrere Beteiligungsebenen hinweg erfolgen oder durch die Zwischenschaltung von Treuhandverhältnissen. Gerade bei Unternehmensgruppen (Beteiligungsketten oder mehrstufigen Beteiligungsverhältnisse) wird man häufig Sachverhalte finden, bei denen natürliche Personen eine Gesellschaft nicht selbst (direkt), sondern indirekt, über eine oder mehrere Zwischengesellschaften kontrollieren. Dabei besteht die Besonderheit, dass die wirtschaftliche Berechtigung bei mehrstufigen Beteiligungsverhältnissen ab der zweiten Beteiligungsebene eine Mehrheitsbeteiligung (> 50 %) verlangt,[110] während auf der ersten Stufe mehr als 25 % ausreichen. Alternativ reicht auch eine andere Form des

---

[107] Zentes/Glaab/Kaetzler GwG § 3 Rn. 94.
[108] BVA, Auslegungshinweise, S. 8, B.I.8.
[109] So auch Danda NJOZ 2021, 801 (804).
[110] Herzog/Figura GwG § 3 Rn. 12.

F. Identifizierung des wirtschaftlich Berechtigten   § 5

beherrschenden Einflusses (§ 3 Abs. 2 S. 2–4 GwG). Dies steht im Einklang mit der Verwaltungspraxis der Aufsichtsbehörden und soll im Gesetz mithilfe der Begriffe: „Kontrolle" und „mittelbare Kontrolle" klargestellt sein.[111] Das GwG liefert dazu in § 3 Abs. 2 S. 2 GwG ein passendes Beispiel. Danach liegt *„mittelbare Kontrolle insbes. vor, wenn entsprechende Anteile von einer oder mehreren Vereinigungen nach § 20 Abs. 1 GwG gehalten werden, die von einer natürlichen Person kontrolliert werden."*

Beispiel: 85

An der Müller GmbH sind die beiden juristischen Personen A und B zu 10 % bzw. 30 % beteiligt. A und B sind keine natürlichen Personen, daher nicht (unmittelbar) wirtschaftlich Berechtigte. Die übrigen (unmittelbaren) Gesellschafter der Müller GmbH sind allesamt natürliche Personen, aber nicht wirtschaftlich Berechtigte. A und B sind jeweils unter der Kontrolle iSd eines beherrschenden Einflusses von Herrn Müller, dem Firmengründer. Herr Müller ist daher (mittelbarer) wirtschaftlich Berechtigter der Müller GmbH gemäß § 3 Abs. 2 S. 2 GwG (mittelbare Kontrolle).

86

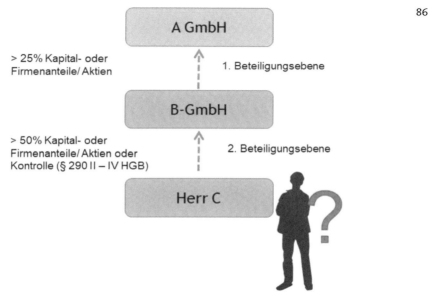

Abb. 14: Wirtschaftliches Eigentum bei mehrstufigen Beteiligungsverhältnissen setzen ab der 2. Beteiligungsstufe eine Mehrheit der Anteile oder Kontrolle iSd beherrschenden Einfluss' voraus.

Weiteres Beispiel: 87

An der B GmbH ist die D GmbH mit 30 % beteiligt. Die weiteren Anteile sind im Streubesitz (→ § 5 Rn. 75). Die natürliche Person C hält 55 % der Anteile an der D GmbH. Er kontrolliert damit die D GmbH und deren Stimmverhalten in der Hauptversammlung der B GmbH und damit indirekt den 30 %igen Anteile an der B GmbH. C ist daher (unmittelbar) wirtschaftlich Berechtigter der B GmbH (aufgrund von Eigentum, § 3 Abs. 2 Nr. 1 GwG) und (mittelbar) wirtschaftlich Berechtigter der D GmbH aufgrund von Kontrolle bzw. seines beherrschenden Einflusses über den kontrollierenden Anteilseigner D GmbH.

---

[111] BT-Drs. 18/11555, 108 zu § 3 GwG.

Variante:

An der B GmbH sind die D GmbH zu 15 % und die E-GmbH zu 15 % beteiligt. Beide, die D GmbH und die E GmbH sind jeweils im Mehrheitsbesitz der natürlichen Person C. C ist auch in diesem Fall wirtschaftlich Berechtigter der B GmbH.

6. Verhinderungsbeherrschung

88 Die AuA BVA (→ § 1 Rn. 13) weichen bei der Frage, wer wirtschaftlich Berechtigter ist, zum Teil von der bisherigen Verwaltungspraxis der BaFin ab. Das betrifft vor allem die sogenannte Verhinderungsbeherrschung bei mehrstufigen Beteiligungsverhältnissen. Dabei geht es um Sonderfälle, in denen abweichend von den Kapitalanteilen oder Stimmrechten einzelnen Gesellschaftern *Zustimmungs- bzw. Vetorechte oder Widerspruchsrechte* zustehen, bestimmte *Beteiligungsquoten für Entscheidungen* der Gesellschafterversammlung erforderlich sind oder in denen sogenannte *Stimmbindungs- und Poolverträge, Konsortialabreden* oder *Treuhand-Vereinbarungen* (→ Rn. 82) bestehen.[112] Das BVA geht davon aus, dass es zur Begründung der wirtschaftlichen Berechtigung im Wege der Kontrolle iSd § 3 Abs. 2 S. 3 GwG ausreicht, wenn die Mitwirkung (Zustimmung) eines Gesellschafters aus gesetzlichen oder gesellschaftsvertraglichen Gründen zwingend ist und er durch seine Weigerung einen Beschluss verhindern kann („Verhinderungsbeherrschung"). Unklar bleibt, ob es dabei nur um Grundsatzbeschlüsse oder Satzungsänderungen geht oder praktisch um jeden Beschluss der Hauptversammlung. Ebenso ist unklar, ob zB ein reines Anwesenheitsquorum für die Beschlussfähigkeit der Hauptversammlung bereits entsprechende Kontrolle vermittelt.[113] Problematisch ist die Auslegung vor allem, weil die Verhinderungsbeherrschung nach der Auslegung des BVA auch mittelbare Kontrolle verschafft: Die „Verhinderungsbeherrschung" (unmittelbare Kontrolle) bei der Muttergesellschaft soll in mehrstufigen Beteiligungsverhältnissen mittelbare Kontrolle und Wirtschaftliches Eigentum an den Tochtergesellschaften begründen. Bislang gilt auf jeder Beteiligungsstufe das „Alles-oder-Nichts"-Prinzip, dh entweder besteht dort Kontrolle oder nicht. Die Auslegung des BVA wurde zu Recht kritisiert, weil sie den Wertungen des Konzernrechts widerspricht, von dem der Gesetzgeber in § 3 GwG erkennbar ausgeht.[114] Sie führt unnötig zu einer deutlichen Ausweitung der Eintragungspflichten im Transparenzregister.[115] Es besteht keinerlei Bedarf für die damit einhergehende Ausweitung des Kreises der wirtschaftlich Berechtigten. Das BVA hat seine Linie zuletzt etwas korrigiert. Die Verhinderungsbeherrschung der Muttergesellschaft durch eine natürliche Person führt daher nur noch zur (mittelbaren) Wirtschaftlichen Berechtigung in Bezug auf die Tochtergesellschaft, wenn die natürliche Person über diese Rechte die Muttergesellschaft faktisch kontrolliert oder deren Transaktionen letztlich veranlasst.[116] Vor dem Hintergrund, dass das BVA der Verhinderungsbeherrschung genau diese Wirkung zuschreibt, bleibt unklar, was dies in der Praxis bedeutet. Die weitere Entwicklung bleibt daher abzuwarten. Dass das BVA seine Auslegung vollständig kassiert, ist eher nicht zu erwarten. Zu beachten ist, dass für die Eintragung im Transparenzregister jeweils die Auslegung des BVA maßgeblich ist.

7. Fiktive Wirtschaftliche Berechtigung

89 Nach den Regeln des § 3 Abs. 1 und 2 GwG lässt sich nicht in jedem Fall ein „*echter*" wirtschaftlich Berechtigter bestimmen. Er fehlt zB, wenn eine Gesellschaft in Streubesitz ist, dh keiner der Gesellschafter hält mehr als 25 % der Anteile bzw. kontrolliert entspre-

---

[112] BVA, Auslegungshinweise, S. 10 ff., B.II.
[113] Nordhues/Zenker GwR 2021,138 (139).
[114] BT-Drs. 18/11555, 109, zu § 3 GwG.
[115] So auch Nordhues/Zenker GwR 2021, 138 (140).
[116] BVA, Auslegungshinweise, S. 13, zu B.III.3.

chende Stimmrechte und unter den Anteilseignern bestehen keine Stimmrechts- oder Treuhandabsprachen. Denkbar ist auch, dass kein echter wirtschaftlich Berechtigter feststellbar ist, weil sich die Situation trotz Mitwirkung des Vertragspartners mit angemessenen Mitteln nicht final aufklären lässt, zB bei Unruhen in einem Land oder aufgrund mangelnder Zuverlässigkeit der Registerstrukturen. Besteht eine Pflicht zur Durchführung von Kundensorgfaltspflichten würde in solchen Fällen unter Umständen das strikte Geschäfts- bzw. Transaktionsverbot (→ Rn. 23) des § 10 Abs. 9 GwG greifen, was nicht in jedem Fall sachgerecht wäre. Für derartige Situationen wurde auf der Basis der Auslegungshinweise der FATF die Möglichkeit geschaffen, bestimmte Personen ersatzweise als (fiktive) Wirtschaftlich Berechtigte zu behandeln,[117] wenn *„keine natürliche Person ermittelt werden kann oder Zweifel daran bestehen, dass die ermittelte Person wirtschaftlich Berechtigter ist."* In diesem Fall *„gilt als wirtschaftlich Berechtigter der gesetzliche Vertreter, geschäftsführende Gesellschafter oder Partner des Vertragspartners"* (fiktiver wirtschaftlich Berechtigter, § 3 Abs. 2 S. 5 GwG). Die Stellung als wirtschaftlich Berechtigter ist dabei nur fiktiv *(„gilt als")*, dh unabhängig davon, ob die Betreffenden überhaupt Anteile halten, über Stimmrechte verfügen oder sonst Kontrolle ausüben und in welchem Umfang. Auch ein Handeln auf Veranlassung ist nicht Voraussetzung der fiktiven wirtschaftlichen Berechtigung. Bei juristischen Personen werden so die gesetzlichen Vertreter (zB Geschäftsführer einer GmbH, Vorstände einer AG), bei Personengesellschaften die geschäftsführenden Gesellschafter (zB der Kommanditist bei der KG) als wirtschaftlich Berechtigte behandelt. Der Verweis auf „Partner" bezieht sich auf Partnergesellschaften nach dem PartGG für Angehörige freier Berufe.[118] Auch bei mehrstufigen Beteiligungsverhältnissen wird dabei auf die gesetzlichen Vertreter der betreffenden Gesellschaft abgestellt, nicht auf eine dahinterstehende Gesellschaft,[119] also insbes. nicht auf die einer beherrschenden oder börsennotierten Muttergesellschaft. Bei mehreren gesetzlichen Vertretern gelten alle gleichermaßen als fiktive wirtschaftlich Berechtigte. Auch die Angaben fiktiv wirtschaftlich Berechtigter sind im Transparenzregister einzutragen (→ § 10 Rn. 10).[120]

Praxishinweis: 90
Staatliche Unternehmen, die in privatrechtlicher Form handeln (zB Stadtwerke GmbH, Deutsche Bahn AG) können nie einen *„echten"* wirtschaftlich Berechtigten haben. In der Praxis ist auch in solchen Fällen dennoch üblich, die gesetzlichen Vertreter als fiktive WBs zu identifizieren.

---

[117] BT-Drs. 18/11555, 108 zu § 3 GwG.
[118] Gesetz über Partnerschaftsgesellschaften Angehöriger Freier Berufe (Partnerschaftsgesellschaftsgesetz – PartGG) vom 25.7.1994 (BGBl. 1994 I 1744), zuletzt geändert durch Art. 68 Gesetz zur Modernisierung des Personengesellschaftsrechts v. 10.8.2021, BGBl. 2021 I 3436.
[119] BT-Drs. 18/11555, 108, zu § 3 GwG.
[120] BVA, Auslegungshinweise, S. 6, zu B.I.2.

91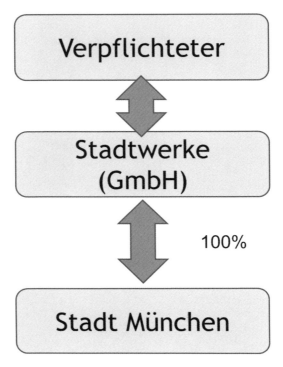

Abb. 15: Auch öffentlich-rechtlich geführte Gesellschaften haben einen fiktiv wirtschaftlich Berechtigten.

92 Die Regelung des fiktiv wirtschaftlich Berechtigten ist subsidiär. Sie kommt nur in Betracht, wenn zuvor „umfassende Prüfungen" durchgeführt wurden, die keinen „echten" wirtschaftlich Berechtigten" ergeben haben. Die Formulierung ist insofern unglücklich als der Umfang der Maßnahmen zur Feststellung des wirtschaftlich Berechtigten bereits nach § 10 Abs. 2 GwG risikoorientiert variiert. Zur Feststellung des eigenen wirtschaftlich Berechtigten für Zwecke des Transparenzregisters sieht § 20 Abs. 3, 3a und 3b GwG spezifische Maßnahmen vor. Die Anwendung des § 3 Abs. 2 S. 5 GwG setzt keine Anstrengungen oder Nachforschungen voraus, die über dieses Maß hinaus gehen. Es besteht keine Pflicht zur lückenlosen Aufklärung. Liegen „Tatsachen nach § 43 Abs. 1 GwG vor", also ein meldepflichtiger Verdacht, scheidet die Anwendung der Regelung über den fiktiven wirtschaftlich Berechtigten aus. Das kann allerdings nur gelten, soweit sich die Meldepflicht gerade wegen der (fehlenden oder unsicheren) Angaben zum wirtschaftlich Berechtigten ergeben. Verweigert der Geschäfts- bzw. Vertragspartner zB seine Mitwirkung bei der Abklärung des wirtschaftlich Berechtigten, muss zwingend eine Verdachtsmeldung erfolgen (§ 43 Abs. 1 Nr. 3 GwG, → § 7 Rn. 34). In diesem Fall dürfen die Vertreter des Geschäfts- bzw. Vertragspartners nicht, anstelle des echten wirtschaftlich Berechtigten, als fiktive wirtschaftlich Berechtigte angenommen werden. Besteht dagegen eine Verdachtsmeldepflicht aus anderen Gründen und ist aufgrund der Unterlagen gesichert, dass es keinen echten wirtschaftlich Berechtigten gibt, spricht nichts dagegen, entsprechend § 3 Abs. 2 S. 5 GwG die gesetzlichen Vertreter wie vorgesehen als fiktive wirtschaftlich Berechtigte anzusehen und dies auch so in der Verdachtsmeldung anzugeben.

8. Trusts, Stiftungen und sonstige Rechtsgestaltungen

> **Definition:** 93
>
> Trusts sind *„Rechtsgestaltungen, die als Trust errichtet wurden, wenn das für die Errichtung anwendbare Recht das Rechtsinstitut des Trusts vorsieht oder vergleichbare Rechtsgestaltungen, wenn das anwendbare Recht ein Rechtsinstitut vorsieht, das dem Trust nachgebildet ist"* (§ 1 Abs. 6 GwG). Ein Trust ist kein Treuhandverhältnis nach deutschem Recht. Trusts entspringen dem englisch-amerikanischen Rechtskreis. In der Regel wird mit ihnen Vermögen des Begründers (Settlor) durch einen Treuhänder (Trustee) zugunsten von Dritten (Beneficiary) verwaltet. Die Beschränkungen, denen der Trustee als Eigentümer der zum Trust gehörenden Sachen und Rechte unterliegt, sind aber nicht, wie etwa bei der Treuhandbestellung nach deutschem Recht, rein schuldrechtlicher Art.[121] Trusts können nach deutschem Recht nicht errichtet werden. Deutschland hat auch das Haager Übereinkommen über das auf Trusts anzuwendende Recht von 1985 nicht unterzeichnet.[122] Die Erwähnung von Trusts im GwG ändert hieran nichts. Die praktische Bedeutung von Trusts in Deutschland ist gering. Die Funktion von Trusts wird in Deutschland regelmäßig von (rechtsfähigen) Stiftungen des bürgerlichen Rechts erfüllt.

Für die Feststellung des wirtschaftlich Berechtigten von Rechtsgestaltungen und Stiftungen gelten § 3 Abs. 1 und 3 GwG. Der wirtschaftlich Berechtigte ergibt sich aus den in § 3 Abs. 3 GwG aufgeführten Funktionen. Dabei sind jeweils alle Personen, die in § 3 Abs. 3 GwG genannt sind, nebeneinander wirtschaftlich Berechtigte. Neben dem Settlor und Verwalter eines Trusts gibt es so ggf. noch Personen, die Begünstigte und damit neben ihm wirtschaftlich Berechtigte sind. Dasselbe trifft auf Stiftungen zu, wo es zB mehrere Begünstigte geben kann (Kinder eines Milliardärs). § 3 Abs. 3 Nr. 6 GwG wurde durch das TrFinInfoG (→ § 1 Rn. 12) eingefügt, um eine planwidrige Lücke zu schließen, die ungewollt Trusts, Treugeber und ähnliche Rechtsgestaltungen gegenüber Stiftungen privilegierte.[123] Sie betrifft Formen mittelbarer wirtschaftlicher Berechtigung. Als wirtschaftlich Berechtigte von Trusts, Stiftungen und sonstigen Rechtsgestaltungen gilt daher: 94

- jede natürliche Person, die als Treugeber (Settlor), Verwalter von Trusts (Trustee) oder Protektor, sofern vorhanden, handelt,
- jede natürliche Person, die Mitglied des Vorstands der Stiftung ist,
- jede natürliche Person, die als Begünstigte bestimmt worden ist,
- die Gruppe von natürlichen Personen, zu deren Gunsten das Vermögen verwaltet oder verteilt werden soll, sofern die natürliche Person, die Begünstigte des verwalteten Vermögens werden soll, noch nicht bestimmt ist, und
- jede natürliche Person, die auf sonstige Weise unmittelbar oder mittelbar beherrschenden Einfluss auf die Vermögensverwaltung oder Ertragsverteilung ausübt.
- jede natürliche Person, die unmittelbar oder mittelbar beherrschenden Einfluss (→ Rn. 80) auf eine Vereinigung (→ § 10 Rn. 6) ausüben kann, die entweder Mitglied des Vorstands der Stiftung ist oder die als Begünstigte der Stiftung bestimmt worden ist, oder als Treugeber (Settlor), Verwalter von Trusts (Trustee) oder Protektor handelt oder die als Begünstigte der Rechtsgestaltung bestimmt worden ist.

Wirtschaftlich Berechtigte von Stiftungen sind die Begünstigten (Destinatäre), die natürliche Person sind und bei denen sich aus dem Stiftungsgeschäft ergibt, dass sie einen Anspruch auf Leistungen der Stiftung haben. Das kann unter Umständen eine Vielzahl von Personen sein! Sind diese nur allgemein als Gruppe definiert und noch nicht persönlich 95

---

[121] BT-Drs. 11/18555, 130 GwG, zu § 21 Abs. 1 und 2 GwG.
[122] Haager Übereinkommen über das auf Trusts anzuwendende Recht und über ihre Anerkennung vom 1.7. 1985, s. unter https://www.hcch.net/de/instruments/conventions/full-text/?cid=59, Zugriff am 24.10. 2017.
[123] BT-Drs 19/28164, 42, zu § 3 GwG.

bekannt, gilt die Gruppe von natürlichen Personen als Wirtschaftlich Berechtigte, zu deren Gunsten das Vermögen verwaltet oder verteilt werden soll, § 3 Abs. 3 Nr. 4 GwG. Das kann unter Umständen eine große Anzahl nicht namentlich bezeichneter Begünstigter sein. Hat eine Stiftung (zB wegen Gemeinnützigkeit) keine Begünstigten, gelten alle Vorstandsmitglieder als wirtschaftlich Berechtigte, § 3 Abs. 3 Nr. 2 GwG. Der Stifter selbst ist – sofern er nicht gleichzeitig in einer der Rollen des § 3 Abs. 3 GwG, zB als Begünstigter der Stiftung erscheint – nicht wirtschaftlich Berechtigter der Stiftung.[124]

96 **Praxishinweis:**
Eingetragene Fördervereine (e.V.) sind juristische Personen und daher Vereinigungen iSd § 20 GwG. Der Wirtschaftlich Berechtigte bestimmt sich nach § 3 Abs. 1 und 2 GwG. Die Begünstigten sind daher nicht wirtschaftlich Berechtigte des Vereins.

III. Datenerhebung

97 Nach Abklärung, ob der Vertragspartner für einen wirtschaftlich Berechtigten handelt, muss dieser „nach Maßgabe des § 11 Abs. 5, 12 Abs. 3 und 4 GwG identifiziert werden" (§ 10 Abs. 1 Nr. 2 GwG). Obwohl wirtschaftlich Berechtigte stets natürliche Personen sind, bestimmt sich der Umfang der zu erhebenden Angaben nicht nach § 11 Abs 4 Nr. 1 GwG, wie beim Geschäfts- oder Vertragspartner oder bei auftretenden Personen. Die Vorschriften wurden durch das TrFinInfoG (→ § 1 Rn. 12) neu gefasst, um strikter zwischen der Erhebung der Angaben und der Verifizierung zu unterscheiden. In der Sache hat sich dadurch nichts Wesentliches geändert.[125] Verpflichtete müssen „in Bezug auf den wirtschaftlich Berechtigten [...] zumindest dessen Vor- und Nachname [...] erheben" (§ 11 Abs. 5 S. 1 GwG). Wietere Identifikationsmerkmale des wirtschaftlich Berechtigten müssen erhoben werden, „soweit dies in Ansehung des im Einzelfall bestehenden Risikos der Geldwäsche oder Terrorismusfinanzierung angemessen ist" (§ 11 Abs. 5 S. 1 GwG). Um welche weiteren Identifikationsmerkmale es sich dabei handelt, sagt das GwG nicht. „Geburtsdatum, Geburtsort und Anschrift des wirtschaftlich Berechtigten dürfen unabhängig vom festgestellten Risiko erhoben werden" (§ 11 Abs. 5 S. 2 GwG). Liegt ein Fall erhöhter Risiken vor, insbes. weil schon konkrete Verdachtsmomente bestehen, kommt zusätzlich zB die Feststellung der genauen Position beim Vertragspartner, die Feststellung der Staatsangehörigkeit oder der Reisepass- oder Ausweis-Nr. und weitere Angaben zur Person oder zum Lebenslauf in Frage, die bei der Feststellung der Identität behilflich sein können. Ansonsten bleiben allenfalls noch biografische Einzelheiten des Lebenslaufs. Dabei wird man datenschutzrechtliche Gesichtspunkte beachten und ggf. gegenteilige Interessen des Betroffen abwägen müssen.

98 **Praxishinweis:**
Die Erhebung reiner Namensangaben ohne Geburtsdatum, Geburtsort oder sonst biografische Angaben macht wegen der damit verbundenen Verwechselungsgefahr wenig Sinn. Die für Güterhändler einschlägigen Auslösetatbestände (→ Rn. 6) legen nahe, dass im Regelfall kein niedriges Risiko besteht, wenn sie Sorgfaltspflichten durchführen. Sie werden aus diesen Gründen stets mehr als nur Vor- und Nachname des wirtschaftlich Berechtigten erheben und dokumentieren müssen.

99 Güterhändler werden häufig keinen Kontakt zu den wirtschaftlich Berechtigten des Geschäfts- und Vertragspartners haben, sofern diese nicht mit Personen übereinstimmen, die ihm gegenüber handeln bzw. auftreten. Verpflichtete können die Informationen über die wirtschaftlich Berechtigten daher in aller Regel nicht bei diesen direkt einholen. Das wür-

---
[124] BVA Auslegungshinweise, S. 16, B.IV.3.
[125] BT-Drs 19/28164, 41, zu § 1 GwG.

de den gesetzlichen Anforderungen auch nicht genügen. Dasselbe gilt für die Erhebung der Angaben zum wirtschaftlich Berechtigten im Transparenzregister (→ § 10 Rn. 1), selbst wenn dieses aktuell ist und kein erhöhtes Risiko vorliegt (§ 11 Abs. 5 S. 3 Hs. 2 GwG). Ebenso ist die Erhebung der Daten aus anderen öffentlichen Registern oder bei privaten Anbietern nicht ausreichend. Eine Änderung durch das TrFinInfoG schreibt vielmehr vor, dass die Angaben „beim Vertrags- bzw. Geschäftspartner oder den für ihn auftretenden Personen" eingeholt werden müssen (§ 11 Abs. 5 S. 3 GwG). Zur Überprüfung der Angaben kann nach der Neuregelung dagegen ein Auszug aus dem Transparenzregister ausreichend sein (§ 11 Abs. 5 S. 4 GwG).[126] Zulässig soll sein, dass Vertrags- bzw. Geschäftspartner schon iRd Datenerhebung einen Auszug aus dem Transparenzregister vorlegt.[127] Bei der Bewertung der „Angemessenheit" von Identifizierungsmaßnahmen muss der Umstand berücksichtigt werden, dass Angaben zum Wirtschaftlich Berechtigten gerade bei komplexen, mehrstufigen Beteiligungsstrukturen weder dem Geschäfts- und Vertragspartner noch den für ihn auftretenden Personen bekannt sein müssen.

IV. Überprüfung der Angaben

Zur Überprüfung der nach § 11 Abs. 5 GwG erhobenen Angaben des wirtschaftlich Berechtigten muss „der Verpflichtete sich durch risikoangemessene Maßnahmen vergewissern, dass die Angaben zutreffend sind" (§ 12 Abs. 3 S. 1 GwG). Dies trägt der besonderen Bedeutung des risikobasierten Ansatzes (→ § 1 Rn. 14) bei der Identitätsprüfung Rechnung,[128] macht den Umfang der Prüfung in der Praxis aber weitgehend unklar. Etwas vereinfacht wurden die Anforderungen durch das TrFinInfoG (→ § 1 Rn. 12). Gem. § 12 Abs. 3 S. 2 und 3 GwG genügt zur Überprüfung der Angaben ein Auszug aus dem Transparenzregister, wenn die darin enthaltenen Angaben zum wirtschaftlich Berechtigten mit den anderweitig erhobenen Angaben (→ Rn. 97) übereinstimmen. Mit dem Transparenzregister ist nur das deutsche Transparenzregister gemeint, nicht die Transparenzregister anderer Länder oder der EU-Mitgliedsstaaten. Man wird die Regelung aber analog auf die Register anderer EU-Staaten anwenden können. Wenn Anhaltspunkte für Zweifel an der Identität oder Stellung des wirtschaftlich Berechtigten bestehen, sollen weitere Maßnahmen notwendig sein.[129] Das gilt selbst dann, wenn nur niedrige Risiken vorliegen. Als Maß der Übereinstimmung wird auf die strengen Grundsätze des Unstimmigkeitsverfahrens (→ § 10 Rn. 59) abgestellt. Risikoabhängig müssen daher zusätzliche Maßnahmen ergriffen werden, um die Angaben zum wirtschaftlich Berechtigten zu überprüfen. Damit werden den Verpflichteten in Bezug auf die Feststellung fremder wirtschaftlich Berechtigter höhere Anforderungen auferlegt als in Bezug auf ihre eigenen wirtschaftlich Berechtigten.[130] Auch unter diesem Gesichtspunkt ist die Einrichtung des Transparenzregisters keine Hilfe, sondern im Wesentlichen Kosten- und Aufwandsfaktor. Einschlägig ist die erwähnte Erleichterung nur, wenn kein Fall eines erhöhten Risikos iSd § 15 Abs. 2 GwG vorliegt (→ § 6 Rn. 12) und „die Identifizierung anlässlich der Begründung einer neuen Geschäftsbeziehung mit einer Vereinigung iSd § 20 GwG oder einer Rechtsgestaltung iSd § 21 GwG durchgeführt wird". Dies ist bei Güterhändlern regelmäßig nicht der Fall, weil der Auslösetatbestand des § 10 Abs. 3 Nr. 1 GwG für sie nicht gilt (→ Rn. 17), ganz abgesehen davon, dass diese Art der Überprüfung zB bei Geschäften an der Ladentheke -wie die Einholung eines Handelsregisterauszugs auch – nicht funktioniert.[131] Unklar ist daher, ob Güterhändler sich auf diese

100

---

[126] Wende/Kröger GWuR 2021, 12 (14).
[127] Wende/Kröger GWuR 2021, 12 (14).
[128] BT-Drs. 16/9038, 38 zu § 1 Abs. 5 GwG.
[129] Wende/Kröger GWuR 2021, 12 (14).
[130] So auch Scherp CB 2017, 275 (278).
[131] Wende/Kröger GWuR 2021, 12 (14).

Vorschrift berufen können.¹³² Jedenfalls ist Güterhändlern die Nutzung des Transparenzregisters nicht untersagt. Sie müssen die Überprüfung der Angaben zum wirtschaftlich Berechtigten aber (zusätzlich) auf anderem Wege leisten, um den gesetzlichen Anforderungen zu genügen. Insoweit ist es der Einschätzung des Verpflichteten überlassen, ob er öffentliche Aufzeichnungen nutzt, sofern vorhanden, oder den Vertragspartner um eine Selbstauskunft bittet oder Belege auf anderem Weg beschafft.¹³³ Die Identifizierung und gleichzeitige Überprüfung der Angaben zum wirtschaftlich Berechtigten allein anhand eines Auszuges aus dem Transparenzregister durch den Verpflichteten ist daher, anders als zB zu den Angaben eines Vertrags- oder Geschäftspartners aus dem Handelsregister nicht zulässig. Anders muss dies beurteilt werden, wenn der Vertrags- und Geschäftspartner den Auszug im Rahmen seiner Mitwirkungspflichten bei der Erhebung der Daten vorlegt und gleichzeitig bestätigt, dass die Daten aktuell und zutreffend sind oder ggf. Dokumente vorliegen, die dies belegen. Güterhändler können iRd Kundensorgfaltspflichten auf den Aufzug aus dem Transparenzregister verzichten,¹³⁴ soweit die Überprüfung anderweitig möglich ist.

V. Rechtsformspezifische Beispiele

1. Kapitalgesellschaften

101 Der wirtschaftlich Berechtigte bei einer Aktiengesellschaft (die nicht iSd § 3 Abs. 2 S. 1 GwG börsennotiert ist, → Rn. 102) wird anhand der Kriterien des § 3 Abs. 2 GwG bestimmt. Ggf. helfen Unterlagen und Eintragungen im Handelsregister. Kann kein echter wirtschaftlich Berechtigter festgestellt werden, gelten gem. § 3 Abs. 2 S. 5 GwG die Vorstände als fiktive wirtschaftlich Berechtigte (→ Rn. 89). Bei einer GmbH ergeben sich die wirtschaftlich Berechtigten ggf. aus einer beim Handelsregister hinterlegten Gesellschafterliste, alternativ gelten die Geschäftsführer als fiktive wirtschaftlich Berechtigte, wo kein „echter" wirtschaftlich Berechtigter existiert.

102 **Praxishinweis:**
Auf (bestimmte) börsennotierte Aktiengesellschaften mit Sitz in der EU und dem EWR („Gesellschaften, die an einem organisierten Markt iSd § 2 Abs. 5 WpHG notiert sind") sind die Auslegungsregeln des § 3 Abs. 2 S. 1 GwG dem Wortlaut der Vorschrift nicht anwendbar. Entsprechendes gilt für börsennotierte Gesellschaften in anderen Ländern, die „dem Gemeinschaftsrecht entsprechenden Transparenzanforderungen im Hinblick auf Stimmrechtsanteile" oder „vergleichbaren internationalen Standards" unterliegen. Welche Staaten von der Regelung umfasst sind, ist weder im Gesetz noch in den Gesetzesmaterialien näher erläutert und ohne nähere Kenntnisse des Kapitalmarktrechts anderer Länder kaum verlässlich festzustellen.¹³⁵ Abzustellen ist darauf, ob börsennotierte Gesellschaften weitreichenden Offenlegungspflichten unterliegen, die eine angemessene Transparenz der Eigentumsverhältnisse gewährleisten. Für die USA, UK, Japan, Australien und vergleichbare OECD-Länder wird man dies annehmen können. Bis zur GwG-Novelle 2017 (→ § 1 Rn. 12) bestand iRd Sorgfaltspflichten eine umfassende Ausnahme von der Pflicht zur Bestimmung des wirtschaftlich Berechtigten bei diesen Gesellschaften.¹³⁶ Die Ausnahme wurde mit den besonderen Transparenzanforderungen begründet, denen diese Gesellschaften schon unabhängig von den Regelungen des GwG unterliegen, in Deutschland insbes. des § 33 WpHG. Tatsächlich erreicht man über die

---

¹³² Dafür zB Wende/Kröger GWuR 2021, 12 (14).
¹³³ BT-Drs. 16/9038, 38 zu § 1 Abs. 5 GwG unter Verweis auf Erwgr. 10 RL 2005/60/EG.
¹³⁴ Wende/Kröger GWuR 2021, 12 (14).
¹³⁵ BT-Drs. 19/28164, 49 f.
¹³⁶ § 5 Abs. 1 S. 2, Abs. 2 Nr. 2 GwG aF.

Stimmrechtsmitteilungen nach § 33 WpHG nicht die erhoffte Beteiligungstransparenz. Vielmehr fehlt es an einer zentralen Evidenz für die Eigentums- und Kontrollstrukturen börsennotierter Gesellschaften.[137] Seit der GwG-Novelle 2017 ist nur noch auf Basis einer Einzelfallentscheidung im Rahmen von § 14 GwG (Vereinfachte Sorgfaltspflichten) und bei Vorliegen niedriger Risiken (s. den Risikofaktor Ziff. 1 Buchst. a Anlage 1 GwG) erlaubt, den Umfang der Allgemeinen Sorgfaltspflichten gegenüber bestimmten börsennotierten Gesellschaften zu reduzieren. Es ist auch in diesem Fall nicht mehr zulässig, auf die Identifizierung des wirtschaftlich Berechtigten komplett zu verzichten.[138] Soweit heute noch im Finanzsektor auf die Identifizierung des wirtschaftlich Berechtigten bei börsennotierten Gesellschaften verzichtet wird,[139] erfolgt dies streng genommen entgegen der Vorschrift in § 14 GwG. Mit dem TrFinInfoG sollte die Ausnahme für börsennotierte Gesellschaften in § 3 Abs. 2 S. 1 GwG gestrichen werden, jedoch wurde am Ende mit Blick auf die anstehenden Änderungen auf Ebene der EU (→ § 1 Rn. 8) davon abgesehen. Soweit Verpflichtete angesichts der verwirrenden Gesetzesvorschriften auf die Identifizierung des wirtschaftlich Berechtigten bei den erwähnten börsennotierten Gesellschaften verzichten, kann man ihnen jedenfalls kaum den Vorwurf der Leichtfertigkeit (→ § 9 Rn. 19) machen. Nimmt man dem Wortlaut des § 3 Abs. 2 S. 1 GwG folgend an, dass die darin aufgeführten Auslegungsregeln bei den genannten börsennotierten Gesellschaften nicht gelten, bleibt die Frage, wie der wirtschaftlich Berechtigte dann bestimmt werden soll. Die Alternative bei der Gesellschaft anzufragen, funktioniert in der Praxis nur bedingt, da man auch dazu erläutern müsste, wie sich der wirtschaftlich Berechtigte bestimmt. Anwendbar bleibt in jedem Fall die allgemeine Grundregel des § 3 Abs. 1 GwG, so dass im Fall der Mehrheit der Anteile (idR Aktien) oder Stimmrechte (> 50%) oder anderen Formen der Kontrolle iSd beherrschenden Einfluss gem. § 290 Abs. 2–4 HGB (§ 3 Abs. 1, Abs. 2 S. 3 und 4 GwG Wirtschaftliche Berechtigung feststellbar ist. Unterhalb dieser Schwellen kann im Einzelfall angelehnt an die Grundsätze des § 3 Abs. 2 S. 1 GwG wirtschaftliche Berechtigung begründet werden, wenn die Umstände des Einzelfalls nahelegen, dass natürliche Personen gegenüber den anderen Anteilseignern eine in besonderem Maße hervorgehobene Stellung genießen, die ihnen erlaubt auf die Aktivitäten der Gesellschaft einen vergleichbaren Einfluss auszuüben. Wo auf Basis von § 3 Abs. 1 GwG keine Person „echter" wirtschaftlich Berechtigter ist, muss es auch bei den besagten börsennotierten Gesellschaften möglich sein, unter Rückgriff auf § 3 Abs. 2 S. 5 GwG die gesetzlichen Vertreter bzw. den Vorstand als fiktiv wirtschaftlich Berechtigte zu betrachten. Denn die Ausnahme in § 3 Abs. 2 S. 1 GwG gilt genau genommen nur für die Anwendung von S. 1 der Vorschrift.[140]

2. Personengesellschaften

Bei einer GbR sind alle Personen wirtschaftlich Berechtigte, die iSd § 3 GwG Kontrolle ausüben (Eigentum „an" der Gesellschaft besteht formal nicht). Dabei muss man mangels formaler „Kapitalanteile" im konkreten Einzelfall und auf Basis des konkreten Risikos entscheiden, wer dafür in Frage kommt.[141] Der wirtschaftlich Berechtigte von Personengesellschaften wie zB offenen Handelsgesellschaften (OHG) oder Kommanditgesellschaften (KG) bestimmt sich nach § 3 GwG. Abgestellt werden kann auf die Höhe der Kapitaleinlage oder Stimmrechte (§ 3 Abs. 2 S. 1 Nr. 1 und Nr. 2 GwG) der Gesellschafter. Komplementäre einer KG, die natürliche Personen sind, werden bereits aufgrund ihrer

103

---
[137] Bode/Gätsch NZG 2021, 437 (439).
[138] BT-Drs. 18/11555, 120.
[139] BaFin, AuA Finanzsektor, S. 40, Kapitel 5.2.2.1.
[140] Krais CCZ 2021, 284 (287 f.).
[141] IErg ähnlich, aber kaum verständlich formuliert: BT-Drs. 16/9038, 30 zu § 1 Abs. 6 GwG.

organschaftlichen Stellung als wirtschaftlich Berechtigte betrachtet. Das gilt auch bei gemeinschaftlicher Vertretung im Fall mehrerer Komplementäre oder der Vertretung gemeinsam mit einem Prokuristen. Ein Komplementär soll nur dann nicht als wirtschaftlich Berechtigter der KG gelten, wenn er gemäß Handelsregistereintrag gänzlich von der Vertretung ausgeschlossen ist.[142] Bei der KG können auch die nicht-haftenden Gesellschafter (Kommanditisten) wirtschaftlich Berechtigte sein. Zu beachten ist, dass sich die Kapitalanteile der Gesellschafter bei Personengesellschaften nicht sicher aus dem Handelsregister ergeben. Auch aus der eingetragenen Haftungssumme der Kommanditisten einer KG lässt sich nicht ableiten, wer wirtschaftlich Berechtigter ist, da die Haftungssumme nicht der Höhe der Kapitalanteile der Kommanditisten entsprechen muss. Hinzu kommt, dass die Höhe der Kapitalanteile des Komplementärs nicht eingetragen wird, so dass eine Quotierung nicht möglich ist. Geschäftsführende Gesellschafter einer Personengesellschaft kommen als fiktive wirtschaftlich Berechtigte (→ Rn. 89) in Frage. Die Kommanditisten (KG) scheiden insoweit aus, weil sie von der Vertretung ausgeschlossen sind. Aufgrund der besonderen Struktur gibt es bei der GmbH & Co. KG keine natürliche Person, die Komplementär ist. Gleichzeitig handelt es sich um ein mehrstufiges Beteiligungsverhältnis. Wirtschaftlich Berechtigter ist daher insbes. die Person, die (direkt oder indirekt) die Mehrheit der Anteile an der geschäftsführenden GmbH hält oder die Mehrheit ihrer Stimmrechte kontrolliert bzw. in anderer Form die GmbH beherrscht. Fiktive wirtschaftlich Berechtigte kommen bei der GmbH & Co KG nur in Betracht, wenn man entgegen der klaren Auslegungsvorschrift in § 3 Abs. 2 S. 5 GwG die gesetzlichen Vertreter der geschäftsführenden GmbH heranzieht.

3. Genossenschaften/Vereine

104 Genossenschaften und Vereine haben keine Anteilseigner, sondern Mitglieder (bzw. Genossen). In der Mitgliederversammlung hat jedes Mitglied eine Stimme. Regelmäßig wird die Zahl der Mitglieder so groß sein, dass kein Mitglied oder Genosse mit seiner Stimme Gewicht von mehr als 25 % hat. Entsprechend wird regelmäßig der Vorstand der Genossenschaft bzw. des Vereins fiktiver wirtschaftlich Berechtigter (→ Rn. 89) sein. Etwas anderes ist praktisch nur denkbar, wenn zB durch Austritte die Mitgliederzahl auf drei sinkt. Dann hat jedes Mitglied ein Stimmrecht von je einem Drittel und es müssten alle drei Mitglieder als wirtschaftlich Berechtigte identifiziert werden.[143] Dasselbe gilt, wenn die Vereinssatzung ausnahmsweise mehrfache Stimmrechte für einzelne Mitglieder vorsieht.[144]

4. Behörden und öffentliche Unternehmen

105 Staatliche Einrichtungen, insbes. Ministerien, Behörden oder sonst öffentliche Körperschaften und Verwaltungseinheiten wie zB Länder, Bezirke, Gemeinden oder Verwaltungsgemeinschaften haben keinen wirtschaftlich Berechtigten. Es kann keine natürliche Person geben, die iSv Eigentum oder Kontrolle über sie verfügt. § 3 GwG ist insoweit nicht anwendbar. Auch die jeweiligen Leiter der Einrichtung sind nicht fiktive wirtschaftliche Berechtigte. Anders wird dies bei öffentlichen Einrichtungen gesehen, die in privatrechtlicher Form agieren, zB einer kommunalen Stadtwerke GmbH oder der Deutsche Bahn AG. In diesem Fall sind die gesetzlichen Vertreter fiktive wirtschaftlich Berechtigte, obwohl es genau genommen nie einen „echten" wirtschaftlich Berechtigten geben kann und daher keine Notwendigkeit für die ersatzweise Feststellung eines fiktiven wirtschaftlich Berech-

---

[142] So noch explizit die BVA, Auslegungshinweise, Stand 19.8.2020, Seite 20 zu C.II, in den aktuellen Auslegungshinweisen wurde das Kapitel gestrichen, die Gründe dafür sind unbekannt.
[143] BT-Drs. 18/11555, 130 zu § 20 Abs. 4 GwG.
[144] BT-Drs. 19/30443, S. 75 zu § 20a GwG.

tigten gibt. Das Risiko im Geschäftsverkehr mit inländischen und ausländischen Behörden und öffentlichen Unternehmen wird als tendenziell niedrig (→ § 4 Rn. 72) angesehen (Ziff. 1 Buchst. b Anlage 1 GwG). Anders kann es sich bei öffentlich-privaten Partnerschaften („public-private partnerships", PPPs) verhalten. Je nach Ausgestaltung und Rechtsform kommen ggf. echte oder fiktive natürliche Personen auf der Seite der privaten Partner in Frage, die nach § 3 GwG wirtschaftlich Berechtigte sind.

VI. Eigentümer- und Kontrollstruktur

Sofern der Vertragspartner juristische Person oder Personengesellschaft ist *„umfasst die Identifizierung des Wirtschaftlich Berechtigten die Pflicht, die Eigentums- und Kontrollstruktur des Vertragspartners mit angemessenen Mitteln in Erfahrungen zu bringen"* (§ 10 Abs. 1 Nr. 2 GwG). Es reicht also nicht aus, die Person und Identität des wirtschaftlich Berechtigten zu erfragen und zu überprüfen. Es muss zumindest ein grobes Verständnis der Eigentümer- und Kontrollstruktur beim Geschäfts- und Vertragspartner erreicht werden, um zu beurteilen, wer als wirtschaftlich Berechtigter in Frage kommt oder um Verdachtsmomente im Sinne einer übermäßig komplexen Eigentümer- und Kontrollstruktur zu prüfen. Eine lückenlose Aufklärung kann gerade bei komplexeren Gruppen nicht verlangt werden. Diese wäre unangemessen (unverhältnismäßig); der Grad des Risikos spielt dabei nur insofern eine Rolle, als man bei erhöhten Risiken umfangreichere Recherchen erwarten kann als bei niedrigen Risiken. In der Regel wird man sich mit entsprechenden Organigrammen begnügen können, die man von dem Geschäfts- oder Vertragspartner im Zuge der Klärung anfordert, ob es einen wirtschaftlich Berechtigten gibt.

106

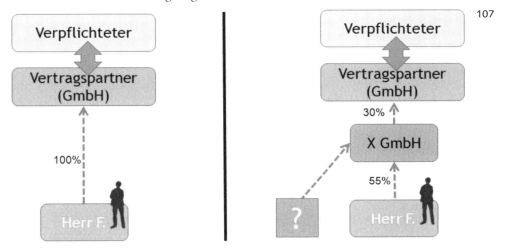

107

Abb. 16: Die Abklärung des Wirtschaftlich Berechtigten erfordert auch Feststellungen zur Eigentümer- und Kontrollstruktur.

G. Art und Zweck der Geschäftsbeziehung

Im Rahmen der Allgemeinen Sorgfaltspflichten müssen Verpflichtete *„Informationen über den Zweck und die angestrebte Art der Geschäftsbeziehung einholen und bewerten, soweit sich diese im Einzelfall nicht bereits zweifelsfrei aus der Geschäftsbeziehung ergeben"* (§ 10 Abs. 1 Nr. 3 GwG). Die Vorschrift verlangt vom Verpflichteten sich über Art und Zweck einer ange-

108

strebten oder bestehenden Geschäftsbeziehung zu unterrichten. Sie ergänzt das „Know-your-customer"-Prinzip und soll Kernstück der unternehmensinternen Customer-Due Diligence-Maßnahmen sein. Sie soll Verpflichtete in die Lage versetzen, ein Risikoprofil über ihre jeweiligen Vertragspartner zu entwickeln.[145] Sinnvoll ist die Vorschrift, wo Geschäfte aufgrund ihrer Struktur oder Komplexität nicht sofort erkennen lassen, welcher Art sie sind und welchem Zweck sie dienen oder wo, wie im Finanzsektor häufig das dort sichtbare Geschäft (Geldtransfers) im Zusammenhang mit einem Grundgeschäft steht, das der Verpflichtete in aller Regel nicht kennt. Beim Güterhändler ist die Situation insofern anders als er definitionsgemäß, Güter (Waren und Produkte) vertreibt und liefert. Zumeist wird dies in den zugrundeliegenden Vertrags- und Rechnungsdokumenten auch für die Zwecke der Aufzeichnungs- und Aufbewahrungspflichten (§ 8 GwG) ausreichend dokumentiert sein. Weitere Recherchen und Aufzeichnungen erübrigen sich. Die Vorschrift bezieht sich explizit nur auf Geschäftsbeziehungen (→ § 4 Rn. 17). Art und Zweck einzelner Transaktionen müssen iRd Allgemeinen Sorgfaltspflichten nicht dokumentiert werden. Soweit sie im Rahmen einer Geschäftsbeziehung erfolgen, wird dies auch nicht nötig sein. Erfolgen sie außerhalb einer Geschäftsbeziehung (zB Zahlung unbekannter Dritter, → § 8 Rn. 20), lohnt es zu dokumentieren, welchem Zweck die Transaktion diente.

109 **Praxishinweis:**
Bei ausführlichen, schriftlichen Verträgen enthält idR die Präambel eine kurze Beschreibung des Vertragsinhaltes, die zur Dokumentation ausreichend sein kann.

H. Kontinuierliche Überwachung

110 Der letzte Pflichtenkreis iRd Allgemeinen Kundensorgfaltspflichten umfasst *„die kontinuierliche Überwachung der Geschäftsbeziehung einschließlich der Transaktionen, die in ihrem Verlauf durchgeführt werden"* (§ 10 Abs. 1 Nr. 5 GwG). Ziel der kontinuierlichen Überwachung ist *„sicherzustellen, dass diese Transaktionen a) mit den beim Verpflichteten vorhandenen Dokumenten und Informationen über den Vertragspartner und gegebenenfalls über den wirtschaftlich Berechtigten, deren Geschäftstätigkeit und Kundenprofil und b) soweit erforderlich mit den beim Verpflichteten vorhandenen Informationen über die Herkunft der Vermögenswerte übereinstimmen"* (§ 10 Abs. 1 Nr. 5 GwG). Aus der Formulierung folgt nicht, dass Verpflichtete routinemäßig die Herkunft von Vermögenswerten der Kunden überprüfen müssen. Eine entsprechende Pflicht besteht nur ausnahmsweise und individuell im Rahmen Verstärkter Sorgfaltspflichten (→ § 6 Rn. 9). Hinter der Vorschrift steht der Gedanke, dass man mit der einmaligen Abklärung der Identität des Vertragspartners, der auftretenden Personen und seiner wirtschaftlich Berechtigten in der Art einer Momentaufnahme den Risiken der Geldwäsche und Terrorismusfinanzierung nicht wirksam begegnen kann.[146] Geschäftsbeziehungen sind naturgemäß über die Zeit einer gewissen Veränderung unterworfen. Durch die kontinuierliche Überwachung sollen versteckte Risikoindikatoren erkannt werden, die zum Zeitpunkt der Eingehung der Geschäftsbeziehung bzw. beim Güterhändler im Zeitpunkt der Durchführung der allgemeinen Sorgfaltspflichten noch gar nicht existierten oder nicht erkennbar waren. Ein weiterer Gedanke der Vorschrift ist die Erstellung von Kundenprofilen vor Beginn der Geschäftsbeziehung, die das vereinbarte oder erkennbare Geschäftsverhalten und Risiko des Geschäfts- bzw. Vertragspartners berücksichtigen und die erlauben, die im Laufe der Geschäftsbeziehung durchgeführten Transaktionen mit diesem Profil abzugleichen („Scoring"). Ziel ist Auffälligkeiten oder Abweichungen vom gewöhnlichen oder zu erwartenden Geschäftsverhalten bei der Abwicklung einzelner Transaktionen festzustel-

---

[145] BT-Drs. 16/9038, 33 zu § 3 Abs. 1 Nr. 2 GwG.
[146] BT-Drs. 16/9038, 34, zu § 3 Abs. 1 Nr. 3 GwG.

H. Kontinuierliche Überwachung § 5

len.[147] Dazu bedarf es auch nach Abschluss der allgemeinen Sorgfaltspflichten einer fortlaufenden (regelmäßigen) Überprüfung, ob sich die Verhältnisse in einer Weise ändern, die eine neuerliche Durchführung (Aktualisierung) allgemeiner Sorgfaltspflichten oder sogar eine Verdachtsmeldung (→ § 7 Rn. 1) erforderlich machen. Für Güterhändler ist Pflicht zur kontinuierlichen Überwachung in mehrfacher Hinsicht unpassend. Sie sind nicht verpflichtet, für alle Geschäfts- bzw. Vertragspartner bei Begründung der Geschäftsbeziehung allgemeine Sorgfaltspflichten durchzuführen.[148] Sie tun dies anlassbezogen bei ausgesuchten Transaktionen oder im Verdachtsfall. Sie haben daher auch keinen Grund, Kunden-Risikoprofile anzulegen. Die kontinuierliche Überwachung kommt bei Güterhändlern daher nur in Bezug auf einzelne Geschäftsbeziehungen oder Transaktionen in Betracht und auch nur, sofern diese nach Durchführung der Sorgfaltspflichten durchgeführt, fortgesetzt oder wiederholt werden. Sofern Güterhändler im Gefolge einer Verdachtsmeldung von einer weiteren Zusammenarbeit mit dem Geschäfts- oder Vertragspartner absehen, bedarf es keiner weiteren kontinuierlichen Überwachung der (dann nicht mehr existenten) Geschäftsbeziehung. Allenfalls muss durch interne Maßnahmen sichergestellt werden, dass die Geschäftsbeziehung oder Transaktion nicht unerkannt fortgesetzt wird.

Beispiel: 111
Ein Kunde bezahlt beim Autohändler ein Fahrzeug mit Bargeld in Höhe von 15.000 EUR. Der Autohändler führt die allgemeinen Sorgfaltspflichten durch. Es ist nicht absehbar, dass der Kunde in den nächsten Jahren erneut ein Fahrzeug kaufen wird. Der Bargeldkauf ist (aktuell) nicht verboten und stellt keinen Fall eines erhöhten Risikos dar. Ausgehend vom „Profil" des Kunden muss der Autohändler daher keine engmaschige Überwachung des Kundenkontos einrichten. Er reicht aus, wenn er bei einem weiteren Fahrzeugkauf die persönlichen Daten überprüft und ggf. eine Aktualisierung vornimmt

Verpflichtete müssen „*iRd kontinuierlichen Überwachung sicherstellen, dass die jeweiligen Dokumente, Daten oder Informationen unter Berücksichtigung des jeweiligen Risikos in angemessenen zeitlichen Abständen aktualisiert werden*" (§ 10 Abs. 1 Nr. 5 S. 2 GwG). Die Aktualisierungspflicht verlangt auf keinen Fall eine permanente Aktualisierung, sondern nur in periodisch wiederkehrenden Abständen.[149] Ein fester Zeitrahmen ist gesetzlich nicht vorgegeben. Intervall und Intensität der Nachprüfung dürfen vom Verpflichteten risikoorientiert festgelegt werden. Basis hierfür ist die Risikoanalyse, soweit diese vorliegt, sonst eine Einschätzung des Risikos im konkreten Einzelfall. Sofern keine erhöhten oder nur niedrige Risiken vorliegen, spricht nichts dagegen großzügige Intervalle zu setzen und dann im Sinne einer Evidenzprüfung auf mögliche Veränderungen zu schauen, die für die Einschätzung des Risikos der Geldwäsche oder Terrorismusfinanzierung relevant sein könnten. Dabei kann es sich etwa um eine Änderung der Bankverbindung, der Person des Wirtschaftlich Berechtigten oder der Herkunft der Finanzmittel handeln, die ein Geschäfts- oder Vertragspartner nutzt. Sofern erhöhte Risiken vorliegen und ggf. eine verstärkte kontinuierliche Überwachung (→ § 6 Rn. 31) erforderlich wird, muss in eher kurzen zeitlichen Abständen und eher am Detail orientiert überprüft werden, ob sich Umstände derart verändert haben, dass eine neuerliche Prüfung oder sogar eine Verdachtsmeldung erforderlich wird. Für Geschäftspartner mit erhöhtem Risiko geht man dabei im Finanzsektor durchaus von einem Zeitraum von zwei Jahren aus. Auf jeden Fall empfiehlt sich, intern festzuhalten, wann die letzte Aktualisierung erfolgt ist. 112

---

[147] BT-Drs. 16/9038, 34, zu § 3 Abs. 1 Nr. 4 GwG.
[148] S. Bausch/Voller Geldwäsche-Compliance S. 155.
[149] BT-DRs. 16/9038, S. 34, zu § 3 Abs. 1 Nr. 4 GwG.

§ 6. Vereinfachte und Verstärkte Sorgfaltspflichten

A. Überblick

> **NEU (seit Vorauflage):**
> Wesentliche Änderungen brachte das GwG-Änderungsgesetz 2020 (→ § 1 Rn. 12) bei Verstärkten Sorgfaltspflichten im Fall des Bezugs zu einem Drittstaat mit erhöhtem Risiko lt. EU-Negativliste (→ Rn. 39). Sowohl die Eingangsvoraussetzungen wie die Rechtsfolgen wurden erheblich ausgeweitet (§ 15 Abs. 3 Nr. 2, Abs. 5 und 5a GwG). Durch das TrFinInfoG (→ § 1 Rn. 12) gab es keine weiteren, wesentlichen Änderungen der §§ 14, 15 GwG.

1

In Übereinstimmung mit dem risikobasierten Ansatz variiert der Umfang der Sorgfaltspflichten, je nachdem ob ein niedriges, normales oder erhöhtes Risiko vorliegt.[1] Entsprechend dieser Systematik sieht § 14 vereinfachte Sorgfaltspflichten im Fall niedriger Risiken und § 15 GwG verstärkte Sorgfaltspflichten im Fall erhöhter Risiken vor. In beiden Fällen gilt, dass abgesehen von den besonderen Voraussetzungen der jeweiligen Sorgfaltspflichten ein Auslösetatbestand für allgemeine Sorgfaltspflichten (→ § 5 Rn. 9) vorliegen muss. Für Güterhändler werden die vereinfachten Sorgfaltspflichten aufgrund der spezifischen Auslösetatbestände nur geringe Praxisrelevanz haben. Überhaupt sind die Anforderungen an die Prüfung und Dokumentation der Voraussetzungen bei § 14 GwG weit komplexer als die dadurch zu erzielenden Vereinfachungen (→ Rn. 8). Auch verstärkte Sorgfaltspflichten sind jeweils nur *„zusätzlich zu den Allgemeinen Sorgfaltspflichten"* zu erfüllen. Anwendungsbeispiele nennt § 15 Abs. 3 GwG. Dabei handelt es sich um das Vorhandensein einer politisch exponierten Person (PEP) (→ Rn. 19), um den Bezug zu Drittstaaten mit erhöhtem Risiko lt. EU-Negativliste (→ Rn. 39), sowie um auffällig komplexe oder sonst ungewöhnliche Transaktionen (→ Rn. 47). Andere Sachverhalte mit erhöhten Risiken können sich auf der Basis der Generalklausel des § 15 Abs. 2 GwG ergeben, zB als Ergebnis der Risikoanalyse oder sonst im Einzelfall. Im Verdachtsfall wird man von der Pflicht zu Verstärkten Sorgfaltspflichten ausgehen müssen, auch wenn § 10 Abs. 3 Nr. 1 GwG nur allgemeine Sorgfaltspflichten verlangt (→ Rn. 13).[2] Die verstärkten Sorgfaltspflichten unterscheiden sich je nach Anwendungsbeispiel erheblich. Zentraler Aspekt ist die Herkunft von Vermögensgegenständen *(„source of funds")*. Das Gesetz definiert jeweils nur den Mindestumfang verstärkter Sorgfaltspflichten. Die strikten, zeitlich unbegrenzten Geschäfts- und Transaktionsverbote gelten auch im Bereich der vereinfachten bzw. verstärkten Sorgfaltspflichten (§ 10 Abs. 9 GwG, § 15 Abs. 9 GwG). Der Verstoß gegen Pflichten nach §§ 14 oder 15 GwG kann bei Leichtfertigkeit (→ § 9 Rn. 19) zu einem Bußgeld führen (§ 56 Abs. 1 Nr. 31–45 GwG).

2

B. Vereinfachte Sorgfaltspflichten

„Verpflichtete müssen nur Vereinfachte Sorgfaltspflichten erfüllen, soweit sie unter Berücksichtigung der in den Anlagen 1 und 2 genannten Risikofaktoren feststellen, dass in bestimmten Bereichen […] nur ein geringes Risiko der Geldwäsche oder Terrorismusfinanzierung besteht" (§ 14 Abs. 1 S. 1 GwG). vereinfachte Sorgfaltspflichten sind im Grunde nichts anderes als eine Ausprägung des risikobasierten Ansatzes (→ § 1 Rn. 14); es entspricht dem Bedürfnis nach weniger aufwändigen Sorgfaltspflichten, wo nur ein geringes Risiko der Geldwäsche oder Terrorismusfinan-

3

---
[1] BT-Drs. 18/11555, 120, in Bezug auf § 15 Abs. 1und 2 GwG.
[2] So auch Gehling/Lüneborg NGZ 2020, 1164 (1166).

zierung besteht.[3] Dazu muss bezogen auf den konkreten Einzelfall einer Geschäftsbeziehung oder Transaktion, das Kunden-, Länder-, Transaktions- oder Produktrisiko anhand der Risikofaktoren der Anlagen 1 und 2 (→ § 4 Rn. 66) bewertet werden. Die Aufzählung in § 14 Abs. 1 GwG weicht hiervon etwas ab *("Risiken der Kunden, Produkte, Dienstleistungen oder Transaktionen")*. Zum Teil entsprechen die Risikofaktoren der Anlage 1 den gesetzlichen Fallgruppen mit geringem Risiko aus der Zeit vor der GwG-Novelle 2017 (→ § 1 Rn. 12),[4] so zB das (niedrige) Kundenrisiko bei (bestimmten) börsennotierten Gesellschaften (Ziff. 1 Buchst. a Anlage 1 GwG). Andere Fallgruppen sind in den allgemeineren Kategorien der Anlage 1 aufgegangen, wie zB das niedrige Risiko bei Geschäften mit Kreditunternehmen mit Sitz in der EU, dem EWR oder Staaten mit gleichwertigen Standards (→ § 4 Rn. 85) (Anlage 1 Nr. 3). Die Risikofaktoren der Anlage 1 und 2 GwG sind nicht abschließend *("insbesondere")*. Anders als vor der GwG-Novelle 2017 (→ § 1 Rn. 12) ist die Anwendung der vereinfachten Sorgfaltspflichten daher nicht mehr auf bestimmte Fallgruppen beschränkt.[5] Sie kommen auch bei anderen als in Anlage 1 genannten Risikofaktoren in Betracht, die zB auf Basis der unternehmensspezifischen Risikoanalyse definiert wurden. Das BMF kann gem. § 14 Abs. 4 GwG durch Rechtsverordnung Fallkonstellationen festlegen, in denen vereinfachte Sorgfaltspflichten ausreichen. Bislang ist eine solche Verordnung nicht ergangen.

4 **Praxishinweis:**
Trotz der Formulierung „*müssen nur*" in § 14 Abs. 1 GwG besteht keine Pflicht vereinfachte Sorgfaltspflichten durchzuführen. Sie sind eine Option (Möglichkeit). Alternativ können unverändert allgemeine Sorgfaltspflichten durchgeführt werden.

5 Das Vorliegen von Risikofaktoren für ein tendenziell geringes Risiko rechtfertigt für sich allein die vereinfachten Sorgfaltspflichten nicht. *„Vor der Anwendung vereinfachter Sorgfaltspflichten haben sich die Verpflichteten zu vergewissern, dass die Geschäftsbeziehung oder Transaktion tatsächlich mit einem geringen Risiko der Geldwäsche oder Terrorismusfinanzierung verbunden ist."* „Vergewissern" setzt einen hohen Grad an Sicherheit voraus. Eine reine Plausibilitätsprüfung ist damit nicht gemeint. Insbesondere reicht nicht aus, ein erhöhtes oder „normales" Risiko auszuschließen. Erforderlich ist vielmehr die positive Feststellung, dass Risikofaktoren vorliegen, die für ein geringes Risiko sprechen und dass im konkreten Einzelfall keine Risikofaktoren vorliegen, die gegen ein niedriges Risiko oder sogar für ein erhöhtes Risiko sprechen. Verpflichtete müssen zwar nicht beweisen, dass keinerlei Risiko besteht. Sie müssen allerdings in der Lage sein gegenüber der Aufsichtsbehörde (→ § 9 Rn. 3) darzulegen, dass der Umfang der von ihnen getroffenen Maßnahmen zur Feststellung des niedrigen Risikos angemessen (ausreichend) war (§ 14 Abs. 1 S. 3 GwG). Die Risikobewertung auf Basis von § 14 Abs. 1 S. 1 GwG muss dokumentiert und aufbewahrt werden (§ 8 Abs. 1 Nr. 2 GwG).

6 **Beispiel:**
Geschäfte mit öffentlichen Unternehmen gelten als tendenziell niedriges Risiko. Eine Beschränkung auf bestimmte Länder besteht dabei nicht. Geschäfte mit Geschäftspartnern aus einem Drittstaat mit hohem Risiko (wie der EU-Negativliste, → Rn. 39) gelten dagegen als tendenziell hohes Risiko und lösen verstärkte Sorgfaltspflichten aus. Geschäfte mit öffentlichen Unternehmen aus einem Drittstaat mit hohem Risiko können daher nicht als niedriges Risiko eingestuft werden.

7 *„Bei Anwendbarkeit der vereinfachten Sorgfaltspflichten"* gestattet § 14 Abs. 2 GwG gewisse Erleichterungen. So *„können Verpflichtete den Umfang der Maßnahmen, die zur Erfüllung der*

---

[3] BT-Drs. 18/11555, zu § 14 GwG.
[4] S. § 5 Abs. 2 GwG aF.
[5] BT-Drs. 18/11555, zu § 14 GwG.

allgemeinen Sorgfaltspflichten zu treffen sind, angemessen reduzieren und insbes. die Überprüfung der nach § 11 zum Zweck der Identifizierung erhobenen Angaben abweichend von den §§ 12 und 13 GwG auf der Grundlage von sonstigen Dokumenten, Daten oder Informationen durchführen, die von einer glaubwürdigen und unabhängigen Quelle stammen und für die Überprüfung geeignet sind." Anders als vor der GwG-Novelle 2017 (→ § 1 Rn. 12) sind auch bei der Durchführung vereinfachter Sorgfaltspflichten alle allgemeinen Sorgfaltspflichten zu erfüllen, nur der Umfang der Maßnahmen darf mit Blick auf den dadurch verursachten Kostenaufwand nach den §§ 12, 13 GwG angemessen reduziert werden, zB kann die Überprüfung der Identität einer natürlichen Person auf der Basis anderer als der dort genannten Dokumente durchgeführten, die von einer glaubwürdigen und unabhängigen Quelle stammen und für die Überprüfung geeignet sind.[6] Die kontinuierliche Überwachung muss dagegen erfolgen, kann aber in zeitlich längeren Intervallen durchgeführt werden. *„Die Verpflichteten müssen dabei in jedem Fall sicherstellen, dass die Überprüfung von Transaktionen und die Überwachung von Geschäftsbeziehungen in einem Umfang sichergestellt ist, der es ihnen ermöglicht, ungewöhnliche oder verdächtige Transaktionen zu erkennen und zu melden."* (§ 14 Abs. 2 S. 2 GwG). Die Verletzung dieser Pflicht ist im Fall von Leichtfertigkeit (→ § 9 Rn. 19) bußgeldbewehrt (§ 56 Abs. 1 Nr. 31 GwG).

> **Praxishinweis:**
> Güterhändler sollten kritisch überlegen, ob der Aufwand für die Prüfung und Dokumentation Vereinfachter Sorgfaltspflichten lohnt. Vereinfachte Sorgfaltspflichten bieten seit der GwG-Novelle 2017 (→ § 1 Rn. 14) nur noch geringe Vorteile gegenüber den Allgemeinen Sorgfaltspflichten. Seither ist es zB nicht mehr möglich, iRd Vereinfachten Sorgfaltspflichten auf die Identifizierung des wirtschaftlich Berechtigten zu verzichten.[7]

8

C. Verstärkte Sorgfaltspflichten

I. Privilegierte Güterhändler

Verpflichtete müssen unter den Voraussetzungen des § 15 GwG *„zusätzlich zu den Allgemeinen Sorgfaltspflichten Verstärkte Sorgfaltspflichten erfüllen"* (§ 15 Abs. 1 GwG). Systematisch sind verstärkte Sorgfaltspflichten eine Ausprägung des risikobasierten Ansatzes (→ § 1 Rn. 14) in Erweiterung der allgemeinen Sorgfaltspflichten.[8] Aus der Formulierung in § 15 Abs. 1 GwG ergibt sich, dass verstärkte Sorgfaltspflichten nur entstehen, sofern bereits die Pflicht zu Allgemeinen Sorgfaltspflichten besteht. Bei Güterhändlern muss daher zusätzlich neben einem Auslösetatbestand iSd § 15 GwG entweder ein schwellenwertabhängiges Geschäft iSd § 10 Abs. 6a GwG (→ § 5 Rn. 6) oder ein Verdachtsfall iSd § 10 Abs. 3 Nr. 3 GwG (→ § 5 Rn. 8) vorliegen. In allen anderen Fällen besteht für Güterhändler keine Pflicht zu verstärkten Sorgfaltspflichten, selbst wenn ein Sachverhalt iSd § 15 GwG vorliegt. Eine unverdächtige Transaktion, die kein Bargeld ab 10.000 EUR umfasst und nicht Kunstwerke betrifft (→ § 11 Rn. 5), löst bei Güterhändlern daher selbst dann keine allgemeinen oder erhöhten Sorgfaltspflichten aus, wenn sich aufdrängt, dass der Vertragspartner PEP ist.[9] Insoweit setzt sich die Privilegierung (→ § 3 Rn. 25) der Güterhändler gem. § 10 Abs. 6a GwG im Bereich der verstärkten Sorgfaltspflichten fort. Privilegiert sind alle Güterhändler, nicht nur diejenigen, die Bargeld-Transaktionen ab bestimmten Schwellenwerten ausschließen. Anders als bei vereinfachten Sorgfaltspflichten besteht keine Wahl-

9

---

[6] BT-Drs. 18/11555, 119, zu § 14 Abs. 2 GwG.
[7] So auch Scherp CB 2013, 316 (317).
[8] BT-Drs. 16/9038, 40, zu § 6 GwG aF; so auch Gehling/Lüneborg NGZ 2020, 1164.
[9] Bausch/Voller Geldwäsche-Compliance S. 204.

möglichkeit, ob verstärkte Sorgfaltspflichten durchgeführt werden. Vielmehr handelt es sich um eine Rechtspflicht, wenn die (alle) Voraussetzungen dafür vorliegen.

Abb. 17: Verstärkte Sorgfaltspflichten müssen zusätzlich den Allgemeinen Sorgfaltspflichten erfüllt werden.

Beispiel:
Die Müller GmbH führt Geschäfte mit einem Kunden durch, der in einem Drittstaat mit erhöhtem Risiko lt. EU-Negativliste angesiedelt ist (§ 15 Abs. 3 Nr. 2 GwG). Gleichzeitig wird festgestellt, dass der wirtschaftlich Berechtigte des Kunden PEP ist (§ 15 Abs. 3 Nr. 1 GwG). Soweit die Schwellenwerte des § 10 Abs. 6a GwG (→ § 5 Rn. 6) nicht erreicht werden und keine verdächtigen Umstände vorliegen (§ 10 Abs. 3 Nr. 3 GwG, → § 5 Rn. 8), besteht weder eine Pflicht zu allgemeinen noch zu verstärkten Sorgfaltspflichten. Risiken iSd § 15 GwG begründen keinen Verdacht! Mit Blick auf das Risiko der Strafbarkeit wegen Geldwäsche kann es sinnvoll sein, die Geschäftsbeziehung dennoch näher zu betrachten oder zu überwachen, um ggf. auf Auffälligkeiten oder Veränderungen reagieren zu können. Eine explizite Rechtspflicht dazu besteht nicht.

II. Erhöhte Risiken (Generalklausel)

§ 15 Abs. 2 GwG (Generalklausel) unterscheidet zwei Fallkonstellationen erhöhter Risiken: *„wenn Verpflichtete iRd Risikoanalyse [...] oder im Einzelfall feststellen, dass ein höheres Risiko der Geldwäsche oder Terrorismusfinanzierung bestehen kann"* (§ 15 Abs. 2 S. 1 GwG). Die Risikoanalyse bewertet abstrakte Risiken im Sinne möglicher Fallgruppen. Liegt konkret ein Anwendungsfall des abstrakt definierten (höheren) Risikos vor, müssen neben den allgemeinen Sorgfaltspflichten zusätzlich verstärkte Sorgfaltspflichten durchgeführt werden. Für privilegierte Güterhändler (→ § 4 Rn. 4) ist diese Alternative nicht einschlägig, da sie keine Pflicht zur Risikoanalyse haben. Für alle Güterhändler gilt dagegen, dass erhöhte Risiken im Einzelfall unter Berücksichtigung der in den Anlagen 1 und 2 genannten Risikofaktoren vorliegen können. § 15 Abs. 3 GwG nennt Beispiele. Die Aufzählung ist nicht abschließend. In diesen Fällen besteht aber aufgrund der gesetzlichen Vorschriften unwiderlegbar ein erhöhtes Risiko im Einzelfall. Eine Abwägung mit Risikofaktoren insbes. der Anlage 1 zum GwG erübrigt sich. Danach müssen verstärkte Sorgfaltspflichten insbes. in den folgenden Fällen durchgeführt werden:

- *„Bei dem Vertragspartner oder seinem Wirtschaftlich Berechtigten handelt es sich um eine politisch exponierte Person (PEP), ein Familienmitglied [eines PEP] oder um eine [einem PEP] nahestehende Person"* (§ 15 Abs. 3 Nr. 1 Buchst. a GwG),
- *„Bei einer Geschäftsbeziehung oder Transaktion mit engem Bezug zu einem Drittstatt mit hohem Risiko lt. EU-Negativliste"* (§ 15 Abs. 3 Nr. 1 Buchst. b GwG),
- *„Eine Transaktion ist im Vergleich zu ähnlichen Fällen a) besonders komplex oder ungewöhnlich groß, b) folgt einem ungewöhnlichen Transaktionsmuster oder c) hat keinen offensichtlichen wirtschaftlichen oder rechtmäßigen Zweck"* (§ 15 Abs. 3 Nr. 2 GwG).

C. Verstärkte Sorgfaltspflichten

§ 6

Praxishinweis:
Ungeachtet der Regelung in § 10 Abs. 3 Nr. 3 GwG (Pflicht zu allgemeinen Sorgfaltspflichten im Verdachtsfall) wird man davon ausgehen müssen, dass ein Verdachtsfall iSd § 43 Abs. 1 GwG bzw. des § 10 Abs. 3 Nr. 3 GwG regelmäßig ein „erhöhtes Risiko" iSd § 15 Abs. 2 GwG im Einzelfall darstellt, das zusätzlich verstärkte Sorgfaltspflichten auslöst.[10] Es ist schwer vorstellbar, dass ein „*Verdacht der Geldwäsche oder Terrorismusfinanzierung*" an die FIU gemeldet wird, aber der betreffende Sachverhalt kein erhöhtes Risiko darstellt. Dies gilt umso mehr, wenn man die (abstrakten) Sachverhalte des § 15 Abs. 3 GwG vergleicht. Bargeldgeschäfte, auch wenn sie die Schwellenwerte des § 10 Abs. 6a GwG erreichen oder überschreiten, sind dagegen nach der eindeutigen gesetzlichen Wertung per se kein Auslöser für verstärkte Sorgfaltspflichten, sofern nicht zusätzlich andere Gründe bzw. Risikofaktoren vorliegen.

13

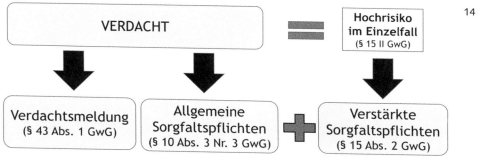

14

Abb. 18: Der Verdachtsfall ist ein erhöhtes Risiko im Einzelfall und löst Verstärkte Sorgfaltspflichten aus.

Das BMF kann durch Rechtsverordnung zusätzliche Fallkonstellationen benennen, in denen verstärkte Sorgfaltspflichten durchgeführt werden müssen. Von der Ermächtigung hat das Ministerium bisher keinen Gebrauch gemacht (§ 15 Abs. 10 Nr. 1 GwG). Die Aufsichtsbehörden haben die Möglichkeit, „*anzuordnen, dass die Verpflichteten Transaktionen oder Geschäftsbeziehungen einer verstärkten Überwachung unterziehen und zusätzliche, dem Risiko angemessene Sorgfaltspflichten sowie erforderliche Gegenmaßnahmen erfüllen.*" Voraussetzung hierfür ist, „*dass Tatsachen oder Bewertungen nationaler oder internationaler für die Verhinderung oder Bekämpfung der Geldwäsche oder der Terrorismusfinanzierung zuständiger Stellen vorliegen, die die Annahme rechtfertigen, dass über die in Absatz 3 genannten Fälle hinaus ein höheres Risiko besteht*" (§ 10 Abs. 8 GwG). Dabei kann es sich um Erkenntnisse auf Ebene der FATF, der EU-Kommission oder anderer Behörden handeln, zB der BaFin für den Finanzsektor. Die Gesetzesbegründung erwähnt den Fall, dass ein EU-Mitgliedsstaat wegen Versäumnissen auf die FATF-Liste gesetzt wird, da dieser Fall nicht von § 15 Abs. 3 Nr. 2 GwG abgedeckt wäre.[11] Auch wenn mit Malta im Juni 2021 ein EU-Mitglied auf die FATF-Liste kam,[12] wurden bislang keine weiteren Maßnahmen nach dieser Vorschrift veranlasst. Um Güterhändler zu verpflichten bedürfte es einer Anordnung, die in Betracht zieht, dass bereits einer der spezifischen Auslösetatbestände des § 10 Abs. 6a GwG bzw. des § 10 Abs. 3 Nr. 3 vorliegt. Verstöße gegen eine solche Anordnung, sollte sie ergehen, wären im Fall von Leichtfertigkeit (→ § 9 Rn. 19) ordnungswidrig (§ 56 Abs. 1 Nr. 45 GwG).

15

---

[10] Ebenso Rieg NZWist 2020, 297 (299).
[11] BT-Drs. 18/11555, 122, zu § 15 Abs. 8 GwG.
[12] S. unter https://www.fatf-gafi.org/publications/high-risk-and-other-monitored-jurisdictions/documents/increased-monitoring-june-2021.html; Zugriff am 15.10.2021.

16

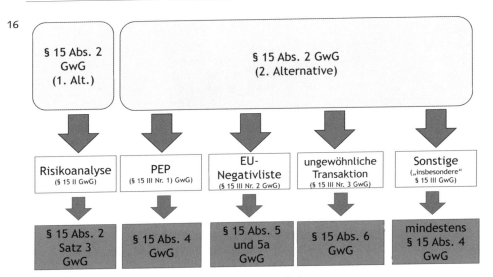

Abb. 19: Auslösetatbestände für Verstärkte Sorgfaltspflichten.

III. Umfang Verstärkter Sorgfaltspflichten

17 *„Die Verpflichteten bestimmten den konkreten Umfang der zu ergreifenden Maßnahmen entsprechend dem jeweiligen höheren Risiko der Geldwäsche oder Terrorismusfinanzierung"* (§ 15 Abs. 2 S. 2 GwG). Sachverhalte mit erhöhtem Risiko verbieten nicht automatisch die Begründung oder Fortsetzung einer Geschäftsbeziehung oder die Durchführung von Transaktionen.[13] Rechtsfolge ist nur die Pflicht zur Durchführung eines Mindestmaßes an verstärkten Sorgfaltspflichten. Dieses wird in Bezug auf die Sachverhalte des § 15 Abs. 3 GwG durch die § 15 Abs. 4–5a GwG konkretisiert. Weitere Maßnahmen sind ggf. in Ansehung der Situation angezeigt und erforderlich. Für alle anderen denkbaren Fälle verstärkter Sorgfaltspflichten bleibt es bei der Generalklausel des § 15 Abs. 2 S. 2 GwG. Je nach den Umständen des Einzelfalls können daher einzelne oder eine Kombination aus den Verstärkten Sorgfaltspflichten der Absätze 4–5a zum Tragen kommen oder -ergänzend oder alternativ – auch ganz andere, im Gesetz nicht genannte Maßnahmen. Die Darlegungslast für die Angemessenheit der getroffenen Maßnahmen verbleibt wie stets beim Verpflichteten (§ 15 Abs. 2 S. 3 GwG iVm § 10 Abs. 2 S. 4 GwG). Voraussetzung ist eine schriftliche Dokumentation der getroffenen Maßnahmen (§ 8 Abs. 1 Nr. 2 GwG). Abgesehen von der Frage, welche verstärkten Sorgfaltspflichten zu ergreifen sind, ist oft unklar, welche konkreten Maßnahmen erforderlich sind, um zB die Herkunft von Vermögenswerten zu klären. Vielfach kann es sich dabei nur um eine Plausibilisierung der (legalen) Herkunft von Vermögenswerten anhand von öffentlich oder anderweitig legal und legitim zugänglichen Informationen handeln. In der Regel wird zu diesen Informationen nur ein begrenzter Zugang bestehen. Eine umfassende Pflicht ihre Einkommens- und Vermögenssituation zu offenbaren begründet das GwG weder für den Geschäfts- und Vertragspartner, noch für die auftretenden Personen oder deren wirtschaftlich Berechtigte. Auch wenn ein erhöhtes Risiko besteht, rechtfertigt dies nicht, dass die Verpflichteten unangemessen mit Kosten für Untersuchungsmaßnahmen belastet werden, um unterhalb der Schwelle zulässiger polizeilicher Arbeit und ohne konkreten Verdacht hypothetische Sachverhalte zu untersuchen, bei denen keine konkrete Straftat im Raum steht.

---

[13] AuA Nichtfinanzsektor, S. 51, Ziff. 4.9.1.

IV. Geschäfts- und Transaktionsverbote

"Ist der Verpflichtete nicht in der Lage, die verstärkten Sorgfaltspflichten zu erfüllen gilt das Geschäfts- bzw. Transaktionsverbot des § 10 Abs. 9 GwG entsprechend" (§ 15 Abs. 9 GwG). Nach dem Wortlaut des Gesetzes besteht auch insoweit ein striktes Beendigungsgebot bzw. Transaktionsverbot. Im Rahmen der Verhältnismäßigkeitserwägungen muss einerseits das erhöhte Risiko berücksichtigt werden, andererseits der Umstand, dass es sich auch insoweit (in aller Regel) nicht um einen Verdacht handelt, sondern nur um latent-abstrakte (typisierte) Risiken. Hinzu kommt, dass der Umfang der erforderlichen (*"angemessenen"*) verstärkten Sorgfaltspflichten noch weit weniger klar umrissen ist als Maßnahmen der allgemeinen Sorgfaltspflichten. Es kann nicht zu Lasten des Güterhändlers gehen, wenn dieser, ohne leichtfertig zu handeln (→ § 9 Rn. 19), eine Geschäftsverbindung aufrecht erhält in dem Glauben in angemessenem Umfang auf ein erhöhtes Risiko reagiert zu haben. Wichtig ist eine entsprechende Dokumentation der Risikobewertung und der als Antwort hierauf getroffenen Maßnahmen.[14] Die Annahme bei erhöhten Risiken hätten Verhältnismäßigkeitserwägungen keinen Raum hat weder im GwG noch sonst im Verwaltungsrecht eine Grundlage. Der Verhältnismäßigkeitsgrundsatz ist vielmehr Ausprägung grundlegender verfassungsrechtlicher Anforderungen an das Handeln der Verwaltung und daher immer, ohne Einschränkung gültig und zu beachten. Zutreffend ist, dass den erhöhten Risiken iRd Abwägung ein (etwas) erhöhtes Gewicht zukommt im Vergleich zu Sachverhalten ohne erhöhtes Risiko. Dass deswegen ein Abwägungsergebnis zugunsten des Verpflichteten generell oder auch nur idR ausgeschlossen wäre, entspricht nicht geltendem Recht.

D. Politisch Exponierte Personen (PEP)

I. Hintergrund

"Ein höheres Risiko liegt insbes. vor, wenn es sich bei dem Vertragspartner des Verpflichteten oder bei einem Wirtschaftlich Berechtigten um eine politisch exponierte Person [PEP], ein Familienmitglied [eines PEP] oder um eine [einem PEP] bekanntermaßen nahestehende Person handelt" (§ 15 Abs. 3 Nr. 1a GwG). Der Begriff: *"politische exponierte Person"* (*"politically exposed person"*) wurde erstmals in der Version der FATF-Empfehlungen von 2003 verwendet. Dahinter steht der Gedanke, dass Geschäfte mit oder im Umfeld von Personen, die besonders exponierte, politische Ämter innehaben, ein erhöhtes Risiko der Geldwäsche oder Terrorismusfinanzierung aufweisen. Die Regelungen zu PEPs sind nicht Produkt empirischer Forschung, sondern Erscheinung eines am grünen Tisch entstandenen, politischen und regulatorischen Aktionismus, veranlasst durch einige wenige Fälle, in denen Despoten, Diktatoren und Kleptokraten ihre Vermögenswerte bei Kreditinstituten in Europa und den USA deponiert hatten.[15] Erst zu einem späteren Zeitpunkt änderte sich die Rechtfertigung der Sonderregeln insofern als von einer hohen Anfälligkeit von „PEPs" für Korruption ausgegangen wurde.[16] Während es ursprünglich nur um höchste Staatsämter ging, wurde die Beachtung verstärkter Sorgfaltspflichten im Laufe der Zeit auf immer niedrigere Ebenen heruntergebrochen, was unter rechtsstaatlichen Gesichtspunkten fragwürdig erscheint.[17] Ein allgemeines Geschäfts- bzw. Transaktionsverbot (→ Rn. 18) mit PEPs sieht das GwG nicht vor. Vielmehr bemüht sich die RL (EU) 2015/849 klarzustellen, dass mit der Feststellung der PEP-Eigenschaft keine Stigmatisierung verbunden sein soll.[18] Den-

---

[14] Bausch/Voller Geldwäsche-Compliance S. 203.
[15] Herzog/Achtelik GwG § 6 Rn. 28.
[16] Zentes/Glaab/Kaetzler GwG § 1 Rn. 121.
[17] BeckOK GwG/Frey, 4. Ed. 1.12.2020, GwG § 1 Rn. 103.
[18] Erwgr. 33 Richtlinie (EU) 2015/849.

noch scheuen Verpflichtete erfahrungsgemäß den Aufwand, den vor allem die verstärkten Sorgfaltspflichten und die verstärkte kontinuierliche Überwachung bei ausländischen PEPs mit sich bringen. Im Ergebnis werden diese Geschäfte nicht selten eingestellt, obwohl kein gesetzliches Verbot besteht *("de-risking")*. Fallzahlen zu Verdachtsfällen unter Einbeziehung von PEPs veröffentlicht die FIU nicht. Es gibt keinen Grund anzunehmen, dass diese in irgendeiner Weise ins Gewicht fallen.

II. Definition und Personenkreis

1. Politisch Exponierte Personen

20 **Definition:**
PEP ist gem. § 1 Abs. 12 S. 1 GwG *„jede Person, die ein hochrangiges wichtiges öffentliches Amt auf internationaler, europäischer oder nationaler Ebene ausübt oder ausgeübt hat. Ein öffentliches Amt unterhalb der nationalen Ebene ist nur relevant, wenn „dessen politische Bedeutung* [mit der eines nationalen Amts] *vergleichbar ist"* (§ 1 Abs. 12 S. 1 GwG).

21   Politisch Exponierte Personen (PEP) sind stets natürliche Personen;[19] die ein wichtiges öffentliches Amt innehaben. Gesellschaften oder andere Rechtsgestaltungen kommen als PEP nicht in Frage. PEP sind zwar Amtsträger *("public official")*, nicht alle Amtsträger sind dagegen PEP. Die Begriffe sind nur teilidentisch. Voraussetzung der PEP-Eigenschaft ist eine nationale (landesweite) oder dieser vergleichbaren Bedeutung des Amts. Personen, die öffentliche Ämter unterhalb der Landesebene (in Deutschland: Bundesebene) ausüben, zB die Landesministerpräsidenten, sind daher in dieser Funktion nicht PEP. Sie sind allerdings PEP als Mitglied des Bundesrats und damit eines Bundesorgans. Personen in kommunalen Ämtern sind keine PEP.[20] Generell sind Amtsträger auf mittleren oder niedrigen Funktionsstufen von der Definition ausgenommen. Spätestens seit der GwG-Novelle 2017 (→ § 1 Rn. 12) wird nicht mehr zwischen inländischen und ausländischen PEPs unterschieden.[21] Verstärkte Sorgfaltspflichten gelten für sie gleichermaßen. Das GwG unterscheidet zwischen den eigentlichen Amtsinhabern (§ 1 Abs. 12 GwG), Familienmitgliedern eines PEP (§ 1 Abs. 13 GwG) und sonstigen, einem PEP nahestehenden Personen (§ 1 Abs. 14 GwG). International wird häufig auch bei Familienmitgliedern oder nahestehenden Personen nur von PEP die Rede sein.

22   Bis 2017 war in einer separaten EU-Richtline geregelt, welche Ämter und Funktionen die PEP-Eigenschaft begründen.[22] Seither ist der betroffene Personenkreis durch § 1 Abs. 12, 13 und 14 GwG im GwG definiert. § 12 Abs. 1 S. 2 Nr. 1 GwG enthält eine – allerdings nicht abschließende *(„insbesondere")* – Aufzählung relevanter Ämter und Funktionen, die die PEP-Eigenschaft begründen. Es kommen daher andere Ämter und Funktionen in Betracht. Welche das sind, ist unklar insbes. mit Blick auf Ämter im Ausland. Brauchbare Hinweise der Aufsichtsbehörden gibt es bislang keine. Bei Personen mit wichtigen öffentlichen Ämtern ist daher stets im Einzelfall zu prüfen, ob diese als PEP in Frage kommen. Es gibt allerdings keinen Grund, die bereits jetzt ausufernde Liste des § 1 Abs. 12 S. 1 Nr. 1 GwG durch eine Vielzahl weiterer Anwendungsbeispiele zu ergänzen. Dies wird eher die Ausnahme als die Regel bleiben.

---

[19] Zentes/Glaab/Kaetzler GwG § 1 Rn. 132.
[20] Bausch/Voller Geldwäsche-Compliance S. 47.
[21] Herzog/Figura GwG § 1 Rn. 57; Zentes/Glaab/Kaetzler GwG § 1 Rn. 122, 129.
[22] Artikel 2 Richtlinie 2006/70/EG der Kommission vom 1.8.2006 mit Durchführungsbestimmungen für die Richtlinie 2005/60/EG des Europäischen Parlaments und des Rates hinsichtlich der Begriffsbestimmung von „politisch exponierte Personen" und der Festlegung der technischen Kriterien für vereinfachte Sorgfaltspflichten sowie für die Befreiung in Fällen, in denen nur gelegentlich oder in sehr eingeschränktem Umfang Finanzgeschäfte getätigt werden, ABl. 2015 L 309, 15.

D. Politisch Exponierte Personen (PEP) § 6

> **Praxishinweis:**
> Gem. Art 20a RL (EU) 2015/849 sollte die EU-Kommission eine Liste der Ämter und Funktionen in der EU konsolidieren und veröffentlichen, die nach den jeweiligen Rechts- und Verwaltungsvorschriften der Mitgliedstaaten den PEP-Status begründen. Akkreditierte internationale und europäische Organisationen wurden verpflichtet eine entsprechende Liste zur Verfügung zu stellen. Damit wurde einer langjährigen Forderung der Kreditwirtschaft teilweise nachgegeben.[23] Eine Namensliste ist damit nach wie vor nicht verbunden. Bislang ist auch keine entsprechende EU-Liste veröffentlicht worden.

23

Viele der in § 1 Abs. 12 GwG genannten Ämter und Funktionen sind erklärungsbedürftig. „Vergleichbare Gesetzgebungsorgane" sind zB die verbreiteten zweiten (höheren) Kammern der Parlamente (Senat, House of Lords, etc) oder ähnliche Organe, die formal Teil des Gesetzgebungsprozesses sind. In Deutschland ist dies der Bundesrat bzw. seine Mitglieder. Mit den „Mitgliedern von Führungsgremien" politischer Parteien ist idR nur der Vorstand einer Partei gemeint. Dabei muss es sich um eine Partei handeln, die Bedeutung auf nationaler Ebene hat. Parteien, die bei Kommunalwahlen oder auf Länderebene antreten, zählen nicht hierzu, soweit ihre Bedeutung nicht vergleichbar ist. Der CSU wird daher keine bundesweite Bedeutung in diesem Sinne zuschreiben können, weil sie nicht bundesweit an Wahlen teilnimmt. Zwischenstaatliche internationale oder europäische Organisationen betreffen nur die beschriebenen Leitungsfunktionen von zwischenstaatlichen UN-Organisationen oder europäischen Organisationen, also zB Beamte der UNO oder des IWF. Die FIFA dagegen ist keine staatliche, sondern eine private Organisation. Bei staatseigenen Unternehmen geht es nicht um jeden Betrieb in öffentlicher Hand. Insbes. sind kommunale Betriebe wie zB Stadtwerke mangels landesweiter (nationaler) Bedeutung nicht davon erfasst, auch wenn sie zu 100 % in öffentlicher Hand („Staatseigentum") sind.[24] Anwendbar ist die Vorschrift dagegen grds. auf Unternehmen wie die Bahn AG oder eine staatliche Post-Gesellschaft, die landesweit agiert. Ihre Mitglieder des Leitungs-, Aufsichts- oder sonstigen Verwaltungsorgans sind daher PEP.

24

> **Praxishinweis:**
> Fraglich ist, ob bei (landesweit agierenden) staatseigenen Unternehmen gesetzliche Vertreter und Mitglieder von Aufsichtsorganen als PEP gelten. Die Deutsche Bahn AG hat als Staatsunternehmen keinen „echten" wirtschaftlich Berechtigten. Die Vorstände werden dennoch als fiktive wirtschaftlich Berechtigte eingestuft (→ § 5 Rn. 89). Da die Bahn AG landesweit agiert, wären ihre Vorstände (und Aufsichtsräte) gleichzeitig PEP (§ 1 Abs. 12 Nr. 8 GwG) mit der Folge, dass bei Verträgen mit der DB (das Vorliegen von Auslöseatbeständen unterstellt) verstärkte Sorgfaltspflichten gelten (§ 15 Abs. 2 Nr. 1 GwG). Dies, obwohl das Risiko öffentlicher Unternehmen generell als niedrig gilt (Anlage 1 Nr. 1b GwG). Einen dogmatisch guten Argumentationsweg aus diesem Dilemma gibt es nicht, auch wenn man annehmen darf, dass dieses Ergebnis so nicht gewollt war.

25

2. Familienangehörige eines PEP

Als PEP gilt nicht nur die Person, die selbst ein wichtiges öffentliches Amt ausübt oder innehat, sondern auch nahe Familienangehörige des PEP (§ 1 Abs. 13 GwG). Erneut ist die Aufzählung nur beispielhaft (*„insbesondere"*), so dass nach Belieben Brüder und Schwestern, Tanten und Onkel, Cousins und Cousinen als nahe Familienmitglieder eines PEP in Betracht kommen. Unter welchen Voraussetzungen solche familiären Bande zu

26

---
[23] Zentes/Glaab/Kaetzler GwG § 1 Rn. 131.
[24] Herzog/Figura GwG § 1 Rn. 58.

einem PEP nicht mehr als „nahe" und damit nicht mehr als erhöhtes Risiko iSd Geldwäsche-Compliance angesehen werden, spezifiziert das GwG nicht. Seitens der Aufsichtsbehörden gibt es dazu keine Auslegungshinweise. Hilfsweise kann man bei nicht explizit genannten Personen darauf abstellen, ob gemeinsame wirtschaftliche Aktivitäten erkennbar sind, ähnlich wie bei PEP nahestehenden Personen (→ Rn. 28) oder ob sie im Rahmen geschäftlicher Aktivitäten neben oder für den PEP auftreten (→ § 5 Rn. 66). Im Gesetz beispielhaft genannt sind:
- Ehepartner oder eingetragenen Lebenspartner des PEP,
- Kinder des PEP,
- Ehepartner und eingetragene Lebenspartner der Kinder des PEP,
- jeder Elternteil des PEP.

27

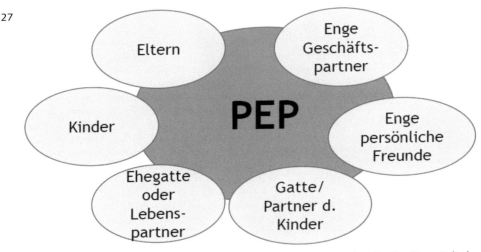

Abb. 20: Der Begriff Politisch Exponierte Personen (PEP) umfasst auch nahe Familienmitglieder und sonst nahestehende Personen.

3. Einem PEP nahestehende Personen

28 Neben engen Familienangehörigen zählen auch einem PEP sonst *„nahestehende Personen"* zum Kreis derer, die ein erhöhtes Risiko der Geldwäsche bzw. Terrorismusfinanzierung darstellen. Auf die einzelnen Elemente der Definitionen soll nicht weiter eingegangen werden, da ein praktisches Arbeiten damit kaum möglich ist. Aus Sicht des risikobasierten Ansatzes ist es sinnvoll, sich daran zu orientieren, ob eine Person einem PEP persönlich nahesteht und mit diesem enge Geschäftsbeziehungen unterhält bzw. wirtschaftlich zu seinen Gunsten oder an seiner Stelle agiert (zB als Vermögensverwalter, Treuhänder, Strohmann, etc). Im Kern geht es um Freunde oder Bekannte bzw. Geschäftspartner des PEP, die mit ihm oder für ihn wirtschaftliche Aktivitäten entfalten. Dazu wird jede Person gezählt, die
- *„gemeinsam mit einer politisch exponierten Person wirtschaftlich Berechtigter einer Vereinigung nach § 20 Abs. 1 GwG oder einer Rechtsgestaltung nach § 21 GwG ist"* (§ 1 Abs. 14 Nr. 1 GwG),
- *„zu einer politisch exponierten Person sonstige enge Geschäftsbeziehungen unterhält"* (§ 1 Abs. 14 Nr. 2 GwG) oder
- *„alleiniger wirtschaftlich Berechtigter einer Vereinigung nach § 20 Abs. 1 GwG oder einer Rechtsgestaltung nach § 21 GwG ist, [...] bei der der Verpflichtete Grund zu der Annahme haben*

muss, dass diese faktisch zugunsten einer politisch exponierten Person errichtet wurde" (§ 1 Abs. 14 Nr. 3 GwG).

III. Feststellung des PEP-Status

Bis zur GwG-Novelle 2017 (→ § 1 Rn. 12) war die Prüfung, ob ein PEP-Risiko vorliegt, systematisch falsch Teil der Verstärkten Sorgfaltspflichten. Ohne Abklärung des PEP-Status iRd allgemeinen Sorgfaltspflichten kann aber nicht entschieden werden, ob auf einen Geschäfts- oder Vertragspartner nur allgemeine oder verstärkte Sorgfaltspflichten Anwendung finden.[25] Daher gehört nunmehr zu den allgemeinen Sorgfaltspflichten die „*Feststellung [...] ob es sich bei dem Vertragspartner oder dem wirtschaftlich Berechtigten um eine politisch exponierte Person, um ein Familienmitglied oder um eine bekanntermaßen nahe stehende Person handelt.*" (§ 10 Abs. 1 Nr. 4 GwG). Die Feststellung des PEP-Status muss gemäß § 10 Abs. 1 Nr. 4 GwG explizit nur in Bezug auf den Vertragspartner bzw. den wirtschaftlich Berechtigten erfolgen, nicht in Bezug auf die auftretenden Personen (→ § 5 Rn. 66). Der Grund für diese Beschränkung ist nicht bekannt. Unter Risikogesichtspunkten ist dies nicht nachvollziehbar. Auch wenn keine Pflicht dazu besteht, kann es daher sinnvoll sein, zeitgleich den PEP-Status der auftretenden Personen zu prüfen und abhängig vom Ergebnis angemessene Maßnahmen zu treffen. Entsprechendes soll für Personen gelten, die kein nationales Amt oder vergleichbare Funktion ausüben, wenn dennoch ein erhöhtes Risiko für Geldwäsche oder Terrorismusfinanzierung besteht.[26] Systematisch ist dies allerdings ein Fall erhöhter Risiken im Einzelfall (→ Rn. 12), nicht des (nicht vorhandenen) PEP-Status. Da PEP stets natürliche Personen sind, erübrigt sich die Prüfung in Bezug auf Geschäfts- und Vertragspartner, die Gesellschaften oder andere Rechtsgestaltungen sind. Wirtschaftlich Berechtigte sind dagegen per Definition natürliche Personen (→ § 5 Rn. 70), so dass insoweit immer eine PEP-Prüfung stattfinden muss.

29

Die Feststellung, ob eine Person PEP-Status hat, muss mit „*angemessenen, risikoorientierten*" Verfahren erfolgen (§ 10 Abs. 1 Nr. 4 GwG). Dazu müssen die Verpflichteten intern entsprechende Organisationsanweisung erlassen.[27] Zumindest in Bezug auf das Verhältnis von PEP und ihnen nahestehende Personen (§ 1 Abs. 14 GwG) soll dabei keine Nachforschungspflicht bestehen. Sie sind nur relevant, wenn die Beziehung zu dem PEP bekannt ist *(„bekanntermaßen");* Vermutungen oder vage Hinweise (zB spekulative Presseberichte) auf eine Freundschaft oder Bekanntschaft mit dem PEP reichen nicht aus, um die PEP-Eigenschaft der nahestehenden Person zu begründen. Der Verpflichtete muss (guten) „*Grund zur Annahme*" haben, dass eine Geschäftsbeziehung vorliegt. Unbestätigte Presseberichte reichen dazu nicht aus. Angesichts der generellen Schwierigkeit, den PEP-Status einer Person einzuschätzen, vor allem bei Familienangehörigen oder (nur) nahestehenden Personen, wurde seitens der EU von den Aufsichtsbehörden Nachsicht gefordert, wenn Verpflichtete übersehen, dass eine Person PEP, Familienmitglied eines PEP oder sonst nahestehende Person ist. Sie sollten in diesen Fällen keine „schematische" (gemeint war: mehr oder weniger automatische) Sanktionierung der Verpflichteten vornehmen.[28] Die gut gemeinten Formulierungen sollten nicht darüber hinwegtäuschen, dass es im Grunde nur wenige Möglichkeiten gibt, den PEP-Status einer Person überhaupt zu erforschen. Soweit dieser nicht allgemein öffentlich bekannt ist (wie zB bei vielen Regierungschefs), kommen dazu vor allem Internet-Recherchen, Selbstauskünfte und kommerzielle Auskunftsdienste

30

---

[25] BT-Drs. 18/11555, 115 zu § 10 Abs. 1 GwG.
[26] BeckOK GwG/Gabriel, 4. Ed. 1.12.2020, GwG § 15 Rn. 12.
[27] Bausch/Voller Geldwäsche-Compliance S. 205.
[28] Erwgr. 2 Richtlinie 2006/70/EG der Kommission vom 1.8.2006 mit Durchführungsbestimmungen für die Richtlinie 2005/60/EG des Europäischen Parlaments und des Rates hinsichtlich der Begriffsbestimmung von „politisch exponierte Personen" und der Festlegung der technischen Kriterien für vereinfachte Sorgfaltspflichten sowie für die Befreiung in Fällen, in denen nur gelegentlich oder in sehr eingeschränktem Umfang Finanzgeschäfte getätigt werden, ABL. 2015 L 309, 15.

bzw. das Abonnement kommerzieller PEP-Listen in Betracht.[29] Selbstauskünfte gelten generell nicht als besonders zuverlässig und scheiden daher als alleiniges Mittel in Bezug auf Länder oder Sachverhalte mit einem erhöhten Risiko aus. Ähnliches gilt für Internet-Recherchen. Für risikobasierte Abstufungen lässt die Vorschrift entgegen ihrem Wortlaut wenig Raum. Denn der PEP-Status stellt stets ein erhöhtes Risiko dar und führt zur Anwendung Verstärkter Sorgfaltspflichten (→ Rn. 31, § 15 GwG). Nicht einmal in Bezug auf inländische PEPs ist eine Differenzierung zulässig. Praktisch alternativlos ist der Zukauf sog. kommerzieller PEP-Listen von Drittanbieter, zumal in Bezug auf Familienangehörige und sonstige Personen im Ausland. Allerdings besteht auch insoweit keine Garantie für Vollständigkeit und Aktualität. Unterbleibt die Abklärung iRd allgemeinen Sorgfaltspflichten (→ § 5 Rn. 21), ob der Vertragspartner oder wirtschaftlich Berechtigte PEP, Familienangehöriger oder nahestehende Person ist, oder wird diese fehlerhaft durchgeführt, kann dies im Fall von Leichtfertigkeit (→ § 9 Rn. 19) als ordnungswidrig sanktioniert werden (§ 56 Abs. 1 Nr. 19 GwG). Wird der PEP-Status einer Person bestätigt, ist (allein) deswegen keine Verdachtsmeldung erforderlich. Der PEP-Status begründet ein (abstrakt erhöhtes) Risiko und die Notwendigkeit Verstärkter Sorgfaltspflichten, keinen Verdacht iSd § 43 Abs. 1 GwG.

IV. Verstärkte Sorgfaltspflichten bei PEP

31 Das Vorhandensein eines PEP löst die verstärkten Sorgfaltspflichten des § 15 Abs. 4 GwG aus. Dies ist unabhängig davon, ob es sich um den Amtsträger selbst handelt, um ein nahes Familienmitglied des PEP oder eine dem PEP sonst nahestehende Person. Zu beachten ist, dass die im Gesetz aufgezählten Maßnahmen Mindestmaßnahmen sind. Abhängig von den Umständen des Einzelfalls sind weitere Maßnahmen zulässig und ggf. auch geboten. Güterhändler müssen daher mind. (Reihenfolge geändert):
- *„angemessene Maßnahmen ergreifen, mit denen die Herkunft der Vermögenswerte bestimmt werden kann, die iRd Geschäftsbeziehung oder Transaktion eingesetzt werden"* („source of funds", § 15 Abs. 4 S. 1 Nr. 2 GwG),
- *„die Zustimmung seiner Führungsebene zur Begründung oder Fortführung der Geschäftsbeziehung einholen"* (§ 15 Abs. 4 S. 1 Nr. 1 GwG) sowie
- *„die Geschäftsbeziehung einer verstärkten kontinuierlichen Überwachung unterziehen"* (§ 15 Abs. 4 S. 1 GwG).

32 Im Sinne der ergänzenden Sachverhaltsklärung bzw. Risikoeinschätzung sollte abweichend von der Reihenfolge im Gesetz mit der Frage begonnen werden, welcher Herkunft die Vermögensgegenstände sind, die iRd Geschäftsbeziehung oder Transaktion eingesetzt wurden oder werden. Bei Güterhändlern wird es dabei in aller Regel um die finanziellen Mittel gehen, mit denen der Geschäfts- oder Transaktionspartner die Lieferungen und Leistungen des Güterhändlers begleicht. Ziel muss sein mind. zu verstehen, ob der Geschäfts- bzw. Vertragspartner einer seriösen bzw. legalen Geschäftstätigkeit nachgeht und daraus Beträge erlöst, die vom Umfang her ausreichen für die Art von Geschäft mit dem Güterhändler. Anderenfalls geht es um das Verständnis, ob die Finanzierung aus legaler Quelle und auf legale Weise erfolgt. Es geht nicht um eine Klärung der gesamten Einkommens- und Vermögenssituation des Geschäfts- oder Transaktionspartners. Es geht auch nicht um die Vermögenssituation des PEP oder von Personen, die für den Geschäftspartner auftreten oder um die seiner wirtschaftlich Berechtigten. Erforderlich sind jeweils *„angemessene Maßnahmen."* Trotz des an sich erhöhten Risikos ist daher kein Beweis erforderlich, sondern eine Plausibilitätsprüfung abhängig von der Erreichbarkeit und Verlässlichkeit von Informationen. Die (legale) Herkunft der Vermögenswerte muss für den Verpflichteten nach-

---

[29] Bausch/Voller Geldwäsche-Compliance S. 205.

vollziehbar sein.[30] Heranziehen kann man zB hinterlegte oder von Wirtschaftsprüfern geprüfte Jahresabschlüsse. Wo diese nicht zur Verfügung stehen, helfen u. U. Eröffnungsbilanzen oder Ähnliches. Anderenfalls muss man den Geschäfts- bzw. Vertragspartner direkt um Auskunft bitten und das Ergebnis dokumentieren bzw. durch Dokumente untermauern. Eine Verifizierung (Überprüfung) (→ § 5 Rn. 40) der Auskunft bzw. Unterlagen nach den strikten Vorgaben des § 12 GwG ist nicht vorgesehen. Dem Güterhändler wird es weitgehend unmöglich sein, Antworten des Vertragspartners zu hinterfragen.[31] Blind vertrauen sollte man Auskünften trotzdem nicht. Wer die Herkunft der Gelder leichtfertig (→ § 9 Rn. 19) nicht klärt, handelt ordnungswidrig (§ 56 Abs. 2 Nr. 34 GwG).

Praxishinweis:
Orientierung geben die folgenden Fragen (Beispiele):
- Liegt ausreichende Transparenz der Beteiligten und der Eigentümer- und Kontrollstruktur vor?
- Welche legitime, gesetzlich erlaubte Geschäftstätigkeit übt der Vertragspartner aus?
- Reichen die damit erzielten oder zu erzielenden Finanzmittel erkennbar aus, um die angestrebte Transaktion oder Geschäftsverbindung durchzuführen?
- Wenn nicht: welche sonstigen legitimen Finanzquellen (Finanzierung) nutzt der Geschäfts- bzw. Vertragspartner? Stellt sich heraus, dass Dritte in die Finanzierung eingebunden sind, ist es notwendig, dieselben Fragen in Bezug auf die Dritten durchzugehen.
- Gibt es sonst Hinweise auf eine nicht legitime Herkunft der Finanzmittel, zB Sach- oder Kapitaleinlagen durch Personen oder aus Quellen, die nicht legitim erscheinen (zB Gesellschafterstruktur weist Verbindungen zu mafiösen Strukturen auf) oder eine Vermischung mit nicht sicher legalem Vermögen?
- Welche Nachweise gibt es und welche Qualität haben diese? zB von großen, bekannten Wirtschaftsprüfern zertifizierte Jahresabschlüsse? Bankbestätigungen, etc Originale oder nur Kopie?

33

Liegen ausreichende Informationen über die (legale) Herkunft der Vermögenswerte vor, muss eine Person der Führungsebene (→ § 4 Rn. 129) beim Verpflichteten zustimmen, sofern die Geschäftsbeziehung mit dem Geschäfts- bzw. Vertragspartner begründet oder fortgesetzt werden soll. Entgegen dem Wortlaut der Vorschrift sollte diese Zustimmung auch für (zukünftige) Transaktionen eingeholt werden, die, ohne eine Geschäftsbeziehung zu begründen, durchgeführt werden.[32] Welches Mitglied der Führungsebene die Zustimmung erteilt, ist im Gesetz nicht festgelegt. Unter mehreren Mitgliedern der Führungsebene kann man daher wählen. Es muss auch nicht stets dasselbe Mitglied der Führungsebene im Sinne einer festen Zuständigkeit sein, auch wenn dies generell hilfreich sein dürfte.[33] Die Zustimmung kann mündlich oder elektronisch (E-Mail) erteilt werden. Aus offensichtlichen Gründen sollte sie dokumentiert werden. Ohne Zustimmung der Führungsebene darf die Geschäftsbeziehung nicht begründet bzw. fortgesetzt werden. Sie muss dann ggf. zeitnah beendet werden (Beendigungsgebot, → Rn. 18). Wird die Geschäftsbeziehung leichtfertig (→ § 9 Rn. 19) ohne Zustimmung der Führungsebene fortgesetzt, liegt darin eine Ordnungswidrigkeit (§ 56 Abs. 1 Nr. 33 GwG). Generell macht die Einholung der Zustimmung keinen Sinn, solange noch Geschäfts- oder Transaktionsverbote gelten, sei es temporär (§ 46 Abs. 1 GwG) oder unbegrenzt (§ 10 Abs. 9 GwG, § 15 Abs. 9 GwG). Die Zustimmung ist formal nicht erforderlich, wenn die Fortsetzung der Geschäftsbeziehung oder weitere Transaktionen gar nicht geplant oder absehbar sind, wie

34

---

[30] AuA Nichtfinanzsektor, S. 53, Ziff. 4.9.2.
[31] So auch Bausch/Voller Geldwäsche-Compliance S. 207.
[32] Ähnl. BeckOK GwG/Gabriel, 4. Ed. 1.12.2020, GwG § 15 Rn. 42.
[33] Bausch/Voller Geldwäsche-Compliance S. 206.

zB bei Eingang einer einzelnen Drittzahlung aus unbekannter Quelle. In diesen Fällen kann es trotzdem sinnvoll sein, den Sachverhalt zum Zweck der Dokumentation zusammenzufassen und der Führungsebene zur Kenntnis zu geben, so dass diese formal eine weitere Zusammenarbeit ablehnen kann. Auf dieser Basis wird es vielfach einfacher sein, intern (Sicherungs-) Maßnahmen zu veranlassen, wie zB einen Sperrvermerk für bestimmte Geschäftspartner in den Systemen des Verpflichteten oder Maßnahmen, um im Gespräch mit dem Kunden eine Wiederholung der unerwünschten Situation für die Zukunft zu vermeiden.

35 Wegen des erhöhten Risikos der Geldwäsche oder Terrorismusfinanzierung verlangt das GwG abschließend die *„verstärkte kontinuierliche Überwachung"*, also Stichproben und ggf. eine Aktualisierung der Angaben des Geschäfts- bzw. Vertragspartners in kürzeren Intervallen als nach Durchführung allgemeiner Sorgfaltspflichten üblich. Wie kurz diese Intervalle definiert sind und welche Maßnahmen zu treffen sind, hängt von der Art und dem Umfang der Geschäfte des Verpflichteten mit dem Geschäftspartner ab. Eine kontinuierliche Überwachung ist nur sinnvoll, wenn die Geschäftsbeziehung fortgesetzt wird. Anderenfalls kann sich die Prüfung darauf beschränken festzustellen, ob Sperrvermerke nicht versehentlich gelöscht wurden, ob sie ggf. bekannt sind und beachtet werden und ob es ungeachtet dessen Hinweise darauf gibt, dass sie umgangen werden sollten. Ohne weitere Anhaltspunkte ist allein wegen des PEP-Status einer Person keine Verdachtsmeldung erforderlich. Soweit Auslösetatbestand für allgemeine und ggf. verstärkte Sorgfaltspflichten ein Verdachtsfall war, sollte die FIU über den Umstand, dass ein PEP vorhanden ist, ggf. im Rahmen einer Nachmeldung informiert werden. Denkbar ist auch, dass zB die Klärung der Herkunft der Gelder (weitere) Anhaltspunkte iSd FIU-Typologien ergibt, die zu einem meldepflichtigen Verdacht oder einer Nachmeldung führen.

V. Ehemalige PEP

36 Das mit einer PEP verbundene Risiko endet nicht automatisch mit der Niederlegung des besonderen politischen Amts. So können zB Bestechungsgelder, die eine PEP während der Amtszeit empfangen hat oder Gelder, die sie in dieser Zeit veruntreut hat, auch danach noch gewaschen werden. Schon vor der GwG-Novelle 2017 (→ § 1 Rn. 12) waren verstärkte Sorgfaltspflichten bei einer PEP bis zum Ablauf von zwölf Monaten nach ihrem Ausscheiden aus dem Amt erforderlich. Ab diesem Zeitpunkt wurde allein in der früheren PEP-Eigenschaft kein erhöhtes Risiko mehr gesehen.[34] Nach der seither geltenden Regelung müssen Verpflichtete dagegen *„bei einer ehemaligen politisch exponierten Person für* **mind.** *12 Monate nach deren Ausscheiden aus dem öffentlichen Amt das [erhöhte] Risiko berücksichtigen, das spezifisch für politisch exponierte Personen ist, und [...] angemessene und risikoorientierte Maßnahmen treffen."* (§ 15 Abs. 4 S. 3 GwG). Über den Zeitraum von zwölf Monaten hinaus gilt dies *„so lange bis anzunehmen ist, dass dieses Risiko nicht mehr besteht."* (§ 15 Abs. 7 GwG). Bei ehemaligen PEPs sind die verstärkten Sorgfaltspflichten des § 15 Abs. 4 GwG daher auch nach Ablauf der zwölf Monate anzuwenden. Dies gilt für eine nicht näher bestimmte und bestimmbare Zeit. Wann diese endet, lässt sich nicht rechtssicher sagen. Entscheidend sind allein die Umstände des Einzelfalls. Es besteht damit die Gefahr der Perpetuierung des PEP-Status (*„einmal PEP – immer PEP"*) und der Zersplitterung der Handhabung vergleichbarer Fälle, was interne Schulungen und qualitätsorientierte Prozesse weitgehend unmöglich macht. Tatsächlich belassen kommerzielle Dienstleister (ehemalige) PEP über sehr lange Zeiträume in ihren Listen, so dass zT auch noch Jahre nach dem

---

[34] Erwgr. 4 Richtlinie 2006/70/EG der Kommission vom 1.8.2006 mit Durchführungsbestimmungen für die Richtlinie 2005/60/EG des Europäischen Parlaments und des Rates hinsichtlich der Begriffsbestimmung von „politisch exponierte Personen" und der Festlegung der technischen Kriterien für vereinfachte Sorgfaltspflichten sowie für die Befreiung in Fällen, in denen nur gelegentlich oder in sehr eingeschränktem Umfang Finanzgeschäfte getätigt werden, ABL. 2015 L 309, 15.

Ausscheiden aus dem Amt die früheren Amtsträger oder deren familiäres oder sonstiges Umfeld als PEP gelten. Es ist daher stets sinnvoll einen „PEP-Listentreffer" im Gespräch mit dem Vertrags- bzw. Geschäftspartner zu erörtern und den Status u. U. zu korrigieren. Die Frist von mind. zwölf Monaten gilt dabei nur für den PEP selbst (§ 1 Abs. 12 GwG). Denn § 15 Abs. 7 GwG bezieht sich explizit nur auf die „politisch exponierte Person (PEP)," nicht auf nahe Angehörige des PEP oder ihm bekanntermaßen nahestehende Personen. Lässt sich zB ein Kind des PEP scheiden, so fällt der (geschiedene) Ehegatte des Kindes mit sofortiger Wirkung aus dem Kreis der nahen Familienmitglieder eines PEPs heraus (§ 1 Abs. 13 GwG). Das heißt nicht, dass im Einzelfall kein Risiko mehr bestehen kann. Aber das typische Risiko aus der PEP-Nähe und der risikounabhängige Automatismus verstärkter Sorgfaltspflichten wegen der PEP-Eigenschaft entfällt.

> **Praxishinweis:**
> Auch nach Ablauf der Frist in § 15 Abs. 4 S. 3 GwG kann die Notwendigkeit bestehen, in Bezug auf Geschäfte mit oder im Umfeld eines ehemaligen PEP Verstärkte Sorgfaltspflichten durchzuführen, wenn andere Gründe als die PEP-Eigenschaft dafürsprechen. Dies wird bei Güterhändlern insbes. der Fall sein, wenn Verdachtsmomente vorliegen.

37

VI. Nachträgliche Feststellung des PEP-Status

Wird der PEP-Status des Geschäfts- bzw. Vertragspartners, seines wirtschaftlich Berechtigten oder einer auftretenden Person erst während einer laufenden Geschäftsbeziehung begründet oder bekannt, *„muss der Verpflichtete sicherstellen, dass die Fortführung der Geschäftsbeziehung nur mit Zustimmung eines Mitglieds der Führungsebene erfolgt"* (§ 15 Abs. 4 S. 2 GwG). Ihrem Wortlaut nach nimmt die Vorschrift nur Bezug auf das politische Amt des Geschäfts- bzw. Vertragspartners oder des wirtschaftlich Berechtigten, nicht auf Familienangehörige oder nahestehende Personen des PEP. Vertretbar ist daher, dass die Vorschrift nicht zur Anwendung kommt, wenn der Geschäftspartner oder wirtschaftlich Berechtigte zB durch Heirat nachträglich zum nahen Angehörigen eines PEP wird oder einem PEP nahesteht und dann erstmals gemeinsame wirtschaftliche Aktivitäten mit diesem entfaltet. Zu beachten ist, dass Güterhändler die PEP-Prüfung nur dann durchführen, wenn ein spezieller Auslösetatbestand für allgemeine Sorgfaltspflichten (→ Rn. 9) vorliegt. Ergibt die Prüfung, dass der Geschäfts- bzw. Vertragspartner PEP, ein nahes Familienmitglied eines PEP oder eine sonst nahestehende Person eines PEP ist, müssen sie schon deswegen die Verstärkten Sorgfaltspflichten des § 15 Abs. 4 S. 1 GwG durchführen. Auf die Frage, ab wann die PEP-Eigenschaft vorliegt, kommt es nicht an. Relevant kann die Vorschrift allenfalls iRd kontinuierlichen Überwachung werden, also wenn zB wegen einer Bargeldzahlung iSd § 10 Abs. 6a GwG bereits früher allgemeine Sorgfaltspflichten durchgeführt wurden und dabei keine PEP-Eigenschaft festgestellt wurde. Tritt diese später ein oder wird sie später festgestellt, muss der Güterhändler (mindestens) die nach § 15 Abs. 4 S. 1 Nr. 1 GwG notwendige Zustimmung der Führungsebene einholen. Warum in diesem Fall nicht alle verstärkten Sorgfaltspflichten des § 15 Abs. 4 S. 1 GwG zum Tragen kommen sollen, ist nicht nachvollziehbar. Auf der Rechtsfolgenseite ist die Vorschrift daher unlogisch. Sinnvoll ist in einem solchen Fall insbes. die Herkunft der Vermögenswerte zu klären und den weiteren Verlauf der Geschäftsbeziehung verstärkt kontinuierlich zu überwachen.

38

E. Drittstaaten mit erhöhtem Risiko

I. EU-Negativliste

39 **Definition:**
Drittstaaten sind gem. § 1 Abs. 17 GwG alle Staaten *„mit Ausnahme der Mitgliedsstaaten der EU und des EWR."* Drittstaaten mit erhöhtem Risiko sind dagegen nur solche, die Gegenstand einer Delegierten Verordnung der EU sind, die auf Basis von Art. 9 RL (EU) 2015/849 erlassen wird (EU-Negativliste). Die aktuell von der EU gelisteten Staaten, sind auf der Homepage der FIU ersichtlich.[35]

40 *„Erhöhte Risiken liegen vor, wenn es sich um eine Geschäftsbeziehung oder Transaktion handelt, an der ein von der EU-Kommission ermittelter Drittstaat mit hohem Risiko oder eine in diesem Drittstaat ansässige natürliche oder juristische Person beteiligt ist"* (§ 15 Abs. 3 Nr. 2 GwG). Die Vorschrift beruht auf Vorgaben der RL (EU) 2015/849 und RL 2018/843/EU (→ § 1 Rn. 8) und wurde zuletzt mit dem GwG-Änderungsgesetz 2020 (→ § 1 Rn. 12) an die EU-Vorgaben angepasst. Sie nimmt Bezug auf die von der EU-Kommission unter Beteiligung des EU-Parlaments geschaffene Liste von Drittstaaten mit erhöhtem Risiko der Geldwäsche oder Terrorismusfinanzierung (EU-Negativliste). Danach kann die EU-Kommission Staaten außerhalb der EU und des EWR benennen, deren Systeme zur Bekämpfung von Geldwäsche und Terrorismusfinanzierung strategische Mängel aufweisen bzw. wesentliche Risiken für das Finanzsystem der Europäischen Union darstellen. Die Festlegung, welche Länder von der EU gelistet werden, beruht auf einer ausführlichen Methodik.[36] In Zukunft ist eine stärkere Harmonisierung der Liste mit der Liste der FATF (→ § 1 Rn. 4) geplant.

II. Bezug zu Drittstaaten mit erhöhtem Risiko

41 Anders als vor dem 1.1.2020 ist die Anwendung des § 15 Abs. 3 Nr. 2 GwG nicht mehr darauf beschränkt, dass der Vertrags- bzw. Geschäftspartner oder sein wirtschaftlich Berechtigter in einem Drittstaat der EU-Negativliste ansässig ist. Nunmehr ist es ausreichend, dass ein *„Drittstaat der EU-Negativliste oder eine in diesem Drittstaat ansässige natürliche oder juristische Person"* an einer Geschäftsbeziehung oder Transaktion beteiligt ist. Das Sitzland (*„ansässig"*) ist bei natürlichen Personen das Land des gewöhnlichen Aufenthalts, das Herkunftsland einer Person, also das Geburtsland oder Land, in dem eine Person aufgewachsen ist bzw. die Staatsangehörigkeit, spielt keine Rolle. Es ist auch nicht erheblich, ob sich die Person des Öfteren geschäftlich oder privat in dem Drittstaat aufhält. Die Person muss dort ansässig sein, ein anderweitiger enger Bezug zu dem Drittstaat (→ Rn. 39) reicht nicht aus. Bei juristischen Personen oder Personengesellschaften ist Sitzland das Land, in dem das Unternehmen seinen rechtlichen Sitz hat. Allerdings sollte nicht formal auf den satzungsmäßigen Sitz abgestellt werden, wenn die Gesellschaft erkennbar ihren Verwaltungssitz oder zB Bankkonten in einem Drittstaat der EU-Negativliste hat. Die Beteiligung eines Drittstaats der EU-Negativliste liegt auch vor, wenn Vermögenswerte (insbes. Zahlungen) aus einem solchen Drittstaat kommen oder über ihn durchgeführt werden, selbst wenn der Geschäfts- bzw. Vertragspartner und seine wirtschaftlich Berechtigten nicht dort ansässig sind.[37] Mit der Neufassung der Vorschrift ist eine erhebliche Ausweitung des

---

[35] https://www.zoll.de/DE/FIU/Fachliche-Informationen/Drittlaender/drittlaender_node.html, Zugriff am 28.8.2021.
[36] Arbeitsdokument der EU-Kommission, Stand 22.6.2018, SWD(2018) 362 final, https://ec.europa.eu/info/sites/default/files/swd_2018_362_f1_staff_working_paper_en_v2_p1_984066.pdf, Zugriff am 15.10.2021.
[37] AuA Nichtfinanzsektor, S. 53, Ziff. 4.9.3.

Anwendungsbereichs in mehrfacher Hinsicht verbunden. Der Bezug zu einem Drittstaat kann sich nunmehr aus einer Vielzahl von Umständen ergeben, die per se keinerlei Bedeutung mit Blick auf mögliche Straftaten haben. Erhöhte Risiken iSd Vorschrift ergeben sich zB aus der Nutzung von Bankkonten in einem Staat der EU-Negativliste. Unter Beteiligung wird man jede (wesentliche) Form der Mitwirkung verstehen müssen, sei es als Vertrags- oder Geschäftspartner, als auftretende Person oder wirtschaftlich Berechtigter. Spielraum besteht für Abwägungen, wenn weiter entfernte Personen in dem Drittstaat ansässig sind, die für die Durchführung des Geschäfts keine besondere Rolle haben. Vorsicht ist angesagt, wenn die Person aus dem Drittstaat nur im Hintergrund auftritt, keine erkennbare, klare Rolle hat oder ggf. als Finanzierer beschrieben wird. Insoweit könnten schon erste Verdachtsmomente vorliegen. Der Umstand, dass die Person im Drittstaat ansässig ist, ist möglicherweise nur noch ein weiteres Detail, das das erhöhte Risiko bestätigt. Nicht erfasst sind Geschäfte und Transaktionen mit Zweigstellen oder Tochterunternehmen der Verpflichteten in den Drittstaaten der EU-Negativliste, soweit diese mehrheitlich im Besitz derselben stehen und sich uneingeschränkt an die gruppenweiten Strategien und Verfahren halten (§ 15 Abs. 3 Nr. 2 aE). Da sie den Vorgaben der RL (EU) 2015/849 folgen, besteht kein Anlass wegen etwaiger Mängel in dem Drittstaat verstärkte Sorgfaltspflichten anzuwenden.[38] Abgestellt wird auf die Verpflichteten-Eigenschaft iSd RL (EU) 2015/849, nicht (nur) iSd § 2 Abs. 1 GwG, dh auf Unternehmen aus der EU, nicht nur aus Deutschland. Mit „*Zweigstelle*" ist eine Niederlassung oder Betriebsstätte gemeint, den Begriff „*mehrheitlich im Besitz*" wird man erneut als Kontrolle iSd beherrschenden Einflusses (→ § 5 Rn. 80) deuten dürfen. Voraussetzung ist ein uneingeschränkt wirksamer gruppenweiter Ansatz iSd § 9 GwG. Wie dieser von außen und in Bezug auf fremde Gesellschaften festgestellt werden soll, bleibt ein Rätsel. Anfragen sind selbstverständlich erlaubt. Die Antworten muss man ggf. plausibilisieren. Bei Güterhändlern wird die Vorschrift kaum praktische Bedeutung haben, weil sie nach den Vorgaben der RL (EU) 2015/849 nur ausnahmsweise Verpflichtete sind und daher idR nicht dem gruppenweiten Ansatz folgen, soweit es sich nicht um bargeldintensive Unternehmen handelt (→ § 4 Rn. 6). Niederlassungen bzw. Beteiligungsunternehmen von Unternehmen zB aus den USA oder anderen äquivalenten Staaten (→ § 4 Rn. 85) sind von der Ausnahme nicht erfasst.

III. Verstärkte Sorgfaltspflichten

Welche verstärkten Sorgfaltspflichten bei Bezug zu einem Drittstaat der EU-Negativliste (§ 15 Abs. 3 Nr. 2 GwG) durchzuführen sind, ist in § 15 Abs. 5 und 5a GwG definiert. Sie weichen erheblich von den verstärkten Sorgfaltspflichten in anderen Fällen ab. § 15 Abs 5 GwG definiert zunächst einen festen Katalog von Maßnahmen. Dabei geht es um personenbezogene Informationen (§ 15 Abs. 5 Nr. 1 Buchst. a GwG), Informationen in Bezug auf Hintergründe, Umstände, Ziele der Geschäftsbeziehung oder Transaktion bzw. den Verwendungszweck von Vermögenswerten (§ 15 Abs. 5 Nr. 1 Buchst. b bzw. e und f GwG), sowie um vermögensbezogene Pflichten (§ 15 Abs. 5 Nr. 1 Buchst. c und d GwG). Anders als iRd allgemeinen Sorgfaltspflichten benennt die Vorschrift nicht konkret, welche Informationen einzuholen sind. „*Zusätzlich*" bedeutet, dass die Informationen über diejenigen hinausgehen müssen, die bereits iRd allgemeinen Sorgfaltspflichten beschafft wurden.[39] Von den Verpflichteten ist im Einzelfall zu entscheiden, wie sie vorgehen. Eine formale, zweistufige Prüfung wie bei der Identifizierung (→ § 5 Rn. 39) iRd allgemeinen Sorgfaltspflichten ist damit nicht verbunden. Trotzdem müssen die Informationen bzw. die Quellen zumindest plausibilisiert werden. In Bezug auf Personen und Unternehmen wird man ggf. weitere individuelle Identifizierungsmerkmale erheben bzw. weitere Nachweise

42

---

[38] AuA Nichtfinanzsektor, S. 53, Ziff. 4.9.3.
[39] AuA Nichtfinanzsektor, S. 53, Ziff. 4.9.3.

zur Identität verlangen oder Nachweise von höherer Qualität und Beweiskraft (originale oder beglaubigte Kopien, etc.). Schwierigkeiten macht insbes. die Beschaffung von *"Informationen über die Herkunft der Vermögenswerte und des Vermögens des wirtschaftlich Berechtigten."* Der Gesetzgeber geht offenbar von der praxisfernen Vorstellung aus, die wirtschaftlich Berechtigten seien irgendwie für Auskünfte zu ihrer Vermögenssituation verfügbar. Tatsächlich stehen sie idR nicht im Kontakt mit den Verpflichteten. Sie sind nicht Geschäfts- und Vertragspartner der Verpflichteten, so dass kein direkter Austausch von Vermögenswerten stattfindet. Die Mitwirkungspflichten des § 10 Abs. 6 GwG gelten für sie nicht. Auskünfte bei Dritten (insbes. dem Geschäfts- bzw. Vertragspartner), über die wirtschaftlich Berechtigten, sind mind. datenschutzrechtlich sensibel und nicht automatisch belastbar. Die Klärung ihrer Eigentums- und Vermögenssituation trägt daher wenig zur Frage bei, ob im konkreten Fall einer Transaktion mit dem Geschäfts- bzw. Vertragspartner inkriminierte Vermögenswerte verwendet werden. Die Herkunft von Vermögen der fiktiv wirtschaftlich Berechtigten muss nicht untersucht werden (§ 15 Abs. 5 Nr. 1 Buchst. d) *"mit Ausnahme der Person, die nach § 3 Absatz 2 S. 5 als wirtschaftlich Berechtigter gilt"*, → § 5 Rn. 89). Sofern es um eine Transaktion (außerhalb einer Geschäftsbeziehung) geht, müssen des Weiteren *"e) Informationen über die Gründe für die geplante oder durchgeführte Transaktion"* eingeholt werden. Schließlich sollen die Verpflichteten „f) *soweit dies zur Beurteilung der Gefahr von Terrorismusfinanzierung erforderlich ist, Informationen über die geplante Verwendung der Vermögenswerte, die iRd Transaktion oder Geschäftsbeziehung eingesetzt werden."* Insoweit geht es vor allem um die Vermögenswerte, die die Verpflichteten ggf. selbst an den Vertrags- oder Geschäftspartner zahlen bzw. im Fall von Güterhändlern über die geplante Verwendung von Produkten. Mit einer exportkontrollrechtlichen (außenwirtschaftsrechtlichen) Endabnehmerbescheinigung (*„end-user certificate"*), wo vorhanden, wird man dieser Pflicht idR genügen können.

43 **Praxishinweis:**
Schwierigkeiten ergeben sich erneut aufgrund der überschießenden Tendenz (→ § 3 Rn. 25) des GwG im Bereich Güterhandel. Güterhändler, die keine Bargeldgeschäfte ab 10.000 EUR tätigen, sind formal betrachtet nicht Verpflichtete iSd EU-Geldwäscherichtlinie. In Bezug auf Geschäfte oder Transaktionen mit ihren Niederlassungen und Tochtergesellschaften im Drittstaat gelten die Ausnahmen von den verstärkten Sorgfaltspflichten daher nicht, obwohl sie mangels Bargeldgeschäft gerade kein Risiko darstellen.

44 Wie im Fall einer PEP *"bedarf die Begründung oder Fortführung der Geschäftsbeziehung der Zustimmung eines Mitglieds der Führungsebene"* (§ 15 Abs. 5 Nr. 2 GwG, → § 4 Rn. 129). Außerdem muss, in Abhängigkeit davon, ob die Zustimmung erteilt wird, *"die Geschäftsbeziehung verstärkt überwacht werden"* (§ 15 Abs. 5 Nr. 3 GwG, → Rn. 31). Insoweit stellt das GwG konkrete Anforderungen an die verstärkte Überwachung. Sie erfordert *„a) häufigere und intensivere Kontrollen* als dies iRd (nicht verstärkten) kontinuierlichen Überwachung üblich ist *sowie b) die Auswahl von Transaktionsmustern, die einer weiteren Prüfung bedürfen."* Dies umfasst Stichproben, die nach vordefinierten Kriterien oder Intervallen durchgeführt werden. Letzteres macht nur Sinn, wenn es eine Vielzahl unterschiedlicher „Muster" von Transaktionen gibt, zB weil eine Bank mit einer hohen Zahl von Geschäftspartnern in einem bestimmten Land unterschiedliche Transaktionen durchführt. Sofern ein Güterhändler im Rahmen eines Geschäfts mit einem Vertragspartner in einem Drittland der EU-Negativliste verstärkte Sorgfaltspflichten durchführt, wird eine verstärkte Überwachung der Transaktionen, insbes. der eingehenden Zahlungen auf mögliche Risiken und Verdachtsmomente ausreichen. Zu beachten ist, dass der Katalog verstärkter Sorgfaltspflichten des § 15 Abs. 5 GwG nicht abschließend ist. Je nach Grad des (erhöhten) Risikos sollen im Einzelfall noch weitere Maßnahmen erforderlich sein.[40] Auch insoweit erläutern weder das GwG noch die Aufsichtsbehörden, woraus sich ein erhöhter „Grad" eines er-

---
[40] AuA Nichtfinanzsektor, S. 53, Ziff. 4.9.3.

E. Drittstaaten mit erhöhtem Risiko § 6

höhten Risikos ergeben soll oder welche Maßnahmen im Einzelfall zu treffen sind. Verweisen muss man immer wieder auf die Darlegungslast, die allein bei den Verpflichteten liegt. Begrenzt werden die Pflichten allerdings durch die Angemessenheit bzw. den Verhältnismäßigkeitsgrundsatz.

Unabhängig von den Maßnahmen des Verpflichteten nach § 15 Abs. 5 GwG können 45 die Aufsichtsbehörden zusätzlich eine oder mehrere der in § 15 Abs. 5a GwG genannten Maßnahmen als verstärkte Sorgfaltspflichten bei Bezug zu einem Drittstaat der EU-Negativliste (→ Rn. 39) anordnen. Darunter fallen *„die Meldung bestimmter Finanztransaktionen an die FIU (Nr. 1), die* Beschränkung oder das Verbot geschäftlicher Beziehungen oder Transaktionen mit natürlichen oder juristischen Personen aus diesen Drittstaaten (Nr. 2), das Verbot Tochtergesellschaften, Zweigniederlassungen oder Repräsentanzen in Deutschland (Nr. 3) oder in dem Drittstaat der EU-Negativliste zu gründen (Nr. 4), sowie verschärfte geldwäscherechtliche Prüfanforderungen für die Niederlassungen von Verpflichteten in einem Drittstaat der EU-Negativliste (Nr. 5 und 6.). Dies kann durch die zuständige Aufsichtsbehörde selbst erfolgen oder durch externe Prüfer (Wirtschaftsprüfer). Nr. 7 ist für Güterhändler nicht einschlägig. Bei der Festlegung der Maßnahmen hat die Aufsichtsbehörde Evaluierungen, Bewertungen und Berichte internationaler Organisationen wie der FATF zu berücksichtigen (§ 15 Abs. 5a S. 2 GwG iVm § 15 Abs. 10 S. 2 GwG). Der Maßnahmenkatalog des Abs. 5a soll nicht abschließender Natur sein *(„die auch folgende Maßnahmen umfassen können.")*, wobei (noch) weitergehende Eingriffe als die Untersagung von Geschäften kaum vorstellbar und mangels Bestimmtheit der Rechtsgrundlage auch kaum durchsetzbar sein werden. Man darf davon ausgehen, dass die Aufsichtsbehörden im Nichtfinanzsektor erst dann Anordnungen nach dieser Vorschrift erlassen werden, wenn das BMF von der Ermächtigung in § 15 Abs. 10 S. 1 Nr. 2 GwG Gebrauch macht, durch Rechtsverordnung weitere Fallkonstellationen zu bestimmen, in denen verstärkte Sorgfaltspflichten anzuwenden sind bzw. Regelungen zu treffen, die die Ausgestaltung der verstärkten Sorgfaltspflichten im Fall des § 15 Abs. 5a GwG betreffen.[41] Bislang existiert keine solche Rechtsverordnung.

IV. Andere Drittstaaten mit erhöhtem Risiko

Die Regelung des § 15 Abs. 3 Nr. 2 GwG stellt ausschließlich auf Drittstaaten der 46 EU-Negativliste ab, nicht auf die Listen der FATF (→ Rn. 39). Die Listen überlappen weitgehend, sind aber nicht identisch. Denkbar ist daher, dass Staaten von der FAFT gelistet werden, aber nicht von der EU. In diesem Fall ist § 15 Abs. 3 Nr. 2 GwG nicht anwendbar. Erhöhte Risiken mit der Folge verstärkter Sorgfaltspflichten können sich insoweit nur aus den Ergebnissen der Risikoanalyse ergeben, wo diese durchzuführen ist (§ 15 Abs. 2 Alt. 1 GwG) oder im Einzelfall (§ 15 Abs. 2 Alt. 2 GwG). Dabei müssen alle Risikofaktoren der Anlagen 1 und 2 berücksichtigt werden; das (erhöhte) Länderrisiko ist nicht (allein) ausschlaggebend. Anlage 1 und 2 stellen, weniger allgemein als § 15 Abs. 2 Nr. 3 GwG, auf die Registrierung, Niederlassung oder den Wohnsitz einer Person, Gesellschaft oder sonstigen Rechtsgestaltung in bestimmten Risikostaaten ab. Auch wenn dieser Risikofaktor nicht abschließend ist, besteht kein Grund und keine Rechtsgrundlage für die Annahme, dass jeglicher Bezug iSd § 15 Abs. 2 Nr. 3 GwG zu einem anderweitig gelisteten Staat automatisch zu einem erhöhten Risiko im Einzelfall führen müsste. Vielmehr handelt es sich um einen Risikofaktor für ein potenziell erhöhtes Risiko. Es ist Frage der Abwägung aller Umstände des Einzelfalls, ob daraus ein erhöhtes Risiko mit der Folge verstärkter Sorgfaltspflichten resultiert und welchen Umfang diese ggf. haben (→ Rn. 17). Das Gesetz macht darüber hinausgehend keine konkreten Vorgaben. Liegt ein erhöhtes Risiko in diesem Sinne vor, sollte man mind. die verstärkten Sorgfaltspflichten des § 15

---
[41] S. dazu AuA Nichtfinanzsektor, S. 54, Ziff. 4.9.3, letzter Absatz.

Abs. 4 GwG in Betracht ziehen und ggf. angelehnt an § 15 Abs. 5 GwG überlegen, welche weiteren Maßnahmen sinnvoll und durchführbar sind.

F. Auffällige Transaktionen

47 *„Ein höheres Risiko liegt vor, wenn eine Transaktion im Vergleich zu ähnlichen Fällen a) besonders komplex oder ungewöhnlich groß ist, b) einem ungewöhnlichen Transaktionsmuster folgt oder c) keinen offensichtlichen wirtschaftlichen oder rechtmäßigen Zweck hat"* (§ 15 Abs. 3 Nr. 3 GwG). Ausgangspunkt ist eine spezifische Transaktion (→ § 4 Rn. 13), nicht eine Geschäftsbeziehung (→ § 4 Rn. 17). Dennoch kann es sich um Transaktionen innerhalb einer Geschäftsbeziehung handeln. Die Transaktion muss mit *„ähnlichen"* Transaktionen verglichen werden, dh mit solchen von vergleichbaren Kunden, mit vergleichbaren Produkten oder Dienstleistungen und unter Zugrundelegung der Kenntnisse des Verpflichteten über den Kunden und ggf. die Geschäftsbeziehung, innerhalb derer sich die Transaktion vollzieht. Eine Entscheidung ist daher nur für den Einzelfall möglich. Maßstab ist der Grad der Abweichung von vergleichbaren Transaktionen, die der Verpflichtete kennt, dh die Üblichkeit aus Sicht des Verpflichteten mit Blick die Größe und den Umfang seiner Geschäfte bzw. den üblichen Umfang der Geschäftsbeziehung, soweit die Abweichung nicht auf der Hand liegt (Evidenzfälle).[42] Rechtsfolge der Vorschrift ist gemäß § 15 Abs. 6 GwG die Pflicht zur näheren Untersuchung des Risikos, das mit der Transaktion verbunden ist, sowie der Notwendigkeit zur Abgabe einer Verdachtsmeldung (Nr. 1). Darüber hinaus sind ggf. Maßnahmen der verstärkten Überwachung zu ergreifen (Nr. 2). Mit dem Begriff: *„Untersuchung"* ist keine umfangreiche Compliance-Untersuchung gemeint. Tatsächlich reicht jede nähere Prüfung mit internen Mitteln, die darauf abzielt den zweifelhaften oder ungewöhnlichen Sachverhalt zu klären und ggf. eine Verdachtsmeldepflicht zu prüfen. Die Ergebnisse der Untersuchung müssen aufgezeichnet und aufbewahrt werden (§ 8 Abs. 1 Nr. 3 GwG). Die anschließende verstärkte kontinuierliche Überwachung dient dazu einzuschätzen, ob die auffällige Transaktion ein Hinweis auf ein erhöhtes Risiko der zugrunde liegenden Geschäftsbeziehung ist,[43] insbes. für den Fall, dass keine Verdachtsmeldung erstattet wird. Es geht also darum zu bewerten, ob das Risiko nur die Transkation betrifft oder möglicherweise die ganze Geschäftsbeziehung. Wer solche Sachverhalte leichtfertig (→ § 9 Rn. 19) nicht untersucht und keine verstärkte Überwachung vornimmt, handelt ordnungswidrig (§ 56 Abs. 1 Nr. 39 und 40 GwG).

48 **Praxishinweis:**
Die Regelung in § 15 Abs. 2 Nr. 3 GwG iVm § 15 Abs. 6 GwG ist terminologisch, systematisch und inhaltlich verfehlt. Zunächst fordert sie einen Abgleich vergleichbarer Transaktionen mit dem Ziel ihre Unterschiedlichkeit festzustellen. Ein erhöhtes Risiko wird zB darin gesehen, dass eine Transaktion *„besonders groß"* ist im Verhältnis zu einer *„vergleichbar großen."* Eine kleinere Transaktion wäre im Verhältnis zu der (potentiell auffälligen) größeren nicht mehr vergleichbar, im Verhältnis zu einer größeren wäre sie nicht groß. Missverständlich formuliert ist auch der Anwendungsfall c). Es geht iRd GwG nicht darum, ob eine *„Transaktion einen offensichtlichen Zweck"* hat. Die weit überwiegende Mehrzahl aller Transaktionen weltweit dürfte aus (legitimen) Gründen der Vertraulichkeit keinen offensichtlichen Zweck haben. Der Wunsch nach mehr Transparenz darf nicht einfach gleichgesetzt werden mit dem Verlust jeglicher Geheimhaltung im Wettbewerb. Vielmehr geht es darum, dass die Transaktion offensichtlich (!) (iSv für die Verpflichteten leicht erkennbar) keinen Zweck hat oder sogar rechtswidrig ist. Erfasst sein

---
[42] AuA Nichtfinanzsektor, S. 54, Ziff. 4.9.4.
[43] BT-Drs. 18/11555, 122, zu § 15 Abs. 5 GwG.

F. Auffällige Transaktionen   § 6

> sollen Evidenzfälle mangelnder Wirtschaftlichkeit oder Rechtmäßigkeit, nicht generell Fälle vertraulicher Transaktionen. Inhaltlich ist fraglich, warum die Vorschrift Risikokriterien nennt, die in Anlage 1 und 2 nicht aufgeführt sind. Genau genommen handelt es sich dabei um Anhaltspunkte für einen Verdachtsfall iSd FIU-Typologien (→ § 7 Rn. 45). Entsprechend ist Rechtsfolge die Prüfung, ob eine Verdachtsmeldung zu erstatten ist (§ 15 Abs. 6 Nr. 1, 2. Alt. GwG); diese Pflicht gilt generell und ohne Rücksicht auf besondere Risikoerwägungen bereits für alle Verpflichteten (§ 43 Abs. 1 GwG). Warum die Pflicht zur Prüfung eines möglichen Verdachtsfalls als verstärkte Sorgfaltspflicht bezeichnet wird, ist daher nicht einleuchtend. Unklar bleibt auch, wieso Verpflichtete *„die Transaktion, ihren Hintergrund und ihren Zweck mit angemessenen Mitteln untersuchen sollen, um das Risiko der Transaktion einzuschätzen"*, wenn das Risiko aufgrund der gesetzgeberischen Einordnung in § 15 Abs. 2 Nr. 3 GwG bereits unverrückbar *„erhöht"* ist. Allenfalls könnte die Frage relevant werden, ob sich das Risiko einer Einzeltransaktion auf die gesamte Geschäftsverbindung auswirkt, was aber nicht zwingend ist.[44]

Die verstärkten Sorgfaltspflichten gemäß § 15 Abs. 3 Nr. 3 GwG sollen explizit nicht erst entstehen, wenn bereits die Pflicht zu einer Verdachtsmeldung besteht, sondern bereits, wenn der Verpflichtete aufgrund ihrer Erfahrung und ohne weitere Abklärung (Untersuchungsmaßnahmen) erkennen, dass Abweichungen vom üblichen Verhalten eines Kunden oder ungewöhnliche Abwicklungsformen vorliegen.[45] Dies ist insofern nachvollziehbar als anderenfalls die Rechtsfolge – Prüfung ob eine Verdachtsmeldung in Frage kommt – keinerlei Sinn machen würde. Allerdings bleibt der Unterschied zwischen einer iSd § 15 Abs. 2 Nr. 3 GwG erhöht riskanten, weil auffälligen und einer iSd § 43 Abs. 1 GwG meldepflichtigen, weil verdächtigen Transaktion eher theoretischer Natur. Am Ehesten erinnert dies an den – hauchdünnen – Unterschied zwischen dem Vorliegen von Anhaltspunkten iSd FIU-Typologien iRd § 10 Abs. 3 Nr. 3 GwG und der Frage, ob ein meldepflichtiger Verdacht iSd § 43 Abs. 1 GwG vorliegt (→ § 7 Rn. 1). Güterhändler sind daher gut beraten, den Umstand, dass eine Transaktion „aus dem zu erwartenden Rahmen fällt" als internen Anhaltspunkt und Auslöser für die Prüfung der Verdachtsmeldepflicht zu definieren, unabhängig davon, ob in zum selben Zeitpunkt bereits allgemeine Sorgfaltspflichten eingeleitet werden, oder ob damit bis nach der Erstattung einer Verdachtsmeldung gewartet wird. 49

Bei Güterhändlern dürfte die Vorschrift keinen wesentlichen, praktischen Anwendungsbereich haben. Anwendungsvoraussetzung ist in jedem Fall, dass wegen der Transaktion allgemeine Sorgfaltspflichten durchgeführt werden. Beruht dies darauf, dass die Transaktion die Schwellenwerte des § 10 Abs. 6a GwG (→ § 5 Rn. 6) erreicht oder überschreitet und ist sie außerdem im Vergleich zu den üblichen Transaktionen *„ungewöhnlich groß," „folgt sie einem ungewöhnlichen Transaktionsmuster"* oder hat sie *„keinen offensichtlichen wirtschaftlichen oder rechtmäßigen Zweck,"* wird vielfach die Pflicht zur Verdachtsmeldung (→ § 7 Rn. 1) nach § 43 Abs. 1 GwG bestehen. Für verstärkte Sorgfaltspflichten bzw. eine verstärkte kontinuierliche Überwachung ist dann allenfalls noch mit Blick auf eine darüber hinaus bestehende Geschäftsbeziehung Raum (§ 15 Abs. 6 Nr. 2 GwG). Anderenfalls, wo die Schwelle für eine Verdachtsmeldung noch nicht erreicht scheint, bliebe Raum für eine verstärkte kontinuierliche Überwachung (→ Rn. 31) der Geschäftsbeziehung oder weiterer Transaktionen mit dem Transaktionspartner, ob die Verdachtsmeldeschwelle nicht zu einem späteren Zeitpunkt überschritten wird. Entsprechendes gilt, wenn allgemeine Sorgfaltspflichten wegen eines Verdachts (→ § 5 Rn. 8) durchgeführt werden und sich die verdächtige Transaktion zusätzlich auch noch als erhöht riskant iSd Vorschrift erweist. 50

---

[44] IdS vermutlich zu verstehen AuA Nichtfinanzsektor, S. 55, Ziff. 4.9.4, letzter Absatz.
[45] AuA Nichtfinanzsektor, S. 55, Ziff. 4.9.4.

§ 7. Verdachtsfälle und Verdachtsmeldungen

Literatur:
Bülte, Zu den Gefahren der Geldwäschebekämpfung für Unternehmen, die Rechtsstaatlichkeit und die Effektivität der Strafverfolgung, NZWiSt 2017, 276; Komma, Der Geldwäscheverdacht als Haftungsfalle?, CB 2019, 197; Krais, Geldwäsche-Verdachtsmeldepflichten rechtsberatender Berufe im Immobiliensektor, CCZ 2020, 311; Taschke/Kirstein/Sauerwein, Grenzüberschreitende interne Untersuchungen – aktuelle Entwicklungen unter besonderer Berücksichtigung der Geldwäsche, CB 2017, 382.
Lesenswerte Gerichtsentscheidungen: BVerfG NJW 2021, 1452, 2020, 1351, Durchsuchung von Wohn-/Geschäftsraum bei Anfangsverdacht der Geldwäsche, OLG Frankfurt a. M. NStZ 2020, 173, Rechtzeitige Verdachtsmitteilung des Geldwäschebeauftragten

A. Überblick

Neu (seit Vorauflage):
Mit dem GwG-Änderungsgesetz 2020 (→ § 1 Rn. 12) wurde § 43 Abs. 6 GwG ins GwG aufgenommen. Er begründet in Verbindung mit der seit 1. 10. 2020 gültigen GwG-Immobilien-Meldeverordnung (→ Rn. 39) Verdachtsmeldepflichten unterhalb der bisherigen Verdachtsmeldeschwelle für rechtsberatende Berufe (darunter Syndikusrechtsanwälte, → § 11 Rn. 13) bei Immobiliengeschäften. Außerdem wurde die für Güterhändler seit der GwG-Novelle 2017 geltende Ausnahme vom Tipping-Off-Verbot gestrichen, die es ihnen erlaubte sich innerhalb ihrer Firmengruppe über Verdachtsfälle auszutauschen (→ Rn. 76). Mit dem TrFinInfoG wurde die Schutzwirkung des § 48 GwG (Haftungsfreistellung) präzisiert.

Abschnitt 6 des GwG behandelt Pflichten im Zusammenhang mit der Meldung von Verdachtsfällen. Verpflichtete müssen den Verdacht der Geldwäsche oder Terrorismusfinanzierung unverzüglich an die Zentralstelle für Finanztransaktionsuntersuchungen (FIU) melden (§ 43 Abs. 1 GwG). Anders als beim Risikomanagement und bei den Sorgfaltspflichten gilt dies auch für Güterhändler ohne Einschränkung auf Bargeldgeschäfte und ungeachtet des Werts oder der Höhe von Transaktionen. Die Verdachtsmeldepflicht entsteht auf niedrigster Schwelle, deutlich unterhalb des strafprozessualen Anfangsverdachts, wenn Anhaltspunkte iSd FIU-Typologien vorliegen und eine Straftat nicht ausgeschlossen werden kann. Die Verdachtsmeldung führt zu einem temporären Transaktionsverbot. Gleichzeitig löst sie die Pflicht zu allgemeinen Sorgfaltspflichten aus. Über die Verdachtsmeldung muss gegenüber Dritten Stillschweigen bewahrt werden (Tipping Off-Verbot). Vor einer Haftung für unwissentlich falsche Verdachtsmeldungen sind die Meldenden geschützt. Die von der Meldung Betroffenen erhalten nur eingeschränkten Zugang zu einer Verdachtsmeldung. Ein leichtfertiger Verstoß gegen die Verdachtsmeldepflicht ist bußgeldbewehrt (§ 56 Abs. 1 Nr. 69 GwG). Außerdem ist das Risiko eigener Strafbarkeit wegen leichtfertiger Geldwäsche zu beachten (§ 261 Abs. 6 StGB).[1] Güterhändler können auch durch die Meldung einer Bank oder anderer Verpflichteter ins Visier der Ermittlungsbehörden oder Aufsichtsbehörden geraten.[2] Schon das Risiko, Ziel von Ermittlungen zu werden, ist nicht zu unterschätzen.[3]

1

---

[1] BMF, Auslegungshinweise zur Handhabung des Verdachtsmeldewesens, Stand 31. 1. 2014, Einleitung.
[2] Schulte GWuR 2021, 19 (21).
[3] Gazeas NJW 2021, 1041 (1044).

2

Abb. 21: Güterhändler sind ohne Einschränkung zu Verdachtsmeldungen verpflichtet

B. Allgemeines zum Verdachtsmeldewesen

I. Statistik

3 Seit 2006 steigt die Zahl der Verdachtsmeldungen Jahr für Jahr stark an. Im Jahr 2020 sind bei der FIU insgesamt 144.005 (2019: 114.914) Verdachtsmeldungen eingegangen, eine Steigerung von rund 25 % im Vergleich zum Vorjahr. Innerhalb der letzten zehn Jahre hat sich das jährliche Meldeaufkommen damit mehr als verzwölffacht. Dabei muss man berücksichtigen, dass die Zahlen für 2020 rund 10–12.000 Meldungen wegen Betrugs zur Erschleichung von Corona-Hilfen umfassen.[4] Rund 97 % der Meldungen, nämlich 140.325 (2019: 112.439) stammt aus dem Finanzsektor, davon allein 129.108 (2019: 103.697) von Kreditinstituten. Die Verpflichteten des Nichtfinanzsektors haben im selben Zeitraum 2.854 (2019: 1.512) Meldungen verantwortlich, in relativen Zahlen eine beträchtliche Steigerung, die vor allem auf Meldungen durch Notare nach der neuen Immobilien-GwGMeldV-Immobilien (→ Rn. 39) zurück geht. Insgesamt beträgt der Anteil der Meldungen aus dem Nichtfinanzsektor nunmehr knapp 2 %. Der Rest geht auf Behörden und öffentliche Einrichtungen zurück. Dabei ist die Zahl der (in goAML) registrierten Verpflichteten inzwischen auf ca. 12.000 gestiegen (2019: 5.000; 2017: 2.000), was vor allem auf Rechtsanwälte und Notare, Immobilienmakler und Verpflichtete aus dem Glücksspielsektor zurückgeht. Von 977 registrierten Güterhändlern haben aber 2020 nur 164 tatsächlich Verdachtsmeldungen abgegeben.[5] Dieses Bild ist seit Jahren konstant, unabhängig von der Gesamtzahl der Verdachtsmeldungen und der Zahl der Meldungen einzelner Verpflichteter. Der Nichtfinanzsektor (→ § 3 Rn. 5) wird daher regelmäßig für sein Meldeverhalten kritisiert. Weitere Sensibilisierungsmaßnahmen der Aufsichtsbehörden seien erforderlich. Die Zahl der Verdachtsmeldungen sei im Verhältnis zur Anzahl der

---

[4] Schulte GWuR 2021, 19 (21).
[5] FIU, Jahresbericht 2020, S. 15 f.

B. Allgemeines zum Verdachtsmeldewesen § 7

Verpflichteten in diesem Bereich und ihrer wirtschaftlichen Bedeutung zu gering. Gleichzeitig wird gefordert, die Aufsichtsbehörden (→ § 9 Rn. 3) im Nichtfinanzsektor besser auszustatten, damit diese die Pflichten nach dem GwG nachhaltiger einfordern bzw. durchsetzen können.[6] Allerdings muss man anmerken, dass auch im Finanzsektor rund 90% der Meldungen von Kreditinstituten stammen und die übrigen Verpflichteten nur für rund 10% der Meldungen verantwortlich zeichnen. Die Zahl der Verdachtsmeldungen folgt offenbar nicht dem Schema: „viele Verpflichtete = viele Meldungen = Einhaltung der Meldepflicht." Vermuten darf man, dass die aufsichtsrechtliche Steuerung der BaFin zu den hohen Zahlen im Finanzbereich mehr beiträgt als die Zahl der Verpflichteten oder die tatsächlich vorhandenen Risiken. Viele Institute folgen dem Grundsatz: „Melden macht frei!". Die Statistik der FIU Jahresberichte ist daher immer auch Spiegel einer im Wesentlichen quantitativ ausgerichteten Verwaltungspraxis der Aufsichtsbehörde im Finanzsektor (→ Rn. 61). Der Anteil von Verdachtsmeldungen wegen Terrorismusfinanzierung und staatsschutzrelevanter Kriminalität beträgt mit knapp 3.600 im Jahr 2020 nur knapp 2% des Gesamtaufkommens.[7] Auch dieser Trend ist seit Jahren unverändert.

4

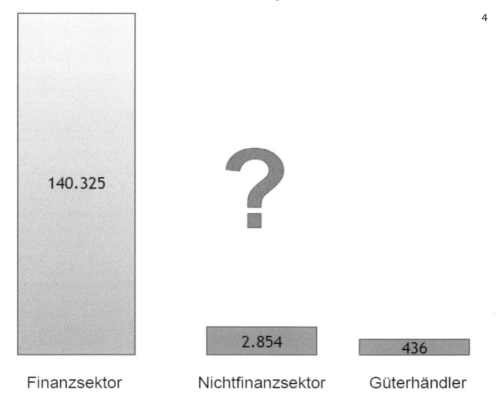

Abb. 22: Verdachtsmeldezahlen und Anteil Finanzsektor/Nichtfinanzsektor

Bei aller berechtigter Kritik gegenüber Güterhändlern, muss bedacht werden, dass nur 5 noch ein sehr geringer Anteil von Handelsgeschäften bar in Höhe der Schwellenwerte des § 10 Abs. 6a GwG abgewickelt wird. Der bei Weitem überwiegende Anteil aller (relevanten) Transaktionen im Güterhandel erfolgt inzwischen unbar über Kreditinstitute und Fi-

---
[6] BKA, FIU Jahresbericht 2016, S. 10.
[7] FIU, Jahresbericht 2020, S. 16.

nanzdienstleister. Der Finanzsektor überwacht schon heute mehrfach (bei einem Geldtransfer mind. jeweils von Seiten der abgebenden und von Seiten der annehmenden Bank) Geschäfte des Handelsverkehrs – und das praktisch weltweit. Auch wenn Banken die zugrundeliegenden Geschäfte (Grundgeschäft) regelmäßig nicht im Detail kennen, ist kaum vorstellbar, dass aus der Masse von Verdachtsmeldungen nicht auch reihenweise Verfahren gegen Güterhändler resultieren müssten, wären diese so massiv vom Problem der Geldwäsche betroffen, wie immer wieder kolportiert wird. Es ist daher kaum vorstellbar, dass eine erneute Prüfung derselben Vorgänge durch die beteiligten Unternehmer (Güterhändler) zu einer substantiell höheren Zahl qualitativ hochwertiger Verdachtsmeldungen führen würde. Die Erwartung, dass in solchen Fällen sowohl die Bank als auch der Güterhändler eine Meldung abgegeben, ist nicht realistisch. Denn die Prüfung der Beteiligten erfolgt auf vollkommen unterschiedlicher Basis (durch andere Personen, zu anderer Zeit, auf der Basis unterschiedlicher Informationen und unter Anwendung eines völlig unterschiedlichen Erfahrungswissens). Hinzu kommt, dass sich Güterhandel in weit geringerem Maß als Finanzgeschäfte für Geldwäsche (iSd Placements oder Layerings) anbietet. In der Phase der Integration (→ § 2 Rn. 7) ist die illegale Herkunft der Gelder gerade für den Güterhändler in den allermeisten Fällen nicht mehr zu erkennen. Denkbar ist eine Steigerung der Verdachtsmeldezahlen durch Güterhändler genau genommen nur in den Fällen, in denen andere Wirtschaftsteilnehmer das Risiko entweder übersehen haben oder nicht sehen konnten, weil das Risiko in dem für sie nicht näher bekannten Grundgeschäft liegt, ohne dass es sich in der konkreten Transaktion (Zahlungsvorgang), die zB über ein Kreditinstitut abgewickelt wird, niederschlägt. Es ist offensichtlich, dass es sich hierbei um eine eher geringe Zahl von Fällen handelt, auch wenn empirische Belege dafür fehlen. Die rein quantitativ, aus der Zahl der Wirtschaftsteilnehmer abgeleiteten Erwartungen substantiell erhöhter Meldezahlen aus dem Nichtfinanzsektor entbehren allerdings ebenfalls einer belastbaren empirischen Grundlage.

6   Auch in qualitativer Hinsicht zeigen die Zahlen der FIU Jahr für Jahr wie viel Aufwand in dem System der Bekämpfung der Geldwäsche und Terrorismusfinanzierung steckt – und wie wenig substantiellen Ertrag es liefert! 2016 wurden ca. 47 % der (bearbeiteten) Meldungen an andere Behörden zur weiteren Verfolgung abgegeben, im Jahr 2020 gab es nur noch 24.700 Abgaben, bei weit überproportional gestiegenen Meldezahlen. Das entspricht 17,2 % der in 2020 eingegangenen Meldungen (2019: 29,4 %). Die niedrige Zahl ergibt sich zum einen aus dem Umstand, dass Verdachtsmeldungen zum Teil gebündelt abgegeben werden, wo man Zusammenhänge vermutet. Im Jahr 2020 gab es 18.000 gebündelte Abgaben mit einer leider nicht veröffentlichten Anzahl von zugrundeliegenden Verdachtsmeldungen. Zum anderen spiegelt die Zahl die risikobasierte Arbeitsweise der FIU wider, die nicht jede Verdachtsmeldung an die Strafverfolgungsbehörden weiterleitet, sondern diese zunächst sammelt und ggf. zu einem späteren Zeitpunkt wieder hervorholt, wenn sich neue Erkenntnisse ergeben. Die Zahlen stellen nicht nur die Pflicht zur unverzüglichen Meldung in Frage (→ Rn. 59). Sie zeigen, dass das Instrument der Verdachtsmeldung inzwischen nur noch dazu dient, einen Datenpool an sich unverdächtiger Meldungen zu generieren, aus dem bei Bedarf und nach Ermessen der FIU und anderer Behörden geschöpft werden kann. Faktisch handelt es sich hier um eine Art Vorratsdatensammlung unterhalb strafprozessualer Eingriffsschwellen und ohne maßgebliche datenschutzrechtliche Aufsicht, Kontrolle und Transparenz. Die Abgaben erfolgen zum weit überwiegenden Teil an die LKAs und Staatsanwaltschaften, in weit geringerem Umfang an Zoll, Steuer- und Verfassungsschutzbehörden. Insgesamt zeigen die Zahlen, dass nur in einer mäßigen Zahl von Verdachtsmeldungen dazu kommt, dass die zuständigen Behörden die Einleitung eines Verfahrens prüfen.[8] Anders als früher erfolgt in diesen Fällen überhaupt keine Einstellungsverfügung mehr, auch nicht mit Restverdacht.[9]

---

[8] FIU, Jahresbericht 2020, S. 22 f.
[9] So noch BKA, FIU Jahresbericht 2016, S. 12.

Interessant wäre zu erfahren, wie viele Abgaben tatsächlich zur Einleitung von Verfahren führten und wie viele der von der FIU abgegebenen Sachverhalte danach von den zuständigen Behörden eingestellt wurden. Aus den Rückmeldungen der Strafverfolgungsbehörden an die FIU (§ 42 Abs. 1 GwG) ist diese Zahl nicht konkret herauszulesen. In Strafverfahren, in denen eine Verdachtsmeldung erstattet wurde, und in sonstigen Strafverfahren nach § 261 StGB oder wenn wegen des Verdachts der Terrorismusfinanzierung ermittelt wurden, teilen die zuständigen Staatsanwaltschaften der FIU Informationen über die Erhebung der Anklage und den Ausgang des Verfahrens mit. 2020 gab es insgesamt nur 12.618 Rückmeldungen, rund 5.000 weniger als im Jahr davor (2019: 17565). Den weit überwiegenden Anteil (ca. 93,4%) bildeten wie in den Jahren zuvor Einstellungsverfügungen. Nun bedeuten Einstellungsverfügungen nicht automatisch, dass nicht wegen einer anderen Straftat weiter ermittelt wird. In wie vielen Fällen das Verfahren komplett eingestellt wird und wie oft es anderweitige Ermittlungen gibt, wird statistisch nicht erfasst. Dennoch darf man davon ausgehen, dass der weit überwiegende Teil der Einstellungsverfügungen auf Basis von § 170 Abs. 2 StPO ohne weitere Ermittlungen erfolgt. Nur 783 Rückmeldungen (6,2%) betrafen Urteile, Strafbefehle oder Beschlüsse und Anklageschriften. Bei den übermittelten Urteilen und Strafbefehlen handelte es sich in rund 25% der Fälle um Finanzagenten (→ § 2 Rn. 31), typischerweise nicht die dicksten Fische der organisierten Kriminalität. Häufig fanden sich 2020 Delikte wie Betrug, Vereiteln der Zwangsvollstreckung und Subventionsbetrug (vor allem im Zusammenhang mit Corona-Hilfen). Im Regelfall wurden Geldstrafen verhängt, bei Urteilen im Durschnitt 2.900 EUR (zweitausendneunhundert), Strafbefehle lagen im Schnitt mit 3.200 EUR etwas darüber. Freiheitsstrafen betrugen im Durschnitt 16 Monate und lagen damit deutlich unterhalb der Schwelle, ab der keine Bewährung mehr gewährt werden kann (§ 56 Abs. 2 StGB). In 346 Fällen wurden Maßnahmen der Vermögensabschöpfung durchgeführt, in welchem Umfang ist nicht bekannt. In zwei Verfahren der selbständigen Einziehung (→ § 2 Rn. 63) wurden insgesamt (!) 38.000 EUR sichergestellt.[10] In diesem Zusammenhang soll nochmal die Dunkelfeldstudie (→ § 1 Rn. 12) der Universität Halle-Wittenberg aus 2015 erwähnt werden. Die vom BMF in Auftrag gegebene Studie geht davon aus, dass vom Nichtfinanzsektor jährlich mind. so viele Verdachtsmeldungen zu erwarten sind wie vom Finanzsektor, eher mehr.[11] Allgemein geht man von einem Geldwäschevolumen in Deutschland von jährlich bis zu 100 Mrd. aus! Man muss der FIU zustimmen, dass die Effektivität des Systems der Geldwäschebekämpfung mit den vorhandenen Mitteln nicht gut messbar ist.[12] Ob ein effektives Messinstrument das Bild wesentlich verbessern würde, darf angesichts dieser Zahlen jedoch stark bezweifelt werden.

II. Strafanzeige, Selbstanzeige

Mit dem Begriff „*Verdachtsmeldung*" will der Gesetzgeber klarstellen, dass es sich bei der Meldung nach § 43 Abs. 1 GwG nicht um eine Strafanzeige iSd § 158 StPO handelt.[13] De-facto handelt es sich bei der Verdachtsmeldung allerdings um nichts anderes.[14] Der wesentliche Unterschied zur Strafanzeige ist, dass es in Deutschland keine allgemeine Pflicht gibt, Straftaten bei den Behörden zur Anzeige zu bringen. Für die Erstattung einer Strafanzeige gilt keine Frist und sie muss nicht gegenüber einer bestimmten Behörde abgegeben werden. Eine Strafanzeige kann von jedermann jederzeit formfrei, schriftlich oder mündlich zB bei der Polizei oder Staatsanwaltschaft oder auch einer anderen Behörde eingereicht werden, die zur Verfolgung von Ordnungswidrigkeiten zuständig ist. Anders als

---

[10] FIU, Jahresbericht 2020, S. 24 f.
[11] Bussman/Vockrodt CB 2016, 138 (139).
[12] FIU, Jahresbericht 2020, S. 25.
[13] BT-Drs. 17/6804, 35 zu § 11 Abs. 1 GwG.
[14] Bussmann Geldmanipulation im Markt S. 2.

die Verdachtsmeldung kann die Strafanzeige anonym erfolgen und sich gegen Unbekannt richten; es kann also die Angabe des Autors der Strafanzeige fehlen oder die Angabe wer als Täter oder Beteiligter in Frage kommt. Eine Strafanzeige kann wegen jedem Straftatbestand, nicht nur wegen des Verdachts der Geldwäsche oder der Terrorismusfinanzierung erfolgen. In manchen Fällen („Antragsdelikte") ist eine Strafanzeige (genauer: Strafantrag) prozessuale Voraussetzung für die Verfolgung der Straftat. Für eine (gutgläubige) Strafanzeige ist keine besondere „Verdachtsschwelle" erforderlich. Ermittlungen werden auf der Basis einer Strafanzeige aber erst eingeleitet, sofern die Schwelle des Anfangsverdachts iSd § 152 StPO überschritten ist. Insofern kann man zurecht davon sprechen, dass die Strafanzeige eine höhere Verdachtsschwelle aufweist als die Verdachtsmeldung nach dem GwG.[15] Sofern ausreichende Verdachtsmomente bestehen, wird auch aufgrund einer Verdachtsmeldung ein Straf(ermittlungs)verfahren eingeleitet. Eine zusätzliche Strafanzeige ist dann weder erforderlich noch sinnvoll. Eine Strafanzeige statt einer Verdachtsmeldung ist das richtige Mittel der Wahl, wenn der Verpflichtete zB im Fall eines Betrugs selbst Opfer einer Straftat wurde. Liegt umgekehrt bereits eine Strafanzeige vor (durch den Verpflichteten oder durch eine andere Person) und entstehen die Voraussetzungen für eine Verdachtsmeldung erst danach, müssen Verpflichtete trotzdem Verdachtsmeldung erstatten. Haben sie Kenntnis von der Strafanzeige sollen sie diese in der Meldung erwähnen und ggfs. den Adressaten der Strafanzeige angeben.[16]

9 **Praxishinweis:**

Abgesehen von § 43 Abs. 1 GwG gibt es in Deutschland keine allgemeine Pflicht, Straftaten anzuzeigen. Eine Ausnahme ergibt sich indirekt aus § 138 StGB (Nichtanzeige geplanter Straftaten): Wer trotz Kenntnis bestimmte, schwerwiegende Straftaten nicht anzeigt, macht sich selbst strafbar. Dazu gehört weder § 261 StGB (Geldwäsche) noch § 89c StGB (Terrorismusfinanzierung). Erfasst sind dagegen Straftaten nach § 129a StGB (Bildung terroristischer Vereinigungen) auch in Verbindung mit § 129b Abs. 1 S. 1 und 3 (Kriminelle und terroristische Vereinigungen im Ausland).

10 Wer (möglicherweise) wegen (Mit-)Täterschaft oder Beihilfe an Geldwäsche strafbar ist, kann der Strafbarkeit durch eine Selbstanzeige (§ 261 Abs. 8 StGB) entgehen. In diesem Zusammenhang steht die Regelung wonach „*die Pflicht zur Meldung nach § 43 Abs. 1 GwG die Freiwilligkeit einer Selbstanzeige nach § 261 Abs. 8 StGB nicht ausschließt*" (§ 43 Abs. 4 GwG). Eine Verdachtsmeldung versperrt den Weg zur strafbefreienden Selbstanzeige daher nicht. Das gilt auch im Fall möglicher Strafbarkeit wegen leichtfertiger Geldwäsche (→ § 2 Rn. 10) durch Verpflichtete. Die Reform des § 261 StGB (→ § 2 Rn. 29) hat an der Möglichkeit der Selbstanzeige nichts geändert. Eine Verdachtsmeldung gilt aber nur dann als strafbefreiende Selbstanzeige, wenn sie alle Voraussetzungen des § 261 Abs. 8 StGB erfüllt (§ 43 Abs. 4 S. 1 GwG). Dabei ist unerheblich, dass die Meldung an die FIU nicht unmittelbar und nicht zwingend zur Einleitung eines Ermittlungs- oder Strafverfahrens führt.[17] Für die Frage, ob eine Verdachtsmeldung, Strafanzeige oder Selbstanzeige vorliegt ist letztlich immer der *Inhalt* einer Nachricht entscheidend, nicht wie sie bezeichnet oder überschrieben wird.

III. Grenzen der Meldepflicht

11 Bislang äußern sich weder die FIU noch die Aufsichtsbehörden zu den Grenzen der Verdachtsmeldepflicht. Die Verpflichteten werden insoweit im Ungewissen gelassen. Mit der Definition der Geldwäsche und der Terrorismusfinanzierung nimmt das GwG aber explizit

---

[15] Rothe/Schlombs ZRFC 2018, 266 (271).
[16] BMF, Auslegungshinweise zur Handhabung des Verdachtsmeldewesens, Stand 31.1.2014, S. 9.
[17] Gazeas NJW 2021, 1041 (1045).

Bezug auf Strafvorschriften des StGB. Meldepflichtig sind daher nur Sachverhalte, die in Deutschland als Geldwäsche oder Terrorismusfinanzierung strafbar sind. Bei reinen Auslandssachverhalten ist eine Meldepflicht mehr als fragwürdig.[18] Denn das StGB gilt grds. für Inlandstaten (§§ 3f StGB9 und nur unter engen Voraussetzungen für konkret bestimmte Auslandssachverhalte (§§ 5–7 StGB). Liegen diese nicht vor, ist deutsches Strafrecht nicht anwendbar, ungeachtet des § 261 Abs. 9 StGB, der auf Auslandstaten verweist. Liegt daher offensichtlich kein inländischer Tatort vor (§ 9 StGB) und auch sonst kein Berührungspunkt zum deutschen Strafrecht (keine Tathandlungen im Inland, keine Tatbeteiligten oder Opfer mit deutscher Staatsangehörigkeit oder gewöhnlichem Aufenthalt in Deutschland, etc.), muss daher keine Meldung an die FIU erfolgen. Dies gilt ungeachtet der Frage, ob eine Pflicht zum gruppenweiten Risikomanagement nach § 9 GwG besteht. Diese sorgt für gleiche Geldwäsche-Standards in einer Unternehmensgruppe und verhindert die Umgehung geldwäscherechtlicher Pflichten. Die Vorschrift dient nicht dazu, Auslandstaten in Deutschland zu verfolgen. Es spielt auch keine Rolle, dass die Verpflichteten einen möglicherweise meldepflichtigen Sachverhalt nicht selbst rechtlich subsumieren sollen (→ Rn. 41). Zum einen ist ihnen dies nicht verboten. Zum anderen muss auch für die Frage, ob eine Strafbarkeit in Deutschland auf Basis des bekannten Sachverhalts überhaupt denkbar ist, auf das subjektive Erfahrungswissen des Verpflichteten abgestellt werden. Wo aus den genannten Gründen gar kein Anknüpfungspunkt in Deutschland erkennbar ist, besteht keine Meldepflicht. Denn dann deutet der Sachverhalt nicht auf Geldwäsche oder Terrorismusfinanzierung iSd Definition in § 1 Abs. 1 und 2 GwG hin. Unerheblich ist, dass die Verpflichteten die Strafbarkeit im Inland praktisch nie mit letzter Sicherheit ausschließen können. Dazu fehlen ihnen notwendige Informationen. Denkbar ist, dass diese den inländischen Behörden vorliegen oder dass sie noch ermitteln könnten. Die Verdachtsmeldepflicht besteht aber, wo Tatsachen auf strafbare Geldwäsche oder Terrorismusfinanzierung hindeuten. Sie besteht nicht, wo sich ein Hinweis auf Straftaten konstruieren ließe, wenn man hypothetische (den Statistiken zufolge in der Praxis eher seltene (→ Rn. 3), den Verpflichteten nicht bekannte Umstände und Vermutungen über die Erkenntnismöglichkeiten der Behörden hinzudenkt. Auch der Umstand, dass Auslandstaten durch die Reform des § 261 StGB (→ § 2 Rn. 10) in weit größerem Umfang als bisher zur Vortat der Geldwäsche wurden, ändert an dieser Einschätzung nichts. § 43 Abs. 1 GwG unterscheidet zwar nicht danach, ob eine grenzüberschreitende Transaktion oder Geschäftsbeziehung vorliegt.[19] Die FIU ist auch durchaus an der Meldung von Auslandssachverhalten interessiert, unabhängig von der Verfolgbarkeit in Deutschland. Ggf. gibt sie Informationen an ausländische FIUs oder andere Behörden weiter und erhält von diesen im Rahmen ihrer Zuständigkeiten entsprechende Hinweise auf verdächtige Aktivitäten in Deutschland. Dennoch bleibt es dabei, dass reine Auslandssachverhalte keiner Meldepflicht in Deutschland unterliegen. Denkbar sind in solchen Fällen Meldepflichten im Ausland, wobei diese für Güterhändler ohne Bargeldgeschäfte eher die Ausnahme sind. Eine dennoch in gutem Glauben erfolgte Verdachtsmeldung in Deutschland ist zulässig. Der Verpflichtete ist in diesem Fall vor einer Haftung (nach deutschem Recht) geschützt. Wo ein Sachverhalt keine eindeutige Bewertung zulässt, ist daher aus Gründen der Vorsicht zu einer Verdachtsmeldung zu raten.

Beispiel: 12
Güterhändler G hat eine Tochtergesellschaft in Dubai. Diese hat mit einem Kunden in Pakistan einen Vertrag geschlossen. Die Abwicklung des Vertrags (zB lokale Service-Leistungen) inklusive aller Zahlungen erfolgt ausschließlich über die G in Dubai, mit ihren lokalen Ressourcen und über ihre lokalen Konten. Treten Verdachtsmomente mit Blick auf den

---

[18] So indirekt auch BT-Drs. 18/11555, 157 zu § 43 Abs. 3 GwG, wo eine Inlandsberührung verlangt wird, s. dazu auch BeckOK GwG/Pelz, 4. Ed. 1.12.2020, GwG § 43 Rn. 56.
[19] Gehling/Lüneborg NGZ 2020, 1164 (1171).

Kunden auf, ist keine Verdachtsmeldung in Deutschland erforderlich, da insbes. kein inländischer Tatort vorliegt und (unterstellt) keine deutschen Beteiligten. Ob in den VAE eine Meldung zu erstatten ist, richtet sich nach den dortigen gesetzlichen Vorschriften.

13 In zeitlicher Hinsicht sehen die Auslegungshinweise des BMF zum Verdachtsmeldewesen (→ Rn. 16) vor, dass auch in der Vergangenheit liegende Sachverhalte zu melden sind, sofern diese später entdeckt werden. Schon aus Gründen der Verhältnismäßigkeit muss es eine zeitliche Grenze geben, die vernünftigerweise bei der Verjährung eventueller Taten ansetzt. Entscheidend muss insoweit die Kenntnis des Verpflichteten auf Basis der ihm zur Verfügung stehenden Informationen sein. Eine konkrete, für alle Fälle gültige Frist kann man daher nicht anführen. § 43 Abs. 1 GwG unterscheidet zB nicht danach, ob eine grenzüberschreitende Transaktion oder Geschäftsbeziehung vorliegt.[20] Immerhin lässt das deutsche Recht seit 2017 eine Vermögensabschöpfung auch nach der Verjährung zu. Gerade um die Einziehung von Gewinnen aus strafbaren Taten geht es aber beim GwG (→ § 2 Rn. 63). In jedem Fall besteht keine Pflicht in der Vergangenheit zu forschen, ob es dort meldepflichtige Sachverhalte gegeben haben könnte.

IV. Auskunftsersuchen der FIU

14 *„Die FIU kann unabhängig vom Vorliegen einer Verdachtsmeldung von den Verpflichteten Auskünfte anfordern, soweit dies zur Erfüllung ihrer Aufgaben erforderlich ist. Sie kann dazu eine angemessene Frist setzen"* (§ 30 Abs. 3 S. 1 und 2 GwG). Die Pflicht zur Auskunft besteht ohne Rücksicht darauf, ob der Verpflichtete eine Verdachtsmeldung erstattet hat.[21] Die Verletzung der Auskunftspflicht ist bußgeldbewehrt (§ 56 Abs. 1 Nr. 67 GwG). Anfragen der FIU in Bezug auf Verdachtsmeldungen sind nur zulässig, soweit diese noch nicht an die Staatsanwaltschaft abgegeben wurden. Das Auskunftsrecht der FIU ist auch nicht unbegrenzt, zumal wenn nur eine Verdachtsmeldung vorliegt und noch kein Ermittlungsverfahren eröffnet wurde. Wo das Strafprozessrecht Grenzen setzt, zB weil Beschlagnahmeverbote bestehen oder Auskunftsverweigerungsrechte, darf auch die FIU nicht insistieren. Auskünfte zur Einhaltung geldwäscherechtlicher Pflichten zählen zum Aufgabenbereich der Aufsichtsbehörden; die FIU ist insoweit nicht zuständig und daher nicht berechtigt, Informationen einzuholen.

15 **Praxishinweis:**
Eine Rechtspflicht zur Auskunft in Bezug auf staatsanwaltliche oder polizeiliche Ermittlungen besteht nur gegenüber der Staatsanwaltschaft und den Gerichten. Das gilt auch für schriftliche Auskunftsersuchen einer Polizeibehörde, etwas eines LKAs. Die Staatsanwaltschaft kann ggf. gem. § 161a StPO den Geschäftsführer oder einen Mitarbeiter des Unternehmens als Zeugen vernehmen; dieser muss vorbehaltlich etwaiger Zeugnisverweigerungsrechte wahrheitsgemäß antworten. Eine Vorladung durch die Staatsanwaltschaft kann idR durch eine (freiwillige) Aussage gegenüber der Polizei vermieden werden. Auf mündliche (telefonische) Auskunftsersuchen sollte keine Antwort gegeben werden, sofern Gegenstand personenbezogene oder sonst sensible Angaben zu konkreten Vorgängen der Geldwäsche-Compliance sind. Die Erörterung allgemeiner Fragen zur Zuständigkeit oder von Verfahrensfragen ist dagegen unkritisch.

---

[20] Gehling/Lüneborg NGZ 2020, 1164 (1171).
[21] BT-Drs. 18/11555, 141 zu § 30 Abs. 3 GwG.

C. Verdachtsmeldepflichten beim Güterhändler

I. Keine Privilegierung

> **Praxishinweis:** 16
>
> Das BMF hat noch unter der Geltung des GwG 2008 Auslegungshinweise zur Handhabung des Verdachtsmeldewesens veröffentlicht[22]. Sie finden sich gleichlautend in der Gesetzesbegründung zur GwG-Novelle 2017.[23] Sie sind für Verpflichtete nicht unmittelbar bindend. Allerdings orientiert sich die Praxis der Aufsichtsbehörden daran (faktisch normative Wirkung). Die AuA Nichtfinanzsektor (→ § 1 Rn. 13) erwähnen die BMF-Auslegungshinweise nicht. Danach sollen bereits *"Unstimmigkeiten"* im Verhalten des Vertragspartners eine Verdachtsmeldung auslösen.[24] Die Formulierung weist keinen Bezug zum Wortlaut des § 43 Abs. 1 GwG auf und ist nicht konkretisierbar. Daher wird vorliegend weiter auf die Prinzipien der BMF Auslegungshinweise zum Verdachtsmeldewesen verwiesen.

Die Verdachtsmeldepflicht nach § 43 Abs. 1 GwG gehört zu den Hauptpflichten des GwG.[25] Für Güterhändler gilt insoweit keine Privilegierung wie beim Risikomanagement (§ 4 Abs. 5 GwG) und den Sorgfaltspflichten (§ 10 Abs. 6a GwG). Die dort genannten Schwellenwerte spielen keine Rolle. Die Pflicht zur Verdachtsmeldung gilt vielmehr für alle Güterhändler in Bezug auf bare wie unbare Geschäfte gleichermaßen und *"unabhängig vom Wert des Vermögensgegenstands oder der Höhe einer Transaktion."* Sie ist nicht auf Geschäfte oder Transaktionen begrenzt, bei denen Kundensorgfaltspflichten zu erfüllen sind und sie gilt auch im Einkauf. Eine Vertrags- oder Geschäftsbeziehung ist nicht Voraussetzung der Meldepflicht. Sie kann sich zB auf Transaktionen mit Dritten beziehen, zu denen bislang keinerlei Kontakt bestand (Drittzahlungen aus unbekannter Quelle, → § 8 Rn. 20). Bevorstehende, laufende, abgelehnte oder noch nicht ausgeführte Geschäfte oder Transaktionen sind gleichermaßen von der Meldepflicht erfasst, wenn ein Verdachtsfall eintritt. Das gilt – in den nicht klar definierten Grenzen der Meldepflicht (→ Rn. 11) – grds. auch für vergangene Geschäfte oder Transaktionen. Verdachtsfälle sind auch dann unverzüglich zu melden, wenn der Verpflichtete im Nachhinein im Rahmen einer eigenen oder von Aufsichts- oder Strafverfolgungsbehörden initiierten Recherche Kenntnis von einem Verdachtsfall erhält. Die Meldepflicht besteht selbst dann, wenn noch keine Transaktion stattgefunden hat. Es besteht keine Bagatellschwelle (Kleinbeträge) unterhalb derer auf eine Meldung verzichtet werden könnte. Da jede Verdachtsmeldung den Strafverfolgungsbehörden wichtige Informationen liefern kann, besteht die Meldepflicht selbst dann, wenn dem Verpflichteten bekannt ist, dass ein anderer Verpflichteter oder ein Dritter wegen desselben Sachverhalts bereits eine Meldung bzw. eine Strafanzeige erstattet hat oder die Strafverfolgungsbehörden anderweitig Kenntnis vom Sachverhalt erlangt haben.[26]

17

> **Praxishinweis:** 18
>
> Keine Verdachtsmeldepflicht besteht, wenn ein Güterhändler nur zufällig, ohne Bezug zu einer eigenen Transaktion oder Geschäftsbeziehung Kenntnis von Tatsachen iSd § 43 Abs. 1 GwG erhält, zB wenn ihm anlässlich eines Abendessens verdächtige Aktivitäten von Personen bekannt werden, zu denen er keinen Kontakt und keine Geschäftsbezie-

---

[22] Auslegungshinweise des Bundesministerium der Finanzen zur Handhabung des Verdachtsmeldewesens, Voraussetzungen der Meldepflicht, Stand 6.11.2014.
[23] BT-Drs. 18/11555, 156, zu § 43 Abs. 1 GwG.
[24] AuA Nichtfinanzsektor, S. 66, Ziff. 6.
[25] BMF, Auslegungshinweise zur Handhabung des Verdachtsmeldewesens, Stand 31.1.2014, S. 5.
[26] BMF, Auslegungshinweise zur Handhabung des Verdachtsmeldewesens, Stand 31.1.2014, S. 5f.

hung hat und mit denen er keine Transaktionen durchführt, plant oder in der Vergangenheit durchgeführt hat.[27]

II. Meldepflichtige Verdachtsfälle

19 Voraussetzung der Meldepflicht ist das Vorliegen eines Verdachtsfalls. Das GwG unterscheidet drei meldepflichtige Sachverhalte:
- Verdacht der Geldwäsche (§ 43 Abs. 1 Nr. 1 GwG)
- Verdacht der Terrorismusfinanzierung (§ 43 Abs. 1 Nr. 2 GwG) bzw.
- Verletzung bestimmter Mitwirkungspflichten (§ 43 Abs. 1 Nr. 3 GwG).

20 Zusätzlich regelt § 43 Abs. 6 GwG in Verbindung mit einer vom BMF erlassenen Verordnung (GwGMeldV-Immobilien) eine Vielzahl von Sachverhalten, die von rechtsberatenden Berufen, darunter Syndikusrechtsanwälten, stets – dh auch ohne Vorliegen eines konkreten Verdachts – nach § 43 Abs. 1 GwG gemeldet werden müssen. Die FIU (→ Rn. 62) kann in Abstimmung mit den Aufsichtsbehörden (weitere) typisierte Transaktionen bestimmen, die stets zu melden sind (§ 43 Abs. 5 GwG); dies ist bislang nicht geschehen.

21 **Praxishinweis:**
Die Steuerbehörden haben gem. § 31b AO eine inhaltlich mit § 43 Abs. 1 GwG identische Meldepflicht gegenüber der FIU, sofern sie im Rahmen ihrer Tätigkeit bei den Steuerverpflichteten Anhaltspunkte für Geldwäsche oder Terrorismusfinanzierung erkennen. Für die Aufsichtsbehörden gilt eine entsprechende Meldepflicht gemäß § 44 Abs. 1 GwG.

1. Vorliegen von Tatsachen

22 Verdachtsmeldefälle setzen voraus, dass beim Güterhändler *„Tatsachen vorliegen"* (§ 43 Abs. 1 GwG). Vermutungen und Gerüchte sind keine Tatsachen und begründen keine Meldepflicht.[28] Gleichzeitig ergibt sich aus dem Tatbestandsmerkmal *„Vorliegen"*, dass der Güterhändler Kenntnis der Tatsachen haben muss. Ein Kennenmüssen (fahrlässige Unkenntnis) begründet die Verdachtsmeldepflicht nicht. Güterhändler haben keine allgemeine Informationsbeschaffungspflicht in Bezug auf möglicherweise meldepflichtige Sachverhalte, insbes. wenn sie privilegiert und nicht zum Risikomanagement verpflichtet sind. Umgekehrt können sie sich ihrer geldwäscherechtlichen Pflichten nicht dadurch entziehen, dass sie sich einer Kenntnisnahme bewusst verschließen (*„wilful blindness"*).[29] Bei juristischen Personen wird man nach den im OWiG geltenden Grundsätzen auf die Kenntnis der Mitglieder der Geschäftsleitung, Generalbevollmächtigten oder Prokuristen und Handlungsbevollmächtigten in leitender Stellung abstellen müssen, ggf. auch auf Aufsichtsratsmitglieder oder Personen wie die Leitung Recht oder Compliance. Die Kenntnis der Vertriebsleitung dagegen würde nicht ausreichen, die anderer Mitarbeiter sowieso nicht.[30] Allerdings ist ungeklärt, ob die verwaltungsrechtlich begründete Meldepflicht des § 43 Abs. 1 GwG außerhalb eines OWiG-Verfahrens an die Kenntnis eines so begrenzten Personenkreises anknüpft. Man wird davon ausgehen müssen, dass die Aufsichtsbehörden im Unternehmen vorhandene Kenntnisse der Leitung zurechnen. Bei der Zurechnung der Kenntnis von inländischen und ausländischen Tochterunternehmen stellt sich im Grunde dieselbe Frage.[31]

---

[27] Gehling/Lüneborg NGZ 2020, 1164 (1171).
[28] Rothe/Schlombs ZRFC 2018, 266 (268).
[29] Gehling/Lüneborg NGZ 2020, 1164 (1168 f.).
[30] Gehling/Lüneborg NGZ 2020, 1164 (1167 ff.).
[31] Gehling/Lüneborg NGZ 2020, 1164 (1167 ff.).

Letztlich ist dies stets ein Aspekt der Angemessenheit und Verhältnismäßigkeit. Eine Haftung des Unternehmens für jegliches Wissen von Einzelpersonen, die dort beschäftigt sind, ist jedenfalls im geltenden Recht nicht verankert.

Beispiel: 23

In der ausländischen Presse wird über Umstände berichtet, die in Bezug auf den Geschäftspartner der Müller GmbH den Verdacht der Geldwäsche begründen können. Ob eine Meldepflicht entsteht, hängt unter anderem davon ab, ob und wer bei der Firma Müller von diesen Berichten tatsächlich Kenntnis hat. Entscheidend ist auch, ob die Vorwürfe in verständlicher Sprache abgefasst sind, aus einer vertrauenswürdigen („seriösen") Publikation stammen und ob sie über konkrete Ereignisse berichten (zB Ermittlungen, Verfahren oder Verurteilungen) oder nur spekulativ über mögliche Verdachtsmomente.

2. Verdacht der Geldwäsche

Ein Geldwäsche-Verdachtsfall liegt vor, wenn ein *„ein Vermögensgegenstand [...] aus einer* 24 *strafbaren Handlung stammt, die Vortat der Geldwäsche darstellen könnte"* (§ 43 Abs. 1 Nr. 1 GwG).

> **Definition:** 25
> Der Begriff des Vermögensgegenstands ist in § 1 Abs. 7 GwG definiert und entspricht dem des „Gegenstands" in § 261 StGB (→ § 2 Rn. 16) bzw. der Definition der Güter (→ § 3 Rn. 12) beim Güterhandel. Vermögensgegenstand ist demnach
> - *„jeder Vermögenswert, egal ob körperlich oder nicht körperlich, beweglich oder nicht beweglich, materiell oder immateriell"* (Nr. 1), sowie
> - *„Rechtstitel und Urkunden in jeder Form, einschließlich der elektronischen oder digitalen Form, die das Eigentumsrecht oder sonstige Rechte an Vermögenswerten nach Nr. 1 verbriefen."* (Nr. 2).

Erfasst sind daher nicht nur körperliche (materielle) Gegenstände (Sachen), sondern 26 auch immaterielle, die einen messbaren Wert haben, zB Forderungen, geldwerte Ansprüche sowie Unternehmens- und Gesellschaftsanteile. Die Definition gilt für bewegliche Gegenstände genauso wie unbewegliche Sachen (Immobilien). Rechtstitel und Urkunden über Eigentumsrechte oder sonstige Rechte an Vermögenswerten werden mit Vermögenswerten gleichgesetzt. Das bezieht sich jedoch nicht auf jede Art von Dokumenten, aus denen sich Eigentum oder andere Rechte ergeben. Vielmehr muss es sich um „verbriefte" Rechte handeln, also um solche, die vermittels der Urkunde erst entstehen oder bestehen. Das ist vor allem Bereich von Wertpapieren relevant. Unerheblich ist, ob es sich um Urkunden in Papierform handelt oder in elektronischer Form.

Der Grundbuchauszug nennt zwar den Eigentümer einer Immobilie, gibt dem Besitzer des 27 Grundbuchauszugs aber keine Rechte an der Immobilie. Ähnlich verhält es sich mit Vertragsurkunden, die ohne gerichtlichen Titel idR nur als Beweisstück verwertbar sind. Hypotheken- oder Grundschuldbriefe und andere Wertpapiere, wie zB Aktien[32] „verbriefen" dagegen Rechte oder Ansprüche in der Urkunde. Ohne die entsprechende Urkunde kann das daraus resultierende Recht nicht geltend gemacht werden. Dasselbe gilt für Sparbücher oder beim Fahrzeugbrief („Zulassungsbescheinigung Teil 2"); letztere sind allerdings keine Handelsgüter.

---

[32] Dabei ist es heute üblich, dass nicht mehr jeder Aktionär seine Aktienurkunde im Besitz hat; vielmehr erfolgt die Verbriefung durch eine „Globalurkunde", an dem die Aktionäre Miteigentum haben. Dieses wird von der Bank über das Bankdepot registriert.

28 Der Vermögensgegenstand muss „*mit einer Geschäftsbeziehung [...] oder einer Transaktion im Zusammenhang stehen.*" Auch wenn es nicht ausdrücklich erwähnt ist, kann es sich dabei nur um eine Geschäftsbeziehung oder Transaktion des Verpflichteten handeln. Es besteht keine Meldepflicht nach § 43 Abs. 1 GwG in Bezug auf Geschäftsbeziehungen oder Transaktionen Dritter, an denen der Verpflichtete nicht selbst beteiligt ist. Das GwG richtet sich stets nur insoweit an die Verpflichteten, als sie „*in Ausübung ihres Berufs oder Gewerbes handeln*" (§ 2 Abs. 1 GwG). Ein Zusammenhang mit dem eigenen Gewerbe liegt nicht vor, wenn der Güterhändler mehr oder weniger zufällig Kenntnis von Verdachtsmomenten in Bezug auf Geschäfte oder Transaktionen Dritter hat. Es besteht keine allgemeine Meldepflicht bei Kenntnis von verdächtigen Umständen. Dagegen liegt ein Zusammenhang vor, wenn es um die typischen, vertraglichen Hauptleistungspflichten des Verpflichteten geht, beim Güterhändler also Lieferungen und Gegenleistung (insbes. Entgelte) des Geschäfts- und Vertragspartners. Ausreichend sind aber auch zB Zahlungen unbekannter Dritter an den Verpflichteten auf die Schuld seines Geschäfts- oder Vertragspartners, nicht geschuldete (Über-) Zahlungen, sei es durch den Geschäfts- oder Vertragspartner oder durch unbekannte Dritte oder iRd Stellung von Sicherheiten durch Dritte, selbst wenn mit diesen keine direkte Lieferbeziehung besteht.

29 **Beispiel:**
Gegen Personen aus der Niederlassung eines Kunden des Güterhändlers G wird wegen Beihilfe zur Geldwäsche ermittelt. Hintergrund ist ein Geschäft das schon ein paar Jahre zurück liegt. Mit den Geschäften des G hat es nichts zu tun. Es liegen Tatsachen vor, die auf Geldwäsche hindeuten (Ermittlungsverfahren). In Ermangelung eines Bezugs zu einer Geschäftsbeziehung oder Transaktion mit G liegt aber kein Verdachtsfall vor. Es besteht keine Meldepflicht. Ggf. kann dem damit verbundenen Risiko iRd Risikomanagements oder im Wege der Durchführung von Sorgfaltspflichten Rechnung getragen werden.

30 Meldepflichtig nach § 43 Abs. 1 Nr. 1 GwG sind Hinweise, dass ein Vermögensgegenstand „*aus einer strafbaren Handlung stammt, die Vortat der Geldwäsche sein könnte.*" Die Formulierung beruht auf Änderungen durch die GwG-Novelle 2017 (→ § 1 Rn. 12). Demgegenüber scheint die Verdachtsmeldeschwelle beim Verdacht der Terrorismusfinanzierung höher zu sein. Dort ist Voraussetzung, dass ein Zusammenhang „*besteht.*" Die Gesetzesmaterialien stellen klar, dass mit der Formulierung keine (weitere) Absenkung der niedrigen Verdachtsmeldeschwelle gewollt war.[33] Ungeachtet des Wortlauts, der nur auf Vortaten Bezug nimmt, ist es für die Meldepflicht ausreichend, wenn Hinweise auf eine strafbare Vortat vorliegen oder auf tatbestandliche Geldwäschehandlungen, insbes. Verschleierungshandlungen. Seit der Reform des § 261 StGB (→ § 2 Rn. 10) kann jede Straftat des Kern- und Nebenstrafrechts und auch Auslandstaten Vortat der Geldwäsche sein. Ausreichend für die Meldepflicht nach § 43 Abs. 1 Nr. 1 GwG ist daher jeder Hinweis auf die Herkunft eines Vermögensgegenstands aus irgendeiner Straftat. Anders als im Strafprozessrecht bedarf es keines doppelten Anfangsverdachts (→ Rn. 47). Ungeachtet der Reform des § 261 StGB ist nicht davon auszugehen, dass es zu einer erheblichen Erweiterung der Meldepflichten kommt.[34] Die Verdachtsmeldeschwelle des § 43 Abs. 1 GwG wurde durch das Abstellen auf die FIU-Typologien schon vor der Reform ohne Bezug zu den tatbestandlichen Voraussetzungen des § 261 StGB und insbes. den bisherigen Katalog von Vortaten definiert (→ § 2 Rn. 18).

---

[33] BT-Drs. 18/11555, 156, zu § 43 Abs. 1 GwG, wo spezifiziert wird, dass die Anpassung nur redaktioneller Natur ist.
[34] AA zB Travers/Michaelis NZWiSt 2021, 125 (132).

> **Praxishinweis:**
> Auskunftsersuchen der Strafermittlungsbehörden werden zum Teil als Anknüpfungspunkt für Verdachtsmeldungen genannt. Das ist in dieser Allgemeinheit nicht zutreffend. Auskunftsersuchen lösen nur dann eine Verdachtsmeldung aus, wenn die Voraussetzungen des § 43 Abs. 1 GwG vorliegen. Das gilt auch, wenn sich ein Auskunftsersuchen auf einen Vermögensgegenstand bezieht, den ein Unternehmen verkauft hat (zB ein Fahrzeug). Die Verdachtsmeldepflicht hängt dann davon ab, ob aus dem Auskunftsersuchen ersichtlich wird, dass wegen einer Straftat ermittelt wird und dass das Fahrzeug direkt und indirekt aus dieser Straftat herrührt („aus ihr stammt"). Der Umstand, dass ein Fahrzeug im Zusammenhang mit einer Ermittlung genannt wird, ist dazu nicht ausreichend. Eine Verdachtsmeldung macht auch nur dann Sinn, wenn sie Informationen über mögliche Straftaten umfasst, die nicht bereits Gegenstand der Ermittlungen sind, auf das sich das Auskunftsersuchen bezieht. Ggf. ist vorzugswürdig solche Informationen an die Auskunft begehrende Stelle zu übermitteln, will man nicht erreichen, dass diese bei der FIU ungenützt liegen bleiben.

31

3. Verdacht der Terrorismusfinanzierung

Der Verdacht der Terrorismusfinanzierung liegt vor, wenn *„ein Geschäftsvorfall, eine Transaktion oder ein Vermögensgegenstand im Zusammenhang mit Terrorismusfinanzierung steht"* (§ 43 Abs. 1 Nr. 2 GwG)." Für die Begriffe Transaktion (→ § 4 Rn. 13) und Vermögensgegenstand (→ § 7 Rn. 25) gelten die schon besprochenen Definitionen in § 1 Abs. 5 und 7 GwG. Der Begriff *„Geschäftsvorfall"* wird dagegen nicht definiert und auch sonst im GwG nicht verwendet. Eine Geschäftsbeziehung (→ § 4 Rn. 17) ist darunter nicht zu verstehen. Ein Geschäftsvorfall gleicht eher einer Transaktion, dürfte aber weiter zu verstehen sein, iSv geschäftlichem Ereignis oder geschäftlicher Handlung ganz allgemein. Geschäftsvorfall, Transaktion oder Vermögensgegenstand müssen nach dem Wortlaut der Vorschrift *„im Zusammenhang mit Terrorismusfinanzierung stehen."* Nach der Definition der Terrorismusfinanzierung in § 1 Abs. 2 GwG umfasst dies nicht nur Hinweise auf den Straftatbestand des § 89c StGB (→ § 2 Rn. 52), sondern eine lange Liste allgemeiner Straftaten, sofern diese mit terroristischem Hintergrund verübt werden (→ § 2 Rn. 53). In der Praxis ist der Verdacht der Terrorismusfinanzierung selten Grund für eine Verdachtsmeldung. In den vergangenen Jahren war dies jeweils nur in ca. 1 bis 1,5 % aller Verdachtsmeldungen der Fall.[35] Zuletzt stiegen die Zahlen in diesem Bereich etwas an, sind aber noch immer sehr gering.[36] Im Jahr 2019 lag der Anteil an ca. 2 % des Gesamtaufkommens.[37] Die FIU selbst räumte in der Vergangenheit ein, dass ungeachtet des sehr allgemeinen Wortlauts des § 43 Abs. 1 Nr. 2 GwG („im Zusammenhang stehen") die Verpflichteten erhebliche Schwierigkeiten haben, den Verdacht der Terrorismusfinanzierung zu erkennen.[38] Im Bereich der Terrorismusfinanzierung gibt es keine festen Verhaltensmuster und entsprechend kaum klassische Anhaltspunkte (Typologien) (→ § 2 Rn. 51) der Terrorismusfinanzierung.[39] Eine Ausnahme sind allenfalls positiv bestätigte Treffer *(„true hit")* auf Terrorismuswarnlisten, die anders als sogenannte „false positives" bei den meisten Verpflichteten eher selten sein werden. In der Praxis beschränken sich die Maßnahmen daher im Wesentlichen auf die Prüfung gängiger Sanktions- bzw. Terrorwarnlisten bzw. auf Hinweise, dass hinter Geschäften

32

---

[35] BKA, FIU Jahresbericht 2013, S. 41.
[36] Diergarten/Barreto da Rosa Geldwäschepräventio/Barreto da Rosa Kapitel 7 Rn. 96.
[37] FIU, Jahresbericht 2020, S. 14.
[38] BKA, FIU Jahresbericht 2011, S. 36; ähnl. Diergarten/Barreto da Rosa Geldwäschepräventio/Barreto da Rosa Kapitel 7 Rn. 95 f.
[39] BKA, FIU Jahresbericht 2013, S. 43.

oder Transaktionen Personen oder Unternehmen aus Ländern stehen, die man mit der Gefahr des Terrorismus in Verbindung bringt.

33 **Praxishinweis:**

Verpflichtete, die international tätig sind, werden idR bereits aus exportkontrollrechtlichen (außenwirtschaftsrechtlichen) Gründen bzw. im Zusammenhang mit Embargo- und Sanktionsregimes einen Abgleich ihrer Geschäftspartner- und Kundendatenbanken mit sogenannten Terrorismuswarnlisten durchführen. Das GwG verpflichtet dazu nicht explizit. Sichergestellt werden muss, dass die Abteilung, die die Terrorismuswarnlisten prüft, die Notwendigkeit der Verdachtsmeldung kennt. Bei (echten) Treffern auf Terrorismuswarnlisten ist eine Verdachtsmeldung zwingend unverzüglich durchzuführen. Bis zur Klärung, ob ein echter Treffer vorliegt bzw. bei unechten Treffern (*„false positives"*) besteht keine Meldepflicht.

4. Verletzung der Mitwirkungspflichten

34 Die Verdachtsmeldepflicht besteht gemäß § 43 Abs. 1 Nr. 3 GwG darüber hinaus, wenn *„der Vertragspartner seine Pflicht nach § 11 Abs. 6 S. 3 GwG gegenüber dem Verpflichteten offenzulegen, ob er die Geschäftsbeziehung oder Transaktion für einen wirtschaftlich Berechtigten begründen, fortsetzen oder durchführen will, nicht erfüllt"* (§ 43 Abs. 1 Nr. 3 GwG). Der Gesetzgeber sieht allein in der mangelnden Offenlegung des wirtschaftlich Berechtigten eine Verschleierung und damit ein gesteigertes Risiko. Die Pflicht zur Verdachtsmeldung entsteht, selbst wenn (ansonsten) kein Anhaltspunkt iSd FIU-Typologien (→ Rn. 45) für Geldwäsche oder Terrorismusfinanzierung vorliegt.[40] Die mangelnde Mitwirkung bei der Offenlegung des wirtschaftlich Berechtigten ist dagegen ein solcher Anhaltspunkt.[41] In Betracht kommt die Verdachtsmeldepflicht nach § 43 Abs. 1 Nr. 3 GwG nur im Rahmen von Sorgfaltspflichten,[42] nicht, wenn in anderem Zusammenhang Unstimmigkeiten auftreten, etwa im Rahmen einer aus anderen Gründen durchgeführten Geschäftspartnerprüfung. Zu beachten ist, dass die Verdachtsmeldung nach § 43 Abs. 1 Nr. 3 GwG nicht durch eine vorausgehende Verdachtsmeldung aus anderen Gründen obsolet wird. Erstattet der Güterhändler zunächst Verdachtsmeldung, weil in Bezug auf den Geschäfts- bzw. Vertragspartner ein Verdacht der Geldwäsche oder Terrorismusfinanzierung besteht und führt er wegen des Verdachts allgemeine Sorgfaltspflichten durch, muss er – wegen § 43 Abs. 1 Nr. 3 GwG gesetzlich zwingend – erneut Verdachtsmeldung erstatten (bzw. nachmelden), wenn sich der Geschäfts- bzw. Vertragspartner nunmehr auch noch weigert offenzulegen, ob er für einen wirtschaftlich Berechtigten handelt.

35 **Praxishinweis:**

Bei § 43 Abs. 1 Nr. 3 GwG handelt es sich um einen gesetzlich geregelten Sachverhalt, der stets unverzüglich meldepflichtig ist. Die Meldepflicht entsteht ungeachtet, ob im konkreten Fall ein Verdacht besteht. Ein (subjektiver) Beurteilungsspielraum (→ Rn. 48) des Verpflichteten besteht insoweit nicht.

36 Mit Blick auf die Rechte der Betroffenen wird die automatische Meldepflicht kritisiert.[43] Es sind viele Gründe für die Weigerung vorstellbar, die nichts mit Geldwäsche oder Terrorismusfinanzierung zu tun haben, gerade bei ausländischen Vertragspartnern. Diese können von Unkenntnis der Gesetzesvorschrift bis hin zum Wunsch nach Schutz persönli-

---

[40] BT-Drs. 17/6804, 36; BMF, Auslegungshinweise zur Handhabung des Verdachtsmeldewesens, Stand 31.1. 2014, S. 5.
[41] FIU Newsletter – Anhaltspunktepapier Ausgabe Nr. 11/August 2014, S. 4.
[42] Rothe/Schlombs ZRFC2018, 266 (268).
[43] Höche/Rößler WM 2012, 1505 (1510).

cher Verhältnisse reichen – etwa mit Blick auf den Datenschutz oder die Gefahr Opfer von Straftaten zu werden. Im Güterhandelsbereich ist zu bedenken, dass eine geldwäscherechtliche Identifizierung praktisch weltweit unüblich ist. Man darf nicht unterstellen, dass ausländischen Geschäftspartnern die überschießende Rechtslage in Deutschland (→ § 3 Rn. 25) bekannt ist. Auch wenn die Gesetzesvorschrift einen Quasi-Automatismus zwischen Weigerung und Meldung postuliert wird man daher je nach den Umständen des Sachverhalts (risikoorientiert) beim Geschäfts- und Vertragspartner nachhaken dürfen, wenn dieser sich zunächst weigert, den wirtschaftlich Berechtigten offen zu legen. Es spricht nichts dagegen, unter (einem allgemeinen) Verweis auf die in Deutschland geltende Rechtslage die Information erneut einzufordern und eine Meldung erst dann zu erstatten, wenn der Vertragspartner sich trotzdem weigert. Dagegen erlaubt das GwG nicht, von der Meldung abzusehen und die Weigerung als „erhöhtes Risiko" mit der Folge (nur) verstärkter Sorgfaltspflichten zu behandeln,[44] obwohl dies in vielen Fällen die weit sinnvollere Vorgehensweise wäre. Dass wegen der mangelnden Offenlegung des wirtschaftlich Berechtigten strafrechtlich gegen diesen vorgegangen würde, ist praktisch undenkbar. Diese Annahme (nur) eines erhöhten Risikos ist allenfalls denkbar bei der Verletzung anderer Mitwirkungspflichten, sofern sich daraus kein Verdacht iSd § 43 Abs. 1 Nr. 1 GwG ableiten lässt.

Die quasi-automatische Meldepflicht des § 43 Abs. 1 Nr. 3 GwG besteht konkret nur bei Verletzung der Pflicht zur Offenlegung, ob ein wirtschaftlich Berechtigter existiert (§ 11 Abs. 6 S. 3 GwG). Legt der Geschäfts- bzw. Vertragspartner offen, dass es einen wirtschaftlich Berechtigten gibt, will er dessen Identität aber nicht mitteilen oder nicht alle Angaben und Nachweise dazu, gilt die Meldepflicht des § 43 Abs. 1 Nr. 3 GwG genau genommen nicht.[45] Denn die Mitwirkung bei der Identifizierung ist in § 11 Abs. 6 **S. 4** GwG geregelt, auf den sich § 43 Abs. 1 Nr. 3 GwG gerade nicht bezieht. Ungeachtet dessen kann in der Verletzung der Mitwirkungspflicht ein Anhaltspunkt gesehen werden, der nach sorgfältiger Einschätzung und ggf. weiteren Maßnahmen der Aufklärung zu einer Verdachtsmeldung führen kann. Dabei wird man nicht in jeder Weigerung zur Mitarbeit automatisch einen Auslöser für eine sofortige Verdachtsmeldung sehen müssen. Weigert sich der Geschäfts- bzw. Vertragspartner zB einen Handelsregisterauszug zu besorgen, liegt darin zwar formal eine Verletzung der Mitwirkungspflicht des § 11 Abs. 6 **S. 1** GwG. Ggf. erschwert dies auch die Feststellung des wirtschaftlich Berechtigten. Sofern der Verpflichtete den Handelsregisterauszug leicht selbst besorgen kann, wird man allein daraus aber keinen Geldwäsche-Verdacht konstruieren müssen. Dies gilt insbes. bei ausländischen Geschäfts- und Vertragspartnern, die mit den im internationalen Vergleich überschießenden Anforderungen des deutschen GwG nicht vertraut sind. Bei der Verletzung wesentlicher Teile der Mitwirkungspflichten wird man dagegen eine Verdachtsmeldung nach § 43 Abs. 1 **Nr. 1** GwG in Betracht ziehen müssen.

Einschränkend auslegen muss man § 43 Abs. 1 Nr. 3 GwG mit Blick auf die Regelung zum fiktiv wirtschaftlich Berechtigten (→ § 5 Rn. 89). Sofern es beim Geschäfts- bzw. Vertragspartner nach § 3 Abs. 1 und 2 S. 1–4 GwG keinen „echten" wirtschaftlich Berechtigten gibt, kann man nicht erwarten, dass er „offenlegt für einen rein fiktiven wirtschaftlich Berechtigten zu handeln." Diese Aussage ist schon inhaltlich falsch. § 3 Abs. 2 S. 5 GwG ist eine Sonderregelungen (Fiktion), die auf Vorgaben der RL (EU) 2015/849 beruht und den Verpflichteten ersatzweise erlaubt, Personen als wirtschaftlich Berechtigte zu behandeln, die diese Eigenschaft gar nicht aufweisen. Solange der Geschäfts- bzw. Vertragspartner grds. an der Identifizierung mitwirkt und sich aus den Umständen ein fiktiver wirtschaftlich Berechtigter bestimmen lässt, besteht kein Grund für eine Verdachtsmel-

---

[44] Damit soll nicht gesagt sein, dass diese nicht ggf. zusätzlich zur Meldung durchgeführt werden müssen, wenn die Anwendungsvoraussetzungen vorliegen.
[45] Anders BMF, Auslegungshinweise zur Handhabung des Verdachtsmeldewesens, Stand 31.1.2014, S. 5 noch basierend auf § 11 Abs. 1 GwG aF.

dung, nur weil der Geschäfts- und Vertragspartner (möglicherweise aus Unkenntnis der Fiktionsregelung) die Person nicht sofort offenlegt. Zu melden ist ein Mangel an Mitwirkung bei der Bestimmung, wer wirtschaftlich Berechtigter ist, nicht das Fehlen eines (echten) wirtschaftlich Berechtigten.

5. Meldepflichten rechtsberatender Berufe

39 Rechtsberatende Berufe (Rechtsanwälte, Steuerberater, Patentanwälte inklusive der entsprechenden Inhouse-Funktionen, → § 11 Rn. 12) sowie Notare und Wirtschaftsprüfer sind gemäß § 43 Abs. 6 GwG zur Meldung bestimmter Sachverhalte verpflichtet, wenn sie an Immobiliengeschäften mitwirken. Die Vorschrift wurde mit dem GwG-Änderungsgesetz 2020 (→ § 1 Rn. 12) eingefügt. Die betreffenden Sachverhalte sind in einer Rechtsverordnung geregelt (GwG-MeldeV-Immobilien), die am 1.10.2020 in Kraft trat (→ § 11 Rn. 20). Die Regelung beruht nicht auf Vorgaben der RL (EU) 2015/849. Sie ist in sachlicher Hinsicht beschränkt auf Vorgänge iSd § 1 GrEStG, dh auf den Kauf oder Verkauf von Immobilien. Dazu zählen auch gesellschaftsrechtliche Vorgänge, also der Kauf von Anteilen an Gesellschaften, die Immobilien halten *("share deal")*.

40 **Praxishinweis:**
Güterhändler haben keine unmittelbaren Pflichten aus oder im Zusammenhang mit der GwG-MeldeV-Immobilien. Betroffen sind allenfalls bei Güterhändlern angestellte Syndikusrechtsanwälte (→ § 11 Rn. 12). Nach Ansicht des Verordnungsgebers handelt es sich bei den in der Verordnung aufgeführten Sachverhalten um typisierte Verdachtsfälle auf Basis behördlicher Erfahrungen. entsprechende oder ähnlich gelagerte Sachverhalte können daher gem. § 43 Abs. 1 Nr. 1 GwG (→ Rn. 19) meldepflichtig sein (Ausstrahlungswirkung). Aufgrund dieser mittelbaren Wirkung außerhalb des formalen Anwendungsbereichs sollten sich Güterhändler, die direkt oder indirekt Immobiliengeschäfte tätigen, mit den Sachverhalten der Verordnung auseinandersetzen.

6. Verdachtsmeldeschwelle („Hindeuten")

41 Für die Meldepflicht nach § 43 Abs. 1 GwG reicht aus, dass *„Tatsachen darauf hindeuten,"* dass ein Verdachtsfall iSd § 43 Abs. 1 Nr. 1–3 GwG vorliegt (Verdachtsmeldeschwelle). Mit dem Begriff *„hindeuten"* sollte klargestellt werden, dass die Meldepflicht im Kern an geringe Voraussetzungen geknüpft ist. Sie entsteht (deutlich) unterhalb der Schwelle des strafprozessualen Anfangsverdachts iSd § 152 StPO.[46] Auf Basis der BMF Auslegungshinweise zum Verdachtsmeldewesen (→ Rn. 16) bedarf es einerseits hinreichend aussagekräftiger Anhaltspunkte für strafbare Taten; es soll keine Meldung „ins Blaue" hinein erfolgen. Andererseits ist keine Gewissheit erforderlich, dass eine Transaktion oder Geschäftsbeziehung Bezug zu Geldwäsche, Terrorismusfinanzierung oder einer anderen Straftat aufweist. Der Gesetzgeber habe ausdrücklich darauf verzichtet, dass Verpflichtete das Vorliegen sämtlicher Tatbestandsmerkmale der Strafvorschriften prüfen oder den Sachverhalt „ausermitteln." Dies wird den Verpflichteten idR auch gar nicht möglich sein.[47] Die Verpflichteten müssen daher keine rechtliche Subsumtion des Sachverhalts unter die ohnehin komplizierten Straftatbestände vornehmen.[48] Jenseits dieser eher abstrakten Hinweise fehlt es nach wie vor an einer Klärung, wie konkret die Umstände sein müssen, die eine Meldpflicht auslösen.[49] In der juristischen Literatur wird der Begriff enger verstanden. Danach muss ein verständiger Beobachter die Erkenntnis gewinnen, dass eine strafbare Handlung vor-

---
[46] AuA Nichtfinanzsektor, S. 66, Ziff. 6.
[47] So auch Komma CB 2019, 197 (198).
[48] BMF, Auslegungshinweise zur Handhabung des Verdachtsmeldewesens, Stand 31.1.2014, S. 2.
[49] Komma CB 2019, 197; Gehling/Lüneborg NGZ 2020, 1164 (1170).

liegt. Zugrunde zu legen ist der vom Güterhändler zu erwartende Beurteilungshorizont, nicht der eines Staatsanwalts oder Richters oder das Verständnis der geschäftlich unerfahrenen Verwaltungs- und Aufsichtsbehörden. Ausgehend von dem Begriff „hindeuten" ist jedenfalls mehr gemeint als nur eine bloße Möglichkeit[50] oder – schlimmer – dass eine Straftat nicht ausgeschlossen werden kann.

> **Praxishinweis:** 42
> Das BVerfG hat in einer Reihe von Entscheidungen bestätigt („obiter dictum"), dass die Meldepflicht nach dem GwG an deutlich geringere Anforderungen geknüpft sein kann, als der strafprozessuale Anfangsverdacht. Insbesondere muss kein doppelter Anfangsverdacht vorliegen wie beim strafprozessualen Verdacht der Geldwäsche. Für einen nach GwG meldepflichtigen Verdacht reicht aus, dass objektiv erkennbare Anhaltspunkte dafür sprechen, dass durch eine Transaktion illegale Gelder dem Zugriff der Strafverfolgungsbehörden entzogen oder die Herkunft illegaler Vermögenswerte verdeckt werden soll und ein krimineller Hintergrund im Sinne einer Vortat des § 261 StGB nicht ausgeschlossen werden kann.[51] Ob die niedrige Verdachtsmeldeschwelle in jeder Hinsicht verfassungsgemäß ist, war nicht Gegenstand der Entscheidungen.

In der Praxis gehen die Aufsichtsbehörden von einer Meldepflicht aus, wenn Anhaltspunkte iSd FIU-Typologien (→ Rn. 45) für Geldwäsche oder Terrorismusfinanzierung vorliegen.[52] Dasselbe gilt, wenn sich Zweifel oder ungewöhnliche Sachverhalte nicht aufklären bzw. ausräumen lassen und deshalb nicht ausgeschlossen werden kann, dass die Vermögenswerte, um die es geht, aus einer strafbaren Handlung stammen oder im Zusammenhang mit Terrorismusfinanzierung stehen.[53] Meldepflichtig sind auch Tatsachen, die darauf hindeuten, dass mit einer Geschäftsbeziehung oder Transaktion illegale Gelder dem Zugriff der Strafverfolgungsbehörden entzogen oder die Herkunft illegaler Vermögenswerte verdeckt werden soll, wenn also (möglicherweise) Verschleierungshandlungen iSd § 261 StGB vorliegen. In all diesen Fällen kann ein krimineller Hintergrund der Geldwäsche oder der Terrorismusfinanzierung nicht ausgeschlossen werden,[54] was ausreicht, um die Meldepflicht zu begründen. Beachten muss man, dass die so definierte (niedrige) Meldeschwelle auf die Meldepflicht nach § 43 Abs. 1 Nr. 3 GwG (Verletzung von Mitwirkungspflichten) nicht passt. Insoweit ist der Eingangssatz der Vorschrift missverständlich. Eine Meldepflicht nach dieser Alternative kann nicht schon dann bestehen, wenn „Tatsachen darauf hindeuten", dass die Mitwirkungspflicht verletzt wurde oder sich das nicht ausschließen lässt. Die Meldepflicht besteht nicht schon bei Verdacht, die Mitwirkungspflicht sei möglicherweise verletzt. Vielmehr entsteht sie ausschließlich, wenn tatsächlich eine Verletzung der Mitwirkungspflicht aus § 11 Abs. 6 S. 3 GwG (→ Rn. 34) vorliegt. 43

---

[50] Gehling/Lüneborg NGZ 2020, 1164 (1170).
[51] S. zB BVerfG NJW 2021, 1452.
[52] BT-Drs. 18/11555, 156 zu § 43 Abs. 1 GwG.
[53] BMF, Auslegungshinweise zur Handhabung des Verdachtsmeldewesens, Stand 31.1.2014, S. 4.
[54] BMF, Auslegungshinweise zur Handhabung des Verdachtsmeldewesens, Stand 31.1.2014, S. 2.

44

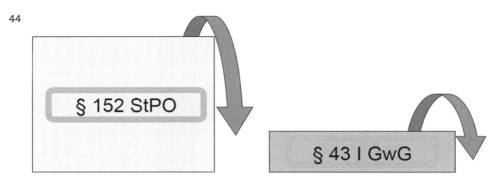

Abb. 23: Die Verdachtsmeldeschwelle im GwG ist niedriger als die des Anfangsverdachts iSd StPO.

III. Anhaltspunktepapiere („Typologien")

45 In der Praxis ist zentraler Anknüpfungspunkt für die Frage der Verdachtsmeldepflicht des § 43 Abs. 1 GwG, ob Anhaltspunkte im Sinne gängiger Anhaltspunktepapiere (Typologien) der Geldwäsche und Terrorismusfinanzierung vorliegen.[55] Das Erkennen der in den Typologien genannten Auffälligkeiten ist ein wesentliches Element der Geldwäscheprävention.[56] Anhaltspunktepapiere (Typologien) der Geldwäsche und Terrorismusfinanzierung gibt es von vielen Organisationen und für unterschiedliche Sektoren, Branchen und Berufsgruppen. Sie ähneln sich letztlich darin, dass sie nicht detailliert kriminelle Handlungen oder Schemata (Mustern) beschreiben, sondern eine Vielzahl niedrigschwelliger Auffälligkeiten, die letztlich erkennen lassen sollen, ob eine Transaktion oder Geschäftsbeziehung keinen wirtschaftlichen Hintergrund erkennen lässt bzw. ob Umstände bzw. Angaben undurchsichtig oder schwer überprüfbar sind; letzteres betrifft insbes. die Identität der an der Transaktion oder Geschäftsbeziehung Beteiligten und den Zweck der Transaktion oder Geschäftsbeziehung. Dasselbe gilt, wenn die Art und Höhe bzw. die Herkunft der Vermögenswerte bzw. der Empfänger der Transaktion nicht zu den dem Verpflichteten bekannten Lebensumständen bzw. zu der Geschäftstätigkeit des Kunden passen oder die Transaktion über Umwege abgewickelt werden soll bzw. Transaktionswege gewählt werden, die kostenintensiv sind und/oder wirtschaftlich sinnlos erscheinen.[57] Die Anhaltspunktepapiere (Typologien) der FIU sind nicht frei zugänglich, sondern für die Verpflichteten im internen Bereich der FIU-Webseite erreichbar.[58] Weitere Anhaltspunktepapiere hat zB die FATF (→ § 1 Rn. 3) veröffentlicht. Zu beachten ist, dass Anhaltspunktepapiere (Typologie-Papiere) nie abschließender Natur sind. Dazu sind die Erscheinungsformen und Methoden der Geldwäsche zu vielfältig.[59] Es liegt daher in der Verantwortung der Verpflichteten, auf Basis ihrer Erfahrungen ggf. zusätzliche Anhaltspunkte zu erarbeiten. Diese können sich zB auf Basis der Risikofaktoren (→ § 4 Rn. 66), der Betrachtung von Risiken iRd Risikoanalyse oder aus Presseveröffentlichungen und eigenen Verdachtsmeldungen ergeben.

46 Praxishinweis:
Den Begriff: „*Anhaltspunkt*" sollte man wörtlich nehmen. Es sind Punkte, an denen man anhalten (!) sollte, um zu überlegen, wie es weiter geht. Unabhängig von der Ver-

---

[55] BT-Drs. 18/11555, 156 zu § 43 Abs. 1 GwG.
[56] Komma CB 2019, 197 (198).
[57] BMF, Auslegungshinweise zur Handhabung des Verdachtsmeldewesens, Stand 31.1.2014, S. 4.
[58] https://www.zoll.de/DE/FIU/fiu_node.html, Zugriff am 15.10.2021.
[59] BT-Drs. 12/2704, S. 15, zu § 6 GwG.

dachtsmeldepflicht stellt sich dabei praktisch immer die Frage nach risikoorientierten Maßnahmen *("mitigation measures")*, sei es, weil eine formale Pflicht zum Risikomanagement oder zu Sorgfaltspflichten besteht oder mit Blick auf das Risiko eigener Strafbarkeit wegen leichtfertiger Geldwäsche (→ § 2 Rn. 29).

Gemeinsam ist den diversen Anhaltspunktepapieren (FIU-Typologien), dass sie mehr oder weniger generisch (abstrakt) Auffälligkeiten in Bezug auf Personen, Unternehmen oder Geschäftsvorgänge aufzählen. In der Mehrzahl handelt es sich dabei gerade nicht um Hinweise auf strafbare Handlungen oder auf die illegale Herkunft von Vermögensgegenständen, sondern um niedrigschwellige Auffälligkeiten, die nicht per se nicht illegal sind. Oft ist ein krimineller Hintergrund nicht einmal überwiegend wahrscheinlich. Objektiv betrachtet weisen die wenigsten Anhaltspunkte der gängigen Typologien auf Geldwäsche, Terrorismusfinanzierung oder andere Straftaten hin. Ein Zusammenhang mit illegalen Vorgängen ist nicht wissenschaftlich bewiesen.[60] Viele Anhaltspunkte sind unpraktikabel.[61] Wo Anhaltspunkte iSd FIU-Typologien vorliegen, entsteht daher nicht automatisch und allein deswegen die Verdachtsmeldepflicht. So wird im Zusammenhang mit Anhaltspunkten für die Terrorismusfinanzierung selbst von der FATF darauf hingewiesen, dass diese von Natur aus harmlos und nicht unmittelbar indikativ für Terrorismusfinanzierung sind.[62] Auch das BKA wies vor 2017 in seinen Typologien explizit darauf hin, dass nicht jeder Anhaltspunkt ein Indikator für Geldwäsche oder Terrorismusfinanzierung sein muss, da auch plausible Erklärungen für das Verhalten vorliegen können.[63] Unter anderem aus diesem Grund steht den Verpflichteten ein (allerdings geringer) subjektiver Beurteilungsspielraum (→ Rn. 48) bei der Frage zu, ob das Vorliegen von Anhaltspunkten iSd FIU-Typologien (schon) eine Meldepflicht begründet oder (noch) im Sinne eines Risikos zu betrachten ist, weil nach den (subjektiven) Erfahrungen des Verpflichteten Geldwäsche, Terrorismusfinanzierung oder andere Straftaten ausgeschlossen werden können.[64] Anhaltspunkte sind daher je nach den Gegebenheiten eines Falls individuell zu bewerten. Teilweise kann bereits ein einziger Anhaltspunkt eine Verdachtsmeldepflicht auslösen, in anderen Fällen kann selbst bei Vorliegen mehrerer Anhaltspunkte von der Verdachtsmeldung abgesehen werden.[65] Generell gilt: je mehr Anhaltspunkte iSd Typologien vorliegen, desto eher muss eine Verdachtsmeldung erstattet werden.[66]

47

IV. Subjektiver Beurteilungsspielraum

Anhaltspunkte iSd FIU-Typologien (→ Rn. 45) geben stets Anlass zur Prüfung, ob Verdachtsmeldung zu erstatten ist. Nach den BMF Auslegungshinweisen zum Verdachtsmeldewesen (→ Rn. 16) steht den Verpflichteten dabei ein subjektiver Beurteilungsspielraum zu. Letztlich kennen nur sie ihre Geschäftspartner und deren Gepflogenheiten bzw. die ihrer Branche. Es steht ihnen daher zu, bei Vorliegen von Anhaltspunkten den Sachverhalt auf der Basis ihres *„Erfahrungswissens"* (also ihrer Kenntnisse und Erfahrungen) zu bewerten und zu entscheiden, ob ein Vorgang verdächtig und damit meldepflichtig ist. Dazu sollen sie den betreffenden Sachverhalt nach allgemeinen Erfahrungen und nach dem bei ihren Mitarbeitern vorhandenen beruflichen Erfahrungen unter dem Blickwinkel seiner Ungewöhnlichkeit und Auffälligkeit im jeweiligen geschäftlichen Kontext würdigen. Sie können dabei Art und Zweck der Transaktion, Besonderheiten in der Person des Kunden

48

---

[60] Rothe/Schlombs, ZRFC 2018, 266 (267).
[61] Scherp CB 2016, 408 (411).
[62] S. dazu die ausführliche Beschreibung bei Scherp CB 2016, 408 (410).
[63] Scherp CB 2016, 408 (411).
[64] BT-Drs. 18/11555, 156 zu § 43 Abs. 1 GwG.
[65] Komma CB 2019, 197 (198).
[66] So auch Herzog/Herzog GwG § 6 Rn. 14.

oder des wirtschaftlich Berechtigten, den finanziellen und geschäftlichen Hintergrund des Kunden sowie die Herkunft der Vermögenswerte berücksichtigen. Liegt Geldwäsche, Terrorismusfinanzierung oder eine andere Straft aufgrund dieser Bewertung nahe oder lässt ein Sachverhalt darauf schließen, entsteht nach der Auslegung des BMF die Meldepflicht.[67]

49

Abb. 24: Bei der Beurteilung von Verdachtsmomenten besteht ein geringer subjektiver Beurteilungsspielraum.

50 **Praxishinweis:**
Bei der Prüfung der Verdachtsmeldepflicht geht es häufig um die Abgrenzung, ob (noch) ein nicht meldepflichtiges Risiko vorliegt oder (schon) ein meldepflichtiger Verdacht. Eine objektive, für jedermann stets klare Abgrenzung ist nicht möglich. Oft ist es eine Frage von Nuancen.[68] Tendenziell wird man sich auf risikomindernde Maßnahmen beschränken können, wenn Sachverhalte vorliegen, die das GwG selbst nur als Risiko bezeichnet, wie zB bei § 15 GwG oder den Risikofaktoren der Anlagen 1 und 2. Insbesondere reine Länderrisiken (→ § 4 Rn. 82) oder Bargeldzahlungen (→ § 4 Rn. 23) auch über den Schwellenwerten der § 4 Abs. 5 GwG bzw. § 10 Abs. 6a GwG begründen ohne Hinzutreten weiterer Umstände keine Meldepflicht. Eine Ausnahme besteht nur im Anwendungsbereich von zB § 3 GwGMeldV-Immobilien (→ Rn. 39), wo die Meldepflicht für die dort genannten, reinen Risikosachverhalte explizit gesetzlich angeordnet ist.

51 Der nach diesen Grundsätzen bestehende, subjektive Beurteilungsspielraum darf nicht mit Ermessen der Verpflichteten verwechselt werden. Sie können nicht frei entscheiden, ob sie eine Verdachtsmeldung erstatten. Die Verdachtsmeldepflicht ist eine Rechtspflicht. Nur bei der Einschätzung, ob die (niedrige) Schwelle zur Verdachtsmeldepflicht des § 43 Abs. 1 GwG bereits erreicht ist oder sich ein Sachverhalt noch darunter bewegt, steht ihnen aufgrund der höheren Expertise und größeren Sachnähe in begrenztem Umfang ein Beurteilungsspielraum zu. Wird auf dieser Basis von einer Verdachtsmeldung abgesehen, erwarten die Aufsichtsbehörden, dass die Gründe dafür nachvollziehbar dokumentiert werden. Die Entscheidung, ob eine Verdachtsmeldung erstattet wird oder nicht, also die Ausübung des subjektiven Beurteilungsspielraums, kann inhaltlich von der Aufsichtsbehörde überprüft werden. Geprüft wird dabei, ob bei der Beurteilung sachfremde Erwägungen oder offenkundig unrichtige Tatsachen zugrunde gelegt und allgemein gültige Bewertungsmaßstäbe angewandt worden sind.

52 **Praxishinweis:**
Ein Verstoß gegen allgemein gültige Bewertungsmaßstäbe liegt zB in der Aussage, ein Sachverhalt sei nicht meldepflichtig, weil die Auffälligkeiten (Anhaltspunkte) nicht oder nicht per se illegal bzw. strafbar seien *("not per se illegal")*. Kriminelle werden stets versuchen ihr strafbares Handeln zu kaschieren. Geldwäsche dient gerade dazu, die illegale Herkunft von Vermögenswerten zu verschleiern. Der Umstand, dass „nichts Illegales"

---

[67] BT-Drs. 18/11555, 156 zu § 43 Abs. 1 GwG bzw. BMF, Auslegungshinweise zur Handhabung des Verdachtsmeldewesens, Stand 31.1.2014, S. 3.
[68] Komma CB 2019, 197.

zu entdecken ist, ist quasi Kennzeichen eines möglichen Geldwäschedelikts. Sofern trotz Auffälligkeiten kein Verdacht vorliegt und man darüber hinaus keine illegalen oder strafbaren Umstände erkennen kann, kann das Argument allenfalls zur Abrundung der Betrachtung dienen.

V. Untersuchungspflicht/Untersuchungsrecht

Beim Auftreten von Anhaltspunkten stellt sich vielfach die Frage, ob und in welchem 53 Umfang die Verpflichteten den Sachverhalt näher untersuchen dürfen (Untersuchungsrecht) oder müssen (Untersuchungspflicht). Dies gilt vor allem für Konstellationen, bei denen allein das Vorliegen von Anhaltspunkten iSd FIU-Typologien keine Bewertung der Verdachtsmeldepflicht zulässt.[69] Das GwG selbst verpflichtet in dem sehr ähnlich gelagerten Fall einer auffälligen Transaktion explizit dazu, deren Hintergrund und Zweck mit angemessenen Mitteln zu untersuchen (§§ 15 Abs. 3 Nr. 3, Abs. 6 GwG). Entsprechend gilt laut den FIU-Typologien als Anhaltspunkt für strafbare Handlungen, dass *„der Kunde auf Nachfrage keine Erklärung für eine auffällige Transaktion abgibt."*[70] Dies setzt gedanklich voraus, dass bei Auffälligkeiten nachgefragt werden darf. Auch die BMF Auslegungshinweise zum Verdachtsmeldewesen (→ Rn. 16) billigen den Verpflichteten ein Recht zur Untersuchung des Sachverhalts zu.[71] Allerdings ist mit der Untersuchung im Wesentlichen die Prüfung der Verdachtsmeldepflicht bzw. die Wahrnehmung des subjektiven Beurteilungspielraumes (→ Rn. 48) gemeint – nicht mehr. Es handelt sich nicht um eine umfassende, interne Compliance-Untersuchung. Verpflichtete müssen den Sachverhalt nicht „ausermitteln," bevor sie ihn melden[72] – und sollen dies mit Blick auf die Unverzüglichkeit (→ Rn. 59) der Verdachtsmeldung gar nicht. Vielmehr geht es darum, auf Basis der vorhandenen oder erreichbaren Informationen zeitnah eine Entscheidung über die Verdachtsmeldepflicht zu treffen. Den Verpflichteten bleibt unbenommen darüberhinausgehend interne Untersuchungsmaßnahmen durchzuführen, soweit das Tipping-Off-Verbot (→ Rn. 74) gewahrt wird. Dies kann zB der Fall sein, wenn Hinweise auf Straftaten durch das Unternehmen oder Mitarbeiter vorliegen. Die Bewertung der Verdachtsmeldepflicht und ggf. die Erstattung der Verdachtsmeldung erfolgt aber davon unabhängig.

Praxishinweis: 54
Hüten muss man sich vor dem Gedanken einer strikten Prüfreihenfolge. Die Verdachtsmeldepflicht kann zu jedem beliebigen Zeitpunkt eintreten, wenn die Meldeschwelle überschritten wird. Ob die zur Untersuchung eines Sachverhalts geplanten Schritte dabei schon abgeschlossen sind oder nicht, spielt keine Rolle.

Der Umfang der Untersuchungs- und Prüfmaßnahmen ist nach dem zuvor Gesagten in 55 jedem Fall begrenzt. Die Auslegungshinweise des BMF führen dazu aus, dass Verpflichtete die gesamten aus einer Geschäftsbeziehung vorhandenen Informationen heranziehen sollen, um zu beurteilen, ob die Voraussetzungen der Meldepflicht erfüllt sind. Dies umfasst zum Beispiel Informationen zu Art und Zweck der (verdächtigen) Transaktion, zu Besonderheiten in der Person des Vertrags- bzw. Geschäftspartners oder seines wirtschaftlich Berechtigten, zu seinem finanziellen und geschäftlichen Hintergrund oder zur Herkunft

---

[69] Komma CB 2019, 197 (198).
[70] FIU, Typologien der Geldwäsche und Terrorismusfinanzierung, Besondere Anhaltspunkte für den Nichtfinanzsektor, Stand 7.12.2017, abrufbar (nach Registrierung) unter www.fiu-intern.de.
[71] BMF, Auslegungshinweise zur Handhabung des Verdachtsmeldewesens, Stand 31.1.2014, S. 4.
[72] BMF, Auslegungshinweise zur Handhabung des Verdachtsmeldewesens, Stand 31.1.2014, S. 2.

eingebrachter oder einzubringender Vermögenswerte.⁷³ Unklar ist, ob darüber hinaus Anfragen an den Geschäfts- bzw. Vertragspartner gerichtet werden dürfen.

56 **Praxishinweis:**

In diesem Zusammenhang hat ein Beschluss des OLG Frankfurt a. M. vom 10.4.2018 Aufmerksamkeit erregt, der lapidar feststellt, dass die Untersuchung eines Sachverhalts darauf beschränkt sei, die hausintern verfügbaren Information zu dem (potenziell) anzeigepflichtigen Vorgang auszuwerten. Die Kontaktaufnahme mit dem Vertrags- bzw. Geschäftspartner sei nicht erlaubt. In seinem Beschluss hat das Gericht Bußgelder gegen die Geldwäschebeauftragte einer Bank wegen Verstoß gegen die Pflicht zur unverzüglichen Verdachtsmeldungen bestätigt. Hintergrund waren auffällige Bargeldeinzahlungen im sechsstelligen Bereich und anschließende Überweisungen einer prominenten Kundin, Witwe eines früheren PEPs (→ § 6 Rn. 26). Das Gericht war der Ansicht, dass schon die Bargeldeinzahlungen verdächtig waren und die Geldwäschebeauftragte daher unverzüglich hätte Verdachtsmeldung erstatten müssen.⁷⁴ Bislang sind die Feststellungen des OLG Frankfurt a. M. ein Einzelfall. Man kann insofern nicht von einer gefestigten Rechtsprechung ausgehen. Die Zahlungen gingen nicht ins Ausland und nicht auf ein Bankkonto in einem Steuerparadies oder einer Offshore-Jurisdiktion. Die Staatsanwaltschaft hatte die Ermittlungen gegen die Kundin im Zeitpunkt des Beschlusses gegen die Geldwäschebeauftragte bereits nach § 170 Abs. 2 StPO mangels Tatverdacht eingestellt. Der Senat traf keine Feststellungen zum Straftatbestand der Geldwäsche und hätte vermutlich nicht einmal sagen können, aus welcher Vortat der Geldbetrag stammte. Was der Senat als *„Hindeuten"* verstand, war tatsächlich reine Vermutung und Spekulation. Das Geld der Kundin konnte aus einer rechtswidrigen Vortat stammen, ebenso gut war möglich, dass das Geld legal im Schließfach gelegen hatte. Ein rechtmäßiges Handeln war ebenso denkbar wie ein unrechtmäßiges. Das ist keine Verdachtslage.⁷⁵

57 Die AuA Nichtfinanzsektor (→ § 1 Rn. 13) haben sich die Grundsätze dieser Entscheidung bislang nicht zu eigen gemacht. Es besteht daher noch Argumentationsspielraum. Die Situation von Güterhändlern ist insofern anders als die einer Bank als sie idR vor Aufnahme einer Geschäftsbeziehung oder Durchführung einer Transaktion keine allgemeinen Sorgfaltspflichten durchführen(→ § 5 Rn. 17). Ihnen fehlen daher im Fall späterer Anhaltspunkte, etwa iRd Geschäftsabwicklung, Angaben zum Vertragspartner, zu den auftretenden Personen oder zur Eigentümer- und Kontrollstruktur bzw. zur Herkunft von Vermögenswerten, die für die Beurteilung des Risikos bzw. der Auffälligkeit von Anhaltspunkten und der Meldepflicht eine Rolle spielen. Dies beruht auf einer bewussten Entscheidung des Gesetzgebers und entspricht den Vorgaben der RL (EU) 2015/849 und der FAFT. Güterhändlern muss daher eine angemessene Möglichkeit zur Verfügung stehen, den Sachverhalt, seinen Grad der Auffälligkeit und die Frage der Meldepflicht zu bewerten. Dabei kann es kein grundsätzliches Problem sein, wenn der Geschäfts- bzw. Vertragspartner neutral angesprochen und um Informationen gebeten wird. Der Gesetzgeber sieht ungeachtet der Gefahr des Tipping-Offs (→ Rn. 74) im Verdachtsfall allgemeine Sorgfaltspflichten vor – und zwar nicht nur für Güterhändler, sondern für alle Verpflichteten (§ 10 Abs. 3 Nr. 3 GwG). In deren Rahmen muss der Verpflichtete auf den Vertragspartner zugehen (§ 11 Abs. 5 S. 3 GwG). Dieser ist zur Mitwirkung verpflichtet. Es würde mehr als seltsam anmuten, dass Verpflichtete nach Erstattung der Verdachtsmeldung die entsprechenden Informationen einholen und dazu auf den Geschäfts- bzw. Vertragspartner zugehen dürften, aber nicht zuvor. Die Überlegung, dass ein krimineller Geschäftspartner vor

---

⁷³ BMF, Auslegungshinweise zur Handhabung des Verdachtsmeldewesens, Stand 31.1.2014, S. 3.
⁷⁴ OLG Frankfurt a. M. NStZ 2020, 173 mAnm Barreto da Rosa/Diergarten u. NZWiSt 2019, 219 mAnm Peukert.
⁷⁵ Gehling/Lüneborg NGZ 2020, 1164 (1169f.).

Erstattung der Verdachtsmeldung eher gewarnt werden könnte als danach, sind nicht nur rein theoretischer Natur, sondern angesichts der (vagen) Anhaltspunkten im Vorfeld der Meldepflicht unzutreffend. Ob man bereits das Vorliegen von Anhaltspunkten iSd FIU-Typologien (→ Rn. 45) zum Anlass für allgemeine Sorgfaltspflichten nimmt (→ § 5 Rn. 18) oder erst die Erstattung der Verdachtsmeldung, macht praktisch keinen Unterschied. Vertretbar ist daher, dass Güterhändler iRd Untersuchung, ob ein Sachverhalt meldepflichtig ist, zunächst Sorgfaltspflichten durchführen, soweit dies notwendig ist, um die für die Abgabe einer Verdachtsmeldung erforderlichen Informationen zu gewinnen.[76] Dem risikobasierten Ansatz folgend wird man von einer rein internen Prüfung ausgehen und von einer Kontaktaufnahme mit dem Geschäftspartner abraten, je deutlicher und konkreter die Hinweise auf strafbare Handlungen sind und je höher das Risiko eines Tipping-Offs ist.[77] Letztlich ist wie so oft alles vom Einzelfall abhängig. Um sich nicht des Vorwurfs der verfristeten, weil nicht unverzüglichen (→ Rn. 59) Verdachtsmeldung auszusetzen, sollte im Zweifel immer eine Meldung erfolgen, wenn nicht Möglichkeiten der Aufklärung zur Verfügung stehen, die rasch und ohne Gefahr des Tipping-Offs Aufklärung versprechen. Allein das Vorliegen von Anhaltspunkten iSd FIU-Typologien begründet jedenfalls keine sofortige Meldepflicht und hat auch kein Verbot der Kontaktaufnahme mit dem Vertragspartner zur Folge.

Beispiel: 58
Kunde K schlägt dem Güterhändler G vor, fällige Zahlungen für die Lieferung von Ausrüstungsgegenständen von einem Konto bei einer Bank in einem Drittland zu leisten, das international den Ruf als Steueroase hat, aber weder von der FATF noch von der EU als Geldwäsche-Hochrisikoland gelistet wird. Hier liegen auffällige Tatsachen im Zusammenhang mit Transaktionen (fällige Zahlungen) vor. Theoretisch ist es möglich, dass die Gelder in dem Drittland zumindest teilweise aus nicht versteuerten Einnahmen und Gewinnen stammen, was unter weiteren Voraussetzungen eine (ggf. ausländische) Vortat der Geldwäsche (→ § 2 Rn. 18) darstellen könnte. Dass Steueroasen für illegale Zwecke genutzt werden, begründet ein (abstraktes) Risiko, aber nicht automatisch einen meldepflichtigen Verdacht. Hinweise auf Straftaten im konkreten Fall liegen nicht vor. Eine Verdachtsmeldung zu diesem Zeitpunkt löst zwar keine Haftung aus, ist aber allein aufgrund dieser Umstände nicht erforderlich. Weitere Maßnahmen der Aufklärung bzw. Sicherung und Überwachung sind zulässig. Insbesondere ist es notwendig zu verstehen, warum die Zahlung nunmehr von dem Drittland aus erfolgen soll. Gibt es einen konkreten Anlass (zB Ausbruch von Unruhen im Zielland der Lieferungen) ist dies eher darstellbar, als bei anlasslosen Veränderungen. Wichtig wäre in jedem Fall die Feststellung, ob das Konto im Namen des K eröffnet wurde, nicht im Namen eines unbekannten Dritten. Zu hinterfragen wäre auch, warum das Konto gerade in diesem Land eröffnet wurde. Ggf. gibt es dafür gute Gründe wie zB die Abwicklung bestimmter Geschäftsaktivitäten über das Land, persönliche Verbindungen in das Land, etc.

VI. Unverzüglichkeit

Verdachtsmeldungen müssen „*unverzüglich*" erfolgen (§ 43 Abs. 1 GwG), dh ohne schuldhaftes Zögern. Das ist eine denkbar kurze Frist. Problematisch ist die nach wie vor unklare Verdachtsmeldeschwelle und damit der Beginn der Frist, insbes. wenn bei Vorliegen von Anhaltspunkten noch Maßnahmen erforderlich sind, um das Vorliegen eines Verdachts und damit der Meldepflicht zu klären. Nach den Auslegungshinweisen des BMF zum Verdachtsmeldewesen (→ Rn. 16) wird den Verpflichteten zwischen dem Auftreten von Anhaltspunkten iSd FIU-Typologien (→ Rn. 45) und der Verdachtsmeldung nur wenig Zeit 59

---

[76] Rothe/Schlombs ZRFC 2018, 266 (270).
[77] So auch Komma CB 2019, 197 (199 f.).

zur Sachverhaltsklärung, subjektiven Beurteilung und Verdachtsmeldeprüfung eingeräumt. Vielmehr soll die Beurteilung des Sachverhalts im Hinblick auf das Gebot der unverzüglichen Verdachtsmeldung *„schnellstmöglich"* abgeschlossen werden.[78] Konkret genannt werden Zeiträume um die 24 Stunden.[79] Entsprechend kurze Zeiten sind im Finanzsektor üblich.

60   Aus den schon zuvor genannten Gründen kann dies für den Bereich des Güterhandels nicht uneingeschränkt gelten. Die Meldefrist („unverzüglich") beginnt erst, wenn die Verdachtsmeldeschwelle erreicht ist, nicht wenn eine Verdachtsmeldung möglich ist oder weil sie geprüft wird.[80] Eine konkrete Zeitspanne für die Prüfung der Verdachtsmeldepflicht lässt sich nicht für alle denkbaren Fälle bestimmen. Im Fall einer großen, international tätigen und dezentral angelegten Unternehmensstruktur wird die Prüfung länger dauern als bei einem kleinen Unternehmen mit eher lokaler Kundenstruktur. Letztlich hängt viel von den Umständen des Einzelfalls ab. In Ermangelung einer gesetzlichen Regelung ist eine zeitnahe und rasche Prüfung geboten, abhängig davon, wie konkret die Hinweise auf Straftaten sind und welche Informationen dem Verpflichteten zur Bewertung dieser Frage zur Verfügung stehen. Eine Pflicht Auffälligkeiten iSd FIU-Typologien stets zu melden, wenn strafbare Handlungen nicht binnen kürzester Frist ausgeschlossen werden können, ist zwar gelebte Praxis im Finanzsektor und entspricht dem Wunsch der beteiligten Behörden inklusive der FIU, entbehrt aber einer gesetzlichen Grundlage.

VII. Verdachtsmeldeschwelle: Kritische Würdigung

61   Die Praxis der niedrigen Verdachtsmeldeschwelle im GwG muss scharf kritisiert werden. Diese wird fast anlasslos, rein kriminologisch bzw. verwaltungsrechtlich definiert und durch eine faktische Beweislastumkehr auf niedrigster Schwelle und ohne echten Indizwert begründet. Sie ist Symptom eines Systems das den Erfolg der Bekämpfung von Geldwäsche, Terrorismus und anderen Straftaten in einer möglichst hohen Zahl von Verdachtsmeldungen sieht, unabhängig von deren Qualität oder Relevanz („Masse statt Klasse"[81]) und macht entgegen der gesetzlichen Regelung Maßstäbe ähnlich einer englischen *„unexplained wealth order"* (→ § 2 Rn. 64) zum faktischen Meldestandard.[82] Nach dem Gesetzeswortlaut setzt die Verdachtsmeldepflicht einen konkreten Hinweis *(„hindeuten")* auf Straftaten voraus, sowie ein Zusammenhang mit Vermögen, das aus dieser Straftat stammt.[83] Bei der überwiegenden Mehrzahl der Anhaltspunkte iSd FIU-Typologien ist dies gerade nicht der Fall. Sie repräsentieren einen vom Kern des Gesetzes losgelösten, kriminologischen Verdachtsbegriff im Sinne reiner Auffälligkeiten und Risikofaktoren *(„Red Flags")*. Er liegt nicht nur deutlich unter der Eingriffsschwelle für strafrechtliche Ermittlungen, sondern weit entfernt von jeder Strafbarkeit. Anhaltspunkten iSd FIU-Typologien kommt, wenn überhaupt, nur geringe Indizwirkung zu. Sie rechtfertigen die nähere Untersuchung eines Sachverhalts oder risikoorientierte Maßnahmen der Verpflichteten. Sie erreichen jedoch praktisch durchweg nicht die Meldeschwelle des § 43 Abs. 1 GwG. Vielfach wird man auch bei Vorliegen von Anhaltspunkten nur unter Hinzudenken hypothetischer Umstände die Möglichkeit einer Straftat nicht ausschließen können. Die Verdachtsmeldepflicht besteht aber nicht auf der Basis fiktiv illegaler Sachverhalte oder weil ein legaler Hintergrund nicht ausgeschlossen werden kann. Nicht zielführend ist dabei das Abstellen auf die subjektive Beurteilung (→ Rn. 48) durch die Verpflichteten. Erfahrun-

---

[78] Auslegungshinweise des Bundesministerium der Finanzen zur Handhabung des Verdachtsmeldewesens, Voraussetzungen der Meldepflicht, Stand 31.1.2014, S. 3.
[79] So zB Bausch/Voller Geldwäsche-Compliance S. 249.
[80] So auch Bausch/Voller Geldwäsche-Compliance S. 249; Komma CB 2019, 197 (198).
[81] S. dazu Herzog/Barreto da Rosa GwG § 43 Rn. 24; Bielfeld/Wergenroth BB 2016, 2499.
[82] Gehling/Lüneborg NGZ 2020, 1164 (1709).
[83] Bülte NZWiSt 2017, 276 (279) noch zur alten Rechtslage vor der Reform des § 261 StGB.

gen mit Geldwäsche oder Terrorismusfinanzierung werden nur die allerwenigsten aufweisen. Sie sind letztlich auf ihr Bauchgefühl angewiesen. Die strafrechtliche Ermittlungsschwelle (§ 152 Abs. 2 StPO) darf aber nicht einfach dadurch unterlaufen werden, dass man die Frage nach Hinweisen auf schwere Straftaten durch die (einfachere) Frage ersetzt, ob an dem Geschäft etwas faul sein könnte?[84] Die Meldepflicht wird auch nicht ausgelöst durch den Ablauf einer im Gesetz nicht verankerten Frist zur Untersuchung des Sachverhalts. Und erst recht nicht, weil der Verpflichtete binnen dieser kurzen Frist den Nachweis nicht erbringen kann, dass das Verhalten des Kunden legal ist. § 43 Abs. 1 GwG verlangt das Hindeuten auf eine strafbare Handlung, nicht das Fehlen entlastender Umstände. Eine Beweislastumkehr oder Meldepflicht bei mangelndem Gegenbeweis ist dem Gesetz nicht zu entnehmen. Die Verdachtsmeldepflicht ist keine Risikomeldepflicht.[85] Erst mit der Untersuchung und Bewertung des Sachverhalts durch den Verpflichteten kann entschieden werden, ob ein Sachverhalt auf Straftaten hindeutet und damit als Verdacht meldepflichtig ist oder nicht. Erst in diesem Moment entsteht die Pflicht zur Verdachtsmeldung und beginnt die Frist für die Meldung zu laufen („unverzüglich"). Legt man die Zahl der Ermittlungsverfahren zugrunde, die aus Verdachtsmeldungen resultieren, besteht weder eine Rechtsgrundlage noch tatsächlich Anlass für die Annahme bereits die Prüfung, ob Auffälligkeiten eine Meldepflicht begründen, müsse unverzüglich oder gar binnen weniger Stunden oder Tage erfolgen. Zugeben muss man: Die Grenze ist fließend und hängt von den konkreten Umständen des Einzelfalls ab. Je konkreter die Hinweise auf mögliche Straftaten sind, desto eher wird man eine (unverzügliche) Verdachtsmeldung in Betracht ziehen müssen.

D. Erstattung von Verdachtsmeldungen

I. Die FIU Deutschland

Zentrale Meldestelle zur Verhinderung, Aufdeckung und Unterstützung bei der Bekämpfung von Geldwäsche und Terrorismusfinanzierung iSd FATF-Empfehlungen und der RL (EU) 2015/849 ist die Zentralstelle für Finanztransaktionsuntersuchungen (Financial Intelligence Unit; FIU Deutschland, § 27 Abs. 1 GwG). Die FIU wurde im August 2002 als Reaktion auf die Anschläge auf das World Trade Center in New York am 11.9.2001 beim Bundeskriminalamt (BKA) in Wiesbaden als Zentralstelle für Verdachtsanzeigen eingerichtet.[86] Mit der GwG-Novelle 2017 (→ § 1 Rn. 12) wurde die FIU in den Zuständigkeitsbereich des Finanzministeriums überführt (§ 28 Abs. 2 GwG) und der Generalzolldirektion in Köln zugeordnet. Das ist weniger überraschend als es auf den ersten Blick anmutet.[87] Zoll und Polizeibehörden arbeiten bei den Geldwäschedezernaten der Landeskriminalämter schon länger schwerpunktmäßig zusammen vor allem bei Sachverhalten mit Auslandsberührung. Die Aufgaben der FIU sind in § 28 GwG beschrieben. Sie soll primär Informationen im Zusammenhang mit Geldwäsche oder Terrorismusfinanzierung erheben bzw. analysieren und diese an die zuständigen Aufsichts- und Strafverfolgungsbehörden im Inland weiterleiten. Unter anderen nimmt sie zu diesem Zweck Verdachtsmeldungen entgegen (§ 28 Abs. 1 Nr. 1 GwG), koordiniert den Informationsaustausch mit den Aufsichtsbehörden im Inland bzw. den FIUs anderer Staaten (§ 28 Abs. 1 Nr. 3 und 4 GwG), untersagt Transaktionen oder ordnet andere Sofortmaßnahmen nach § 40 GwG an (§ 28 Abs. 1 Nr. 5 GwG), gibt den Verpflichteten Rückmeldung über Verdachtsmeldungen (§ 28 Abs. 1 Nr. 7 GwG), ist beteiligt an der Erstellung von Anhaltspunktepapieren (Typo-

62

---
[84] Bülte NZWiSt 2017, 276 (280); erneut in Bülte GWuR 2021, 8 (10).
[85] Rothe/Schlombs ZRFC 2018, 266 (269).
[86] S. BKA, FIU Jahresbericht 2002, S. 8.
[87] Spoerr/Roberts WM 2017, 1142 (1143).

logie-Papieren) zur Geldwäsche und Terrorismusfinanzierung im Austausch mit den Verpflichteten, Aufsichtsbehörden und Strafverfolgungsbehörden (§ 28 Abs. 1 Nr. 9 GwG) und veröffentlicht jährlich einen Bericht zur Situation im Bereich Geldwäsche und Terrorismusfinanzierung (§ 28 Abs. 1 Nr. 11 GwG). Die FIU Deutschland ist außerdem zentraler Ansprechpartner für die FIUs anderer Länder, angesichts der internationalen Dimension der Geldwäsche und des Terrorismus nicht die unwichtigste Aufgabe.

63 **Praxishinweis:**
Jahresberichte der FIU sind nur im internen Bereich der FIU-Webseite und nach Registrierung verfügbar. Abgesehen von den neuesten Statistiken der Verdachtsmeldungen enthalten sie interessante Ausführungen zu den Entwicklungen eines Jahres. Anhaltspunktepapiere (FIU-Typologien, → Rn. 45) sind davon separate Unterlagen, die an derselben Stelle abrufbar sind.

64 Anders als das BKA, ist die FIU eine reine Verwaltungsbehörde. Sie übernimmt keine Ermittlungstätigkeit oder polizeilichen Aufgaben. Diese liegen bei den Strafverfolgungsbehörden bzw. Polizeibehörden vor allem der Länder. Sie arbeitet organisatorisch eigenständig und im Rahmen ihrer Aufgaben und Befugnisse fachlich unabhängig (§ 27 Abs. 2 GwG). Sie wurde interdisziplinär besetzt aus Fachkräften des Zolls, der Finanz- und anderer Sicherheitsbehörden. Die FIU untersteht der Aufsicht des BMF, die zum Teil auf eine reine Rechtsaufsicht beschränkt ist (§ 28 Abs. 2 GwG). Seit der Neuausrichtung 2017 unterliegt die FIU nicht mehr dem Legalitätsprinzip (§ 152 Abs. 2 StPO), sondern entscheidet im Rahmen ihrer operativen Analyse, ob ein Sachverhalt an die Strafverfolgungsbehörden abzugeben ist (Opportunitätsprinzip). Deutlich wird der Paradigmenwechsel in der Arbeit der FIU auch in § 28 Abs. 4 GwG, der vorsieht, dass die FIU ggf. die Finanzämter oder Sozialversicherungsbehörden über mögliche Fälle informiert, die in ihrem Aufgabenbereich liegen. Damit wird der Schwerpunkt von der Strafverfolgung deutlich in Richtung Überwachung der Steuerehrlichkeit und Kontrolle von Sozialabgaben verschoben.[88] Bei der Entscheidung über die Abgabe eines Sachverhalts hat die FIU kein echtes Ermessen. Wenn sie feststellt, dass ein Zusammenhang mit Geldwäsche, Terrorismusfinanzierung oder einer sonstigen Straftat besteht, muss sie den Sachverhalt weiterleiten (§ 32 Abs. 2 GwG). Eigentlich sollte sie iS einer qualitativen Filterfunktion offensichtlich nicht einschlägige Verdachtsmeldungen aussortieren und so die Ermittlungsbehörden entlasten. Dass dies nur bedingt funktioniert, ist regelmäßigen Meldungen in der Tagespresse zu entnehmen. Die FIU ist per Gesetz zu einer umfassenden Zusammenarbeit mit nationalen und ausländischen Behörden und Institutionen verpflichtet (§ 28 Abs. 3, 4 GwG sowie §§ 33–35 GwG). Sie darf bei inländischen Behörden Auskünfte einholen und erhält Zugriff auf das polizeiliche Informationssystem nach dem Bundeskriminalamtsgesetz -BAKG (§ 31 GwG). Bei der Zusammenarbeit mit ausländischen Stellen wird unterscheiden zwischen der Zusammenarbeit mit EU-Staaten (§ 33 GwG) und mit anderen Staaten (§§ 34, 35 GwG). Über die FIU erfolgt auch der europäische Datenabgleich in Bezug auf Personen, die Gegenstand einer Verdachtsmeldung sind (§ 36 GwG).

65 Verdachtsmeldungen lösen mit Eingang bei der FIU einen Analyseprozess aus, kein Ermittlungsverfahren. Die FIU bewertet die eingehenden Verdachtsmeldungen und filtert sie nach einem methodischen, risikobasierten Ansatz. Im Rahmen ihrer Analysen stellt die FIU Beziehungen zwischen Meldungen her und gleich Informationen mit den ihr zur Verfügung stehenden Datenbanken und Systemen ab. Manche Verdachtsmeldungen werden nach der Erstanalyse ins Monitoring/den FIU-Informationspool überführt, wenn im Zeitpunkt der Bewertung keine Abgaberelevanz erkennbar ist. Wenn sich in der Zusammenschau mit weiteren Meldungen eine Relevanz ergibt, wird der Sachverhalt zu einem späteren Zeitpunkt an die Ermittlungsbehörden weitergegeben. Unter Beteiligung der

---
[88] Scherp CB 2017, 275 (278).

D. Erstattung von Verdachtsmeldungen §7

Strafverfolgungsbehörden hat die FIU gegenwärtig zehn risikoorientierte Parameter für Sachverhalte entwickelt. Dazu zählen die Bereiche Immobilien, Handel mit hochwertigen Gütern, Steuerdelikte, Clankriminalität, Glücksspiel und der Missbrauch von Nichtregierungs- bzw. gemeinnützigen Organisationen (NPO/NGO-Missbrauch). Seit 1.5.2021 ist die FIU als neue Direktion innerhalb der Generalzolldirektion aufgestellt. Außerdem sieht der Bundeshaushalt einen weiteren Ausbau der Planstellen um 400 Beschäftigte auf zukünftig rund 700 vor.[89]

> **Praxishinweis:** 66
> 156 nationale FIUs sind Teil eines weltumspannenden Netzwerks, der Egmont-Gruppe.[90] Sie bietet den FIUs eine Plattform zum Erfahrungsaustausch im Bereich Bekämpfung der Geldwäsche und der Terrorismusfinanzierung. Sie erleichtert auch den Austausch von Informationen über Finanztransaktionen der FIUs untereinander.

II. Form und Frist

Bis zur GwG-Novelle 2017 (→ § 1 Rn. 12) galten für Verdachtsmeldungen kaum explizite gesetzliche Anforderungen.[91] Verdachtsmeldungen mussten *„unverzüglich"* erfolgen (→ Rn. 59). Die Nutzung von Formblättern der FIU oder der LKAs war freiwillig. Im Sinne einer Vereinfachung war die Verdachtsmeldung bis zu jenem Zeitpunkt mündlich, telefonisch, per Fax oder E-Mail zulässig.[92] Nunmehr dürfen Verdachtsmeldungen ausschließlich elektronisch erfolgen (§ 45 Abs. 1 S. 1 GwG) und nur über eine von der FIU bereit gestellte Webanwendung (GoAML). Dadurch soll das Verfahren nutzerfreundlich gestaltet und zugleich eine effiziente Datenverarbeitung durch die FIU ermöglicht werden.[93] Eine Verdachtsmeldung per Telefon oder E-Mail ist auch in dringenden Fällen nicht mehr vorgesehen. Nur *„bei Störung der elektronischen Datenübermittlung,"* also wenn zB die Internet-Seite der FIU nicht erreichbar ist, *„ist eine Übermittlung auf dem Postweg zulässig"* (§ 45 Abs. 1 S. 3 GwG). Die FIU kann im Einzelfall *„auf Antrag eines Verpflichteten auf die elektronische Übermittlung einer Verdachtsmeldung verzichten und die Übermittlung auf dem Postweg genehmigen.* Voraussetzung ist, dass dies zur *"Vermeidung einer unbilligen Härte„* geschieht. *"Die Genehmigung kann befristet werden„* (§ 45 Abs. 2 GwG). Praktische Anwendungsfälle sind nicht bekannt. Im Zweifel ist die Übersendung einer Verdachtsmeldung per Fax allemal vorzugswürdig. *"Das BMF kann per Rechtsverordnung nähere Bestimmungen über die Form der Verdachtsmeldung erlassen„* (§ 45 Abs. 4 S. 1 GwG). Das umfasst auch mögliche weitere Übertragungswege. Dadurch will man auf zukünftige technische Entwicklungen flexibel reagieren.[94] Verdachtsmeldungen werden nur noch an die FIU gerichtet. Die Pflicht zur „Doppelmeldung" an FIU und zuständiges LKA wurde 2017 richtigerweise abgeschafft. 67

> **Praxishinweis:** 68
> Ausnahmsweise zulässige Verdachtsmeldungen auf postalischem Weg müssen per amtlichem Formular (Vordruck) erfolgen (§ 45 Abs. 3 GwG). Dieser wird von der FIU auf ihrer internen Internetseite bereitgestellt, findet aber Verwendung nur im Fall einer *„Störung der elektronischen Datenübermittlung."* Daher sollte man sich den Vordruck

---

[89] Schulte GWuR 2021, 19.
[90] https://egmontgroup.org/en, Zugriff 24.11.2021.
[91] Das BMF war schon nach der bisherigen Rechtslage der Ansicht, dass die Verdachtsmeldung einem Formzwang unterliegt und bestimmte Mindestangaben beinhalten musste, s. Auslegungshinweise des Bundesministerium der Finanzen zur Handhabung des Verdachtsmeldewesens, Stand 31.1.2014, S. 7.
[92] § 11 Abs. 1 S. 1 GwG aF.
[93] BT-Drs. 18/11555, 157 zu § 45 Abs. 1 GwG.
[94] BT-Drs. 18/11555, 158 zu § 45 Abs. 4 GwG.

vorsorglich herunterladen und sichern. Im Zweifel gilt allerdings: Die FIU darf Verdachtsmeldungen des Verpflichteten nicht aus rein formalen Gründen zurückweisen.[95] Die Verwendung anderer Formate oder Vordrucke erhöht den Aufwand der FIU macht aber die Meldung nicht unwirksam. Ein Verstoß gegen die Formvorschriften für Verdachtsmeldungen ist nicht bußgeldbewehrt.

III. Zuständigkeit

69   Grds. trifft die Pflicht zur Abgabe der Verdachtsmeldung den Verpflichteten iSd § 2 Abs 1 GwG, im Güterhandel also mit Ausnahme von Einzelkaufleuten (§ 19 Abs. 1 Nr. 1 HGB) die jeweilige Gesellschaft bzw. rechtliche Einheit vertreten durch die vertretungsberechtigten Personen. Diese können die Durchführung der Meldepflicht intern wie extern (§ 45 Abs. 4 GwG) delegieren, sinnvollerweise auf den Geldwäschebeauftragten oder eine sonst geeignete Stelle (Compliance, Rechtsabteilung), ggf. auch externe Anwälte. Dem steht die – schwer verständliche – Vorschrift des § 43 Abs. 3 GwG nicht entgegen. Sie erweckt den Eindruck als ob die Abgabe einer Verdachtsmeldung durch ein Mitglied der Führungsebene (→ § 4 Rn. 129) erfolgen müsse, also durch eine der Leitungsebene nachgeordnete Person. Tatsächlich geht es in § 30 Abs. 3 GwG um Verdachtsmeldungen von Verpflichteten, die keinen Sitz in Deutschland haben *("nicht niedergelassen sind")*. Ausländische Personen und Unternehmen, die mit deutschen Geschäftspartnern Handel treiben, aber hier nicht „niedergelassen" sind, sollen Verdachtsfälle aus diesen Aktivitäten nicht in Deutschland melden müssen, sondern ggf. nach dem für sie geltenden Heimatrecht im Sitzland.[96] Genau genommen ergibt sich dies schon aus dem Territorialitätsgrundsatz (→ § 3 Rn. 7). Denn sie unterliegen von vorneherein nicht den Anforderungen des GwG und daher auch nicht der Meldeplicht nach § 43 Abs. 1 GwG.

IV. Registrierungspflicht (goAML)

70   Verdachtsmeldungen an die FIU sind seit der GwG-Novelle 2017 (→ § 1 Rn. 12) über die Webanwendung goAML durchzuführen.[97] Per Webformular müssen sämtliche relevante Angaben zum gemeldeten Sachverhalt und den dazu gehörigen Transaktionen übertragen werden. Alternativ besteht die Möglichkeit, Daten via XML-Upload zu übermitteln.[98] Zwingend zu belegende Felder werden vorgegeben. Die Diskussion über den „Mindestinhalt" einer Verdachtsmeldung erübrigt sich dadurch weitgehend.[99] Voraussetzung für die Nutzung von goAML und damit für die Erstattung von Verdachtsmeldungen ist die (einmalige) Registrierung des Verpflichteten und Legitimierung einer Person zur Bedienung der Meldesoftware. Die Anzeige des Geldwäschebeauftragen bei der Aufsichtsbehörde ersetzt die Registrierung bei der FIU nicht.

71   **Praxishinweis:**

„Verpflichtete müssen sich unabhängig von der Abgabe einer Verdachtsmeldung bei der FIU elektronisch registrieren" (§ 45 Abs. 1 S. 2 GwG). Diese Pflicht wird nach den Übergangsvorschriften erst mit Inbetriebnahme des Informationsverbunds der FIU wirk-

---

[95] BMF, Auslegungshinweise zur Handhabung des Verdachtsmeldewesens, Stand 31.1.2014, S. 7.
[96] BT-Drs. 18/11555, 157 zu § 43 Abs. 3 GwG.
[97] https://www.zoll.de/DE/FIU/Software-goAML/software-goaml_node.html, Zugriff am 24.11.2021.
[98] https://www.zoll.de/DE/FIU/Fachliche-Informationen/Verdachtsmeldungen/verdachtsmeldungen_node.html, Zugriff am 24.11.2021.
[99] Das BMF war schon bisher der Ansicht, dass die Verdachtsmeldung einem Formzwang unterlag und bestimmte Mindestangaben beinhalten musste, siehe Auslegungshinweise des Bundesministerium der Finanzen zur Handhabung des Verdachtsmeldewesens, Stand 31.1.2014, S. 7.

sam, spätestens aber zum 1.1.2024. Das BMF wird den Tag im Bundesgesetzblatt bekannt machen (§ 59 Abs. 6 GwG).

Für Zwecke von goAML ist erforderlich (mindestens) eine verantwortliche (natürliche) Person zu benennen. Dabei soll es sich um den Geldwäschebeauftragten handeln, wo dieser bestellt wurde.[100] Dazu reicht idR die Vorlage der Ernennungsurkunde. Existiert kein Geldwäschebeauftragter muss ein Hauptverantwortlicher benannt werden. Dieser muss eine Kopie seines Personalausweises vorlegen und eine Bestätigung, dass er zur Abgabe von Meldungen berechtigt ist. Güterhändler müssen darüber hinaus ihre Gewerbeanmeldung übermitteln. Die verantwortliche Person ist in der Lage über das Portal weitere Personen für die Erstattung von Verdachtsmeldungen freizuschalten. Die FIU registriert den Zugang für jede Organisation, dh. jede rechtliche Einheit. Eine Unternehmensgruppe muss daher für jede Einheit, die Verpflichtete iSd § 2 Abs. 1 GwG ist einen gesonderten Zugang beantragen. Die Auslagerung der Meldepflicht an Dritte setzt voraus, dass diese sich bei GoAML registrieren. Diese Handhabung ist unpraktisch und widerspricht dem Gedanken einer effizienten, gruppenweit einheitlichen Handhabung der Verdachtsmeldungen. Im Sinne einer einfachen und benutzerfreundlichen Lösung wäre es sinnvoll gewesen, wenn Unternehmensgruppen insgesamt durch eine oder mehrere Stellen vertreten werden könnten.

Praxishinweis:
Aus den Auslegungshinweisen des BMF zum Verdachtsmeldewesen (→ Rn. 16) ergibt sich, dass keine Pflicht besteht, schon der Meldung umfangreiche Beweise und Belegmittel beizufügen, zB Dokumente der Vertragsabwicklung, Kontounterlagen oder Kontoauszüge, Kopien von Briefen oder Emails, Namen von Mitarbeitern, die als Zeugen in Frage kommen, etc. Ggf. können diese Unterlagen auf Verlangen der FIU oder der Strafverfolgungsbehörden nachgereicht werden.[101] Erlaubt und technisch möglich ist, dass sie als Anhang zur Verdachtsmeldung übermittelt werden. Es besteht aber iRd Verdachtsmeldung keine „Beweislast" oder Pflicht, Beweis über die in der Meldung aufgeführten Tatsachen einzureichen. Dies ist den behördlichen Ermittlungen überlassen, sofern es dazu kommt."

E. Nach der Verdachtsmeldung

I. Verbot der Informationsweitergabe (Tipping-Off)

Staatsanwaltliche oder polizeiliche Ermittlungen sind naturgemäß in besonderem Maße geheimhaltungsbedürftig. Das gilt nicht nur, um zu verhindern, dass Kriminelle Beweismittel unterdrücken (Verdunkelungsgefahr), sondern auch iSd Unschuldsvermutung zugunsten von Beteiligten und zum Schutz der Meldenden. Es ist daher konsequent, dass „ein Verpflichteter den Vertragspartner, den Auftraggeber einer Transaktion und sonstige Dritter nicht in Kenntnis setzen darf, von einer beabsichtigten oder erfolgen Verdachtsmeldung nach § 43 Abs. 1 GwG, einem Ermittlungsverfahren, das aufgrund einer Verdachtsmeldung eingeleitet wurde oder einem Auskunftsverlangen der FIU Deutschland gegenüber einem Verpflichteten" (§ 47 Abs. 1 Nr. 1 – 3 GwG). Das allgemein „Tipping off"[102] genannte Verbot der Informationsweiter-

---
[100] Ebenso BMF, Auslegungshinweise zum Verdachtsmeldewesen, Stand 31.1.2014, https://www.dnotv.de/nachrichten/verdachtsmeldung-nach-%C2%A7-11-gwg-auslegungshinweise-des-bmf-zur-handhabung-des-verdachtsmeldewesens/, Zugriff am 24.11.2021, sind keine solchen Bestimmungen.
[101] BMF, Auslegungshinweise zum Verdachtsmeldewesen, Stand 31.1.2014, S. 8.
[102] „Tipping-Off" bedeutet eigentlich „einen Tipp geben" und damit das Gegenteil des § 47 GwG.

gabe wird auch als Eckpfeiler des GwG bezeichnet.[103] Das Verbot gilt nicht nur gegenüber dem Vertragspartner, sondern gegenüber allen Dritten. Dazu zählt auch der Auftraggeber einer Transaktion, der vom Geschäfts- oder Vertragspartner abweichen kann (siehe zB Drittzahlungsfälle, → § 8 Rn. 20). Das Tipping-Off-Verbot kommt schon zum Tragen, wenn nur beabsichtigt wird, eine Verdachtsmeldung zu erstatten.[104] Verboten sind nicht nur ausdrückliche, sondern auch stillschweigende („implizite") Hinweise.

75 **Praxishinweis:**
Güterhändler stehen mit Einreichung der Verdachtsmeldung vor einem Dilemma. Denn die Durchführung allgemeiner Sorgfaltspflichten im Verdachtsfall (§ 10 Abs. 3 S. 2 Nr. 3 GwG, → § 5 Rn. 8) birgt die Gefahr, dass der Vertrags- bzw. Geschäftspartner von den Identifizierungsmaßnahmen auf die Verdachtsmeldung schließt, was ungewollt zum Tipping-Off führen kann. Handlungsempfehlungen für diesen Fall gibt es seitens der Aufsichtsbehörden keine.[105] Eine Verletzung des Tipping-Off-Verbots ist schon bei einfacher Fahrlässigkeit bußgeldbewehrt (§ 56 Abs. 2 Nr. 7 GwG). Es ist daher notwendig, die Kommunikation mit dem Vertrags- und Geschäftspartner auf das Nötige zu beschränken, neutral zu bleiben und eng rechtlich zu begleiten. Allgemeine Informationen wie zB abstrakte Hinweise auf die Gesetzeslage stellen keinen Verstoß gegen das Tipping-Off-Verbot dar.[106] Auf Nachfrage kann man daher „gesetzliche" oder auch „geldwäscherechtliche" Vorschriften als Grund dafür anführen, dass bestimmte Informationen benötigt werden. Dagegen darf der Güterhändler nicht auf § 10 Abs. 3 Nr. 3 GwG verweisen oder auf den Umstand, dass ein Verdacht im Raum steht.

76 § 47 Abs. 2 GwG enthält Ausnahmen vom Tipping-Off-Verbot, die jedoch für Güterhändler keine Bedeutung haben. Zulässig ist eine Weitergabe von Informationen über die Verdachtsmeldung nur noch an „*staatliche Stellen*" (Nr. 1), womit nur solche inländischen Behörden gemeint sein können, die im Rahmen ihrer Aufgaben von Umständen einer Verdachtsmeldung Kenntnis benötigen. In Frage kommen vornehmlich die Aufsichtsbehörden (§ 50 GwG), die FIU (§ 23 GwG) sowie die Strafverfolgungsbehörden, Staatsanwaltschaften oder LKAs bzw. Polizeibehörden. Die Nutzung der Informationen durch die staatlichen Stellen ist nicht auf Zwecke der Verhinderung der Geldwäsche oder der Terrorismusfinanzierung beschränkt, was sich im Umkehrschluss aus § 47 Abs. 2 S. 2 GwG ergibt. Die Möglichkeit zum Austausch für „*Verpflichtete, die derselben Gruppe angehören*" (Nr. 2) wurde mit dem GwG-Änderungsgesetz 2020 (→ § 1 Rn. 12) beschränkt, so dass für Güterhändler keine Ausnahme vom Tipping-Off besteht, auch nicht innerhalb der eigenen Unternehmensgruppe. Das gilt selbst für nicht-privilegierte Güterhändler, die gemäß § 9 GwG zu gruppenweiten Maßnahmen verpflichtet sind. Güterhändler dürfen daher weder mit anderen Verpflichteten noch innerhalb ihrer eigenen Unternehmensgruppe offen über Verdachtsmeldungen sprechen oder andere warnen. Vielmehr müssen Sie in neutraler Form dafür sorgen, dass Warnhinweise gruppenweit bekannt und befolgt werden. Dies kann zB ein generischer Hinweis sein, der auch in anderen Situationen zur Anwendung kommt, etwa dass Geschäfte mit einer bestimmten Person oder Firma nicht mehr zulässig sind, sofern nicht die Rechtsabteilung oder Compliance den Sachverhalt geprüft hat.

---

[103] BT-Drs. 16/9038, 46 zu § 12 Abs. 1 GwG.
[104] Herzog/Achtelik GwG § 12 Rn. 1.
[105] S. auch Komma CB 2019, 197 (201).
[106] Herzog/Achtelik GwG § 12 Rn. 3.

E. Nach der Verdachtsmeldung § 7

II. Temporäres Transaktionsverbot („Stillhaltefrist")

„Eine Transaktion wegen der eine Meldung erfolgt ist, darf frühestens durchgeführt werden, [...] 77
wenn der dritte Werktag nach dem Abgangstag der Verdachtsmeldung verstrichen ist" (§ 46 Abs. 1
S. 1 Nr. 2 GwG). Das temporäre Transaktionsverbot gilt automatisch ab dem Tag der Meldung und bis zum Ablauf von drei vollen Werktagen danach (Stillhaltefrist[107]). Der Tag der Meldung zählt nicht mit. Samstage gelten nicht als Werktage (§ 46 Abs. 1 S. 2 GwG). Üblich ist, dass die Frist verstreicht, ohne dass Rückmeldung oder Untersagung der FIU oder anderer Behörden erfolgt. Denn eine eingehende Prüfung von Verdachtsfällen binnen weniger Tage ist bis auf Ausnahmefälle nicht möglich.[108]

Beispiel: 78
Güterhändler G meldet an einem Donnerstag, 8.35 Uhr ordnungsgemäß einen Verdachtsfall bei der FIU. Sofern weder FIU noch Staatsanwaltschaft die Transaktion explizit untersagen oder erlauben, endet das temporäre Transaktionsverbot des § 46 Abs. 1 S. 1 Nr. 2 GwG am Dienstag 24 Uhr, da Samstag nicht als Werktag zählt. Zu beachten ist ggf. das nach § 10 Abs. 3 Nr. 3 GwG iVm § 10 Abs. 9 GwG und § 15 Abs. 9 GwG in Frage kommende, zeitlich unbegrenzte Geschäfts- und Transaktionsverbot (→ Rn. 86).

    Die Dauer des Transaktionsverbots nach einer Verdachtsmeldung verlängert sich, wenn 79
die FIU oder zuständige Staatsanwaltschaft die Durchführung der Transaktion vor Ablauf für weitere Zeiträume untersagt (§ 46 Abs. 1 Nr. 2 GwG). Umgekehrt dürfen schon vor Ablauf der Frist (auch einer ggf. verlängerten) Transaktionen durchgeführt werden, sofern dem Verpflichteten seitens der FIU oder zuständigen Staatsanwaltschaft die Zustimmung zur Durchführung der Transaktion übermittelt wurde (§ 46 Abs. 1 Nr. 1 GwG).[109] Letzteres dürfte angesichts der kurzen Drei-Tage-Frist eher Seltenheitswert haben. Verhältnismäßigkeitserwägungen spielen anders als beim Geschäfts- und Transaktionsverbot iRd Sorgfaltspflichten (→ Rn. 86) keine wesentliche Rolle. Welche Konsequenzen das Transaktionsverbot für den Verpflichteten oder seinen Vertragspartner hat (Stichwort: Schadenersatz oder Verzugsstrafen, Verlust von Folgeaufträgen, etc) oder welche Konsequenzen die Aussetzung der Transaktion für die Geschäftsbeziehung des Verpflichteten mit seinem Vertragspartner insgesamt hat, wird nicht weiter beachtet.[110]

    Eine Ausnahme vom temporären Transaktionsverbot besteht sofern *„ein Aufschub der* 80
Transaktion [...] nicht möglich ist oder durch den Aufschub die Verfolgung einer mutmaßlichen strafbaren Handlung behindert werden könnte" (§ 46 Abs. 2 S. 1 GwG). Nach wie vor ist unklar, was unter dem Begriff: „unaufschiebbar" zu verstehen ist.[111] Man wird ihn nicht nur im Sinne objektiver Unmöglichkeit verstehen müssen. Unaufschiebbarkeit liegt vielmehr auch dann vor, wenn bei einer Verschiebung gravierende wirtschaftliche Nachteile eintreten. Dennoch wird dieser Fall nur selten vorkommen, etwa bei Inanspruchnahme von Zahlungssicherheiten am letzten Tag vor Fristende, bei der Verschiffung verderblicher Ware oder wenn die Transaktion schon im Gange ist und nicht mehr gestoppt werden kann. Die zweite Alternative des Abs. 2 betrifft sogenannte „kontrollierte Transaktionen", die in Absprache mit der Staatsanwaltschaft durchgeführt werden und die entweder dazu dienen weitere Erkenntnisse zu gewinnen oder sonst verhindern sollen, dass die Betroffenen Verdacht schöpfen.[112] Unklar ist die Bedeutung des § 46 Abs. 2 S. 2 GwG. Er legt nahe, dass die Verdachtsmeldung bei unaufschiebbaren Transaktionen (Eilfällen) nachträglich erfolgen kann. Warum die Dringlichkeit der Transaktion daran hindern soll, die Verdachtsmeldung

---
[107] Herzog/Achtelik GwG § 11 Rn. 26.
[108] Ähnl. Herzog/Achtelik GwG § 11 Rn. 26.
[109] BT-Drs. 18/11555, 157 zu § 46 GwG.
[110] Krit. dazu Herzog/Achtelik GwG § 11 Rn. 27.
[111] Zentes/Glaab/Jachinke GwG § 46 Rn. 8.
[112] So auch Herzog/Achtelik GwG § 11 Rn. 29.

zu erstatten, bleibt dabei unklar. Sofern die Meldung erst später erfolgt, gilt das Transaktionsverbot des § 46 Abs. 1 GwG zum Zeitpunkt der Transaktion noch gar nicht, so dass es insoweit auch keiner Ausnahme davon bedarf.

81 Unklar ist die Reichweite des Transaktionsverbots nach einer Verdachtsmeldung. Die AuA Nichtfinanzsektor (→ § 1 Rn. 13) enthalten dazu keine Aussage. Nach dem Gesetzeswortlaut bezieht es sich nur auf die Transaktion(en), die als verdächtig gemeldet wurde(n), nicht auf andere, nicht verdächtige Transaktionen mit demselben Vertrags- bzw. Geschäftspartner. Güterhändler sind daher nach § 46 Abs. 1 GwG nicht gehindert, von Vertrags- und Geschäftspartnern weitere Zahlungen entgegenzunehmen, die nicht verdächtig sind oder andere, nicht verdächtige Geschäfte mit ihm fortzuführen. Anders kann die Situation sein, wenn sich der Verdacht gegen die Person des Kunden bzw. das Unternehmen als solches richtet oder wenn die Art der Transaktion problematisch ist, so dass praktisch alle weiteren Transaktionen mit dem Verdacht belastet sind. Schwierigkeiten bereitet auch die Einordnung des Transaktionsverbots bei synallagmatischen (im Austauschverhältnis stehenden) Pflichten wie Entgeltzahlungen und Warenlieferung beim Güterhändler. Richtet sich der Verdacht gegen Entgeltzahlungen des Kunden, sind die Lieferungen des Güterhändlers als gesonderte Transaktion grds. nicht vom Transaktionsverbot des § 46 Abs. 1 GwG umfasst. Strafrechtlich ist problematisch, dass die Liefergegenstände potenziell als Surrogat (→ § 2 Rn. 21) der (verdächtigen) Vermögenswerte gelten können. Vor Ablauf der Stillhaltefrist (→ Rn. 77) sowie einer eingehenden Prüfung des Risikos eigener Strafbarkeit sollte daher keine Lieferung erfolgen.

82 Beispiel:
Güterhändler G erwartet die Zahlung seines Kunden K. Tatsächlich erfolgt die Zahlung durch den ihm unbekannten Z (Drittzahlung aus unbekannter Quelle, → § 8 Rn. 20). Die Prüfung des Sachverhalts ergibt keine Anhaltspunkte in Bezug auf den Kunden, der sich einer legal tätigen Zahlungsdiensteorganisation in seinem Land bedient hat. Person und Herkunft des Z bleiben dagegen unklar. Hier richtet sich der Verdacht gegen die Transaktion mit Z wegen der nicht transparenten, möglicherweise illegalen Herkunft des Geldes. Es besteht kein Verdacht und daher auch kein Transaktionsverbot im Verhältnis zu K.

III. Risiko eigener Strafbarkeit

83 Selbst wenn die Stillhaltefrist des § 46 Abs. 1 GwG abgelaufen ist, ist die Fortführung der Geschäftsbeziehung nicht automatisch zulässig. Die Auslegungshinweise für den Nichtfinanzsektor (→ § 1 Rn. 13) weisen explizit darauf hin, dass der Ablauf der Stillhaltefrist nicht bedeutet, dass die Transaktion einen legalen Hintergrund hat. Selbst auf eine Zustimmung der FIU oder der Staatsanwaltschaft zur Durchführung einer Transaktion soll man sich nicht blind verlassen dürfen, noch weniger daher auf das Ausbleiben einer Untersagungsverfügung. Die Prüfung, ob die Gefahr der leichtfertigen Geldwäsche oder einer anderen Straftat im Raum steht, muss der Güterhändler (wie alle Verpflichteten) in eigener Verantwortung durchführen, bevor er ein Geschäft (wieder) aufnimmt oder eine Transaktion fortführt.[113]

84 Beispiel:
Im Rahmen der Anbahnung eines Projekts erstattet Güterhändler G Verdachtsmeldung gegen den potenziellen Vertragspartner. Hintergrund der Meldung sind Informationen, wonach der Finanzierer des Vertragspartners Hauptbeschuldigter in einem laufenden Strafgerichtsverfahren im Ausland ist. Er soll sein ausländisches öffentliches Amt ausgenutzt haben, um Bestechungsgelder in Millionenhöhe zu kassieren. Die Finanzierung des geplanten Projekts soll mit Geldern erfolgen, die nach seriösen Presseberichten aus diesen Beste-

---

[113] Auslegungshinweise Nichtfinanzsektor, S. 67, Ziff. 6.2.

E. Nach der Verdachtsmeldung   § 7

chungsvorgängen stammen. Nach der Verdachtsmeldung des G geschieht drei Werktage lang nichts. Es ergeht weder eine Untersagungsverfügung der FIU noch der zuständigen Staatsanwaltschaft. Alle Unterlagen für die Durchführung der Sorgfaltspflichten werden vom Vertrags- bzw. Geschäftspartner vorgelegt. Es ergeben sich daraus keine Besonderheiten und keine zusätzlichen Hinweise auf Risiken. In diesem Fall liegt die Gefahr nahe, dass über das Projekt, sollten die Anschuldigungen stimmen, „schmutziges" Geld investiert werden soll. Ungeachtet der Tatsache, dass kein formales Transaktions- und Geschäftsverbot nach GwG besteht, sollte G mit Blick auf die mögliche eigene Strafbarkeit ua wegen Geldwäsche von dem Projekt Abstand nehmen, solange es direkt oder indirekt von besagtem Finanzierer finanziert werden soll.

Problematisch ist, dass der Verpflichtete dem Sachverhalt mit der Meldung gem. § 43 Abs. 1 GwG quasi selbst den Stempel des Verdachts der Geldwäsche, der Terrorismusfinanzierung oder anderer Straftaten aufdrückt. Damit wird möglicherweise die spätere Argumentation erschwert, die Herkunft von Vermögenswerten aus illegaler Quelle sei nicht erkennbar gewesen, sollte sich später das Gegenteil herausstellen. Empfehlenswert ist daher, die Verdachtsmeldung mit einem kurzen Hinweis *("disclaimer")* zu ergänzen, wenn sie nur mit Blick auf die bußgeldbewehrte, niedrige (unklare) Verdachtsmeldeschwelle des § 43 Abs. 1 GwG erfolgt und der Sachverhalt bei objektiver Betrachtung, sowie nach den Kenntnissen und der subjektiven Einschätzung des Verpflichteten keine konkreten (greifbaren) Hinweise auf strafbare Handlungen oder die Herkunft von Vermögen aus strafbaren Handlungen aufweist. Damit kann zumindest den Kenntnisstand im Zeitpunkt der Meldung dokumentieren und der negativen Indizwirkung der Bezeichnung „Geldwäsche-Verdacht" entgegenwirken. 85

IV. Sorgfaltspflichten im Verdachtsfall

Im Verdachtsfall entsteht mit der Pflicht zur (unverzüglichen) Verdachtsmeldung nach § 43 Abs. 1 GwG gleichzeitig die Pflicht zur Durchführung (mindestens) Allgemeiner Sorgfaltspflichten (§ 10 Abs. 3 Nr. 3 GwG, → § 5 Rn. 8). Nach wie vor ist unklar, in welchem Verhältnis die beiden Pflichten stehen. Weder der Gesetzgeber noch die Aufsichtsbehörden haben hierzu bislang Stellung bezogen. Eindeutig ist, dass Güterhändler allgemeine Sorgfaltspflichten spätestens nach Erstattung einer Verdachtsmeldung durchführen müssen, sofern sie dies nicht bereits zuvor getan haben und die Ergebnisse noch aktuell sind. In Betracht kommt, die Sorgfaltspflichten als Teil der Sachverhaltsaufklärung zu betrachten und bereits vor Entstehen der Meldepflicht, bei Auftreten erster Auffälligkeiten damit zu beginnen (→ § 5 Rn. 13). 86

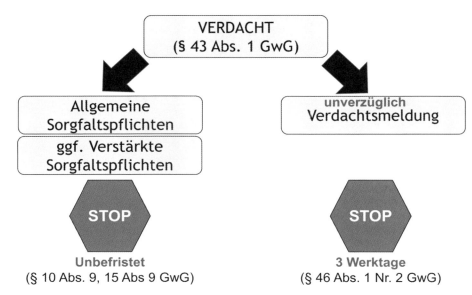

Abb. 25: Im Verdachtsfall müssen Sorgfaltspflichten durchgeführt und die Geschäfts- und Transaktionsverbote beachtet werden.

87 **Praxishinweis:**
Für Güterhändler gilt das im Finanzsektor verbreitete Motto: „*Melden macht frei*" nicht in gleichem Umfang. Zwar endet das Transaktionsverbot des § 46 Abs. 1 GwG mit Ablauf von drei vollen Werktagen nach der Verdachtsmeldung. Solange aber die Sorgfaltspflichten gem. § 10 Abs. 3 Nr. 3 GwG nicht abgeschlossen wurden, gilt das zeitlich unbegrenzte Geschäfts- bzw. Transaktionsverbot der §§ 10 Abs. 9, 15 Abs. 9 GwG, das ggf. sogar eine Beendigung der Geschäftsbeziehung vorsieht (→ § 5 Rn. 23).

V. Sofortmaßnahmen der FIU

88 Ungeachtet des temporären Transaktionsverbots aus § 46 Abs. 1 GwG, kann die FIU die Transaktion anhalten *("einfrieren")* und dazu gegenüber dem Verpflichteten Anordnungen treffen (§ 40 Abs. 1 S. 2 Nr. 3 GwG), sofern der FIU Indizien dafür vorliegen, dass die Transaktion im Zusammenhang mit Geldwäsche steht oder der Terrorismusfinanzierung dient (§ 40 Abs. 1 S. 1 GwG, Sofortmaßnahmen). Hinweise auf Vortaten der Geldwäsche rechtfertigen diese Maßnahmen ausweislich des Gesetzeswortlauts nicht. Damit soll die Möglichkeit geschaffen werden in eilbedürftigen Fällen noch vor der operativen Analyse einer Verdachtsmeldung und vor Abgabe an die Staatsanwaltschaft vorläufige Maßnahmen zu treffen. So soll Zeit gewonnen werden. Diese Möglichkeit wurde vom UN-Sicherheitsrat, der FATF und der EU-Kommission als wichtiges Instrument der effektiven Bekämpfung von Geldwäsche und Terrorismusfinanzierung bewertet. Ausgehend vom sehr weiten Begriff der Transaktion (→ § 5 Rn. 13) kann dies für Güterhändler bedeuten, dass ihnen untersagt wird einen Gegenstand (zB ein Auto) zu übertragen oder eine geschuldete Summe Geld (zB Überzahlungen, Rückvergütungen oder ähnliches) an einen Dritten auszuzahlen. Sofortmaßnahmen der FIU kommen in erster Linie als Reaktion auf Verdachtsmeldungen in Betracht, setzen jedoch voraus, dass zumindest eine erste Bewertung der

gemeldeten Tatsachen durchgeführt wurde[114] und diese ein sofortiges Eingreifen notwendig erscheinen lassen (Eilbedürftigkeit). Anderenfalls würde praktisch jede Verdachtsmeldung Sofortmaßnahmen erlauben, weil das Vorliegen von Anhaltspunkten (→ Rn. 45) für Geldwäsche oder Terrorismusfinanzierung Voraussetzung der Meldepflicht ist. Denkbar ist, dass Sofortmaßnahmen iRd internationalen Zusammenarbeit auf Bitte einer anderen FIU erfolgen (§ 40 Abs. 2 GwG), ggf. unabhängig von einer (inländischen) Verdachtsmeldung. Die FIU ist nicht verpflichtet, auf eine solche Anfrage tätig zu werden. Vielmehr muss sie im Rahmen ihres pflichtgemäßen Ermessens beurteilen, ob die Gründe dafür ausreichen. Wer Anordnungen oder Weisungen der FIU nach § 40 GwG nicht nachkommt, begeht eine Ordnungswidrigkeit (→ § 9 Rn. 17, § 56 Abs. 1 Nr. 68 GwG).

Sofortmaßnahmen der FIU werden ganz oder teilweise aufgehoben, sobald die Voraussetzungen der Maßnahmen nicht mehr vorliegen (§ 40 Abs. 3 GwG). Das ist insbes. gegeben, wenn die FIU ihre operative Analyse durchgeführt hat und kein Anhaltspunkt für Geldwäsche oder Terrorismusfinanzierung vorliegt.[115] Ungeachtet dessen enden Sofortmaßnahmen der FIU spätestens mit dem Ablauf eines Monats nach Anordnung der Maßnahme bzw. mit Ablauf des fünften Werktags nach Abgabe des Sachverhalts an die zuständige Strafverfolgungsbehörde. Auch insoweit gilt Samstag nicht als Werktag (§ 40 Abs. 4 Nr. 1 und 2 GwG). Die FIU selbst kann auch einen früheren Zeitpunkt festlegen, zB mit Erlass der Maßnahme selbst (§ 40 Abs. 4 Nr. 3 GwG). Die FIU kann auf Antrag des Betroffenen Vermögensgegenstände freigeben, die von ihren Maßnahmen betroffen sind. Das betrifft hauptsächlich Sachverhalte, bei denen es um die Sicherung des Lebensbedarfs, um Unterhalt oder um Versorgungsleistungen geht (§ 40 Abs. 5 GwG). Ob ein Güterhändler als Betroffener gilt, wenn die ihm zustehende (aber von einer anderen Person stammende) Zahlung von der FIU im Zahlungsweg (dh bei der Bank) eingefroren wird, ist nicht eindeutig. Der Begriff: „Betroffener" lässt diese Auslegung zu. Vergleichbare Situationen (siehe (§ 40 Abs. 5 Nr. 3 GwG, „vergleichbare Zwecke") kann es im Güterhandelsbereich geben, wenn eine von der FIU eingefrorene Zahlung vom Güterhändler dringend benötigt wird, weil ohne sie keine ausreichende Liquidität besteht. Rechtsbehelfe (Widerspruch und anschließend Klage zum Verwaltungsgericht) gegen Sofortmaßnahmen der FIU haben keine aufschiebende Wirkung; es muss daher ggf. Eilrechtsschutz beantragt werden (§ 80 VwGO).

Kritisch sehen muss man die Möglichkeit der Sofortmaßnamen, weil die FIU dazu keinen richterlichen Beschluss benötigt und die Maßnahmen in einem vage definierten Verdachtsstadium („Anhaltspunkte") erfolgen, das deutlich unterhalb der Schwelle des Anfangsverdachts liegen soll. Die Maßnahmen werden des Weiteren veranlasst bevor die FIU ihre eigenen operativen Analysen durchgeführt hat und vor Einschaltung der dazu berufenen Strafverfolgungsbehörden. Das alles ohne Anhörung des Betroffenen nach § 28 VwVfG[116] und bei zumindest de facto eingeschränktem Rechtsschutz. Zwar endet die Maßnahme nach einem Monat, bis dahin provisorischen Rechtsschutz zu erhalten ist aber oft illusorisch.[117]

VI. Haftungsfreistellung, Diskriminierungsverbot

Personen und Unternehmen, die in Erfüllung ihrer gesetzlichen Pflichten und in guter Absicht *(„gutgläubig")* Verdachtsmeldungen erstatten, sollen sich nicht wegen der möglicherweise damit verbundenen Haftung sorgen. Vom Urheber der Verdachtsmeldung kann der Geschäfts- oder Transaktionspartner zB iRd Akteneinsicht (§ 475 StPO) erfahren. Er könnte dann versuchen, den Verpflichteten zivilrechtlich auf Unterlassung, Widerruf oder

---

[114] BT-Drs. 18/11555, 154 zu § 40 Abs. 1 GwG.
[115] BT-Drs. 18/11555, 154 zu § 40 Abs. 3 GwG.
[116] BT-Drs. 18/11555, 154 zu § 40 Abs. 1 GwG.
[117] Scherp CB 2017, 275 (278); ähnl. Spoerr/Roberts WM 2017, 1143 (1148).

auch auf Schadenersatz in Anspruch zu nehmen; strafrechtlich könnte er es zB mit einer Anzeige wegen Verleumdung versuchen. Dem schiebt die Vorschrift einen Riegel vor. Sie bestimmt, dass „*wegen der Meldung nicht verantwortlich gemacht werden darf, wer Sachverhalte nach 43 Abs. 1 GwG meldet* (§ 48 Abs. 1 GwG). Mit dem TrFinInfoG (→ § 1 Rn. 13) wurde zum 1.8.2021 endlich klargestellt, dass das sowohl strafrechtlich als auch zivilrechtlich gilt. Dasselbe gilt für Strafanzeigen iSd § 158 StPO, die von einem Verpflichteten erstattet wurden. Sie sind in der Vorschrift explizit genannt, weil der Unterschied zwischen Verdachtsmeldung und Strafanzeige oft gering ist (→ Rn. 8). Ein entsprechender Schutz vor Haftung gilt für die Beschäftigten des Verpflichteten, die "*einen Sachverhalt nach § 43 Abs. 1 GwG ihrem Vorgesetzten oder einer Stelle melden, die unternehmensintern für die Entgegennahme einer solchen Meldung zuständig ist,,* (§ 48 Abs. 2 Nr. 1 GwG). Die Vorschrift nimmt Bezug auf Verdachtsmeldung an die intern beim Verpflichteten zuständige Stelle (internes Verdachtsmeldewesen, → Rn. 99). Unerheblich ist insoweit, ob das Unternehmen auf der Basis der internen Meldung eine Verdachtsmeldung an die FIU erstattet oder nicht.[118] Geschützt ist der Mitarbeiter insbes. vor arbeitsrechtlichen oder zivilrechtlichen Maßnahmen (Abmahnung, Kündigung, Schadenersatz), aber auch vor einer Anzeige des von der Meldung betroffenen Unternehmens und davor, dass ihm darüber hinaus "*aus der internen Meldung Benachteiligungen entstehen,,* (§ 49 Abs. 4 GwG, Benachteiligungsverbot). Mit der GwG-Novelle 2017 (→ § 1 Rn. 13) wurde der Schutz noch weiter ausgedehnt auf den Fall, dass "*der Verpflichtete oder einer seiner Beschäftigten einem Auskunftsverlangen der FIU Deutschland nach § 30 Abs. 3 S. 1 GwG nachkommt,,* (§ 48 Abs. 2 Nr. 2 GwG). Es spielt dabei keine Rolle, ob das Auskunftsersuchen nach einer Verdachtsmeldung erfolgt oder ohne vorherige Meldung.[119] Im Rahmen von Auskunftsersuchen anderer Behörden zB der Strafverfolgungsbehörden, oder bei der Einvernahme als Zeuge im Rahmen eines Ermittlungs- oder gar Strafverfahrens gelten diese Grundsätze nicht!

92 **Praxishinweis:**
Ungeachtet aller Bemühungen des Gesetzgebers die Meldepflichtigen zu schützen, wirken diese Vorschriften nur in Deutschland. Es ist nicht möglich eine Haftung nach ausländischem Recht, zB wegen Verleumdung, übler Nachrede, etc. auszuschließen oder zivilrechtliche Folgen zu verhindern, sollte das Geschäfts- oder Vertragsverhältnis mit dem Vertrags- bzw. Geschäftspartner im Gefolge der Meldung Schaden nehmen, zB weil dieser von der Staatsanwaltschaft durchsucht wird und iRd Akteneinsicht von der Verdachtsmeldung erfährt. Generell bieten die Vorschriften keinen Schutz gegen wirtschaftliche Folgen wie den Abbruch der Geschäftsbeziehung zum Meldepflichtigen.

93 Die zuvor genannten Schutzmechanismen greifen nicht, sofern eine „*Meldung vorsätzlich oder grob fahrlässig unwahr erstattet*" wurde. Vorsatz heißt: „*in Kenntnis der Unwahrheit*", „*grob fahrlässig*" bedeutet – ähnlich wie bei Leichtfertigkeit (→ § 2 Rn. 29) –, dass in besonderem groben Maße verkannt wurde, dass die Meldung unwahr ist, zB weil der Verdacht mehr oder weniger ins Blaue hinein formuliert wurde und die Unwahrheit leicht hätte erkannt werden können. Dies gilt sowohl für Meldungen des Verpflichteten an die FIU nach § 43 Abs. 1 GwG als auch für interne Meldungen von Beschäftigten des Verpflichteten. Wer unternehmensintern in Bezug auf eine Verdachtsmeldung vorsätzlich oder grob fahrlässig falsche Angaben macht, zB um einem Kollegen eins auszuwischen, ist daher weder vor einer Haftung sicher noch vor arbeitsrechtlichen Maßnahmen.

---

[118] BMF, Auslegungshinweise zur Handhabung des Verdachtsmeldewesens, Stand 31.1.2014, S. 6.
[119] BT-Drs. 18/11555, 159, zu § 48 Abs. 2 GwG.

VII. Informationszugang Betroffener und Akteneinsicht

Von einer Verdachtsmeldung Betroffene haben Anspruch auf Zugang zu den Informationen, die bei der FIU vorliegen. Betroffen ist jede Person, die an einem nach § 43 Abs. 1 GwG gemeldeten Sachverhalt beteiligt ist, insbes. der Vertragspartner des Verpflichteten oder Begünstigte einer Transaktion oder Geschäftsbeziehung.[120] Dabei wird unterschieden, je nachdem ob die Auswertung (Analyse) der Verdachtsmeldung durch die FIU noch andauert (§ 49 Abs. 1 GwG) oder schon abgeschlossen ist, ohne ein Verfahren einzuleiten (§ 49 Abs. 2 GwG) bzw. ob der Vorgang bereits an die Staatsanwaltschaft abgegeben wurde (§ 49 Abs. 3 GwG). Solange die Analyse der Verdachtsmeldung durch die FIU andauert, „*kann die FIU dem Betroffenen Auskunft über die zu ihm vorliegenden Informationen geben*" (§ 49 Abs. 1 S. 1 GwG). Es handelt sich um eine Ermessensentscheidung der FIU; zu berücksichtigen sind alle Umstände des Einzelfalls. Auskunft erteilt die FIU nur, „*wenn dadurch der Zweck ihrer Analyse nicht beeinträchtigt wird.*" Dieser besteht darin, zu beurteilen, ob der gemeldete Sachverhalt im Zusammenhang mit Geldwäsche, Terrorismusfinanzierung oder sonstigen Straftaten steht (§ 30 Abs. 2 GwG). Genau betrachtet wird dieser Zweck durch die Auskunft nie beeinträchtigt; auch wenn der Betroffene von der Verdachtsmeldung und ihrem Inhalt weiß, kann die FIU davon völlig unberührt eine Bewertung vornehmen, ob der gemeldete Sachverhalt relevant und an die Staatsanwaltschaft abzugeben ist. Durch die Auskunft wird eher die Möglichkeit der effektiven Strafverfolgung beeinträchtigt, die sich ggf. an die Prüfung der FIU anschließt. Die FIU wird die Auskunft daher verweigern, soweit und solange durch die Bekanntgabe der Informationen vor Abschluss Ihrer Analyse der Erfolg der Entscheidung oder bevorstehender behördlicher Maßnahmen vereitelt würde.[121] Realistisch wird dies eher die Regelfall als die Ausnahme sein. So oder so muss die FIU nicht von sich aus tätig werden. Voraussetzung ist vielmehr eine „*Anfrage*" des Betroffenen. In welcher Form (mündlich, schriftlich) diese zu stellen ist, ist nicht näher geregelt. Woher die Betroffenen von der Verdachtsmeldung an die FIU wissen sollen, erschließt sich in diesem Kontext nicht.

94

Ein Auskunftsanspruch im gleichen Umfang besteht, wenn „*die Analyse der FIU abgeschlossen ist, die Verdachtsmeldung aber nicht an die Strafverfolgungsbehörde abgegeben wurde*" (§ 49 Abs. 2 S. 1 GwG). In diesem Fall werden (vorerst) keine weiteren Ermittlungen durchgeführt. Auch insoweit ist Voraussetzung eine Anfrage des Betroffenen bei der FIU. Die Auskunft wird von der FIU verweigert, sofern sie negative Auswirkungen auf die in S. 2 der Vorschrift genannten Beziehungen oder Verfahren hätte. Dies kann darauf beruhen, dass die Verdachtsmeldung an europäische oder andere Staaten weitergegeben wurde, mit denen die FIU im Bereich der Bekämpfung der Geldwäsche und Terrorismusfinanzierung zusammenarbeitet oder weil Informationen der Verdachtsmeldung im Zusammenhang mit anderen Ermittlungen oder Gerichtsverfahren stehen. Der Betroffene muss dabei nicht Subjekt der Ermittlungen oder des Verfahrens sein. Es reicht aus, dass die ihn betreffenden Informationen relevant sind oder dies nicht ausgeschlossen werden kann. „*Die FIU ist nicht mehr befugt, dem Betroffenen Auskunft zu geben, nachdem sie den jeweiligen Sachverhalt an die Strafverfolgungsbehörde übermittelt hat.*" In diesem Fall bleibt der Betroffene auf die Akteneinsicht gemäß § 475 StPO begrenzt. Erst wenn „*das Verfahren durch die Staatsanwaltschaft*" (zB durch Einstellung) „*oder das Gericht abgeschlossen wurde, ist die FIU wieder befugt, dem Betroffenen Auskunft zu erteilen.*" Umfang und Voraussetzungen des Auskunftsanspruchs sowie ggf. Ablehnungsgründe entsprechen dann denen des § 49 Abs. 2 GwG, so als ob schon die FIU den Vorgang abgeschlossen hätte (§ 49 Abs. 3 GwG).

95

Sofern die FIU dem Betroffenen nach einer der zuvor erwähnten Vorschriften Auskunft erteilt, muss sie „*die personenbezogenen Daten der Einzelperson, die die Meldung abgegeben hat, unkenntlich machen*" (§§ 49 Abs. 1 S. 3, 49 Abs. 2 S. 3 GwG). Im Fall der Auskunft nach

96

---

[120] BT-Drs. 18/11555, 159, zu § 49 Abs. 1 GwG.
[121] BT-Drs. 18/11555, 159, zu § 49 Abs. 1 GwG.

§ 49 Abs. 2 und 3 GwG gilt dies zusätzlich für Daten der Person, die einem Auskunftsverlangen der FIU nachgekommen ist (§ 49 Abs. 1 S. 1 GwG). Das umfasst auch Daten der Angestellten oder Vertreter des Verpflichteten. Sie sollen so vor Bedrohung oder Anfeindung geschützt werden.[122] Wiederum auf Antrag des Betroffenen kann die FIU ausnahmsweise davon absehen, die Daten der Einzelpersonen unkenntlich zu machen. Voraussetzung ist, dass die schutzwürdigen Interessen des Betroffenen überwiegen (§ 49 Abs. 2 S. 4 GwG). Davon abgesehen, dass diese Regelung formal nur für Auskünfte nach § 49 Abs. 2 und 3 GwG gilt, ist ein praktischer Anwendungsfall allenfalls denkbar, wenn die Verdachtsmeldung bösgläubig erstattet wurde, um den Betroffenen anzuschwärzen. In jedem Fall muss die Behörde der Person, deren Daten mit der Auskunft offengelegt werden, nach allgemeinen Grundsätzen bzw. auf der Basis des BDSG vorher Gelegenheit zur Stellungnahme einräumen (rechtliches Gehör). Daten von Unternehmen sind von der Schutzregelung offensichtlich nicht umfasst, was den Schutz in Frage stellt. Auch wenn der Auskunftsanspruch des Betroffenen darauf beschränkt ist, welche Informationen über IHN vorliegen, kann daher nicht ausgeschlossen werden, dass die FIU auf Anfrage Daten zu dem Unternehmen mitteilt, das in der Verdachtsmitteilung genannt ist oder Details einer Transaktion, die auf das Unternehmen schließen lassen, von dem die Verdachtsmitteilung stammt. Selbst wenn insoweit in Deutschland keine Haftung des Verpflichteten und seiner Mitarbeiter besteht (→ Rn. 91), exponiert es diese unnötig und gefährdet die geschäftlichen Beziehungen der Verpflichteten. Es ist nicht nachvollziehbar, warum der Gesetzgeber sich hier nicht explizit auf einen weitreichenderen Schutz der Verpflichteten entschieden hat, die er zu Hinweisgebern qua Gesetz macht. Den Verpflichteten bleibt im Augenblick nur darauf zu hoffen, dass die Betroffenen von einer Meldung nicht oder erst sehr spät erfahren bzw. sachlich darauf reagieren.

97 **Praxishinweis:**
Die Ausgestaltung der FIU als reine Verwaltungsbehörde birgt ein datenschutzrechtliches Risiko: Zwar arbeitet die FIU in enger Abstimmung mit den Strafverfolgungsbehörden, so dass der Sache nach in aller Regel ein hoher Grad an Vertraulichkeit erforderlich ist. Das schließt eine frühzeitige Akteneinsicht regelmäßig aus, um die Ziele der Ermittlungen nicht zu konterkarieren. Eine datenschutzrechtlich motivierte Auskunft, und sei sie auch begrenzt auf die Angabe, dass die FIU Daten eines Betroffenen speichert, bedeutet im Grunde ein „Tipping-Off." Denn wer weiß, dass die FIU Daten über seine Person speichert, der kann unschwer folgern, dass er im Zusammenhang mit einer Verdachtsmeldung genannt wurde. Wird die Auskunft seitens der FIU verweigert, wird darüber hinaus klar, dass die Meldung bereits an die Staatsanwaltschaft abgegeben wurde. In der Praxis werden die Betroffenen in aller Regel nichts von der Verdachtsmeldung wissen und daher keine Anfragen stellen, was in datenschutzrechtlicher Hinsicht mind. ebenso zweifelhaft ist. Mit Blick auf die weite Auslegung des Auskunftsanspruch der VO (EU) 2016/679 bleibt abzuwarten, was passiert, wenn ein Interessierter seine Ansprüche gerichtlich geltend macht.[123]

VIII. Rückmeldung an den Verpflichteten

98 Die FIU ist verpflichtet dem Verpflichteten, der eine Verdachtsmeldung auf elektronischem Weg erstattet hat, den Eingang der Meldung unverzüglich zu bestätigen (§ 41 Abs. 1 GwG). Dies erfolgt per Systemmeldung in goAML, die abgerufen bzw. ausgedruckt werden kann. Die FIU ist darüber hinaus verpflichtet, den Meldenden in angemessener Zeit Rückmeldung zur Relevanz ihrer Meldungen zu erteilen (§ 41 Abs. 2 S. 1 GwG).

---

[122] BT-Drs. 18/11555, 159, zu § 49 Abs. 1 GwG.
[123] BGH NJW 2021, 2726.

Ziel ist den Verpflichteten eine Verbesserung des Risikomanagements, der Erfüllung der Sorgfaltspflichten und des Meldeverhaltens zu ermöglichen. Dies erfolgt jedoch nur an Verpflichtete, die mind. 10 Verdachtsmeldungen pro Jahr tätigen.[124] Personenbezogene Informationen, die die Verpflichteten im Zuge dieser Rückmeldung erhalten, dürfen nur für diesen Zweck verwendet werden. Sie müssen unverzüglich gelöscht werden, wenn sie für nicht mehr benötigt werden (§ 40 Abs. 2 S. 2 und 3 GwG). Darüber hinaus haben die Verpflichteten keinen Anspruch auf Mitteilung des Bearbeitungsstatus einer Verdachtsmeldung. Ein echtes „Feedback" das Verpflichtete in die Lage versetzt, die Qualität, Aussagekraft und Wirksamkeit der Verdachtsanzeige zu optimieren[125], enthält das GwG daher nicht. Verpflichteten wird nach Abgabe der Sache an die Staatsanwaltschaft unter den Voraussetzungen des § 475 StPO auf Antrag Akteneinsicht gewährt. Die frühere Möglichkeit, den Antrag durch Ankreuzen im Verdachtsmeldeformular zu stellen, besteht nicht mehr. Aus der Antwort der Staatsanwaltschaften war jedoch meist nur ersichtlich, ob die Staatsanwaltschaft ein Verfahren eröffnet hat oder nicht.

F. Internes Verdachtsmeldewesen

Privilegierte wie nicht-privilegierte Güterhändler (→ § 4 Rn. 4) sind ohne Rücksicht auf die Höhe einer Transaktion, die Art des Zahlungsmittels (Bargeld oder andere) oder darauf, ob überhaupt eine Transaktion vorliegt, im Verdachtsfall zur Abgabe von Verdachtsmeldungen verpflichtet (→ Rn. 17). Sie müssen daher sicherstellen, dass verdächtige Momente innerhalb des Unternehmens erkannt und an die FIU gemeldet werden.[126] Allgemein wird dies unter dem Begriff internes Meldewesen zusammengefasst. Systematisch handelt es bei der Einrichtung entsprechender Zuständigkeiten, Verfahren und Systeme um (vorbereitende organisatorische) Maßnahmen des Risikomanagements, die die Bearbeitung konkreter Verdachtsfälle ermöglichen. Unklar ist, in welchem Umfang Güterhändler Maßnahmen zur Erkennung von Verdachtsmomenten Güterhändler leisten müssen. Ausgangspunkts muss sein, dass insbes. die Risikoanalyse bzw. das Risikomanagement sowie die Kundensorgfaltspflichten und dort besonders die kontinuierliche Überwachung von Geschäftsbeziehungen das Feld bereiten für die Erkennung und Meldung von Verdachtsfällen. Damit wird deutlich, dass man vor allem von privilegierten Güterhändlern nicht erwarten kann, dass sie im selben Umfang, wie zB Banken oder andere Verpflichtete, Verdachtsfälle generieren. Aber auch bei nicht-privilegierten Güterhändlern fehlt es an einer vergleichbaren Grundlage. Denn anders als zB Banken führen sie Sorgfaltspflichten nur im Ausnahmefall durch (§ 10 Abs. 6a GwG) und nicht in Bezug auf alle Geschäfts- und Vertragspartner. Entsprechend fehlt es an einer Pflicht zur systematischen, kontinuierlichen Überwachung der Geschäftspartner, die die Grundlage für die Erkennung vieler Verdachtsmeldungen ist. Es ist daher mit Vorsicht zu verstehen, wenn gefordert wird, dass Güterhändler fortlaufend vor, während und zur Beendigung einer Geschäftsbeziehung prüfen müssen, ob sie Kenntnis potenzieller Anhaltspunkte für Geldwäsche und Terrorismusfinanzierung haben.[127] Es spricht viel dafür, dass in Anbetracht der von der FATF, der EU und dem deutschen Gesetzgeber übereinstimmend gewollten Privilegierung der Güterhändler allenfalls offensichtliche Verdachtsfälle (Evidenzfälle) erkennbar sind, keinesfalls jede Auffälligkeit iSd FIU-Typologien (→ Rn. 45). Zwar trifft es zu, dass sich die Verdachtsmeldepflicht auch bei Güterhändlern, egal ob privilegiert oder nicht, auf den gesamten Kontext der sich anbahnenden oder bestehenden Geschäftsbeziehung bezieht und dass unerheblich ist, ob der Geschäftspartner seit Jahren bekannt ist oder neu, eine Trans-

---

[124] Herzog/Barreto da Rosa GwG § 41 Rn. 12.
[125] BT-Drs. 16/9038, 45, zu § 11 Abs. 8 GwG.
[126] AuA Nichtfinanzsektor, S. 10, Ziff. 3.1.1.
[127] Rothe/Schlombs ZRFC 2018, 266 (268).

aktion bereits stattgefunden hat oder ein Vertrag schon abgeschlossen wurde.[128] Letztlich ist das Erkennen der in den FIU-Typologien genannten Auffälligkeiten aber ein wesentliches Element der Geldwäscheprävention,[129] zu der Güterhändler nur eingeschränkt verpflichtet sind. Es kann daher nicht erwartet werden, dass sie ohne entsprechende Pflicht, im selben Umfang Maßnahmen zur Erkennung und Meldung von Verdachtsfällen treffen wie andere Verpflichtete oder auch nur, dass sie in demselben zahlenmäßigen Umfang Verdachtsfälle erkennen und melden könnten. Die Erwartung, dass sich die Meldezahlen im Nichtfinanzsektor, vor allem im Güterhandel rasch vervielfachen könnten, basieren nicht auf einem vernünftigen Verständnis der gesetzlichen Anforderungen. Letztlich steht im Ermessen des Verpflichteten, wie er das interne Verdachtsmeldewesen organisiert.[130] In jedem Fall müssen auch Güterhändler iRd sie treffenden Legalitätspflicht Arbeits- und Organisationsanweisungen erlassen, wonach Verdachtsfälle dem Geldwäschebeauftragten, der Geschäftsleitung oder sonst einer für Geldwäsche zuständigen Stelle im Unternehmen vorgelegt, dokumentiert und ggf. unverzüglich an die FIU gemeldet werden. Sie müssen durch entsprechende Schulungen sicherstellen, dass die relevanten Mitarbeiterkreise die nötigen Kenntnisse zur Erkennung typischer Verdachtsfälle haben. Des Weiteren müssen sie dafür sorgen, dass interne Meldungen stattfinden und gemäß den gesetzlichen Vorschriften bearbeitet werden. Ob dafür standardisierte Meldeformulare angeboten werden, wird abhängig sein von der Art und Größe des Unternehmens, der Zahl der zu erwartenden Meldungen und ihrer strukturellen Gemeinsamkeiten, die ein Formblatt erst sinnvoll erscheinen lassen. Jede andere Form der internen Meldung ist rechtlich genauso zulässig. Keine Akzeptanz finden allerdings Verfahren, die einen Mitarbeiter dazu zwingen, einen Verdacht zunächst seinem Vorgesetzten oder einer anderen als der für die Verdachtsmeldung intern zuständigen Stelle vorzulegen. Das gilt erst recht, wenn diese andere Stelle den Verdacht (intern) nur weiterleiten muss, sofern sie den Verdacht des Mitarbeiters teilt. Die Beurteilung und Entscheidung über die „interne" Verdachtsmeldung muss so dokumentiert werden, dass sie für eine spätere Prüfung der Aufsichtsbehörden nachvollziehbar ist. Dazu gehören neben den Tatsachen, die den Verdacht begründen und dem Ergebnis der Beurteilung, ob eine Verdachtsmeldepflicht vorliegt, auch die Angemessenheit ggf. zu ergreifender Sorgfaltspflichten und sonstiger Maßnahmen. Das gilt besonders, wenn der Verpflichtete von einer Verdachtsmeldung absieht.[131]

100 Den Mitarbeiter trifft keine Verantwortung für die Erfüllung der Meldepflicht durch den Verpflichteten. Sofern dieser – aus welchen Gründen auch immer – von einer Meldung absieht, muss er die Gründe hierfür dokumentieren. Zum Teil wird vorgeschlagen, dass die Gründe dem Mitarbeiter bekanntgegeben werden.[132] Das findet im Gesetz allerdings keine Stütze. Meldepflichtig ist der Verpflichtete, nicht der einzelne Mitarbeiter. Es kommt auf die subjektive Beurteilung des Verpflichteten (→ Rn. 48) an, nicht auf die Meinung des Mitarbeiters. Ob Verdachtsmeldung erstattet wird oder nicht, unterliegt dem Tipping-Off-Verbot (→ Rn. 74). Eine Ausnahme davon ist auch gegenüber dem intern meldenden Mitarbeiter nicht vorgesehen. Sofern er befürchten muss selbst wegen Geldwäsche strafbar zu sein, hat er die Möglichkeit Selbstanzeige nach § 261 Abs. 8 StGB zu stellen.

---

[128] Rothe/Schlombs ZRFC 2018, 266 (268).
[129] Komma CB 2019, 197 (198).
[130] BMF, Auslegungshinweise zur Handhabung des Verdachtsmeldewesens, Stand 31.1.2014, S. 5; ebenso Bausch/Voller Geldwäsche-Compliance S. 251.
[131] BMF, Auslegungshinweise zur Handhabung des Verdachtsmeldewesens, Stand 31.1.2014, S. 5f.
[132] BMF, Auslegungshinweise zur Handhabung des Verdachtsmeldewesens, Stand 31.1.2014, S. 5f.

§ 8. Praxisbeispiele im Güterhandel

Im Folgenden werden Sachverhalte im Kontext internationaler Industrie- und Handelsgeschäfte vorgestellt, die – abstrakt betrachtet – für Zwecke der Geldwäsche, Terrorismusfinanzierung oder andere Straftaten dienen können. Die Einstufung in die einzelnen Kategorien ist ohne tiefere Bedeutung, die Reihenfolge zufällig. Kennzeichnend ist in erster Linie das solchen Sachverhalten immanente (abstrakt-theoretische) Risiko, das im Sinne einer guten Compliance zu risikobezogenen Maßnahmen führen sollte. Ob ein meldepflichtiger Verdacht vorliegt und ggf. im strikt rechtlichen Sinn geldwäscherechtliche Pflichten entstehen, ist eine Frage des Einzelfalls und kann nicht abstrakt für alle Situation vorab beantwortet werden. In jedem dieser Fälle ist eine Verdachtsmeldung zulässig, aber nach der hier vertretenen Ansicht nicht immer zwingend. Die Darstellungen sind rein fiktiv und erheben keinen Anspruch auf Vollständigkeit.

A. Personenbezogene Umstände

I. Briefkastenfirmen

Beispiel:
Der öffentlich-rechtlich organisierte Geschäftspartner des Güterhändlers G schlägt vor, ein geplantes Geschäft in Osteuropa über eine Gesellschaft auf den Britischen Jungferninseln (BVI) abzuwickeln. Angeblich handelt es sich um den Generalunternehmer für das Projekt, zu dem auch die Lieferungen des G gehören. Bei näherer Prüfung der Gesellschaft ergibt sich, dass sie erst vor wenigen Monaten gegründet wurde. Die Eigentümerstruktur ist intransparent, ob persönliche Verflechtungen mit Personen beim Kunden bestehen, lässt sich nicht sagen. Geschäftszweck und Geschäftstätigkeit der Gesellschaft sind unklar. Ihren Sitz und die Geschäftsführer, zwei Personen mit Wohnadresse in Panama, teilt sie nach Internet-Informationen mit einer Vielzahl weiterer Gesellschaften. Die Geschäftsadresse ist die einer größeren, lokalen Anwaltskanzlei. Die Kommunikation das Projekt betreffend erfolgt ausschließlich über den Geschäftspartner, nicht über die Firma auf den BVI.

Briefkastenfirmen (→ Rn. 4) sind weder im GwG noch in den FIU-Typologien explizit genannt. Sie werden allerdings in der Nationalen Risikoanalyse (→ § 4 Rn. 50) im Zusammenhang mit Drittzahlungen erwähnt (→ Rn. 15). Allgemein wird vermutet, dass die weit überwiegende Anzahl der Briefkastengesellschaften weltweit illegalen Zwecken dient.[1] In jedem Fall eignen sie sich geradezu perfekt zur Verschleierung tatsächlicher Verhältnisse insbes. der beteiligten Eigentümer bzw. der wirtschaftlich Berechtigten. Das gilt umso mehr, wenn sie in Steueroasen (→ Rn. 17) („offshore-Jurisdiktionen") ansässig sind. Zu beachten ist: Die Gründung und Verwendung einer Briefkastengesellschaft ist nicht per se illegal. Es gibt viele Situationen, in denen sie legitimerweise eingesetzt werden zB zum (legalen) Schutz von Personen, deren Vermögen oder des Vermögens von Unternehmen, der Begrenzung von Risiken oder dem Schutz von Geschäftsgeheimnissen, sowie letztlich auch zur legalen Steueroptimierung.[2] Dagegen ist Vorsicht angesagt, wenn Briefkastenfirmen ohne erkennbare Notwendigkeit und Funktion, aus rein formalen, nicht plausiblen Gründen und bei gleichzeitiger Erhöhung der Komplexität der Vertrags- und Abwicklungsstruktur in Güterhandelsgeschäfte eingebunden werden. Hinweise des Kunden auf

---

[1] https://www.sueddeutsche.de/politik/panama-papers-was-nach-panama-kommt-1.3083883?reduced=true, Zugriff am 15.10.2021.
[2] Wissenschaftlicher Dienst des Deutschen Bundestags, Mögliche legale Gründe für Briefkastenfirmen, 4.5.2016, WD 5-3000-037/16, abrufbar unter https://www.bundestag.de/resource/blob/426714/f73e8adfa54a157d68d9f9bb8eafc784/wd-5-037-16-pdf-data.pdf; ähnl. Danda NJOZ 2021, 801 (803) zum Kunstsektor.

angebliche steuerliche Vorteile des Vorgehens sollten mit Hilfe der eigenen Steuerabteilung plausibilisiert und nicht unwidersprochen hingenommen werden. Grds. gilt: Bei Verwendung von Briefkastengesellschaften für seriöse Zwecke werden sich die Eigentümer- und Kontrollstrukturen sowie die wirtschaftlich Berechtigten und die Motivation klären lassen. Im Beispiel ist es denkbar, dass Personen, die beim Geschäftspartner angestellt sind, Kontrolle über die Gesellschaft auf den BVI ausüben. Dass der Kunde öffentlich-rechtlicher Natur ist, lässt zwar sein Geldwäsche-Risiko gering erscheinen (→ § 4 Rn. 72). Das Risiko der Korruption ist dagegen ungleich höher als im privaten Umfeld. Die Aussage des Geschäftspartners, dass es sich um den Generalunternehmer für ein größeres Projekt handelt, würde voraussetzen, dass dort Personal beschäftigt ist, das in der Lage ist, derartige Projekte abzuwickeln. Sollten sich die Angaben nicht plausibilisieren lassen, liegt eine Verdachtsmeldung nahe. Ob das Projekt unter diesen Prämissen überhaupt durchgeführt werden kann, ist eine Frage des Einzelfalls. Auf jeden Fall werden neben den Sorgfaltspflichten weitere Maßnahmen wie insbes. eine intensive Überwachung der Geschäftsbeziehung und von Transaktionen erforderlich werden. Briefkastenfirmen werden besonders häufig in sogenannten Steuerparadiesen (Steueroasen, → Rn. 17) gegründet. Sie sind aber auch in anderen Jurisdiktionen zu finden, auch in Deutschland.[3]

4 **Praxishinweis:**
Es gibt keine allgemein gültige Definition oder abschließende Kriterienliste für die Feststellung, ob eine Gesellschaft eine Briefkastenfirma („*shell company*", „*letter box company*") ist. In der Praxis gibt es viele unterschiedliche Gestaltungen, die man unter diesen Begriff subsumieren kann. Typische Merkmale von Briefkastenfirmen sind unter anderem die Folgenden. Dabei gilt, dass keines der Merkmale allein und automatisch auf illegale Aktivitäten hindeutet; je mehr Merkmale vorliegen, desto eher wird man jedoch vom Vorliegen einer Briefkastenfirma ausgehen müssen:
- die Gesellschaft ist im Wesentlichen ein leere (rein rechtliche) Gesellschaftshülle („*shell company*"),
- es gibt keine oder kaum erkennbare Geschäftstätigkeiten oder die Geschäftstätigkeiten erscheinen nicht seriös/legal, teilweise sind die Geschäftsaktivitäten nicht von der Satzung gedeckt,
- der Geschäftszweck ist sehr allgemein oder weist eine ungewöhnliche Vielzahl von Aktivitäten verschiedenster Branchen auf,
- die Gesellschaft hat keine eigenen Geschäftsräume; diese werden mit anderen (häufig: sehr vielen gleichartigen) Unternehmen geteilt oder der Sitz des Unternehmens ist die Adresse einer Rechtsanwaltsgesellschaft, Verwaltungsgesellschaft oder Treuhandgesellschaft,
- unter derselben Anschrift ist eine große Zahl ähnlicher Gesellschaften registriert, die möglicherweise von derselben Anwalts-, Verwaltungs- oder Treuhandgesellschaft verwaltet werden,
- die Gesellschaft hat praktisch kein Personal, keine eigene oder ausreichende Geschäftsausstattung bzw. Personal und Geschäftsausstattung werden mit anderen Firmen geteilt,
- die Geschäftsführer oder gesetzlichen Vertreter werden häufig (beliebig) ausgetauscht oder üben ähnliche Positionen in zahlreichen vergleichbaren Unternehmen aus („*nominee directors*"),
- die Geschäftsführer haben ihren Wohnsitz oder ihre Geschäftsadresse im Ausland/ nicht am Sitz der Gesellschaft,
- die Eigentümer- und Kontrollstruktur ist nicht transparent bzw. der wirtschaftlich Berechtigte nicht feststellbar; vielfach handelt es sich um verschachtelte, mehrstufige

---

[3] https://www.sueddeutsche.de/muenchen/ebersberg/ebersberg-steueroase-gewerbegebiet-steuern-briefkasten firma-1.5136299?reduced=true, Zugriff am 15.10.2021.

A. Personenbezogene Umstände §8

> Beteiligungsverhältnisse von weiteren Briefkastenfirmen, ohne dass die dahinterstehenden Personen (wirtschaftlich Berechtigte) transparent werden,
> - die Firmierung der Gesellschaften und Anteilseigner weist vielfach Fantasienamen oder Tarnnamen auf; teilweise werden Firmierungen oder Firmenbestandteile von existierenden seriösen Unternehmensgruppen verwendet oder nachgeahmt,
> - die geplanten geschäftlichen Aktivitäten passen vom Umfang (Volumen) her nicht zu dem im Jahresabschluss ausgewiesenen Umfang der (bisherigen) Aktivitäten, ohne dass erkennbar ist, wo eine entsprechende Finanzierung herkommen sollte,
> - der Sitz des Unternehmens liegt außerhalb des Projektlands, ohne dass hierfür ein plausibler Grund erkennbar ist,
> - Im Sitzland des Unternehmens wird kein Bankkonto geführt; vielmehr besteht ein solches in einem anderen Staat, ohne dass hierfür plausible Gründe bestehen,
> - häufig ist der Sitz des Unternehmens in einem sogenannten Steuerparadies.
> - Weit verbreitet sind haftungsbeschränkte Kapitalgesellschaften oder nicht bzw. nur teilrechtsfähige Vermögensmassen (Trusts) nach den Grundsätzen des englisch-amerikanischen Common Law. Oft sind die Gesellschaften nach dem Recht des Gründungsstaates nicht zur Veröffentlichung ihrer Beteiligungsverhältnisse verpflichtet.[4]

II. Komplexe Eigentümer- und Kontrollstrukturen

Beispiel: 5
Güterhändler G hat ein Geschäft mit einem Handelspartner abgeschlossen. Bei Eingang der ersten Zahlungen werden Auffälligkeiten festgestellt. Weitere Recherchen ergeben, dass der Geschäftspartner eine mehrstufige Eigentümer- und Kontrollstruktur hat, die sich nicht vollständig aufklären lässt. Die meisten Gesellschaften sind Briefkastenfirmen und auf Malta oder Zypern beheimatet. Auch die Geschäftsführung dieser Gesellschaften liegt zum Teil bei Unternehmen mit ähnlicher Struktur; natürliche Personen, die im Zusammenhang genannt sind, halten eine Vielzahl ähnlicher Positionen in anderen Gesellschaften und begründen so den Eindruck nur Strohmannfunktion auszuüben.

Die Komplexität der Eigentümer- und Kontrollstruktur eines Geschäfts- oder Vertragspartners ist per se kein Grund eine Verdachtsmeldung in Betracht zu ziehen. Das GwG nennt diesen Umstand nicht einmal als Risikofaktor oder Auslöser für Allgemeine Sorgfaltspflichten. Auch in den FIU-Typologien (→ § 7 Rn. 45) wird dieser Umstand nicht per se als Anhaltspunkt genannt. Grds. steht es den Eigentümern einer Gesellschaft frei, die Eigentümer- und Kontrollstruktur so zu wählen, wie es ihnen beliebt. Es gibt insoweit kaum Einschränkungen oder rechtlich zwingende Vorgaben und keinen objektiven Maßstab für eine verdächtige oder unverdächtige Struktur. Insbesondere bei internationalen Firmengruppen entstehen durch An- und Verkäufe, Umstrukturierungen, steuerlich bedingte Optimierungen und andere Maßnahmen über die Zeit wie von selbst komplexe, z. T. nicht leicht zu durchschauende Gesellschaftsstrukturen. Bei umfangreichem Streubesitz ist eine Aufklärung iSd Kenntnis der einzelnen Beteiligten von vorneherein unwahrscheinlich. Von der Komplexität allein darf daher nicht auf einen Verdacht oder Illegalität geschlossen werden. Letztlich entscheidend ist der Grad der Transparenz verbunden mit ggf. weiteren Anhaltspunkten iSd FIU-Typologien. Eine mittelgroße GmbH, deren Gründer und Eigentümer sich hinter einer Liechtensteiner Stiftung (→ § 4 Rn. 74) verbirgt, weckt eher Argwohn. Eine komplexe, aber weitgehend transparente Struktur, die die handelnden Personen erkennen lässt und im Einklang mit den sonstigen Informationen steht, die man über den Geschäfts- oder Vertragspartner hat, ist dagegen ohne weitere Anhaltspunkte kein Grund, Verdacht zu hegen. Anonymität der Beteiligten, der Einsatz von

---
[4] Danda NJOZ 2021, 801 (803 f.).

Strohmännern oder die mehrfache Schichtung von Briefkastengesellschaften, die es letztlich unmöglich machen, den wirtschaftlich Berechtigten zu identifizieren, können dagegen Grund für eine Verdachtsmeldung sein.

III. Strohmanngestaltungen

7 **Beispiel:**

Die Firma W mit Sitz in Tschechien will Güter im Wert von mehreren Mio. EUR bestellen. Hintergrund sei ein näher beschriebenes Projekt in einem osteuropäischen Land. Man sei vom Endkunden beauftragt, die technisch hochwertige Ausrüstung dafür im Ausland einzukaufen. Bei näherem Hinsehen entpuppt sich die Firma als Neugründung. Geschäftsführer und Eigentümer (100 %) ist eine aus Österreich stammende natürliche Person, Herr A, 29 Jahre alt. Im Internet verfügbare Informationen besagen, dass Herr A Soziologie studiert hat, das Studium aber nicht abgeschlossen hat und die letzten drei Jahre „im Sicherheitsgewerbe" tätig war. Die Gespräche und Verhandlungen führt nicht Herr A, sondern sein Vater, Herr B, der sich als Rentner vorstellt. Er habe 40 Jahre Geschäftserfahrung in dem Land des Kunden und wisse, wie man dort Geschäfte tätigt. Ein Vertreter des Kunden bestätigt, dass man mit Herrn B. schon lange zusammengearbeitet habe. Die Abwicklung über die Firma W sei in Ordnung. Man vertraue sich.

8 Der Einsatz von Strohmanngestaltungen – in welcher Forma auch immer – ist per se problematisch. Davon abzugrenzen sind die grds. unproblematischen Formen der Vertretung bzw. der Treuhand. Dabei kommt es weniger darauf an, welche Bezeichnung gewählt wird oder wie die Papierlage ist. Eine Strohmanngestaltung wird mit Sicherheit nicht offengelegt, sondern als Vertretung, Treuhand oder – weit öfter – Handeln aus eigenem Recht verkauft werden. Entscheidend ist daher eine qualitative Analyse, ob die Person, die auftritt auch tatsächlich in eigenem Namen, auf eigene Rechnung oder – bei Vertretung und Treuhand – transparent im Namen und ggf. auf Rechnung eines Dritten auftritt, ob dieser Dritte bekannt ist bzw. offengelegt wird und ob die Herkunft der Gelder insoweit durchschaubar und auf legale Quellen zurückzuführen ist. Im erwähnten Fall ist offensichtlich, dass Herr A. nur als Strohmann agiert. Auch die Rolle von Herrn B. ist mehr als dubios, selbst wenn keine konkreten Hinweise auf Straftaten vorliegen. Eine Verdachtsmeldung ist daher zu erwägen.

IV. Sanktionslistentreffer

9 **Beispiel:**

Im Rahmen einer außenwirtschaftlichen Prüfung wird festgestellt, dass der Geschäftspartner eine mehrstufige Eigentümer- und Kontrollstruktur aufweist. Auf der dritten Beteiligungsebene besteht eine Beteiligung von 10 % einer Person, die namensgleich mit einer Person ist, die in den USA aus politischen Gründen gelistet ist (OFAC). In der EU besteht kein entsprechendes Verbot, mit der Person Geschäfte zu tätigen.

10 Schon aus außenwirtschafts- bzw. exportkontrollrechtlichen Gründen ist es notwendig, Geschäfte und Geschäftspartner in weitem Umfang gegen gängige Sanktions-, Embargo und andere Warnlisten zu screenen. Das GwG enthält insoweit überraschenderweise keine eigene Anordnung zB Terrorismuswarnlisten iRd Risikomanagements zu verwenden. Dies ist allerdings gängige Praxis. Treffer auf solchen Listen bedeuten nicht automatisch, dass eine Verdachtsmeldung zu erstatten wäre. Zunächst muss es sich um bestätigte (echte) Treffer handeln, nicht nur um vermeintliche („false positives"). Wichtig ist auch, den Hintergrund der Listung zu verstehen. Rein politisch oder wirtschaftlich bedingte Embargos gegen eine Person führen nicht automatisch dazu, dass alle wirtschaftlichen Aktivitäten

einzustellen sind, die (ggf. entfernte) Berührungspunkte zu einer Person aufweisen. Ein „echter" Treffer auf einer Terrorismuswarnliste dagegen schon. Entscheidend für die geldwächerechtliche Beurteilung ist zunächst, ob außenwirtschaftlich eine zulässige Gestaltung vorliegt oder ob ein Geschäfts- und Transaktionsverbot besteht. Wo dies nicht der Fall ist, wird idR auch (allein aufgrund der Listung) kein Verdacht der Geldwäsche oder Terrorismusfinanzierung begründbar sein. Der Umstand, dass eine Person im Ausland gelistet ist, begründet keine Pflicht zur Verdachtsmeldung in Deutschland. Ebenso ist der Umstand, dass eine Person in geringem Umfang an einem Geschäftspartner beteiligt ist, kein Grund für eine Verdachtsmeldung, wenn er nicht wirtschaftlich Berechtigter oder sonst in wichtiger Funktion ist oder man von Strohmanngestaltungen ausgehen muss. Letztlich ist dies eine Sache der Einzelfallbetrachtung.

V. Geschäfte, die nicht zum Kunden passen

Beispiel: 11
Ein Fahrradgeschäft mit Sitz in Hamburg erteilt einem in Düsseldorf ansässigen Maschinenbaukonzern einen großen Auftrag zur Lieferung von Motoren für industrielle Zwecke ins asiatische Ausland im Wert von mehreren Mio. EUR. Das Fahrradgeschäft ist inhabergeführt (Einzelkaufmann) und hat Umsätze im niedrigen sechsstelligen Bereich. Unklar bleibt, wie der Kauf der Motoren finanziert werden soll und für welche Zwecke er dient. Der angegebene Endverwender in Asien existiert und hat evtl. Bedarf an entsprechenden Motoren. Fraglich bleibt aber, warum er nicht unmittelbar bestellt, was ohne weiteres möglich wäre.

Geschäfte, die nach Art oder Umfang nicht zur gewöhnlichen Geschäftstätigkeit eines 12
Kunden passen, gelten tendenziell als verdächtig. Zu beachten ist aber: Auch ein „kleines" Unternehmen kann ein großes Projekt anpacken oder ein neues, bisher unbekanntes Geschäftsfeld erschließen, ohne sich deswegen automatisch dem Verdacht der Geldwäsche auszusetzen. Geschäftliche Entscheidungen sind davon geprägt, dass Risiken eingegangen werden – auch hohe Risiken, wenn hohe Gewinnchancen bestehen. Es ist Sache des jeweiligen Unternehmers zu beurteilen, welches Risiko man für vertretbar hält. Grund für Nachforschungen besteht in jedem Fall, sofern ein Geschäftspartner in finanzieller oder anderer Hinsicht (Lagerung, Logistik, technisches Know How bei der Vermarktung oder Inbetriebnahme, etc.) offensichtlich überfordert ist oder wenn der Endabnehmer und Verwender von Waren unklar bleibt (zB Gefahr der Umgehung exportkontrollrechtlicher Beschränkungen). Dasselbe gilt, wenn zB der Umfang der Lieferung, die vernünftigerweise zu erwartende Absatzmenge um ein Vielfaches übersteigt. Im obigen Fall könnte es zB sein, dass ein mittelständischer Unternehmer in China mangels Sprach- und Landeskenntnissen auf einen ihm bekannten Landsmann zugreift, um die Bestellung von industriellen Waren zu tätigen. Aus Unerfahrenheit versucht dieser die Bestellung selbst auszulösen. Im Rahmen der näheren Prüfung kann ggf. die Klärung der Beteiligten und des Bedarfs sowie der Verwendungszwecke erreicht werden. Sofern an der Seriosität des Endabnehmers, seines Bedarfs und der Finanzierungsmethode sowie den Transaktionswegen bzw. der Herkunft von Geldern aus legaler Quelle kein Zweifel besteht, kann ggf. über eine Kommissionslösung nachgedacht werden. Der Unternehmer in Hamburg wird dann über eine (angemessene) Vermittlungsprovision in das Geschäft einbezogen, das im Übrigen wie sonst üblich direkt mit dem Endabnehmer abgewickelt wird. Wo eine solche, transparente Klärung und Gestaltung nicht möglich ist, kann eine Verdachtsmeldung in Betracht kommen.

VI. Geschäfte ohne wirtschaftlichen Sinn

13 Eine Kunde besteht darauf bestimmte Produkte in Deutschland zu erwerben, obwohl der Kauf derselben Produkte bei der Niederlassung der Firma im Sitzland des Kunden ohne Abstriche bei der technischen Qualität und ggf. sogar günstiger möglich wäre.

14 Anhaltspunkte für Geldwäsche oder Terrorismusfinanzierung können sich ergeben, wenn Transaktionen oder Geschäftsbeziehungen keinen sinnvollen wirtschaftlichen Hintergrund erkennen lassen. Umgekehrt ist auch denkbar, dass ein Geschäft zu gut ist, um wahr zu sein *("too good to be true")*. Grds. gilt, dass es Sache des Vertragspartners ist, seine Risiken zu bewerten und seine Geschäfte so zu gestalten, dass sie wirtschaftlich zu seinen Möglichkeiten passen. Ein Verdacht strafbarer Handlungen folgt nicht aus jeder ungewöhnlichen, riskanten oder vom Normalfall abweichenden Gestaltung. Erst wenn sich Zweifel am Sinn oder der Wirtschaftlichkeit aufdrängen, steht der Verdacht im Raum, dass tatsächlich ganz andere, möglicherweise illegale Ziele verfolgt werden könnten. Sollte es sich um Liefergegenstände handeln, die von außenwirtschaftlichen Beschränkungen betroffen sind, kann hinter einer Anfrage der Versuch einer Embargo-Umgehung zu sehen sein. Eine Verdachtsmeldung liegt jedenfalls nahe. Bei Vorauszahlung sind die Umstände zu klären, unter denen sie stattfinden (zB Neukunde ohne ausreichende Bonität, Sicherung von Lieferterminen durch Vorauszahlung, etc.). In der Regel wird eine Kunde bei substantiellen Vorauszahlungen auf Sicherungsmittel bestehen (Anzahlungsgarantie), da er ansonsten Gefahr läuft, das Geld zu verlieren. Verdächtig ist daher, wenn er ohne erkennbaren Grund auf solche Sicherungsmittel verzichtet. Dabei spielen die Markt- und Branchengegebenheiten eine große Rolle, so dass sich schematische Aussagen verbieten. Im Beispiel wird viel davon abhängen, ob zusätzlich auch die Transaktionswege Auffälligkeiten zeigen, wie zB, dass Zahlungen aus einem Drittstaat kommen, während Devisenzahlungen im Herkunftsland unter strenger Kontrolle stehen. Dies könnte darauf hindeuten, dass Geldbestände außerhalb des Heimatstaats bestehen, von denen nicht klar ist, ob diese versteuert werden oder sie aus illegaler Quelle stammen.

B. Länderbezogene Umstände

I. Zahlungen über Drittländer

15 Beispiel:

Der nicht in Estland ansässige, ausländische Geschäftspartner des Güterhändlers G führt Zahlungen für ein bereits vereinbartes Geschäft über ein Konto einer Bank in Estland durch. Abgesehen von den Preisen und Zahlungsmodalitäten (Fristen, Fälligkeiten, Zahlungssicherheiten, etc.) hatte man sich im Vertrag nicht darauf verständigt, von welchem Konto die Zahlung erfolgen solle. G ging wie selbstverständlich davon aus, dass die Zahlungen aus dem Sitzland des Geschäftspartners (nicht Estland) erfolgen würden.

16 Als Anhaltspunkt iSd FIU-Typologien (→ § 7 Rn. 45) gelten zB Zahlungen über Länder, die nicht mit den vertraglichen Strukturen und Beteiligten übereinstimmen *("Transaktionswege weichen von den Abwicklungswegen des Grundgeschäftes ab")*. Zu beachten ist: In den meisten Jurisdiktionen steht es dem Vertragspartner mangels anderweitiger Abreden zivilrechtlich (vertraglich) frei, Zahlungen von dem Konto zu leisten, das er für sinnvoll hält. Die Abweichung zwischen Sitzland des Kunden und „Zahlland" bzw. Sitz der Bank *("location disparity")* kann Teil einer völlig legalen und legitimen Gestaltung der Zahlungsflüsse in einem Unternehmen sein (zB zentrale Regulierungseinheit innerhalb einer Firmengruppe, Bestehen einer Betriebsstätte oder Notwendigkeit eines Fremdwährungskontos, ggf. auch Beschränkungen beim Zugang zu Fremdwährungen im Heimatland des Kun-

den, etc.). Vorstellbar ist auch, dass die politische oder wirtschaftliche Situation im Heimatland des Kunden nicht stabil ist und daher auf sichere Drittländer oder Nachbarländer ausgewichen wird oder dass traditionell enge politische und wirtschaftliche Verflechtungen bestehen (wie zB in Bezug auf manche Balkanländer und Österreich bzw. einige Commonwealth-Länder und UK). Bei der Bewertung des Sachverhalts sollte darauf abgestellt werden, ob das Konto nachweisbar im Namen des Geschäftspartners geführt wird. Es sollten nachvollziehbare und plausible Gründe für die Abweichung bestehen, die nicht nur behauptet, sondern glaubhaft gemacht werden. Ein erhöhtes Risiko (aber nicht automatisch ein Verdacht) ergibt sich zB wenn Zahlungen ohne Not aus Ländern mit einem erhöhten Risiko der Geldwäsche oder Terrorismusfinanzierung (→ § 4 Rn. 82) erfolgen. Konten in Drittländern können zB für Zwecke der Steuerhinterziehung genutzt werden, um „schwarze Kassen" anzulegen oder Bestechungsgelder zu zahlen, Embargos und andere Verbote zu umgehen oder überhaupt intransparente und illegale Finanzierungsquellen anzuzapfen bzw. Gelder mit inkriminierten Geldern zu vermischen.

II. Geschäftspartner in Steueroasen

Weder die RL (EU) 2015/849 noch das GwG sehen unmittelbaren Rechtsfolgen vor bei Geschäften in oder über Länder, die als Steuerparadiese (Steueroasen) gelten. Generell muss man mit dem Begriff vorsichtig umgehen, da niedrige bzw. attraktive Steuerregime allein nicht dafür taugen, ein ganzes Land unter Verdacht schwerer Straftaten zu stellen. Entsprechende Regelungen bestehen zB auch in den USA, in Österreich, der Schweiz oder Großbritannien und Japan. Entscheidend ist immer, ob ausreichend Maßnahmen zum Schutz vor Geldwäsche und Terrorismusfinanzierung unternommen werden bzw. wie hoch der Grad der Transparenz der Eigentümer- und Kontrollstruktur von Unternehmen nach der jeweiligen Rechtsordnung ist und wie es um die internationale Zusammenarbeit steht. Die EU führt seit Dezember 2017 eine schwarze Liste von Steueroasen, die seither mehrfach verändert wurde. Sie beruht auf einer Übereinkunft der EU-Finanzminister und wird im Amtsblatt veröffentlicht.[5] Die Liste umfasst im Wesentlichen Länder und Gebiete, die sich einer Zusammenarbeit mit der EU auf dem Gebiet der Steuertransparenz verweigern. Sie umfasst jedoch nicht alle Länder, die allgemein als Steueroase gelten. Ohne Anspruch auf Richtigkeit und Vollständigkeit werden in diesem Zusammenhang häufig genannt: die British Virgin Islands (BVI), die Kanalinseln Guernsey und Jersey, Panama, Malta, Zypern, aber auch Mauritius und Hong-Kong, die Schweiz, Lichtenstein, Luxemburg, die Sonderverwaltungszone Macau, die Marshall Inseln, die Cayman-Inseln, die Bermudas, die Bahamas oder Uruguay.

17

C. Transaktionsbezogene Umstände

I. Auffällige Bargeldgeschäfte

Beispiel:
Der ausländische Kunde eines Autohändlers besteht auf Barzahlung. Diese sei ja schließlich erlaubt in Deutschland. Er legt dazu ein Bündel Banknoten auf den Tisch. Über die Geschäftstätigkeit bzw. Vermögenssituation des Kunden ist nichts bekannt (Neukunde).

18

Bargeldzahlungen sind in Deutschland (noch) in unbegrenzter Höhe legal. Allein aus dem Umstand, dass eine Bargeldzahlung erfolgt, kann daher kein Geldwäsche-Verdacht abgeleitet werden. Das gilt unabhängig von der Höhe der Bargeldbeträge. Dass zB Re-

19

---
[5] EU-Liste nicht kooperativer Länder und Gebiete für Steuerzwecke vom 18.2.2020, https://eur-lex.europa.eu/legal-content/DE/TXT/PDF/?uri=CELEX:52020XG1007(01)&from=EN, Zugriff am 15.10.2021.

staurant-Besitzer in größerem Umfang Bargeld haben, ist per se normal und leicht erklärbar. Die Zahlung von Rechnungen in bar ist daher weder ungewöhnlich noch verdächtig. Auch die Überschreitung der Schwellenwerte des § 4 Abs. 5 GwG bzw. § 10 Abs. 6a GwG begründet per se keinen Verdacht, sondern allenfalls ein Risiko, das bestimmte Rechtsfolgen auslöst. Dass Bargeldzahlungen ggf. gestückelt werden, ist ebenfalls für sich genommen kein Grund einen Geldwäsche-Verdacht anzunehmen (→ § 4 Rn. 28). Problematisch wird die Verwendung von Bargeld, wenn die Umstände auf eine nicht legale Herkunft oder Verwendung hindeuten, also zB wenn Personen größere Bargeldbeträge verwenden, deren Herkunft nicht leicht zu erklären ist. Dasselbe gilt, wenn die Umstände eine Verschleierung nahelegen oder der Eindruck besteht, dass geldwäscherechtliche Kontrollen umgangen werden sollen. Insbesondere die Stückelung größerer Ausgaben zur Umgehung geldwäscherechtlich relevanter Schwellenwerte ist verdächtig. Im Beispiel ist zu beachten, dass eine Bargeldzahlung bis maximal 10.000 EUR nicht einmal Sorgfaltspflichten auslöst (§ 10 Abs. 6a GwG), daher auch allein deswegen kein Verdacht angenommen werden muss. Bei Zahlungen ab diesem Schwellenwert müssen in erster Linie die Sorgfaltspflichten durchgeführt werden. Dabei ist zu beachten, dass Bargeldbeträge ab 10.000 EUR zollrechtlich zu erklären sind. Bei einem ausländischen Kunden wäre es daher angebracht iRd Sorgfaltspflichten zu prüfen, ob eine entsprechende Erklärung erfolgt ist. Ist dies der Fall gibt es keinen Grund für eine Verdachtsmeldung, sofern nicht andere Umstände den Verdacht begründen. Auch bei inländischen Kunden besteht iRd Sorgfaltspflichten die Möglichkeit, die Herkunft der Gelder bzw. die Vermögenssituation des Kunden zu klären, um ggf. das Vorliegen eines Verdachts bewerten zu können.

II. Zahlungen unbekannter Dritter (Drittzahlungen)

20 **Beispiel:**
Güterhändler G hat einen Vertrag mit einem Kunden A in Pakistan abgeschlossen. Die Zahlung erfolgt durch eine nicht näher bekannte Firma B von einem Konto bei einer Bank auf Mauritius.

21 Zahlungen durch andere Personen als den Vertragspartner (Drittzahlungen) sind „Klassiker" im Bereich des internationalen Güterhandels. Kaum ein international tätiges Industrie- oder Handelsunternehmen wird von dieser Art Risiko komplett verschont bleiben. Drittzahlungen sind nicht explizit in den FIU-Typologien (→ § 7 Rn. 45) erwähnt. Sie werden in Anlage 2 zum GwG, Ziff. 2d) als Risikofaktor für ein tendenziell erhöhtes Risiko genannt. Die Nationalen Risikoanalyse (→ § 4 Rn. 50) nennt großvolumige Zahlungen durch Dritte für Waren oder Dienstleistungen, die durch in Offshore-Jurisdiktionen (→ Rn. 17) ansässige Briefkastengesellschaften (→ Rn. 4) veranlasst werden explizit als Problem handelsbasierter Geldwäsche.[6] Drittzahlungen sind daher nicht automatisch verdächtig, aber tendenziell (erhöht) risikobehaftet.[7] Drittzahlungen sind in vielen Jurisdiktionen zivilrechtlich zulässig und wirksam (nicht verboten), was die Argumentation, es handle sich um einen Geldwäsche-Verdacht erschwert. Vertragliche Vereinbarungen, die Drittzahlungen ausschließen verhindern ggf. nicht, dass sie trotzdem vorgenommen werden und durch implizites Handeln wirksam werden, wenn die Buchhaltung beim Empfänger von dem Ausschluss nichts weiß und die Zahlung annimmt und verbucht. (Legaler) Hintergrund von Drittzahlungen sind oft Finanzierungserfordernisse, die der Kunde nicht offenlegt oder deren Bedeutung ihm iRd Bekämpfung von Geldwäsche und Terrorismusfinanzierung nicht geläufig ist (Direktzahlung durch finanzierende Bank, Leasinggesellschaft oder ähnliche Institute). Finanzierungen über hohe Summen werden wegen der notwendigen Sicherungsrechte an den gelieferten Waren oder anderen Vermögenswerten aber

---

[6] BMF, Nationale Risikoanalyse 2018/2019, S. 107.
[7] So auch Danda NJOZ 2021, 801 (806 f.).

C. Transaktionsbezogene Umstände   § 8

idR nicht heimlich und ohne jede Mitwirkung oder Kenntnis des Warenlieferanten vonstattengehen, wenn gleichzeitig direkte Zahlungen an diesen vereinbart sind. Drittzahlungen kommen auch im Zusammenhang mit Fremdwährungsrestriktionen im Kundenland vor. Bei Dritten kann es sich auch um Akteure informeller Geldtransfersysteme (zB Hawala-Banking, → Rn. 25) handeln. Sofern Dritte Zahlungen anstelle des Vertragspartners leisten, sollte dies iSd Transparenz vertraglich geregelt werden. Der Dritte sollte vorab überprüft werden, wobei Wert auf die legale Herkunft von Geldern (bzw. der Geschäftstätigkeit) des Dritten gelegt werden sollte und darauf, dass er die Zahlung für Dritte legal bewirken darf. Allgemeine Sorgfaltspflichten sind nicht automatisch erforderlich, weil der (offene) Vorschlag, über Dritte zu zahlen, per se keinen Verdacht begründet, wenn also weder der Vorschlag als solcher noch der Dritte noch die geplanten Umstände verdächtig sind. Zentrale Regulierer in Unternehmensgruppen gelten formal als Drittzahler, sollten jedoch idR nicht weiter problematisch werden.

> **Praxishinweis:** 22
> Aktuell gängige EDV-Systeme sind oft nicht darauf ausgelegt, Abweichungen zwischen Vertragspartnern und Zahlern systematisch zu erkennen. Im Rahmen der Risikoanalyse sollte das Problem dennoch angesprochen und mind. durch entsprechende Anweisungen und Schulungsmaßnahmen als Sicherungsmaßnahme adressiert werden. Ggf. ist es sinnvoll Stichproben anzuordnen, sofern in einer bestimmten Konstellation (zB Land mit Devisenbeschränkungen, Embargo und Beschränkung des Zahlungsverkehrs, etc.) Fälle von Drittzahlungen auftreten oder zu erwarten sind, die auf ein systematisches bzw. wiederkehrendes Problem hindeuten.

Problematisch sind vor allem nicht vereinbarte, nicht angekündigte Zahlungen unbekannter Dritter, ganz besonders wenn dies durch Briefkastengesellschaften oder über Steueroasen erfolgen (oder beides). Drittzahlungen aus unbekannter Quelle eignen sich in geradezu perfekter Weise für die Einschleusung von inkriminierte Geldern in den Wirtschafts- und Finanzkreislauf. Entscheidend ist daher die (möglichst genaue) Klärung der Herkunft der Gelder (→ § 6 Rn. 32) des Dritten bzw. seiner Geschäftstätigkeit. Wo dieser nachweislich einer legalen und seriösen Geschäftstätigkeit nachgeht, die auch nach Art und Umfang entsprechende Zahlungen erlaubt, liegt eine illegale Herkunft der Gelder nicht nahe. Zusätzlich sollte überprüft werden, ob eine Genehmigung für derartige Finanzdienstleistungen besteht. Eine kleine Import- Export-Firma wird dazu idR nicht die notwendigen Genehmigungen und Erlaubnisse aufweisen. Häufig handelt es sich dabei um Hawaladar, → Rn. 25). In der Regel werden die Verpflichteten allerdings nur begrenzte Möglichkeiten der Aufklärung haben. Ist der Dritte nicht bekannt bzw. besteht kein Kontakt, scheiden Sorgfaltspflichten aus. Soweit der Dritte nicht erkennbar Bezüge zu illegalen Milieus aufweist, ist es legitim beim Geschäftspartner nachzuforschen, ob er die Beziehung zu dem Dritten erläutern kann. Eine Verdachtsmeldung wird sich in Drittzahlungsfällen primär gegen den unbekannten Dritten richten, dh gegen die verdächtige Transaktion, nicht gegen den Geschäfts- bzw. Vertragspartner. Ob der Verdacht ihn erfasst, hängt vom Einzelfall ab. Letzteres ist vor allem dann der Fall, wenn er den unbekannten Dritten direkt beauftragt hat. Hat er selbst zB einen lokalen Geldtransferdienst beauftragt, der im Land legal arbeitet und bedient sich dieser ohne sein Wissen informeller Finanzdienstleister ist der Kunde vom Verdacht nicht betroffen. Das Geschäfts- und Transaktionsverbot der § 10 Abs. 9 GwG, § 15 Abs. 9 GwG gilt nur für die verdächtige Transaktion, nicht jede weitere Transaktion mit den Beteiligten, die unter unverdächtigen Umständen stattfindet. Soweit sichergestellt werden kann, dass der Kunde weitere Transaktionen in unverdächtiger Weise durchführt, ist daher nichts gegen die Fortsetzung der Beziehung einzuwenden, wenn nicht der Verdacht die Person des Kunden bzw. alle Transaktionen mit ihm betrifft. So oder so muss unabhängig von der Behandlung des Einzelfalls als risikomindernde Maß- 23 nahme der Versuch unternommen werden, zukünftige Zahlungen auf eine transparente, legale Übermittlung bzw. Herkunft der Gelder umzustellen. Dass A in dem oben genannten Beispiel ein Konto bei einer Bank in Deutschland hat, ist für die Frage der Verdachtsmeldung nicht relevant. Zwar muss die Bank A vor Kontoeröffnung identifizieren und die Kontoführung überwachen. Ob bei Bareinzahlungen oder einer Überweisung des A an den G eine Verdachtsmeldung erfolgt, ist nicht pauschal zu beantworten. Dies ist zB nicht zwingend, wenn A in einer bargeldintensiven Branche tätig ist.

III. Nutzung informeller Finanzdienstleister (Hawala-Banking)

24 **Beispiel:**

Güterhändler G führt ein Projekt im Nahen Osten durch. Mit dem Geschäftspartner macht er seit langen Jahren immer wieder mal Geschäfte. Es ist wie sonst auch eine Anzahlung von 50 % vereinbart, rund 50.000 EUR. Zur Fälligkeit erhält G eine E-Mail des Geschäftspartners, mit der er darauf hinweist, das Geld sei am Tag zuvor auf das Konto des G eingezahlt worden. Tatsächlich hat G am Vortrag eine entsprechende Überweisung eines A von einem deutschen Bankkonto einer Bank in Hamburg erhalten. Die der E-Mail angefügten Belege zeigen, dass das Geld zuvor in bar von dem A auf sein Konto bei seiner Bank in Hamburg einbezahlt worden waren.

25 Geldtransfers via Hawala-Banking oder andere informelle Geldtransfersysteme *(„underground banking")*[8] sind weit verbreitet, aber illegal. Hawala-Banking stammt traditionell aus muslimischen Ländern, ist zwischenzeitlich aber auf der ganzen Welt verbreitet. Hawaladar sind häufig Inhaber (legaler) Geschäfte, wie zB Reisebüros, Juweliere, Lebensmittelläden oder Geld-Wechselstuben, die nebenbei ohne Genehmigung Finanzgeschäfte betreiben. Die Geldübertragung erfolgt dabei auf der Basis von Vertrauen durch Verrechnung von Forderungen und Gegenforderungen der diversen Beteiligten, weitgehend ohne physischen Geldtransfer. Das Geld erhält der Empfänger wie bei Banken letztlich von einem Hawaladar, nicht vom Auftraggeber. Hawala-Banking gilt als schnell und kostengünstig und funktioniert auch in Ländern ohne ausreichende Infrastruktur im Finanzsektor. Hawala-Banking und ähnliche informelle Finanzdienstleistungssysteme sind praktisch weltweit unzulässig, weil sie sich der Regulierung und Aufsicht entziehen. Hawala-Banking-Systeme eignen sich mangels Kontrolle und Aufsicht besonders gut für Zwecke der Geldwäsche, Terrorismusfinanzierung oder für andere Straftaten. Hawala Banking kann des Weiteren zur Umgehung von Embargo-Bestimmungen benutzt werden, sofern Zahlungen in und Überweisungen aus dem betreffenden Land von Banken und Zahlungsdienstleistern eingeschränkt oder unterbunden sind. Die FATF sieht in der Nutzung von informellen Geldtransfersystemen wie dem Hawala-Banking den Verdacht der Geldwäsche bzw. Terrorismusfinanzierung. Sie hat eine Liste möglicher Anhaltspunkte im Zusammenhang mit Hawala-Banking veröffentlicht,[9] die jedoch kaum spezifischer ist als die sonst gebräuchlichen FIU-Typologien (→ § 7 Rn. 45).

26 Seit Januar 2018 ist Hawala-Banking in Deutschland strafbar (§ 63 ZAG). Zuvor handelte es sich nur um eine Ordnungswidrigkeit.[10] Verboten ist aber nicht der Geldtransfer als solcher. Den Strafgrund bilden die Umstände, unter denen der Geldtransfer stattfindet,[11] insbes. das Fehlen der entsprechenden Erlaubnis. Seit der Reform des § 261 StGB

---

[8] Erwähnt wird zB das Black Market Peso Exchange-Modell, Diergarten/Barreto da Rosa Geldwäscheprävention/Barreto da Rosa Kapitel 1 Rn. 106 f.
[9] Annex 2 des FATF-Bericht vom Juni 2010: „Money Laundering through Money Remittance and Currency Exchange Providers", https://www.fatf-gafi.org/publications/methodsandtrends/documents/moneylaunderingthroughmoneyremittanceandcurrencyexchangeproviders.html, Zugriff 23.8.2021.
[10] S. § 63 Abs. 1 Nr. 4 ZAG aF idF Gesetz zur Umsetzung der Zweiten Zahlungsdiensterichtlinie v. 17.7.2017, BGBl. 2017 I 2446.
[11] Bittmann NZWiSt 2021, 133 (140).

(→ § 2 Rn. 10) ist Hawala-Banking Vortat der Geldwäsche. Die durch Hawala-Banking übertragenen Gelder rühren jedoch nicht aus der Straftat her. Sie sind weder Taterertrag noch Tatprodukt des Verstoßes gegen des ZAG, sondern Gegenstand (Tatmittel), mit dem die Tat begangen wird. Geldwäschefähiger Tatertrag ist allenfalls der Ertrag an Provisionen oder andere Zuwendungen, die er für seine Dienste erhält.[12] Sofern das transferierte Geld nicht aus einer (anderen) Straftat stammt und per Hawala-Banking in den Wirtschaftskreislauf eingeschleust wird, ist es nicht inkriminiert (→ § 2 Rn. 21) – ungeachtet der Tatsache, dass das Handeln des Hawaladar strafbar ist. Zumindest wo der Hawaladar (andere) legale Tätigkeiten in einem Umfang vorweisen kann, die die Zahlung der Höhe nach möglich machen, wird daher oft ein strafprozessualer Anfangsverdacht der Geldwäsche gegen Hawaladar scheitern. Eine Verdachtsmeldung sollte bei Erhalt von Geldern aus informellen Geldtransfersystemen dennoch in Betracht gezogen werden, wenn die legale Herkunft der Gelder nicht eindeutig belegt werden kann. Die Kunden des Hawaladar machen sich allein durch die Annahme des Geldes idR nicht strafbar, soweit nicht Beihilfe oder Mittäterschaft beim Verstoß gegen das ZAG oder eine andere Straftat im Raum steht.[13] Die müssen allerdings ausgehend von der Reform des § 261 StGB eine Kontamination ihres Vermögens iSd BGH-Rechtsprechung (→ § 2 Rn. 21) befürchten, wenn sie (ungewollt) Zahlungen im Wege des Hawala-Banking) auf ihr Konto erhalten.

> **Praxishinweis:** 27
> Sinnvoll ist, Zahlungen aus informellen Geldtransfersystemen buchhalterisch zunächst auf ein „Klärungskonto" zu verbuchen. Damit wird zumindest dokumentiert, dass die Zahlungen noch nicht final vereinnahmt (angenommen) wurde. Dies kann unter Umständen dabei helfen, den Vorwurf der vorsätzlichen oder leichtfertigen (→ § 2 Rn. 29) Geldwäsche zu entkräften. Dieses Vorgehen kann auch als zusätzliche, im Gesetz nicht genannte Sicherungsmaßnahme iSd § 6 Abs. 2 GwG gelten.

IV. Auffällige Nutzung von Akkreditiven

Beispiel: 28
G ist kurz davor einen Vertrag im Wert von 8 Mio. EUR über die Lieferung von Anlagen- und Maschinenteilen mit einem Kunden aus dem Nahen Osten zu schließen. Der Vertrag sieht ein bestätigtes Akkreditiv zugunsten von G bei einer deutschen Bank vor. Vor Unterzeichnung fordert der Kunde ultimativ, dass die Firma A als Begünstigter des Akreditiv eingetragen wird. Zur Begründung wird darauf verwiesen, A sei der Finanzagent des Kunden in Deutschland. A werde nach Bedienung des Akkreditivs für die Zahlung an G sorgen. Nachforschungen ergeben, dass A eine unbekannte Export-Import-Firma ist, die zu einer kleinen, nicht näher bekannten Firmengruppe gehört.

Zu beachten ist: Nicht jede ungewöhnliche Gestaltung von Akkreditiven begründet 29 den Verdacht der Geldwäsche oder Terrorismusfinanzierung. Die Änderung von Bankdokumenten wie Akkreditiven ist bei komplexen, internationalen Projekten Alltag. Dies kann zB auf Projektverzögerungen beruhen oder veränderten Finanzierungsbedürfnissen des Kunden. Im Beispiel gibt es keinen erkennbaren Grund für die Zwischenschaltung der A. Insbesondere hat sie keine erkennbare Expertise bei der Abwicklung von Akkreditiven. Abgesehen von einem erhöhten Insolvenzrisiko, dessen Abwendung das Akkreditiv ja gerade dienen soll, ist nicht ersichtlich zu welchem Zweck A eingeschaltet wird, zumal das die Kosten der Abwicklung potenziell erhöht. Hier steht das Risiko im Raum, dass das Geschäft und Akkreditiv nicht nur zur Finanzierung des – legalen – Liefergeschäfts mit G

---
[12] Bittmann NZWiSt 2021, 133 (140).
[13] Bittmann NZWiSt 2021, 133 (140).

genutzt werden soll, sondern auch für andere, möglicherweise illegale, aber nicht näher bekannte Zwecke.

V. Unnötig komplexe Geschäftsmodelle

30 **Beispiel:**

Der Geschäftspartner K des G bestellt bei diesem Ersatzteile für eine früher gelieferte Maschine. Die Abwicklung soll über das Unternehmen U mit Sitz auf Malta durchgeführt werden, das angeblich Einkäufe für K zentral abwickelt.

31 Anhaltspunkt für Geldwäsche, Terrorismusfinanzierung oder andere Straftaten kann sein, dass eine Transaktion auf unnötig oder auffällig komplexe Art abgewickelt wird, zB über Umwege bzw. auf kostenintensiverem Weg als erforderlich. Gute Gründe für solche „Umwege" können zB Devisenbeschränkungen sein, denen der Endabnehmer unterliegt oder Finanzierungserfordernisse, das Fehlen von technischem Know-How (Beratungsbedarf) bei der Auswahl von Produkten oder auch die Bündelung von Einkaufsaktivitäten, ggf. auch firmenübergreifend (Einkaufskooperation). Grds. gilt auch insoweit, dass die vertragliche und abwicklungstechnische Gestaltung in der Verantwortung des Kunden liegt und daher von idealtypischen Vorstellungen abweichen darf, ohne Argwohn zu erwecken. Es bedarf einer Bewertung der Situation, um zu verstehen, ob diese als auffällig aber legitim, riskant oder sogar verdächtig bewertet werden muss. Wenn direkte Lieferungen ohne weiteres möglich sind, ist eine komplexere Gestaltung jedenfalls erklärungsbedürftig. Insbesondere die Einschaltung von Briefkastengesellschaften, Gesellschaften mit Sitz in Steueroasen oder von intransparenten Zwischenhändler ohne klar erkennbare Funktion und Geschäftstätigkeit (kleine Firmen, die von einer Privatwohnung aus betrieben werden, die keinerlei Expertise aufweisen, die nicht ausreichend Personal haben oder nicht über ausreichende Liquidität verfügen) dürfen den Grad der Argwohn deutlich in Richtung Verdachtsmeldung erhöhen.

32 **Praxishinweis:**

Unter die Kategorie unnötig komplexer Geschäfte fallen auch sogenannte Streckengeschäfte. Dabei werden über das mehrfache „Hintereinanderschalten" von Unternehmen Lieferketten zwischen dem Produzenten oder Händler und dem Endabnehmer geschaffen, für deren Komplexität es keine Rechtfertigung gibt. Dies erlaubt auf jeder Stufe der Kette Aufschläge auf den Warenpreis, so dass sich die Ware auf dem Weg zum Endabnehmer stark verteuert und am Ende nicht selten um ein Vielfaches über ursprünglichen Verkaufspreis liegt. Möglich ist dies nur, wo für die Ware kein gut funktionierender Markt mit ausreichend Wettbewerb besteht – sei es aufgrund offizieller (gesetzliche oder regulatorische Beschränkungen) oder künstlich herbeigeführter Zugangsbeschränkungen, zB aufgrund von Kartellabsprachen, durch manipulierte Ausschreibungen, im Zusammenhang mit Bestechung oder der Veruntreuung von Geldern des Kunden, die über die „Kette" letztlich ins Ausland transferiert werden.

VI. Dubiose Finanzierungsquellen

33 **Beispiel:**

Der Geschäftspartner des G vereinbart mit diesem ein größeres Geschäft. Vertrags- und Lieferbedingungen sind unauffällig, die Bonität des Geschäftspartners jedoch nicht ausreichend. Auf Nachfrage erläutert dieser, dass das Projekt mit Geldern eines reichen Privatmanns finanziert wird, der die Infrastruktur im Land entwickeln helfen will. Erst zu einem späteren Zeitpunkt erfährt G davon, dass die Person als ehemaliger Minister eines afrikanischen Landes im Zentrum eines Gerichtsverfahrens wegen eines Korruptionsskandals steht und dass ein wesentlicher Teil seines Vermögens aus dem Verkauf von Genehmigungen an ausländische Baufirmen für Projekte in dem Land stammen soll.

Geschäft und Vertragspartner bieten hier per se keine Anhaltspunkte für Geldwäsche oder Terrorismusfinanzierung. Anknüpfungspunkt könnte allenfalls die Finanzierung und die Herkunft der dabei eingesetzten Gelder sein. Allein der Umstand, dass der Geschäftspartner eine Finanzierung in Anspruch nimmt, begründet weder ein erhöhtes Risiko noch eine Verdachtsmeldepflicht. Entsprechend besteht auch keine Pflicht etwa zu allgemeinen Sorgfaltspflichten (→ § 5 Rn. 18). Diese führen auch nicht weiter, weil der Finanzier im Beispielsfall Vertragspartner des Geschäftspartners ist, nicht des Verpflichteten. Allein die Tatsache, dass er ein Projekt des Geschäftspartners finanziert, macht den Finanzier auch nicht zum wirtschaftlich Berechtigten (→ § 5 Rn. 69) des Geschäftspartners. Dazu müsste er erkennbar eine wie auch immer ausgestaltete Beteiligung an dem Projekt haben, die nicht rein wirtschaftlicher (monetärer) Natur ist. Formal betrachtet hat der Geschäftspartner folglich keine Mitwirkungspflicht gegenüber G, wenn dieser versucht mehr über den Finanzier und die Herkunft dessen Gelder herauszufinden. Eine Verdachtsmeldung liegt im obigen Fall nahe. Wo die Umstände des Falls keine Meldung hergeben, sollte sich der Güterhändler mit Blick auf die unübersehbaren Risiken trotzdem Maßnahmen zur kontinuierlichen Überwachung überlegen. Stellt sich – gleich oder später- heraus, dass es sich bei dem Finanzier um eine Person mit zweifelhafter Reputation handelt, bzw. ist die Herkunft der Gelder verdächtig, kann man ggf. mit einer Verdachtsmeldung reagieren.

VII. Überzahlungen und Weiterleitungsfälle

Beispiel:
Kfz-Händler G bietet einen hochwertigen Gebrauchtwagen an. Nach längeren Verhandlungen einigt er sich mit einem Interessenten auf den Kaufpreis. Zur Begleichung des Kaufpreises erscheint der Kunde am nächsten Tag mit 40.000 EUR in bar, gebündelt in 500er-Scheinen. Nach Durchführung der allgemeinen Sorgfaltspflichten wird die Abholung des Fahrzeugs für wenige Tage danach vereinbart. Bei Abholung entsteht Streit über angebliche Beschädigungen am Fahrzeug. Dieser endet damit, dass der Käufer vom Kaufvertrag zurück tritt und sich das Geld per Überweisung auf sein Konto erstatten lässt.[14]

Alternative:
Der Kunde hatte das Geld aus dem Ausland (seinem Sitzland) überwiesen, verlangt jetzt den Transfer des Geldes auf das Konto einer Gesellschaft in einem Steuerparadies.

Überzahlungen bzw. Rückzahlungen an Geschäftspartner sind geschäftlicher Alltag und als solches nicht grds. problematisch. Genauer hinschauen sollten Güterhändler, wenn binnen kurzer Frist und unter dubiosen Umständen Bargeld in unbares Geld aus unverdächtiger Quelle (dem Güterhändler) umgewandelt wird oder wenn entsprechende Zahlungen nicht an die ursprüngliche Quelle zurück überwiesen werden sollen, sondern an Drittländer, andere Personen oder auch auf andere Bankkonten als das Ursprungskonto. Der Güterhändler erscheint in diesen Fällen von außen betrachtet wie eine reine Durchlaufstation. Die Rücküberweisung sollte ausschließlich auf ein Konto erfolgen, dass auf den Namen des Geschäftspartners lautet, nach Möglichkeit in seinem Sitzland besteht und sollte explizit mit einem Betreff versehen werden, der die Zahlung als Rücküberweisung ausweist.

---

[14] Sachverhalt nachgebildet BKA, FIU Newsletter 12/2016, S. 7, Zugriff am 15.10.2021.

VIII. Zahlungen aus privater Quelle

37 **Beispiel:**

Der Geschäftspartner K der K GmbH schlägt G vor, Zahlungen für Lieferungen des G an die GmbH in Zukunft per Kreditkarte zu bezahlten. Diese lautet auf den Namen des K und dient normalerweise der Abrechnung von Reisekosten des K gegenüber der GmbH.

38 Grds. ist es dem Geschäftspartner überlassen, auf welchem Weg er seine Rechnungen begleicht. Dazu gehört. ggf. auch eine private Finanzierungsquelle. Gerade bei kleinen, Inhaber geführten Unternehmen im Ausland wird man dabei häufig keine besondere Formenstrenge feststellen. Zahlungen der Person werden dort praktisch mit Zahlungen des Unternehmens gleichgestellt, obwohl dies schon zivilrechtlich wie buchhalterisch nicht möglich ist. Umstände, die in dringenden Fällen private Zahlungen an Stelle des Unternehmens rechtfertigen können, sind zB starke Wechselkursschwankungen, Liquiditätsengpässe oder andere wirtschaftliche Schwierigkeiten des Unternehmens. Ebenso wenn zB G vor Aufnahme eines aufwendigen Produktionsprozesses für eine Maschine oder Lieferung auf einer Anzahlung besteht und der Geschäftspartner, um den geplanten Liefertermin zu halten, Geld aus privatem Vermögen vorstreckt, weil zB die finale Projektstruktur inklusive der Finanzierung noch nicht steht und ansonsten Verzögerungen des Projekts drohen. In solchen Fällen sollten sich transparente Gestaltungen finden lassen, die auch die Rückzahlung der privat geleisteten Anzahlungen umfassen, sobald die Finanzierung steht, ohne dass dabei Verdachtsmomente bestehen. Im Beispielfall muss man beachten, dass Kreditkartenumsätze häufig mit weiteren Vorteilen (zB aus Programmen von Fluggesellschaften, Autovermietern oder auch der Banken und Kreditkartenunternehmen) verbunden sind. Je nach Ausgestaltung der zugrundeliegenden Kreditkartenkonditionen kann es sich daher um eine (zivilrechtlich) missbräuchliche, unter Umständen aber auch (strafrechtlich) betrügerische Verwendung der Karte zu Lasten der Bank oder anderer Unternehmen handeln. Objektiv liegt darin das Risiko (ohne entsprechenden Vorsatz) einen Beitrag zu Straftaten zu leisten, was formal keine Geldwäsche darstellt. Wo Zahlungen aus privater Quelle im Kontext einer Insolvenz stattfinden sollte wegen der Gefahr der Beihilfe zu Insolvenzstraftaten eine nähere Prüfung der Umstände und der Herkunft der Gelder erfolgen. Ist diese nicht aufklärbar, kommt eine Verdachtsmeldung in Betracht.

D. Presseberichte und Auskunftsersuchen

I. Negative Pressebereichte („*adverse media*")

39 **Beispiel:**

Eine große dänische Bank war 2018 Gegenstand von Berichten über einen mutmaßlichen Geldwäsche-Skandal im Zeitraum 2007 bis 2015. Den Berichten zufolge soll die Bank in dieser Zeit über ihre Filiale in Estland Gelder aus Russland und anderen osteuropäischen Staaten in Milliardenhöhe gewaschen haben. Prominente Berichte betreffen Zahlungen an deutsche und europäische Parlamentarier im Zusammenhang mit einem Lobby-Programm zugunsten des Staates Aserbeidschan (Aserbaidschan-Affäre), Zahlungen durch oder an Familienangehörige des russischen Präsidenten Wladimir Putin sowie Mitglieder des russischen Inlandsgeheimdienst FSB, sowie über eine neuseeländische Firma, die Gelder aus einem illegalen Waffengeschäft zwischen Nordkorea und Iran gewaschen haben soll.[15] Weniger prominent wurde über mögliche Zahlungen berichtet, die letztlich für Warenliefe-

---

[15] https://de.wikipedia.org/wiki/Danske_Bank#Ermittlungen_wegen_mutma%C3%9Flicher_Geldw%C3%A4sche.

rungen (Güterhandel) verwendet wurden.[16] Die Berichte erwähnten unter anderem Zahlungen über in England und Schottland ansässige Briefkastengesellschaften in der Rechtsform der Limited Private Partnership (LLP),[17] die Konten bei der Bank in Estland unterhielten.[18]

Presseberichte über mögliche Geldwäsche-Aktivitäten oder Verbindungen bestimmter Firmen zu solchen können Anlass sein, Berührungspunkte des eigenen Unternehmens mit den Beteiligten oder ähnlichen Strukturen zu prüfen. Dies ist abhängig von der Qualität und dem Detaillierungsgrad der Medienberichte, sowie seiner Aktualität. Häufig werden Presseberichte die Quellen für weitere Informationen nicht benennen. Es bleibt dann den Verpflichteten überlassen, die Qualität und Belastbarkeit der Informationen zu bewerten. Im Beispiel kann es sinnvoll sein, die Transaktionswege von Geschäften mit russischen und osteuropäischen Kunden zumindest stichpunktartig auf strukturelle Ähnlichkeiten oder Bezug zu Firmen zu prüfen, die im Zusammenhang genannt werden. So könnte eine Prüfung über den Finanzbereich veranlasst werden, ob Geschäfte Zahlungen für die entsprechenden Kunden von englischen Firmen geleistet wurden, ob es sich dabei um LLP handelt und ob erkennbar ist, dass diese Konten in Estland unterhielten. 40

II. Steuerlich relevante Gestaltungen

Beispiel: 41
Der spanische Lieferant der Firma G bittet um Überweisung zukünftiger Verbindlichkeiten auf ein neu eingerichtetes Konto in Luxemburg. Bei näherer Betrachtung stellt sich heraus, dass das Konto nicht auf den Namen des Lieferanten lautet, sondern auf den Namen des Inhabers der spanischen Firma.

Steuerliche Gestaltungsspielräume zu nutzen ist per se nicht illegal und daher auch nicht verdächtig. Die Grenze zur illegalen Steuerhinterziehung ist allerdings undeutlich und schnell überschritten. Für Außenstehende ist es praktisch nicht möglich zu beurteilen, ob ein Vorgang (noch) rechtlich zulässig oder (schon) steuerrechtlich problematisch ist. Dazu werden in aller Regel nicht genug Informationen vorliegen. Allein die Möglichkeit, dass ein Vorgang für illegale Zwecke genutzt werden kann, ist kein Grund für eine Verdachtsmeldung. Die (abstrakt-theoretische) Geeignetheit einer Gestaltung für illegale Zwecke begründet ein Risiko, aber keinen Verdacht. Dazu bedarf es weiterer Umstände, die die Hinweise konkretisieren. Im Beispiel würden zunächst nur legale Zahlungen auf das Auslandskonto geleitet. Erst unter der weiteren Annahme, dass diese Zahlungen nicht ordnungsgemäß verbucht und steuerlich erklärt würden, entstünde überhaupt Raum für die Annahme illegaler Gewinne aus falsch erklärten Einnahmen. Auf Basis der geänderten Vorschriften im deutschen Recht würde durch eine falsche (rechtswidrige) Steuererklärung allein noch kein geldwäschefähiger Gegenstand entstehen. Dazu bedürfte es einer darauf basierenden Steuererstattung (→ § 2 Rn. 39). Im obigen Fall ist daher durchaus vertretbar, dass keine Verdachtsmeldung erfolgt, wenn das Konto in Luxemburg auf den Namen des Lieferanten lautet und keine Hinweise auf Unregelmäßigkeiten bei der Erstellung der Rechnungen bestehen, die der Zahlung zugrunde liegen. Sofern die Überweisung auf das Konto eines Dritten erfolgen soll, etwa einer natürlichen Person, statt auf ein Konto des Lieferanten, ist dagegen eher zur Vorsicht zu raten. 42

---

[16] https://www.bo.de/lokales/ortenau/verdacht-auf-geldwaesche-bei-duravit-und-hansgrohe#, Zugriff am 15.10.2021.
[17] https://www.icij.org/investigations/fincen-files/inside-scandal-rocked-danske-estonia-and-the-shell-company-factories-that-served-it/, Zugriff am 15.10.2021.
[18] https://www.thetimes.co.uk/article/paradise-papers-office-in-potters-bar-home-to-more-than-100-shell-companies-tr6pmh6w0, Zugriff am 15.10.2021.

§ 9. Aufsichtsbehörden und Bußgeldvorschriften

A. Überblick

> **Neu (seit Vorauflage):**
> Die allgemeinen aufsichtsrechtlichen Befugnisse der Aufsichtsbehörden und die Mitwirkungspflichten der Verpflichteten gegenüber den Aufsichtsbehörden wurden seit der Vorauflage nicht grundlegend verändert. Durch das GwG-Änderungsgesetz 2020 (→ § 1 Rn. 12) wurde zunächst der Katalog der Ordnungswidrigkeiten in § 56 Abs. 1 GwG neu gefasst und erweitert auf nunmehr 74 Einzeltatbestände. Darüber hinaus wurde in § 56 Abs. 2 GwG erstmals eine kleine Zahl von Bußgeldtatbeständen geschaffen, die bereits fahrlässiges Handeln sanktionieren, nicht Leichtfertigkeit, wie sonst im GwG. Mit dem TrFinInfoG wurden nur kleinere redaktionelle Änderungen vorgenommen.

1

Abschnitt 7 des GwG regelt unter anderem die Zuständigkeiten und Befugnisse der geldwäscherechtlichen Aufsichtsbehörden sowie Bußgeldvorschriften (Ordnungswidrigkeiten) und andere Sanktionen. Der Abschnitt enthält darüber hinaus datenschutzrechtliche Grundlagen für die Tätigkeit der Aufsichtsbehörden und Regelungen über die Zusammenarbeit mit anderen, auch ausländischen Aufsichtsbehörden. Die Aufsicht über Güterhändler ist in Deutschland Ländersache. Die Zuständigkeit liegt je nach Bundesland bei ganz unterschiedlichen Behörden. Aufsichtsbehörden müssen Hinweisgebersysteme einrichten für die Meldung von Verstößen gegen geldwäscherechtliche Pflichten. Die Befugnisse der Aufsichtsbehörden umfassen unter anderem Vor-Ort-Prüfungen bei den Verpflichteten. Die Verpflichteten haben weitreichende Mitwirkungs- und Duldungspflichten gegenüber den Aufsichtsbehörden. Diese können im Fall von Verstößen gegen geldwäscherechtliche Pflichten Bußgelder und andere Sanktionen aussprechen. Rechtsbehelfe haben keine aufschiebende Wirkung.

2

B. Zuständige Aufsichtsbehörde

„Zuständige Aufsichtsbehörde für die Durchführung des GwG ist" die in § 50 GwG genannte Behörde. Für den Finanzsektor inklusive Versicherungsunternehmen ist das die BaFin (§ 50 Nr. 1 und Nr. 2 GwG), für andere Verpflichtete gelten spezifische Regelungen, zB für Rechtsanwälte inklusive der Syndikusrechtsanwälte (§ 50 Nr. 3 GwG). Für Güterhändler ist die *„jeweils nach Bundes- oder Landesrecht zuständige Stelle"* Aufsichtsbehörde (§ 50 Nr. 9 GwG). Dabei handelt es sich um eine Auffangregelung für alle Verpflichteten, für die das GwG nicht bereits eine explizite Regelung trifft.[1] Für Güterhändler gibt es keine einheitliche, bundesweit gleichartige Regelung. Vielmehr sind je nach Bundesland unterschiedliche Behörden zuständig. Dies hat zu einem Flickenteppich an Behördenzuständigkeiten geführt. Teilweise existieren zentrale Behörden für ein Bundesland. In Bayern dagegen hat man zwei Schwerpunktregierungsbehörden benannt, die überregional zuständig sind, in Baden-Württemberg die 4 Regierungen für ihre jeweiligen Regierungsbezirke. In Rheinland-Pfalz sind die örtlichen Gemeinden zuständig. Jede Aufsichtsbehörde führt in ihrem geografischen Zuständigkeitsbereich die Aufsicht über die dort angesiedelten Unternehmen und Niederlassungen von Unternehmen (örtliche Zuständigkeit). Güterhändler unterliegen daher unter Umständen nicht nur am Sitz der Hauptniederlassung der Aufsicht, sondern ggf. mehrfach, mit jeder Niederlassung in Deutschland. Wiederholte Prü-

3

---
[1] BT-Drs. 18/11555, 160 zu § 50 Nr. 2–9 GwG.

fungen von Güterhändlern an unterschiedlichen Orten durch unterschiedliche Aufsichtsbehörden sind in manchen Branchen eher die Regel als die Ausnahme. In diesem Fall müssen sich die Verpflichteten auf ggf. divergierende Anforderungen und Erwartungen von Behörden einstellen. Immerhin existieren seit einiger Zeit einheitliche Auslegungshinweise für den Nichtfinanzsektor (→ § 1 Rn. 13).

4 **Praxishinweis:**
Übersicht der Aufsichtsbehörden iSd § 50 GwG für Güterhändler nach Bundesländern:
- Baden-Württemberg: Regierungspräsidien Freiburg, Karlsruhe, Stuttgart, Tübingen
- Bayern: Schwerpunktregierungen Niederbayern (Landshut) und Mittelfranken (Ansbach)
- Berlin: Senatsverwaltung für Wirtschaft, Energie und Betriebe, Berlin
- Brandenburg: Ministerium für Wirtschaft und Energie des Landes Brandenburg, Potsdam
- Bremen: die Ortspolizeibehörden in Bremen
- Hamburg: Behörde für Wirtschaft, Verkehr und Innovation, Hamburg
- Hessen: Regierungspräsidien Darmstadt, Gießen, Kassel
- Mecklenburg-Vorpommern: Ministerium für Wirtschaft, Arbeit und Gesundheit, Schwerin
- Niedersachsen: die Region Hannover, die Landkreise und kreisfreien Städte
- Nordrhein-Westfahlen: Bezirksregierungen Arnsberg, Detmold, Düsseldorf, Köln, Münster
- Rheinland-Pfalz: Kreisfreie Städte bzw. Kreisverwaltungen (Landkreise)
- Saarland: Landesverwaltungsamt, Saarbrücken
- Sachsen: Landesdirektion Sachsen, Leipzig
- Sachsen-Anhalt: Landesverwaltungsamt Sachsen-Anhalt, Halle
- Schleswig-Holstein: Ministerium für Wirtschaft, Arbeit, Verkehr und Technologie, Kiel
- Thüringen: Thüringer Landesverwaltungsamt, Weimar

C. Befugnisse und Pflichten der Aufsichtsbehörden

5 „Die Aufsichtsbehörden üben die Aufsicht über die Verpflichteten aus" (§ 51 Abs. 1 GwG). Ganz allgemein gilt, dass sie zum Zweck einer wirksamen Überwachung[2] „geeignete und erforderliche Maßnahmen und Anordnungen treffen können, um die Einhaltung der im GwG und in den aufgrund des GwG ergangenen Rechtsverordnungen festgelegten Anforderungen sicherzustellen" (§ 51 Abs. 2 S. 1 GwG). Sie können durch Maßnahmen und Anordnung sicherstellen, dass die Verpflichteten diese Anforderungen im Einzelfall einhalten und nicht entgegen diesen Anordnungen Geschäftsbeziehungen begründen, fortsetzen oder Transaktionen durchführen (§ 51 Abs. 2 S. 2 GwG). Spezielle Befugnisse und Aufgaben haben die Aufsichtsbehörden vor allem iRd Risikomanagements und im Zusammenhang mit den Kundensorgfaltspflichten. So muss die Aufsichtsbehörde über Befreiungsanträge gemäß § 5 Abs. 4 GwG oder von Sicherungsmaßnahmen gem. § 6 Abs. 9 GwG entscheiden. Sie kann im Einzelfall Anordnungen erteilen, damit Verpflichtete erforderliche Sicherungsmaßnahmen treffen (§ 6 Abs. 8 GwG) und regeln, ob und welche Güterhändler einen Geldwäschebeauftragten bestellen müssen (§ 7 Abs. 3 GwG). Auf der Basis internationaler oder nationaler Bewertungen von Risiken der Geldwäsche oder Terrorismusbekämpfung kann die Aufsichtsbehörde anordnen, dass Verpflichtete in anderen als in § 15 GwG vorgesehenen Fällen Transaktionen oder Geschäftsbeziehungen einer Verstärkten Überwachung unterziehen (§ 15 Abs. 8 GwG). Im Rahmen ihrer Tätigkeit

---
[2] BT-Drs. 18/11555, 160 zu § 51 Abs. 1 GwG.

können die Aufsichtsbörden auch „die ihnen für sonstige Aufsichtsaufgaben eingeräumten Befugnisse ausüben" (§ 51 Abs. 2 S. 3 GwG), etwa nach den Verwaltungsverfahrensgesetzen (VwVfG) oder dem Ordnungswidrigkeitenrecht (OWiG).

I. Vor-Ort-Prüfungen

„Die Aufsichtsbehörde kann bei Verpflichteten Prüfungen zur Einhaltung der im Gesetz festgelegten Anforderungen durchführen. Die Prüfungen können ohne besonderen Anlass erfolgen" dh sie müssen nicht vorher angekündigt werden (§ 51 Abs. 3 S. 1 und 2 GwG). Die Prüfung kann schriftlich zB mittels eines Fragebogens oder eines Auskunftsverlangens erfolgen. Die Aufsichtsbehörde kann aber auch Prüfung in den Geschäftsräumen des Güterhändlers durchführen (Vor-Ort-Prüfung). Bei Vor-Ort-Prüfungen „ist es den Bediensteten der Aufsichtsbehörde gestattet, die Geschäftsräume des Verpflichteten zu betreten und zu besichtigen," allerdings nur während der üblichen Betriebs- und Geschäftszeiten (§ 52 Abs. 2 GwG). Anders als bei Durchsuchungsmaßnahmen zB einer Staatsanwaltschaft braucht die Behörde für die Vor-Ort-Prüfung keinen richterlichen Beschluss. Sie hat aber nicht das Recht die Räume zu durchsuchen oder durchsuchen zu lassen und sie kann keine Unterlagen oder Akten beschlagnahmen oder mitnehmen, die ihr der Verpflichtete nicht freiwillig überlässt. 6

> **Praxishinweis:** 7
> Übliche Betriebs- und Geschäftszeiten sind die des Verpflichteten bzw. die seiner Branche. Ein Betrieb, der üblicherweise am Wochenende geschlossen hat, darf dann nicht betreten werden. Eine Prüfung bei einem Betrieb, der üblicherweise zwei Wochen im August Betriebsferien hat, wäre während dieser Zeit ebenfalls nicht zulässig.

„*Häufigkeit und Intensität der Prüfungen haben sich am Risikoprofil des Verpflichteten im Hinblick auf Geldwäsche und Terrorismusfinanzierung zu orientieren.*" Dieses Risikoprofil muss von der Aufsichtsbehörde „*in regelmäßigen Abständen und bei Eintritt wichtiger Ereignisse und Entwicklungen in der Geschäftsleitung oder Geschäftstätigkeit [des Verpflichteten] neu bewertet werden*" (§ 51 Abs. 3 S. 4 GwG). Tatsächlich ist nicht davon auszugehen, dass die Aufsichtsbehörden für jeden Güterhändler in ihrem Zuständigkeitsbereich ein individuelles Risikoprofil erstellen und dieses anpassen, wenn ein Geschäftsteil verkauft oder umstrukturiert wird. Vielmehr orientieren sich die Prüfungsmaßnahmen an der Zugehörigkeit zu bestimmten Risikogruppen, zB Güterhändler in Branchen mit hochwertigen Gütern, bargeldintensive Branchen, etc. Zeit und Aufwand für die Mitarbeit an Auskunftsersuchen oder Kontrollen kann der Verpflichtete der Behörde nicht in Rechnung stellen. Vielmehr muss er der Behörde Unterlagen und Informationen „*unentgeltlich*" zur Verfügung stellen. Die Aufsichtsbehörde kann dagegen „*für Maßnahmen und Anordnungen nach § 51 GwG zur Deckung des Verwaltungsaufwands Kosten erheben*" (§ 51 Abs. 4 GwG). Unter „Kosten" versteht man Gebühren und Auslagen(ersatz). Zur Begründung wird angeführt, dass die Aufsicht nicht nur im Allgemeininteresse, sondern auch im Interesse der Verpflichteten selbst liege.[3] Da es sich um eine Kann-Vorschrift handelt, ist die Kostentragungspflicht nicht der Regelfall, sondern muss im Einzelfall begründet werden. Voraussetzung ist, dass entsprechende Kostentatbestände iRd Verwaltungsgebührenverordnungen des betreffenden Bundeslands bestehen. Das gilt auch für die Kosten der Einschaltung Dritter, sofern die „Aufsichtsbehörden die Durchführung der Prüfung vertraglich auf andere Personen und Einrichtungen überträgt." (§ 51 Abs. 3 S. 3 GwG). 8

---

[3] BT-Drs. 17/6804, 37, zu Nr. 17.

II. Pflichten der Aufsichtsbehörden

9 Die Aufsichtsbehörden haben primär die Pflicht, *„den Verpflichteten regelmäßig aktualisierte Auslegungs- und Anwendungshinweise für die Umsetzung der Sorgfaltspflichten und der internen Sicherungsmaßnahmen nach den gesetzlichen Bestimmungen zur Verhinderung von Geldwäsche und Terrorismusfinanzierung zur Verfügung zu stellen. Sie können diese Aufgabe auch dadurch erfüllen, dass sie Hinweise, die durch Verbände der Verpflichteten erstellt worden sind, genehmigt."* (§ 51 Abs. 8 GwG). Im Nichtfinanzsektor wurden Auslegungshinweise zuletzt im März 2021 aktualisiert (→ § 1 Rn. 13). Die Auslegungshinweise wurden schriftlich zwischen allen Ländern sowie im Wege einer Anhörung mit dem BMF abgestimmt. Zuvor gab es nur Merkblätter für Güterhändler, sowie Formblätter für die Durchführung von Sorgfaltspflichten, die im Wesentlichen den Gesetzeswortlaut wiederholen. Ihre Aufsichtstätigkeit dokumentieren die Aufsichtsbehörden anhand von Statistiken (§ 51 Abs. 9 GwG). Dazu gehören Angaben über die Zahl der mit der Aufsicht betrauten Personen, der durchgeführten Vor-Ort-Prüfungen bei Verpflichteten und der aus Anlass solcher Prüfungen oder aus anderen Gründen getroffenen Maßnahmen, sowie die Zahl der von der Behörde abgegebenen Verdachtsmeldungen (§ 51 Abs 9 Nr. 1 GwG). Diese Daten werden dem BMF und der FIU mit Stand 31.12. eines Jahres zum 31.3. des Folgejahres übermittelt. Erstmals bestand diese Pflicht zum 31.3.2018. Die Daten erlauben einen quantitativen und z. T. qualitativen Vergleich („Benchmarking") der Aktivitäten der diversen Aufsichtsbehörden. Bislang wurden diese Zahlen nicht öffentlich gemacht. Unter den Voraussetzungen des § 44 GwG müssen auch Aufsichtsbehörden Verdachtsmeldungen erstatten. Dies geschah 2020 nur 144 Mal.[4] Verdachtsmeldungen der Aufsichtsbehörden resultieren zB aus Hinweisen, die sie über das behördeneigene Hinweisgebersystem erhalten oder im Rahmen einer Vor-Ort-Prüfung bei einem Verpflichteten. Unklar ist allerdings, warum sie gemäß § 55 Abs. 1 S. 4 bei Anhaltspunkten für strafrechtliche Verstöße die zuständigen Strafverfolgungsbehörden informieren sollen und nicht die FIU. Dies steht im Widerspruch zu § 44 GwG.

10 Beschäftige bei den Aufsichtsbehörden sowie solche Personen, die dienstlich Kenntnis erhalten von Vorgängen im Zusammenhang mit der Tätigkeit der Aufsichtsbehörden, sind zur Verschwiegenheit verpflichtet und unterliegen den datenschutzrechtlichen Anforderungen nicht nur des GwG, sondern allgemein der VO (EU) 2016/679. Dies gilt auch über die Dienstzeit oder Tätigkeit für die Behörde hinaus (§ 54 Abs. 1 und 2 GwG). Ausnahmen sind nur zulässig zur Weitergabe von Informationen iRd behördlichen Aufgaben und Befugnisse, zB an die Strafverfolgungsbehörden, die FIU, andere Aufsichtsbehörden, für Straf- und Bußgeldsachen zuständige Gerichte sowie den Bundesnachrichtendienst (§ 54 Abs. 3 GwG). Die Weitergabe von Informationen an ausländische Stellen (zB die FIU eines anderen Staats) oder supranationale Stellen (zB die FATF, Interpol, etc.) setzt voraus, dass die dort Beschäftigten entsprechenden Verschwiegenheitspflichten unterliegen. Bei der Weitergabe muss die Aufsichtsbehörde die Empfängerstelle darauf hinweisen, dass die Weitergabe zweckgebunden erfolgt und eine andere Verwendung der Daten ausgeschlossen ist. Es besteht allerdings keine Form der Kontrolle, ob dies auch eingehalten wird. Im Fall der Weitergabe personenbezogener Daten wird der Betroffene darüber auch nicht informiert. Informationen, die *„aus einem anderen Staat stammen"*, dürfen nur weitergegeben werden, wenn die Stelle, die die Informationen an die Aufsichtsbehörde übermittelt hat, der Weitergabe ausdrücklich zugestimmt hat und dann auch nur für die Zwecke denen die übermittelnde Stelle zugestimmt hat(§ 54 Abs. 4 GwG). Gemeint sind damit nur Informationen, die von einem anderen Staat mitgeteilt wurden, nicht Informationen zu geldwäscherechtlichen Sachverhalten, die Auslandsbezüge aufweisen und sich daher *„auf andere Länder beziehen."*

---

[4] FIU Jahresbericht 2020, S. 17; in den Jahren 2015 und 2016 lag diese Zahl noch deutlich höher.

III. Behördliche Hinweisgebersysteme

Die Aufsichtsbehörden sind verpflichtet *"ein System zur Annahme von Hinweisen zu potenziellen oder tatsächlichen Verstößen gegen das GwG, Rechtsverordnungen nach GwG und andere Bestimmungen zur Verhinderung von Geldwäsche und Terrorismusfinanzierung zu errichten,"* deren Einhaltung sie sicherstellen müssen oder in Bezug auf die sie Verstöße ahnden (§ 53 Abs. 1 GwG). Das ist grds. sinnvoll. Hinweisgeber („Whistleblower") können wertvolle Beiträge leisten, das Fehlverhalten einzelner Personen oder ganzer Unternehmen aufzudecken und die negativen Folgen einzudämmen bzw. zu korrigieren. Die angesprochenen Hinweisgebersysteme zielen aber nicht auf die Meldung von Verdachtsfällen der Geldwäsche oder Terrorismusfinanzierung. Denn die Einhaltung dieser Vorschriften bzw. die Ahndung von Verstößen ist Sache der Strafverfolgungsbehörden, nicht der Aufsichtsbehörden. Gegenstand des behördlichen Hinweisgebersystems sind Verstöße der Verpflichteten gegen die Vorschriften des GwG. Das ist nicht beschränkt auf Verstöße, die Ordnungswidrigkeiten darstellen oder potenziell mit Geldbuße bedroht sind. Die Vorschrift bewirkt daher die Einrichtung behördlicher Whistleblower-Systeme, die auf rein verwaltungsrechtliche Verstöße durch die Personen und Unternehmen abzielen, die bei der Bekämpfung von strafrechtlichem Unrecht helfen sollen und an Straftaten in aller Regel nicht selbst beteiligt sind. Die Länder können das System einzeln oder gemeinsam einrichten.[5] Das System muss ausdrücklich eine Möglichkeit zu anonymen Meldungen vorsehen (§ 53 Abs. 1 S. 3 GwG). Soweit ein Hinweisgeber seine Identität offenbart, darf die Aufsichtsbehörde diese nur mit ausdrücklicher Zustimmung der Person weitergeben (§ 53 Abs. 3 S. 1 GwG). Die Identität der Person, gegen die sich ein Hinweis richtet, wird von den Aufsichtsbehörden nicht bekannt gegeben (§ 53 Abs. 3 S. 2 GwG). Ausnahmen sieht das Gesetz insoweit vor, als dies im Rahmen von Ermittlungsverfahren oder nachfolgender Verwaltungs- oder Gerichtsverfahren erforderlich ist oder wenn die Offenlegung durch einen Gerichtsbeschluss oder in einem Gerichtsverfahren angeordnet wird (§ 53 Abs. 3 S. 2 GwG). Das Informationsfreiheitsgesetz findet auf Vorgänge nach § 53 GwG keine Anwendung. Dritte erhalten daher auf diesem Weg keinen Zugang zu den vertraulichen Informationen einer Meldung an die Aufsichtsbehörden.

Zugunsten von Hinweisgebern, die Mitarbeiter von Verpflichteten sind, gilt ein striktes Benachteiligungs- und Diskriminierungsverbot, das arbeitsrechtliche und strafrechtliche Maßnahmen sowie Schadenersatzforderungen gegen den Hinweisgeber wegen der Hinweise ausschließt (§ 53 Abs. 5 GwG). Davon profitieren auch *„Personen, die bei Unternehmen beschäftigt sind, auf die Tätigkeiten von einem beaufsichtigten Unternehmen oder Personen ausgelagert wurden,"* also die Mitarbeiter von Dienstleistern in Fällen des „Outsourcing" oder sonst bei wesentlichen Unterlieferanten (§ 53 Abs. 5 S. 1 GwG). Der Schutz gilt nicht bei vorsätzlich oder grob fahrlässig unwahren Angaben (§ 53 Abs. 5 S. 2 GwG). Die Möglichkeit Meldungen an die Aufsichtsbehörde zu erstatten, darf arbeitsvertraglich nicht eingeschränkt werden. Entgegenstehende Vereinbarungen (oder Anordnungen) sind unwirksam (§ 53 Abs. 6 GwG). Hinweisgebern steht es frei, sich wegen etwaiger Benachteiligungen auf demselben Weg an die Aufsichtsbehörde zu wenden, ggf. auch anonym. Andere Rechtsmittel bleiben hiervon aber unberührt. Zur Inanspruchnahme ist allerdings unvermeidbare Voraussetzung, dass sich der Betroffene als Hinweisgeber zu erkennen gibt. Warum das Diskriminierungsverbot nicht generell für Hinweisgeber gilt, ganz egal wo diese arbeiten, ist nicht gut nachvollziehbar. Ziel des Gesetzgebers war es, meldenden Personen Sicherheit zu geben, dass ihnen aus dem Hinweis keine Nachteile entstehen. Das ist nicht nur zu befürchten, wenn Mitarbeiter das Fehlverhalten ihrer aktuellen Vorgesetzen melden.

Entsprechend dem Schutz des Hinweisgebers muss die Aufsichtsbehörde auch den Schutz der Person sicherstellen, die Gegenstand einer Meldung an die Aufsichtsbehörden

---
[5] BT-Drs. 18/11555, 161 zu § 53 Abs. 1 GwG.

ist.[6] Ihre Identität wird nach im Wesentlichen gleichen Maßstäben geschützt wie die des Meldenden (§ 53 Abs. 3 S. 2 GwG) und nur unter denselben Voraussetzungen weitergegeben. Die Verfahrensrechte der Person, die Gegenstand einer Meldung ist, werden durch eine Meldung an die Aufsichtsbehörden formal nicht eingeschränkt (§ 54 Abs. 7 GwG), allerdings erfährt sie von der Meldung nichts und erhält selbst im entgegenstehenden Fall keine vollständige Akteneinsicht. Denn der Name des Meldenden wird ohne seine Zustimmung auch im Rahmen einer Akteneinsicht des Belasteten nicht offengelegt (§ 53 Abs. 3 S. 1 GwG).[7]

IV. Zusammenarbeit der Aufsichtsbehörden

14 Die Aufsichtsbehörden arbeiten untereinander und mit den Strafverfolgungsbehörden zusammen. Sie tauschen auf Anfrage die aus Prüfungen gewonnen Erkenntnisse aus, soweit dies zur Erfüllung ihrer Aufgaben erforderlich erscheint (§ 55 Abs. 1 GwG).[8] Die Aufsichtsbehörden erhalten kostenlos Auskunft der kommunalen Gewerbeämter über Verpflichtete in Ihrem Zuständigkeitsbereich (§ 55 Abs. 2 und 3 GwG).[9] In grenzüberschreitenden Fällen koordinieren die Aufsichtsbehörden und ggf. die Strafverfolgungsbehörden zunächst innerhalb Deutschlands ihre Maßnahmen bevor sie Behörden anderer Staaten kontaktieren (§ 55 Abs. 5 S. 1 GwG). Die internationale Kooperation der Aufsichtsbehörden regeln die §§ 55 Abs. 5 S. 2, Abs 7 und 8 GwG. § 55 Abs. 6, 6a und 6b GwG haben für Güterhändler keine Bedeutung.

D. Mitwirkungspflichten der Verpflichteten

15 § 52 normiert weitreichende Mitwirkungspflichten gegenüber den Aufsichtsbehörden, die nicht nur die Verpflichteten treffen. Ganz grds. müssen *„Personen, bei denen aufgrund ihrer Geschäftstätigkeit Tatsachen die Annahme rechtfertigen, dass sie Verpflichtete nach § 2 Abs. 1 GwG sind, der zuständigen Aufsichtsbehörde auf Verlangen unentgeltlich Auskunft über alle Geschäftsangelegenheiten erteilen und Unterlagen vorlegen, soweit dies für die Feststellung der Verpflichteteneigenschaft erforderlich ist"* (§ 52 Abs. 6 GwG). Da Güterhändler per se zum Kreis der Verpflichteten zählen, ist die Vorschrift auf sie nicht anwendbar, es sei denn zur Klärung, ob sie überhaupt Güterhändler sind, zB in Fällen, in denen die Haupttätigkeit eines Unternehmens nicht eindeutig ist (→ § 3 Rn. 16). Anwendbar ist die Vorschrift auch im Fall von Syndikusrechtsanwälten zur Feststellung, ob sie Kataloggeschäfte iSd § 2 Abs. 1 Nr. 10 GwG tätigen und damit Verpflichtete sind. Denkbar sind ähnliche Auskunftspflichten zB bei Kunstlagerverwaltern, die nur im Anwendungsbereich des GwG sind, wenn sie Kunst in bestimmten Zollfreigebieten lagern (→ § 11 Rn. 8). Die Mitwirkungspflichten des § 52 GwG richten sich im Übrigen an *„Verpflichtete, die Mitglieder ihrer Organe und ihre Beschäftigten."* Sie müssen *„der zuständigen Aufsichtsbehörde Auskunft über alle Geschäftsangelegenheiten und Transaktionen erteilen und Unterlagen vorlegen, die für die Einhaltung der im GwG festgelegten Anforderungen von Bedeutung sind"* (§ 52 Abs. 1 GwG). Dies erfolgt kostenlos („ohne Entgelt"). Nach S. 2 der Vorschrift muss die zur Mitwirkung verpflichtete Person Unterlagen ggf. im Original, als (Papier-)Kopie oder in digitaler Form und ggf. auf elektronischem Weg oder auf einem digitalen Speichermedium zur Verfügung stellen. Die Mitwirkungspflicht besteht nur *„auf Verlangen"*, also nach einer konkreten Aufforderung der Aufsichts-

---

[6] BT-Drs. 18/11555, 161 zu § 53 Abs. 3 GwG.
[7] Die Gesetzesbegründung geht offenbar nicht von einer Beschränkung des Rechts auf Akteneinsicht aus, was mit dem Schutz der Identität des Meldenden nicht im Einklang steht; BT-Drs. 18/11555, 162, zu § 53 Abs. 7 GwG.
[8] BT-Drs. 18/11555, 163 zu § 55 GwG.
[9] BT-Drs. 18/11555, 163 zu § 55 Abs. 2 GwG.

behörde (§ 52 Abs. 1 GwG). Dies kann zB im Rahmen einer Vor-Ort-Prüfung mündlich erfolgen oder durch ein schriftliches Auskunftsersuchen. Die Auskunft kann verweigert werden, wenn die Person sich selbst oder einen nahen Angehörigen (§ 383 Abs. 1 Nr. 1–3 StPO) der Gefahr strafrechtlicher Verfolgung oder eines Verfahrens nach dem Gesetz über Ordnungswidrigkeiten (OWiG) aussetzen könnte (§ 52 Abs. 4 GwG). Für Syndikusrechtsanwälte (→ § 11 Rn. 12) gelten darüber hinaus besondere Beschränkungen der Auskunftspflicht mit Rücksicht auf das Anwaltsgeheimnis, (§ 52 Abs. 5 GwG). Eine vorsorgliche Belehrung der Betroffenen über ihre Pflichten und Rechte vor Einleitung eines Ordnungswidrigkeitenverfahrens ist nicht vorgesehen. Soweit die Behörde eine Vor-Ort-Prüfung durchführt, muss der Verpflichtete dies dulden (§ 52 Abs. 3 GwG). Die Verletzung der Mitwirkungspflichten ist durch Bußgeld sanktioniert, soweit Auskünfte nach § 51 Abs. 1 GwG leichtfertig (→ Rn. 19) nicht oder nicht ordnungsgemäß erteilt werden (§ 56 Abs. 1 Nr. 73 GwG) oder eine Vor-Ort-Prüfung entgegen nicht geduldet wird (§ 56 Abs. 1 Nr. 74 GwG).

> **Praxishinweis:**
> Rechtsstaatlich fragwürdig ist, dass die Aufsichtsbehörden im Laufe des aufsichtsrechtlichen Verfahrens zur Bußgeldbehörde mutieren können und so in der Lage sind, die zuvor auf Basis des § 52 GwG herausverlangten Auskünfte und Unterlagen im Ordnungswidrigkeitenverfahren gegen den Verpflichteten zu verwenden. Hier wird man engmaschig darauf achten müssen, ab wann eine Belehrung des Betroffenen über seine Verteidigungsrechte – Beiziehung eines Verteidigers, Schweigerecht, etc – erfolgt.[10]

16

E. Geldbußen und anderen Sanktionen

I. Ordnungswidrigkeiten

Während man in der Vergangenheit eher Zurückhaltung spürte, was Sanktionen und vor allem Bußgelder wegen Verstößen gegen das GwG angeht, zeigen aktuelle Entwicklungen eine größere Bereitschaft schwerwiegende und systematische Pflichtverletzungen zu ahnden.[11] In diesem Sinn verschärfte vor allem die RL (EU) 2015/849 (→ § 1 Rn. 8) die Situation beträchtlich, indem sie von den Mitgliedstaaten wirksame, verhältnismäßige und abschreckende Sanktionen und andere Maßnahmen für Pflichtverstöße forderte.[12] Sie sah dazu einen langen Katalog von Sanktionstatbeständen vor, der mit der GwG-Novelle 2017 in § 56 GwG umgesetzt und in der Folge durch das GwG-Änderungsgesetz 2020 (→ § 1 Rn. 12) angepasst und erweitert wurde. Insgesamt enthält § 56 GwG eine schier endlose Liste von 81 Bußgeldtatbeständen. Damit dürfte das GwG eines der am besten durch Bußgeldtatbestände untermauerten Gesetze der Bundesrepublik sein. Dabei läuft die Aufsichtsbehörde Gefahr, dass wegen der Unbestimmtheit der zugrundeliegenden Vorschriften Sanktionsbescheide unwirksam sind. In jedem Fall lohnt eine eingehende Prüfung der Anfechtungsmöglichkeiten und Rechtsbehelfe. Für Güterhändler sind nicht alle Tatbestände des § 56 GwG einschlägig. Einige betreffen Pflichten, die für sie nicht gelten. Andere Tatbestände betreffen das Risikomanagement bzw. die Sorgfaltspflichten, die nur für nichtprivilegierte Güterhändler (→ § 4 Rn. 4) anwendbar sind.

17

Bußgeldbehörde iSd § 36 Abs. 1 Nr. 1 OWiG ist die jeweils zuständige Aufsichtsbehörde (→ Rn. 3). sie ist damit Bußgeld- und andere Sanktionsbescheide zu erlassen (§ 56 Abs. 5 S. 1 GwG). Eine Ausnahme sind Ordnungswidrigkeiten im Zusammenhang mit dem Transparenzregister (§ 56 Abs. 1 Nr. 54–66 GwG). Insoweit ist das Bundesverwal-

18

---
[10] So auch Scherp CB 2017, 275 (278 f.).
[11] Bülte NZWiSt 2017, 276 (279).
[12] Vgl. Erwgr. Nr. 59 RL (EU) 2015/849.

tungsamt (BVA) (→ § 10 Rn. 4) zuständig für den Erlass von Bußgeldbescheiden (§ 56 Abs. 5 S. 2 GwG). Voraussetzung eines Bußgelds ist bei den Tatbeständen des § 56 Abs. 1 GwG stets Vorsatz oder Leichtfertigkeit (→ Rn. 19). Die Definition von Leichtfertigkeit im Ordnungswidrigkeitenrecht ist identisch mit der im Strafrecht.[13] Man versteht darunter eine besonders schwerwiegende Verletzung der im Verkehr erforderlichen Sorgfalt bzw. Gedankenlosigkeit, obwohl die die Notwendigkeit sorgfältigen Handelns unschwer erkennbar war. Erforderlich ist, dass sich der Adressat der Pflichten in besonders krasser Weise über die gebotene Sorgfalt hinwegsetzt. Leichtfertigkeit ist eine gesteigerte Nachlässigkeit gegenüber gesetzlichen Verhaltensanforderungen bzw. Pflichten.[14] Die Pflichtverletzung als solche indiziert die Leichtfertigkeit daher gerade nicht! In der Praxis wird man Leichtfertigkeit vor allem annehmen können, wenn die Aufsichtsbehörde etwa im Rahmen einer Vor-Ort-Prüfung einen Verstoß bemängelt, seine Behebung anordnet, daraufhin aber keine effektiven Bemühungen unternommen werden, den Verstoß zu beheben.

19   Im Referentenentwurf der GwG-Novelle 2017 (→ § 1 Rn. 12) war vorgesehen, die Haftung generell auf Fahrlässigkeit auszudehnen.[15] Das ist nicht geschehen. Mit dem GwG-Änderungsgesetz 2020 wurden in § 56 Abs. 2 GwG erstmals sieben spezifische Tatbestände geschaffen, die bei einfacher Fahrlässigkeit zu Bußgeldern führen. Dabei handelt es sich um Tatbestände betreffend Pflichten iRd Risikomanagements (§ 56 Abs. 2 Nr. 1–4 GwG), die somit nur nicht-privilegierte Güterhändler (→ § 4 Rn. 4) betreffen. IÜ geht es um die Verletzung des Geschäfts- und Transaktionsverbots (§ 15 Abs. 9 GwG, → § 5 Rn. 23), allerdings beschränkt auf den Fall verstärkter Sorgfaltspflichten bei Drittstaaten mit erhöhtem Risiko lt. EU-Negativliste (→ § 6 Rn. 39, § 56 Abs. 2 Nr. 5 GwG) sowie Verstöße gegen das temporäre Transaktionsverbot des § 46 Abs. 1 GwG nach einer Verdachtsmeldung (§ 56 Abs. 2 Nr. 6 GwG, → § 7 Rn. 77) und gegen das Tipping-Off-Verbot (§ 56 Abs. 2 Nr. 6 GwG, → § 7 Rn. 74).

20   **Praxishinweis:**
In der Praxis stützt sich die Feststellung der angeblichen Leichtfertigkeit immer wieder auf die Aussage, dass die zugrundeliegenden Vorschriften öffentlich bekannt gewesen seien. Die Verletzung einer als bekannt unterstellten Gesetzesvorschrift begründet jedoch gerade nicht den Grad der Leichtfertigkeit, sondern allenfalls – und auch das nicht zwingend – Fahrlässigkeit. Die Behörden überlassen mit dieser Formulierung die – zugegeben komplexe – Klärung der Frage, ob Fahrlässigkeit oder Leichtfertigkeit vorliegt, dem Rechtsbehelfsverfahren. Es ist in solchen Fällen stets ratsam, Rechtsmittel bis hin zu gerichtlichen Verfahren in Erwägung zu ziehen.

21   Der Bußgeldrahmen wurde bereits mit der GwG-Novelle 2017 (→ § 1 Rn. 12) wesentlich angehoben, auch für Tatbestände, die nicht auf Vorgaben der RL (EU) 2015/849 beruhen. Auf der ersten Stufe sieht das GwG für *vorsätzliche* Verstöße einen Bußgeldrahmen von bis zu 150.000 EUR pro Verstoß vor, bei *Leichtfertigkeit* bis zu 100.000 EUR und bei den nach § 56 Abs. 2 GwG auch *fahrlässig* möglichen Verstößen bis zu 50.000 EUR (§ 56 Abs. 1 S. 2, Abs. 2 S. 2 GwG). Bei Vorliegen von Leichtfertigkeit oder Vorsatz kann die Geldbuße bis zu einer Mio. EUR betragen oder das Zweifache des aus dem Verstoß gezogenen wirtschaftlichen Vorteils, wenn es sich um einen schwerwiegenden, wiederholten oder systematischen Verstoß handelt (§ 56 Abs. 3 S. 1 GwG). Schwerwiegend ist ein Verstoß schon dann, wenn er im Rahmen einer Gesamtabwägung als gravierend zu be-

---

[13] Krenberger/Krumm OWiG § 10 Rn. 1 ff.
[14] BGHSt 20, 315 (323 f.); BGH NJW-RR 2011, 117 (118); Herzog/Achtelik GwG § 17 Rn. 11, Krenberger/Krumm OWiG § 10 Rn. 18 ff.
[15] Referentenentwurf des BMF zum Gesetz zur Umsetzung der Vierten EU-Geldwäscherichtlinie, zur Ausführung der EU-Geldtransferverordnung und zur Neuorganisation der Zentralstelle für Finanztransaktionsuntersuchungen, Bearbeitungsstand: 15.12.2016, 13:37 Uhr, § 52 Abs. 1 GwG.

werten ist. Wiederholt ist ein Verstoß, wenn er mehr als einmal begangen wird. Systematisch ist ein Verstoß, wenn er einem Muster folgt.[16] Der wirtschaftliche Vorteil umfasst erzielte Gewinne und vermiedene Verluste und kann geschätzt werden (§ 56 Abs. 3 S. 2 GwG). Unter bestimmten Voraussetzungen können noch höhere Geldbußen auf Basis des Gesamtumsatzes ggf. auch einer ganzen Unternehmensgruppe festgesetzt werden. Diese Vorschriften gelten allerdings nicht für Güterhändler (§ 56 Abs. 3 S. 3 und 4, Abs. 4 GwG).

> **Praxishinweis:** 22
> Da die geldwäscherechtlichen Pflichten auf Wiederholung in gleichartigen Fällen abzielen, ist man bei konzeptionellen Fehlern im Geldwäsche-Compliance-System schnell bei „wiederholten" oder „systematischen" Verstößen, obwohl im Grunde nur ein und derselbe (eben konzeptionelle) Fehler zugrunde liegt.

Gegen wen sich das Bußgeld richtet hängt stets davon ab, wer Adressat der Norm ist, 23 auf der die Sanktion beruht. Die Sanktionierung einzelner Mitarbeiter wegen eines Verstoßes gegen das GwG ist ausgeschlossen, soweit der Tatbestand einer Ordnungswidrigkeit auf eine Norm verweist, die vom Verpflichteten zu erfüllen ist. Das ist bei weit überwiegenden der Mehrzahl der Tatbestände in § 56 GwG der Fall. Adressat von Bußgeldbescheiden nach dem GwG kann in diesen Fällen nur der Verpflichtete sein, nicht der einzelne Mitarbeiter.[17] Davon unberührt bleibt die Möglichkeit der Zurechnung auf Basis der Vorschriften der §§ 9, 30, 130 OWiG und unter den dort genannten Voraussetzungen, ebenso das ggf. strafrechtliche Risiko von Mitarbeitern nach § 261 StGB bei Vorliegen der spezifischen Tatbestandsvoraussetzungen inklusive Vorsatz oder Leichtfertigkeit (→ § 2 Rn. 29).

II. Widerruf der Zulassung

Die Aufsichtsbehörde kann Verpflichteten, deren Tätigkeit einer Zulassung bedarf, die 24 Ausübung des Geschäfts oder Berufs vorübergehend untersagen oder die Zulassung widerrufen, wenn der Verpflichtete vorsätzlich oder fahrlässig gegen seine geldwäscherechtlichen Pflichten verstößt. Voraussetzung ist, dass der Verstoß trotz einer Verwarnung durch die zuständige Aufsichtsbehörde fortsetzt wird und nachhaltig ist (§ 51 Abs. 5 S. 1 GwG). Leichtfertigkeit (→ Rn. 19) ist nicht erforderlich. Einschlägig ist die Vorschrift zB bei Syndikusrechtsanwälten (→ § 11 Rn. 12), die ihre Zulassung von den Rechtsanwaltskammern (RAK) erhalten. Auf Güterhändler ist die Vorschrift nicht anwendbar. Ihre Tätigkeit unterliegt keiner Zulassung. Vielmehr herrscht in Deutschland Gewerbefreiheit (§ 1 GewO). Bei Güterhändlern kommt eine Untersagung des Gewerbes nur nach der gewerberechtlichen Spezialnorm des § 35 GewO (Unzuverlässigkeit) in Betracht. Eine solche kann sich auch aus der Begehung von Ordnungswidrigkeiten ergeben. Verstöße von Güterhändlern gegen das GwG können daher dazu führen, dass dem Gewerbetreibenden die Führung des Gewerbes untersagt wird. Geringere Voraussetzungen als die in § 51 Abs 5 GwG genannten werden hierfür nicht gelten, so dass man sich an deren Voraussetzungen orientieren kann. Zuständig ist ggf. die nach Landesrecht für die Einhaltung der gewerberechtlichen Vorschriften bestimmte Stelle. Diese kann, muss aber nicht mit der Aufsichtsbehörde nach § 50 GwG identisch sei. Andere „Zulassungen" und Genehmigungen des Güterhändlers, etwa für den Betrieb einer Anlage oder Maschine, können nicht nach dieser Vorschrift und nicht wegen eines Verstoßes gegen das GwG widerrufen werden. Die Ausübung einer Tätigkeit trotz Widerruf der Zulassung wäre ordnungswidrig (§ 56 Abs. 1 Nr. 71 GwG).

---

[16] BT-Drs. 18/11555, 164 zu § 55 Abs. 2 und 3 GwG.
[17] Gerlach CCZ 2017, 176 (179).

III. Verbot von Leitungspositionen

25 „Hat ein Mitglied der Führungsebene oder ein anderer Beschäftigter eines Verpflichteten vorsätzlich oder fahrlässig einen Verstoß begangen, kann die Aufsichtsbehörde" gegenüber der Person, die den Verstoß begangen hat, „ein vorübergehendes Verbot zur Ausübung einer Leitungsposition bei Verpflichteten iSd § 2 Abs. 1 GwG aussprechen" (§ 51 Abs. 5 S. 2 GwG). Wie beim Widerruf der Zulassung nach S. 1 der Vorschrift muss es sich um einen Verstoß gegen „Bestimmungen des GwG, gegen die zur Durchführung des GwG erlassenen Verordnungen oder gegen Anordnungen der zuständigen Behörde" handeln. Letztere müssen zumindest vorläufig vollziehbar sein. Der Verstoß muss „trotz Verwarnung" durch die Aufsichtsbehörde fortgesetzt worden sein. Der Verstoß muss des Weiteren „nachhaltig sein." Darunter ist auch mit Blick auf die schwerwiegende Rechtsfolge zu verstehen, dass der Verstoß nicht nur einen einmaligen, reinen Formverstoß darstellt, sondern dass es sich um einen Verstoß handelt, der schwer wiegt, möglicherweise länger andauert und den Kern der geldwäscherechtlichen Pflichten berührt. Es muss sich allerdings nicht um einen Tatbestand handeln, der eine Ordnungswidrigkeit nach § 56 GwG darstellt bzw. ein Bußgeld nach sich zieht. In Betracht kommt jede Pflichtverletzung und jeder Verstoß gegen (zumindest vorläufig vollziehbare) Auflagen oder Anordnungen der Aufsichtsbehörde. Rechtsfolge ist, dass Mitgliedern der Führungsebene (→ § 4 Rn. 129) oder „anderen Beschäftigten," also dem Wortlaut nach jedem Mitarbeiter beim Verpflichteten, theoretisch sogar Leiharbeitnehmern, vorübergehend untersagt werden kann, eine Leitungsposition (→ § 4 Rn. 39) bei diesem oder einem anderen Verpflichteten nach § 2 Abs. 1 GwG einzunehmen. Eine Leitungsposition bei anderen als Verpflichteten ist davon nicht betroffen. Eine dauerhafte Untersagung ist auf Basis der Vorschrift nicht zulässig. Die Rechtsfolge ist allerdings nicht konsistent mit den tatbestandlichen Voraussetzungen der Vorschrift. Denn Einzelpersonen werden durch das GwG eigentlich nicht sanktioniert, können also keinen Verstoß gegen das GwG begehen. Darüber hinaus wird man unter Personen der Führungsebene und unter anderen Beschäftigen idR keine Personen verstehen, die der Leitungsebene angehören. Insoweit erlaubt die Vorschrift daher Personen die Ausübung einer Funktion zu untersagen, die sie gar nicht innehaben und von der völlig unklar ist ob sie sie jemals innehaben werden.

IV. Veröffentlichung von Entscheidungen

26 Die Aufsichtsbehörden müssen bestandskräftige Maßnahmen und unanfechtbar gewordene Bußgeldentscheidungen wegen eines Verstoßes gegen das GwG oder die auf Basis des GwG erlassenen Rechtsverordnungen veröffentlichen. In der Bekanntmachung sind Art und Charakter des Verstoßes und die für den Verstoß verantwortlichen natürlichen Personen und juristischen Personen oder Personenvereinigungen namentlich zu benennen" („naming and shaming"). Der Adressat der Maßnahme oder Bußgeldentscheidung muss vorher auf die beabsichtigte Veröffentlichung hingewiesen werden, so dass er ggf. Rechtsschutz beantragen kann (§ 57 Abs. 1 GwG). Die Veröffentlichung erfolgt auf den Internet-Seiten der jeweiligen Aufsichtsbehörde.[18] Bei der Entscheidung über das Ob und Wie der Veröffentlichung muss der Grundsatz der Verhältnismäßigkeit beachtet werden.[19] Ggf. muss die Veröffentlichung daher anonym erfolgen oder aufgeschoben werden, sofern vorhersehbar ist, dass die Gründe der anonymisierten Bekanntmachung innerhalb eines überschaubaren Zeitraums wegfallen. Eine Veröffentlichung kommt insbes. nicht in Betracht, wenn ansonsten die Persönlichkeitsrechte natürlicher Personen verletzt oder laufende Ermittlungen gefährden würden oder wenn die Entscheidung solche Brisanz hat, das die Nachricht geeignet wäre, die Stabilität der Finanzmärkte der Bundesrepublik Deutschland

---

[18] BT-Drs. 18/11555, 165 zu § 57 Abs. 1 GwG.
[19] BT-Drs. 18/11555, 165 zu § 57 Abs. 2 GwG.

oder eines oder mehrerer Vertragsstaaten des Abkommens über den Europäischen Wirtschaftsraum (EWR) gefährden würde (§ 57 Abs. 2 und 3 GwG). Die Veröffentlichung muss fünf Jahre bestehen bleiben. Personenbezogene Daten sind (ggf. früher) zu löschen, sobald deren Veröffentlichung nicht mehr erforderlich ist (§ 57 Abs. 4 GwG). Wegen der mit der Veröffentlichung des Namens verbundenen Prangerwirkung wird man dies in aller Regel schon nach relativ kurzer Frist annehmen dürfen. Soweit Bußgeldbescheide auf der Basis von Tatbeständen ergehen, die sich an die Verpflichteten, nicht an deren Mitarbeiter richten, ist es nicht zulässig, einzelne Mitarbeiter zu nennen, selbst wenn sie an dem Verstoß beteiligt waren.[20] Eine Ausnahme dürfte nur insoweit bestehen als Zurechnungstatbestände nach § 30 OWiG bestehen.

> **Praxishinweis:**
> In der jur. Literatur ging man ursprünglich davon aus, dass schon aus verfassungsrechtlichen Gründen dem gesetzlichen Regel-Ausnahmeverhältnis (idR Veröffentlichung des Namens, nur ausnahmsweise Verzicht darauf) keine Wirkung zukomme.[21] Eine Veröffentlichung der Namen soll im Regelfall ausscheiden. Tatsächlich zeigt die Praxis gerade des Bundesverwaltungsamts (→ § 10 Rn. 4) hier wenig Rücksicht. Dort werden wegen unbedeutender Formalverstöße gegen die Register- und Meldepflichten betreffend das Transparenzregister Unternehmen reihenweise mit Namen (Firmierung) und Rechtsform wegen Verstoßes gegen das GwG öffentlich vorgeführt.[22]

27

F. Rechtsbehelfe

Gegen Maßnahmen der Aufsichtsbehörde – auch Anordnungen im Zusammenhang mit Prüfungen nach § 51 GwG – sind die üblichen verwaltungsrechtlichen Rechtsbehelfe zulässig, also Widerspruch bei der Behörde und (danach) Anfechtungsklage zum Verwaltungsgericht. Allerdings haben „*Widerspruch und Anfechtungsklage keine aufschiebende Wirkung*" (§ 51 Abs. 2 S. 3 GwG). Das gilt auch für Bescheide, mit denen Geldbußen oder anderen Sanktionen ausgesprochen werden. Ggf. muss zusätzlich vorläufiger Rechtsschutz bei Gericht beantragt werden, um die aufschiebende Wirkung des Rechtsbehelfs herzustellen.

28

---

[20] Gerlach CCZ 2017, 176 (179).
[21] Spoerr/Roberts WM 2017, 1142 (1148).
[22] Wende/Kröger GWuR 2021, 12 (13).

§ 10. Das Transparenzregister

Literatur:
Hinweis: Wegen der kaum überschaubaren Vielzahl von Veröffentlichungen zum Transparenzregister sind die Literaturhinweise begrenzt auf die Jahre 2021 und 2020.

2021
Bode/Gätsch, Das Transparenzregister nach dem Regierungsentwurf des Transparenzregister- und Finanzinformationsgesetzes, NZG 2021, 437; Engels, neues aus der Geldwäscheprävention – Der Regierungsentwurf zum Transparenzregister- und Finanzinformationsgesetz, Newsdienst Compliance 2021, 210002; Engels/Gemmerich, Update zum Transparenzregister- Finanzinformationsgesetz, Newsdienst Compliance 2021, 210015; Gätsch/Bode, Mitteilungspflicht der typischen GmbH & Co. KG zum Transparenzregister nach § 20 GwG, BB 2021, 138; Gätsch/Bode, Das Transparenzregister nach dem Regierungsentwurf des Transparenzregister- und Finanzinformationsgesetzes, NZG 2021, 437; Gerig/Ritz, Die Stellung subnationaler Behörden im neuen EU-Transparenzregister, EuR 2015, 367; John, Der wirtschaftlich Berechtigte, NZG 2021, 323; Goette, Praxisrelevante Entwicklungen beim Transparenzregister durch die neuen FAQs des Bundesverwaltungsamts vom 19. 8. 2020, NZG 2020, 1206; Nordhues/Zenker, Der wirtschaftlich Berechtigte (§ 3 GwG) nach den aktuellen FAQ des Bundesverwaltungsamts, GWR 2021, 138; Reuter, Reform des GwG: Das Transparenzregister wird zum Vollregister!, BB 2021, 707; Rodatz/Judis/Bergschneider, Transparenzregister als Vollregister – Der (geplante) Federstrich des Gesetzgebers und weitere Änderungen im Überblick, BB 2021, 1115; Rodatz/Judis/Bergschneider, Der Konflikt bei der Bestimmung des wirtschaftlich Berechtigten, CCZ 2021, 30; Schmidt, Gesellschafterliste iSv § 40 GmbHG NZG 2021, 181; Sonnenberg/Komma/Rempp, Verhinderungsbeherrschung: Paradigmenwechsel des Bundesverwaltungsamtes in seinen FAQ zum Transparenzregister, CCZ 2021, 18; Thelen, Die Mitteilungspflicht einer GmbH an das Transparenzregister, Newsdienst Compliance 2021, 210002.

2020
Beyme, Änderung des Geldwäschegesetzes: Öffentliches Transparenzregister und erweiterte Pflichten für Steuerberater und Wirtschaftsprüfer, Stbg 2020, 137; Bochmann, Die „Fragen und Antworten" des Bundesverwaltungsamts zum Transparenzregister vom 3. 1. 2020 (Teil I), GmbHR 2020, 256; Bochmann, Die „Fragen und Antworten" des Bundesverwaltungsamts zum Transparenzregister vom 3. 1. 2020 (Teil II), GmbHR 2020, 362; Goette, Praxisrelevante Entwicklungen beim Transparenzregister durch die neuen FAQs des Bundesverwaltungsamts vom 19. 8. 2020, NZG 2020, 1206; Goette, Das Transparenzregister – Aktuelle Fragen der Praxis unter besonderer Berücksichtigung der erweiterten FAQs des Bundesverwaltungsamts zur GmbH & Co. KG und der Umgang mit drohenden Bußgeldern, DStR 2020, 453; Grigoleit/Rachlitz, Beteiligungstransparenz aufgrund des Aktienregisters ZHR 2010, 12; Hannes/Reich, ZEV-Report Gesellschaftsrecht/Unternehmensnachfolge, ZEV 2020, 752; Hell, Gesellschaftervereinbarungen in Form von Stimmrechtspools NJW-Spezial 2020, 143; Lorenz, Beschränkung der Einsichtnahme in das Transparenzregister bei Familienunternehmen und Familienstiftungen DStR 2020, 2258; Holm, Meldepflichten zum Transparenzregister in einer Management-Beteiligungsstruktur in Form der GmbH & Co. KG, DStR 2020, 1742; Hütten/Assmann, Neues zum Transparenzregister – Unmittelbar oder mittelbar wirtschaftlich Berechtigter schon kraft Vetorechts oder Sperrminorität?. AG 2020, 849; Koehler, Der wirtschaftlich Berechtigte iSd Transparenzregisters, ZIP 2020, 1399; Korte, Das Transparenzregister aus der Perspektive der Bankwirtschaft, BB 2020, 2633; Lorenz, Beschränkung der Einsichtnahme in das Transparenzregister bei Familienunternehmen und Familienstiftungen, DStR 2020, 2258; Orth, Stiftungsrechtsform: Bedeutung des Stiftungsregister für das Transparenzregister, BB 2020, 251; Reuter, Neues vom Transparenzregister NZG 2020, 178; Rosner, Verschärfte Regelungen zum Transparenzregister nach der GwG-Novelle, NWB 2020, 1351; Rosner, Transparenzregister: Neue Compliance-Pflichten nach der GWG-Novelle, CB 2020, 182; Schmollinger ZGR 2020, 464; Schmitz/Thelen, Sind Vorgesellschaften zur Mitteilung an das Transparenzregister verpflichtet? GmbHR 2020, 1101; Tebben, Transparenzregister über Beteiligungen und treuhänderische Gestaltungspraxis, ZGR 2020, 430; Teichmann, Transparenzregister – wie hältst Du's mit dem Datenschutz?, ZGR 2020, 450; Thelen, Die Mitteilungspflicht einer GmbH an das Transparenzregister, DNotZ 2020, 732; Reuter, Neues vom Transparenzregister, NZG 2020, 178; Schmitz/Thelen, Sind Vorgesellschaften zur Mitteilung an das Transparenzregister verpflichtet?, GmbHR 2020, 1101; Voges, Eintragungen im Handelsregister sind abschließend durch die Handelsregisterverordnung vorgegeben, GWR 2020, 342; Wionzeck/Scheerer Mitteilungspflicht über stille Gesellschafter durch das Transparenzregister? LSK 2020, 42814882.

A. Überblick

1 Neu (seit Vorauflage):
Mit dem GwG-Änderungsgesetz 2020 (→ § 1 Rn. 12). wurden die Angaben über die wirtschaftlich Berechtigten, auf die sich die Pflichten der §§ 18 ff. GwG beziehen, um die Staatsangehörigkeit erweitert (§ 19 Abs. 1 Nr. 5 GwG). Die Pflichten wurden auf bestimmte ausländische Vereinigungen und Rechtsgestaltungen ausgedehnt (§ 20 Abs. 1 S. 2 GwG und § 21 Abs. 1 S. 1 GwG). Die Auskunftsrechte und Informationspflichten im Verhältnis der wirtschaftlich Berechtigten und den Vereinigungen wurden neu geregelt (§ 20 Abs. 3, 3a und 3b GwG). Die Einsichtnahme wurde der Öffentlichkeit ohne Nachweis eines besonderen Interesses erlaubt (§ 23 Abs. 1 Nr. 3 GwG). Schließlich wurde das Unstimmigkeitsverfahren eingeführt (§ 23a GwG). Das TrFinInfoG stand im Zeichen der europäischen Vernetzung der Register. Zu diesem Zweck wurden die bisherigen Ausnahmen von der Eintragungspflicht in das Transparenzregister (Mitteilungsfiktion, § 20 Abs. 2 S. 1 und 2 GwG) ersatzlos gestrichen. Mit Wirkung ab dem 1.8.2021 sind daher nicht nur alle Rechtsgestaltungen iSd § 21 GwG, sondern auch alle privatrechtlichen Vereinigungen iSd § 20 GwG zu Meldungen an und Eintragungen der Angaben des § 19 GwG zu ihren Wirtschaftlich Berechtigten im Transparenzregister verpflichtet. Für Vereinigungen, die bisher von den Mitteilungsfiktionen profitierten, gelten rechtsformabhängige Übergangsfristen (§ 59 Abs. 8 GwG).

2 Zentrales Element der RL (EU) 2015/849 (→ § 1 Rn. 8) war die Einführung von elektronischen Registern der wirtschaftlich Berechtigten (Transparenzregister) in den EU-Mitgliedstaaten.[1] Dies wurde vom Europäischen Parlament (EP) während der Verhandlungen über die Richtlinie durchgesetzt.[2] Die Register sollen für erhöhte Transparenz sorgen und so dazu beitragen, den Missbrauch von Gesellschaften oder anderen Rechtsgestaltungen zum Zweck der Geldwäsche und Terrorismusfinanzierung zu verhindern.[3] Die Regelungen betreffend das deutsche Transparenzregister finden sich im 4. Abschnitt des GwG (§§ 18 ff. GwG). Das ist insofern unglücklich als diese nicht nur für die Verpflichteten iSd § 2 Abs. 1 GwG (→ § 3 Rn. 3) gelten, sondern für alle inländischen privatrechtlichen Vereinigungen (§ 20 GwG), sowie für Trusts, Stiftungen und ähnliche Rechtsgestaltungen (§ 21 GwG). Beim Erwerb von Immobilien in Deutschland sind neuerdings auch ausländische Vereinigungen und Rechtsgestaltungen eintragungspflichtig. Eine Regelung in einem separaten Gesetz wie zB in Österreich[4] wäre in systematischer Hinsicht sinnvoller gewesen zumal es sich bei den Pflichten der §§ 18 ff. GwG um reine Melde- und Registerpflichten handelt, wie sie in ähnlicher Weise in Bezug auf das Handelsregister, das Unternehmensregister oder zB das Vereinsregister bestehen. Es handelt sich nicht um „geldwäscherechtliche Pflichten" im engeren Sinne. Politischer Streitpunkt war lange, ob jedermann Zugang zu den Informationen im Transparenzregister erhalten sollte oder nur ein eingeschränkter Kreis mit berechtigtem Interesse. Diese Diskussion wurde auf Basis der RL 2018/843/EU (→ § 1 Rn. 8) durch das GwG-Änderungsgesetz 2020 (→ § 1 Rn. 12) zugunsten eines weitgehend freien Zugangs für jedermann entschieden. Zur Erhöhung der (erwartbar mangelhaften)[5] Datenqualität wurde 2020 das Unstimmigkeitsverfahren (§ 23a GwG) eingeführt, das dem Privatsektor weitere Prüf- und Meldepflichten auferlegt. Mit dem TrFinInfoG wurde das Transparenzregister mit Wirkung zum 1.8.2021 vom bisherigen Auf-

---
[1] Art. 30 f. RL (EU) 2015/849.
[2] Krais CZZ 2015, 251 (254) mwN.
[3] BT-Drs. 18/11555, 88 und 124.
[4] Bundesgesetz über die Einrichtung eines Registers der wirtschaftlichen Eigentümer von Gesellschaften, anderen juristischen Personen und Trusts (Wirtschaftliche Eigentümer Registergesetz – WiEReG), Österr. BGBl. 2017 I 136.
[5] Krais CCZ 2017, 98 (107).

fangregister zum Vollregister ausgebaut. Die bis dahin bestehenden Ausnahmen von der Eintragungspflicht (Mitteilungsfiktion, → Rn. 29) wurden abgeschafft. Damit wurde das Versprechen des Gesetzgebers gegenüber der Wirtschaft gebrochen, wonach die Mehrzahl der Unternehmen keine bzw. keine doppelten Eintragungspflichten zu befürchten hätten.[6] Vorbehaltlich der rechtsformspezifischen Übergangsfristen (→ Rn. 21) für die Eintragung der relevanten Angaben wird das Transparenzregister mit anderen europäischen Registern vernetzt werden. Ob das Register wirklich einen effektiven Beitrag zur Bekämpfung von Geldwäsche, Terrorismusfinanzierung und anderen Straftaten leisten kann, darf bezweifelt werden. Den Verpflichteten ist mit dem Transparenzregister jedenfalls am Wenigsten geholfen. Sie müssen es ggf. kostenpflichtig konsultieren, dürfen sich aber auf die Angaben nur ausnahmsweise verlassen (→ § 5 Rn. 100).

> **Praxishinweis:** 3
> Durch die Aufnahme ins GwG handelt es sich formal betrachtet bei den besonderen Transparenzpflichten der §§ 18 ff. GwG um *„geldwäscherechtliche"* Pflichten, für deren Einhaltung der Geldwäschebeauftragte (→ § 4 Rn. 116) eine besondere Verantwortung hat. Meist wird es sinnvoll sein, die Erledigung an die Stelle im Unternehmen zu delegieren, die für die Beteiligungsverwaltung zuständig ist. Dort sind alle Informationen über die Eigentümer- und Kontrollstruktur verfügbar, um die wirtschaftlich Berechtigten zu bestimmen, die nötigen Angaben zu dokumentieren und Änderungen zeitnah im Transparenzregister einzutragen, gerade auch im Fall von Aktualisierungen. Der Geldwäschebeauftragte ist gut beraten, die Einhaltung der Verpflichtungen zu überwachen bzw. bei der Klärung des wirtschaftlich Berechtigten zu unterstützen, insbes. soweit das Konzept von gesellschaftsrechtlichen oder steuerrechtlichen Vorgaben abweicht (→ § 5 Rn. 69).

B. Aufbau und Funktion des Transparenzregisters

Das Transparenzregister wurde im Zuge der GwG-Novelle 2017 (→ § 1 Rn. 12) geschaffen. Es beruht auf Vorgaben der RL (EU) 2015/849 (→ § 1 Rn. 8) und dient *„zur Erfassung und Zugänglichmachung von Angaben über den wirtschaftlich Berechtigten"* (§ 18 Abs. 1 GwG). Es wurde als (rein) elektronisches Register eingerichtet. Bis zum 31.7.2021 funktionierte es vornehmlich als Portal, das Zugang zu Informationen gewährte, die bereits in anderen Registern vorhanden waren (§ 22 Abs. 1 GwG). Im Transparenzregister selbst wurden Angaben nur gespeichert, wenn sie nicht bereits aus den bestehenden Registern ersichtlich waren (Auffangregister).[7] Durch die Verlinkung auf vorhandene Register wollte der Gesetzgeber unnötige Doppelmeldungen vermeiden.[8] Seit dem 1.8.2021 müssen alle von den §§ 18 ff. GwG erfassten privatwirtschaftlichen Vereinigungen (→ Rn. 6) und andere Rechtsgestaltungen (→ Rn. 38) Angaben zu ihren wirtschaftlich Berechtigten im Transparenzregister hinterlegen. Mit wachsendem Datenbestand wird das Transparenzregister dabei nach und nach zu einem Vollregister. Die (komplizierten und zT schwer verständlichen) Ausnahmen von der Eintragungspflicht nach § 20 Abs. 2 GwG aF (Mitteilungsfiktion, → Rn. 29) wurden abgeschafft. Sie haben nur noch für die Frage Bedeutung, ob in der Vergangenheit eine Eintragungspflicht bestand. Anders als zB das Handelsregister wird das Transparenzregister in bundeseigener Verwaltung betrieben (§ 18 Abs. 2 GwG). Aufbau und Betrieb des Registers wurden auf der Basis des § 25 GwG an die Bundesanzeiger Verlag GmbH (Köln) als privatrechtlichen Träger übertragen. Im GwG wird dieser

---
[6] BT-Drs. 18/11555, 127, zu § 20 Abs. 1 GwG, so auch Bode/Gätsch NZG 2021, 439 (441).
[7] BT-Drs. 18/11555, 125, zu § 18 Abs. 2 GwG.
[8] BT-Drs. 18/11555, 127, zu § 20 Abs. 1 GwG.

als „*registerführende Stelle*" bezeichnet. Die Rechts- und Fachaufsicht liegt dagegen beim Bundesverwaltungsamt (BVA, § 25 Abs. 6 GwG). Das BVA ist in dieser Funktion zuständig für den Erlass von Widerspruchsbescheiden gegen Verwaltungsakte der registerführenden Stelle und für die Verfolgung von Ordnungswidrigkeiten und anderen Sanktionen wegen Verstößen gegen die §§ 18 ff. GwG.[9] Einzelheiten zu Aufbau, Betrieb und Führung des Transparenzregisters einschließlich der Übermittlung der notwendigen Daten aus den bestehenden Registern, der Registrierung der transparenzpflichtigen Vereinigungen und Rechtsgestaltungen und der Speicherung und Löschung von Datensätzen hat das BMF in diversen Rechtsverordnungen geregelt (§ 18 Abs. 6 GWG, § 22 Abs. 3 und 4 GWG):[10]
- Verordnung über die Übertragung der Führung des Transparenzregisters (TBelV)
- Verordnung zur Datenübermittlung durch Mitteilungsverpflichtete und durch den Betreiber des Unternehmensregisters an das Transparenzregister (TrDüV)
- Verordnung über die Einsichtnahme in das Transparenzregister (TrEinV) inklusive Begründung
- Besondere Gebührenverordnung des Bundesministeriums der Finanzen zum Transparenzregister (TrGebV)
- Beachtung finden sollte auch der Bußgeldkatalog des BVA für Verstöße gegen die §§ 18 ff. GwG iVm § 56 Abs. 1 Nr. 52–56 GwG.[11]

5 **Praxishinweis:**
Das Bundesverwaltungsamt veröffentlicht praxisorientierte Auslegungshinweise zu den Besonderen Transparenzpflichten (BVA Auslegungshinweise (→ § 1 Rn. 13). Diese sind im Stil von Fragen und Antworten gehalten. Sie behandeln insbes. eine Vielzahl von Beispielen zur Feststellung des wirtschaftlich Berechtigten (→ § 5 Rn. 69), sowie zu Verfahrensfragen das Transparenzregister betreffend.

C. Transparenzpflichten privatrechtlicher Vereinigungen

I. Privatrechtliche Vereinigungen

6 Die Besonderen Transparenzpflichten der §§ 18 ff. GwG gelten zum einen für alle Vereinigungen des Privatrechts. Dies umfasst alle „*juristischen Personen des Privatrechts und eingetragene Personengesellschaften*" (§ 20 Abs. 1 GwG). Abgestellt wird allein auf die Rechtsform bzw. bei Personengesellschaften auf die Eintragung im Handelsregister. Eingetragene Vereine, etwa lokale Sport- oder Kulturvereine, unterliegen daher den Anforderungen der §§ 18 ff. GwG in vollem Umfang, selbst wenn sie keinerlei wirtschaftliche Aktivitäten entfalten und als gemeinnützig anerkannt sind. Personengesellschaften unterliegen den besonderen Transparenzpflichten, wenn sie (im Handelsregister) eingetragen sind. Keine Eintragungspflicht im Transparenzregister besteht daher für Gesellschaften bürgerlichen Rechts (GbR), eine Erbengemeinschaft oder eine Eigentümergemeinschaft nach WEG.[12] Ausländische Vereinigungen sind nur ausnahmsweise und weiteren Bedingungen eintragungspflichtig (→ Rn. 8). Dabei wird auf den satzungsmäßigen Sitz der Vereinigung abgestellt, nicht auf den Standort der Hauptverwaltung.[13] Art und Umfang des Geschäfts bzw. das individuelle Risiko der Geldwäsche oder Terrorismusfinanzierung spielen keine Rolle,

---

[9] BT-Drs. 18/11555, 135, zu § 25 Abs. 6 GwG.
[10] https://www.bva.bund.de/DE/Das-BVA/Aufgaben/T/Transparenzregister/_documents/Rechtsgrund_transparenz_kachel.html, Zugriff am 15.10.2021.
[11] https://www.bva.bund.de/SharedDocs/Downloads/DE/Aufgaben/ZMV/Transparenzregister/Transparenzregister_Bu%C3%9Fgeldkatalog.pdf?__blob=publicationFile&v=8, Zugriff am 15.10.2021.
[12] Rechtshinweise des Bundesverwaltungsamts vom 28.9.2017, S. 8, veröffentlich unter https://www.transparenzregister.de/treg/de/start?1 (Zugriff am 25.10.2017).
[13] BVA Auslegungshinweise, S. 4, A.4.

C. Transparenzpflichten privatrechtlicher Vereinigungen § 10

ebenso nicht die Eigenschaft als Verpflichteter iSd § 2 Abs. 1 GwG oder die Zugehörigkeit zum Finanz- oder zum Nichtfinanzsektor. Eine Gruppenmeldung an das Transparenzregister ist bislang nicht vorgesehen. Vielmehr erfolgt auch in einer Unternehmensgruppe die Meldung ans Transparenzregister für jedes Mitglied der Gruppe gesondert. Möglich ist, dass eine Stelle innerhalb der Firmengruppe benannt wird, die die Meldungen für alle Mitglieder der Gruppe durchführt.

> Privatrechtliche Vereinigungen iSd § 20 GwG sind insbes. alle 7
> - Aktiengesellschaften (AG) und Europäische Aktiengesellschaften (SE),
> - Gesellschaften mit beschränkter Haftung (GmbH) und Unternehmergesellschaften (UG),
> - Offene Handelsgesellschaften (oHG), Kommanditgesellschaften (KG inklusive GmbH & Co. KG) und Kommanditgesellschaften auf Aktien (KGaA),
> - Europäische wirtschaftliche Interessenvereinigungen (EWI),
> - Partnerschaften nach dem PartGG,
> - Eingetragene (eG) und Europäische Genossenschaften (SCE),
> - Eingetragene Vereine (e.V.) und Versicherungsvereine auf Gegenseitigkeit (VVaG),
> - Rechtsfähige Stiftungen iSd §§ 80 ff. BGB sind juristische Personen und daher Vereinigungen iSd § 20 GwG. Ihre Funktion und Struktur ähnelt allerdings der von Rechtsgestaltungen iSd § 21 GwG, weshalb sie teilweise wie nichtrechtsfähige Stiftungen und Trusts behandelt werden.

Mit dem GwG-Änderungsgesetz 2020 (→ § 1 Rn. 12) wurde die Eintragungspflicht auf 8 privatrechtliche Vereinigungen mit Sitz außerhalb Deutschlands (ausländische Vereinigungen) ausgedehnt, sofern „sie [...] Eigentum an einer im Inland gelegenen Immobilie erwerben" (§ 20 Abs. 21 S. 2 Alt. 1 GwG). Mit dem TrFinInfoG wurde diese Pflicht zum 1.8.2021 erweitert für den Fall, dass es sich um einen Vorgang iSd § 1 Abs. 3 GrEStG handelt, also auf den Erwerb von Anteilen an einer Gesellschaft, die Eigentümerin einer inländischen Immobilie ist (§ 20 Abs. 21 S. 2 Alt. 2 GwG). Die Eintragungspflicht entsteht bei der ersten Alternative bereits mit Abschluss des notariellen Kaufvertrags, nicht erst mit (sachenrechtlichem) Eigentumsübergang („verpflichten"). Ein Miet- oder Pachtvertrag über eine Immobilie löst die Pflicht dagegen nicht aus. Bei der zweiten Alternative reicht aus, dass die Anteile „übergehen sollen," so dass auch insoweit ein frühes Stadium der Planung, nicht erst die Übereignung der Anteile relevant wird. Ausgenommen von der Eintragungspflicht in Deutschland sind ausländische Vereinigungen, die bereits mit allen Angaben iSd § 19 Abs. 1 GwG im Transparenzregister eines anderen EU-Mitgliedsstaats eingetragen sind (§ 20 Abs. 1 S. 3 GwG). Eine Eintragung in ähnlichen Registern zB eines Mitgliedsstaats des EWR oder eines anderen Staats ist nicht ausreichend. Solange eine notwendige Eintragung im Transparenzregister nicht erfolgt ist, darf der beteiligte Notar den Immobilienkauf nicht beurkunden (§ 10 Abs. 9 S. 4 GwG).

Beispiel: 9
Eine im UK ansässige Gesellschaft ist dort ordnungsgemäß mit allen Angaben zu ihrem wirtschaftlich Berechtigten in das nationale Transparenzregister[14] eingetragen. Sofern sie in Deutschland Immobilieneigentum erwirbt, müssen die Angaben dennoch erneut ins deutsche Transparenzregister eingetragen werden.

---

[14] Dies erfolgt unmittelbar unter „Company House", https://www.gov.uk/guidance/people-with-significant-control-pscs, Zugriff am 23.8.2021.

II. Wirtschaftlich Berechtigte

10 *„Für die Bestimmung des wirtschaftlich Berechtigten von transparenzpflichtigen Vereinigungen gilt § 3 Abs. 1 und 2 GwG entsprechend"* (§ 19 Abs. 2 S. 1 GwG). Es gelten dieselben Kriterien wie iRd allgemeinen Sorgfaltspflichten. Das schließt die fiktiv wirtschaftlich Berechtigten (→ § 5 Rn. 89) ein. Ihre Angaben sind daher ggf. in das Transparenzregister einzutragen.[15] § 3 GwG gilt für Zwecke des Transparenzregisters nur entsprechend, weil die Vorschrift ursprünglich auf den „Vertragspartner" Bezug nahm, der iRd §§ 18 ff. GwG keine Bedeutung hat.[16] Mit dem TrFinInfoG (→ § 1 Rn. 12) wurde § 3 GwG neutraler formuliert. Gem. § 19 Abs. 1 GwG sind die folgenden Angaben zum wirtschaftlich Berechtigten der privatrechtlichen Vereinigungen erforderlich. Weitere Identifikationsmerkmale, sofern sie vorliegen, können nicht im Transparenzregister eingetragen werden:
- „Vor- und Nachname
- Geburtsdatum
- (aktueller) Wohnort
- alle Staatsangehörigkeiten sowie
- Art und Umfang des wirtschaftlichen Interesses."

11 **Praxishinweis:**
Die BVA Auslegungshinweise (→ § 1 Rn. 13) weichen bei der Frage, wer wirtschaftlich Berechtigter ist, zum Teil von der bisherigen Verwaltungspraxis zur Feststellung des wirtschaftlich Berechtigten iRd Sorgfaltspflichten ab. Das betrifft vor allem die sogenannte Verhinderungsbeherrschung bei mehrstufigen Beteiligungsverhältnissen (→ § 5 Rn. 88). Zuletzt wurden die umstrittenen Passagen aus den Auslegungshinweisen entfernt, ohne explizit auf die diese Auslegung zu verzichten. Die weitere Entwicklung zu diesem Thema bleibt daher abzuwarten. Zu beachten ist, dass für die Eintragung im Transparenzregister stets die Auslegung des BVA maßgeblich ist, nicht die Verwaltungspraxis der Aufsichtsbehörden im Finanz- oder Nichtfinanzsektor. In Details abweichende und widersprüchliche Auslegungsansätze sind bedauerlich und unnötig, sie bergen das Risiko rein bürokratisch bedingter Unstimmigkeitsmeldungen nach § 23a GwG; sie sind aber weiterhin möglich.

12 Unter Name und Vorname des wirtschaftlich Berechtigten ist der aktuelle Name anzugeben, nicht ein früherer Name (Ledigname, Name vor Heirat oder vor einer Scheidung, etc.). Bei den Vornamen empfiehlt sich die Eintragung aller Vornamen, auch wenn der Wortlaut dies nicht explizit fordert. Der Wohnort ist der private Wohnort, nicht die Geschäftsadresse, bei mehreren Wohnorten der Hauptwohnsitz. Gemeint ist der gewöhnliche Aufenthaltsort, nicht nur ein vorübergehender Ort, etwa am Feriendomizil oder Hotel. Angegeben wird nur der Ort, nicht die komplette Adresse. Das GwG-Änderungsgesetz 2020 (→ § 1 Rn. 12) verlangt seit dem 1.1.2020 zusätzlich die Angabe der Staatsangehörigkeit. Bei Mehrstaatlichkeit reichte dazu zunächst die Nennung nur einer Staatsangehörigkeit. Mit dem TrFinInfoG wurde zum 1.8.2021 explizit die Nennung aller Staatsangehörigkeiten des wirtschaftlich Berechtigten zur Pflicht. Aufenthaltsrechte (zB „Green Card für die USA") sind damit nicht gemeint. Unter Art und Umfang des wirtschaftlichen Interesses versteht man, *„woraus sich nach § 19 Abs. 3 GwG die Stellung als wirtschaftlich Berechtigter folgt"* (§ 20 Abs. 1 S. 5 GwG).

---

[15] BVA Auslegungshinweise, S. 6, B.I.2; Longrée/Persch NZG 2017, 1081 (1082); Rieg BB 2017, 2310 (2310).
[16] BT-Drs. 18/11555, 126, zu § 19 Abs. 2 GwG.

> **Praxishinweis:** 13
> Gem. § 19 Abs. 3 folgen Art und Umfang des wirtschaftlichen Interesses des wirtschaftlich Berechtigten bei privatrechtlichen Vereinigungen mit Ausnahme rechtsfähiger Stiftungen aus
> - der Beteiligung an der Vereinigung, also der Höhe der Kapitalanteile,
> - der Höhe der Stimmrechte,
> - der Ausübung von Kontrolle auf sonstige Weise, insbes. aufgrund Absprachen mit Dritten und einem Anteilseigner oder zwischen mehreren Anteilseignern untereinander,
> - oder aufgrund der einem Dritten eingeräumten Befugnis zur Ernennung von gesetzlichen Vertretern oder anderen Organmitgliedern, oder
> - (im Falle der fiktiv wirtschaftlich Berechtigten nach § 3 Abs. 2 S. 5 GwG), aufgrund der Funktion als gesetzlicher Vertreter, geschäftsführender Gesellschafter oder Partner einer Partnergesellschaft nach dem PartG.

III. Besondere Transparenzpflichten

Die Einhaltung der besonderen Transparenzpflichten der §§ 18 ff. GwG obliegt der privatrechtlichen Vereinigung vertreten durch ihre gesetzlichen Vertreter, also zB Vorstände einer Aktiengesellschaft oder die Geschäftsführer einer GmbH. Sie können die Erfüllung der Pflichten innerhalb der Vereinigung delegieren. Privatrechtliche Vereinigungen müssen gem. § 20 Abs. 1 S. 1 GwG die oben erwähnten Angaben des § 19 Abs. 1 Nr. 1–5 zu ihren wirtschaftlich Berechtigten 14
- *„einholen,*
- *aufbewahren,*
- *auf aktuellem Stand halten und*
- *der registerführenden Stelle zur Eintragung in das Transparenzregister mitteilen."*

> **Praxishinweis:** 15
> Zu beachten ist, dass die Verantwortung für die Richtigkeit und Aktualität der Eintragungen im Transparenzregister bei der Vereinigung liegt, nicht bei den wirtschaftlich Berechtigten oder Anteilseignern. Werden zB die Anteile an einer GmbH verkauft, bleibt die GmbH gemäß § 18 ff. GwG unverändert in der Pflicht, auch für die Vergangenheit. Die Besonderen Transparenzpflichten treffen weder die früheren (für die Zeit vor dem Verkauf), noch die neuen Gesellschafter (für die Zeit danach). Wurden Eintragungen in der Vergangenheit versäumt, besteht der gesetzeswidrige Zustand ggf. trotz Gesellschafter- oder Geschäftsführerwechsel fort, abgesehen davon, dass durch den Wechsel eventuell eintretende Änderungen des wirtschaftlich Berechtigten zu dokumentieren und einzutragen sind. Bei M&A-Transaktionen ist daher darauf zu achten, dass alle Angaben des Kaufobjekts zu den bisherigen wirtschaftlich Berechtigten entweder im Transparenzregister eingetragen sind oder, soweit man sich dort für die Zeit bis 31.7.2021 auf die frühere Mitteilungsfiktion (→ Rn. 29) beruft, leicht aus den Angaben in anderen Registern rekonstruiert werden können.[17] In jedem Fall lohnt es sich, darauf zu achten, dass der Gesellschaft für die Zeit ab dem 1.10.2017 (→ Rn. 19) eine lückenlose interne Dokumentation der wirtschaftlich Berechtigten mit allen Angaben lt. § 19 Abs. 1 GwG vorliegt.

Nach wie vor ist unklar, ob die Pflicht zur Einholung, Aufbewahrung und Aktualisierung der Angaben zu den wirtschaftlich Berechtigten unabhängig von der Pflicht zur Ein- 16

---

[17] Ähnl. Nordhues/Zenker GWR 2021, 138 (140) für den Fall der eigenen Anteile einer Gesellschaft.

tragung ins Transparenzregister zu erfüllen ist oder nur, wenn eine Eintragungspflicht besteht. Im zuerst genannten Fall müsste die Vereinigung die Angaben lt. § 19 Abs. 1 GwG zusätzlich zur Eintragung im Transparenzregister bei sich intern vorhalten. Dies könnte vor allem mit Blick auf das Recht sowohl der FIU als auch der Aufsichtsbehörden relevant sein, die Angaben zu den wirtschaftlich Berechtigten bei den Vereinigungen selbst einzusehen oder sich vorlegen zu lassen, anstatt sie im Transparenzregister abzurufen. Die Antwort auf eine solche Anfrage muss „*unverzüglich*" erfolgen (§ 20 Abs. Abs. 5 GwG). Die Angaben können daher nicht erst im Fall eines Auskunftsersuchens eingeholt werden, es sei denn sie sind leicht aus vorhandenen Registern ersichtlich etwa in Form einer Gesellschafterliste einer GmbH. Für die Zeit nach dem 1.8.2021 bzw. nach erfolgter Eintragung im Transparenzregister iRd Übergangsfristen (→ Rn. 21) sollte die Frage keine praktische Relevanz mehr haben. Soweit Eintragungen bestehen, wird ausreichen Auszüge aus dem Transparenzregister vorzulegen, ggf. mit der Angabe oder Nachweisen, dass diese zutreffend und aktuell sind. Relevant ist die Frage daher nur noch für die Zeit davor, sofern eine Vereinigung wegen der Mitteilungsfiktion (→ Rn. 29) keine Eintragungen im Transparenzregister vorgenommen hat. Insoweit wurde im Zusammenhang mit der Streichung der Mitteilungsfiktion die Ansicht vertreten, dass die interne Dokumentations- und Aufbewahrungspflicht bereits seit 2017 auch für die Gesellschaften galt, die bisher Nutznießer der Mitteilungsfiktion(en) des § 20 Abs. 2 GwG aF waren.[18] Dies muss jedoch kritisch hinterfragt werden. Jedenfalls für die Zeit vom 1.10.2017 bis zum 31.12.2019 war vertretbar, dass keine zusätzliche, interne Dokumentationspflicht bestand, soweit die Mitteilungsfiktion des § 20 Abs. 2 GwG galt. Anderenfalls wäre bei den Vereinigungen iSd § 20 GwG genau der (unnötige) Doppelaufwand entstanden, den die Mitteilungsfiktion verhindern sollte. Soweit bestehende Register ausreichend Transparenz zum wirtschaftlich Berechtigten boten, muss dies auch mit Blick auf Anfragen von Behörden nach § 20 Abs. 5 GwG ausreichen. Problematisch ist, dass ab dem 1.1.2020 zusätzlich die Angabe der Staatsangehörigkeit erforderlich wurde. Diese ist aus den bestehenden Registern nicht ersichtlich. Bis einschließlich 31.7.2021 war daher ratsam, mind. diese Angabe intern zu dokumentieren und darauf zu achten, dass sich alle anderen Angaben im Sinne einer der Mitteilungsfiktionen leicht und ggf. „unverzüglich" aus den bestehenden Registern ersehen ließen. Wie lange die Angaben zum wirtschaftlich Berechtigten aufzubewahren sind, regelt das Gesetz nicht. § 8 GwG (Aufzeichnungs- und Aufbewahrungspflichten) ist nicht einschlägig; er gilt explizit nur für Angaben, die Verpflichtete iRd Sorgfaltspflichten erheben. Andere Aufbewahrungsvorschriften existieren im GwG nicht. Die Pflicht zu Vorkehrungen gemäß § 6 Abs. 5 GwG (→ § 4 Rn. 162) ist nicht unmittelbar einschlägig, dennoch ist ratsam daran angelehnt die Angaben für einen entsprechenden Zeitraum von 5 Jahren aufzubewahren.

17 Die Angaben zum wirtschaftlich Berechtigten müssen von den Vereinigungen auf aktuellem Stand gehalten werden (Aktualisierungspflicht). Dies erfordert ein aktives Handeln, wenn sich Angaben des wirtschaftlich Berechtigten ändern.[19] Daneben ist empfehlenswert einmal jährlich zu prüfen, ob Informationen vorliegen, aus denen sich eine Änderung des wirtschaftlich Berechtigten ergibt. Es ist jeweils sinnvoll, zu dokumentieren, aus welcher Quelle Angaben zum wirtschaftlich Berechtigten stammen und zu welchen Zeitpunkten diese zuletzt aktualisiert wurden. Abgesehen vom Sonderfall des § 20 Abs. 3a GwG haben Vereinigungen iSd § 20 GwG keine darüber hinausgehende Pflicht zu aktiven Nachforschungen, ob sich in Bezug auf ihre eigenen wirtschaftlich Berechtigten etwas geändert hat, auch nicht bei mehrschichtigen Beteiligungsverhältnissen oder Beteiligungsketten. Außerhalb der jährlichen Aktualisierung erfolgt diese nur anlassbezogen, dh immer dann, wenn sich Angaben ändern. Das kann durch den Umzug eines wirtschaftlich Berechtigten (Wohnort) genauso notwendig werden wie durch eine Namensänderung (zB Heirat),

---

[18] BT-Drs 19/28164, S. 34 f. zu Ziff. 4.
[19] BeckOK GwG/Korte, 4. Ed. 1.12.2020, GwG § 20 Rn. 21.

C. Transparenzpflichten privatrechtlicher Vereinigungen § 10

durch Änderungen der Eigentümer- und Kontrollstruktur oder durch die Änderung des Geschäftsführers, wenn dieser fiktiv wirtschaftlich Berechtigter (→ § 5 Rn. 89) ist. Änderungen müssen ggf. intern dokumentiert und dem Transparenzregister mitgeteilt werden. Das Transparenzregister überprüft die Aktualität der Angaben nicht und fordert abgesehen vom Unstimmigkeitsverfahren (→ Rn. 55) auch nicht zum Nachweis der Richtigkeit der Angaben auf.[20] Die wirtschaftlich Berechtigten müssen den Vereinigungen Änderungen ihrer Angaben unverzüglich mitteilen (§ 20 Abs. 3 S. 1 GwG).

Beispiel: 18
Die Meier GmbH teil dem Transparenzregister am 1.2. die Angaben zu ihrem wirtschaftlich Berechtigten mit. Im April ergeben sich Änderungen (Namensänderung aufgrund Hochzeit und neue Wohnadresse). Die Meier GmbH erfährt hiervon erst iRd regelmäßigen Prüfung ihrer gesellschaftsrechtlichen Verhältnisse im Januar des Folgejahres und veranlasst dann umgehend die entsprechenden Eintragungen. Die Vereinigung hat mangels Kenntnis ihre Mitteilungspflicht nicht verletzt. Denkbar ist eine Verletzung der Pflicht zur Mitteilung von Änderungen durch den wirtschaftlich Berechtigten.

IV. Eintragungspflichten und Übergangsfristen

Eintragungen im Transparenzregister mussten nach Inkrafttreten der GwG-Novelle 2017 19 (→ § 1 Rn. 12) erstmals bis spätestens zum 1.10.2017 erfolgen, soweit nicht die Mitteilungsfiktion galt (§ 59 Abs. 1 GwG). Mit Inkrafttreten des TrFinInfoG sind seit dem 1.8.2021 ausnahmslos alle privatrechtlichen Vereinigungen verpflichtet, die Angaben des § 19 Abs. 1 GwG zu allen wirtschaftlich Berechtigten ins Transparenzregister einzutragen. Das gilt dem Wortlaut nach auch für die bisher hiervon stets befreiten börsennotierten Gesellschaften (→ Rn. 30). Eintragungen im Transparenzregister erfolgen ausschließlich *„elektronisch,"* über das Web-Portal des Transparenzregisters (§ 20 Abs. 1 S. 4). Eine Mitteilung per Post, Fax oder gar fernmündlich ist nicht möglich. Die Einschaltung eines Notars oder Rechtsanwalts ist nicht erforderlich. Ändern sich einzelne oder alle Angaben zum wirtschaftlich Berechtigten müssen diese unverzüglich in das Transparenzregister eingetragen bzw. dort geändert werden (§ 20 Abs. 1 GwG). Vernünftigerweise darf man annehmen, dass die Frist erst läuft, wenn der Vereinigung alle (ggf. aktualisierten) Angaben zum wirtschaftlich Berechtigten vorliegen. Die Aktualisierung erfolgt im gleichen Prozedere wie die Ersteintragung, beschränkt auf die veränderten Angaben. Eintragungen im Transparenzregister müssen alle gemäß § 19 Abs. 1 GwG erforderlichen Angaben zum wirtschaftlich Berechtigten umfassen. *„Ist eine Mitteilung unvollständig, unkla*r oder bestehen Zweifel, welcher Ver*einigung die in der Mitteilung enthaltenen Angaben zum wirtschaftlich Berechtigten zuzuo*rdnen sind" wird die registerführende Stelle in aller Regel *„verlangen, dass die für eine Eintragung in das Transparenzregister [noch] erforderlichen Informationen [...] übermittelt"* werden (§ 18 Abs. 3 S. 1 GwG). Sie kann dafür eine angemessene Frist setzen, nach deren erfolglosem Ablauf sie die Eintragungen idR ablehnen wird.[21] Es kann im Fall von leichtfertiger Versäumnis der Antwort (→ § 9 Rn. 29) ein Bußgeld verhängen (§ 56 Abs. 1 Nr. 54 GwG).

Praxishinweis: 20
Das GwG spricht im Zusammenhang mit Eintragungen im Transparenzregister von der Mitteilungspflicht. Hintergrund ist, dass genau genommen keine (unmittelbaren) Eintragungen erfolgen, sondern Aufträge an die registerführende Stelle (→ Rn. 4) erteilt werden, Eintragung im Transparenzregister vorzunehmen. Aus Gründen der Verständlichkeit

---

[20] BT-Drs. 18/11555, 126 zu § 20 Abs. 1 GwG.
[21] BT-Drs. 18/1155, S. 125 zu § 18 Abs. 3 GwG.

> wird vorliegend dennoch die Bezeichnung Eintragung im Transparenzregister verwendet.

21 Für privatrechtliche Vereinigungen, die bislang keine Eintragungen im Transparenzregister vornehmen mussten, gelten ab dem 1.8.2021 rechtsformspezifische Übergangsfristen (§ 59 Abs. 8 GwG). Solange die Übergangsvorschriften berechtigt in Anspruch genommen werden, ist eine fehlende Eintragung nicht ordnungswidrig. Letzteres gilt nach dem Gesetzeswortlaut sogar bis zum Ablauf eines Jahres nach Ende der Übergangsfrist für die Eintragung (§ 59 Abs. 9 GwG). Dabei wird es sich vermutlich um ein Versehen des Gesetzgebers handeln, das ggf. noch korrigiert werden wird.[22] Bei den Übergangsfristen handelt es sich nicht um eine allgemeine Freistellung, sondern um einen Kulanzzeitraum für die Vornahme der Eintragung. Eintragungen sind daher rückwirkend für die Zeit ab dem 1.8.2021 zu tätigen, auch wenn zulässigerweise später erfolgen. Zu beachten ist, dass die Übergangsfristen nur für Vereinigungen gelten, die am 31.7.2021 berechtigt waren, sich auf die frühere Mitteilungsfiktion (→ Rn. 29) zu berufen, die also berechtigt zu diesem Zeitpunkt keine Eintragungen im Transparenzregister vorgenommen haben. Dazu zählen auch Vereinigungen, die sich auf das Gruppenprivileg lt. BVA-Auslegung berufen konnten (→ Rn. 36). Die Übergangsfristen gelten dagegen nicht für Vereinigungen, die schon vor dem 1.8.2021 Eintragungen im Transparenzregister vornehmen mussten,[23] dies aber bis dato versäumt hatten. Für sie gilt die Eintragungspflicht unverändert und ohne Übergangsfrist fort. Es gilt dann auch keine Ausnahme von den Bußgeldvorschriften, so dass ratsam ist, Eintragungen ohne weiteren Aufschub durchzuführen, um den ordnungswidrigen Zustand zu beenden.

22 > **Praxishinweis:**
> Das GwG sieht die folgenden Übergangsfristen vor (§ 59 Abs. 8 GwG):
> - für Aktiengesellschaften, SE, Kommanditgesellschaften auf Aktien bis 31.3.2022
> - für GmbHs, Genossenschaften, Europäische Genossenschaften oder Partnerschaften bis 30.6.2022 und
> - für alle anderen bis spätestens 31.12.2022.

23 Zur Nutzung des Transparenzregisters ist eine vorherige Online-Registrierung erforderlich. Mit dem so erstellten Nutzerkonto können Eintragungen für mehrere Vereinigungen vorgenommen werden. Diese müssen allerdings einzeln unter dem Konto registriert werden. Die Eintragungen können innerhalb der Vereinigung oder einer Firmengruppe an eine zentrale Stelle delegiert werden. Es ist nicht notwendig, dass zB die Geschäftsführer eines Unternehmens selbst Eintragungen tätigen. Die Person, die die Eintragungen vornimmt, muss (einmalig, iRd Registrierung) eine Vollmacht übermitteln, die keiner besonderen Form bedarf.

24 > **Praxishinweis:**
> Eingetragene Vereine (e.V.) sind Vereinigungen iSd § 20 GwG und zu Eintragungen im Transparenzregister verpflichtet. Bislang konnten Sie weitgehend von der Mitteilungsfiktion (→ Rn. 32) Gebrauch machen. In der Regel gelten die Vereinsvorstände als fiktive wirtschaftlich Berechtigte (→ § 5 Rn. 89). Um die vielen Vereine nicht zu sehr zu belasten, sieht § 20a GwG vor, dass die registerführende Stelle die Eintragungen im Transparenzregister auf Basis der Eintragungen im Vereinsregister vornimmt. Dabei wird unterstellt, dass Deutschland das Wohnsitzland ist und ausschließlich die deutsche Staatsangehörigkeit besteht (§ 20a Abs. 1 GwG). Anderenfalls bleibt der Verein zur Än-

---

[22] Engels/Gemmerich Newsdienst Compliance 2021, 210015.
[23] BVA, Auslegungshinweise, S. 2 unter Wichtiger Hinweis; so auch Bode/Gätsch NZG 2021, 437 (440).

derung der Eintragungen verpflichtet. Das gilt auch für Änderungen bei den Angaben, die nicht unverzüglich zur Eintragung in das Vereinsregister angemeldet werden oder wenn abweichend vom Regelfall eine andere Person wirtschaftlich Berechtigter ist als die Vereinsvorstände (§ 20a Abs. 2 GwG).[24]

V. Auskunftspflichten der Wirtschaftlich Berechtigten und Anteilseigner

Das Zusammenspiel der diversen Mitteilungspflichten und Auskunftsrechte in den § 20 Abs. 3, 3a, 3b und 4 GwG ist komplex und unübersichtlich. Der Gesetzgeber ging 2017 davon aus, dass Vereinigungen die Angaben ihrer wirtschaftlich Berechtigten in vielen Fällen kennen. Wo dies nicht der Fall sei, vermutete er das Wissen bei den Anteilseignern (Gesellschaftern).[25] Erst mit dem GwG-Änderungsgesetz 2020 (→ § 1 Rn. 12) wurde den wirtschaftlich Berechtigten eine umfassende Pflicht auferlegt, sich mit den Angaben des § 19 Abs. 1 GwG gegenüber dem Unternehmen zu offenbaren. Sie müssen gem. § 20 Abs. 3 S. 1 GwG *„der Vereinigung, die zur Erfüllung der [besonderen Transparenzregister-]Pflichten notwendigen Angaben und jede Änderung dieser Angaben unverzüglich mitteilen"* und zwar ungefragt mit allen Angaben des § 19 Abs. 1 GwG. Die Auskunftspflicht ist das Gegenstück zu den Transparenzpflichten der Vereinigung. Sie soll dafür sorgen, dass die Vereinigung die erforderlichen Angaben zum wirtschaftlich Berechtigten tatsächlich erhält.[26] Eine aktive Nachforschungspflicht wie zB iRd Sorgfaltspflichten besteht nicht.[27] Sind auf diesem Weg keine Information über den wirtschaftlich Berechtigten zu erhalten und ist dieser nicht bekannt, dürfen die gesetzlichen Vertreter oder geschäftsführenden Gesellschafter als fiktive wirtschaftlich Berechtigte (→ § 5 Rn. 89) benannt werden. Weitergehende Auskunfts- und Mitteilungspflichten sind eigentlich unnötig. Dennoch wurde in S. 2 der Vorschrift der ursprüngliche Auskunftsanspruch gegen Anteilseigner (Gesellschafter) beibehalten, die entweder selbst wirtschaftlich Berechtigte sind oder von dem wirtschaftlich Berechtigten unmittelbar kontrolliert werden. Es handelt sich daher nur um bestimmte, unmittelbare Anteilseigner (1. Beteiligungsebene). In der Beteiligungskette weiter „hinten" (oben) stehende wirtschaftlich Berechtigte müssen Anteilseigner nicht kennen. Nachforschungspflichten treffen insoweit weder die Vereinigung noch den Anteilseigner der Vereinigung. Unklar ist, ob Anteilseigner zur Auskunft verpflichtet bleiben, wenn sie Kenntnis von (in der Beteiligungskette weiter hinten stehenden) Wirtschaftlich Berechtigten haben. Die Gesetzesmaterialien bejahen dies.[28] Für die Zwecke des § 20 Abs. 3 S. 2 GwG wird auf das umfassende Konzept der Kontrolle (→ § 5 Rn. 80) abgestellt, nicht allein auf Stimmrechte oder Beteiligungsverhältnisse. Dem Wortlaut nach sind aber auch Anteilseigner erfasst, die nur fiktive wirtschaftlich Berechtigte (→ § 5 Rn. 89) sind. Für Vereine (e.V.) und Genossenschaften (e.G.) gilt die Sonderregelung des S. 3: Danach ist ein Mitglied nur auskunftspflichtig gegenüber dem Verein oder der Genossenschaft, wenn das Mitglied mehr als 25% der Stimmrechte innehat. Das wird idR nur gegeben sein, wenn es nur noch drei Mitglieder gibt, was bei Vereinen gesetzeswidrig ist und zur Löschung führen würde.

Praxishinweis:
Bei mehrstufigen Beteiligungsverhältnissen ist nicht jede Person, die den Anteilseigner einer Vereinigung kontrolliert, gleichzeitig wirtschaftlich Berechtigter der Vereinigung selbst. Voraussetzung dafür ist ab der 2. Beteiligungsebene eine Mehrheit der Anteile,

---

[24] BT-Drs. 19/19/30443, 75, zu § 20a GwG.
[25] BT-Drs. 18/11555, 126f zu § 20 Abs. 1 GwG.
[26] BT-Drs. 18/11555, 129 zu § 20 Abs. 3 GwG.
[27] BT-Drs. 18/11555, 126, zu § 20 Abs. 1 GwG.
[28] BT-Drs. 18/11555, 129 zu § 20 Abs. 3 GwG.

> Stimmrechte oder andere Form der Beherrschung iSd § 290 Abs. 2-4 HGB (→ § 5 Rn. 80). Wo dies nicht der Fall ist, besteht kein Auskunftsanspruch der Vereinigung nach § 20 Abs. 3 S. 2 GwG gegen die Anteilseigner, die nicht selbst wirtschaftliche Berechtigte sind.

27   Sind einer Vereinigung die Angaben des § 19 Abs. 1 GwG zu ihren wirtschaftlich Berechtigten nicht bekannt und haben diese sich gegenüber der Vereinigung nicht nach § 20 Abs. 3 GwG offenbart, so muss (!) die Vereinigung „von ihren Anteilseignern, soweit sie ihr bekannt sind, [...] Auskunft zu den Wirtschaftlich Berechtigten verlangen" (§ 20 Abs. 3a S. 1 und 3 GwG). Dies geschieht „in angemessenem Umfang," dh unter Berücksichtigung der Tatsache, dass nicht jeder Anteilseigner wirtschaftlich Berechtigter ist und nicht unbedingt Kenntnis davon haben muss, wer die wirtschaftlich Berechtigten der Vereinigung sind. Es ist nicht einmal gesichert, dass die Anteilseigner selbst sich immer im Klaren über ihre Eigenschaft als wirtschaftlich Berechtigte iSd § 3 GwG sind. Die Vereinigung muss ihre Anfrage dokumentieren (§ 20 Abs. 3a S. 4 GwG); dazu reicht ggf. eine Telefonnotiz mit Datum und Angaben zur Person aus. Die Anteilseigner müssen die Anfrage binnen angemessener Frist beantworten (§ 20 Abs. 3a S. 2 GwG); idR wird man 14 Tage einräumen können, bei komplexen Eigentümer- und Kontrollstrukturen oder im Ausland auch länger. Grds. müssen Anteilseigner unabhängig von der Anfrage der Vereinigung Änderungen des wirtschaftlich Berechtigten mitteilen (§ 20 Abs. 3b GwG). Wie aus S. 2 Nr. 1 der Vorschrift ersichtlich ist, geht es hier nur um „neue" wirtschaftlich Berechtigte, nicht um die Änderung einzelner Angaben nach § 19 Abs. 1 GwG der wirtschaftlich Berechtigten. Die Mitteilungspflicht der Anteilseigner gilt nicht, wenn die Angaben zu dem neuen wirtschaftlich Berechtigten bereits aus dem Transparenzregister ersichtlich sind oder der Anteilseigner weiß, dass die Vereinigung iSd § 20 GwG bereits von dem neuen wirtschaftlich Berechtigten weiß (§ 20 Abs. 3a GwG).

28   Die Pflicht der wirtschaftlich Berechtigten und Anteilseigner, Angaben zu machen, entfällt des Weiteren, wenn die erforderlichen Angaben iSd § 19 Abs. 1 GwG zu den wirtschaftlich Berechtigten bereits in anderer Form (oder auf anderem Weg) mitgeteilt wurden (§ 20 Abs. 4 GwG). Das soll zB der Fall sein, wenn sich Aktionäre, die wirtschaftlich Berechtigten einer Aktiengesellschaft, in das Aktienregister (§ 67 AktG) eingetragen haben. Anders wäre dies, wenn die Kontrolle des wirtschaftlich Berechtigten über die Vereinigung in anderer Form erfolgt, als durch die Stellung als direkter Anteilseigner, etwa wenn hinter einem oder mehreren Gesellschaftern ein Treugeber steht.[29] Davon wird die Vereinigung aber nur wissen, wenn der Anteilseigner ihr das mitteilt. Eine anderweitige Auskunft soll auch darin liegen, dass ein Inhaberaktionär eine Meldung nach § 20 AktG erstattet, sofern die Gesellschaft mit diesen Angaben ihre Verpflichtung gegenüber dem Transparenzregister erfüllen kann.

VI. Ausnahmen von der Eintragungspflicht (Mitteilungsfiktionen)

29   Der Gesetzgeber ging 2017 zu Recht davon aus, dass bei der weit überwiegenden Zahl der im Inland registrierten Vereinigungen die wirtschaftliche Berechtigung bereits aus Informationen in bestehenden Registern außerhalb des Transparenzregisters ersichtlich ist. Vor Inkrafttreten des TrFinInfoG (→ § 1 Rn. 12) galten daher gemäß § 20 Abs. 2 GwG aF bestimmte Ausnahmen von der Eintragungspflicht in das Transparenzregister. Sie wurden als Mitteilungsfiktion bezeichnet, weil fingiert wurde, die erforderliche Mitteilung (→ Rn. 20) an das Transparenzregister sei bereits erfolgt. Grundgedanke der Mitteilungsfiktion war in allen Fällen, dass Eintragungen im Transparenzregister unterbleiben konnten, wenn sich aus den bestehenden Registern wie zB dem Handelsregister bereits ersehen

---

[29] BT-Drs. 18/11555, 128 zu § 20 Abs. 2 GwG.

lässt, wer wirtschaftlich Berechtigter einer Vereinigung ist oder wenn – wie im Fall von (bestimmten) börsennotierten Gesellschaften – bereits anderweitig ausreichend Transparenz über die Eigentümer- und Kontrollstruktur besteht. Die Mitteilungsfiktionen sollten die Vereinigungen iSd Verhältnismäßigkeit vor unnötigen Doppelmeldungen an unterschiedliche Register schützen.[30] Das GwG unterschied zwischen der unbedingten Mitteilungsfiktion für (bestimmte) börsennotierte Gesellschaften (§ 20 Abs. 2 S. 2 GwG aF) und der für alle anderen Vereinigungen (§ 20 Abs. 2 S. 1 GwG aF, allgemeine Mitteilungsfiktion). Im Wege der Auslegung schuf das BVA (→ § 1 Rn. 13) eine dritte Ausnahme für verbundene Unternehmen der erwähnten börsennotierten Gesellschaften (Gruppenprivileg des BVA für Töchter börsennotierter Gesellschaften). Mit Inkrafttreten des TrFinInfoG (→ § 1 Rn. 12) zum 1.8.2021 wurden die Mitteilungsfiktionen ersatzlos gestrichen. Ab diesem Datum sind daher alle Vereinigungen iSd § 20 GwG zu Eintragungen im Transparenzregister verpflichtet. Für die Meldung sind Übergangsfristen vorgesehen (→ Rn. 21). Die Mitteilungsfiktionen haben daher nur noch Bedeutung für die Frage, ob Vereinigungen zwischen 1.10.2017 (Datum der erstmaligen Eintragungspflicht, § 59 Abs. 1 GwG) und dem 31.7.2021 (Datum vor Inkrafttreten des TrFinInfoG) eintragungspflichtig waren bzw. zu Recht Eintragungen nicht vorgenommen haben. Dies ist noch relevant für eventuelle Ordnungswidrigkeitenverfahren betreffend den Zeitraum bis 31.7.2021 und für die Frage, ob die Übergangsfristen des TrFinInfoG gelten. Praktische Bedeutung kann die Frage auch im Rahmen von M&A-Transaktionen (→ § 11 Rn. 10) haben, wenn sich das Transaktionsobjekt auf die Mitteilungsfiktion beruft. Bei Zweifeln, ob die Mitteilungsfiktion galt, steht es der Vereinigung frei Mitteilung an das Transparenzregister zu machen – eine Übererfüllung ist unschädlich.[31] Der Wegfall der Mitteilungsfiktion bedeutet in der Praxis einen erheblichen Mehraufwand für viele Unternehmen. Neben das Handelsregister tritt nun das Transparenzregister, das zB im Fall eines Geschäftsführerwechsels gepflegt werden muss, wenn der Geschäftsführer als fiktiver wirtschaftlich Berechtigter gilt.[32] Der Vorschlag des Bundesrats zu einer anderen technischen Lösung und Beibehaltung der Mitteilungsfiktion wurde im Gesetzgebungsverfahren nicht berücksichtigt. Eine automatisierte Übernahme von Daten aus anderen Registern sei aktuell nicht umsetzbar.[33]

1. Unbedingte Mitteilungsfiktion (Börsennotierte Gesellschaften)

Eine generelle Ausnahme von der Eintragungspflicht in das Transparenzregister bestand bis zum 31.7.2021 für „*Gesellschaften, die an einem organisierten Markt nach § 2 Abs. 5 WpHG notiert sind*" (§ 20 Abs. 2 S. 2 GwG aF). In der Regel handelt es sich dabei um in Deutschland börsennotierte Aktiengesellschaften oder Kommanditgesellschaften auf Aktien. Gleichgestellt sind bestimmte ausländische börsennotierte Gesellschaften, die entsprechenden Transparenzanforderungen unterliegen; ob dies der Fall ist kann für Gesellschaften mit Sitz außerhalb der EU und des EWR nur von Fall zu Fall untersucht werden. Dies setzt anerkanntermaßen Spezialkenntnisse im Kapitalmarktrecht der EU und des betreffenden ausländischen Staats voraus.[34] Die von der Regelung umfassten Gesellschaften unterliegen an ihrem Sitz bereits anderweitigen Transparenzanforderungen in Bezug auf ihre Eigentümer- und Kontrollstruktur. Bis zum 31.7.2021 galt für sie „*die Pflicht zur Mitteilung an das Transparenzregister stets als erfüllt.*" Sie mussten daher ausnahmslos keine Eintragungen im Transparenzregister vornehmen. Unklar war, ob die Angaben zu den wirtschaftlich Berechtigten davon unabhängig intern zu dokumentieren waren (→ Rn. 16). Seit dem 1.8. 2021 besteht auch für börsennotierte Gesellschaften dem Wortlaut nach ohne Ausnahme die Pflicht iRd Übergangsfristen (→ Rn. 21) sicherzustellen, dass die Angaben des § 19

30

---

[30] BT-Drs. 17/11555, 91 f., 129.
[31] BT-Drs. 18/11555, 128, zu § 20 Abs. 1 GwG.
[32] Wende/Kröger GWuR 2021, 12 (13).
[33] BR-Drs. 133/21, Beschluss 8 und 9, BT-Drs 19/28164, 180 f.
[34] BT-Drs. 19/28164, 49 f.

Abs. 1 GwG zu ihrem wirtschaftlich Berechtigten im Transparenzregister eingetragen werden. Damit kehrt der Gesetzgeber zu seinen Plänen von vor der GwG-Novelle 2017 (→ § 1 Rn. 12) zurück.[35]

31 **Praxishinweis:**
In Bezug auf börsennotierte Gesellschaften, die bereits umfassenden Transparenzanforderungen unterliegen (s. § 3 Abs. 2 S. 1 GwG), wird nach wie vor die Anwendbarkeit der RL (EU) 2015/849 bzw. des GwG bestritten.[36] Es bleibt abzuwarten, ob das BVA dieser im Wesentlichen historisch bedingten Auslegung in seinem Auslegungshinweisen Raum geben wird. Der Wortlaut des GwG und die das Ziel, das Transparenzregister zum Vollregister auszubauen, spricht deutlich dagegen. Die Bestimmung des wirtschaftlich Berechtigten bei diesen börsennotierten Gesellschaften weist einige Besonderheiten auf (→ § 5 Rn. 102).

2. Allgemeine Mitteilungsfiktion (alle Gesellschaften)

32 Für alle privatrechtlichen Vereinigungen, die nicht im Anwendungsbereich der (unbedingten) Mitteilungsfiktion des § 20 Abs. 2 S. 2 GwG aF waren (→ Rn. 30), galt bis zum 31.7. 2021 *„die Pflicht zur Mitteilung an das Transparenzregister als erfüllt, wenn sich die Angaben […] zum Wirtschaftlich Berechtigten bereits aus den in § 22 Abs. 1 GwG aufgeführten Dokumenten oder Eintragungen ergeben, die elektronisch aus dem Handelsregister, dem Partnerschaftsregister, dem Genossenschaftsregister, dem Vereinsregister oder dem Unternehmensregister abrufbar"* waren. (§ 20 Abs. 2 S. 1 GwG aF, allgemeine Mitteilungsfiktion). Voraussetzung war nicht, dass der wirtschaftlich Berechtigte in den genannten Registern und Dokumenten explizit als solcher benannt war. Es war ausreichend, dass sich seine Stellung und die relevanten Angaben aus der Zusammenschau von Dokumenten ggf. auch aus verschiedenen Registern ergab. Abgestellt wurde ausschließlich auf die in § 20 Abs. 2 S. 1 GwG aF genannten Register und die in § 22 Abs. 1 GwG genannten Dokumente. Andere als die § 22 Abs. 1 GwG aufgeführten Dokumente aus den in § 20 Abs. 2 S. 1 GwG aF genannten Registern durften zur Bewertung der Mitteilungsfiktion nicht herangezogen werden. Insbesondere Informationen im Transparenzregister, zB über die wirtschaftlich Berechtigten in der Beteiligungskette, konnten für die Zwecke der Mitteilungsfiktion nicht genutzt werden. Auch Informationen in ausländischen Registern hatten keine Bedeutung iRd Mitteilungsfiktion. Es bedurfte einer durchgängig inländischen Beteiligungskette. Nur die wirtschaftlich Berechtigten selbst konnten im Ausland ansässig sein. Alle Dokumente und Informationen mussten darüber hinaus elektronisch abrufbar sein (§ 22 Abs. 1 S. 2 GwG). Ergab sich die Stellung als wirtschaftlich Berechtigter aus Dokumenten in Papierform, galt die allgemeine Mitteilungsfiktion nicht, selbst wenn diese öffentlich zugänglich waren. In diesem Fall musste eine Mitteilung an das Transparenzregister erfolgen.[37] Abgestellt wurde auch in der Zeit nach dem 1.1.2020 nur auf die Angaben des § 19 Abs. 1 Nr. 1–4 GwG (→ Rn. 10), dh Angaben zur Staatsangehörigkeit in bestehenden Registern waren nicht erforderlich, um die Mitteilungsfiktion in Anspruch zu nehmen. Das alles galt auch bei mehrstufigen Beteiligungsverhältnissen. Zulässig war, dass sich die Angaben zum wirtschaftlich Berechtigten erst aus der Zusammenschau von Informationen aus Registern verschiedener Gesellschaften in der Beteiligungskette ergaben („durchklicken").

33 **Beispiel:**
Die Müller GmbH stand am 1.1.2018 im Alleineigentum des Gründers, Herrn Michael Müller, der auch alleiniger Geschäftsführer war. Das Handelsregister war zu diesem Zeit-

---
[35] BT-Drs. 18/11555, 128 zu § 20 Abs. 2 GwG.
[36] Deutsche Kreditwirtschaft, Stellungnahme zum Regierungsentwurf des TrFinInfoG vom 22.4.2021, S. 2.
[37] BT-Drs. 18/11555, 128 zu § 20 Abs. 2 GwG.

punkt auf aktuellem Stand. Aus der beim Handelsregister hinterlegten, elektronisch abrufbaren, neu erstellten Gesellschafterliste (§ 40 GmbHG) waren Name, Vorname, Geburtsdatum und Wohnort von Herrn Müller ersichtlich, sowie dass Herr Müller alleiniger (rechtlicher) Eigentümer und damit wirtschaftlich Berechtigter iSd § 3 Abs. 1 GwG ist (100 % Eigentum; Art und Umfang des wirtschaftlichen Interesses). Die Angabe der Staatsangehörigkeit (→ Rn. 1) war zu diesem Zeitpunkt nicht notwendig. Eine Mitteilung an das Transparenzregister war dennoch nicht erforderlich (§ 20 Abs. 2 S. 1 GwG, allgemeine Mitteilungsfiktion). Mit Wirkung ab 1.8.2021 muss Herr Müller dagegen iRd Übergangsfristen des § 59 Abs. 8 GwG für die Eintragung aller Angaben des § 19 Abs. 1 Nr. 1–5 GwG, dh inklusive seiner Staatsangehörigkeit(en) im Transparenzregister sorgen. Für den Zeitraum vor dem 1.8.2021 besteht keine (rückwirkende) Eintragungspflicht.

Die Staatsangehörigkeit gehörte nach der GwG-Novelle 2017 nicht zu den nach § 19 Abs. 1 GwG notwendigen Angaben der wirtschaftlich Berechtigten. Sie wurde erst aufgrund des GwG-Änderungsgesetz ab dem 1.1.2020 (→ § 1 Rn. 12) erforderlich (§ 19 Abs. 1 Nr. 5 GwG). Da die Staatsangehörigkeit in keines der bestehenden Register oder Dokumente iSd § 22 Abs. 1 GwG eingetragen wird, hätte dies bedeutet, dass ab dem 1.1.2020 die Berufung auf die allgemeine Mitteilungsfiktion unmöglich geworden wäre. Daher wurde § 20 Abs. 2 S. 1 GwG aF zeitgleich so ergänzt, dass es für die Wirkung der allgemeinen Mitteilungsfiktion (→ Rn. 32) ab dem 1.1.2020 nur auf die Angaben des § 19 Abs. 1 Nr. 1–4 GwG ankam, dh mit Ausnahme der Staatsangehörigkeit. Das Fehlen von Angaben zur Staatsangehörigkeit des wirtschaftlich Berechtigten in den bestehenden Registern hinderte folglich den Eintritt der allgemeinen Mitteilungsfiktion nicht. Entsprechendes konnte man für den Zeitraum ab 1.1.2020 für die Gruppenprivileg des BVA (→ Rn. 36) annehmen. Die allgemeine Mitteilungsfiktion war unter anderem verbreitet bei inhabergeführten Kapitalgesellschaften ohne komplexe Eigentümer- und Kontrollstruktur oder bei Kapitalgesellschaften im Streubesitz, zB bei einer GmbH, wenn nach den üblichen Regeln kein „echter" wirtschaftlich Berechtigter iSd § 3 Abs. 1 GwG existiert. In diesem Fall gelten die gesetzlichen Vertreter (juristische Personen) oder geschäftsführenden Gesellschafter Personengesellschaften) als fiktiv wirtschaftlich Berechtigte, § 3 Abs. 2 S. 5 GwG, deren Angaben iSd § 19 Abs. 1 Nr. 1–4 GwG idR aus dem Handelsregister ersichtlich waren. 34

Praxishinweis: 35
Bei einer *Kommanditgesellschaft* (KG, auch in der Form der GmbH & Co. KG) wird man idR schon für die Zeit vor dem 1.8.2021 von einer Eintragungspflicht ausgehen müssen. Denn neben dem (vertretungsberechtigten) Komplementär können auch Kommanditisten wirtschaftlich Berechtigte der KG sein. Die im Handelsregister einzutragende Haftungssumme (§ 171 HGB, Pflichteinlage) lässt keinen Rückschluss auf die tatsächliche Höhe der Einlage zu. Zudem wird die Einlage des Komplementärs nicht im Handelsregister eingetragen. Ohne diese Angaben ist es nicht möglich, die prozentuale Verteilung der Kapitalanteile zwischen den Gesellschaftern zu ermitteln. Ausnahmsweise kommt die Mitteilungsfiktion in Frage, wenn a) die Komplementäre natürliche Personen und die einzigen wirtschaftlich Berechtigten sind, b) juristische Personen oder Personengesellschaften Komplementäre sind, die von natürlichen Personen beherrscht werden (→ § 5 Rn. 103) und ansonsten c) bei einer GmbH & Co KG, bei der erkennbar keine Personenmehrheit bei den Gesellschaftern besteht wie zB einer Einheits-GmbH & Co. KG mit nur einem Kommanditisten, einer Ein-Personen-GmbH & Co. KG oder sofern kein Kommanditist oder Komplementär wirtschaftlich Berechtigter der GmbH & Co. KG ist.[38]

---

[38] BVA, Auslegungshinweise, Stand 9.2.2021, S. 20 zu C.II.

3. Gruppenprivileg für Töchter börsennotierter Gesellschaften

36 Die Mitteilungsfiktion des § 20 Abs. 2 S. 2 GwG galt strikt betrachtet nur für (bestimmte) börsennotierte Gesellschaften, nicht für Beteiligungen derselben. Das BVA hatte jedoch keine Bedenken, im Wege der Auslegung eine erweiterte Mitteilungsfiktion für (direkte und indirekte) Beteiligungen einer börsennotierten Gesellschaft (Tochtergesellschaften) zuzulassen.[39] In Anlehnung an die allgemeine Mitteilungsfiktion (→ Rn. 32) war dazu Voraussetzung, dass

- die (börsennotierte) Muttergesellschaft (direkt oder indirekt) mind. 50 % der Kapitalanteile an der Gesellschaft hielt oder mind. 50 % der Stimmrechte kontrollierte und
- keine weiteren wirtschaftlich Berechtigten bei der Tochtergesellschaft existieren; es durfte dort also keine Minderheitsgesellschafter oder sonst Personen geben, die nach § 3 GwG wirtschaftlich Berechtigte der Tochtergesellschaft waren.
- Zusätzliche Voraussetzung war, dass die gesamte Beteiligungskette von der Tochtergesellschaft bis hin zur börsennotierten Muttergesellschaft, ggf. auch über mehrere Stufen hinweg, lückenlos aus den in § 22 Abs. 1 GwG aufgeführten Dokumenten und Eintragungen des Handels-, Unternehmens-, Vereins-, Genossenschafts- oder Partnerschaftsregisters ersichtlich und elektronisch abrufbar sein mussten. Eintragungen im Transparenzregister zählten nicht dazu und konnten das Gruppenprivileg des BVA nicht begründen.

37 De facto bestand damit die Notwendigkeit einer durchgehend inländischen Beteiligungskette. Übte an einer Stelle eine ausländische Gesellschaft beherrschenden Einfluss (→ § 5 Rn. 80) aus oder gab es andere (echte) wirtschaftlich Berechtigte als die der börsennotierten Gesellschaft, war das Gruppenprivileg des BVA nicht anwendbar. Eine Ausnahme bestand insofern als die börsennotierte Muttergesellschaft an einem ausländischen organisierten Mark iSd § 2 Abs. 5 WpHG notiert sein konnte, also zB an einer Börse in einem Mitgliedstaat der EU. In einer frühen Version der BVA Auslegungshinweise (→ § 1 Rn. 13) wurde darauf verwiesen, dass das Gruppenprivileg des BVA nur gelten konnte, wenn es nach den Regelungen des § 3 Abs. 2 S. 1–4 GwG für die Tochtergesellschaft und die börsennotierte Muttergesellschaft einen gemeinsamen (identischen) echten (!) wirtschaftlich Berechtigten gab. Wo die Tochtergesellschaft dagegen nach § 3 Abs. 2 S. 5 GwG nur einen fiktiv wirtschaftlich Berechtigten hatte, konnte nur unter den Voraussetzungen der allgemeinen Mitteilungsfiktion (→ Rn. 32) von der Eintragung abgesehen werden.[40] In späteren Versionen der Auslegungshinweise war diese Einschränkung nicht mehr enthalten. Man konnte daher davon ausgehen, dass dieser speziellen Fragestellung keine Bedeutung mehr zukam.

D. Trust, Stiftungen und ähnliche Rechtsgestaltungen

38 Abgesehen von privatrechtlichen Vereinigungen unterliegen bestimmte Rechtsgestaltungen iSd § 21 GwG den besonderen Transparenzpflichten der §§ 18 ff. GwG. Dabei handelt es sich vornehmlich um Trusts (§ 21 Abs. 1 GwG) sowie nichtrechtsfähige Stiftungen (§ 21 Abs. 2 Nr. 1 GwG) bzw. Rechtsgestaltungen, die nicht rechtsfähigen Stiftungen in ihrer Struktur und Funktion entsprechen (§ 21 Abs. 2 Nr. 2 GwG). Ähnlich wie für ausländische Vereinigungen (→ Rn. 8) gelten ausnahmsweise für ausländische Rechtsgestaltungen Eintragungspflichten im Transparenzregister im Zusammenhang mit dem Erwerb von Immobilien, sofern diese nicht in einem anderen Mitgliedstaat der EU eingetragen sind (§ 21 Abs. 1 S. 2 GwG).

---

[39] BVA, Auslegungshinweise, Stand 9.2.2021, S. 4, A.4.
[40] BVA, Auslegungshinweise, Stand 20.2.2020, S. 23, III.Nr. 5.

> **Definition:** 39
> Trusts sind definiert als „Rechtsgestaltungen, die als Trust errichtet wurden, wenn das für die Errichtung anwendbare Recht das Rechtsinstitut des Trusts vorsieht oder vergleichbare Rechtsgestaltungen, wenn das anwendbare Recht ein Rechtsinstitut vorsieht, das dem Trust nachgebildet ist" (§ 1 Abs. 6 GwG).

Ein Trust darf nicht mit einem Treuhandverhältnis nach deutschem Recht verwechselt 40 werden. Trusts sind Rechtsgestaltungen aus dem englisch-amerikanischen Rechtskreis. In der Regel wird mit ihnen Vermögen des Begründers (Settlor) durch einen Treuhänder (Trustee) zugunsten von Dritten (Beneficiary) verwaltet. Die Beschränkungen, denen der Trustee als Eigentümer der zum Trust gehörenden Sachen und Rechte unterliegt, sind aber nicht, wie bei der Treuhandbestellung nach deutschem Recht, rein schuldrechtlicher Art.[41] Trusts können nach deutschem Recht nicht errichtet werden. Deutschland hat das Haager Übereinkommen über das auf Trusts anzuwendende Recht von 1985 nicht unterzeichnet.[42] Die Erwähnung von Trusts im GwG ändert hieran nichts. Verbreitet sind in Deutschland Stiftungen des bürgerlichen Rechts. Rechtsfähige Stiftungen sind juristische Personen und eigentlich Vereinigungen iSd § 20 Abs. 1 GwG (→ Rn. 6). Aufgrund ihrer Funktion und Struktur werden sie jedoch im GwG weitgehend den Regelungen für Trusts und Rechtsgestaltungen iSd § 21 GwG unterworfen. *Nichtrechtsfähige* Stiftungen sind Trusts ähnliche Rechtsgestaltungen, wenn sie einem aus Sicht des Stifters eigennützigen Stiftungszweck dienen. Darunter ist zu verstehen, dass der Stiftungszweck weder der Allgemeinheit (gemeinnützig) noch einer abgeschlossenen Gruppe (privatnützig) dient, sondern letztlich dem eigenen Interesse des Stifters.

> **Praxishinweis:** 41
> Eingetragene Fördervereine (e.V.) sind juristische Personen und daher Vereinigungen iSd § 20 GwG. Der wirtschaftlich Berechtigte bestimmt sich nach § 3 Abs. 1 und 2 GwG. Sie müssen die Begünstigten nicht als wirtschaftlich Berechtigte melden.[43]

I. Wirtschaftlich Berechtigte bei Trusts und ähnlichen Rechtsgestaltungen

Für die Feststellung des wirtschaftlich Berechtigten von Trusts, Stiftungen (inklusive rechts- 42 fähiger Stiftungen) und Rechtsgestaltungen iSd § 21 GwG gelten § 3 Abs. 1 und 3 GwG entsprechend (§ 19 Abs. 2 S. 2, Abs. 3 Nr. 2 GwG bzw. § 20 Abs. 3 S. 4 GwG). Zwar nimmt die Formulierung in § 3 Abs. 3 GwG nur Bezug auf *„rechtsfähige Stiftungen und bestimmte treuhänderische Rechtsgestaltungen."* Sie erwähnt aber auch *„diesen vergleichbare Rechtsformen"* (§ 3 Abs. 3 S. 1 GwG), so dass die Vorschrift für Trusts und nicht-rechtsfähige Stiftungen anwendbar bleibt. Der wirtschaftlich Berechtigte bei Stiftungen und Trusts ähnlichen Rechtsgestaltungen iSd 21 GwG ergibt sich aus den in § 3 Abs. 3 GwG aufgeführten Funktionen (→ § 5 Rn. 94). Dabei sind wirtschaftlich Berechtigte ggf. alle Personen, die in § 3 Abs. 3 GwG genannt sind. Neben dem Settlor und Verwalter eines Trusts gibt es so ggf. noch Personen, die Begünstigte und damit neben ihm wirtschaftlich Berechtigte sind. Dasselbe trifft auf Stiftungen zu, wo es zB mehrere Begünstigte geben kann (Kinder eines Milliardärs).

---

[41] BT-Drs. 11/18555, 130 GwG, zu § 21 Abs. 1 und 2 GwG.
[42] Haager Übereinkommen über das auf Trusts anzuwendende Recht und über ihre Anerkennung vom 1.7.1985, s. unter https://www.hcch.net/de/instruments/conventions/full-text/?cid=59, Zugriff am 24.10.2017.
[43] Rechtshinweise des Bundesverwaltungsamts vom 28.9.2017, S. 2, veröffentlich unter https://www.transparenzregister.de/treg/de/start?2, Zugriff am 25.10.2017.

II. Besonderheiten

43 Für Trusts, Stiftungen und ähnliche Rechtsgestaltungen iSd § 21 GwG gelten in Bezug auf das Transparenzregister Transparenzpflichten, die denen der Vereinigungen iSd § 20 GwG entsprechen (§ 21 GwG). Sie müssen bei Trusts vom Verwalter (Trustee, § 21 Abs. 1 GwG), bei Stiftungen und diesen ähnlichen Rechtsgestaltungen vom Treuhänder erfüllt werden (§ 21 Abs. 2 GwG).[44] Was den Umfang der Angaben nach § 19 Abs. 1 GwG betrifft, mussten Rechtsgestaltungen iSd § 21 GwG schon seit dem 1.10.2017 die Staatsangehörigkeit des wirtschaftlich Berechtigten im Transparenzregister angeben. Bei Trusts gilt zusätzlich, dass sie in der Mitteilung an das Transparenzregister eindeutig bezeichnet werden müssen (§ 21 Abs. 1a S. 2 GwG). Existiert eine vertraglich festgelegte Bezeichnung für den Trust, muss diese verwendet werden. Dasselbe gilt, falls für den Trust eine Rechtsträger-Kennung („Legal Entity Identifier") vergeben wurde. Andernfalls kann der Trust durch Nennung von Vor- und Nachnamen des Treugebers (Settlor) unter Nachstellung der Bezeichnung „Trust" bezeichnet werden.[45] Art und Umfang des wirtschaftlichen Interesses ergibt sich aus der Angabe der Funktion oder Stellung nach § 3 Abs. 3 GwG der wirtschaftlich Berechtigten (§ 21 Abs. 1a S. 3GwG iVm § 19 Abs. 3 Nr. 2 GwG). Für Trusts, Stiftungen und Rechtsgestaltungen iSd § 21 GwG galt auch vor dem 1.8.2021 keine mit § 20 Abs. 2 GwG aF vergleichbare Ausnahme von der Eintragungspflicht im Transparenzregister (Mitteilungsfiktion, → Rn. 29). Das gilt auch in Bezug auf Stiftungen, die in den Stiftungsverzeichnissen der Länder eingetragen sind.[46] Diese enthalten weder Angaben zum Stifter noch zum Vorstand der Stiftung. Sie zählen nicht zu den öffentlichen Registern, die über das Transparenzregister zugänglich sind. Daher müssen die Verwalter bzw. Treuhänder von Trusts, Stiftungen und Rechtsgestaltungen iSd § 21 GwG seit dem 1.10.2017 stets Mitteilungen beim Transparenzregister einreichen (§ 59 Abs. 1 GwG).[47] Stiftungen haben keine Anteilseigner, die Auskunft über den wirtschaftlich Berechtigten erteilen könnten. Deshalb trifft bei *„Stiftungen die Auskunftspflicht die Personen, die nach § 3 Abs. 3 GwG"* als wirtschaftlich Berechtigten gelten (§ 20 Abs. 3 S. 4 GwG). Dieser Verweis gilt trotz seiner systematischen Stellung auch für nicht-rechtsfähige Stiftungen.

E. Einsichtnahme in das Transparenzregister

I. Berechtigte und Zugangsvoraussetzungen

44 § 23 Abs. 1 GwG nennt unter den Nr. 1–3 die Personen und Organisationen, die Zugang zu den Angaben im Transparenzregister erhalten. Uneingeschränkten Zugang zum Transparenzregister erhalten die unter Nr. 1 erwähnten Behörden, soweit es zur Erfüllung ihrer gesetzlichen Aufgaben erforderlich ist. Der Verweis auf die für *„Aufklärung, Verhütung und Beseitigung von Gefahren zuständigen Behörden"* (§ 23 Abs. 1 Nr. 1 Buchst. f GwG) ist irreführend. Gemeint sind nicht Behörden, die sich mit der Abwehr von Umweltgefahren beschäftigen. Vielmehr geht es um Gefahren, die im Umfeld von Geldwäsche oder Terrorismus zu suchen sind. Darunter fällt zB der Bundesnachrichtendienst.[48] Der Zugang zum Transparenzregister ist für die genannten Behörden kostenlos (§ 24 Abs. 2 S. 3 GwG) und unterliegt keinen Einschränkungen, dh vom wirtschaftlich Berechtigten veranlasste Zugangssperren (→ Rn. 49) gelten nicht. Alternativ zur Einsicht in das Transparenzregister können die FIU und die geldwäscherechtlichen Aufsichtsbehörden im Rahmen ihrer Auf-

---

[44] BT-Drs. 18/11555, 130f zu § 21 Abs. 2 GwG.
[45] BT-Drs. 18/11555, 130 zu § 21 Abs. 1 GWG.
[46] BVA Auslegungshinweise, S. 16, B.IV.1.
[47] BT-Drs. 18/11555, 93, zu Nr. 4b) Erfüllungsaufwand für die Wirtschaft.
[48] BT-Drs. 18/11555, 132 zu § 23 Abs. 1 GwG.

E. Einsichtnahme in das Transparenzregister § 10

gaben und Befugnisse die Angaben zu den wirtschaftlich Berechtigten direkt bei den Vereinigungen oder Rechtsgestaltungen einsehen oder sich vorlegen lassen (§ 20 Abs. Abs. 5 GwG bzw. § 21 Abs. 3 GwG). Andere als die genannten Behörden können iRd behördlichen Amtshilfe beim Transparenzregister um Informationen ersuchen.

Uneingeschränkten Zugang zum Transparenzregister erhalten die folgenden Behörden 45
(§ 23 Abs. 1 Nr. 1 GwG):
- die geldwäscherechtlichen Aufsichtsbehörden (→ § 9 Rn. 3) (§ 50 GwG, zB die BaFin)
- das BVA (→ Rn. 4) (§ 25 Abs. 6 GwG bzw. § 56 Abs. 5 GwG)
- die FIU (§ 27 GwG)
- die außenwirtschaftsrechtlichen Aufsichtsbehörden (§ 13 AWG, zB das BAFA)
- die Strafverfolgungsbehörden (Staatsanwaltschaften und ggf. Polizeibehörden inklusive der bundesstaatlichen LKAs),
- das Bundeszentralamt für Steuern sowie die örtlichen Finanzbehörden (§ 6 Abs. 2 Nr. 5 AO, Hauptzollämter, Zollfahndungsämter, Finanzämter und Landesfinanzbehörden)
- die sonst für Aufklärung, Verhütung und Beseitigung von Gefahren zuständigen Behörden
- die Gerichte sowie
- Körperschaften und Anstalten des öffentlichen Rechts, die Versteigerungen durchführen (§ 2 Abs. 4 GwG).

Gem. § 23 Abs. 1 Nr. 2 GwG erhalten alle Verpflichteten iSd § 2 Abs. 1 GwG Zugang 46
zum Transparenzregister. Sie sind nach § 12 Abs. 3 GwG in bestimmten Fällen sogar zur Einsichtnahme verpflichtet (→ § 5 Rn. 97). Voraussetzung der Einsichtnahme ist, dass sie *„der registerführenden Stelle darlegen, dass die Einsichtnahme zur Erfüllung ihrer Sorgfaltspflichten in einem der in § 10 Abs. 3 und 3a GwG genannten Fälle erfolgt"* (§ 23 Abs. 1 Nr. 2 GwG). Aus Sicht von Güterhändlern ist der Hinweis auf *„§ 10 Abs. 3 und 3a GwG"* zumindest unglücklich. Denn bei wörtlicher Auslegung hieße dies, dass sie für die Durchführung von allgemeinen Sorgfaltspflichten auf Basis des § 10 Abs. 6a GwG (→ § 5 Rn. 6) keine Rechtsgrundlage für die Einsicht in das Transparenzregister hätten. Sie wäre begrenzt auf die Einsichtnahme bei Sorgfaltspflichten im Verdachtsfall (§ 10 Abs. 3 Nr. 3 GwG, → § 5 Rn. 8). Dagegen hieß es in den Gesetzesmaterialien, dass ein Verdacht der Geldwäsche oder Terrorismusfinanzierung nicht Voraussetzung der Einsichtnahme sei.[49] Im Zweifel bleibt immer noch die (allerdings im Umfang begrenzte) Einsichtnahme als Teil der Öffentlichkeit nach § 23 Abs. 1 Nr. 3 GwG. Die Einsicht der Verpflichteten erfolgt ausschließlich zu dem Zweck, die Angaben zum wirtschaftlich Berechtigten eines Vertragspartners iRd Sorgfaltspflichten zu überprüfen (§ 23 Abs. 6 S. 2 GwG). Verpflichtete erhalten nicht generell Zugang zu allen verfügbaren Informationen im Transparenzregister. Der Zugang ist vielmehr auf die erforderlichen Daten der wirtschaftlich Berechtigten gerade ihres Geschäfts- bzw. Vertragspartners beschränkt. Angaben, die Gegenstand einer Zugangssperre (→ Rn. 49) sind, sind nicht zugänglich. Ausnahmen (→ Rn. 52) gelten für Kredit- bzw. Finanzinstitute sowie Notare. Personen und Unternehmen, die nicht in Deutschland ansässig, aber nach dem auf sie anwendbaren, lokalen Recht zur Geldwäsche-Compliance verpflichtet sind, sind nicht Verpflichtete iSd § 2 Abs. 1 GwG und daher nicht nach § 23 Abs. 1 Nr. 2 GwG berechtigt, auf das Transparenzregister zuzugreifen. Sie könnten unter den Voraussetzungen des § 23 Abs. 1 Nr. 3 GwG Zugang zu den Angaben im Transparenzregister erhalten, was allerdings dem Umfang nach beschränkt ist. Alternativ ist es möglich iRd europäischen Vernetzung Zugang über das Europäische Justizportal zu erhalten. Die Einsichtnahme ist nur nach vorheriger Online-Registrierung möglich und kann zum Zweck der Kontrolle, wer Einsicht genommen hat, protokolliert werden

---
[49] BT-Drs. 18/11555, 132 zu § 24 Abs. 1 GwG.

(§ 23 Abs. 4 S. 1 GwG). Für die Einsichtnahme werden Gebühren fällig. Details regelt eine Rechtsverordnung des BMF (§ 23 Abs. 5 GwG).

47 **Praxishinweis:**
Für Behörden (→ Rn. 45) und Verpflichtete iSd § 2 Abs. 1 Nr. 3–7 GwG, sowie für Notare wird gem. § 23 Abs. 3 GwG eine Möglichkeit zur automatisierten Einsichtnahme in das Transparenzregister geschaffen. Dies dient vornehmlich dazu, ihnen den Abgleich großer Datenbestände zu ermöglichen, zu dem sie zB gem. § 10 Abs. 3a GwG verpflichtet sind. Güterhändler profitieren von der Regelung nicht.

48 Gemäß den Vorgaben der RL (EU) 2015/849 (→ § 1 Rn. 8) galten ursprünglich unterschiedliche Voraussetzungen für den Zugang und den Umfang der Einsichtnahme durch Behörden, Verpflichtete und sonstige Personen („gestaffelter Zugang"). Durch die RL 2018/843/EU wurde der freie Zugang für jedermann Gesetz. Zugang zum Transparenzregister haben daher seit dem 1.1.2020 *„alle Mitglieder der Öffentlichkeit"* (§ 23 Abs. 1 Nr. 3 GwG). Ein berechtigtes Interesse ist nicht mehr erforderlich. Mitglieder der Öffentlichkeit erhalten seither Zugang zu allen Angaben lt. § 19 Abs. 1 Nr. 1–5 GwG (§ 23 Abs. 1 S. 3 GwG) inklusive aller Staatsangehörigkeiten des wirtschaftlich Berechtigten. Der Umfang der einsehbaren Daten ist nur insoweit geringfügig eingeschränkt als das Geburtsdatum auf Monat und Jahr und der Wohnort auf die Nennung des Landes (Staat) beschränk wird. Informationen, die Zugangssperren unterliegen, werden diesem Personenkreis nicht zugänglich gemacht. Voraussetzung der Einsichtnahme ist auch in diesem Fall eine Online-Registrierung. Die Einsichtnahme ist nicht kostenfrei.

II. Zugangssperren

49 *„Auf Antrag des wirtschaftlich Berechtigten beschränkt die registerführende Stelle die Einsichtnahme in das Transparenzregister und die Übermittlung der Daten vollständig oder teilweise"* (§ 23 Abs. 2 S. 1 GwG). Den Antrag muss der wirtschaftlich Berechtigte stellen, nicht die Vereinigung oder Rechtsgestaltung. Eine bestimmte Form oder Frist des Antrags ist nicht vorgesehen. Der wirtschaftlich Berechtigte muss in dem Antrag *„darlegen, dass der Einsichtnahme und der Übermittlung unter Berücksichtigung aller Umstände des Einzelfalls überwiegende schutzwürdige Interessen des wirtschaftlich Berechtigten entgegenstehen."* (§ 23 Abs. 2 S. 1 GwG). Die Aufzählung in dieser Vorschrift ist abschließend, dh andere als die dort genannten Sachverhalte begründen grds. keine Zugangssperre. Das BVA hat anerkannt, dass Zugangssperren nach anderen Gesetzen in Frage kommen, sofern diese zB die Veröffentlichung von Informationen über eine Person verbieten oder sofern eine entsprechende, bestandskräftige gerichtliche Entscheidung vorliegt. Rechtsgrundlage einer Zugangssperre wäre dann aber die andere Rechtsvorschrift, nicht das GwG.[50]

50 **Praxishinweis:**
Schutzwürdige Interessen erkennt das GwG nur in den in §§ 23 Abs. 2 Nr. 1 und Nr. 2 GwG genannten Fällen an. Ein schutzwürdiges Interesse liegt vor, bei
- *„der Gefahr einer schweren Straftrat (§ 23 Abs. 2 S. 2 Nr. 1 GwG)*
- *solange der Wirtschaftlich Berechtigte minderjährig ist (§ 23 Abs. 2 S. 2 Nr. 2, Alt. 1 GwG) und*
- *bei Geschäftsunfähigkeit des Wirtschaftlich Berechtigten (§ 23 Abs. 2 S. 2 Nr. 2, Alt. 2 GwG)."*

---

[50] BVA Auslegungshinweise, Stand 28.9.2017, S. 11, in den aktuellen Auslegungshinweisen findet sich diese Aussage nicht mehr.

E. Einsichtnahme in das Transparenzregister

Die erste Fallgruppe (Nr. 1) setzt voraus, dass *„Tatsachen die Annahme rechtfertigen"*, dass die Einsichtnahme Dritter den wirtschaftlich Berechtigten der Gefahr aussetzt, Opfer einer der im Gesetz aufgezählten schweren Straftaten zu werden (zB Betrug, erpresserischer Menschenraub, Geiselnahme, etc, s. § 23 Abs. 2 S. 2 Nr. 1 GwG). Wie konkret eine solche Gefahr sein muss und wie sie gegenüber dem Transparenzregister nachgewiesen wird, ist dem Gesetz nicht zu entnehmen. Reine Befürchtungen oder abstrakte Gefahrenlagen reichen sicher nicht. Vielmehr muss der Antrag auf *„Tatsachen"* gestützt werden, die die Annahme einer Gefahr im konkreten Fall rechtfertigen. Ausgehend von der ähnlichen Regelung im Bereich des Meldegesetzes (§ 51 Abs. 1 BMG) kann man erwarten, dass eher strenge Maßstäbe angelegt werden. Vermutlich wird der Nachweis erst gelingen, wenn einer Person konkret nachgestellt wird oder sie anonym Drohung erhält. Dass man als Mitglied einer besonders exponierten Gruppe abstrakt betrachtet eher Opfer einer schweren Straftat wird, reicht dagegen nicht aus. Trotz Vorliegen der Voraussetzungen kann der wirtschaftlich Berechtigte sich nicht auf schutzwürdige Interessen berufen, *„wenn sich die Daten bereits aus anderen öffentlichen Registern ergeben"* (§ 23 Abs. 2 S. 2 GwG). Das wird zB der Fall sein, wenn die Gesellschafterliste einer GmbH bereits entsprechende Eintragungen enthält oder der Handelsregisterauszug. Denkbar ist in einem solchen Fall ein partieller Schutz für die Angaben wie zB der Staatsangehörigkeit (§ 19 Abs. 1 Nr. 5 GwG), die in anderen Registern nicht eingetragen und nicht öffentlich zugänglich sind. Hauptanwendungsfall der Zugangssperren wird sein, dass (und solange) der wirtschaftlich Berechtigte minderjährig ist (§ 23 Abs. 2 S. 2 Nr. 2 Alt. 1 GwG), also das 18. Lebensjahr noch nicht vollendet hat (§§ 105 ff. BGB). Eher theoretischer Natur ist der Fall der Geschäftsunfähigkeit, dh wenn sich der wirtschaftlich Berechtigte nicht nur vorübergehend *„in einem die freie Willensbestimmung ausschließenden Zustand krankhafter Störung der Geistestätigkeit befindet"* (§ 105 Abs. 2 BGB). Kann der wirtschaftlich Berechtigte schutzwürdige Interessen darlegen, führen diese nicht automatisch zur Zugangssperre. Vielmehr müssen die schutzwürdigen Interessen bei Abwägung entgegenstehender Interessen der Zugangsberechtigten *„überwiegen"* bzw. dem allgemeinen Interesse an mehr Transparenz der wirtschaftlich Berechtigten *„entgegenstehen"* (§ 23 Abs. 2 S. 1 GwG). Die registerführende Stelle muss bei dieser Entscheidung alle Umstände des Einzelfalls berücksichtigen („pflichtgemäßes Ermessen"). Das BVA veröffentlicht jedes Jahr eine Statistik über die Zahl der Zugangssperren, die bewilligt wurden (§ 23 Abs. 2 S. 4 GwG).[51]

Zugangssperren haben keine Wirkung *„gegenüber den in § 23 Absatz 1 S. 1 aufgeführten Behörden und gegenüber Verpflichteten nach § 2 Abs. 1 Nr. 1 bis 3 und Nr. 7 GwG"* (§ 23 Abs. 2 S. 4 GwG). Dabei handelt es sich um die zur Einsicht in das Transparenzregister berechtigten Behörden, sowie Banken, Kreditinstitute und bestimmte Finanz- bzw. Zahlungsdienstleister bzw. Versicherungsunternehmen, die Verpflichtete sind. Die zuletzt genannte Ausnahmeregelung beruht vermutlich auf einem Missverständnis des Gesetzgebers; die RL (EU) 2015/849 sieht nur vor, dass Banken, Kreditinstitute und bestimmte Zahlungsdienstleister keine Zugangssperren in Bezug auf die Angaben zu ihren eigenen wirtschaftlich Berechtigten einrichten können, sofern es sich dabei um öffentlich Bedienstete handelt.[52] Auch gegenüber Notaren sollen die Zugangssperren dem Gesetzeswortlaut nach nicht gelten. Die Regelung wird man allerdings einschränkend dahin auslegen müssen, dass die Ausnahme nur inländische Notare berechtigt, die Verpflichtete iSd § 2 Abs. 1 Nr. 10 GwG sind.

---

[51] Transparenzregister, Statistik nach § 23 Abs. 2 GwG, Stand 5.1.2021, https://www.transparenzregister.de/treg/de/Statistik_nach_23_Abs_2.pdf, Zugriff am 15.10.2021.
[52] Art. 30 Abs. 9 UAbs. 2 RL (EU) 2015/849.

III. Ausdrucke und Bestätigungen

53 *"Die registerführende Stelle erstellt auf Antrag Ausdrucke von Daten, die im Transparenzregister gespeichert sind bzw. Bestätigungen, dass im Transparenzregister keine aktuelle Eintragung aufgrund einer Mitteilung"* einer Vereinigung nach § 20 Abs. 1 GwG oder einer Rechtsgestaltung nach § 21 GwG vorliegt" (Negativattest, § 18 Abs. 4 S. 1 GwG). Ebenfalls auf Antrag *"beglaubigt die registerführende Stelle, dass die übermittelten Daten mit dem Inhalt des Transparenzregisters übereinstimmen."* (§ 18 Abs. 4 S. 2 GwG). Dazu ist sie berechtigt, das kleine Bundessiegel zu führen (§ 25 Abs. 4 GwG) und Gebühren und Auslagen zu erheben (§ 24 Abs. 2 S. 2 GwG). Für Verpflichtete iSd § 2 Abs. 1 GwG sind Ausdrucke und Beglaubigungen wichtig, um ggf. den Aufzeichnungs- und Dokumentationspflichten des § 8 Abs. 1 GwG nachzukommen. Eine Überprüfung der Daten durch die registerführende Stelle findet allerdings nicht statt. Das Transparenzregister genießt keinen *"öffentlichen Glauben,"* dh mit den Auskünften der registerführenden Stelle ist keine Gewähr der Richtigkeit und Aktualität (§ 18 Abs. 4 S. 3 GwG) sowie keine Haftung verbunden.[53] Soweit über das Transparenzregister Daten anderer Register einsehbar sind, kann ein Ausdruck oder eine Bestätigung beantragt werden. Die Auskunft wird dann von dem betreffenden Register erteilt (§ 18 Abs. 4 S. 4 und 5 GwG).

IV. Auskunftsansprüche Wirtschaftlich Berechtigter

54 Die registerführende Stelle ist nicht befugt, gegenüber Vereinigungen oder Rechtsgestaltungen offenzulegen, wer Einsicht in das Transparenzregister genommen hat (§ 23 Abs. 4 S. 2 GwG). Nur die wirtschaftlich Berechtigten haben Anspruch auf Auskunft betreffend die Einsichtnahme durch Mitglieder der Öffentlichkeit (§ 23 Abs. 1 Nr. 3 GwG). Dazu müssen wirtschaftlich Berechtigte im Antrag die Vereinigung oder Rechtsgestaltung nennen, auf die sich ihr Gesuch bezieht (§ 23 Abs. 8 S. 1 und 2 GwG) und ihre Identität nachweisen (§ 23 Abs. 8 S. 5 und 6 GwG). Warum jedermann ohne Nachweis eines berechtigten Interesses Zugriff auf die Daten des wirtschaftlich Berechtigten erhält, dieser sich aber zur Auskunft nach der strikten Vorschrift des § 12 GwG legitimieren soll, ist nicht nachvollziehbar. Für die Zwecke der Identifizierung wird auf § 12 GwG verwiesen, was insofern unglücklich ist, als die Vorlage eines Originalausweises online (§ 23 Abs. 8 S. 7 GwG) nicht möglich ist und die Mittel der Fernidentifizierung idR nicht zur Verfügung stehen. Nach erfolgter Legitimierung erhält der wirtschaftlich Berechtigte Auskunft darüber, welche personenbezogenen Daten Gegenstand der Einsicht waren, eine monatsweise Übersicht der Einsichtnahmen seit der letzten Antragstellung, den Zeitpunkt der jeweiligen Einsichtnahmen, eine anonymisierte Auflistung der natürlichen Personen bzw. die Bezeichnung der juristischen Personen (gemeint ist vermutlich jede Art von Vereinigung oder Rechtsgestaltung), die Einsicht genommen haben (§ 23 Abs. 8 S. 3 GwG). Die Auskunft kann höchstens einmal im Quartal verlangt werden.

F. Unstimmigkeitsverfahren

I. Unstimmigkeitsmeldungen

55 Gem. § 23a Abs. 1 GwG müssen *"Verpflichtete der registerführenden Stelle Unstimmigkeiten unverzüglich melden, die sie zwischen den Angaben über die wirtschaftlich Berechtigten, die im Transparenzregister zugänglich sind, und den ihnen zur Verfügung stehenden Angaben und Erkenntnissen über die wirtschaftlich Berechtigten feststellen"* (Unstimmigkeitsmeldung). Die Regelung wurde

---

[53] BT-Drs. 18/11555, 125, zu § 18 Abs. 4 GwG.

mit dem GwG-Änderungsgesetz 2020 (→ § 1 Rn. 12) ins GwG eingefügt. Sie beruht auf Vorgaben der RL (EU) 2015/849. Zu Meldungen nach dieser Vorschrift verpflichtet sind ungea des irreführenden Verweises auf § 23 Abs. 1 S. 1 Nr. 2 GwG alle Verpflichteten iSd § 2 Abs. 1 GwG (→ § 3 Rn. 3), die zur Erfüllung ihrer Sorgfaltspflichten Einsicht in das Transparenzregister nehmen oder in sonstiger Weise Kenntnis über den Inhalt des Transparenzregisters erhalten haben und dabei Unstimmigkeiten feststellen. Die Abgabe von Unstimmigkeitsmeldungen durch Personen, die keine Verpflichteten sind, ist nicht vorgesehen. Sie werden ggf. als Anhaltspunkte für Ordnungswidrigkeiten vom BVA verfolgt. Unstimmigkeitsmeldung müssen „unverzüglich" erfolgen, das „Sammeln" von Unstimmigkeiten bzw. die turnusgemäße Abgabe der Meldungen zu einem festen Zeitpunkt (zB quartalsweise) wird als nicht zulässig erachtet. Eine Meldung muss selbst dann erfolgen, wenn erkennbar ist, dass bereits ein (anderes) Unstimmigkeitsverfahren läuft. Unstimmigkeitsmeldungen erfolgen über die Internetseite des Transparenzregisters (§ 23a Abs. 2 GwG). Wird eine Unstimmigkeitsmeldung leichtfertig (→ § 9 Rn. 29) nicht oder nicht ordnungsgemäß abgegeben stellt dies eine Ordnungswidrigkeit dar (§ 56 Abs. 1 Nr. 65 GwG).[54] Ziel des Unstimmigkeitsverfahrens ist, die Datenqualität im Transparenzregister zu erhöhen. Entgegen der missverständlich formulierten Vorschrift in § 23a Abs. 1 S. 5 GwG begründet § 23a GwG keine Prüfpflicht, sondern lediglich eine Meldepflicht in Bezug auf Unstimmigkeiten, die iRd geldwäscherechtlichen Sorgfaltspflichten auffallen.[55]

II. Unstimmigkeiten

Unstimmigkeiten bestehen, wenn *„Eintragungen nach § 20 Abs. 1 GwG sowie nach § 21 Abs. 1 GwG fehlen, einzelne Angaben zu den wirtschaftlich Berechtigten nach § 19 Abs. 1 GwG abweichen oder wenn abweichende wirtschaftlich Berechtigte ermittelt worden sind"* (§ 23a Abs. 1 S. 4 GwG). Die BVA Auslegungshinweise (→ § 1 Rn. 13) nennen beispielhaft, die folgenden Fälle:[56] 56

- Im Transparenzregister sind mehr, weniger oder andere wirtschaftlich Berechtigte angegeben als dem Verpflichteten (aus anderen Quellen) bekannt sind.
- Einzelne Angaben (zB Vor- oder Nachnamen, Geburtsdatum, Wohnort) weichen von den anderweitig bekannten Angaben ab. Hierzu sollen auch Abweichungen der Schreibweise einzelner Angaben zählen, inklusive das offensichtliche Fehlen oder Vertauschen von Buchstaben. Maßgeblich sind Angaben in den relevanten amtlichen Dokumenten, wie zB einem Ausweis.
- Der Umfang oder die Art der wirtschaftlichen Berechtigung weicht von den eigenen Erkenntnissen des Verpflichteten ab.
- Bei einem Anteilseigner, der mehr als 25 % der Anteile hält oder kontrolliert (→ § 5 Rn. 75) und gleichzeitig Geschäftsführer ist, wird im Transparenzregister bei Art und Umfang der wirtschaftlichen Berechtigung (fälschlicherweise) nicht auf die Beteiligung an der Gesellschaft (§ 19 Abs. 3 Nr. 1 Buchst. a GwG), sondern auf die Funktion als geschäftsführender Gesellschafter/gesetzlicher Vertreter verwiesen (§ 19 Abs. 3 Nr. 1 Buchst. c GwG).

Weiterhin soll eine Unstimmigkeit vorliegen, wenn 57
- der Verpflichtete die von ihm gesuchte Rechtseinheit im Transparenzregister nicht finden konnte. Dies ist immer dann der Fall, wenn er mit den ihm vorliegenden Stammdaten keinen Treffer in der Suche erzielen konnte.

---

[54] BVA Auslegungshinweise, Stand 9.2.2021, S. 34 f., unter F.2. bis F.4.
[55] BT-Drs. 19/13827, 91, zu 23a GwG.
[56] BVA Auslegungshinweise, Stand 9.2.2021, S. 34, unter F.1.

58 **Praxishinweis:**
Ein weit verbreitetes Problem war bis zum 1.8.2021, dass Verpflichtete nicht erkennen konnten, ob ein Unternehmen die Mitteilungsfiktion (→ Rn. 29) zu Recht in Anspruch nahm und auf Eintragungen im Transparenzregister verzichtete. Das Transparenzregister kann in einem solchen Fall bislang nur einen Negativattest (→ Rn. 53) ausstellen. Im Finanzsektor war verbreitete Praxis, in diesen Fällen stets eine Unstimmigkeitsmeldung zu erstatten. Tatsächlich bestand nur dann die Pflicht zur Meldung, wenn Erkenntnisse vorlagen, auf deren Basis man davon ausgehen musste, dass eine Eintragung im Transparenzregister zu erfolgen hätte. Mit Blick auf die Übergangsfristen (→ Rn. 21) iRd Übergangs zum Vollregister ist die Pflicht zu Unstimmigkeitsmeldungen wegen des Fehlens von Eintragungen bis zum 1.4.2023 ausgesetzt (§ 59 Abs. 10 GwG). Die Voraussetzungen der Vorschrift sind allerdings ungeschickt formuliert, so dass wie bisher nur dann von der Meldung abgesehen werden kann, wenn das betreffende Unternehmen im Zeitraum bis zum 31.7.2021 zu Recht von der Mitteilungsfiktion Gebrauch machte. Der Verpflichtete kann dies, wie erwähnt, idR nicht oder nur mit erheblichem Aufwand beurteilen. Es wird daher für eine gewisse Zeit und bis der Datenbestand des Transparenzregisters einem Vollregister gleicht noch (vorsorgliche) Unstimmigkeitsmeldungen wegen des Fehlens von Eintragungen im Transparenzregister geben. Danach wird sich dieses Problem nach und nach erledigen.

III. Unstimmigkeitsverfahren

59 Unstimmigkeitsmeldungen werden zunächst von der registerführenden Stelle (→ Rn. 4) geprüft. Sie kann Nachfragen an den Erstatter der Meldung richten oder an die betroffene Vereinigung oder Rechtsgestaltung (§ 23a Abs. 3 GwG). Für die Dauer des Unstimmigkeitsverfahrens wird im Transparenzregister vermerkt, dass die Angaben geprüft werden (§ 23a Abs. 6 S. 1 GwG). Verpflichtete, die in der Zwischenzeit Einsicht in das Register nehmen, können so erkennen, dass sie die Angaben für Zwecke der Sorgfaltspflichten weniger belastbar sind (risikobasierter Ansatz, → § 1 Rn. 14).[57] Die registerführende Stelle erstellt iRd Unstimmigkeitsverfahrens Übersichten der Eigentums- und Kontrollstruktur der betreffenden Vereinigung oder Rechtsgestaltung. Dazu nutzt sie die in den bestehenden Registern vorhandenen Informationen und Angaben. Diese Übersichten werden nicht Teil der Eintragungen im Transparenzregister und sind nicht öffentlich zugänglich. Sie können anderen Behörden zur Verfügung gestellt werden und werden 2 Jahre nach Abschluss der Prüfung gelöscht (§ 23a Abs. 3a GwG).[58] Die registerführende Stelle gibt die Sache an das BVA zur Prüfung eventueller Ordnungswidrigkeiten ab, wenn sie zur Erkenntnis gelangt, dass Angaben im Transparenzregister unzutreffend sind oder sie die Prüfung nicht abschließen kann zB weil Auskünfte nicht erteilt werden (§ 23a Abs. 4 GwG). Wenn die registerführende Stelle oder das BVA der Ansicht ist, dass keine Unstimmigkeit (mehr) besteht, wird der Abschluss des Verfahrens im Transparenzregister vermerkt (§ 23a Abs. 6 S. 2 GwG). Dadurch wird für die Einsichtnehmenden im Sinne höherer Datenqualität erkennbar, dass es sich um einen überprüften Datensatz handelt.[59] Der Erstatter der Meldung wird über den Ausgang des Verfahrens informiert (§ 23a Abs. 5 GwG).

---

[57] BT-Drs. 19/13827, 92, zu § 23a Abs. 6 GwG.
[58] BT-Drs. 19/28164, 52, zu § 23a GwG.
[59] BT-Drs. 19/13827, 92, zu § 23a Abs. 6 GwG.

G. Gebühren und Sanktionen

"Für die Führung des Transparenzregisters erhebt die registerführende Stelle von Vereinigungen iSd § 20 GwG und Rechtsgestaltungen nach § 21 GwG Gebühren." (§ 24 Abs. 1 S. 1 GwG). Die Führung des Transparenzregisters wird als individuell zurechenbare öffentliche Leistung verstanden, selbst wenn vor dem 1.8.2021 wegen der Mitteilungsfiktion (→ Rn. 29) keine Eintragung im Transparenzregister erfolgen musste. Der Gesetzgeber ist der Ansicht, dass das Transparenzregister auch in diesen Fällen Informationen über die wirtschaftlich Berechtigten der betreffenden Vereinigungen und Rechtsgestaltungen zur Verfügung stellt und damit zur Erhöhung der Transparenz und der Verhinderung von Missbrauch beiträgt.[60] Vereinigungen und Rechtsgestaltungen müssen eine jährliche Gebühr an das Transparenzregister entrichten. Ausgenommen hiervon sind gemeinnützige Vereine (§ 24 Abs. 1 S. 2 GwG). Auch *"für die Einsichtnahme in die dem Transparenzregister mitgeteilten Daten und deren Übermittlung erhebt die registerführende Stelle Gebühren und Auslagen zur Deckung des Verwaltungsaufwands"* (§ 24 Abs. 2 S. 1 GwG). Dasselbe gilt *"für die Erstellung von Ausdrucken, Bestätigungen und Beglaubigungen"* der im Transparenzregister gespeicherten Daten (§ 24 Abs. 2 S. 2 GwG). Damit wird ohne Not von den Grundsätzen des Bundesgebührengesetz (BGebG) abgewichen (§ 24 Abs. 2 S. 4 GwG), das für einfache Auskünfte aus Registern und für nicht beglaubigte Kopien Gebührenfreiheit vorsieht. Nur Behörden iSd § 23 Abs. 1 Nr. 1 GwG (→ Rn. 45) und das Bundesverwaltungsamt (→ Rn. 4, § 56 Abs. 5 S. 2 GwG) sind im Einklang mit § 8 BGebG von der Gebührenpflicht befreit (§ 24 Abs. 2 S. 3 GwG). *"Einzelheiten wie zB die gebührenpflichtigen Tatbestände, die Gebührenschuldner, die Gebührensätze und die Auslagenerstattung"* darf das BMF durch Rechtsverordnung regeln (§ 24 Abs. 3 GwG). Die registerführende Stelle ist befugt, die entsprechenden Gebührenbescheide zu erlassen und deren Vollstreckung zu betreiben. Das Gebührenaufkommen steht der registerführenden Stelle zu (§ 25 Abs. 5 GwG). Verstöße gegen die Transparenzpflichten der §§ 18 ff. GwG sind als Ordnungswidrigkeiten zum Teil mit Geldbuße belegt (§ 56 Abs. 1 Nr. 54–66 GwG). Dabei geht es vornehmlich um Verstöße gegen die Pflicht Angaben zum wirtschaftlich Berechtigten einzuholen, aufzubewahren, zu aktualisieren oder ggf. dem Transparenzregister mitzuteilen. Ordnungswidrig ist aber auch auf eine Anfrage des Transparenzregisters nach § 18 Abs. 3 GwG nicht fristgerecht zu antworten. Bußgeldbewehrt ist schließlich, sich unter Vorspiegelung falscher Tatsachen Zugang zu Informationen im Transparenzregister (§ 23 GwG, → Rn. 49) zu erschleichen. Zuständig für die Ahndung von Verstößen ist das BVA (→ Rn. 4). Bußgelder sind nur bei Leichtfertigkeit (→ § 9 Rn. 29) oder Vorsatz möglich. Bußgeldentscheidungen werden vom BVA auf dessen Homepage unter Nennung des Namens der betroffenen Vereinigung oder Rechtsgestaltung öffentlich gemacht (§ 57 Abs. 1 GwG, → § 9 Rn. 26).[61]

60

H. Europäische Registervernetzung

Schon iRd RL (EU) 2015/849 war eine Vernetzung der diversen Transparenzregister in den EU-Mitgliedstaaten über das Europäische Justizportal beabsichtigt. Dafür wurde eine ausführliche Rechtsgrundlage geschaffen (§ 26 GwG). Die zentrale Europäische Plattform, mit der das Transparenzregister vernetzt werden soll, wird nicht durch die deutsche registerführende Stelle geführt oder kontrolliert, sondern von der Generaldirektion Justiz und Verbraucher, Europäische Staatsanwaltschaft und Strafrecht, Referat B.2. der Europäischen Kommission. Die Vernetzung der zentralen Register der Mitgliedstaaten mit der Plattform

61

---

[60] BT-Drs. 18/11555, 132, zu § 24 Abs. 1 GwG.
[61] BVA, Bußgeldentscheidungen, https://www.bva.bund.de/DE/Das-BVA/Aufgaben/T/Transparenzregister/Bussgeldentscheidungen/bussgeldentscheidungen_node.html, Zugriff am 15.10.2021.

erfolgt nach Maßgabe der technischen Spezifikationen und Verfahren, die von der Europäischen Kommission festgelegt werden. Vorgesehen ist, dass die registerführende Stelle die erforderlichen Daten an die Plattform übermittelt. Einzelheiten regelt eine vom BMF noch zu verabschiedende Rechtsverordnung. (§ 26 Abs. 4 GwG). In entsprechender Anwendung der Zugangsvoraussetzungen in § 23 Abs. 1–3 GwG (→ Rn. 44) sollen ausländische Behörden, Verpflichtete und ggf. Dritte Zugang zu den Informationen des Transparenzregisters erhalten (§ 26 Abs. 1 S. 2 GwG). Dies ist nicht beschränkt auf Personen und Unternehmen aus der EU. § 26 Abs. 3 regelt, dass Daten nach § 22 Absatz 1 S. 1, soweit sie juristische Personen des Privatrechts und eingetragene Personengesellschaften nach § 20 oder Rechtsgestaltungen nach § 21 betreffen, nach Abwicklung und, soweit sie in einem Register eingetragen sind, nach Löschung im Register der juristischen Personen des Privatrechts, eingetragenen Personengesellschaften oder Rechtsgestaltungen noch für einen Zeitraum von mind. fünf und höchstens zehn Jahren über das Transparenzregister und die zentrale Europäische Plattform zugänglich sind (§ 26 Abs. 3 GwG).

§ 11. Besondere Konstellationen

A. Vermittler im Güterhandel

Güterhandel liegt unabhängig davon vor, *„in wessen Name oder auf wessen Rechnung"* gehandelt wird (§ 1 Abs. 9 GwG). Diese Klarstellung erfolgte bereits mit der GwG-Novelle 2017(→ § 1 Rn. 12). Güterhändler ist daher nicht nur, wer im eigenen Namen bzw. auf eigene Rechnung handelt (Eigenhandel), sondern auch wer in fremdem Namen und auf fremde Rechnung (zB als Vertreter) mit Gütern handelt. Dasselbe gilt für Personen und Unternehmen, die zwar in eigenem Namen auftreten, aber auf fremde Rechnung handeln (insbes. Kommissionäre oder Aktionäre)[1] Auch Handelsvertreter sind daher als Güterhändler GwG-Verpflichtete; letzteres selbst dann, wenn sie ohne Abschlussvollmacht handeln, dh den Abschluss eines Kaufvertrags oder eines Vertrags über die Lieferung von Gütern nur vermitteln und nicht selbst Vertragspartei werden. Die Genannten werden zusammenfassend als Vermittler von Güterhandelsgeschäften bezeichnet. Ein Unterfall sind die im GwG explizit erwähnten Kunstvermittler (→ Rn. 7).

Beispiel:
Fahrzeughändler B vertreibt gebrauchte Fahrzeuge „auf Kommission", dh er bietet fremde Fahrzeuge in seinem Betrieb an, ohne diese aufzukaufen. Bei Verkauf erhält er lediglich eine Provision, den Kaufvertrag zwischen Halter und Käufer vermittelt er nur. Er ist eher wie ein Makler tätig und wird nicht selbst Vertragspartei. Dennoch ist er Güterhändler iSd § 2 Abs. 1 Nr. 16 GwG und unterliegt insoweit geldwäscherechtlichen Pflichten. Anders verhält es sich bei Internet-Plattformen, auf denen Verkäufer und Kaufinteressenten Kaufgeschäfte über Waren tätigen können. Das Unternehmen wird hier oft nur im technischen Sinne die Plattform bereitstellen, damit Käufer und Verkäufer Geschäfte miteinander tätigen können. Es erfolgt keine Vermittlung von Abschlussgelegenheiten oder Vertragsabschlüssen.

Für Vermittler im Güterhandel, die nicht Kunstvermittler sind, gelten unverändert die (Bargeld-)Schwellenwerte des § 4 Abs. 5 GwG für die Pflicht zum Risikomanagement bzw. des § 10 Abs. 6a GwG für die Kundensorgfaltspflichten. Nach der Sonderregelung des § 1 Abs. 5 S. 2 GwG gilt jedoch „*als Transaktion iSd Gesetzes das vermittelte Rechtsgeschäft*", nicht die vereinbarte Kommission oder sonstige Transaktionen im Verhältnis zum Auftraggeber. Die Vorschrift beruht auf Vorgaben der RL 2018/843/EU (→ § 1 Rn. 8).[2] Aus der Formulierung (*„vermitteltes Rechtsgeschäft"*) wird ersichtlich, dass die Vermittlung des Geschäfts bereits erfolgt sein muss. Unklar ist, ob das vermittelte Rechtsgeschäft bindend und bereits wirksam sein muss. Ähnlich wie bei Mietmaklern sollte der Nachweis reiner Abschlussgelegenheiten durch den Vermittler nicht ausreichen, um Risikomanagementpflichten (→ § 4 Rn. 1) oder Kundensorgfaltspflichten (→ § 5 Rn. 1) auszulösen.[3] Bei der Vorschrift handelt es sich um eine gesetzliche Fiktion *(„gilt")*. Sie soll über den Umstand hinweghelfen, dass Vermittler idR nicht selbst Vertragspartner des vermittelten Geschäfts werden. Beabsichtigt war eine Klarstellung, dass sich der Begriff der Transaktion in diesem Fall nicht auf Transaktionen im Geschäftsverhältnis mit dem Auftraggeber (Vermittlungsgeschäft) bezieht. Wie im Kunstsektor, wird man davon ausgehen müssen, dass die Aufsichtsbehörden dabei auf den vereinbarten Preis der Güter abstellt bzw. auf die Zahlungsmodalität (Barzahlung ab dem einschlägigen Schwellenwert) (→ Rn. 5). Unklar ist, ob die Pflicht zum Risikomanagement bzw. zu Kundensorgfaltspflichten schon mit

---
[1] BT-Drs. 18/1155, S. 102 zu § 1 Abs. 9 GwG.
[2] BT-Drs. 19/13827, 67.
[3] AuA Nichtfinanzsektor, S. 7. Ziff. 2.3.1.

Vermittlung eines Geschäfts eintritt, das eine Bargeldzahlung ab dem relevanten Schwellenwert vorsieht oder erst mit der tatsächlichen Bargeldzahlung an den Güterhändler. Die Formulierungen in § 4 Abs. 5 GwG und § 10 Abs. 6a GwG sprechen für Letzteres. Anderenfalls würde beim Vermittler bereits der Vertragsabschluss einer Vermögensverschiebung gleichgestellt.[4] Dann wäre die Vorschrift aber keine Klarstellung, sondern ein Paradigmenwechsel, der nicht auf EU-Vorgaben beruht. Mit der Vorschrift würde dann die Rechtslage für Vermittler im Güterhandel ohne Not an die der Immobilienmakler angepasst. Deren geldwäscherechtliche Pflichten knüpfen allerdings nicht an Transaktionen in bestimmter Höhe an,[5] sondern explizit an Inhalte und Vereinbarungen des vermittelten Rechtsgeschäfts, beim Mietmakler konkret an die vereinbarte Nettokaltmiete (§ 4 Abs. Nr. 2 GwG). Problematisch ist, dass der Vermittler, soweit er in die Abwicklung der Zahlungen nicht involviert ist, von diesen keine Kenntnis hat. Er hätte nicht einmal Kontrolle darüber, dass die Vertragsparteien entgegen der ursprünglichen Vereinbarungen ohne seine Beteiligung von einer unbaren auf eine bare Zahlung übergehen. So oder so liegt in der Anwendung des § 1 Abs. 5 S. 2 GwG die Gefahr der zeitlichen Vorverlagerung geldwäscherechtlicher Pflichten beim Vermittler von Gütern, die so möglicherweise nicht beabsichtigt war und die diesen gegenüber dem eigentlichen Güterhändler benachteiligt. Anders als ursprünglich geplant wurde dagegen die Vorschrift des § 11 Abs. 2 GwG nicht auf Vermittler im Güterhandel ausgedehnt.[6] Danach gilt als Anknüpfungspunkt für allgemeine Sorgfaltspflichten bereits der (noch frühere) Zeitpunkt, zu dem die Parteien des vermittelten Rechtsgeschäfts ernsthaftes Interesse an dem Geschäft erkennen lassen und die Parteien hinreichend bestimmt sind. Ggf. müssen vom Immobilienmakler beide Parteien des vermittelten Geschäfts identifiziert werden, nicht nur der Auftraggeber. Aus dem Verzicht auf diese Änderung kann für Vermittler im Güterhandel gefolgert werden, dass eine präventive Identifizierung beider Vertragsparteien durch den Vermittler vor Durchführung entsprechender Transaktionen iRd vermittelten Geschäfts nicht beabsichtigt war.

4 **Beispiel:**
Auf einer Auktion des gewerblich handelnden Auktionators Müller wird ein Gegenstand verkauft. Die geldwäscherechtlichen Pflichten des Auktionators bestimmen sich nach den Vereinbarungen des Verkaufsvertrags, insbes. nach dem erzielten Kaufpreis und der vereinbarten Zahlungsweise. Dasselbe gilt bei der Vermittlung eines Liefergeschäfts durch den Handelsvertreter Meier, der im Auftrag der Firma A. (Lieferart) handelt, aber selbst nicht zum Abschluss des Handelsgeschäfts berechtigt ist. In beiden Fällen ist das vermittelte Rechtsgeschäft die „Transaktion" iSv. § 4 Abs. 5 GwG (§ 1 Abs. 5 S. 2 GwG).

B. Kunst- und Antiquitätenhandel als Güterhandel

Literatur:
Gudowski/Lehnert, Neue geldwäscherechtliche Verpflichtungen im Kunstsektor, GWuR 2021, 25; Danda, Geldwäscheprävention und Kundenidentifikation in der Kunstauktion, NJOZ 2021, 801; Raue/Roegele, Kunstvolle Geldwäsche?, ZRP 2019, 196.

5 Der Handel mit Kunstgegenständen und Antiquitäten ist Güterhandel iSd § 2 Abs. 1 Nr. 16 iVm § 1 Abs. 9 GwG, unabhängig davon, in wessen Namen oder auf wessen Rechnung er erfolgt. Zur Bestimmung, was Kunstgegenstände sind, wird auf Ziff. 53 Anlage 2 UStG zu § 12 Abs. 2 Nr. 1 und Nr. 2 UStG abgestellt. Erfasst sind vor allem Gemälde, Zeichnungen, Collagen oder ähnliche dekorative Bildwerke, Originalstiche,

---

[4] Brian/Frey/Krais CCZ 2019, 245 (248).
[5] So aber die Annahme bei BT-Drs. 19/13928, 67.
[6] So noch unter BT-Drs. 19/13827, 79.

-schnitte und Steindrucke sowie Originalerzeugnisse der Bildhauerkunst.[7] Im Kunstsektor gilt seit dem 1.1.2020 ein Schwellenwert von 10.000 EUR – gleich ob bar oder unbar, für den Ankauf oder Verkauf von Kunstgegenständen und sowohl für die Pflicht zum Risikomanagement (§ 4 Abs. 5 Nr. 1 Buchst. a GwG) wie auch für die Kundensorgfaltspflichten (§ 10 Abs. 6a Nr. 1 Buchst. a GwG). Der Schwellenwert bezieht sich auf den Kaufpreis des Kunstgegenstands. Allgemein wird das Risiko der Geldwäsche und Terrorismusfinanzierung im Kunst- und Antiquitätensektor als erhöht angesehen. So ist zB der Marktwert von Kunstwerken mangels objektiver Kriterien schwer zu bestimmen oder zu überprüfen.[8] Berichtet wird über eine, in China verbreitete, Methode der Korruption (Yahui – „elegante Korruption" genannt) bei der Kunstwerke in Auktionshäusern überteuert versteigert werden, um dem Verkäufer Bestechungsgeld zukommen zu lassen.[9] Es gibt auch Befürchtungen, dass sich terroristische Gruppierungen mit dem illegalen Verkauf von Antiquitäten finanzieren. Eine von der EU-Kommission in Auftrag gegebene Studie zum illegalen Handel mit Kulturgütern konnte dagegen keine alarmierende Verbindung zur Terrorismusfinanzierung aufzeigen.[10] Überhaupt liegen nur wenig belastbare Daten darüber vor, dass Kriminelle ihre Aktivitäten in den Kunstmarkt verschieben. Bekannt ist, dass es regelmäßig gelingt, ausgegrabene, exportierte oder entwendete Kulturgüter am Kunstmarkt anzubieten.[11]

> **Praxishinweis:** 6
> Nicht jeder Kauf oder Verkauf eines Kunstgegenstands durch zB ein Industrie- oder Handelsunternehmen ist gleichzeitig Handel mit Kunstgegenständen. Entscheidend ist in diesem Fall, ob der Handel „gewerblich" ist oder nur ein nicht gewerbliches, gelegentliches Geschäft (→ § 3 Rn. 14), das keinen geldwäscherechtlichen Pflichten unterliegt.

Dieselben Schwellenwerte gelten für Kunstvermittler. Kunstvermittler ist „*wer den Abschluss von Kaufverträgen über Kunstgegenstände vermittelt, auch als Auktionator oder Galerist* (§ 1 Abs. 23 S. 1 GwG). Die Definition beruht auf Vorgaben der RL 2018/843/EU (→ § 1 Rn. 8). Sie wurde mit dem GwG-Änderungsgesetz 2020 (→ § 1 Rn. 12) ins GwG aufgenommen. Kunstvermittler galten aber schon zuvor als Güterhändler. Die Definition ist rein deklaratorisch, eine Erweiterung des Kreises der Verpflichteten damit nicht verbunden. Die Umsetzung der geldwäscherechtlichen Pflichte zB durch Auktionshäuser wirft schwerwiegende Praxisfragen auf angesichts der Kurzfristigkeit des Geschäfts bei hohem Abwicklungsdruck und einer entsprechenden Fehleranfälligkeit des KYC-Prozesses im Fernabsatz und bei Mitarbeitern, die zwar kunsthistorisch ausgebildet sind, denen ein AML-Hintergrund aber oftmals fehlt.[12] Bei Kunstvermittlern wird – wie bei Vermittlern allgemein (→ Rn. 1) – für die Bestimmung des Schwellenwerts iSd § 4 Abs. 5 GwG (Risikomanagement, → § 4 Rn. 1) bzw. des § 10 Abs. 6a GwG (Kundensorgfaltspflichten) (→ § 5 Rn. 1) auf den Preis des vermittelten Kunstgegenstands abgestellt (§ 1 Abs. 5 S. 2 GwG). Es kommt nicht auf den Betrag an, den zB der Auktionator für seine Dienste erhält.[13] Im Umkehrschluss aus § 2 Abs. 3 GwG folgt, dass der Anknüpfungszeitpunkt für Sorgfaltspflichten durch private Auktionshäuser die Anmeldung eines Bieters ist, nicht der Zuschlag während bzw. die Zeit nach der Auktion. Dies führt dazu, dass der Schwellen- 7

---

[7] AuA Nichtfinanzsektor, S. 5, Ziff. 1.8.
[8] S. bei Danda NJOZ 2021, 801 (805).
[9] https://www.faz.net/aktuell/finanzen/meine-finanzen/chinas-kunstmarkt-ist-eine-spielwiese-fuer-geldwaesche-16113447.html, Zugriff am 15.10.2021.
[10] International Association of Dealers in Ancient Art (IADAA), analysis of Illicit trade in cultural goods in Europe, a study for the European Commission, Juli 2019, abrufbar unter https://iadaa.org/wp-content/uploads/2019/09/IADAA-analysis-of-Ecorys-report-for-EU-2019.pdf, Zugriff am 15.10.2021.
[11] Danda NJOZ 2021, 801 (805).
[12] Danda NJOZ 2021, 801.
[13] AuA Nichtfinanzsektor, S. 7, Ziff. 2.3.1.1.

8 Eine Erweiterung des Kreises der Verpflichteten erfolgte durch die Aufnahme der Kunstlagerhalter ins GwG. Sie beruht ebenfalls auf Vorgaben der RL 2018/843/EU. *Kunstlagerhalter [...] ist, wer gewerblich Kunstgegenstände lagert"* (§ 1 Abs. 23 S. 2 GwG). Kunstlagerhalter werden zB missbraucht, indem Kunstwerke in Zollfreilagern hinterlegt werden, die mit inkriminiertem Geld gekauft wurden. Sie dienen zB als Sicherheit für die Leihe neuen, sauberen Kapitals.[15] Kunstlagerhalter sind keine Güterhändler. Sie schließen keinen Kaufvertrag über Kunstgegenstände ab und vermitteln einen solchen nicht. Anders als Güterhändler erbringen sie eine Dienstleitung (→ § 3 Rn. 22) auf Basis eines Lagervertrags iSd § 467 Abs. 1 HGB. Dennoch gelten für sie die Regelungen der Güterhändler, inklusive der Privilegierungen (→ § 4 Rn. 4). Voraussetzung ist, dass *„die Lagerhaltung in Zollfreigebieten erfolgt"*, was aber erst aus der Einschränkung in § 2 Abs. 1 Nr. 16 GwG ersichtlich ist. Zollfreigebiete in diesem Sinne sind inländische Freihäfen nach Art. 243 ff. VO (EU) 952/2013, aktuell Bremerhaven und Cuxhaven.[16] Das Gesetz enthält keine Regelung zur Bestimmung des Transaktionswerts iSd § 4 Abs. 5 GwG bzw. § 10 Abs. 6a GwG bei Kunstlagerhaltern. Anders als beim Kauf oder Verkauf von Kunstgegenständen gibt es keinen Kaufpreis, auf den man abstellen könnte. Ankommen soll es auf den Wert des Kunstgegenstands, bei der Lagerung mehrerer Kunstgegenstände für einen Kunden auf den Gesamtwert. Die Pflicht zum Risikomanagement entsteht für Kunstlagerhalter daher, wenn für einen Kunden in einem Zollfreilager ein Kunstwerk oder mehrere Kunstwerke mit einem Wert von insgesamt 10.000 EUR oder mehr eingelagert werden. Das vereinbarte Entgelt für die Lagerung soll nicht entscheidend sein.[17] Im GwG findet diese Auslegung keine Stütze. Es nimmt eindeutig Bezug auf den Wert der Transaktion (→ § 4 Rn. 13), nicht des Kunstgegenstands. Anders als beim Kunstvermittler gibt es beim Kunstlagerer kein „vermitteltes Rechtsgeschäft." Auch sonst wird im Kunstsektor niemand zu geldwäscherechtlichen Pflichten herangezogen, weil er wertvolle Kunstgegenstände besitzt oder verwahrt. Sonderregelungen, die wie § 1 Abs 5 GwG beim Vermittler eine andere Auslegung zulassen, gibt es für den Kunstlagerhalter nicht. Der Lagervertrag ist ein Dauerschuldverhältnis wie zB ein Mietvertrag. Daher könnte man analog der Regelung bei der Vermittlung von Mietverträgen durch Immobilienmakler (§ 4 Abs. 4 Nr. 2 GwG) auf den Wert des monatlichen Netto-Entgelts für die Lagerung abstellen. Für die Überschreitung des Schwellenwerts in § 4 Abs. 5 GwG wäre dann nicht die Summierung wiederkehrend gezahlter Entgelte über die Laufzeit das Lagervertrags relevant, sondern die Vereinbarung besonders hoher Entgelte.

9 Antiquitäten sind sonstige Güter iSd § 4 Abs. 5 GwG bzw. § 10 Abs. 6a GwG, soweit es sich nicht zugleich um Kunstgegenstände (→ Rn. 5) handelt. Der Schwellenwert für das Risikomanagement und die Sorgfaltspflichten beim Verkauf von Antiquitäten beträgt daher unverändert 10.000 EUR oder mehr in bar. Die Lagerung von Antiquitäten, die nicht gleichzeitig Kunstgegenstände sind, ist eine reine Dienstleistung (→ § 3 Rn. 22), die keine geldwäscherechtlichen Pflichten auslöst, weder als Kunstlagerhalter noch als Güterhändler. Für Vermittler von Geschäften über Antiquitäten gelten die oben (→ Rn. 1) dargelegten Grundsätze.

---

[14] Danda NJOZ 2021, 801.
[15] https://www.welt.de/kultur/blau/article174160672/Interview-mit-der-Kunstmarktexpertin-Georgina-Adam.html, Zugriff am 15.10.2021.
[16] AuA Nichtfinanzsektor, S. 5, Ziff. 1.8.
[17] AuA Nichtfinanzsektor, S. 7, Ziff. 2.3.1.1.

C. M&A-Transaktionen

Gesellschaftsrechtliche Vorgänge, also zB die Gründung, Verwaltung oder der Betrieb von Gesellschaften sind nicht generell im Anwendungsbereich des GwG. Die Gründung einer Gesellschaft und anschließende Einbringung von Sach- oder Geldmitteln ist daher kein Tatbestand iSd § 2 Abs. 1 GwG. Die Einlagen stellen keine Transaktionen über Güter dar. Die Kapitalanteile stellen auch keine „Gegenleistung" für die Einlage dar. Sie entstehen durch die Gründung der Gesellschaft. Entsprechend müssen bei Gründung einer Gesellschaft die Mitgesellschafter nicht nach geldwäscherechtlichen Vorgaben identifiziert werden. Mit Blick auf das Legalitätsprinzip und allgemeine Risiken kann es sinnvoll sein, einzelne oder besonders bedeutsame Mitgesellschafter vor Eingehung eines Vertrags auch nach geldwäscherechtlichen Maßstäben näher zu untersuchen. Eine Rechtspflicht besteht dazu nicht. Der Gesellschaftsvertrag begründet zwar eine Vertragsbeziehung, diese ist insbes. keine Handelsbeziehung über Güter (Güterhandel). Dagegen stellt der Kauf und Verkauf von Unternehmensanteilen (M&A-Transaktionen) Güterhandel dar, wenn man annimmt, dass auch immaterielle Vermögensgegenstände Güter sind (→ § 3 Rn. 12). Bei Unternehmen, deren Haupttätigkeit nicht im Anwendungsbereich des GwG liegt, findet daher keine Infizierung mit geldwäscherechtlichen Pflichten statt, weil sie ggf. M&A-Transaktionen oder gesellschaftsrechtliche Vorgänge durchführen. Abzustellen ist insoweit auf die Haupttätigkeit des Unternehmens (→ § 3 Rn. 16). Auch soweit neben den gesellschaftsrechtlichen Vereinbarungen weitere Abreden getroffen werden, ist zu unterscheiden, ob diese den Handel mit Gütern zum Gegenstand haben (zB Lieferverträge und Mindestabnahmevereinbarungen im Zusammenhang mit der Gründung eines Joint Ventures) oder nicht (zB Abreden der Gesellschafter außerhalb des Gesellschaftsvertrags über Informations- und Auskunftsrechte, schuldrechtliche Vorkaufsrechte oder andere, die Gesellschafterstellung betreffende Themen).

D. Industrielle Holdings als Finanzunternehmen

Gem. § 2 Abs. 1 Nr. 6 GwG sind Finanzunternehmen Verpflichtete. Was ein Finanzunternehmen ist, wird in § 1 Abs. 24 GwG definiert. Unter anderem gehören dazu alle Unternehmen, „*deren Haupttätigkeit darin besteht, Beteiligungen zu erwerben, zu halten oder zu veräußern.*" Ausreichend ist schon eine einzige Beteiligung.[18] Dem Wortlaut nach fallen hierunter auch industrielle Holdings,[19] also zB die Muttergesellschaft eines Industriekonzerns, die selbst keine Liefergeschäfte Geschäfte durchführt. Finanzunternehmen genießen anders als Güterhändler keine Privilegierung im GwG. Wegen § 9 GwG (gruppenweite Pflichten) besteht die Gefahr, dass die gesamte Gruppe ihre Privilegierung als Güterhändler verliert.[20] In der juristischen Literatur wurde die Einstufung industrieller Holdings als Finanzunternehmen ab 2017 zunehmend kritisiert.[21] Selbst der Bundesrat bemängelte die Auslegung.[22] Die Haupttätigkeit industrieller Holdings liegt idR in der strategischen Unternehmenssteuerung, der Sicherung der Konzernfinanzierung und ähnlicher zentraler Dienstleitungen.[23] Sie entfalten operativ keine charakteristischen Tätigkeiten iSd § 2 Abs. 1 GwG, sei es als Güterhändler oder anderer Verpflichteter. Der Erwerb und die Veräußerung von Beteiligungen ist nicht ihre Haupttätigkeit, selbst wenn es sein kann, dass über

---

[18] ZB Herzog/Warius GwG § 2 Rn. 109.
[19] BFS/Schäfer KWG § 1 Rn. 174 mwN.
[20] Scherp CB 2017, 275 (276).
[21] S. zB Bauernfeind GWR 2017, 412 (413f.); Rieg NZWiSt 2020, 297 (302).
[22] BT-Drs. 18/11928, 3 unter Ziff. 7.
[23] Lochen CCZ 2017, 226 (226f.).

einen begrenzten Zeitraum in Phasen der Umstrukturierung mangels anderweitiger, eigener Umsätze aus Lieferungen und Leistungen Geschäfte mit Beteiligungen den finanziellen Schwerpunkt bilden. Man muss insoweit stets die konsolidierten Konzernumsätze im Auge behalten, die von der industriellen Holding nicht selbst getätigt, aber strategisch gesteuert werden. Auch unter Risikogesichtspunkten entspricht die Einbeziehung von industriellen Holdings in den Kreis der Finanzunternehmen nicht Sinn und Zweck der Vorschrift. Sie sollte Unternehmen des Finanzsektors (→ § 3 Rn. 5) zusammen zu fassen, die nicht der Aufsicht der BaFin unterliegen.[24] Holdinggesellschaften betreiben regelmäßig kein operatives Geschäft, so dass sich die Sorgfaltspflichten auf die eigenen Tochtergesellschaften beschränken würden.[25] Das BMF signalisierte iRd GwG-Novelle 2017 (→ § 1 Rn. 12), dass man das Problem erkannt habe; sah sich aber nicht zu einer sofortigen Lösung imstande. Erst iRd GwG-Änderungsgesetz 2020 wurde die Vorschrift inklusive der Definition in § 1 Abs. 24 GwG neu gefasst und mit einer Ausnahmevorschrift für industrielle Holdings versehen. Nach wie vor gilt daher der Grundsatz, dass ein Unternehmen ein Finanzunternehmen ist, wenn seine Haupttätigkeit im Erwerb, dem Halten oder der Veräußerung von Beteiligungen besteht (§ 1 Abs. 24 S. 1 Nr. 1 GwG). Es sei nochmals darauf hingewiesen, dass schon diese Voraussetzung bei wirtschaftlicher, nicht rein formaler Betrachtung auf die Mehrzahl industrieller Holdings nicht zutrifft. Selbst wo dies der Fall sein sollte, gilt die neu eingefügte Rückausnahme des § 1 Abs. 24 S. 2 GwG. Danach sind Holdinggesellschaften keine Finanzunternehmen, soweit sie *„ausschließlich Beteiligungen an Unternehmen außerhalb des Kreditinstituts-, Finanzinstituts- und Versicherungssektors halten und nicht über die mit der Verwaltung des Beteiligungsbesitzes verbundenen Aufgaben hinaus unternehmerisch tätig sind."* Dabei wird der Begriff *„ausschließlich"* so ausgelegt, dass Beteiligungen an Unternehmen des Kreditinstituts-, Finanzinstituts- und Versicherungssektors ohne wesentlichen Umfang (dh bis zu einer Höhe von max. 5 % der Anteile) sowie operative Tätigkeiten von völlig untergeordneter Bedeutung unschädlich sind.[26] Schädliche operative Tätigkeiten sind überhaupt nur solche, die qualitativ zur Einstufung als Finanzunternehmen führen können, also Tätigkeiten iSd § 1 Abs. 24 S. 1 Nr. 1–6 GwG. Erlöse aus Liefer- und Handelsgeschäften zählen nicht dazu.[27] Durch sie würden die Gesellschaft ggf. zum Güterhändler (→ § 3 Rn. 10).[28] Von § 1 Abs. 24 S. 2 GwG profitieren auch Gesellschaften innerhalb einer Gruppenstruktur, die zB aus steuerlichen oder anderen Gründen keine geschäftlichen Aktivitäten mehr entfalten, aber im (ggf. komplexen) Gefüge der Gruppe noch die Aufgabe haben, die eine oder andere gruppenangehörige Gesellschaft zu halten, bis ein steuerlicher Vortrag aufgebracht und die Gruppenstruktur steuerunschädlich bereinigt werden kann. Unklar ist dagegen, ob die Ausnahme zB auf Venture Capital-Gesellschaften und Start-Up-Acceleratoren anwendbar ist. Bei reinen Private Equity-Gesellschaften wird man eher davon ausgehen müssen, dass sie nach wie vor Finanzunternehmen iSd § 2 Abs. 1 Nr. 6 GwG sind.[29]

E. Syndizi als Verpflichtete

Literatur:
Pelz/Schorn, Geldwäscherechtliche Pflichten von Syndikusrechtsanwälten – Infektionsgefahr für Arbeitgeber?, NJW 2018, 1351; Hermesmeier, Geldwäsche-Trojaner im Unternehmen?, NJW-aktuell 5/2019, S. 19; Krais, Neuigkeiten zum Geldwäschegesetz (GwG), ZUJ 2/2021, 16; Krais, Geldwäscherechtliche Pflichten der Syndikusrechtsanwälte, ZUJ 3/2020, 29; Krais, Syndikusrechtsanwälte als Verpflichtete nach dem Geld-

---

[24] S. auch Herzog/Figura GwG § 1 Rn. 81.
[25] BR-Drs. 352/19, 72, zu § 1 Abs. 24 GwG-E.
[26] BR-Drs. 352/19, 72, zu § 1 Abs. 24 GwG-E.
[27] So auch Rieg NZWist 2020, 297 (303).
[28] Krais CCZ 2019, 245 (246).
[29] Scherp CB, 2017, 275 (276) noch zur alten Rechtslage.

wäschegesetz, Aufsatz von CCZ 2019, 96; Rodatz/Judis/Bergschneider, Der Syndikusrechtsanwalt als Verpflichteter nach dem Geldwäschegesetz, CCZ 2020, 93.

I. Syndizi im GwG

Ausgangspunkt der Diskussion um die Einbeziehung von Syndikus-Funktionen (Inhouse-Rechtsberatern wie zB Syndikusrechtsanwälte, Steuerberater, Patentanwälte) in den Anwendungsbereich des GwG war die Schaffung der Syndikusrechtsanwaltszulassung für Unternehmensjuristen zum 1.1.2016. Bereits mit der ersten Fassung ihrer (bundesweit abgestimmten) BRAK AuA zum GwG wurde vermerkt, dass Syndikusrechtsanwälte unter denselben Voraussetzungen wie Rechtsanwälte Verpflichtete iSd GwG seien. Diese Ansicht wird auf § 46c Abs. 1 BRAO gestützt, der – etwas an der Realität vorbei – gleiche Rechte und Pflichten für Rechtsanwälte und Syndikusrechtsanwälte postuliert. In der Folge wurde detailliert nachgewiesen, dass weder der Wortlaut der Vorschriften noch die Gesetzgebungshistorie noch Sinn und Zweck der Vorschriften die Einbeziehung der Syndizi in den Kreis der GwG-Verpflichteten erforderlich oder sinnvoll erscheinen ließ.[30] Es gibt weltweit keine entsprechenden Vorgaben, weder der FATF noch der RL (EU) 2015/849. Vor 2016 war auch niemand auf die Idee gekommen, die Einbeziehung von Inhouse-Rechtsberatern in den Anwendungsbereich des GwG zu fordern. Vielmehr handelt es sich um einen rein national begründeten Kollateralschaden aus der vornehmlich sozialversicherungsrechtlich begründeten Schaffung der Syndikuszulassung für Rechtsanwälte.[31] Mit dem GwG-Änderungsgesetz 2020 (→ § 1 Rn. 12) hat der Gesetzgeber die Diskussion zu Lasten der Inhouse-Funktionen entschieden. Aus dem zum 1.1.2020 eingefügten § 10 Abs. 8a GwG wird ersichtlich, dass Syndikus-Funktionen im Anwendungsbereich des GwG sein sollen. Betroffen sind neben den Syndikusrechtsanwälten Inhouse-Patentanwälte (Syndikus-Patentanwälte) und Inhouse-Steuerberater (Syndikus-Steuerberater). Unternehmensjuristen, die vor dem 1.1.2016 als Rechtsanwälte zugelassen wurden und diese Zulassung auf Basis der Vertrauensregelung weiter in Anspruch nehmen, sind mit ihrer Tätigkeit bei einem nicht juristisch tätigen Arbeitgeber (keine Kanzlei, Sozietät oder andere Berufsträgerausübungsgesellschaft), nicht im Anwendungsbereich des GwG. Ihre Tätigkeit im Unternehmen war nicht Gegenstand der Rechtsanwaltszulassung[32], an die das GwG anknüpft. Unternehmensjuristen (Syndizi) ganz ohne Zulassung sind ebenfalls nicht von den GwG-Pflichten erfasst. In einer Abteilung können daher GwG-Verpflichtete Syndizi und nicht verpflichtete Syndizi nebeneinander dieselben Tätigkeiten verrichten. Auch wenn ein Teil ihrer geldwäscherechtlichen Pflichten auf den Arbeitgeber übertragen wird, bleibt die Situation angesichts einer Vielzahl ungelöster Praxisfragen unbefriedigend. Aufsichtsbehörde ist die jeweils örtlich zuständige Rechtsanwaltskammer (RAK, § 50 Nr. 3 GwG). Sie ist daher zur Durchführung von aufsichtsrechtlichen Prüfungen befugt (→ § 9 Rn. 3). Adressat ist der Berufsträger, sprich der Syndikusrechtsanwalt, nicht der Arbeitgeber.[33]

II. Kataloggeschäfte

Während Steuerberater kraft Zulassung geldwäscherechtlich Verpflichtete werden (§ 2 Abs. 1 Nr. 12 GwG), ist dies bei Rechtsanwälten und Patentanwälten nur dann der Fall, wenn sie an bestimmten Geschäften mitwirken, die in § 2 Abs. 1 Nr. 10 GwG abschließend aufgeführt sind (Kataloggeschäfte). Ohne Anspruch auf Vollständigkeit betrifft der Katalog insbes. Syndikusrechtsanwälte und Inhouse-Patentanwälte, die im Immobilien-

---

[30] S. dazu ausf. Pelz/Schorn NJW 2018, 1351.
[31] Krais CCZ 2019, 96.
[32] S. BVerfGE 87, 287; BGH NJW 2001, 3130; 2010, 377.
[33] VG Augsburg Urt. v. 24.9.2020 – Au 2 K 19.254, BeckRS 2020, 36254.

recht, im Finanz- und Kapitalmarktrecht, im Gesellschaftsrecht oder im Rahmen von M&A-Geschäften (Share-Deals genauso wie Asset-Deals) bzw. im Kartellrecht (Fusionskontrolle) tätig sind oder steuerrechtliche Sachverhalte beraten.[34] Der Grad der Beteiligung an den Kataloggeschäften ist unterschiedlich, vielfach ist die reine Mitwirkung ausreichend. Nach den Auslegungshinweisen der BRAK bedarf es keiner federführenden oder wesentlichen Tätigkeit. Vielmehr reicht ein unwesentlicher Beitrag zu dem Kataloggeschäft schon aus, um die Eigenschaft als Verpflichteter zu begründen.[35] Demgegenüber gibt es erste Hinweise, dass die Rechtsprechung dies kritischer sehen könnte.[36] Nach der weiten Auslegung der Vorschriften durch die BRAK sind auch Berufsträger erfasst, die nach Lektüre des GwG kaum annehmen würden, mit ihrer Tätigkeit jemals im Anwendungsbereich des GwG zu stehen. (Ungeklärte) Abgrenzungsfragen ergeben sich zB bei der Mitwirkung an einer Due Diligence im Rahmen von M&A-Geschäften zB durch ansonsten zivilrechtlich, arbeitsrechtlich, rein patentrechtlich oder anderweitig tätige Syndizi.

14 **Beispiel:**
Syndikusrechtsanwälte, die im Rahmen eines größeren Projekts im Straßen- oder Anlagenbau die konsortiale Zusammenarbeit mit anderen Lieferfirmen vertraglich gestalten oder beraten, laufen Gefahr in den Anwendungsbereich des GwG zu gelangen, weil es sich dabei rechtlich um eine GbR und damit um eine Gesellschaft handelt (§ 2 Abs. 1 Nr. 10 Buchst. a lit. ee; Gründung von Gesellschaften).

III. Risikomanagement

15 Verpflichtete Syndizi müssen gem. § 4 GwG Risikomanagement betreiben. Von den Sicherungsmaßnahmen des § 6 Abs. 2 GwG sind Syndizi gemäß befreit (§ 6 Abs. 3 GwG). Diese muss der Arbeitgeber durchführen. Dabei spielt keine Rolle, ob er selbst GwG-Verpflichteter ist und ob er selbst als privilegierter Güterhändler (→ § 4 Rn. 4) keine Verpflichtung zum Risikomanagement hat. Ggf. wird er mit entsprechenden Risikomanagement-Pflichten „infiziert", wobei unklar ist, welchen Umfang diese Pflichten dann haben.

16 **Praxishinweis:**
Die Mehrzahl der in § 6 Abs. 2 GwG genannten Sicherungsmaßnahmen passt nicht auf die Situation der Syndizi. Betroffene Arbeitgeber sollten in jedem Fall Anweisungen erlassen, die klarstellen, dass die bereits vorhandenen Strukturen der Geldwäsche-Compliance auch für Syndizi gelten bzw. zur Verfügung stehen. Gleichzeitig sollten Syndizi an den im Unternehmen durchgeführten Trainings teilnehmen dürfen. Dem Gesetz ist nicht zu entnehmen, dass der Arbeitgeber wegen der Beschäftigung von Syndizi ineffiziente Parallelstrukturen in der Compliance aufbauen müsste.[37]

17 Aus dem begrenzten Verweis des § 6 Abs. 3 GwG (nur) auf § 6 Abs. 2 GwG wird geschlossen, dass die Pflicht zur Risikoanalyse (§ 5 GwG) nicht auf den Arbeitgeber übergeht. Man darf vermuten, dass dies iRd GwG-Novelle 2017 (→ § 1 Rn. 12) schlicht übersehen wurde.[38] Aktuell gehen die Rechtsanwaltskammern aber davon aus, dass Syndikusrechtsanwälte eine Risikoanalyse iSd § 5 GwG erstellen und machen dies auch zum Gegenstand von Prüfanordnungen. Der Arbeitgeber kann Muster zur Verfügung stellen. Ggf. sollte eine Individualisierung durch den Syndikus vorgenommen werden. Soweit der Arbeitgeber eine eigene Risikoanalyse nach § 5 GwG angefertigt hat, muss es zulässig sein,

---

[34] Krais ZUJ 3/2020, 29 (30).
[35] BRAK, AuA GwG, S. 11, Ziff. 15.
[36] VG Gelsenkirchen NJW 2021, 1028.
[37] Krais ZUJ 3/2020, 29 (30).
[38] Krais CCZ 2019, 96 (97); iErg ebenso Rodatz/Judis/Bergschneider CCZ 2020, 93 (94).

dass der Syndikus darauf verweist. Seine Tätigkeit beim Arbeitgeber ist immer nur ein Ausschnitt der geschäftlichen Tätigkeit des Arbeitgebers, sein Risiko kann daher insgesamt nicht wesentlich von dem des Arbeitgebers abweichen und auch keine wesentlich anderen Sicherungsmaßnahmen erfordern als die, die der Arbeitgeber auf der Basis seiner Risikoanalyse ergreift. Die Risikoanalyse des Syndikus wird in Bezug auf das Kunden-, Länder- und Transaktionsrisiko (→ § 4 Rn. 66) in aller Regel keine bzw. niedrige Risiken feststellen. Denn die Risikoanalyse bezieht sich allein auf den Arbeitgeber als seinen einzigen Mandaten. Die Dienstleistung, Geschäftsbesorgung oder Rechtsberatung des Syndikus ist als solches nicht geldwäschefähig (→ § 2 Rn. 16), so dass im Kern auch ein niedriges Produktrisiko besteht. Allerdings kann der Syndikus – in aller Theorie – vom Arbeitgeber für Zwecke der Geldwäsche oder Terrorismusfinanzierung missbraucht werden oder Hinweise auf Geldwäsche oder Terrorismusfinanzierung in Bezug auf Geschäfte erlangen, die er für den Arbeitgeber tätigt oder berät. Es ist daher sinnvoll, in der Risikoanalyse des Syndikus auch das Kunden-, Länder-, Transkations- und Produktrisiko der Geschäftspartner des Arbeitsgebers zu analysieren (sog. Drittrisiken). Da es sich insoweit nicht um die Vertragspartner, Geschäftspartner oder Transaktionspartner des Syndikus handelt, kann die Analyse stets nur auf Basis, der dem Syndikus bekannten Parameter erfolgen. Eine weitergehende Analyse oder Nachforschungspflicht ist weder erforderlich noch zumutbar.

IV. Kundensorgfaltspflichten

Bereits die BRAK Auslegungshinweise 2017 stellten lapidar fest, dass einziger Vertragspartner (Mandant) des Syndikusrechtsanwalts sein Arbeitgeber ist. Die Identifizierung des Arbeitgebers durch den Syndikusrechtsanwalt wäre reine Förmelei.[39] Der Syndikusrechtsanwalt kann daher im Regelfall von der geldwäscherechtlichen Identifizierung seines Arbeitgebers absehen. Das gilt auch mit Blick auf verbundene Unternehmen des Arbeitgebers iSd § 15 AktG, die der Syndikusrechtsanwalt gem. § 46 Abs. 5 Nr. 1 BRAO berät. Eine Pflicht zu Kundensorgfaltspflichten wird von der BRAK nur ausnahmsweise angenommen, sofern erhöhte Risiken der Geldwäsche oder Terrorismusfinanzierung bestehen.[40] Woraus sich diese ergeben sollen, bleibt unklar. In Bezug auf den Arbeitgeber werden in aller Regel keine erhöhten Risiken vorliegen. Andere potenzielle Risiken sind in diesem Zusammenhang erkennbar irrelevant. Es wäre sinnbefreit den in Deutschland ansässigen Arbeitgeber durch den Syndikus geldwäscherechtlich zu identifizieren, weil in Bezug auf Dritte, zB einen Geschäftspartner des Arbeitgebers, erhöhte Risiken vorliegen. Für den hypothetischen Fall, dass ein Syndikus einmal in die Verlegenheit kommen sollte, Sorgfaltspflichten durchführen zu müssen, überträgt § 10 Abs. 8a GwG diese Pflicht auf den Arbeitgeber, sofern dieser Verpflichteter ist. Es spielt keine Rolle, ob Güterhändler oder anderer Verpflichteter, ob privilegiert oder nicht. Die Regelung führt allerdings zu dem absurden Ergebnis, dass der Arbeitgeber sich selbst geldwäscherechtlich identifizieren müsste, ein Symptom dafür, dass die Einbeziehung der Syndizi in den Anwendungsbereich des GwG keinen Sinn macht. In der Praxis ist kein relevanter Anwendungsbereich für § 10 Abs. 8a GwG zu erkennen.

18

V. Verdachtsmeldepflichten

Grds. gilt die Verdachtsmeldepflicht des § 43 Abs. 1 GwG auch für Syndizi, die Verpflichtete (→ Rn. 13) sind. Allerdings werden sie mit Blick auf ihre anwaltliche Verschwiegenheitspflicht in weitem Umfang von der Pflicht befreit. Eine Meldepflicht besteht nicht „bei

19

---

[39] So noch explizit RAK München, Auslegungshinweise, Stand 8.12.2017, S. 2. In den späteren Versionen wurde der Ton etwas nachgiebiger, ohne in der Sache anders zu handeln.
[40] BRAK, AuA, S. 9, Ziff. 7.

Sachverhalten, die sich auf Informationen beziehen, die der Syndikus iRd Rechtsberatung oder Prozessvertretung erhalten hat" (§ 43 Abs. 2 S. 1 GwG). Eine Ausnahme gilt nur, sofern der Syndikus positiv Kenntnis hat („weiß"), „dass der Vertragspartner die Rechtsberatung oder Prozessvertretung für Zwecke der Geldwäsche, der Terrorismusfinanzierung oder einer anderen Straftat nutzt oder genutzt hat" (§ 43 Abs. 2 S. 2 GwG). Da die rechtsberatende Tätigkeit für die Zulassung als Syndikusrechtsanwalt konstitutiv ist (§ 46 Abs. 3 BRAO) wird häufig nur theoretisch Raum für eine eigene Verdachtsmeldepflicht des Syndikusrechtsanwalts bestehen. Entsprechendes gilt für Syndikus-Steuerberater bzw. Syndikus-Patentanwälte auf der Basis ihrer berufsrechtlichen Verschwiegenheitspflichten. Zu beachten ist allerdings, dass die BRAK den Anwendungsbereich der Vorschrift für *Syndikusrechtsanwälte* einschränkt. Informationen über Drittbetroffene (also zB andere Beteiligte am Kataloggeschäft als den „Mandanten") sollen von der anwaltlichen Schweigepflicht und damit von der Ausnahme des § 43 Abs. 2 S. 1 GwG nicht umfasst sein, soweit nicht die Interessen des Mandanten berührt sind.[41] Da der Syndikusrechtsanwalt keine Pflicht zur geldwäscherechtlichen Identifizierung von Geschäftspartnern seines Mandanten hat (→ Rn. 18) ist die Wahrscheinlichkeit gering, dass er abgesehen von Evidenzfällen iSd § 43 Abs. 2 S. 2 GwG Verdachtsmomente in Bezug auf den Dritten entdecken könnte, die nicht das Kataloggeschäft und damit das Interesse des Arbeitgebers als seinem Mandanten berühren. Der praktische Anwendungsbereich für eine eigene Verdachtsmeldung der Syndizi nach § 43 Abs. 1 GwG ist daher in jedem Fall gering. Zu beachten ist, dass die Meldepflicht des Syndikusrechtsanwalts nach dem Gesetzeswortlaut unabhängig neben der Meldepflicht des Arbeitgebers und ggf. anderer Verpflichteter (Notare, Rechtsanwälte, Banken etc.) steht, die an einem Kataloggeschäft beteiligt sind. Entsprechend gilt für den Syndikus auch das Tipping-Off-Verbot (§ 47 Abs. 1 GwG, → § 7 Rn. 74). Bei wortwörtlichem Verständnis darf er dem Arbeitgeber einen Verdacht nicht mitteilen. Der Arbeitgeber läuft dadurch Gefahr, seine eigenen geldwäscherechtlichen Pflichten zu verletzen. Aus diesem Grund wird man die Vorschrift einschränkend auslegen müssen, so dass der Arbeitgeber kein Dritter iSd § 47 Abs. 1 GwG ist, solange sich der Verdacht nicht gegen ihn selbst richtet und die Meldung intern an die für die Entgegennahme von Verdachtsmeldungen zuständige Stelle geht. Unabhängig davon, ob konkret eine Meldepflicht besteht, sind auch Syndizi verpflichtet, sich bei der FIU zu registrieren (§ 45 Abs. 1 GwG, → § 7 Rn. 70). Ob die Registrierung des Arbeitgebers ausreicht, ist ungeklärt, wegen der eigenständigen Verpflichteten-Eigenschaft des Syndikus und der fortwährenden Bemühungen der FIU, sowohl die Meldezahlen als auch die Zahl der Meldenden zu steigern, aber eher unwahrscheinlich. Die Registrierungspflicht ist zurzeit noch ausgesetzt (§ 59 Abs. 6 GwG).

VI. Immobilien-Melde-Verordnung

20 Eine Besonderheit gilt für Syndizi gem. § 43 Abs. 6 GwG. Die Vorschrift wurde mit dem GwG-Änderungsgesetz 2020 (→ § 1 Rn. 12) ins GwG eingefügt. Sie beruht nicht auf Vorgaben der RL (EU) 2015/849. Auf ihrer Basis wurde die GwGMeldV-Immobilien erlassen.[42] Sie betrifft ausschließlich Verpflichtete iSd § 2 Abs. 1 Nr. 10 und 12 GwG (§ 1 GwGMeldV-Immobilien iVm § 3 Nr. 1 GwGMeldV-Immobilien), daher Steuerberater, Rechtsanwälte und Patentanwälte bzw. ihre entsprechenden Inhouse-Funktionen (Syndizi). Andere Verpflichtete wie zB Güterhändler sind von der GwGMeldV-Immobilien nicht unmittelbar erfasst (→ § 7 Rn. 70). Die GwGMeldV-Immobilien ist die Antwort des Gesetzgebers auf die Feststellung erhöhter Geldwäsche-Risiken im Immobiliensektor in der Nationaler Risikoanalyse (→ § 4 Rn. 50) und der [Anmerkung des Autors: völlig zu Unrecht] als zu niedrig empfundenen Verdachtsmeldzahlen rechtsberatender Berufe. Aus-

---

[41] So noch die BRAK, AuA, 4. Auflage, Stand Oktober 2019, S. 34 f.
[42] Verordnung zu den nach dem Geldwäschegesetz meldepflichtigen Sachverhalten im Immobilienbereich (Geldwäschegesetzmeldepflichtverordnung-Immobilien – GwGMeldV-Immobilien), BGBl. 2020 I 1965.

drückliches Ziel der Vorschrift war die Durchbrechung der berufsrechtlichen Verschwiegenheitspflichten.[43] Sachlich geht es um Meldepflichten im Zusammenhang mit Erwerbsvorgängen nach § 1 GrEStG, dh dem Kauf oder Verkauf von Grundstücken und Immobilien, die in Deutschland belegen sind. Erfasst sind sowohl Geschäfte zur direkten Übereignung („asset deals") dinglicher Rechte (§ 1 Abs. 1 GrEStG) wie andere Formen (§ 1 Abs. 2 GrEStG), zB gesellschaftsrechtliche Vorgänge („share deals"). Schon die Vorbereitung solcher Geschäfte ist im Anwendungsbereich der Verordnung (§ 2 Nr. 6 GwGMeldV-Immobilien). Die Mitwirkung an Grundstücksgeschäften iSd § 1 GrEStG ist gleichzeitig Kataloggeschäft iSd § 2 Abs. 1 Nr. 10 Buchst. a lit. aa GwG (Kauf und Verkauf von Immobilien, → Rn. 13).

Die GwGMeldV-Immobilien enthält typisierte Sachverhalte iSd FIU Typologien 21 (→ § 7 Rn. 45), die auf Geldwäsche oder Terrorismusfinanzierung hindeuten sollen.[44] Liegen Sachverhalte iSd GwGMeldV-Immobilien vor, entsteht stets, dh auch ohne Vorliegen von (weiteren) Verdachtsmomenten eine Meldepflicht nach § 43 Abs. 1 GwG (§ 1 GwGMeldV-Immobilien). Die Berufung auf die anwaltliche Verschwiegenheit ist ausgeschlossen (§ 43 Abs. 2 S. 2 Alt. 2 GwG).[45] Eine verfassungsrechtlich bedenkliche Einschränkung soll darin nach einem ersten Urteil des VG Berlin nicht liegen.[46] Tatsächlich bieten die in den §§ 3–6 GwGMeldV-Immobilien beschriebenen Sachverhalte objektiv keinerlei Anhaltspunkte dafür, dass ein Vermögensgegenstand aus einer strafbaren Handlung stammt.[47] Es handelt sich durchweg um vage, per se nicht strafbare Umstände, denen im Geldwäscherecht eine Indizwirkung im Sinne schwerster Kriminalität zugeschrieben wird, die sie nicht haben. Zum Teil handelt es sich um reine Risikosachverhalte, die nach der Systematik des GwG allenfalls verstärkte Sorgfaltspflichten (→ § 6 Rn. 9) auslösen. Die GwGMeldV-Immobilien weist bestimmten Umständen eines komplexen Erwerbsvorgangs einen grundsätzlichen Verdachtscharakter zu,[48] was es schwer macht, sich der Meldepflicht zu entziehen. Das Verhältnis zur strafrechtlich sanktionierten Verletzung der Verschwiegenheit (§ 203 StGB) ist allerdings nach wie vor unklar, auch wenn § 48 GwG (Haftungsfreistellung) in der zum 1.8.2021 geänderten Form (→ § 1 Rn. 12) dem Syndikus etwas mehr Schutz verspricht. Melden macht (den Syndikus) daher ein wenig frei (von Verantwortung und Haftung), während das Absehen von einer Meldung zu Rechtfertigungsaufwand und Rechtsunsicherheit führt. Voraussetzung der Meldepflicht ist in jedem Fall Kenntnis der betreffenden Sachverhalte durch den Syndikus, Kennenmüssen reicht nicht aus. Syndizi haben auch „*keine eigenständigen Pflichten zur Ermittlung von Tatsachen, die eine Meldepflicht begründen*"[49] und die über das Maß dessen hinausgehen, was im GwG bereits von ihnen erwartet wird (§ 1 S. 2 GwGMeldV-Immobilien). Die Meldepflicht nach § 43 Abs. 1 GwG für Sachverhalte, die nicht im Anwendungsbereich der GwGMeldV-Immobilien liegen, bleibt bestehen.[50] Meldungen nach der GwGMeldV-Immobilien erfolgen wie sonst Verdachtsmeldungen ausschließlich über das elektronische Portal der FIU (goAML, → § 7 Rn. 70). Ob eine mangelnde Verdachtsmeldung nach der GwGMeldV-Immobilien gem. § 56 Abs. 1 Nr. 69 GwG sanktioniert werden kann, ist

---

[43] BT-Drs. 19/15196, 9; BT-Drs. 19/13827, 99, 135.
[44] BMF, Verordnungsbegründung der Begründung zur Geldwäschegesetzmeldeverordnung-Immobilien (GwGMeldVO-Immobilien), 7.9.2020, BAnz AT 7.9.2020 B1, S. 11, zu § 7 S. 1 (im Folgenden Verordnungsbegründung vom 7.9.2020).
[45] BT-Drs. 19/13827, 136, unter Punkt 25.
[46] VG Berlin DStRE 2021, 1082 Rn. 25.
[47] RAK München, Stellungnahme zum Referentenentwurf des BMFzu einer „Verordnung zu den nach dem Geldwäschegesetz meldepflichtigen Sachverhalten im Immobilienbereich – GwGMeldV-Immobilien", 18.6.2020, S. 2, zu II.
[48] RAK München, Stellungnahme zum Referentenentwurf des BMFzu einer „Verordnung zu den nach dem Geldwäschegesetz meldepflichtigen Sachverhalten im Immobilienbereich – GwGMeldV-Immobilien", 18.6.2020, S. 2, zu II.
[49] Entwurf der Melde-VO, Bearbeitungsstand vom 20.5.2020, S. 12, zu § 1.
[50] BMF, Verordnungsbegründung vom 7.9.2020, S. 2, zu A.I.

unklar. Die Vorschrift nimmt jedenfalls nicht Bezug auf die GwGMeldV-Immobilien.[51] Zu beachten ist, dass eine Sanktion Leichtfertigkeit (→ § 9 Rn. 29) oder Vorsatz voraussetzt; einfache Fahrlässigkeit reicht nicht aus.

---

[51] RAK München, Stellungnahme zum Referentenentwurf des BMF zur Geldwäschegesetzmeldeverordnung-Immobilien, A 4-3171-IV-6384/2020, vom 18.6.2020.

§ 12. Rechtspolitischer Ausblick

Weder mit den diversen Versionen der RL (EU) 2015/849 noch mit deren Umsetzung ins GwG ist in Bezug auf die Bekämpfung der Geldwäsche oder Terrorismusfinanzierung bisher ein großer Wurf gelungen.[1] Als Anleitung zur Gestaltung der Geldwäsche-Compliance im Unternehmen eignen sich beide Gesetzeswerke nur bedingt. Handwerkliche Schwächen der RL (EU) 2015/849 werden durch eine hohe Zahl *„gesetzgeberischer Versehen"* im GwG ergänzt. Sprachlich, systematisch und generell im Sinne sauberen juristischen Handwerks sind sowohl die Richtlinie als auch das GwG ungeachtet immer wieder vorgenommener Präzisierungen und Ergänzungen in Teilen selbst für Fachleute kaum verständlich. Generell wirft es kein gutes Licht auf den Gesetzgeber und schafft kein Vertrauen, wenn das GwG quasi im Jahrestakt novelliert wird oder wenn der EU-Gesetzgeber durch immer wieder neue Richtlinien den Gesetzgeber zum Handeln zwingt.[2] Verbunden mit der ausschweifenden Zahl allgemeiner Rechtsbegriffe ist dem GwG eine Tendenz zur Verschleierung der wahren gesetzgeberischen Absichten eigen, die in anderem Zusammenhang zu seiner sofortigen Verdachtsmeldung gegen die Urheber führen müsste. Mindestens stellt sich die Frage nach der verfassungsgemäßen Bestimmtheit des Gesetzes (Art. 103 GG), generell die nach der Geeignetheit, Wirksamkeit und Effektivität. Mit einer handwerklich wesentlich verbesserten Version des GwG ist in absehbarer Zeit nicht zu rechnen. Man muss davon ausgehen, dass sich Politik, Gesetzgeber, Aufsichts- und Ermittlungsbehörden mit diesem bedauernswerten Zustand arrangiert haben, der letztlich Ausdruck einer das System der Geldwäsche-Bekämpfung bestimmenden Überhöhung theoretisch-abstrakter Risiken ist, die auf der Basis vager Anhaltspunkte zu einer im Wesentlichen quantitativ ausgerichteten Verdachtsmeldepflicht führen. Mit der realen Bedrohung und konkreten Risikosituation oder tatbestandlichen Voraussetzungen der Strafbarkeit wegen Geldwäsche oder Terrorismusfinanzierung hat all dies nichts zu tun. 1

Die Verwaltungspraxis und Auslegung des GwG durch die Aufsichtsbehörden, ist gekennzeichnet vom Bestreben einer kleinteiligen Kontrolle ausgehend von aufsichtsrechtlichen Bedürfnissen. Wichtige Praxisfragen werden ignoriert. Interpretationsmöglichkeiten werden fast ausschließlich zur Ausweitung von Pflichten und zu Lasten der Verpflichteten genutzt. Das Motto scheint Bürokratisierung statt Risikoorientierung. Ermessensspielräume werden reduziert, wenn überhaupt eingeräumt, niedrige Risiken werden allenfalls vereinzelt zum Anlass für begrenzte Erleichterungen genommen. Dabei agieren die Aufsichtsbehörden zum Teil in ihrem Aufsichtsbereich kreativ autonom und ohne Rücksicht auf die Folgen für die Verpflichteten, selbst bei der Auslegung von Begriffen, die originär konzernrechtlicher Natur sind (→ § 5 Rn. 88). Zum Teil ergeben sich so absurd anmutende Rechtsfolgen wie die Pflicht des Arbeitgebers eines Syndikusrechtsanwalts sich nach § 10 Abs. 8a GwG selbst zu identifizieren, wenn ein erhöhtes Risiko vorliegt (→ § 11 Rn. 18). Würde man die Vorschriften des GwG ernst nehmen, wären weite Teile der Welt für die deutsche Wirtschaft *„zona non grata"* – Geschäfte müssten aufgrund abstrakt-theoretischer Risiken weltweit eingestellt werden. Das im Finanzsektor verbreitete *„de-risking"* wegen überzogener Anforderungen des GwG und der Aufsicht sollte ein Weckruf für die Politik und Aufsichtsbehörden bundesweit und sektorübergreifend sein, den Bogen nicht zu überspannen. 2

Ein besonders eindrucksvolles Beispiel für die Bürokratisierungstendenzen im GwG ist das Transparenzregister. Allein die Zahl der zum Transparenzregister erschienenen Veröffentlichungen (→ § 10 Rn. 1) zeugt davon, wie wenig durchdacht das Konzept war, das dem Register zugrunde liegt. Kein Wunder daher, dass schon nach nur 4 Jahren ein Paradigmenwechsel nötig ist, um das Register im (unveränderten) europäischen Rahmen vom 3

---
[1] Krais CZZ 2015, 251 (256) in Bezug auf die RL (EU) 2015/849.
[2] Bode/Gätsch NZG 2021, 437 (441).

„Leerregister" zum Vollregister zu entwickeln (→ § 10 Rn. 4). Dabei ist zweifelhaft, ob die Qualität der Datensätze im Transparenzregister tatsächlich zunehmen wird.[3] Der Alleingang des BVA bei der Auslegung der Vorschriften zum wirtschaftlich Berechtigten im Bereich der mittelbaren Verhinderungsbeherrschung (→ § 5 Rn. 88) zeugt von einem mangelnden Verständnis der Auswirkungen behördlichen Handelns auf die Verpflichteten, das letztlich die Akzeptanz und damit die Effektivität des Systems gefährdet. Generell muss man die Frage stellen, wie viele Geldwäsche-Vorgänge in der Zeit seit 2017 mithilfe des Transparenzregisters aufgedeckt wurden und wie wahrscheinlich es ist, dass diese Zahl in Zukunft wesentlich wachsen wird? Die Befürchtung hat sich bestätigt, dass das Register nicht zu einer Erleichterung für die Verpflichteten führt und nicht zu einem echten Mehr an Informationen über Wirtschaftlich Berechtigte verglichen mit der früheren Rechtslage.[4] Es ist nach wie vor ein Leichtes, der Transparenz des Registers zu entgehen oder dieses sogar bewusst zur Verschleierung zu nutzen.[5] Mit Blick auf Risiken der Geldwäsche und Terrorismusfinanzierung müsste das Transparenzregister sofort wieder geschlossen werden. Als Mittel der Verbrechensbekämpfung oder – Prävention ist es untauglich. Im Grunde genommen führt es nur zu höherem Aufwand und Kosten bei den Verpflichteten (→ § 10 Rn. 60).

4 Ganz generell leidet das Gesetz unter einem Mangel an Bestimmtheit, der hinter der Floskel von der Risikogeneigtheit nur mangelhaft kaschiert werden kann. So enthält das Gesetz allein mehr als ein Dutzend (!) unterschiedliche Länderkategorien, ohne greifbare Kriterien zu definieren, mit denen die Verpflichteten bestimmen könnten, welche Länder zu welcher Kategorie gehören. Der Gedanke, dass zB jeder Verpflichtete die Rechtsordnung dutzender Staaten auf Fragen der Beteiligungstransparenz bei börsennotierten Gesellschaften (→ § 5 Rn. 102) oder die Strenge der geldwäscherechtlichen Regelungen im Vergleich zu Deutschland bzw. der EU vergleichen könnte, ist abwegig. Tatsächlich ist es den Verpflichteten unmöglich, mit angemessenen Mitteln festzustellen, welche Pflichten sie nach dem Gesetz treffen. Ein risikoorientierter Ansatz muss entweder konkret festlegen, was ein Risiko ist oder den Verpflichteten bei der Beurteilung des Risikos echtes Ermessen einräumen. Es ist nicht zulässig, die Einstufung von Sachverhalten den Verpflichteten zu überlassen, um dann im Wege der Aufsicht kleinteilig zu überprüfen, ob so die Kriterien und Auslegung der Verwaltung erfüllt wurden.

5 Für Güterhändler ist das GwG noch in anderer Hinsicht praxisuntauglich: denn nach wie vor orientiert es sich im Wesentlichen an den Geschäftsabläufen der Kreditwirtschaft. Viele Vorschriften passen nicht zu der Art wie Güterhändler Geschäfte tätigen und zu ihrer Wettbewerbssituation in globalisierten Märkten. Das gilt insbes. für die bei der Mehrzahl der Güterhändler praktisch umgekehrte Reihenfolge von Verdachtsmeldung und Sorgfaltspflichten und dem ungeklärten Verhältnis der daraus resultierenden Geschäfts- und Transaktionsverbote (→ § 7 Rn. 87). Für wesentliche Pflichten wie die zur Risikoanalyse und zum Risikomanagement ist nicht einmal konkret bestimmbar, was Anknüpfungspunkt und Umfang der Pflichten im Güterhandel sein soll (→ § 4 Rn. 44). Konkretisierende Auslegungs- und Anwendungshinweise zu diesen zentralen Fragen fehlen. Wo sie existieren, werden vielfach kritiklos Standards aus dem Finanzsektor übernommen. Das Überstülpen von Standards aus dem Finanzsektor auf den Nichtfinanzsektor ist jedoch nicht die Lösung, sondern Teil des Problems. Copy-Paste ist weder risikoorientiert noch effektiv im Kampf gegen Geldwäsche.

6 Eine weitere wesentliche Fehlentwicklung betrifft die Verdachtsmeldeschwelle, die über die Jahre und in dem einseitigen Bestreben, die Meldezahlen zu erhöhen, immer weiter von der Definition der Geldwäsche und Terrorismusfinanzierung im GwG entfernt wurde (§ 1 Abs 1 und 2 GwG). Tatsächlich handelt es sich heute beim geldwäscherechtlichen

---

[3] Bode/Gätsch NZG 2021, 437 (442).
[4] AA offenbar Fuchs/Lakenberg NJW-Spezial 2017, 463 (464).
[5] Krais CCZ 2017, 98 (107).

Verdacht iSd § 43 Abs. 1 GwG um eine niedrigschwellige, rein verwaltungsrechtlich bzw. kriminologisch begründete Meldepflicht weit unterhalb verfassungsrechtlicher und strafprozessualer Eingriffsschwellen. Schon vor der Reform des § 261 StGB (→ § 2 Rn. 10) wurde dabei nur noch symbolisch mit dem „Label" des Verdachts der Geldwäsche bzw. Terrorismusfinanzierung geworben, während der Fokus auf dem Verdacht der Vortaten der Geldwäsche und damit einem breiten Spektrum von allgemeinen Straftaten lag. Begrifflich wurde so der Anschein aufrechterhalten, es gehe um ausgewählte Formen besonders schwerer Kriminalität. In der öffentlichen und politischen Diskussion aber auch iRd aufsichtsbehördlichen Auslegungshinweise lässt sich so iRd Verhältnismäßigkeitsabwägungen stets besonderes Gewicht auf die Notwendigkeit legen, die gesetzlichen Vorschriften stets zu Lasten der Verpflichteten auszulegen. Schon lange vor der Reform des § 261 StGB hatte sich der Schwerpunkt dabei im Sinne eines Erfolgs um jeden Preis in den Bereich der Bekämpfung der Alltagskriminalität verschoben. Über die Absenkung der Verdachtsmeldeschwelle ist im Verwaltungsrecht gelungen, was den Ermittlungsbehörden strafprozessual aus verfassungsrechtlichen Gründen verwehrt bleibt (→ § 2 Rn. 62): die Einführung rein kriminologisch idealisierter Verdachtsmomente ohne empirische Basis als zentralem Dreh- und Angelpunkt weitreichender behördlicher Befugnisse mit entsprechender Bußgeldandrohung. Systemimmanent ist, dass die Erstattung einer Verdachtsmeldung weniger Rechtfertigungs- und Dokumentationsaufwand mit sich bringt als das Absehen von einer Verdachtsmeldung. Damit allein ist ein Trend zur Meldung grundgelegt, der im Gesetz keine Stütze hat. Indem den Verpflichteten stets einseitig die Darlegungs- und Beweislast aufgebürdet wird, kehrt man die verwaltungsrechtliche Beweislast des Ordnungswidrigkeitenverfahrens rechtswidrig um. Die Verpflichteten müssen darlegen alles richtig gemacht zu haben, um sich von der Gefahr eines Bußgelds zu entlasten, nicht umgekehrt. Jahr für Jahr gehen so mehr Verdachtsmeldungen bei der FIU ein, was zusätzliches Personal und Ressourcen rechtfertigt, aber keinen spürbaren Erfolg bei der Bekämpfung schwerer Formen der Kriminalität zur Folge hat. Allen Spekulationen über den nicht messbaren Nutzen von Verdachtsmeldungen zum Trotz (→ § 7 Rn. 3) steht der gesamtgesellschaftliche Aufwand hierfür in keinem Verhältnis zum Ertrag. Gerade die immer weiter abgesenkte Verdachtsmeldeschwelle hat sich als kontraproduktiv erwiesen. Im Vergleich führen Strafanzeigen deutlicher häufiger zu Verurteilungen. Der Unterschied bewegt sich trotz aller Unterschiede in der Dimension einer Zehnerpotenz.[6]

Man muss kein Experte sein, um zu konstatieren, dass die Mehrzahl der Verdachtsmeldungen Jahr für Jahr ohne wesentliche Substanz ist. Kosten und Ressourcen, die die Privatwirtschaft einsetzen muss, um diesen Berg an nicht verwertbaren Meldungen zu generieren, ist unter jedem Gesichtspunkt mehr als fragwürdig. Die Durchsuchung der FIU wegen des Verdachts der Strafvereitelung im Amt[7] ist nicht nur eine Posse, sondern symptomatisch dafür, dass sich das System weitgehend mit sich selbst beschäftigt, statt sich der berechtigen Kritik zu stellen. Dem Wunsch nach steigenden Fallmeldezahlen werden seit Jahren alle Bedenken gegen die Aushöhlung der Rechtsstaatlichkeit und der Verletzung demokratischer Grundprinzipien untergeordnet, wie zuletzt bei den Einschränkungen der berufsrechtlichen Verschwiegenheit in der Gruppe der rechtsberatenden Berufe auf der Basis von § 43 Abs. 6 GwG. Diese Verwaltungspraxis erodiert die Unschuldsvermutung. Sie führt zur weitgehenden Gleichsetzung von Anhaltspunkten iSd der FIU- Typologien (→ § 7 Rn. 45) mit dem Verdacht schwerer Straftaten und in wirtschaftlicher Hinsicht zu einer Stigmatisierung der Beteiligten bis hin zu schwerwiegenden Eingriffen in die Gewerbe- und Berufsfreiheit der Verpflichteten. Das ist bei genauer Betrachtung nicht verwunderlich, stammen die Grundsätze der Geldwäsche-Bekämpfung doch von einer vom demokratisch-parlamentarischen Prozess abgekoppelten Arbeitsgruppe auf Ebene der OECD (FATF), die im Wesentlichen weltpolitisch situativ agiert und keine Anbindung an

---

[6] Bussmann/Veljovic NZWist 2020, 417 (420 f.).
[7] https://www.tagesschau.de/inland/bundesfinanzministerium-durchsuchung-101.html, Zugriff am 15.10.2021.

rechtsstaatliche Konzepte wie den Gesetzesvorbehalt, die Unschuldsvermutung oder Verfahrensrechte und grundrechtliche Garantien der Betroffenen kennt.[8]

8 Mit der niedrigschwelligen Verdachtsmeldung hat das GwG einen Kontrollapparat geschaffen, der Jahr für Jahr weitgehend anlasslos eine wachsende Zahl von Personen, Unternehmen und Geschäftsvorfällen einer intransparenten behördlichen Überwachung unterwirft, die dafür nach der bisherigen Verfassungslogik keine Eingriffsbefugnis hat und ohne, dass jemals in nennenswerter Zahl strafrechtlich relevante Ermittlungsvorgänge im Bereich Organisierter Kriminalität, Terrorismus oder Geldwäsche daraus generiert werden. Es besteht keinerlei Transparenz für die Betroffenen, was mit den so gesammelten Daten geschieht, wo sie wie lange gespeichert bleiben, welche ausländischen Dienststellen unter welchen Voraussetzungen und für welche Zwecke auf sie Zugriff erhalten. Unter den Augen der ansonsten wachsamen Datenschutzbehörden ist ein höchst effizientes Instrument der Vorratsdatensammlung unterhalb strafprozessualer Eingriffsschwellen geschaffen worden. Die Ausgestaltung der FIU als den Ermittlungen vorgeschaltete Verwaltungsbehörde nimmt so Züge einer verfassungsrechtlich nicht klar verankerten Bundesbehörde mit polizeiähnlichen Ermittlungs- und Auskunftsbefugnissen an. Man muss mit Sorge betrachten, dass die Behörde massenweise personenbezogene Daten bearbeitet, ohne dass die Betroffenen Einblick über den Umfang dieser Tätigkeit gewinnen. De jure werden ihre Rechte nach der VO (EU) 2016/679 beschnitten (→ § 7 Rn. 94), de facto werden sie von der Erhebung ihrer Daten nie erfahren.

9 Kern allen Übels ist und bleibt, dass das strafrechtliche Konzept der Verfolgung der Geldwäsche als gescheitert gelten muss.[9] Die strafrechtliche, strafprozessuale und kriminologische Schwierigkeit bei der Verfolgung von Geldwäsche-Straftaten liegt in der Internationalisierung der Transaktionswege und den damit verbundenen Aufklärungs- und Beweisschwierigkeiten bzw. mangelnden und ineffektiven Formen der internationalen Zusammenarbeit und Rechtshilfe.[10] Zentrales Problem ist die mangelnde Nachweisbarkeit der illegalen Herkunft von Vermögenswerten insbes. bei grenzüberschreitenden Sachverhalten. Die Anforderungen der Strafnorm und die Verfolgungsrealität fallen auseinander.[11] Nur ca. 9,3 % der inkriminierten Vermögensgegenstände in Verfahren stammen aus dem Ausland. Dagegen sind ca. 80 % der Transaktionsempfänger und Endbegünstigen im Ausland ansässig. Eine Strafverfolgung von Geldwäscheströmen aus dem Ausland findet nicht statt. Komplexere Strukturen können kaum ausermittelt werden. Das einzige nennenswerte Muster der Geldwäsche, das in der Praxis vorkommt, ist der Nischenbereich der Finanz- und Warenagenten (→ § 2 Rn. 31). Vortaten aus dem Bereich der Organisierten Kriminalität sind dagegen selten. Das Volumen der den Verfahren und Verurteilungen wegen Geldwäsche zugrunde liegenden Vermögenswerte lag bei jedem zweiten Verfahren unter 5.000 EUR, im Schnitt bei ca. 40.000 EUR. Sicherungs- und Abschöpfungsmaßnahmen erreichen nicht annähernd die kolportierten Werte angeblicher Geldwäsche in Deutschland. Auch nach der Reform des § 261 StGB verbleibt die Notwendigkeit zumindest rudimentär den Zusammenhang mit einer Vortat nachzuweisen. Allein aus diesem Grund dürfte sich die Zahl der Verurteilungen nicht erhöhen, sondern eher verringern. Auch die Reform der FIU im Jahr 2017 schlägt sich nicht in einer gestiegenen Zahl von Verurteilungen nieder.[12]

10 Sowohl dem EU-Gesetzgeber als auch der nationalen Politik und den mit der Umsetzung betrauten Behörden muss man den Vorwurf machen, dass sie sich den offensichtlichen Defiziten der Geldwäsche-Bekämpfung nicht stellen. Dazu gehört auch die Frage, wie ein Unternehmen funktioniert und was es realistisch zur Bekämpfung schwerer Kriminalität beitragen kann – bzw. was nicht. Der Gesetzgeber sucht die Optimierung des

---

[8] Ähnl. Bülte NZWiSt 2017, 276 (285); Spoerr/Roberts WM 2017, 1142 (1143).
[9] Bussmann/Veljovic NZWist 2020, 417 (420).
[10] Bussmann/Veljovic NZWist 2020, 417; ebenso FIU, Jahresbericht 2020, S. 25.
[11] Travers/Michealis NZWiSt 2021, 125 (126).
[12] Bussmann/Veljovic NZWist 2020, 417 (420 f.).

Systems weiterhin in der Erweiterung des Vortatenkatalogs, das Kreises der GwG-Verpflichteten und ihrer geldwäscherechtlichen Pflichten. Allen Erweiterungen zum Trotz verharren Verurteilungen wegen Geldwäsche seit Jahren auf niedrigem Niveau, obwohl die Anzahl der Verdachtsmeldungen geradezu explodiert. Der Hauptgrund ist, dass sich Verdachtsmeldungen aufgrund ihres lückenhaften Informationsgehalts, der der niedrigen Meldeschwelle geschuldet ist, idR kaum für die Verwertung in einem Verfahren wegen Geldwäsche eignen.[13] Die Bekämpfung der Geldwäsche und Terrorismusfinanzierung und anderer schwerer Straftaten ist ohne Zweifel eine gesamtgesellschaftliche Aufgabe, zu der auch Industrie und Handel einen Beitrag leisten können und müssen! Das GwG bietet dazu einige gute Ansätze. Nicht alles, was politisch wünschenswert ist, ist für Verpflichtete aber praktisch umsetzbar. Unter den verschärften Bedingungen eines globalen Wettbewerbs sind eben nicht nur Geschäfte möglich, die über jeden Zweifel erhaben sind.

Es wäre im Sinne aller Beteiligten der Geldwäschebekämpfung inklusive der beteiligten Behörden und der Politik, aus diesen Zahlen endlich die richtige Konsequenz zu ziehen und das Verdachtsmeldewesen auf eine qualitative Bewertung von Risiken umzustellen („*Klasse statt Masse*"). Durch die stetigen Erweiterungen im strafrechtlichen Bereich und die Absenkung der Verdachtsschwelle im GwG hat sich die Politik der Bekämpfung von Geldwäsche und Terrorismusfinanzierung über die Jahre immer mehr von ihren originären und primären Zielen entfernt und Verpflichtete zur Bekämpfung von Alltagskriminalität wie zB Betrügereien im Online-Handel, Pishing-Attacken oder CEO-Fraud herangezogen,[14] für die die Instrumente des GwG weder entwickelt wurden, noch notwendig sind. Bemerkenswert ist, dass die Strafverfolgungsbehörden durchaus ein Interesse an der Erhöhung der Qualität der Verdachtsmeldungen haben, eine Strategie dafür ist aber nicht ersichtlich.[15] Es reicht nicht aus, dass die FIU derzeit (!) keine Pläne hat, im Stil der GwGMeldV-Immobilien (→ § 7 Rn. 39) die Meldezahlen auch in anderen Bereichen durch Verordnungen zu steigern. Die FIU sieht ihre Aufgabe nach wie vor in der Steigerung der Meldezahlen im Nichtfinanzsektor. In völliger Verkennung der Realitäten hängt sie dem Glauben nach, der Nichtfinanzsektor müsse ein höheres Interesse an Verdachtsmeldungen haben, als an Geschäftsabschlüssen.[16] Gute Geschäfte sind nicht nur solche, bei denen die Beteiligten über jeden Zweifel erhaben sind. Erstrebenswert wäre ein Weltbild, das die Privatwirtschaft nicht zum Sündenbock einer verfehlten und ineffizienten Politik der Kriminalitätsbekämpfung stempelt, sondern bei allem Anlass zu Kritik und Verbesserungen die Aufwände, Bemühungen und Beiträge der Wirtschaft positiv bewertet, die sie mit ihren Compliance-Systemen jeden Tag zur Bekämpfung von Formen schwerer Kriminalität auf allen Ebenen leistet. Dazu gehört ein konstruktiver, regelmäßiger Dialog zwischen den Strafverfolgungs- und Aufsichtsbehörden bzw. der FIU mit allen Verpflichteten, auch Güterhändlern, mit dem Ziel die begrenzten Ressourcen an der richtigen Stelle einzusetzen, ohne den Unternehmen im verschärften globalen Wettbewerb ein zusätzliches bürokratisches Korsett aufzuzwingen. Mit den Worten der FIU-Leitung wäre es wünschenswert, wenn die FIU sensibler wäre gegenüber den Notwendigkeiten des Güterhandels, dessen Existenz anders als im Fall der FIU allein durch Geschäftsabschlüsse gesichert wird, nicht durch die Zahl der Verdachtsmeldungen. Bei rein präventiver Auslegung des GwG riskieren Güterhändler das geschäftliche Vertrauen ihrer Geschäftspartner vor allem im Ausland zu verlieren. Das ist nur gerechtfertigt, wo die klare Erkenntnis besteht, dass illegale Gelder oder Vermögensgegenstände Gegenstand einer Geschäftsbeziehung oder Transaktion sind oder dem Zugriff der Strafverfolgung entzogen werden. Verdachtsmeldepflichten, ausufernde Prüf- und Dokumentationsanforderungen sowie daran geknüpfte Geschäfts- und Transaktionsverbote sind im Angesicht einer Verdachtsmeldeschwelle am

---

[13] Bussmann/Veljovic NZWist 2020, 417 (420).
[14] Herzog/Achtelik GwG § 15 Rn. 29, ähnl. Bülte NZWiSt 2017, 276; Spoerr/Roberts WM 2017, 1142 (1144).
[15] Bussmann Geldwäscheprävention im Markt S. 3.
[16] Schulte GWuR 2021, 19 (21); s. dazu auch Scherp/Feiler CB 2013, 316 (319) für den Immobiliensektor.

Rand reiner Vermutung und Spekulation, nicht zumutbar.[17] Es ist dringend und zwingend erforderlich, das Verwaltungshandeln wieder an den verfassungsrechtlichen Freiheiten und Grundrechten der Unternehmen und Unternehmer aus Art. 12 und 14 GG zu orientieren. Die Verfolgung von Straftaten ist primär eine staatliche Aufgabe. Mit der Meldepflicht nimmt der Staat die Hilfe Privater in Anspruch. Ein wenig Anerkennung dieser Tatsache täte Not! Denn damit soll damit keiner von den Meldenden ausgehenden Gefahr begegnet werden, sondern primär einer allgemeinen Gefahr, die von Dritten ausgeht.[18] Der Gedanke, dass Unternehmen besser als staatliche Institutionen in der Lage sein könnten, schwerwiegende Formen internationaler Kriminalität zu erkennen, zu verhindern oder zu bekämpfen, ist so offensichtlich falsch wie absurd. Bedenken muss man zusätzlich, dass die geldwäscherechtlichen Pflichten der Güterhändler in Deutschland mit Ausnahme solcher, die bestimmte Bargeldtransaktionen betreffen, auf einem weltweit einzigartigen Alleingang des deutschen Gesetzgebers beruhen(→ § 3 Rn. 25). Allein dadurch wird die vielfach beschworene Notwendigkeit zur internationalen Zusammenarbeit auf dem Gebiet der Geldwäschebekämpfung in Frage gestellt. Die immer weitere Ausdehnung geldwäscherechtlicher Sorgfaltspflichten für angebliche Hochrisikosituationen bei einer gleichzeitig immer weiter abgesenkten Verdachtsmeldeschwelle führt letztlich nur dazu, dass die GwG-Verpflichteten iS einer Ersatzhaftung faktisch kriminalisiert werden, wo man der echten Kriminellen auch nach Jahren gesetzgeberischer Maßnahmen nicht in nennenswerter Zahl habhaft werden kann.

12 Abschließend kann nur nochmal wiederholt werden, was seit langen Jahren bekannt ist: In seiner aktuellen Form hat sich „das Konzept der Bekämpfung der organisierten Kriminalität durch eine Unterbindung der Verkehrsfähigkeit von Gewinnen aus illegalen Machenschaften als eklatant unwirksam erwiesen. Die Relation der Gesamtkosten zu den tatsächlichen Erfolgen ist katastrophal, auch international. Von einem Funktionieren des Konzepts kann allenfalls in manchen totalitären Staaten gesprochen werden. Der Geldwäsche-Tatbestand ist ein legislatorischer Fehlgriff. Das Konzept weist Züge der Irrationalität auf. Seine Versprechungen stützt es auf eine Dynamik ständiger Erweiterung; stets fehlt zum Erfolg angeblich noch eine letzte Ausweitung des Tatbestands oder der Ermittlungsmöglichkeiten. In paradoxer Logik speist sich die Legitimität aus der Erfolglosigkeit. So treibt das Konzept das rechtsstaatliche Strafrechtssystem vor sich her. Die Gefahren, die es bekämpft, sind aber den Freiheitsgarantien und Legitimationsgründen der Gesellschaft immanent. Es gefährdet daher, zu Ende gedacht, was es zu schützen verspricht.[19] Auf der Verlustliste dieses Vorgehens stehen die informationelle Selbstbestimmung, die Rechte der Betroffenen[20] und letztlich ein Teil Rechtsstaatlichkeit und Transparenz. Denn von der Frage, wie man die Verdachtsmeldeschwelle definiert, hängt letztlich ab, ob die Verpflichteten noch eine legitime Hilfsfunktion für die Strafverfolgungsbehörden im Bereich der Verbrechensbekämpfung ausüben oder Ansätze eines illegitimen, international vernetzten Spitzelsystems unterstützen.

---

[17] Gehling/Lüneborg NGZ 2020, 1164 (1170).
[18] Gehling/Lüneborg NGZ 2020, 1164 (1170).
[19] Speziell zum Straftatbestand des § 261 StGB, aber mit Blick auch auf die Geldwäschebekämpfung im Weiteren: Fischer StGB § 261 Rn. 4a ff. mit vielen weiteren Nachweisen.
[20] Spoerr/Roberts WM 2017, 1142 (1143).

Anhang

I. Mitgliedsländer der FATF

Stand August 2021 sind 37 Staaten Mitglied der FATF[1] und weitere zwei regionale Organisationen:[2]

- Argentinien
- Australien
- Belgien
- Brasilien
- China
- Dänemark
- Deutschland
- Finnland
- Frankreich
- Griechenland
- HongKong
- Indien
- Irland
- Island
- Israel
- Italien
- Japan
- Kanada
- Luxemburg
- Malaysia
- Mexiko
- Neuseeland
- Niederlande
- Norwegen
- Österreich
- Portugal
- Russische Föderation
- Saudi-Arabien
- Schweden
- Schweiz
- Singapore
- Spanien
- Südafrika
- Südkorea
- Türkei
- UK
- USA

---

[1] https://www.fatf-gafi.org/about/membersandobservers/, Zugriff am 28.10.2021.
[2] Die EU-Kommission und der Golf-Kooperationsrat (Co-operation Council for the Arab States of the Gulf, GCC) mit den Mitgliedern Bahrein, Kuweit, Oman, Qatar, Saudi-Arabien, VAE.

II. Nützliche Links

FATF
www.fatf-gafi.org

Bundesministerium der Finanzen (BMF)
www.bundesfinanzministerium.de/Web/DE/Home/home.html

EU-Kommission
https://ec.europa.eu/germany/news/20210720-kampf-gegen-geldwaesche_de

FIU Deutschland
www.zoll.de/DE/Der-Zoll/FIU/fiu_node.html

Egmont-Gruppe
www.egmontgroup.org

BaFin
www.bafin.de/DE/Startseite/startseite_node.html

Regierungspräsidium Darmstadt
rp-darmstadt.hessen.de/sicherheit/gefahrenabwehr/geldw%C3%A4schegesetz

Joint Committee
https://esas-joint-committee.europa.eu/about-us
Das „Joint Committee" hat das Ziel die Zusammenarbeit zwischen den drei Europäischen Aufsichtsbehörden (European Supervisory Authorities, ESAs) zu verbessern. Dem Joint Committee gehören die European Banking Authority (EBA), der European Insurance and Occupational Pensions Authority (EIOPA) und die European Securities and Markets Authority (ESMA) an.

Sonstige

Die Deutsche Kreditwirtschaft
die-dk.de/

Geldwäsche-Seite von Herrn Rechtsanwalt Achim Diergarten
www.anti-gw.de

Transparency International (Deutschland)
www.transparency.de

DICO e.V.
www.dico.de

BCM (Berufsverband der Compliance Manager)
www.bvdcm.de

Hilfssheriff (Blog für Geldwäschebeauftragte)
www.hilfssheriff.de
Hilfreiche Newsletter zum Thema Geldwäsche sind unter anderem erhältlich bei
- BaFin
- Regierungspräsidium Darmstadt
- Geldwäsche-Seite von Herrn Rechtsanwalt Diergarten

Stichwortverzeichnis

Die fett gedruckten Zahlen bezeichnen Paragraphen, die mager gedruckten Randnummern.

Al Capone **1** 3
all crimes approach **1** 4, 8, 12
Allgemeine Sorgfaltspflichten **5** 18 ff.
Allgemeinverfügung **4** 118
AML Index **4** 82
– Basel Instutite of Governance **4** 82
Anfangsverdacht **5** 26; **7** 41
Angola-Leaks **1** 1
Anhaltspunktepapiere **7** 45 ff.
Aufbewahrungsfrist **4** 175
Aufsichtsbehörde **9** 3 ff.
– Auslegungshinweise **1** 13
– Befugnisse **9** 5 ff.
– Bußgelder **9** 21 f.
– Vor-Ort-Prüfung **9** 6 ff.
– Zusammenarbeit **9** 14
– Zuständigkeit **9** 3
Auftretende Person
– Identifizierung **5** 66
Aufzeichnungspflichten **4** 167
– Umfang **4** 169
Auskunftsersuchen
– FIU **7** 14
– Ermittlungsbehörden **7** 31
Auslandssachverhalte **7** 11
Auslegungshinweise
– Bafin **1** 13
– Bundesverwaltungsamt **1** 13
– Nichtfinanzsektor **1** 13
Auslösetatbestände
– für Sorgfaltspflichten **5** 6
– schwellenwertabhängige **5** 6 f.
– Bargeldtransaktionen **5** 6
– Verdachtsfall **5** 8
Azerbaijani Laundromat **1** 1

Bagatellschwelle
– Verdachtsmeldung **7** 17
Bargeld **4** 23
– Schwellenwerte
  – Risikomanagement **4** 6
  – Sorgfaltspflichten **5** 6
  – gruppenweite **4** 34
Bargeldähnliche Zahlungsmittel **4** 25
Bargeldbegrenzung
– Güterhändler **4** 5
Bargeldschwelle
– gruppenweite **4** 34
– Risikomanagement **4** 6
– Sorgfaltspflichten **5** 6
– Ausreißer **4** 21
Bargeldtransaktion **4** 23 f.
Basel Institute of Governance **4** 82
Beendigungsgebot **5** 18
Beherrschender Einfluss **4** 183, **5** 80

Börsennotierte Gesellschaft
– Wirtschaftlich Berechtigter **5** 102
– Transparenzregister **10** 30
Briefkastenfirma **8** 4
Bundesanzeiger Verlag **10** 4
Bundeskriminalamt **7** 62
Bundesverwaltungsamt
– Auslegungshinweise **1** 13
– Aufsichtsbehörde **10** 4

Corruption Perception Index
– Transparency International **4** 82

Danske Bank **1** 1
Datenschutz **4** 166
Dienstleistungen
– keine Güter **3** 12
– kein Objekt der Geldwäsche **2** 16
Doppelbestrafung **2** 35
Drei-Phasen-Modell
– keine Güter **3** 22
Drittstaat
– Definition **4** 196, **6** 39
Drittstaaten
– äquivalente **4** 83
– mit erhöhtem Risiko **6** 40 ff.
– Verstärkte Sorgfaltspflichten **6** 42 f.
Drittzahlungen
– aus unbekannter Quelle **4** 97, **8** 21

Edelmetall
– Definition **4** 8
– Bargeldgrenze **4** 8
– Abgrenzung zu Schmuck **4** 9
E-Geld **4** 25
Egmont-Gruppe **7** 66
Eigentümer- und Kontrollstruktur **5** 106
Einkauf
– als Güterhandel **3** 18
Einspeisung **2** 6
Einziehung
– von Vermögen **2** 63
Embargo **4** 88
EU-Geldwäscherichtlinie **1** 8
– Vierte **1** 8
– Fünfte **1** 8
– Sechste **1** 8
– Strafrecht **1** 8
– Umsetzung **1** 9
EU-Negativliste **6** 39
– Verstärkte Sorgfaltspflichten **6** 42 ff.
EU-Rahmenbeschluss
– zur Terrorismusbekämpfung **1** 6
Extraterritoriale Wirkung
– des GwG **4** 179

325

Stichwortverzeichnis

FATF 1 3
- Deutschlandbericht 1 4
- Empfehlungen 1 4
- Gegenmaßnahmen 4 87
- gegenseitige Evaluierungen 1 4
- Mandat 1 4
- Mitglieder 1 3, Anhang I
- nicht kooperierende Länder und Territorien 1 4, 4 87
- Terrorismusfinanzierung 1 4

Fernidentifizierung 5 57
- **Financial Intelligence Unit (FIU)** 7 62 ff.
- Auskunftsersuchen 7 14
- Sofortmaßnahmen 7 88 ff.

Finanzagent 2 31
Finanzsektor 3 5
Finanztransaktion 6 45
FinCes Papers 1 1
Führungsebene 4 129

Gefährdungsanalyse 4 53
Geldwäsche
- handelsbasierte 2 16
- und Korruption 2 43
- Straftatbestand 2 10
- Strafverschärung 2 35
- Tätige Reue 2 38
- Vortaten der 2 18 ff.
- Risiko eigener Strafbarkeit 7 83 f.
- im GwG 2 3
- Gegenstand 2 16
- internationale Abkommen 1 17
- leichtfertige 2 30 ff.
- Objekt 2 16
- Phasen 2 5 ff.
- Reform des Straftatbestand 2 10 ff..
- Vorsatz 2 29
- Tathandlungen 2 26 f.
- Strafausschließungsgründe 2 35
- Strafloser Vorerwerb 2 36
- Steuerdelikte und 3 39 ff.
- Umfang 1 2
- Vorsatz-Fahrlässigkeitskombination 2 32

Geldwäschebeauftragter
- Auslagerung („Outsourcing") 4 140
- Aufgaben 4 133
- Befreiung 4 141
- Befugnisse 4 133
- Benachteiligungsverbot 4 139
- Bestellung 4 125
- Entpflichtung 4 125
- Fachliche Zuordnung 4 128
- Gruppengeldwäschebeauftragter 4 143, 189
- Haftung 4 133
- Kündigungsschutz 4 139
- Stellvertreter 4 142
- Qualifikation 4 127
- Weisungsrechte des GWB 4 134
- Weisungsunabhängigkeit 4 132
- Zuverlässigkeit 4 127
- beim Güterhändler 4 120
- Anordnung der Aufsichtsbehörde 4 118
- Stellvertreter 4 142
- Rechtsgrundlage 4 116

Geldwäschegesetz 1 11 ff.
Geldwäscheparadies 1 1
Generalzolldirektion 7 62
Genossenschaft
- Wirtschaftlich Berechtigter 5 104

geografisches Risiko 4 82
Gesamtkontamination 2 24
Geschäftsbeziehung
- Definition 4 17
- Art und Zweck 5 108
- Transaktion, Abgrenzung 4 17

Gewerblicher Güterhandel 3 14
GmbH&Co KG 5 103
GoAML 7 70 ff.
- Registrierungspflicht 7 71

Grundstückshandel
- als Güterhandel 3 20

Gruppe 4 181
Gruppengeldwäschebeauftragter
- EU 4 192

Gruppenunternehmen
- EWR 4 193
- in Drittstaaten 4 197
- Pflichten 4 203

gruppenweite Bargeldschwelle 4 34
Gruppenweite Maßnahmen
- Wirksamkeit 4 192

Güter
- Edelmetalle 3 18
- hochwertige 4 8, 121
- Bargeldtransaktionen über 4 11
- hochwertige 4 15
- Software 3 20
- Dienstleistungen als Güter 3 11

Güterhändler
- gewerbliche 3 14
- Handwerksbetrieb 3 14
- Haupttätigkeit 3 16
- Privilegierung 3 25, 4 4. 5 4, 6 8

GwG-MeldeV-Immobilien 7 39, 11 20 ff.
GwG-Novelle 1 12

Handeln auf Veranlassung 5 82
Handwerksbetrieb
- als Güterhändler 3 23

Haupttätigkeit 3 16
Hawala-Banking 2 46, 8 24 f.
Hehlerei 2 46
Herkunft von Vermögenswerten 6 31
Herrühren 2 21 ff.
Hinweisgebersystem
- bei Verpflichteten 4 158 f.
- behördliche 9 11

Stichwortverzeichnis

Hochwertige Güter 4 121
– Edelmetalle 4 8
Holding 11 11

Identifizierung
– Auftretende Personen 5 66
– Ausnahmen 5 43
– Fernidentifizierung 5 54
– Feststellung der Angaben 5 40
– Juristische Person 5 60
– Natürliche Person 5 50
– Postident-Verfahren 5 37
– Überprüfung von Angaben 5 40
– Vertragspartner 5 46
– Videoidentifizierung 5 57
– Wirtschaftlich Berechtigter 5 68
– Zeitpunkt 5 40
– Rechtsgestaltungen 5 65
– Definition 5 39
Immobilien-Meldeverordnung 11 20 ff.
Industriebetriebe
– als Güterhändler 3 19
Industrieholding 11 11
Integration 2 6

Kataloggeschäfte
– beim Syndikus 11 13 f.
Know Your Customer (KYC) 5 2
Kontamination 2 24
– Teilkontamination 2 24
– Gesamtkontamination 2 24
Kontinuierliche Überwachung 5 110
– Verstärkte 6 35
Kontrolle 5 80
– mittelbare 5 84
Kryptowährungen 4 26
– Geldwäscherisiken 4 26
Kundenrisiko 4 69
Kundensorgfaltspflichten 5 18 ff.
Kunsthändler
– als Güterhändler 11 5
Kunstlagerhalter 11 8
Kunstvermittler
– als Güterhändler 11 7
Kunstwerk 11 5

Länderrisiko 4 82
Layering 4 8
Legalitätsprinzip 2 30
Leichtfertig 2 30, 9 18
Leitungsebene 4 39
Leitungsposition 9 25
– Verbot der Ausübung 9 25

Massenvernichtungswaffen
– FATF-Mandat 1 5
Melden macht frei 7 87
Mergers & Aquisitions (M&A) 11 10 f.
Mißbrauch neuer Technologien 4 144

Mitteilungsfiktion 10 29 ff.
– börsennotierte Gesellschaften 10 30
– allgemeine 10 32
Mitwirkungspflichten 5 44
– des Vertragspartners 5 44
– gegenüber der Aufsichtsbehörde 9 15
– Verdachtsmeldung
    – bei Verletzung 7 34 ff.
Mutterunternehmen
– Pflichten 4 180
– Definition 4 181
Mutual Evaluations 1 4

naming and shaming
– Identifizierung 9 26
Natürliche Person
– Identifizierung 4 50 ff.
nicht kooperierende Jurisdiktionen
– lt FATF 4 87
non-conviction based confiscation 5 88

OpenLux 1 1
Ordnungswidrigkeiten 9 17 ff.
Outsourcing
– Sicherungsmaßnahmen 4 107 ff.
– Geldwäschebeauftragter 4 140
– Sorgfaltspflichten 5 30 ff.

Panama Papers 1 1
Pandora Papers 1 1
Paradise Papers 1 1
Placement 2 8
Politisch Exponierte Person (PEP)
– Begriff 6 19
– Definition 6 20
– ehemalige 6 36
– Familienangehörige 6 26
– Feststellung 6 29
– Nahestehende Personen 6 28
– Verstärkte Sorgfaltspflichten 6 31
– Prüfung 5 21
Postident-Verfahren 5 37
Privilegierung
– Güterhändler 3 25, 4 4
– Sorgfaltspflichten 5 4 ff.
– Unternehmensgruppen 4 34
Produktrisiko 4 98 ff.
– hochwertiger Güter 4 102
– beim Syndikus 11 17
Proliferation of Weapons of Mass Destruction 3 25

Risikoanalyse 4 49 ff.
– Aktualisierung 4 54
– Auslagerung („Outsourcing") 4 56
– unternehmensspezifische 4 52
– Umfang 4 59
– Befreiung 4 57
– Bestandsaufnahme 4 61

Stichwortverzeichnis

- Dimensionierung **4** 65
- Dokumentation **4** 54
- Befreiung **4** 57
- Natonale **4** 49
- europäischer Mechanismus **4** 49
- Gewichtung **4** 63
- Gruppenweite **4** 185
- Kategorisierung **4** 63
- nationale **4** 50
- Risikoidentifizierung **4** 62
- Struktur **4** 60
- natonale
  - Anlage 4 **4** 51

Risikobasierter Ansatz
- im GwG **1** 14 f.

Risikofaktoren
- kundenspezifische **4** 69
- geschäftspartnerspezifische **4** 69
- geografische **4** 82
- transaktionsbezogene **4** 92
- produktspezifische **4** 98
- zwingende **4** 66
- Terrorismusfinanzierung **4** 103
- individuelle **4** 104

Risikomanagement 4 2
- angemessenes **4** 42
- „light" **4** 35
- wirksames **4** 43
- Umfang **4** 44
- Dauer **4** 48
- Zuständigkeit **4** 39
- gruppenweites **4** 179
- beim Syndikus **11** 15 ff.

Russian Laundromat 1 1

Schulungen 4 145 ff.
Selbstanzeige 7 10
Selbstgeldwäsche 2 35
Sicherungsmaßnahmen
- Angemessenheit **4** 105
- Aktualisierungspflicht **4** 106
- Auslagerung („Outsourcing") **4** 107
- Befreiungen **4** 111
- Datenschutz **4** 166
- einheitliche **4** 188
- Geldwäschebeauftragter **4** 116 ff.
- Gruppenweite Maßnahmen **4** 179 ff.
- Grundsätze, Verfahren und Kontrollen **4** 114
- Hinweisgebersystem **4** 158
- Informationsaustausch, Verfahren zum **4** 190
- Regelbeispiele **4** 112
- Unabhängige Überprüfung $ 156
- Zuverlässigkeitsprüfung **4** 149 ff.

Smurfing 2 8, **4** 28
Sofortmaßnahmen
- Financial Intelligence Unit (FIU) **7** 88 ff.

Sorgfaltspflichten
- Allgemeine **5** 18
- Auslagerung auf Dritte **5** 30 ff.
- Auslösetatbestände **5** 6
- und Verdachtsmeldepflichten **5** 8, **7** 86
- Umfang **5** 20
- Vereinfachte **6** 3
- Verstärkte **6** 9
- Unterbeauftragung **5** 38
- Auslagerung („Outsourcing") **5** 30
- beim Syndikus **11** 18

Steueroase 8 17
Steuerparadies 8 17
Stiftung
- Transparenzregister **10** 38
- wirtschaftlich Berechtigter **10** 42

Stillhaltefrist 7 77 ff., 77 f.
Strafanzeige 7 8
Streubesitz 5 75
Strohmanngestaltungen 8 7 f.
Surrogat 2 21
Syndizi
- als Verpflichtete **11** 12

Tatmittel 2 24
Terrorismusbekämpfung
- EU-Rahmenbeschluss **1** 6
- EU-Richtlinie **2** 48
- EU-Rahmenbeschluss **1** 6

Terrorismusfinanzierung
- Europarat
  - Übereinkommen **1** 7
- Definition im GwG **2** 47 f.
- Phasen **2** 49 f.
- Straftatbestand **2** 52 ff.
  - Katalogstraftaten **2** 53
- Verdacht **7** 32

Tipping-Off-Verbot 7 74 ff.
Trainings 4 145 ff.
- Bedeutung **4** 13
- Auslagerung **4** 146
- Auffällige **4** 14, **6** Ff

Transaktion
- Definition **4** 13
- Abgrenzung zur Geschäftsbeziehung **4** 16 f.
- zusammenhängende **4** 27
- durch Vertragsabschluss **4** 18
- güterbezogene **4** 29
- über Dritte **4** 31

Transaktionspartner
- als Vertragspartner **5** 48

Transaktionsverbot 5 23, **6** 18
- temporäres **7** 77 ff.
- bei Verstärkten Sorgfaltspflichten **6** 18
- bei Allgemeinen Sorgfaltspflichten **5** 23 f.

Transparency International 4 82
- Corruption Perception Index **4** 82

Transparenzregister 10 4 ff.
- Ausdrucke **10** 53
- Einsichtnahme **10** 44 ff.
- Europäische Vernetzung **10** 61
- Übergangsfristen **10** 22

Stichwortverzeichnis

- Vollregister **10** 4 f.
- Gebühren **10** 60
- Mitteilungsfiktion **10** 29 ff.
- Sanktionen **10** 60
- Überblick **10** 4 f.
- Zugangssperren **10** 49 ff.
- Eintragungspflicht **10** 19 f.
- Auskunftspflichten der Anteilseigner **10** 25
- Unstimmigkeitsverfahren **10** 55 ff.

Trust
- Wirtschaftlich Berechtigter **5** 94 f.
- Transparenzregister **10** 38 ff.
- Definition **5** 93

Typologien **7** 45

Überschießende Tendenz
- bei Güterhändlern **3** 25

Unabhängige Überprüfung **4** 156 f.
Unstimmigkeit **10** 56 f.
Unstimmigkeitsverfahren **10** 55 ff.
UN-Suchtstoffübereinkommen **1** 3

Verdacht
- der Terrorismusfinanzierung **7** 32 f.
- der Geldwäsche **7** 24 ff.
- und Sorgfaltspflichten **7** 86 f.
- Beurteilungsspielraum **7** 48 ff.
- Untersuchungsmaßnahmen **7** 53 ff.

Verdachtsmeldepflicht
- Güterhändler **7** 17
- beim Syndikus **11** 19
- bei Auslandssachverhalten **7** 11
- rechtsberatender Berufe **7** 39
- Grenzen **7** 11 ff.

Verdachtsmeldeschwelle **7** 41 ff.
- Kritik **7** 61

Verdachtsmeldewesen
- internes **7** 99 f.

Verdachtsmeldung
- keine Bagatellschwelle **7** 17
- Benachteiligungsverbot **7** 91 f.
- Form **7** 67
- Frist
  - unverzüglich **7** 59 f., 67
- GoAML **7** 70 f.
- Haftungsfreistellung **7** 91
- Diskriminierungsverbot **7** 91
- Akteneinsicht **7** 94 ff.
- Rückmeldung an Verpflichtete **7** 98
- Überblick **7** 1 f.
- Statistik **7** 3 ff.
- und Strafanzeige **7** 8
- Zuständigkeit **7** 69
- Transaktionsverbot **7** 77 ff.
- Stillhaltefrist **7** 77 ff.
- Sorgfaltspflichten **7** 86

Vereinfachte Sorgfaltspflichten **6** 3 ff.
Verhinderungsbeherrschung **6** 12

Vermittler
- im Güterhandel **11** 1

Vermögensabschöpfung **2** 63 f.

Vermögensgegenstand
- inkriminierter **2** 21

Verpflichtete **3** 3
Verschleierung **2** 8

Versorgungsbetriebe
- als Güterhändler **3** 19

Verstärkte Sorgfaltspflichten **4** 18
- bei Güterhändlern **6** 9
- EU-Negativliste **6** 39 ff.
- politisch exponierte Personen **6** 19 ff.
- Umfang **6** 17
- bei auffälligen Transaktionen **6** 46 f.

Vertragsabschluss
- als Transaktion **4** 48

Vertragspartner **2** 32
Videoidentifizierung **5** 57, 57
Vor-Ort-Prüfung **9** 6 ff.
Vorsatz-Fahrlässigkeitskombination **2** 32

Vortaten
- der Geldwäsche **2** 18 ff.

Wirecard **1** 1
Wirtschaftlich Berechtigter **5** 68 ff.
- Börsennotierte Gesellschaft **5** 102
- Abklärungspflicht **5** 68
- Definition **5** 69
- Eigentum **5** 75
- Fiktive **5** 89
- GmbH **5** 101
- GmbH&Co KG **5** 103
- Genossenschaft **5** 104
- Personengesellschaft **5** 103
- Stimmrechte **5** 77
- Kontrolle **5** 80
- Handeln auf Veranlassung **5** 82
- Identifizierung **5** 68
- Streubesitz **5** 75
- mittelbarer **5** 84
- Verhinderungsbeherrschung **5** 88
- bei Rechtsgestaltungen **5** 93
- Datenerhebung **5** 97
- Überprüfung von Angaben **5** 100

Wirtschaftliches Interesse **10** 12

Zahlungsmittel
- bargeldähnliche **4** 25

Zentralstelle für Finanztransaktionsuntersuchungen (FIU) **7** 62
- internationale Zusammenarbeit **7** 62
- risikobasierter Ansatz **1** 14, **7** 62
- Durchsuchung **7** 14 f.
- Sofortmaßnahmen **7** 88 f.

Zuverlässigkeit
- Definition **4** 149
- relevanter Mitarbeiterkreis **4** 151
- Negativattestat **4** 152

Stichwortverzeichnis

– Mitbestimmung 4 154

Zuverlässigkeitsprüfung 4 149 ff.
– Auskunftsersuchen, Vorkehrungen 4 162